Cartas Provincianas

Correspondência entre
Gilberto Freyre e
Manuel Bandeira

Cartas Provincianas

Correspondência entre
Gilberto Freyre e
Manuel Bandeira

Organização e notas
Silvana Moreli Vicente Dias

São Paulo
2017

global
editora

© Fundação Gilberto Freyre, 2016
© Condomínio dos Proprietários dos Direitos Intelectuais de Manuel Bandeira, 2016
Direitos cedidos por Solombra – Agência Literária (solombra@solombra.com.br)
© Silvana Moreli Vicente Dias, 2016
1ª Edição, Global Editora, São Paulo 2017

Jefferson L. Alves – diretor editorial
Gustavo Henrique Tuna – editor assistente
Flávio Samuel – gerente de produção
Flavia Baggio – coordenadora editorial
Jefferson Campos – assistente de produção
Fernanda Bincoletto – assistente editorial, revisão
e índice onomástico
Alice Camargo e Tatiana F. Souza – revisão
Silvana Moreli Vicente Dias – organização, estudos críticos,
estabelecimento de texto e notas
Eduardo Okuno – projeto gráfico
Victor Burton – capa
**Fundação Gilberto Freyre e Fundação Casa de
Rui Barbosa** – imagens de capa

Obra atualizada conforme o
NOVO ACORDO ORTOGRÁFICO DA LÍNGUA PORTUGUESA.

A Global Editora agradece à Fundação Gilberto Freyre e à Solombra — Agência Literária
pela gentil cessão dos direitos de imagem de Gilberto Freyre e Manuel Bandeira.

CIP – BRASIL. Catalogação na fonte
Sindicato Nacional dos Editores de Livros, RJ

D535c

    Dias, Silvana Moreli Vicente
Cartas provincianas: correspondência entre Gilberto Freyre e Manuel
Bandeira / Silvana Moreli Vicente Dias. – 1. ed. – São Paulo: Global,
2017.

    ISBN 978-85-260-2274-4

    1. Freyre, Gilberto, 1900-1987 - Correspondência. 2. Bandeira,
Manuel, 1886-1968 - Correspondência. 3. Cartas brasileiras. I.
Título.

16-32291   CDD: 869.96
                                                    CDU: 821.134.3(81)-6

Direitos Reservados

global editora e distribuidora ltda.
Rua Pirapitingui, 111 – Liberdade
CEP 01508-020 – São Paulo – SP
Tel.: (11) 3277-7999 – Fax: (11) 3277-8141
e-mail: global@globaleditora.com.br
www.globaleditora.com.br

Colabore com a produção científica e cultural.
Proibida a reprodução total ou parcial desta obra
sem a autorização do editor.

Nº de Catálogo: **3569**

Sumário

1. Correspondências provincianas: aproximações 7

   1.1 Brasis calcados 10

   1.2 Estas "cartas provincianas": deslocamentos 18

2. Correspondência entre Gilberto Freyre & Manuel Bandeira 25

   2.1 Critérios de edição 25

   2.2 Edição da correspondência 27

   2.3 Outros correspondentes 171

   2.4 Dos arquivos à edição: apontamentos 175

3. Textos Seletos de Gilberto Freyre e Manuel Bandeira 189

   3.1 A propósito de Manuel Bandeira 192

   3.2 Manuel Bandeira, recifense 196

   3.3 Dos oito aos oitenta 202

   3.4 Amy Lowell: uma revolucionária de Boston 207

   3.5 Em defesa da saudade 227

   3.6 Bahia de Todos os Santos e de quase todos os pecados 232

   3.7 Bahia 236

   3.8 No centenário de seu nascimento 239

   3.9 Sou provinciano 242

   3.10 Segredo da alma nordestina 243

   3.11 Gilberto Freyre 246

   3.12 Pernambucano, sim senhor 247

   3.13 Gilberto Freyre poeta 249

   3.14 Evocação do Recife 256

   3.15 Casa-Grande & senzala 260

3.16 Autorretrato   262

3.17 A Academia em 1926   263

4. Leituras da província   265

4.1 O ensaio de Gilberto Freyre e outras correspondências impuras   270

4.2 Crônicas epistolares   290

4.3 Itinerários da província   316

4.4 Os guias de Gilberto Freyre e Manuel Bandeira: roteiros e outras experiências compartilhadas   336

4.5 Correspondências cordiais?   353

4.6 Guardadores de papéis e iconografias da intimidade   369

4.7 Ainda crônicas provincianas   395

Agradecimentos   415

Bibliografia   417

Gilberto Freyre (livros, artigos e alguns opúsculos)   417

Manuel Bandeira (livros e traduções)   424

Referências   430

Outras fontes   451

Acervos pesquisados   451

Sites consultados   452

Créditos das imagens   453

Índice onomástico   461

1. Correspondências provincianas:

aproximações

> *O mistério continua conosco, homens do século XX, embora diminuído pela luz elétrica e por outras luzes. Por que desconhecê-lo ou desprezá-lo em dias tão críticos não só para certas fantasias psíquicas como para certas verdades científicas, como os dias que atravessamos?*
>
> Gilberto Freyre[1]

Com o título deste livro, *Cartas provincianas: correspondência entre Gilberto Freyre & Manuel Bandeira*, gostaria inicialmente de sugerir que são possíveis algumas formas particulares de aproximação entre os dois escritores. A palavra "correspondência", portanto, pode ser entendida, de início, como um espaço de afinidades, como um universo de leituras a se entrecruzarem e a se expandirem. O elemento central do trabalho é a efetiva correspondência trocada entre os pernambucanos Gilberto Freyre (1900-1987) e Manuel Bandeira (1886-1968). A partir dela, novo material foi selecionado a fim de ampliar as possibilidades de interpretação abertas pela epistolografia. Desse modo, o leitor poderá encontrar um conjunto aparentemente fragmentário e lacunoso, a partir do qual procurei aproximar algumas correspondências. Para tanto, diversos foram os textos reunidos: cartas, cartões-postais, ensaios, crônicas, poemas e fotografias.

Elemento nuclear deste livro, o capítulo 2 abrange uma proposta de edição da correspondência de Gilberto Freyre e Manuel Bandeira (seção 2.2), de forma fidedigna e uniformizada, acompanhada por notas de edição, entre colchetes, e por notas exegéticas, que procuram dar amplo suporte ao leitor – desde a explicação de alguma palavra de uso incomum até apontamentos que associem determinadas passagens, eventos e pessoas citados no conjunto com o contexto de época e, num exercício eminentemente intertextual e interpretativo, com a totalidade da obra dos autores. A correspondência de Gilberto Freyre e Manuel Bandeira perfaz 68 peças, sendo 14 de autoria de Gilberto Freyre e

---

[1] Freyre, Gilberto. *Assombrações do Recife Velho*. Rio de Janeiro: Record, 1987. p.16.

54 de Manuel Bandeira. A quase totalidade dessa documentação permanecia inédita[2] e seus manuscritos estão sob a guarda, respectivamente, do Arquivo-Museu de Literatura Brasileira da Fundação Casa de Rui Barbosa e do Centro de Documentação da Fundação Gilberto Freyre. No segmento das correspondências, está disposto um conjunto iconográfico amplo, com imagens de cartas, fotografias e dedicatórias. Na seção 2.3, há documentos, também editados de forma fidedigna e uniformizada, de remetente ou destinário diverso, que foram classificados como correspondência de Manuel Bandeira pela Fundação Gilberto Freyre.

Em seguida, vem o capítulo 3, que avança a tarefa de edição de textos na trilha do capítulo 2. Nele, organizei material esparso, composto de ensaios críticos, crônicas, resenhas e poemas de autoria de Gilberto Freyre e de Manuel Bandeira, o que permite ampliar a leitura do capítulo 2 e, ao mesmo tempo, dar sustentação a um entendimento mais alargado das relações entre ambos, em perspectiva comparada. O aparato de notas do capítulo 3 seguiu critérios semelhantes aos adotados no capítulo 2.

Alinhavando dados dispersos nos capítulos 2 e 3, o livro agrega, no capítulo 4, ensaios críticos elaborados de modo a ressaltar diversas facetas do diálogo, sempre cordial – e usei o termo ciente dos matizes que ele assume no Modernismo brasileiro –, entre Gilberto Freyre e Manuel Bandeira. De uma crônica do encontro até questões relacionadas à edição propriamente dita, procurei aproximar-me do todo sem disfarçar a lacunosidade do processo, ressaltando pontos de contato, bem como tensões entre textos e contextos de época.[3] Como o olhar do provinciano – Freyre e Bandeira se diziam "provincianos" – que segue o rumo das beiradas, este trabalho também dá especial relevo às bordas, a um material, em princípio, periférico, delineado desde a seção 4.1 por meio do conceito de "impureza" textual, que se encontra difuso na obra ensaística do autor. Na sequência, as seções 4.2 e 4.3 apresentam uma

---

2 Duas cartas que compõem este volume, as de número 7 e 9, foram fixadas conforme a seguinte edição: Freyre, Gilberto. *Cartas do próprio punho sobre pessoas e coisas do Brasil e do estrangeiro*. Sel., org. e introd. de Sylvio Rabello. Rio de Janeiro: Conselho Federal de Cultura, 1978. Além disso, a fixação do texto de quatro cartas de Manuel Bandeira, as de número 2, 13, 23 e 31, foi cotejada com sua publicação prévia em: Bandeira, Manuel. *Poesia e prosa*. Rio de Janeiro: Aguilar, 1958. v.2. Os demais documentos são inéditos.

3 Nesse contexto, pode ser interessante remeter ao conceito de "crítica biográfica", tal como abordado por Eneida M. de Souza: "A crítica biográfica, por sua natureza compósita, englobando a relação complexa entre obra e autor, possibilita a interpretação da literatura além de seus limites intrínsecos e exclusivos, por meio da construção de pontes metafóricas entre o fato e a ficção." (Souza, Eneida Maria de. *Crítica cult*. Belo Horizonte: Ed. UFMG, 2002. p.105). De fato, este livro se propõe a lançar mão de uma perspectiva comparada e, no limite, a confrontar-se com as fronteiras disciplinares. Porém, menos que um arcabouço vindo de fora, essa atitude, que poderia ser chamada de transdisciplinar, foi despertada a partir da leitura dos próprios textos analisados, por natureza heterogêneos, fronteiriços e moventes, como veremos adiante. Nesse sentido, a proposição de uma modernidade mais plural e descentralizada, catalisada, pelos autores aqui analisados, a partir de uma cidade de província, talvez possa ser mais adequadamente compreendida na contemporaneidade, época que busca romper com a hierarquização de textos típica das perspectivas modernas canônicas: "De uma perspectiva moderna e totalizante, restrita à valorização de um discurso em detrimento de outro, instaura-se diferente sentido de intertextualidade – mais abrangente, pela modificação do prefixo *inter* para *trans* – voltado para o caráter superficial dos textos e desvinculado de qualquer intenção decifratória e heurística." (Souza, *Crítica cult*, 2002, p.116-117).

leitura da correspondência recíproca ao lado de uma crônica do encontro, procurando inserir as cartas em uma perspectiva integradora em relação à obra de ambos, atenta a nuances biográficos, estéticos e históricos. Entrementes, em especial na seção 4.5, a "cordialidade", com base em sentido empregado por Freyre, como sociabilidade característica do brasileiro, e sua relação com o processo de miscigenação, foram recuperadas de modo a problematizarem-se pontos suscitados pelos documentos reunidos no livro; outrossim, de modo mais amplo, aspectos da modernização do campo literário e artístico no Brasil são discutidos atentando-se para a interação entre elementos como escritor, editor, financiador público e leitor. Por sua vez, as seções 4.4 e 4.6, no encalço de material paraliterário, inclusive inédito, destacam aspectos de uma produção multifacetada, no contexto de um Modernismo que coloca à prova, de modo empenhado, as fronteiras do literário e as relações tensas com a tradição. Especificamente na seção 4.6, vasculhando-se os arquivos pessoais e procurando as "razões" dos "guardadores de papéis", são arrolados outros documentos produzidos em paralelo às cartas e aos textos publicados em vida dos autores, que igualmente revelam traços da vida pessoal e social – mais uma vez valendo-me de terminologia freyriana – de nomes envolvidos nas "crônicas" epistolares abordadas ao longo das linhas anteriores. Por sua vez, a seção 4.7 arremata a narrativa, uma espécie de epílogo atento a trajetórias, de pessoas e grupos, lidas a partir de entrecruzamentos espectrais[4] – e, nesse sentido, abertos a outras reverberações e possibilidades de pesquisa – entre vida e obra. As imagens do caderno iconográfico, seguindo a via aberta pelas cartas, serão recuperadas em muitos pontos do capítulo 4.

É importante ressaltar que o modo aparentemente solto de relacionar esse material esparso, situado muitas vezes entre a esfera privada e a esfera pública, foi a solução que encontrei para estabelecer nexos plausíveis entre textos e objetos de naturezas bem distintas; e essa relação parece iluminar – ou, pelo menos, assim eu gostaria – discursos heterogêneos sobre nossa experiência social, delineados a partir de conceitos que fazem sobressair a ambiguidade, os deslocamentos e as fissuras, e que continuam a exercer, a despeito de suas incongruências, um fascínio muito peculiar. O tema da "província", como veremos, alinhava tanto a produção de Freyre quanto a de Bandeira, destacando dois perfis com experiências artísticas e intelectuais convergentes – mas não similares. Assim, em ambos, evocação e pendor analítico combinam-se como um exercício estético que é também enfrentamento de questões caras à nossa história. A província, desse modo, acaba por figurar-se de modo paradoxal na obra de ambos, ressaltando questões situadas no bojo do que compreenderiam como processo contraditório de modernização do país, tendo procurado, entre

---

4 Discuto, do ponto de vista teórico, possíveis relações entre epistolografia e biografia crítica em: Dias, Silvana Moreli Vicente. Espectros postais: aproximações entre biografia crítica e correspondência de escritores. *Outra travessia*, Florianópolis, n.14, p.131-142, 2012.

outros escopos, problematizar uma via diferenciada de modernidade, singularmente combinada com tradição.⁵

1.1 Brasis calcados

Na crônica "Sou provinciano" – editada pela primeira vez em livro em *Andorinha, andorinha*, de 1966, organizado por Carlos Drummond de Andrade –, Manuel Bandeira, ao ressaltar os laços com a província e sua condição provinciana, afirma:

> Conheço um sujeito de Pernambuco, cujo nome não escrevo porque é tabu e cultiva com grandes pudores esse provincianismo. Formou-se em sociologia na Universidade de Colúmbia, viajou a Europa, parou em Oxford, vai dar breve um livrão sobre a formação da vida social brasileira... Pois timbra em ser provinciano, pernambucano, do Recife.⁶

O texto, originalmente publicado em 12 de março de 1933 no jornal *Estado de Minas*, indica que, já naquela época, o nome de Gilberto Freyre circulava em outros redutos brasileiros que não somente o "provinciano" Pernambuco. Pensar na figura de Freyre como "tabu" a partir da década de 1950, quando foi sistematicamente rejeitado por uma linha da sociologia acadêmica, de bases sólidas no meio universitário em franca consolidação, e quando foi acusado de apoiar movimentos reacionários, o que culmina com sua cooptação pelo governo militar brasileiro instaurado em 1964, é, nos dias de hoje, quase um lugar-comum. Mas o fato de ser um "tabu" na década de 1930 é sintomático de uma

---

5 Longe de querer reforçar qualquer excepcionalismo brasileiro, é fato que a abordagem agregadora e paradoxal, burilada desde os anos 1920 e bem expressa em *Casa-grande & senzala*, encontra reverberações no presente. Observe-se, nesse sentido, a afirmação, espécie de mote introdutório, de Lilia Moritz Schwarcz e Heloisa Murgel Starling, no recente *Brasil: uma biografia*: "No país, o tradicional convive com o cosmopolita; o urbano com o rural; o exótico com o civilizado – e o mais arcaico e o mais moderno coincidem, um persistindo no outro, como uma interrogação". Sobre a contribuição de Freyre nos anos 1930, colocam objetivamente as autoras: "Mas não há casa-grande sem senzala, e foi em torno desse duo, que parece composto de opostos, porém, na verdade, abrange partes contíguas, que Gilberto Freyre publicou em 1933 seu clássico *Casa-grande & senzala*, evidenciando as contradições e relações que se estabeleciam entre senhores e escravos. [...] 'Equilíbrio de antagonismos de economia e de cultura' foi a expressão utilizada por ele para demonstrar como paternalismo e violência, mas também negociação de parte a parte, coexistiam nesse cotidiano". Mais adiante, vale destacar, as autoras consideram que Freyre idealiza a nova civilização, embora não deixar de descrever a violência e o sadismo presentes nela. (Schwarcz, Lilia Moritz; Starling, Heloísa Murge. *Brasil*: uma biografia. São Paulo: Companhia das Letras, 2015. versão kindle.) Nesse contexto, uma leitura pormenorizada das tensões da escrita de Freyre é oferecida por Benzaquem de Araújo em seu *Guerra e paz*, segundo o qual: "[...] da mesma maneira que encontramos em CGS um vigoroso elogio da confraternização entre negros e brancos, também é perfeitamente possível descobrirmos lá numerosas passagens que tornam explícito o gigantesco grau de violência inerente ao sistema escravocrata, violência que chega a alcançar os parentes do senhor, mas que é majoritária e regularmente endereçada aos escravos." (Araújo, Ricardo Benzaquem de. *Guerra e paz: Casa-grande & senzala e a obra de Gilberto Freyre nos anos 30*. Rio de Janeiro: Ed. 34, 1994. p.45).

6 Bandeira, Manuel. *Poesia completa e prosa*. Rio de Janeiro: Nova Aguilar, 1974. p.668.

atitude polemista muito característica, imagem ainda mais reforçada por sua relação particularmente difícil com certos modernistas "do Sul", os quais rejeitava por seu suposto "futurismo" e talvez como forma de oferecer o necessário contraponto – compreensível em uma sociedade afeita aos debates públicos – que permitisse destacar sua bandeira em defesa de valores regionais e tradicionais.[7]

No final daquele ano de 1933 sairia *Casa-grande & senzala*, que seria logo incorporado ao cânone do ensaísmo social brasileiro. A convivência de Manuel Bandeira com Freyre teria se iniciado, por carta, em 1925. Bandeira logo se torna sólida figura mediadora, que recebe, em casa, o ensaísta em muitas de suas visitas ao Rio de Janeiro e facilita seu contato com modernistas – muitos deles jovens aspirantes a escritores – do Rio de Janeiro e de São Paulo. O encontro, para além das conquistas da amizade e do convívio social, naturalmente renderia muitos frutos, sobretudo do mais experiente ao "jovem quixotesco aprendiz".[8] Porém, em alguma medida, pode ter propiciado também ao poeta aprendizagens literárias mais consequentes; não só um repertório de temas parece começar a se expandir, mas também um estilo particular se delineia: "Foi nas páginas de *A Província* que peguei este jeito provinciano de conversar",[9] afirmaria Bandeira, que foi um dos colaboradores regulares do jornal do Recife, quando este era dirigido por Gilberto Freyre.

De fato, a própria presença de Freyre na cultura brasileira tomaria grande vulto naqueles anos: após *Casa-grande & senzala*, sua reputação como escritor, sociólogo, historiador e antropólogo se consolidou no país, e seu nome passou a circular no exterior, especialmente nos meios acadêmicos norte-americanos voltados para o estudo da América Latina. A forma de sua escrita o consagrou como um dos nossos grandes ensaístas, e suas formulações sobre o Brasil ainda se impõem como das mais importantes e produtivas já feitas ao longo de nossa história. Num país que não costuma ser "amigo do livro", como diria Freyre, é emblemático o fato de termos duas grandes e criteriosas biografias – e não são as primeiras – lançadas recentemente num curto espaço de tempo: o meticuloso *Gilberto Freyre: um vitoriano dos trópicos*, de Maria

---

7 Em artigo publicado no *Diário de Pernambuco* em 20 de maio de 1923, afirma Freyre: "A mocidade de São Paulo, que eu suponho a mais culta do Brasil, sofre neste momento a nevrose do que entre nós se chama indistintamente *futurismo*. É pena. [...] está, sem nenhuma noção do ridículo, arremedando Dadá. Compreende-se, explica-se, justifica-se até Dadá na Europa, onde o cansaço dos museus, das bibliotecas, das grandes coisas estratificadas amolece o espírito criador que não é senão o espírito da juventude. Mas entre nós!" (FREYRE, Gilberto. Introdução do autor. In: _____. *Tempo de aprendiz*: artigos publicados em jornais na adolescência e na primeira mocidade do autor: 1918-1926. São Paulo: IBRASA; Brasília: INL, 1979. v.1, p.261).

8 Aproveito a expressão "quixote" valendo-me das próprias palavras de Gilberto Freyre, que qualifica o tom dos primeiros artigos no *Diário de Pernambuco*, cujo início se deu quando tinha apenas 18 anos, como de "um quixotismo de adolescente desvairado", "uma quixotesca busca" (FREYRE, *Tempo de aprendiz*, 1979, v.1, p.27). Outra não é a postura do próprio José Lins do Rego, segundo testemunha do amigo: "José Lins do Rego, na sua adolescência de panfletário, há vinte anos, no Recife, fartou-se de atacar Estácio Coimbra e Pedro Paranhos. Que eram uns autocratas. Inimigos do povo. Que Estácio Coimbra não descia até o povo com medo de sujar os punhos da camisa ou desmanchar o laço da gravata de seda." (FREYRE, Gilberto. Fidalgos pernambucanos. In: _____. *Região e tradição*. Rio de Janeiro: José Olympio, 1941. p.231).

9 BANDEIRA, *Poesia completa e prosa*, 1974, p.668.

Lúcia Pallares-Burke,[10] e o panorâmico *Gilberto Freyre: uma biografia cultural*, de Guillermo Giucci e Enrique Rodríguez Larreta.[11] E, no início do século XXI, a obra de Gilberto Freyre continua provocando acaloradas discussões.

De outro modo, a inserção do nome de Manuel Bandeira no cânone da literatura brasileira do século XX é indiscutível. Diferentemente de Freyre, cuja fortuna crítica tem gozado de consideráveis oscilações ao longo do tempo, Bandeira, por sua vez, parece ter desconhecido altos e baixos e, mesmo após sua morte, continuou – como até hoje – sendo lido e apreciado por um público leitor considerável, tendo inclusive presença certa na formação escolar em nível secundário e superior. Em sua trajetória, assumiu a tarefa de "abrasileiramento do Brasil" ao seu modo, trazendo à tona, em plenas décadas de 1920 e 1930, temas como a formação nacional, a língua, a música, a religião e a arquitetura brasileiras, com uma coerência insuperável em sua geração. Circulou por diversos grupos modernistas e foi simultânea e sintomaticamente amigo de Mário de Andrade e de Gilberto Freyre, bem como de outros paulistas e pernambucanos, ao lado de cariocas, mineiros etc. Seus poemas, suas crônicas e seus ensaios sobre temas brasileiros, num sentido amplo, mostram em que medida buscou construir formas sólidas, nada abstratas ou cartesianas, de aproximação com a experiência e a matéria local.

É indiscutível que páginas fundamentais do Modernismo no Brasil foram escritas por Gilberto Freyre, que nasceu e viveu praticamente toda a vida no Recife, e Manuel Bandeira, pernambucano radicado no Rio de Janeiro, em definitivo, desde o início da adolescência. O encontro dos dois, assim, não seria de menor importância. Nessa trilha, um termo que parece alinhavar tanto parte de seus escritos quanto também o contorno de seus valores e de suas atitudes ideológicas, em certa medida partilhadas por outros de sua geração, é o da "província" – abraçada, reverenciada e às vezes sintomaticamente abordada em chave de riso e ironia. O tema, entretanto, não é tão simples como possa à primeira vista parecer: basta dizer que tanto Freyre quanto Bandeira delimitaram o seu emprego para significar um retorno, o que ressalta, portanto, seu caráter de desvio, de retomada que também engloba seu afastamento, o olhar a partir de fora. No caso de Freyre, o regresso ao ambiente recifense deu-se após cinco anos fora do país, vivendo em meio a culturas ditas hegemônicas como a norte-americana e de vários outros países europeus, entre 1918 e 1923.[12] No caso de Bandeira,

---

10 PALLARES-BURKE, Maria Lúcia. *Gilberto Freyre*: um vitoriano dos trópicos. São Paulo: Ed. Unesp, 2005.

11 GIUCCI, Guillermo; LARRETA, Enrique Rodríguez. *Gilberto Freyre*: uma biografia cultural: a formação de um intelectual brasileiro: 1900-1936. Trad. Josely Vianna Baptista. Rio de Janeiro: Civilização Brasileira, 2007.

12 Porém, vale afirmar que o período de formação de Gilberto Freyre se deu nos Estados Unidos, primeiro na Universidade de Baylor, Texas, entre 1918 e 1920, e depois na Universidade Columbia, New York, entre 1920 e 1922. Nesse período, a hegemonia dos Estados Unidos do ponto de vista econômico saltava aos olhos e as transformações modernizadoras do país, bem como suas contradições, eram percebidas pelo jovem Freyre, como podemos observar nos artigos de jornal enviados pelo então estudante para publicação no *Diário de Pernambuco*. Porém, a posição geopolítica norte-americana de destaque internacional só se consolidaria decisivamente após a Segunda Guerra, à qual se segue a polarização de poder que passa a dividir com a União das Repúblicas Socialistas Soviéticas (URSS). Como afirma Henry Kissinger: "*When America entered the international arena* [em 1917], *it was young and robust*

"Recifense criado no Rio [...] falava num carioca federativo", ou seja, muitas de suas referências de formação provêm do Rio de Janeiro, então capital federal, cidade que gradualmente se modernizava e cuja realidade socioeconômica e cultural era, em muito, distinta daquela vivenciada pelo Recife da infância do poeta. Assim, a província e suas leituras apontam para várias dimensões da experiência do eu e da cidade, de modo que as idas e voltas, os desvios deste livro, também têm por objetivo mostrar uma parte da complexidade desses perfis provincianos, certa aderência comovida que não deixa de apresentar um sabor "acre", como diria João Cabral de Melo Neto acerca de Bandeira.[13]

Numa dessas possíveis leituras, ambos, Freyre e Bandeira, ao seguirem a trilha da província e do provinciano, parecem contribuir com um veio que se poderia chamar, segundo Michael Löwy e Robert Sayre,[14] de "figurações românticas na sociedade", ao procurarem se apropriar, em certa medida, de valores pré-modernos e anticapitalistas como forma de atuação no presente. A "província", ao englobar uma crítica aos valores cosmopolitas, como o racionalismo, o individualismo e o tecnicismo da sociedade burguesa, parece mostrar que os autores estavam acompanhados em alguma medida de um amplo espectro de pensadores e artistas de linhagem romântica com variáveis conservadoras e de esquerda. Daí teóricos como Walter Benjamin, o jovem Georg Lukács e Theodor Adorno, enquanto críticos do Iluminismo, mostrarem-se, em alguns momentos, produtivos para tornar mais complexo o estudo da correspondência e da obra dos dois escritores. Trata-se, pois, de formas de proposição diferentes, modernas e ao mesmo tempo de fundo romântico, em ação contra um mundo desencantado, que se lançam para o passado procurando respostas, de consequências e perfis certamente variáveis, acerca dos limites do presente, fazendo sobressair, em muitos momentos, um forte sentimento de contradição.[15]

---

and had the power to make the world conform to its vision of international relations. By the end of the Second World War in 1945, the United States was so powerful (at one point 35 percent of the world's entire economic production was American) that it seemed as if it was destined to shape the world according to its preferences." (KISSINGER, Henry. Diplomacy. New York: Simon & Schuster, 1994. p.19). É interessante, nesse sentido, que Freyre tenha se deslocado para os Estados Unidos para realizar seus estudos, e não para a Europa, como fazia a maior parte dos jovens intelectuais brasileiros, que tinha como referência países do Velho Mundo, sobretudo a França. Parte da explicação advém do fato de que ele foi educado por missionários norte-americanos, que fundaram o Colégio Americano Gilreath no Recife em 1906, do qual seu pai, Alfredo Freyre, chegaria a ser vice-diretor. Segundo Diogo de Melo Meneses: "Teve efetivamente dito colégio uma fase de esplendor, dada aquela preferência, reflexo talvez do entusiasmo então generalizado no Brasil de admiração por ideais e métodos norte-americanos através dos fervores americanistas do grande Joaquim Nabuco, e dado também o fato de seu corpo docente ter reunido por algum tempo ótimos professores vindos especialmente para esse fim da América do Norte [...]" (MENESES, Diogo de Melo. *Gilberto Freyre*. 2.ed. rev. atual. Recife: Fundaj / Ed. Massangana, 1991).

13   Eis o belo poema de João Cabral de Melo Neto, "O pernambucano Manuel Bandeira": "Recifense criado no Rio, / não pôde lavar-se um resíduo: não o do sotaque, pois falava / num carioca federativo. / Mas certo sotaque do ser, acre mas não espinhadiço, / que não pôde desaprender / nem com sulistas nem no exílio." (MELO NETO, João Cabral de. *A Educação pela pedra e depois*. Rio de Janeiro: Nova Fronteira, 1997. p.57-58).

14   LÖWY, Michael; SAYRE, Robert. *Romantismo e política*. Trad. Eloísa de Araújo Oliveira. São Paulo: Paz e Terra, 1993.

15   A propósito, Gilberto Freyre flagra uma tendência romântica, em muitos momentos, ao interpretar as contradições que o cercam: "No gosto contraditório pelo familiar e pelo estranho, ao mesmo tempo; no interesse por teorias e figuras contraditórias – por um Joyce ao lado de um Proust, por um Lucas Evangelista ao lado de um Pater – tão

As leituras dessa província calcada – que se entenda como pisada, em estreita ligação com a terra, mas também menosprezada e reprimida –, ao se voltarem para o passado e ao proporem, como um dos eixos de seu discurso, a preservação – da arquitetura colonial, da língua "brasileira", dos valores "autênticos", da memória, apenas para citar alguns dos temas recorrentes na produção dos autores nesse período –, acabaram por constituir uma linha característica no Brasil da primeira metade do século xx, que não deve passar despercebida. Embora obviamente o componente imaginativo seja ingrediente fundamental dessas configurações provincianas, sua problemática não pode ser simplesmente explicada como se na esteira de um movimento deliberado de "invenção de tradições",[16] mesmo porque nunca se pretendeu que elas fossem estruturadas e aparentemente imutáveis. Seu motor, como os escritos dos autores sugerem, é a variabilidade e adaptabilidade. A própria força com que ambos os escritores procuraram trazer os elementos antes marginais, como a herança africana, para o centro do debate artístico e intelectual então em curso é exemplo de uma revalorização positiva, consciente e empenhada de "elementos provincianos",[17] os quais a crítica em geral, sobretudo aquela guiada por critérios de fundo progressista, não aborda de forma pacífica. Escolher um termo, já àquela época, carregado de significados negativos, tanto em português quanto nas várias línguas neolatinas, mostra uma especial tendência para o confronto e para a resistência: com origem na Roma Antiga, de uma acepção inicial como território administrativo, nação, estado e colônia, a "província" passa a significar qualquer delimitação ou esfera de interesse, genericamente, até apontar para a escassa importância econômica e cultural de um território frente a outros maiores e, logo, para "o fechamento", "o sufocamento" e "o atraso" supostamente próprios

---

daquele grupo, tão do autor, há evidentemente uma marca romântica. Pois todo bom romântico está de acordo com Pascal – o maior dos românticos do seu tempo e, ao mesmo tempo, um realista agudo – em que a contradição não é sinal de falsidade; nem a ausência de contradição sinal de verdade." (Freyre, *Região e tradição*, 1941, p.39). Além da romântica contradição entre seu gosto pela tradição e pela província, em contraposição ao seu entusiasmo pelo cosmopolitismo vanguardista, afirma ainda o autor: "Romântico ele é, ainda, no gosto de falar de si próprio à sombra de qualquer pretexto; e mesmo sem pretexto nenhum." (Freyre, *Região e tradição*, 1941, p.39). Essa tendência autobiográfica se aprofundaria com os anos.

16   Para o historiador Eric Hobsbawm, em introdução ao livro *A invenção das tradições*: "Aliás, o próprio aparecimento de movimentos que defendem a restauração das tradições, sejam eles 'tradicionalistas' ou não, já indica essa ruptura [da continuidade]. Tais movimentos, comuns entre intelectuais desde a época romântica, nunca poderão devolver, nem preservar um passado vivo (a não ser, talvez, criando refúgios naturais humanos para aspectos isolados na vida arcaica); estão destinados a se transformarem em 'tradições inventadas'. Por outro lado, a força e a adaptabilidade das tradições genuínas não devem ser confundidas com a 'invenção de tradições'. Não é necessário recuperar nem inventar tradições quando os velhos usos ainda se conversam" (Hobsbawm, Eric; Ranger, Terence. *A invenção das tradições*. Rio de Janeiro: Paz e Terra, 1984. p.16). Veremos que o "provincianismo" de Bandeira e Freyre não é meramente "restituidor" ou tão somente "saudosista" – mesmo quando empregados, os termos e seus similares são sempre problematizados –, de modo que o debate levantado aqui pode ser pensado sob diversos vieses.

17   Nesse contexto, segundo Leyla Perrone-Moisés, a presença de Gilberto Freyre foi decisiva na década de 1930 para a valorização do elemento mestiço: "No século xx, sobretudo depois da obra de Gilberto Freyre, *Casa-grande & senzala* (1933), a situação inverteu-se, e os intelectuais passaram a declarar suas origens negras. Essa assunção lhes dava boa consciência e os marcava como verdadeiros brasileiros, diversos dos novos imigrantes europeus ou orientais. [...] Independentemente do que possam especular os intelectuais a respeito dela, a mestiçagem é um fato permanentemente consumado na América Latina e, em termos culturais e artísticos, produz resultados originais." (Perrone-Moisés, Leyla. Paradoxos do nacionalismo literário na América Latina. In: _____. *Vira e mexe nacionalismo*: paradoxos do nacionalismo literário. São Paulo: Companhia das Letras, 2007. p.45).

das pessoas ditas provincianas ou de pensamento pequeno-burguês.[18] É contra tal acepção restritiva e pejorativa que os autores se posicionam.

De fato, para muitos naquele período, a província, principalmente nas décadas de 1920 e 1930, deveria ser superada e transcendida, fosse em prol de valores cosmopolitas, fosse em favor de valores nacionais mais agregadores e generalizantes. O trajeto cultural dessa província parece seguir uma linha que se expressa, no campo da política, pela tentativa de contraposição ao federalismo, e a consequente autonomia das províncias, com vistas a estabelecer um governo centralizador, como de fato aconteceria com a substituição da República Velha pela República Nova a partir dos eventos desencadeados pela Revolução de 1930. Na vertente nacionalista, a província se misturou, no Brasil, com o projeto ideológico dos anos 1930, mas sua perspectiva ainda ficou reprimida como expressão de meros regionalismos, de nacionalismos ameaçadores ou de nostalgias retrógradas. Ela foi, ao final, assumida muito mais como valor periférico na cultura brasileira – e também ocidental.

Contudo, hoje, pode-se ver nela uma ação diferenciada e transnacional, já presente no início do século xx. Apesar de ser evidente que a proposição dos autores pode ser mais bem entendida agora do que há alguns anos, também não pretendo inserir este trabalho em nenhuma corrente teórica mais recente ou mesmo fazer uma leitura que se encaminhe nesse sentido. As cartas serão lidas sobretudo no contexto dos empenhados debates modernistas em curso nos anos 1920 e 1930.

No caso de Gilberto Freyre, os questionamentos acerca do "apenas moderno", ou seja, dos limites do moderno, convergem para o paradigma que tomaria a cena, num futuro não muito distante, principalmente em países de língua inglesa. Ainda assim, não deixa de ser sugestivo que o escritor, em 1973, publicasse um livro chamado *Além do apenas moderno*, prefaciado por José Guilherme Merquior. Nele, Freyre declara-se um anarquista conservador, desenvolve um pensamento contra o utilitarismo, propondo o "rurbano"[19] como superação das mazelas cosmopolitas e liberalizantes, desenvolvendo o conceito de "tempo tríbio" (segundo o qual passado, presente e futuro se interpene-

---

18 Dos vários dicionários consultados por mim em português, espanhol, francês e italiano (numa busca evidentemente não exaustiva), apenas um deles, o *Grande Dizionario della Língua Italiana di Salvatore Battaglia* (Torino: Unione Tipográfico-editrice Torinense, 1988), apontou para um uso positivo do termo "província", como algo *"che sorge in un centro minore e ha dimensioni modeste e aspetto dignitosamente dimesso"*. Mas isso após afirmar de forma contundente: *"L'insieme dei centri minori di una regione o di una nazione, in contrapposizione al capoluogo o alla capitale. In partic.: l'ambiente che gli è proprio, considerato per lo piú chiuso e tradizionalista, meschino e un po' volgare, arretrato nella cultura e nei costume (o, all'opposto, supinamente e ostentatamente incline alle ultime mode), nonché indolente e torpido, in contrasto con il febbrile movimento delle metropoli."* Esse sentido negativo do "provinciano", como "fechamento" e "reclusão", está registrado, por exemplo, no *Dicionário Houaiss da Língua Portuguesa*, no *Novo Dicionário Aurélio da Língua Portuguesa* e no *Michaelis: moderno dicionário da língua portuguesa*. Diga-se ainda que, a partir do Segundo Reinado, a "província" significava uma das grandes divisões administrativas, governadas, cada qual, pelo respectivo Presidente da Província; portanto, o uso da palavra era corrente na época. Com o fim da República Velha, acabam as províncias e surgem os estados.

19 Pode-se dizer que Gilberto Freyre antecipa a elaboração de neologismos que se disseminariam algumas décadas depois, como "glocalização" (do inglês *glocalization*, fusão de *globalization* e *localization*), o qual se propõe a fazer refletir sobre a tensão entre resistências e convergências da cultura local com relação ao global. Cf., por exemplo, Bauman, Zygmunt. Glocalization and hybridity. *Glocalism*, Journal of Culture, Politics and Innovation, 1, 2013. Disponível em: <http://www.glocalismjournal.net/Issues/HYBRIDITY/Articles/>. Acesso em: jun. 2015.

tram) e lançando-se contra o objetivismo cronométrico da modernidade;[20] bem como, em outros textos, continua a falar, e muito, sobre si, espalhando belas e fabulosas histórias na mídia da época com evidente objetivo de manter-se no centro dos refletores, a ponto de ficção e realidade perderem completamente a fronteira e se imporem como espetáculo.[21] Nesse sentido, Gilberto Freyre pode ser visto, com seu cabotinismo peculiar, como um intelectual pós-moderno e midiático *avant la lettre*.

Como exemplo da possibilidade de o ensaísta continuar falando produtivamente na contemporaneidade, veja-se a analogia entre a proposição de Gilberto Freyre, que defende a combinação entre originalidade e liberdade, e o pensamento de um filósofo como Giorgio Agamben, crítico ferrenho da modernidade nos dias de hoje, ao mostrar os limites do tempo linear e do historicismo de fundo progressista e ao defender uma reaproximação com a "história autêntica", por uma nova concepção de tempo e pela experiência poética da infância.[22] Em 1925, Manuel Bandeira publicou um poema, "Evocação do Recife", escrito a pedido de Gilberto Freyre, que poderia ser lido, aproximando-se dessa linha, como a realização literária de uma mitologia inovadora, que congrega experiência e infância, história e mito, como uma forma de romper com a descontinuidade imposta pela época moderna e como possibilidade de avizinhar-se, em última instância, da morte – num sentido amplo, subjetivo, histórico e arquetípico:

---

20 Note-se reflexão de Freyre sobre o tempo: "Talvez se possa dizer do tempo que não há um tempo só vivido de modo unilinear pelo indivíduo; e sim vários tempos, variamente, contraditoriamente, vividos por ele. Um que morre antes do indivíduo; outros que lhe sobrevivem. O mesmo se poderá dizer das relações sociedade-cultura-tempo." (Freyre, Gilberto. *Além do apenas moderno*. Rio de Janeiro: Topbooks, 2001. p.140-141).

21 A fábula inventada do casamento de Freyre com uma rica herdeira norte-americana, às vésperas de seu retorno ao Recife depois do exílio forçado pelos acontecimentos deflagrados pela Revolução de 1930, é exemplar da forma antecipadora com que o escritor se relaciona com a mídia. Leia-se a seguinte passagem de Giucci e Larreta: "A notícia de seu casamento com uma herdeira norte-americana tão rica quanto feia espalhou-se no Recife e chegou à imprensa da província. Num jornal local de junho de 1931, na seção 'Casamentos', registra-se a notícia: 'Por carta particular, sabemos que se realisará no próximo mez, na Califórnia, o casamento do escriptor brasileiro sr. Gilberto Freyre com miss Louise Marie Bianchi Hill, filha do coronel Monson Horace Bianchi Hill, de Rothontas, conhecido como o 'rei da Esmeralda', por possuir algumas importantes minas no Pacífico. Após o consórcio, o jovem par deverá seguir para a ilha do Pacífico, Kelley-Gon, de propriedade da família Bianchi Hill, que tem ali o seu palacete de verão'. [...] Numa carta enviada a Olívio Montenegro, pede-lhe reserva absoluta, muito tato e alguma imaginação. Trata-se de difundir uma mentira. Qual é o motivo da mentira? 'Já que começo a ser ahi (Recife) uma legenda, até mesmo um phantasma, quero contribuir eu proprio para o mytho. Minha primeira contribuição é esta que envio: creio que provocará invejas maiores que o convite de Stanford. Irão outras depois. Todas baseadas na seguinte psychologia: provocar invejas e ao mesmo tempo dar opportunidade ao pobre diabo, roido de inveja, dizer, como compensação (a superioridade moral é sempre uma compensação): que péssimo charater esse Gilberto Freyre. Aqui esta a ultima desse nefando Bigodinho – casar-se por dinheiro com a filha de um milionário' (GF a Olívio Montenegro, 18/05/1931)." (Giucci e Larreta, *Gilberto Freyre*, 2007, p.405-406).

22 Segundo Agamben, seria lícito às novas gerações uma inovadora proposta: "Ao tempo vazio, contínuo, quantificado e infinito do historicismo vulgar, deve ser oposto o tempo pleno, partido, indivisível e perfeito da experiência humana concreta; ao tempo cronológico da pseudo-história, o tempo cairológico da história autêntica; ao 'progresso global' de uma dialética que se perdeu no tempo, a interrupção e a imediatez de uma dialética imóvel." (Agamben, Giorgio. *Infância e história*: destruição da experiência e origem da história. Trad. Henrique Burigo. Belo Horizonte: Ed. UFMG, 2005. p.168).

> Recife...
>   Rua da União...
>   A casa de meu avô...
> Nunca pensei que ela acabasse!
> Tudo lá parecia impregnado de eternidade
>
> Recife...
>   Meu avô morto.
> Recife morto, Recife bom, Recife brasileiro como a casa de meu
>   [avô.[23]

Em seu *Itinerário de Pasárgada*, Bandeira fala inclusive sobre a formação de uma mitologia pessoal enraizada na infância como materialização de uma experiência distinta da propiciada pela regularidade do tempo linear e cronológico:

> Dos seis aos dez anos, nesses quatro anos de residência no Recife, com pequenos veraneios nos arredores – Monteiro, Sertãozinho de Caxangá, Boa Viagem, Usina do Cabo – construiu-se a minha mitologia, e digo mitologia porque os seus tipos, um Totônio Rodrigues, uma Dona Aninha Viegas, a preta Tomásia, velha cozinheira da casa de meu avô Costa Ribeiro, têm para mim a mesma consistência heroica das personagens dos poemas homéricos. A Rua da União, com os quatro quarteirões adjacentes limitados pelas Ruas da Aurora, da Saudade, Formosa e Princesa Isabel, foi a minha Tróada; a casa de meu avô, a capital desse país fabuloso. Quando comparo esses quatro anos de minha meninice e quaisquer outros quatro anos de minha vida de adulto, fico espantado do vazio destes últimos em cotejo com a densidade daquela quadra distante.[24]

Assim, Freyre e Bandeira apontam, em vários momentos, para a vontade de reunirem experiência e mito – o que evidentemente implica formas diferentes de abordagem do passado, em perspectiva pendular entre a reapropriação melancólica, que dialoga, sempre de forma ametódica, com o estilo do memorialista, e a experiência residual, em que certa narratividade sobrevive literariamente apesar da descontinuidade e da negatividade –, redirecionando o homem para um mundo encantado, como forma de contactar-se com uma dimensão original de tempo e de história, para além da ideia de um progresso inexorável, de um processo quantificável. Um dos projetos de Freyre que se

---

[23] BANDEIRA, *Poesia completa e prosa*, 1974, p.214.
[24] BANDEIRA, *Poesia completa e prosa*, 1974, p.35.

esboçam na década de 1930, confiado ao amigo Bandeira em carta com nota de *confidential*, por exemplo, mostra o propósito de desenvolver estudo que aliasse ciência à descoberta da intimidade e da vida da criança no Brasil[25] – em época em que ainda não se falava, por exemplo, em História da Intimidade e do Cotidiano. Parecem significativas, nesse sentido, as escolhas do tipo de escrita aos quais os autores se dedicariam, a poesia, para Bandeira, e o ensaio, para Freyre, formas em si historicamente mais descentralizadas e assistemáticas que, por exemplo, o romance ou o tratado acadêmico.

Portanto, o exercício de trazer Gilberto Freyre, Manuel Bandeira e a província, juntos, não poderia ser pacífico. Este livro, mais ainda, não pretende ser conciliador ou minimizar evidentes contradições de um projeto pleno de paradoxos, nem sequer dar uma resposta coerente e definitiva para questões tão amplas e que atravessam o século; de outro modo, espera tão somente mostrar que o debate está longe de um desfecho unilateral ou pacificador.

1.2 Estas "cartas provincianas": deslocamentos

Para discutir o papel do crítico na modernidade, Roland Barthes parte da seguinte proposição:

> Ora, escrever é de certa forma fraturar o mundo (o livro) e refazê-lo Que se pense aqui no modo profundo e sutil, como de hábito, que a Idade Média encontrou para reger as relações do livro (tesouro antigo) com aqueles que tinham o encargo de reconduzir essa matéria absoluta (absolutamente respeitada) através de uma nova fala. Só conhecemos hoje o historiador e o crítico (e ainda querem que, indevidamente, os confundamos); a Idade Média tinha estabelecido em torno do livro quatro funções distintas: o *scriptor* (que copiava sem nada acrescentar), o *compilator* (que nunca acrescentava coisas suas), o *commentator* (que só intervinha por si próprio no texto recopiado para o tornar inteligível) e afinal o *auctor* (que dava suas próprias ideias, apoiando-se sempre sobre outras autoridades) [...].[26]

---

[25] "Vai esta com a nota de *confidential* porque é assunto que desejo fique encoberto dos literatos. Agora que estou ganhando um pouco mais (embora reunindo responsabilidades e deveres de três indivíduos) estou empregando as economias na compra de livros referentes à vida íntima do Brasil (muitos deles só de passagem), a estudos sociais, em geral, sobre a família e especialmente sobre a vida e a história da criança, em vários países e em diferentes condições de cultura. Já estou com um bom começo de biblioteca especializada e outros desses livros me estão a chegar. Esse trabalho e essa reunião de livros – prende-se a um estudo, sob o ponto de vista psicológico e histórico, que há anos me prende, e adiado pela falta absoluta de entusiasmo e falta de recursos de estudo e leitura aqui. Sucede que apareceu uma fagulhazinha de entusiasmo e, em vez do miserável dinheiro que me trazia sempre em dívidas, estou ganhando (embora com sacrifício de conforto e saúde) o bastante para me dar ao luxo de adquirir livros sobre um estudo especializado como o que me vem há tempos ocupando a um estudo da vida de menino no Brasil." (Cf. capítulo 2, documento 5, com datação "Recife, 6 de maio de 1929").

[26] Barthes, Roland. *Crítica e verdade*. Trad. Geraldo Gerson de Souza. São Paulo: Perspectiva, 1982. p.229.

A modernidade teria recusado a validade dessa distinção engenhosa por seu rigor impossível, uma vez que a visão subjetiva pode minar justamente as fases em que se pretende o respeito ao livro, como a atividade do *compilator*. A crítica, na modernidade, começaria a atuar já como *compilator*, pois "não é necessário acrescentar coisas suas a um texto para o 'deformar'; basta citá-lo, isto é, cortá-lo: um novo inteligível nasce imediatamente".[27] Mas o crítico literário, de fato, seria uma espécie de *commentator*, intermediando, traduzindo a significação, reconduzindo o texto, "redistribuindo" os elementos constituintes de uma obra para lhe conferir inteligibilidade.

Em princípio, o editor ou organizador de correspondência encontrar-se-ia diante de muitas questões problemáticas suscitadas por essa reflexão. Se, por um lado, não poderia promover a confusão entre papéis que deveriam ser o mais possível distintos, segundo os critérios da crítica atual, ou seja, o respeito pela fala original do documento seria desejável em qualquer circunstância, por outro lado, deveria estar atento para o fato de que seu papel pode ir, realmente, da perspectiva do *scriptor* ao *auctor*. O desafio, portanto, é de monta: sem se sobrepor ao texto das cartas, seu trabalho pode ser visto como uma espécie de coautoria, pois ele pode construir, em meio a certa flexibilidade, todo um aparato também de criação. O leitor, ao final, pode ter, diante de uma edição acabada, uma relação de leitura tanto pragmática quanto prazerosa.

Minha proposta é, ao editar a correspondência de Gilberto Freyre e Manuel Bandeira, recorrendo às palavras de Barthes e observando a impossibilidade de um rigor absoluto, procurar circunscrever as esferas de *commentator* e *auctor*, funções, por certo, mais sujeitas à discussão, para a elaboração do estudo que fecha o livro. Será possível observar que minhas considerações procuram dar conta de certos problemas convergentes de natureza literária, cultural e histórica cujo objetivo é tornar mais fecunda a leitura das cartas. Mas tal estudo pode ser dispensado se o leitor preferir limitar-se apenas ao universo da correspondência propriamente dita, que vem antes.

Já as funções de *scriptor* e de *compilator* podem ser observadas na transcrição da correspondência, na fixação do texto e em todo o aparato de notas de edição, principalmente as de caráter filológico – isso sem excluir a possibilidade de que o *commentator* também se manifeste na feitura da edição, já que um emaranhado de citações e remissões a obras dos próprios autores e a de outros é constituído de modo a oferecer possibilidades de leitura contíguas ao universo das cartas. A voz do editor ou do organizador surge, assim, para estabelecer conexões, as quais, ao final, podem ser vistas como modo de "tornar o texto inteligível". Porém, mais uma vez, afirmo que, se o leitor preferir, a correspondência já fala por si. Tentei justamente deixar bem delimitados esses níveis para facilitar a aproximação do leitor ao(s) texto(s) conforme aquilo que lhe for mais conveniente ou desejável.

---

27 Barthes, *Crítica e verdade*, 1982, p. 229.

Desse modo, ao passo que informações de natureza mais descritiva, técnica, informativa e explicativa mínima dominariam o processo de anotação, ao estudo poderia ser reservado o objetivo dominante da crítica ou da exegese. Assim, o estudo da correspondência, espécie de híbrido entre *commentator* e *auctor*, na medida em que também se pode elaborar uma escrita peculiar, por extensão ensaística, permite exercitar algo complementar ao discurso de acompanhamento, de ancoragem no tempo, no sentido aplicado por Becker,[28] que se realiza nas notas.

Vê-se que editar correspondência é, de fato, um desafio e um risco, e propor um estudo amplo dela pode parecer uma extrapolação dos propósitos normalmente buscados por editores críticos ou organizadores. A epistolografia tem especificidades várias e, além disso, o trabalho demanda uma criteriosa e muitas vezes demorada pesquisa em arquivos. O universo de estudos que se abre quando esse material é editado pode ser vasto.

Pensando nas principais perspectivas que o estudo com cartas possibilita, Marcos Antonio de Moraes observa:

> Pode-se, inicialmente, recuperar na carta a expressão testemunhal que define um perfil biográfico. Confidências e impressões espalhadas pela correspondência de um artista contam a trajetória de uma vida, delineando uma psicologia singular que ajuda a compreender os meandros da criação da obra. A segunda possibilidade de exploração do gênero epistolar procura apreender a movimentação nos bastidores da vida artística de um determinado período. Nesse sentido, as estratégias de divulgação de um projeto estético, as dissensões nos grupos e os comentários acerca da produção contemporânea aos diálogos contribuem para que se possa compreender que a cena artística (livros e periódicos, exposições, audições, altercações públicas) tem raízes profundas nos "bastidores", onde, muitas vezes, situam-se as linhas de força do movimento. Um terceiro viés interpretativo vê o gênero epistolar como "arquivo da criação", espaço onde se encontram fixadas a gênese e as diversas etapas de elaboração de uma obra artística, desde o embrião do projeto até o debate sobre a recepção crítica favorecendo a sua eventual reelaboração. A carta, nesse sentido, ocupa o estatuto de crônica da obra de arte.[29]

---

28 Colette Becker utiliza essas palavras a propósito da anotação de correspondência, questão que será discutida na seção 2.4 – "Dos arquivos à edição: apontamentos". Cf. BECKER, Colette. Les discours d'escort: l'annotation et ses problèmes (à propos de la correspondance de Zola). In: FRANÇON, André; GOYARD, Claude. (Orgs.). *Les correspondences inédites*. Paris: Economica, 1984. Colloque sur les correspondances inédites, Paris, 9-10 juin 1983.

29 MORAES, Marcos Antonio de. Epistolografia e crítica genética. *Ciência e Cultura*, Campinas, v.59, n.1, p.30-32, jan./mar. 2007.

Penso que são frutíferas todas essas linhas de leitura tendo por base a correspondência de Gilberto Freyre e Manuel Bandeira, ou seja: como documento de caráter biográfico; como documento que testemunha a vida artística – e, poder-se-ia dizer, a vida intelectual – de determinado período; e como "arquivo da criação" – linha esta que remete à crítica genética.

De resto, seria importante acrescentar às considerações que exploram o caráter paraliterário da correspondência a possibilidade de se ler a carta como discurso que goza de um estatuto literário particular – e, tendo em vista seu tipo fronteiriço, tal como a forma do ensaio ou da crônica, sua literariedade híbrida seria um ponto de constante estímulo ao leitor e ao pesquisador. Apesar de não terem sido, em princípio, escritos pensando-se num receptor indeterminado ou público sem contornos precisos, ou seja, de existirem apenas como forma de comunicação entre remetentes e destinatários específicos, numa relação estritamente privada, não se pode escapar do fato de que são textos de escritores muito relevantes – no caso de Gilberto Freyre, sobretudo um ensaísta, e, no caso de Manuel Bandeira, um poeta e cronista – e que, por isso mesmo, para além do pragmatismo peculiar a esse tipo de comunicação, tais textos podem ser um campo de experimentação das possibilidades de escrita.

A visão híbrida que o texto das cartas pode implicar, simultaneamente como valor documental e como texto de caráter literário, é, por exemplo, muito bem notada por Sophia Angelides ao discutir a correspondência trocada entre os escritores russos Anton P. Tchékhov e Máximo Górki.[30] No nosso caso, no universo literário, o diálogo escrito das cartas explora principalmente a oralidade, que tanto em Bandeira quanto em Freyre é característica determinante do tipo de escrita que os situa no centro das inovações formais no Modernismo brasileiro. Nessa linha seria possível flagrar vários momentos em que a escrita exemplar dos dois autores se ilumina nas cartas – de maneira móvel e relativa, destaque-se –, as quais, por sua vez, poderiam se beneficiar das diversas possibilidades hermenêuticas e críticas que se encontram disponíveis atualmente.

Desse modo, no estudo crítico, pretendo discutir questões referentes ao contexto em que a correspondência foi escrita, bem como questões de natureza ideológica, ética e estética, surgidas a partir da leitura da correspondência em conjunto com a obra de Gilberto Freyre e Manuel Bandeira. Mas, além e apesar de procurar conferir a esse estudo um caráter crítico, é possível que o texto tenha se contaminado pelo tom despretensioso da crônica ou pela abertura do ensaio, patentes tanto na correspondência de Freyre e Bandeira quanto na obra de ambos. Assim, há uma distensão de temas que, em princípio, pode causar estranheza, mas a qual, ao final, espero que faça sentido.

Levantar e discutir relações problemáticas, como a contaminação entre epistolografia, ensaio e crônica, podem – e isto seria desejável – alargar as reflexões sobre a natureza mesma da correspondência e sobre suas relações com o Modernismo brasileiro. Outro fio condutor para a leitura deste conjunto

---

30 ANGELIDES, Sophia. *Carta e literatura*: correspondência entre Tchékhov e Górki. São Paulo: Edusp, 2001.

de cartas e outros textos foi – ao lado do tema da "província" – a "cordialidade", termo aqui entendido como sociabilidade que promoveu o estreitamento do vínculo entre as pessoas e que fez largo uso dos índices da familiaridade, desenvolvidos sobretudo no universo da cultura oral. Partimos do princípio de que a amizade cordial ajudou a estreitar conexões que certa escrita modernista reflete na forma e no conteúdo. Para Gilberto Freyre, a cordialidade explica o contato entre classes privilegiadas e populares, numa espécie de imbricamento de discursos, diluidor (mas não destruidor) de hierarquias. Nesse contexto, o espaço das cartas, seguindo as palavras de Guimarães,[31] tornou-se um substituto efetivo da conversa, em perspectiva assimiladora, enriquecendo-se com a qualidade oral que, segundo Freyre, também é típica do brasileiro.[32] Quanto à "província", como veremos, não se trata do sentido pejorativo normalmente atribuído a ela, "em tom de queixa ou autocensura", que provocou de modo generalizado e "mais difundido o medo de ser provinciano".[33] A cordialidade e a provincianização, portanto, não deixam de ser dois dos veios significativos da complexa, plural e heterogênea experiência modernista.

Nessa linha, o título *Cartas provincianas* recupera o significado desta correspondência cordial e alude aos vários momentos da coletânea de cartas, bem como aos textos dos anexos, em que os termos "província" e "provinciano" surgem destacando de modo positivo o veio comunicativo de natureza memorialística, de profunda relação com o lugar, com a singularidade do espaço, procurando, paradoxalmente, dar um sentido para as contradições entre questões regionais e universais, entre modernidade e tradição, entre localismo e cosmopolitismo, temas que circulavam amplamente no contexto da época em que as cartas estão inseridas.[34]

---

31 GUIMARÃES, Júlio Castañon. *Contrapontos*: notas sobre correspondência no modernismo. Rio de Janeiro: Fundação Casa de Rui Barbosa, 2004. p.24.

32 Embora o imbricamento entre o público e o privado tenha deixado forte impressão na escrita literária (e paraliterária) de nossos modernistas, inclusive ao dinamizar imagens que reforçam a convivência de elementos díspares, não podemos deixar de ressaltar que a constatação não amaina as sequências deletérias do autoritarismo, da violência e da discriminação fortemente arraigadas em nosso desenho social. Nesse contexto, as palavras de Elide Rugai ponderam algumas das contribuições de Freyre em meio a um debate longe de uma sedimentação definitiva: "[...] Porém, não podemos deixar de assinalar a acuidade das contribuições de Gilberto Freyre, tão importantes para a definição do povo brasileiro, em direção da superação das afirmações que apontavam a inferioridade das raças não brancas. Nessa direção, podemos dizer que sua tese sobre igualdade racial, tendo sido elaborada nos anos 1930, pode ser pensada como a demarcação de uma agenda política retomada nos dias de hoje. Assim, pode servir de base para reivindicações que coloquem em pauta fórmulas efetivas para a realização da igualdade [...]." (BASTOS, Élide Rugai. Gilberto Freyre e seu tempo: contexto intelectual e questões da época. *Sinais sociais*, Rio de Janeiro, v.7, n.19, p.84, ago. 2012).

33 ENZENSBERGER, Hans Magnus. Linguagem universal da poesia moderna. In: _____. *Com raiva e paciência*: ensaios sobre literatura, política e colonialismo. Sel. e introd. Wolfgang Bader. Trad. Lya Luft. Rio de Janeiro: Paz e Terra/Instituto Goethe, 1985. p.42.

34 Vale dizer que o instigante livro *Provincializing Europe: postcolonial thought and historical difference*, de Dipesh Chakrabarty (Princeton: Princeton University Press, 2008), parte de pressupostos que parecem convergir com Gilberto Freyre em alguns aspectos – constatação que merece ser investigada em outra oportunidade. Para Chakrabarty, muito do pensamento da intelectualidade indiana partia do pressuposto de que a Europa seria o lugar da "democracia", da "civilização burguesa", da "cidadania", do "capital" e do "socialismo". Pelo contrário, ou de modo diverso, ele partiria do pressuposto de que: *"European thought is at once both indispensable and inadequate in helping us to think through the experiences of political modernity in non-Western nations, and provincialing*

O título *Cartas provincianas* foi sugerido pelo livro *Lettres provinciales*, de Blaise Pascal, constituído por 18 cartas escritas com o pseudônimo Louis de Montalte, com datação que vai de 23 de janeiro de 1656 a 24 de março de 1657.³⁵ O humor e a sátira dão o teor da correspondência que trata de temas polêmicos ligados à sociedade francesa da época. Sua finalidade primeira era defender um amigo de Pascal, o jansenista Antoine Arnauld, autor do tratado *De la frequente communion* (1643), cuja publicação foi decisiva para sua condenação por ideias heréticas pela Sorbonne em 1656. As *Lettres provinciales* foram largamente lidas por filósofos iluministas no século seguinte.

O autor fictício das *Lettres provinciales* é um parisiense falando sobre o que ocorria na capital, abordando sobretudo as esferas da Igreja e da Universidade, para dois destinatários: um homem de província – e cabe lembrar que, à época, a província era uma subdivisão subordinada ao poder monárquico – e padres jesuítas.³⁶ Portanto, não são nada cordiais no sentido defendido por Gilberto Freyre, apresentando abertamente – e sem contar com o horizonte da conciliação – polêmicas questões filosóficas e religiosas, além de políticas.³⁷

Porém, tal como nas cartas de Gilberto Freyre e Manuel Bandeira, há uma tensão evidente entre província e capital. Nas *Lettres provinciales*, uma vez que na capital se concentravam os problemas e as mazelas do campo teológico e político, o confronto com a província – uma solução literária bastante inteligente – poderia devolver o senso crítico, poderia desmascarar o que havia de mais incongruente nos círculos da grande cidade e no âmbito da Igreja.

Já em Freyre e Bandeira, ser provinciano é questionar frontalmente os valores e as formas produzidas sobretudo nas metrópoles, numa época de intensas transformações, que evidenciavam os limites de certos modelos eminentemente burgueses, como o da democracia liberal, adotado por inúmeros países, em especial pelos Estados Unidos, onde o sociólogo viveu. Os dois escritores sentem e pressentem as ondas das catástrofes do século xx, na perspectiva

---

Europe becomes the task of exploring how this thought – which is now everybody's heritage and which affect us all – may be renewed from and for the margins." Buscaria então: "[...] *to explore the capacities and limitations of certain European social and political categories in conceptualing political modernity in the context of non-European life-worlds*" (p.16 e p.20, edição kindle).

35   Em italiano, também há uma outra obra, menos conhecida que *Lettres provinciales*, de Achille Giovanni Cagna (1847-1931), com título parecido: *Provinciali: la vita d'una piccola città di província* (Villalbana, 1847-1870). Trata-se de um livro realista e alegórico, que procura reconstruir literariamente o ambiente social de uma pequena cidade.

36   A estrutura das *Lettres provinciales* é a seguinte: da primeira à décima carta, o canal comunicativo é entre Louis de Montalte e *"un provincial de ses amis"*. Montalte fala da capital, Paris, remetendo ao amigo, ao todo, nove cartas. Uma dessas primeiras dez cartas, precisamente a de número 3, é uma *"Réponse du provincial aux deux premières lettres de son ami"*, com datação *"2 février 1656"*. Posteriormente, da carta 11 à carta 18, o destinatário são os *"révérends pères jésuites"* (PASCAL, Blaise. *Les provinciales: ou, Les lettres écrites par Louis de Montalte, à un provincial de ses amis, et aux rr. pp. jésuites sur le sujet de la morale et de la politique de ces pères/Blaise Pascal*. Édition présentée, établie et annotée par Michel Le Guern. Paris: Gallimard, 1987).

37   Textos posteriores que retomam o modelo de Pascal, apresentando como autores supostos missivistas que escrevem de uma posição periférica, tendo como efeito de sentido a exposição de clivagens sociais mediada pelo riso e pela mordacidade, são as *Lettres persannes* (1721), correspondência fictícia escrita por Montesquieu (1688-1755), e *Cartas chilenas*, poemas satíricos que circularam nas vésperas da Inconfidência Mineira, com autoria atribuída a Tomás Antônio Gonzaga (1744-1810).

de Eric Hobsbawm,[38] e, em seus textos, literariamente bem logrados e também engajados no propósito de uma ação social e intelectual, mostram a necessidade de que se fizessem escolhas que desviassem os brasileiros das aporias do liberalismo, das vanguardas e da modernidade sob o signo do individualismo e de valores preponderantemente abstratos.

Afora essa tensão entre província e capital, extensiva à obra de Gilberto Freyre e de Manuel Bandeira, as cartas de Pascal foram reconhecidas como literárias, inaugurando, segundo alguns historiadores da literatura, a moderna prosa francesa. Além disso, Freyre era um grande leitor e admirador de Pascal – e não podemos nos esquecer de que há, na constituição da prosa moderna, uma relação estreita entre carta e ensaio, como bem articula o sociólogo na passagem a seguir:

> O ensaísmo representa atualmente, nas letras ocidentais, em geral, nas brasileiras, em particular, não só uma ressurgência – a de uma forma superior de expressão literária tornada clássica por franceses como Montaigne e Pascal, ingleses como Lamb e Newman, espanhóis como Gracián e em termos modernos avivada por Unamuno e Ganivet – mas uma insurgência sob a forma de nova abrangência: a insurgência de um neogeneralismo superador de excessos tecnocráticos de especialismos. Insurgência em face do que começou a ser uma intolerante ortodoxia dessa espécie de tecnocracia: o extremo especialismo no trato de assuntos sociais ou socioculturais. Excesso, nesse neogeneralismo, de citações? É possível. Mas o fato é que o Brasil de hoje conta com generalistas de qualidade não apenas notáveis pelo número já considerável: superação, já, de romancistas e de poetas, nas próprias letras.[39]

Porém, neste ponto, seria oportuno interromper o fluxo ensaístico e deixar as cartas falarem.

---

[38] Em síntese, afirma o historiador sobre o contexto das Guerras Mundiais: "Para essa sociedade, as décadas que vão da eclosão da Primeira Guerra Mundial aos resultados da Segunda foram uma Era de Catástrofe. Durante quarenta anos, ela foi de calamidade em calamidade. Houve ocasiões em que mesmo conservadores inteligentes não apostariam em sua sobrevivência. Ela foi abalada por duas guerras mundiais, seguidas por duas ondas de rebelião e revoluções globais que levaram ao poder um sistema que se dizia a alternativa historicamente predestinada para a sociedade capitalista e burguesa e que foi adotado, primeiro, em um sexto da superfície da Terra, e, após a Segunda Guerra Mundial, por um terço da população do globo. Os imensos impérios coloniais erguidos durante a Era dos Impérios foram abalados e ruíram em pó. Toda a história do imperialismo moderno, tão firme e autoconfiante quando da morte da rainha Vitória, da Grã-Bretanha, não durara mais que o tempo de uma vida humana – digamos, a de Winston Churchill (1874-1965)." (HOBSBAWM, Eric. Era dos extremos. Trad. Marcos Santarrita. Rev. téc. Maria Célia Paoli. São Paulo: Companhia das Letras, 1995. p.16).

[39] FREYRE, Gilberto. Insurgências e ressurgências atuais. Rio de Janeiro: Globo, 1983. p.76.

2. Correspondência entre Gilberto Freyre & Manuel Bandeira

Neste capítulo, encontra-se a edição da *Correspondência entre Gilberto Freyre & Manuel Bandeira*. O material está disposto em ordem cronológica, com peças da correspondência de Freyre e Bandeira intercaladas. O aparato crítico abrange notas de edição e notas exegéticas. As primeiras vêm sempre entre colchetes no rodapé da página e também na numeração indicativa do rodapé, no texto da correspondência, de modo que se possa identificar, no ato mesmo de leitura, o tipo de nota com a qual se depara. Assim, espera-se que o leitor possa ter mais subsídios para escolher se o conteúdo da nota pode ser ou não do seu interesse, antes mesmo de consultar o rodapé.

2.1 Critérios de edição

Em resumo, para esta edição, a grafia dos textos foi atualizada conforme a norma ortográfica hoje vigente. Foram mantidos a pontuação original e o uso de maiúsculas e de minúsculas presentes nos textos-base. Nos casos em que houve interferência editorial visando uniformização, adaptação à norma culta da língua portuguesa e explicitação das condições do documento original, inclusive no que diz respeito a emendas dos autores, tal interferência foi especificada em notas de edição. Para efeito de uniformização, houve padronização na apresentação de títulos de obras, de citação, no uso de palavras e expressões estrangeiras e na escrita de nomes de pessoas e lugares. Quanto à decifração, quando houve dúvidas, o trecho da carta foi apresentado entre colchetes; para trechos não decifrados, usou-se a palavra "ilegível" entre colchetes.

Foram utilizados, como textos-base, manuscritos e datiloscritos originais. Partiu-se do critério de que todo documento estabelecido pelo autor – em que há evidência de que este não passou, por exemplo, por um copista – integra um conjunto de manuscritos, podendo constituir um testemunho autógrafo (quando escrito à mão) ou datiloscrito. Somente duas cartas, cujos originais não foram localizados, foram transcritas a partir da edição de uma seleção da correspondência ativa de Gilberto Freyre, intitulada *Cartas do próprio punho sobre pessoas e coisas do Brasil e do estrangeiro*, organizada por Sylvio Rabello (Documentos 7 e 9).[1]

Quatro documentos autógrafos de Manuel Bandeira (Documentos 2, 13, 23 e 31) foram cotejados com as cartas editadas em seu "Epistolário", publicado em *Poesia e prosa*, edição da Aguilar de 1958.[2]

Contudo, não optamos por construir um aparato formal e exaustivo de variantes, e sim, reitere-se, um aparato crítico com notas de edição e de comentários exegéticos. Tal aparato crítico aparece em rodapé. Algumas características materiais presentes nos documentos autógrafos foram informadas nas notas que abrem cada documento, igualmente apresentadas entre colchetes.

---

[1] Freyre, Gilberto. *Cartas do próprio punho sobre pessoas e coisas do Brasil e do estrangeiro*. Sel., org. e intr. Sylvio Rabello. Rio de Janeiro: Conselho Federal de Cultura, 1978.

[2] Bandeira, Manuel. *Poesia e prosa*. Rio de Janeiro: Aguilar, 1958. 2v.

2.2 Edição da correspondência

1 (MB)[3]

Rio de Janeiro, 12 de dezembro de 1925.

Caro Gilberto,

Passei toda a tarde com o nariz metido no *Álbum do Diário*.[4] Feito menino que ganhou um livro muito bonito... Que prazer tive de olhar os desenhos do Bandeira![5] Quem é esse estupendo xará? É Manuel também? Ele está juntando um tesouro! Do texto só li o artigo de Joaquim Cardozo[6] e duas

---

3   [Classificação original (fgf): doc 1. Carta. Ms. autógrafo com caneta-tinteiro preta. Datação original: "Rio, 12 dezembro 1925". Papel amarelado, de gramatura média. Duas folhas, duas páginas manuscritas. Dimensões: 27 x 21,2 cm. Documento em boas condições.]

4   Trata-se do *Livro do Nordeste*: edição comemorativa do primeiro centenário do *Diário de Pernambuco* (Freyre, Gilberto et al. *Livro do Nordeste*. Recife: Arquivo Público Estadual, 1979. Edição fac-similar ao original de 1925), organizado por Freyre quando este trabalhava no *Diário de Pernambuco* e publicado em 1925. Freyre dedicou mais de um ano à composição do *Livro do Nordeste* e à preparação das comemorações do centenário do jornal. Em carta a Oliveira Lima, um dos colaboradores convidados, Freyre diz: "Muito atarefado, mal tenho tempo para os prazeres da correspondência. O serviço para a comemoração do *Diário* tenho-o todo, e não é responsabilidade pequena. A seleção, que estou procurando fazer, de colaboradores que de fato possam contribuir com alguma coisa de interessante, resultará provavelmente – certamente, direi mesmo – em novas antipatias contra mim ou no aumento das que já existem. Mas tendo aceito a responsabilidade de dirigir a organização do livro, procurei eliminar, o mais possível, os 'medalhões' e semimedalhões" (Gomes, Ângela de Castro (Org.). *Em família*: a correspondência de Oliveira Lima e Gilberto Freyre. Campinas: Mercado de Letras, 2005. p.186). Ele realmente conseguiu realizar um trabalho bastante original, trazendo para as páginas do *Livro* colaboradores como os poetas Manuel Bandeira e Joaquim Cardozo e os pintores Manoel Bandeira e Joaquim do Rego Monteiro, entre outros.

5   Manoel Bandeira (1900-1964), pintor, desenhista, ilustrador e aquarelista pernambucano. Foi colaborador do *Livro do Nordeste* (1925). O escritor Manuel Bandeira dedicou a crônica "Um grande artista pernambucano" ao pintor, incluída no livro *Crônicas da Província do Brasil*. Leia-se um trecho da crônica: "Essa cidade tinha necessidade de dar um artista magro capaz de refletir em sua arte aquela graça característica das suas linhas. Deu-o de fato na pessoa de Manoel Bandeira. / Há muita gente que toma como meus os desenhos do meu xará. Quem me dera que fossem! Eu não hesitaria um minuto em trocar por meia dúzia de desenhos do xará toda a versalhada sentimentalona que fiz, em suma, porque não pude nunca fazer outra coisa" (Bandeira, Manuel. *Poesia completa e prosa*. Rio de Janeiro: Nova Aguilar, 1974. p.454-455). Gilberto Freyre, por sua vez, escreveu sobre o pintor pernambucano: "Outro jovem pintor de traço pessoal e ágil é o pernambucano M. Bandeira. Toda a sua técnica se desenvolveu no Recife: é bem um autodidata. Nos seus deliciosos flagrantes de vida recifense há um sabor franciscanamente lírico; e um raro poder evocativo. Em nenhum assunto ele se sente tão à vontade como o Recife. O Recife com as suas águas furtadas; os seus telhados em cornos de lua ou em asas de pombo; o seu casario irregular de cais, pintado de vermelho ou de amarelo, ou quadriculado de azulejos que rebrilham ao sol; as suas barcaças paradas diante dos armazéns de açúcar ou dos depósitos de madeira; as saídas de missa e as procissões tão cheias de roxo e de amarelo. Aquarelista, Bandeira põe nas suas cores o mesmo doce lirismo franciscano com que se enternece o seu traço." (Freyre, Gilberto. A pintura no Nordeste. In: _____ et al. *Livro do Nordeste*, 1979, p.129). Ainda mais, o pintor Manoel Bandeira foi grande colaborador de Gilberto Freyre, tendo ilustrado muitos dos seus trabalhos, tais como *Sobrados e mucambos* (a segunda edição do livro, de 1961, pela Editora José Olympio, trazia ilustrações de Manoel Bandeira, de Lula Cardoso Aires, Carlos Leão e do autor), *Nordeste* (a partir da segunda edição, pela Editora José Olympio, o livro foi ilustrado por Bandeira e Lula Cardoso Aires), *Açúcar* (desde a primeira edição, pela Editora José Olympio, trazia ilustrações de Bandeira) e *Olinda – 2º guia prático, histórico e sentimental de cidade brasileira* (as primeira, terceira e quarta edições, publicadas pela Editora José Olympio, apresentavam ilustrações do pintor).

6   Joaquim Cardozo (1897-1978), engenheiro e poeta. Segundo Alfredo Bosi, Cardozo é "lírico forte e denso na sua economia de meios, e uma das raras vozes da nossa poesia capazes de soldar lisamente as fontes regionais (no caso, pernambucanas) e o humano universal" (Bosi, Alfredo. *História concisa da Literatura brasileira*. São Paulo: Cultrix, 1994. p.464). Publicou *Poemas* (1947), *Prelúdio e elegia de uma despedida* (1952), *Signo estrelado* (1960), *O coronel de Macambira* (1963), *De uma noite de festa* (1971) e *Os anjos e os demônios de Deus* (1973). Foi diretor da

páginas sobre o seu século de vida social.[7] Quero ir bem devagarinho. O artigo do Cardozo... Aquele sacana me deixou o coração numa podreira. Que sujeito penetrante vai entrando por a gente adentro me conte alguma coisa dele.[8] É o mesmo de quem você fala no capítulo da pintura?[9] Você me faz o favor de dar a ele este exemplar do meu livro?[10]

Gilberto, como vocês me trataram carinhosamente como ficou bonita a colocação dos meus versos Mário de Andrade[11] achou muito[12] bom o estudo do Cardozo.[13] Na "Evocação"[14],15 só escaparam dois gatos, um muito engraçado

---

Revista do Norte de 1924 a 1925. O estudo de Cardozo sobre Bandeira, analisando as primeiras coletâneas *A cinza das horas* (1917), *Carnaval* (1919) e *O ritmo dissoluto* (1924), foi publicado no *Livro do Nordeste* sob o título "Um poeta pernambucano: Manuel Bandeira".

7   No *Livro do Nordeste*, Freyre publica dois artigos: "A pintura no Nordeste" e "Vida social no Nordeste: aspectos de um século de transição". Bandeira provavelmente se refere ao segundo artigo.

8   [Frase mantida tal qual no ms., sem pontuação.]

9   O trecho ao qual Manuel Bandeira se refere na carta é: "Também nesse Recife, de igrejas seiscentistas e de sobrados à beira; de barcaças vindas de longe, das últimas matas de engenhos; de restos meio caricaturescos de festas de igreja e de maracatus, é que se tem animado de sugestões a vibrátil sensibilidade de Joaquim Cardozo. Será, talvez, um dia uma das expressões mais pessoais da nossa vida – vida que é um misto paradoxal de piedade ingênua e de lubricidade violenta – a arte de J. Cardozo." (FREYRE, Gilberto. A pintura no Nordeste. In: _____ et al., *Livro do Nordeste*, 1979, p.129). Joaquim Cardozo dedica-se esporadicamente ao desenho.

10   Não há menção ao nome do livro, mas provavelmente se trata do volume *Poesias*, de 1924, que reúne *A cinza das horas*, *Carnaval* e *O ritmo dissoluto*, editado pela *Revista de Língua Portuguesa*, dirigida por Laudelino Freire.

11   Possível referência a Mário de Andrade (1893-1945), escritor, professor, crítico literário, de arte e de música. Sua extensa obra abrange poesia (*Há uma gota de sangue em cada poema*, de 1917, *Pauliceia desvairada*, de 1922, *Clã do jabuti*, de 1927, e *Lira Paulistana*, de 1946, entre outros), ficção (*Amar, verbo intransitivo*, de 1927, *Macunaíma*, de 1928, e *Contos novos*, de 1946, entre outros), ensaio (*A escrava que não é Isaura*, de 1925, e *O empalhador de passarinho*, de 1944, entre outros) e musicologia e folclore (*Compêndio de História da Música*, de 1929, *Música do Brasil*, de 1941, e *Danças dramáticas do Brasil*, de 1959, em três volumes, entre outros). Mário de Andrade já era uma forte presença na vida de Manuel Bandeira no ano de 1925, quando este estreita relações epistolares com Gilberto Freyre. Mário e Bandeira se encontram pela primeira vez em 1921 e, por iniciativa deste, começam uma troca de cartas em 1922, que dá origem a um dos conjuntos mais ricos de correspondência dentro da nossa cena literária e cultural. Prova disso é o volume *Correspondência Mário de Andrade & Manuel Bandeira*, com organização, introdução e notas de Marcos Antonio de Moraes (São Paulo: Edusp, 2000). Com relação a Gilberto Freyre, pode-se dizer que a referência de um ao outro nem sempre foi amistosa. Em verdade, a que se deve não se sabe muito ao certo, um mito de exclusão recíproca foi construído. Para Fonseca, "as relações de Gilberto Freyre com o modernismo brasileiro estão ainda envoltas pelas brumas da incompreensão e do preconceito", seja pelo não entendimento do complexo pensamento freyriano, seja pelo preconceito dos intelectuais sulistas, que entendem ser esse movimento 'subsidiário de vanguardas artísticas e literárias originadas em São Paulo.'" (FONSECA, Edson Nery da. Gilberto Freyre e o Movimento Regionalista. In: FREYRE, Gilberto. *Manifesto Regionalista*. Recife: Fundação Joaquim Nabuco/Massangana, 1996. p.219). A despeito das divergências manifestas, a relação cordial entre os colegas Freyre e Melo, que tinham grandes amigos em comum, parece ter perdurado durante toda a vida. Anos após a morte de Mário, porém, o sociólogo não deixou de manifestar publicamente seu desconforto – enfatizado pela evidente confusão de datas, visto que Bandeira conhece Mário antes de travar contato com Gilberto – diante da ideia de ser comparado ao modernista: "Há quem diga ter tido Manuel Bandeira em Mário de Andrade o seu amigo máximo, entre intelectuais. É duvidoso. Suas afinidades comigo parece terem sido mais profundas nas suas raízes e nas suas motivações e até em certos dos seus preconceitos secretamente sociais. A amizade com Mário de Andrade foi posterior e é possível dizer-se ter correspondido à maturidade dos dois. Enquanto com os Melo Freyre, a relação de idade foi, em termos simbólicos, a de tio com sobrinhos ainda quase adolescentes." (FREYRE, Gilberto. No centenário de seu nascimento. In: _____. *Perfil de Euclides e outros perfis*. 3. ed. rev. São Paulo: Global, 2011. p.188-189).

12   [Forma da palavra abreviada no ms.: "m^{to}".]

13   [Frase mantida tal qual no ms., sem pontuação.]

14   [Aspas inseridas nesta ed.]

15   Trata-se do poema "Evocação do Recife", também publicado no *Livro do Nordeste* e composto a pedido de Gilberto Freyre. Sobre o poema, diria Freyre em seu diário *Tempo morto e outros tempos*: "E o poema de Manuel

porque depois daquela quadrinha simiesca

"Ao passo que nós
"O que fazemos
"É macaquear
"A sintaxe lusíada"

saiu o intragável lusitanismo

"Uma porção de coisas que se não entendia[16] bem"

em vez de

"que não se entendia"[17]

Deve ter sido obra e vingança (baixamente pronominal!) do espírito do quinhentista Frei Pantaleão do Aveiro.[18] Ou então de Frei Joaquim da Santa Rosa de Viterbo![19]

Adeus, Gilberto. Receba um apertado abraço do

Manuel.
Curvelo 51

Bandeira, que pedi a esse outro Bandeira, sem o conhecer pessoalmente, que escrevesse, dando-lhe o tema: só pelo fato dele vir me escrevendo cartas já de amigo. Pedi-lhe o poema sobre o Recife do seu tempo de menino (a história da infância é hoje minha maior obsessão desde que penso num livro sobre a história de vida de menino no Brasil – nos engenhos, nas fazendas, nas cidades). Ele escreveu-me que não costumava fazer poemas sobre assunto encomendado: seria uma exceção" (FREYRE, Gilberto. *Tempo morto e outros tempos*: trechos de um diário de adolescência e primeira mocidade: 1915-1930. Rio de Janeiro: J. Olympo, 1975). O poema está reproduzido no capítulo 3 deste livro.

16 [Sublinhado tal qual no ms.]

17 [Aspas dos versos citados nesta carta tais quais no ms.]

18 Frei Pantaleão do Aveiro viveu no século XVI e foi religioso franciscano. Escreveu *Itinerario da Terra Sancta: e todas suas particularidades* (Lisboa: Antonio Alvarez, 1596), em que descreve minuciosamente sua peregrinação de Portugal à Terra Santa, iniciada em 1563 e finda após três anos.

19 Frei Joaquim da Santa Rosa de Viterbo (1741-1822), religioso franciscano e sócio-correspondente da Academia Real das Ciências de Lisboa. Publicou *Sermões Apostólicos, e originalmente portuguezes* (Lisboa, 1791) e *Elucidario das palavras, termos e phrazes, que em Portugal antigamente se usaram* [...] (1798, em dois tomos), entre outros.

2 (MB)[20, 21], 22

Rio de Janeiro, 4 de junho [de 1927].

Gilberto,

Recebidos os cinco exemplares do teu poema.[23] Villa--Lobos[24] está na Europa. Já entreguei os exemplares do Rodrigo[25] e do

---

20 [Classificação original (fgf): doc 1ª Carta. Ms. autógrafo com caneta-tinteiro preta. Datação: "Rio, 4 de junho". Papel amarelado, de gramatura alta. Seis folhas, sete páginas manuscritas, sendo a primeira folha manuscrita frente e verso e o restante somente frente. No alto, encontra-se a seguinte paginação: "-" (primeira folha); "2" (segunda folha); "3" (terceira folha); "3 bis" (quarta folha); "4" (quinta folha); "5" (sexta folha). Dimensões: 29,9 x 11 cm. Documento em boas condições.]

21 [Primeira edição para cotejo: BANDEIRA, Manuel. *Poesia e prosa*. Rio de Janeiro: Aguilar, 1958. v.2, p.1397-1398.]

22 Esta carta está reproduzida no caderno iconográfico.

23 Trata-se do poema "Bahia de Todos os Santos e de quase todos os pecados", publicado em *Talvez poesia* (1962) e *Poesia reunida* (1980), de Freyre. Bandeira incluiu esse poema em sua *Antologia dos poetas bissextos contemporâneos* sob o título de "Bahia". As duas versões estão reproduzidas no capítulo 3 deste livro.

24 Heitor Villa-Lobos (1887-1959) musicou vários poemas e letras de Bandeira. Dessa parceria, resultaram "O anjo da guarda", "O novelozinho de linha", "Modinha", "Canto de Natal", "Irerê meu passarinho" (Bachiana nº 5), "Jurupari danças" ("Quadrilha", "Marchinha das três Marias"), "Canções de cordialidade" ("Feliz aniversário", "Boas-festas", "Feliz Natal", "Feliz Ano-Novo" e "Boas-vindas"). O poema "Três letras para melodias de Villa-Lobos", publicado em *Mafuá do malungo* (1948), traz a letra de três dessas canções: "Marchinha das três Marias", "Quadrilha" e "Quinta Bachiana". Temos também um registro da convivência de Freyre com Villa-Lobos: a Figura 31 apresenta uma fotografia de Villa-Lobos dedicada ao sociólogo. Sobre o músico, escreveu Gilberto Freyre: "Heitor Villa-Lobos se exprimia por uma linguagem quase independente de fronteiras nacionais: a linguagem da música. E era pela música que ele tornava a presença do Brasil sentida e respeitada entre a gente culta do mundo moderno.[...] Na intimidade, Villa-Lobos era um encanto de pessoa, embora não requintasse em parecer simples nem se esmerasse em parecer 'homem comum': esnobismo hoje tão em moda entre certos intelectuais e certos artistas. Não lhe faltava sequer *sense of humour* – certa malandragem carioca, mais do que um britânico *sense of humour* – para rir-se de alguns dos seus próprios exageros de indivíduo que, uma vez por outra, gostava de se sentir artista do tipo boêmio entre burgueses ricos, filistinos e convencionais." (FREYRE, Gilberto. Villa-Lobos, pan-brasileiro mas carioca. In: _____. *Vida, forma e cor*. Rio de Janeiro: Record, 1987. p.73-74).

25 Rodrigo Melo Franco de Andrade (1898-1969), bacharel em Direito, escritor e primeiro diretor do Serviço do Patrimônio Histórico e Artístico Nacional (SPHAN), depois Instituto do Patrimônio Histórico e Artístico Nacional (IPHAN), cargo que ocupou de 1937 até 1968. De sua equipe no SPHAN, fizeram parte Mário de Andrade, Carlos Drummond de Andrade, Oscar Niemeyer, Lúcio Costa e Joaquim Cardozo. Publicou *Brasil: monumentos históricos e arqueológicos* (1952), *Rio Branco e Gastão da Cunha* (1953), *Artistas coloniais* (1958) e o livro de contos *Velórios* (1936). É fundador da *Revista do Serviço do Patrimônio Histórico e Artístico Nacional*. Na introdução ao poeta bissexto, Bandeira informa que o amigo foi jornalista, trabalhando no jornal *Dia*, dirigido por Azevedo Amaral, e em *O Jornal*, dirigido por Assis Chateaubriand. Foi diretor da *Revista do Brasil*, em sua terceira fase (1926). O único poema de sua autoria do qual se teria notícia, segundo Bandeira, é "Ode pessimista", que tinha sido publicado na revista *Estética* (BANDEIRA, Manuel. *Antologia dos poetas brasileiros bissextos contemporâneos*. 2. ed. rev. e ampl. Rio de Janeiro: Org. Simões, 1964. p.204). Sobre Rodrigo, escreveu Gilberto Freyre: "Sou dos que perderam nele um amigo quase irmão. A virtude de saber ser amigo foi talvez a maior, a mais bela, a mais cristã, ao mesmo tempo que a menos brasileira das suas virtudes. Às vezes tinha-se a impressão de que não era só virtude: que era também arte. Esse homem de nobre espírito público, que dedicou a maior parte da sua vida à defesa quase religiosa do patrimônio histórico e artístico do seu e nosso país, era, ele próprio, a seu modo, um artista, além de ter sido um historiador da arte. E no chamado culto da amizade punha esmeros de quem esculpisse amigos para não os perder nunca; de quem se esquecesse de si mesmo para contemplar--se nos amigos assim por ele esculpidos; de quem se exaltasse com os triunfos e sofresse com as dores desses, cujos aspectos possíveis de personalidade mais exagerava através da sua arte de escultor de imagens ideais: os dos seus amigos." (FREYRE, Gilberto. Rodrigo Melo Franco de Andrade, humanista e homem de ação. In: _____. *Pessoas, coisas & animais*. São Paulo: Círculo do Livro, 1979. p.115. Originalmente, discurso proferido como orador oficial do Conselho Federal de Cultura na homenagem à memória de Rodrigo Melo Franco de Andrade).

Dôdô.[26],[27] A este fiz sentir a nuance das dedicatórias, – sem falar na minha.[28] Quando ele estava todo fagueiro por ter ganhado o "caro", eu mostrei que o meu pedaço era maior porque era "querido". Ficou safado. Disse que não aceitava o "caro", que também queria o "querido". Que eu ganhei o "querido" porque fui a Pernambuco, mas que ele também havia de ir ao Recife. Este ano ele está estudando alguma coisa *et pour se délasser* toma de vez em quando um daqueles monumentais porres da série um milhão. Agora descobrimos um joguinho de bar chamado "cavalinhos" que é o tipo do *fine*.[29]

EXPLICAÇÃO DO JOGUINHO DE BAR CHAMADO CAVALINHOS

Quando já se tomaram uns sete ou oito chopes, acavalam-se os papelões como se vê na gravura nº 1.

[GRAVURA Nº 1][30]

É a pista.
Cada um dos parceiros tira à sorte uma[31] figura do dado: é o seu cavalo (ou égua se for a rainha, dama ou puta,[32] como queira chamar a mulher do rei e amante do Jack).
Não esquecer que os nomes de Dinazarda[33] e Queen Elizabeth dão sorte.
Alinham-se então os cavalos segundo se vê na gravura[34] nº 2:

---

26 Referência a Geraldo Barroso do Amaral, amigo de Manuel Bandeira. Em *Itinerário de Pasárgada*, Bandeira relata: "*Libertinagem* contém os poemas que escrevi de 1924 a 1930 – os anos de maior força e calor do movimento modernista. [...] O que no entanto poucos verão é que muita coisa que ali parece modernismo, não era senão o espírito do grupo alegre de meus companheiros diários naquele tempo: Jaime Ovalle, Dante Milano, Osvaldo Costa, Geraldo Barroso do Amaral. Se não tivesse convivido com eles, decerto não teria escrito, apesar de todo o modernismo, versos como os de 'Mangue', 'Na boca', 'Macumba de Pai Zusé'." (BANDEIRA, *Poesia completa e prosa*, 1974, p.76-77). Nas crônicas de Bandeira, Dôdô figurava como o "Bom Gigante".

27 [Forma que substitui a palavra em *Poesia e prosa* (BANDEIRA, 1958): "X".]

28 [Forma da frase em *Poesia e prosa* (BANDEIRA, 1958): "A este fiz sentir a nuance das dedicatórias, sem falar na minha."]

29 [Sublinhado tal qual no ms.]

30 Para observar imagem, ver Figura 3.

31 [Forma da palavra em *Poesia e prosa* (BANDEIRA, 1958): "numa".]

32 [Em lugar da palavra, encontra-se a seguinte abreviação em *Poesia e prosa* (BANDEIRA, 1958), com muito provável objetivo de censura: "p.".]

33 Dinazarda é personagem da coletânea de contos *As mil e uma noites*, irmã de Sherazade, que participa do plano para interromper a matança que o Califa de Bagdá levou a cabo após descobrir a infidelidade de sua esposa com um escravo.

34 [Forma da palavra abreviada no ms.: "grav.".]

[GRAVURA Nº 2][35]

e o que tem maior figura (o ás é a maior, a que se seguem rei, dama, valete etc.), deita um dado. Se sai a sua, ele empurra o cavalinho para cima do primeiro papelão e tem direito a deitar novamente o dado. Se se foder,[36] passa o copo de corno adiante.[37] Quando sai a figura correspondente ao cavalinho de outro parceiro, empurra-se o cavalinho do outro parceiro e passa-se o copo adiante.

Geralmente se joga a 200 réis o páreo, mas há grandes prêmios de 400 réis (Criação Nacional ou Animação), 500 réis (Paulo de Frontin,[38] dr. Zózimo Barroso, grande poeta Manuel Bandeira etc.), raramente de 1.000 réis (Araci Cortes).[39]

O joguinho é muito[40] excitante e quando menos se espera está tudo no porre.

Teu poema, Gilberto, será a minha eterna dor de corno. Não posso me conformar com aquela galinhagem tão gozada, tão sem vergonhamente lírica, trescalando a baunilha[41] de mulata asseada. Sacana![42]

Tua antologia já está comigo. Vou ficar com ela mais alguns dias pra travar relações com os irmãozinhos de língua inglesa.[43] Quanta mulher batuta.

---

35   Para observar imagem, ver Figura 3.

36   [Em lugar da palavra, encontra-se a seguinte abreviação em *Poesia e prosa* (BANDEIRA, 1958), com muito provável objetivo de censura: "f.".]

37   [Forma da frase em *Poesia e prosa* (BANDEIRA, 1958): "Se se f., passa o copo adiante".]

38   Possível referência ao político e engenheiro Paulo de Frontin (1860-1933). Destacou-se no urbanismo moderno e, no estado do Rio Janeiro, um município foi batizado com o nome de Engenheiro Paulo de Frontin. Foi prefeito do Distrito Federal.

39   Araci Cortes (1904-1985), pseudônimo de Zilda de Carvalho Espíndola, cantora e atriz. Lançou diversos compositores, como Ary Barroso, Zé da Silva e Benedito Lacerda. Na década de 1920, já era uma intérprete consagrada.

40   [Forma da palavra abreviada no ms.: "m^{to}".]

41   As palavras "baunilha", "bainha" e "vagem" possuem a mesma raiz etimológica, do latim "*vagína,ae*", que significa bainha, envoltório (cf. HOUAISS, Antonio; VILLAR, Mauro de Salles. *Dicionário Houaiss da língua portuguesa*. Rio de Janeiro: Objetiva, 2001).

42   [Em lugar da palavra, encontra-se a seguinte abreviação em *Poesia e prosa* (BANDEIRA, 1958), com muito provável objetivo de censura: "S.".]

43   Sobre o contato de Bandeira com a poesia em língua inglesa por intermédio de Gilberto Freyre, leia-se o depoimento deste em seu "diário": "Bandeira está sendo por mim iniciado – segundo ele próprio – em literatura inglesa e anglo-americana: na menos ostensiva. [...] Já o iniciei nos Browning: ele parece que nem sequer suspeitava da existência de uma Mrs. Browning [...] Até recitei-lhe versos de Edgar Lee Masters, da *Spoon river e I have a rendez--vous with death*, que vai traduzir. Também vai traduzir a meu pedido sonetos de Mrs. Browning, que o encantaram [...]" (FREYRE, Gilberto. *Tempo morto e outros tempos*, 1975, p.205). De fato, Bandeira viria a traduzir Elizabeth Barret Browning (1809-1861), como atesta em sua correspondência com Mário de Andrade – cartas de 6 de maio de 1929, de 17 de junho de 1929 e de 2 de outubro de 1934 (Cf. ANDRADE, Mário de; BANDEIRA, Manuel. *Correspondência Mário de Andrade & Manuel Bandeira*. São Paulo: Edusp, 2000). *Poemas traduzidos*, de Bandeira, traz "Quatro sonetos de Elizabeth Barrett Browning" (cf. BANDEIRA, Manuel. *Estrela da vida inteira*. Rio de Janeiro: Record; São Paulo: Altaya, [1992]. p.403-405).

Felizmente as nossas Rosalinas não têm a poesia das Alice Corbin,[44] das Mary Carolyn Davies,[45] das Hildegarde Flanner.[46],[47] Se não,[48] que seria do amarelo?

I am going to die too, flower, in a little while –
Do not be so proud.[49],50

Puta[51] que a pariu! Puta que o pariu também a aquele[52] Orrick Johns[53] *"that glories in his parasites"*. Que poeta estupendo! que mocidade insolente![54]
E o tal de Ford Madox Hueffer[55] do poema "Antwerp", e o Kreymborg,[56] e o Xará Emanuel Carnevali,[57],[58] que achou expressão lírica para a observação do meu médico do sanatório da Suíça. (Ele me disse um dia que os meus pulmões apresentavam lesões "<u>teoricamente</u>[59] incompatíveis com a vida").

---

44 Alice Corbin Henderson (1881-1949), poeta, crítica e editora norte-americana. Publicou *The spinning woman of the sky* (1912) e *Red earth, poems of New Mexico* (1920). Trabalhou para a *Poetry, a magazine of verse* de 1912 a 1922 com Harriet Monroe, com quem editou *The New Poetry: an anthology* (New York: Macmillan, 1917), apresentando 101 autores da Nova Poesia em Língua Inglesa. É possível que Gilberto Freyre tenha emprestado essa antologia, na primeira ou na segunda edição (de 1923), a Manuel Bandeira.

45 Mary Carolyn Davies (1888-?), poeta, dramaturga e romancista norte-americana. Publicou *The drums in our street* (1918) e *Youth riding* (1919), entre outros. Teve vida pública especialmente intensa na década de 1920. Não se encontrou qualquer registro de falecimento da autora, embora se saiba que ela adoeceu paulatinamente após fixar-se em Nova York na década de 1930.

46 [Forma do sobrenome em *Poesia e prosa* (BANDEIRA, 1958): "Flamer".]

47 Hildegarde Flanner (1899-1987), poeta e crítica literária. Na década de 1920, publicou intensamente seus poemas, considerados delicados e convencionais. Seu trabalho foi reunido em *If there is time* (1942), *In native light* (1970) e *The hearkening eye* (1979).

48 [Forma do segmento no ms. e em *Poesia e prosa* (BANDEIRA, 1958): "Senão".]

49 [Forma dos dois versos do poema "Songs of a girl", de Mary Carolyn Davies, em *Poesia e prosa* (1958): "*I am going to die too, flower, in a little while do not be so proud*".]

50 Os dois versos transcritos constituem a terceira parte, versos 12 e 13, do poema "Songs of a girl", de 26 versos distribuídos em cinco estrofes, de Mary Carolyn Davies.

51 [Encontra-se a seguinte abreviação para as duas ocorrências da palavra neste parágrafo em *Poesia e prosa* (BANDEIRA, 1958), com provável objetivo de censura: "P.".]

52 [Trecho "a aquele" subtraído e substituído, em *Poesia e prosa* (BANDEIRA, 1958), por vírgula.]

53 Orrick Glenday Johns (1887-1946), poeta e dramaturgo. Publicou *Asphalt and other poems* (1917) e *Black branches, a book of poetry and plays* (1920).

54 [Trecho "Que poeta [...] insolente!" constitui novo parágrafo em *Poesia e prosa* (BANDEIRA, 1958).]

55 Ford Madox Hueffer, nome de batismo de Ford Madox Ford (1873-1939), romancista, poeta, crítico literário e editor britânico, considerado um dos primeiros escritores modernos em língua inglesa. Entre seus livros, destacam-se *The brown owl* (1891), a trilogia *Fifth queen*, baseada na vida de Catherine Howard, esposa de Henry VIII (1906-1908), *The good soldier* (1917) e *No more parades* (1925).

56 Trata-se de Alfred Kreymborg (1883-1966), poeta e editor norte-americano. Considerado um dos primeiros imagistas, publicou *Mushrooms* (1916), *Manhattan men* (1929), *Selected poems* (1945) e *Man and shadow* (1946).

57 Emanuel Carnevali (1897-1942), poeta ítalo-americano. Publicou somente um livro de poesia, *Tales of a hurried man* (1925), mas era admirado por William Carlos Williams e Carl Sandburg. Trabalhou com Harriet Monroe na revista *Poetry* por algum tempo, mas acabou retornando à Itália.

58 [Vírgula, nesta posição, presente em *Poesia e prosa* (BANDEIRA, 1958).]

59 [Sublinhado tal qual no ms.]

O delicioso Carnevali diz:

*I do not understand the cosmic humour
that lets foolish impossibilities, like me, live.*

E mais abaixo na mesma "Invocation to death":

*If she would only come quietly like a lady.
The first lady and the last.*

Quanta vez pensei isto!
Mas só em inglês é possível dizer

If she would[60] *only come quietly...*

Um abraço, Gilberto.
Manuel

---

60 [Forma da palavra em *Poesia e prosa* (BANDEIRA, 1958): "world". Provavelmente houve incorreção tipográfica, uma vez que a palavra está adequadamente fixada em ocorrência anterior.]

3 (GF)[61]

GABINETE DO GOVERNADOR
DO
ESTADO DE PERNAMBUCO[62]

Recife, 11 de agosto de 1927.

Dear Baby Flag:[63]

Your kind note was July received. So was the book on New Poetry – English and American New Poetry. I am delighted to know of the pleasure you took in reading those poems. Some of them are intensely dear to me. I know only of one poet in our language whose poems mean as much to me as the poems of a number of vigorous young poets in the English language who revolutionized my youth. Needless to say that <u>one</u>[64] *poet is Baby Flag. Baby Flag, when are we going to see you again here in old Recife? Do come and bring Dôdô with you. November will be a good season to visit the old <u>engenhos</u>;*[65] *and everything will be done to make it easy for you to travel in the interior.*[66] Resvalando agora p'ra nossa língua, seu Nenê, diga sério quando é que vem; você[67] precisa ver engenho, andar pelo Pernambuco de dentro, e não ficar com a impressão única do Recife a lhe boiar

---

61 [Classificação original (FCRB): 210. Carta. Ms. autógrafo com caneta-tinteiro preta. Datação: "11 de agosto 1927". Papel amarelado, de gramatura alta. Timbre do papel: "Gabinete do Governador do Estado de Pernambuco". Uma folha, quatro páginas manuscritas. Uma folha de 38 cm de largura dobrada ao meio, perfazendo quatro páginas (frente e verso). Primeira face: páginas quatro e um, nesta ordem. Segunda face: páginas dois e três. Dimensões: 18 x 19 cm. Documento em boas condições.]

62 Pelo timbre do papel, vê-se que Freyre já poderia estar desempenhando a função de chefe de gabinete do governador de Pernambuco, ainda vice-presidente da República em 1926, Estácio Coimbra. Freyre foi convidado para o cargo junto ao governo eleito em 1926 e o assumiu em 1927, desempenhando a função até 1930, quando a Revolução de 1930 é detonada.

63 É provável que o apelido "Baby Flag" tenha sido dado a Bandeira pelo próprio Freyre. Sonia Freyre, filha de Gilberto Freyre, em seu livro de memórias *Vidas vivas e revividas*, diz sobre o pai que, no ano de 1926, "foi aí que se encontrou pela primeira vez com Manuel Bandeira com quem correspondia já há algum tempo. Trataram-se como velhos amigos e foram muito amigos até o fim. Era meu tio 'Flag', como papai o chamava e como ele assinou várias das correspondências enviadas a Gilberto" (FREYRE, Sonia. *Vidas vivas e revividas*. Recife: Edições Bagaço, 2004. p.35).

64 [Sublinhado tal qual no ms.]

65 [Sublinhado tal qual no ms.]

66 "Querido Baby Flag: / Seu bilhete gentil foi recebido em julho. Também recebi o livro sobre a Nova Poesia – Poesia Inglesa e Norte-americana. Estou feliz em saber do prazer que você teve em ler aqueles poemas. Alguns me são muitíssimo queridos. Eu sei de apenas um poeta em nossa língua cujos poemas significam tanto quanto os poemas de alguns vigorosos poetas jovens em língua inglesa que revolucionaram minha juventude. Desnecessário dizer que o poeta é Baby Flag. Baby Flag, quando nós vamos vê-lo de novo aqui no velho Recife? Realmente venha e traga Dôdô com você. Novembro será uma boa estação para visitar os velhos engenhos; e tudo será feito para tornar fácil a sua viagem para o interior." [Tradução da organizadora.]

67 [Forma da palavra abreviada no ms.: "V.".]

na lembrança como sua impressão pernambucana. Não sei como esqueci de mandar pelo Antiógenes Chaves[68] aquele desenho do seu xará lá na *provincière* que é seu há tanto tempo. Mas não vou nunca a embarques nem desembarques – não fui ao de Chicão nem ao de Antiógenes e sempre perco portador. Ainda anda por aí o Sérgio?[69] Diga a ele que não deixe de me mandar o *Up Stream*.[70] É um livro que me foi dado por pessoa amiga, e que eu ficarei [contentíssimo] se ele me mandar. Com o outro, de Stephen Crane,[71] e que aliás tem uma dedicatória p'ro nosso Bigodão[72] pode ficar. Mas *Up Stream* eu quero ou antes queria ter com o mais vivo dos desejos que se pode ter num livro dado por amigo. Aqui tudo rolando. Aproveitei o dia de festas a que não vou – discurso, fraques suados, a bacharelada toda assanhada p'ra escrever aos amigos; e lá vai esta carta ao Baby Flag, se estendendo porém ao Dôdô. Ao Facó[73] e ao Nestor Vitor[74] pode dar quantos abraços quiser. Não quer que abrace por você os seus companheiros daqui na luta pela Ideia Moça (com licença do seu amigo[75] Dr. Alcântara

---

68 Referência a Antiógenes Chaves (1956). Amigo de Gilberto Freyre, formado em Direito, conviveu com os regionalistas de Pernambuco. Escreveu, com Pedro Hipólito de Melo Cahú, o livro *O caso da rádio clube* (1947).

69 Provável referência a Sérgio Buarque de Holanda (1902-1982), jornalista, crítico literário e historiador. Amigo de Manuel Bandeira e de Gilberto Freyre, já na década de 1920, Sérgio Buarque era bastante ativo na vida literária brasileira, assinando artigos de crítica nos principais veículos da época. Fundou, com Prudente de Morais Neto, a revista *Estética* em setembro de 1924, que durou até 1925, totalizando três exemplares. Seus ensaios sociológicos *Raízes do Brasil* (1936), que inaugurou a série *Documentos Brasileiros* da Editora José Olympio, dirigida por Gilberto Freyre – que também o prefacia –, e *Visão do paraíso* (1959) são hoje considerados clássicos. Sérgio Buarque também figura entre os poetas bissextos com o poema "Novas cartas chilenas", apesar de Bandeira destacar a autoria duvidosa do texto, visto que o escritor não assumira seus supostos versos (BANDEIRA, *Antologia dos poetas bissextos contemporâneos*, 1964, p.169-171).

70 Possível referência a *Up stream: an American chronicle* (New York: Boni and Liveright, [1922]), do ensaísta, romancista e tradutor norte-americano, nascido na Alemanha, Ludwig Lewisohn (1882-1955).

71 Stephen Crane (1871-1900), escritor e jornalista norte-americano. Publicou, entre outros livros, *Maggie: a girl of the streets* (1893), o elogiado *The red badge of courage* (1895), ambientado na Guerra Civil norte-americana, e *The open boat and other tales* (1898). Seus livros são caracterizados pelo realismo e pela profundidade psicológica.

72 "Bigodão" e "Gric" eram os apelidos do irmão de Gilberto Freyre, Ulysses de Mello Freyre (1899-1962). Foi um grande apoio para o irmão Gilberto em seu período de estudos no estrangeiro e também dividiram a casa do Carrapicho, na Estrada do Encanamento, quando foi escrita a maior parte de *Casa-grande & senzala*. Em carta de Gilberto a Ulysses logo após a Revolução de 1930, é assim que o sociólogo se refere aos últimos acontecimentos: "Devo aliás pedir que me desculpem escrever pouco. É que quando escrevo tenho que pensar no Brasil, o que no momento é um tanto doloroso. [...] V. fala no saque e no roubo da casa. Nada mais doloroso para mim em tudo isso e Deus sabe que eu preferia mil vezes que outra cousa tivesse sucedido, atingindo a mim e só a mim." (FREYRE, *Cartas do próprio punho sobre pessoas e coisas do Brasil e do estrangeiro*, 1978, p.279). Ulysses casou-se em 1930 com sua prima Maria Elísia Meneses Freyre.

73 Provável referência a Américo Facó (1885-1953), jornalista cearense. Integra a *Antologia dos poetas bissextos contemporâneos* (1964), de Bandeira, com o poema "Noturno" (p.13-16). Dirigiu a seção de literatura da revista *Fon-fon* e fundou as revistas *Pan* (1924) e *O espelho* (1930). Foi diretor da Seção de Enciclopédia e Dicionário do Instituto Nacional do Livro. Publicou *Sinfonia negra* (Zelio Valverde, 1946) e *Poesia perdida* (José Olympio, 1951).

74 Nestor Vitor (1868-1932), crítico e professor. Aproximou-se do Simbolismo, tendo sido grande amigo do poeta Cruz e Sousa. Em 1897, publicou o livro de contos *Signos* e a novela *Sapo*, seguidos pelo romance *Amigos* (1900) e pela coletânea de poemas *Transfigurações* (1902). Escreveu estudos sobre Cruz e Sousa, Maurice Barrès, Raul Pompeia, Novalis, Balzac, Ibsen etc., e os ensaios *O elogio da criança* (1915), *Três romancistas do Norte* [Xavier Marques, Rodolfo Teófilo e Pápi Júnior] (1915), *Farias Brito* (1917) e *A crítica de ontem* (1919).

75 [Forma da palavra abreviada no ms.: "amº".]

Machado)[76] – os [Inojosa],[77] os Goes Filho, enfim a filharada pernambucana do Marcos de Andrade e do Octavio ou Olavo Andrade, da cidade de São Paulo, São Paulo, Brasil, A. S.?

Saudades do

Gilberto

---

76 Antônio de Alcântara Machado (1901-1935), escritor e jornalista. Participou ativamente da vida literária modernista, colaborando com crônicas e artigos em jornais e em revistas, como *Terra roxa e outras terras* e *Revista de antropofagia*, bem como do cenário político no Brasil da década de 1930. Com sua morte prematura, deixou obras como *Pathé Baby* (1926), *Brás, Bexiga e Barra Funda* (1927), *Laranja da China* (1928), *Anchieta na Capitania de São Vicente* (1928) e as edições póstumas *Mana Maria* (1936) e *Cavaquinho e Saxofone* (1940).

77 Provável referência a Joaquim Inojosa (1901-1987). Inojosa, bacharel em Direito, jornalista, crítico literário e historiador, reivindicou para si o papel de introdutor do Modernismo no Recife. Publicou *Diário de um turista apressado* [1960], *O movimento modernista em Pernambuco* (1969), *Um "movimento" imaginário: resposta a Gilberto Freyre* (1972), *Carro alegórico: nova resposta a Gilberto Freyre* (1973), *Os Andrades e outros aspectos do modernismo* (1975), *A arte moderna (1924-1974)*, *O Brasil brasileiro (1925-1975)* (1977), *República de Princesa (José Pereira x João Pessoa, 1930)* (1980), *Sursum corda! Desfaz-se o "equívoco" do Manifesto Regionalista de 1926* (1981) e *A tragédia da Rosa dos Alkmins* (1985). Procurou, entre outras polêmicas abertas com o sociólogo, evidenciar que o seu *Manifesto Regionalista de 26* (1952) foi na verdade escrito posteriormente. A figura de Inojosa passa a corporificar, de forma um tanto dicotômica, as supostas dissensões entre Gilberto Freyre e Mário de Andrade. No prefácio a *Região e tradição*, Freyre assim descreve a presença do Modernismo do Rio e São Paulo: "Parece que nenhuma das duas influências se verificou de modo decisivo sobre a gente do Nordeste, a não ser em casos quase individuais ou isolados: o do sr. Joaquim Inojosa, por exemplo, por algum tempo discípulo intransigente, no Recife, de 'modernistas' do Sul; discípulo amado do então, como hoje, meio apostólico sr. Mário de Andrade – o extraordinário poeta do 'Noturno de Belo Horizonte' e crítico de Castro Alves, que será lembrado na história literária do Brasil não só por essas suas sólidas virtudes como pelos seus brilhos de General Booth do 'modernismo' de 1922" (Freyre, Gilberto. Introdução do autor. In: _____, *Região e tradição*, 1941, p.35).

4 (GF)[78]

Rio de Janeiro, 8 de junho de 1928.

GILBERTO FREYRE PALÁCIO RECIFE

ACEITAMOS VIVA PERNAMBUCO BABY FLAG

FREYRE BABY FLAG

---

78 [Classificação original (FGF): doc 3. Telegrama. Datação: "08-06-1928". Papel cinza-azulado, de gramatura média, com timbre da "Repartição Geral dos Telégrafos". Dimensões: 13,3 x 23,7 cm. Verso com mapa do Brasil e informações. Documento em boas condições. Parte referente à impressão do telegrama desgastada.]

5 (GF)[79]

GABINETE DO GOVERNADOR
DO
ESTADO DE PERNAMBUCO

<u>Confidential</u>[80]

Recife, 6 de maio de 1929.

Meu caro Baby Flag:

Vai esta com a nota de <u>confidential</u>[81] porque é assunto que desejo fique encoberto dos literatos. Agora que estou ganhando um pouco mais (embora reunindo responsabilidades e deveres de três indivíduos) estou empregando as economias na compra de livros referentes à vida íntima do Brasil (muitos deles só de passagem), a estudos sociais, em geral, sobre a família e especialmente sobre a vida e a história da criança, em vários países e em diferentes condições de cultura.[82] Já estou com um bom começo de biblioteca especializada e outros desses livros me estão a chegar. Esse trabalho e essa reunião de livros – como você[83] é um dos raros a saber – prende-se a um estudo, sob o ponto de vista psicológico e histórico, que há anos me prende, e adiado pela falta absoluta de entusiasmo e falta de recursos de estudo e leitura aqui. Sucede que apareceu uma fagulhazinha de entusiasmo e,[84] em vez do miserável dinheiro que me trazia sempre em dívidas, estou ganhando (embora com sacrifício de conforto

---

79 [Classificação original (FCRB): 211. Carta. Ms. autógrafo com caneta-tinteiro preta. Datação: "6 de maio 1929". Papel amarelado, de gramatura alta. Timbre do papel: "Gabinete do Governador do Estado de Pernambuco". Uma folha, com quatro páginas manuscritas. Uma folha de 31,9 cm de largura dobrada ao meio, perfazendo quatro páginas (frente e verso). Primeira face: páginas quatro e um, nesta ordem. Segunda face: páginas dois e três. Dimensões: 20,3 x 15,95 cm. Documento em boas condições.]

80 [Sublinhado tal qual no ms.]

81 [Sublinhado tal qual no ms.]

82 Refere-se Gilberto Freyre ao projeto de escrever um livro sobre a "Vida de criança no Brasil", projeto sobre o qual fala em seu "diário" *Tempo morto e outros tempos*: "Não posso explicar bem ao bom do O. L. [Oliveira Lima] o trabalho em que estou empenhado na sua Brasiliana desde o meu primeiro contato com ela em 21: trabalho que me faz passar dias inteiros entre os livros e papéis que esse raro brasileiro doou à Pontifícia Universidade Católica. Disse-lhe vagamente que estou reunindo notas para uma história de vida de menino no Brasil: uma espécie de autobiografia ou de memórias de um indivíduo estendidas em histórias ou em memórias de todos os meninos do Brasil. [...] É o livro que espero em Deus escrever.[...]" (FREYRE, *Tempo morto e outros tempos*, 1975, p.197). Para detalhes do convívio entre Freyre e o historiador e embaixador Oliveira Lima, consultar FREYRE, Gilberto; LIMA, Oliveira. *Em família: a correspondência de Oliveira Lima e Gilberto Freyre*. Org. Ângela de Castro Gomes. Campinas: Mercado de Letras, 2005.

83 [Forma da palavra abreviada no ms.: "V.".]

84 [Vírgula inserida nesta ed.]

e saúde) o bastante para me dar ao luxo de adquirir livros sobre um estudo especializado como o que me vem há tempos ocupando a um estudo da vida de menino no Brasil. Esse estudo teria de começar pela vida de menino entre os nossos índios. Aqui você[85] me pode ajudar no seguinte: na parte referente às cantigas de ninar meninos entre os índios; cantigas de brinquedos infantis entre eles; sobrevivência no moderno canto infantil brasileiro dessas influências. Roquette-Pinto[86] fala um pouco – muito[87] pouco – do assunto em *Rondônia*. Você[88] não podia ver se ele tem outros estudos no assunto? E se no Museu Nacional não há mais a respeito? Tudo isso muito[89] discretamente. Também se no Museu não há bonecas de palha ou outros brinquedos índios que pudessem ser fotografados. E livros alemães de etnografia sobre o Brasil – não há na Biblioteca[90] Nacional? Seu Baby Flag, vamos ver se você[91] se toma de interesse pelo assunto. Estou reunindo material. Toda a minha economia é para isso. (É claro que ninguém por fora sabe). Bigodão já acha demais tanto livro caro. Mas o assunto é fascinante. Mais um ano e meio estou livre dessas complicações de governo e de enfrentar oposições sem escrúpulo – cousas que pedem [bala] e chicote. Não posso ficar em política. Acabaria mal. Mas daqui a um ano e meio estou livre – e só vejo uma cousa capaz de me interessar, que seria aquele estudo. É campo original, virgem. E não seria para ser tratado literariamente. Depois desse capítulo sobre índios, viria o sobre o *background* da criança dos colonizadores – muito[92] interessante também – e os primeiros contatos das crianças de origem europeia com os bichos do Brasil índio (de nomes tão arrenegados) os papões e mal-assombrados, os fruitos, os pássaros etc. Depois o estudo até o presente. É um material deslumbrante. Você[93] tem que me ajudar – com a sua simpatia pelo assunto, a sua rara inteligência, a sua cultura musical – e na parte

---

85 [Forma da palavra abreviada no ms.: "V.".]

86 Trata-se de Edgar Roquette-Pinto (1884-1954), que foi um dos primeiros estudiosos da área de antropologia moderna no Brasil e membro da ABL. Escreveu *Rondônia* (1916) e *Ensaios de antropologia brasileira* (1933). Em parte elucidativa de estudo aprofundado sobre as influências intelectuais de Freyre nas décadas de 1920 e 1930, Pallares-Burke chama a atenção para a inspiração antropológica de Roquette-Pinto em um Freyre que ainda procurava bases sólidas para a construção de seu pensamento: "Não é, pois, por acaso que mais tarde Freyre iria falar de Roquette-Pinto como um dos 'precursores esquecidos' que, removendo as associações patológicas do termo 'mestiço', fora o primeiro a fazer a distinção fundamental entre 'mestiço doente' e mestiço em geral (FREYRE, Gilberto. Precursores esquecidos. *O Jornal*, Recife, 21 jul. 1942). E não é também por acaso que, no momento em que se discutia a nova Constituição brasileira, a resenha de Roquette-Pinto, publicada após o lançamento de *Casa-grande & senzala*, tenha privilegiado, acima de tudo, a seriedade, a clareza e a objetividade científica desse 'volume soberbo' que já nascera 'obra clássica'." (PALLARES-BURKE, Maria Lúcia. *Gilberto Freyre*: um vitoriano dos trópicos. São Paulo: Ed. Unesp, 2005. p.344).

87 [Forma da palavra abreviada no ms.: "m^{to}".]

88 [Forma da palavra abreviada no ms.: "V.".]

89 [Forma da palavra abreviada no ms.: "m^{to}".]

90 [Forma da palavra abreviada no ms.: "B.".]

91 [Forma da palavra abreviada no ms.: "V.".]

92 [Forma da palavra abreviada no ms.: "m^{to}".]

93 [Forma da palavra abreviada no ms.: "V.".]

referente ao "menino brasileiro na literatura"... Diga se está disposto a cair no assunto. Muita discrição para os literatos não saberem.

Já enviei ao Armstrong[94] a sua tradução de D. Isabel. Ótima. Quando vai aos outros sonetos? Tenho o palpite de que você[95] vai ficar ligado ao nome dos Brownings[96] – que como sabe têm verdadeiros adoradores no *English speaking world*.

Escreva-me. Lembranças e abraços aos amigos especialmente às Blank.[97]

Abraços do Gilberto Freyre

---

94 Referência a Andrew Joseph Armstrong (1873-1954), professor e crítico literário. Graduado no Wabash College em Crawfordsville, Indiana, e doutor pela Universidade da Pensilvânia; de 1912 a 1952 foi chefe do Departamento de Inglês na Universidade de Baylor, onde Gilberto Freyre se graduou em 1920 no curso de Bacharel em Artes. Trouxe para a universidade vários poetas de renome, tais como W. B. Yeats, Amy Lowell e Vachel Lindsay, que Freyre conheceu pessoalmente. É também Armstrong quem introduz Freyre aos ensaístas anglo-americanos em suas aulas de literatura, tais como Walter Pater, Cardeal Newman, Richard Steele, Joseph Addison, Charles Lamb, Mathew Arnold etc., além dos poetas Robert e Elizabeth Browning. Foi correspondente assíduo de Freyre até sua morte. No livro de memórias autobiográficas, publicado postumamente, *De menino a homem*, encontra-se um belo retrato do professor escrito por Freyre, por ocasião de sua morte: "Um tanto por causa dos Browning e outro tanto pelo seu sentido não só dinâmico como universalista do que fosse literatura e o ensaio de literatura comparada, viveu esse humanista em constantes viagens. Pela França, pela Alemanha, pela Espanha, mas principalmente pela Inglaterra – a pátria dos seus amados Browning – e pela Itália: a doce terra do Sul da Europa escolhida pelos dois poetas ingleses sempre em idílio para sua residência. Mas não se limitavam à Europa as viagens de estudo do Mestre Armstrong, só ou acompanhado de estudantes: mais de uma vez foi ao Oriente Médio, visitou a Terra Santa percorrendo-a com olhos de estudioso de literaturas antigas, e uma vez chegou até a Buenos Aires e parou no Rio onde por intermédio do meu irmão Ulysses – eu estava ausente na Europa – conseguiu que o conhecesse Manuel Bandeira. O Manuel Bandeira a quem eu como discípulo de Armstrong revelara os Browning persuadindo o poeta brasileiro – tão esquivo a persuasões e encomendas – a traduzir para a língua portuguesa alguns dos sonetos de amor que Elizabeth publicara em inglês como se fossem traduções do português: *Sonnets from the Portuguese*. Essas traduções foram feitas de modo magistral por Bandeira: e Armstrong ficou maravilhado com o valioso acréscimo brasileiro à sua browningística. / [...] Tornou-se um dos meus maiores amigos. Considerava-me um traidor da minha vocação mas mesmo assim merecedor de sua melhor amizade. Por seu intermédio, conheci Amy Lowell, William Butler Yeats, Vachel Lindsay – este seu amigo fraterno." (Freyre, Gilberto. *De menino a homem*. São Paulo: Global, 2010. p.147-149. Texto originalmente publicado, sob o título "A morte de um velho mestre", em *Diário de Pernambuco*, Recife, 25 jul. 1954).

95 [Forma da palavra abreviada no ms.: "V."].

96 Trata-se de Elizabeth Barrett Browning (1806-1861), poeta inglesa, e de seu marido, o escritor Robert Browning (1812-1889). Ela escreveu *Sonnets from the Portuguese* (1850). Casou-se com o poeta e dramaturgo inglês Robert Browning em 1846, seguindo logo após para a Itália. Ele publicou *Sordello, a Poem in Six Books* (1840) e *Men and Women* (1855). Freyre contrastou da seguinte forma a poesia do casal: "É pena que a clareza não seja uma de suas virtudes [de Robert Browning]; que a densidade a torne às vezes turvo como os mais difíceis textos das Escrituras; que a sua poesia, de tão agreste, se feche aos tradutores como mistérios do Thibet para sempre virgem dos olhos dos curiosos do Ocidente. Consegui que o grande poeta da nossa língua que é Manuel Bandeira traduzisse, há anos – na fase de sua colaboração regular para o jornal *A Província* – alguns dos sonetos de amor de Mrs. Browning – traduções depois tão inteligentemente louvadas pelo sr. Abgar Renault; mas não os poemas ásperos do marido. Tarefa que Bandeira e Renault poderiam um dia empreender, para suprema delícia do meu velho mestre browningista fervoroso, o professor A. J. Armstrong." (Freyre, Gilberto. Leituras inglesas. *Diário de Pernambuco*, Recife, 30 maio 1942). Bandeira também escreveu crônicas, espécie de perfil biográfico, que se enfeixaram sob o título de "Elizabeth Barret Browning", publicado na seção "Outras crônicas" de *Crônicas da província do Brasil*, do qual se lê o trecho: "O amor é a nova invenção, e nenhum casal de criaturas humanas foi jamais tão longe, mesmo nos domínios da fábula, como Elizabeth Barrett e Robert Browning, cujo grande e inalterável sentimento tem, pelas circunstâncias e vicissitudes em que se formou e cresceu, a beleza cíclica e indestrutível dos mitos. Pertence às coisas ideais da vida, disse um comentador." (Bandeira, Manuel. Elizabeth Barret Browning. In: _____. *Crônicas da província do Brasil*. São Paulo: Cosac Naify, 2006. p.223-228).

97 A família Blank, formada pelo casal Frederique Henriette Simon Blank e Carlos Blank e suas filhas Guita e Joanita, era íntima da família de Manuel Bandeira desde o início do século XX, quando se mudaram para o Brasil com Guita. Joanita Blank nasceu depois, em 1909. Na Rua do Curvelo, em Santa Teresa, a menina teve aulas periódicas com o escritor. Entre os poemas de Bandeira dedicados à família, estão "Joanita", "Joana e Pituca", "Poema do mais triste maio", "Natal 64" e "A Mossy"; e ainda há a crônica "História de Joanita" (cf. Bandeira, Manuel. *Andorinha, andorinha*. Rio de Janeiro: José Olympio, 1966). Sobre o relacionamento de Bandeira com a família Blank, cf. Bezerra, Elvia. *A trinca do Curvelo*: Manuel Bandeira, Ribeiro Couto e Nise da Silveira. Rio de Janeiro: Topbooks, 1995.

6 (MB) [98]

Rio de Janeiro, 12 de julho de 1929.

Gilberto

Recebi a sua carta felicitando-me pelo *Álbum de Canções*. Gostaria muito de saber quais as que lhe agradaram e quais não, ou os detalhes. A crítica de procuradores[99] como você e a impressão dos próprios meninos poderão me guiar se eu insistir em outra tentativa. Não se esqueça. As minhas canções são o Nana Nanana, a da bandeira e outra que diz

> *Brasil de meu Deus*
> *Brasil de meu Senhor*
> *Brasil de minha gente*
> *Meu Brasil do meu amor.*

O tema musical dela foi dado a Heckel[100] por mim. É uma coisa que aprendi menino com meu pai. É de Bumba meu boi ou cabocolinho daí de Pernambuco. Mas o Heckel estragou a ideia que era de fazer daquilo um cânon[101] (você[102] não sabe o que é isso mas pergunte ao Ernani[103] que ele lhe explica). Ficaria formidável cantado por grande massa de meninos. Creio que o Heckel não soube compor o cânon e redigiu a simples melodia.

---

98 [Classificação original (FGF): doc 4. Carta. Ms. autógrafo com caneta-tinteiro preta. Datação: "Rio, 12 julho 1929". Papel amarelado, de gramatura média. Uma folha, duas páginas manuscritas (frente e verso). Dimensões: 21 x 16,2 cm. Documento em boas condições. No topo da primeira página, à direita, encontram-se as seguintes palavras com lápis vermelho: "Pareceres do procurador [...]". Na parte inferior da segunda página, à direita, encontram-se as seguintes palavras com lápis grafite: "1.0 Brasil é bom 10; 2.0 Brasil 9; 3. Canção da Bandeira + Nanana". Provavelmente essas palavras – infere-se pela grafia manuscrita – foram escritas por Gilberto Freyre.]

99 [Sublinhado tal qual no ms.]

100 Trata-se de Heckel Tavares (1896-1969), compositor alagoano de música erudita e popular. Musicou espetáculos para o Teatro de Revista e várias letras de Manuel Bandeira, como "O Brasil" e "Canção da bandeira". Bandeira refere-se, no corpo da carta, à canção "Nana Nanana" (em "6 canções infantis sobre temas de roda").

101 [Sublinhado tal qual no ms.]

102 [Forma da palavra abreviada no ms.: "v.".]

103 Ernani Braga (1888-1948), professor, maestro, crítico de música, colaborador do jornal *A Província* durante todo o período em que este foi dirigido por Gilberto Freyre.

Dei o seu recado a Joanita.[104] A Guita[105] se casa nos dias 8 e 9 de agosto com um rapaz inglês que é exatamente o oposto de outro noivo americano. *Both* maneiras e sentimentos. Gosta muito da Guita e dá-se muito bem com Joanita e Mme Blank. Estão todos muito contentes desta vez. O nome dele é aliterativo, agreste e grandioso: Victor Valentine Wilde (estou vendo você dizer: – Danou-se!). Mas ele tem *sense of humour enough* para rir do nome. De resto é Vic em casa das Blanks. No dia 10 embarcam num "cargozinho" e vão passar três meses na Europa – ele vai com licença da Light onde é empregado. Licença com todos os vencimentos, passagens pagas e gorjetas para bordo.

Rodrigo, Prudente,[106] Dôdô bem. Os amores da moleca fizeram bem ao Dôdô. Instalou-se com ela no Catete. Está trabalhando como Engenheiro da Central e não bebe mais senão de raro em raro – como nós.

Mário me escreveu dizendo que o editor do *Ensaio* e da *História da Música*[107] ia lhe mandar os livros. Recebeu? Não se esqueça de dar notícia da *História da Música* na secção dos livros novos.[108] O Ernani pode fazer. Adeus. Abraços do

Flag

---

104 Trata-se de Joanita Blank (1909-?). Além de mestre de Joanita, que nunca frequentara escola, Bandeira foi entusiasta de seu trabalho. Ela foi colaboradora de Bandeira no *Guia de Ouro Preto* (1938), ilustrando-o em parceria com Luís Jardim. Em sua *Antologia dos poetas bissextos contemporâneos*, inclui Joanita Blank como uma "bissexta autêntica", que "de quatro em quatro anos dá um ar de sua graça, ora em português, ora em francês, ora em inglês" (BANDEIRA, *Antologia dos poetas bissextos contemporâneos*, 1964, p.87). Informa ainda Bandeira, em sua antologia dos bissextos – utilizando a terceira pessoa para tal –, que em 1937, à revelia da autora, editou 30 exemplares de uma plaquete contendo dez de seus poemas. Como artista plástica, deixou desenho a nanquim de Irene – a mesma de "Irene no Céu" de Bandeira – e um retrato a óleo de Portinari. Em 1955, casou-se com Gerard Elisa, barão van Ittersun e diplomata holandês, seguindo para Belgrado com o marido a trabalho. A correspondência entre ambos se encerra somente com a morte de Bandeira (cf. BEZERRA, *A trinca do Curvelo*, 1995).

105 Referência a Guita Blank, irmã de Joanita e filha de Fredy Blank.

106 Trata-se de Prudente de Morais Neto (1904-1969), o Prudentinho, como era chamado pelos amigos, bacharel em Direito, escritor, crítico e professor. Com Sérgio Buarque de Holanda, dirigiu a revista *Estética*. Atuante como jornalista, foi professor de Literatura na Universidade do Distrito Federal. Com o pseudônimo literário Pedro Dantas, adotado em 1928, Bandeira apresenta o poeta bissexto em sua antologia (BANDEIRA, *Antologia dos poetas bissextos contemporâneos*, 1964, p.145-167). Na crônica "O pensador Prudente de Moraes, Neto", Gilberto Freyre escreve: "Os que o conheceram de perto sabem que alta figura humana ele foi. Que afetivo houve nele disfarçado pelo homem por vezes, na aparência e no sorriso, machadeanamente irônico. Que amigo ele foi de Rodrigo Melo Franco de Andrade, de Manuel Bandeira, de Sérgio Buarque. Por vezes, que sentimental. Que lírico. Que o diga o seu poema 'A cachoeira'. Um poema que consagra sozinho um poeta. / O irônico, em Prudente, era superado pelo supremo *sense of humour*. Nunca – suponho eu – num brasileiro houve tão profundo *sense of humour*. Esse *sense of humour* que talvez seja a expressão mais inconfundível de inteligência; e que quando presente em jornalista, ou em cronista, como Prudente, no Brasil, e Chesterton, em língua inglesa, faz deles pensadores cujo poder de reflexão nem todos percebem." (FREYRE, Gilberto. O pensador Prudente de Moraes, Neto. In: _____. *Pessoas, coisas e animais*, 1979, p.53-54. Texto originalmente publicado, com o título "Prudente de Moraes, Neto", no *Correio Braziliense*, Brasília, 8 jan. 1978.)

107 Cf. ANDRADE, Mário. *Compêndio de História da Música*. São Paulo: Cupolo, 1929.

108 Ernani Braga de fato publica resenha sobre o *Compêndio da História da Música*, de Mário de Andrade, na primeira página de *A Província*, na seção "Livros novos", em 30 de julho de 1929. No corpo da carta de Manuel Bandeira a Mário de Andrade, datada de 12 de agosto de 1929, o poeta recifense escreve: "Mando-lhe um retalho da *Província* com a notícia sobre a *História da Música*. O Ernani Braga, que a escreveu, está sempre fazendo referências a você (simpáticas); é raro o artigo dele em que não aparece seu nome" (ANDRADE; BANDEIRA, *Correspondência Mário de Andrade & Manuel Bandeira*, 2000, p.431). Ernani Braga estampou outros artigos elogiosos a Mário de Andrade no referido jornal, bem como outros escritores, como Olívio Montenegro, Adhemar Vidal e o próprio Manuel Bandeira.

7 (GF)[109]

Lisboa, 4 de dezembro de 1930.

Dearest[110] Baby Flag:

Há um mês que estou aqui. Vim acompanhando o Estácio[111] que me pediu que viesse com ele. Eu ia ficar no Convento dos Franciscanos na Bahia – mais perto do meu querido Recife. Já sabe talvez de tudo, meu caro Bandeira, meu querido Manuel – minha casa saqueada e incendiada. Uma desgraça. Mas há de ser o que Deus quiser. Não há senão aceitar as coisas – talvez mais muçulmanamente do que à maneira cristã. Aqui estou "emigrado" como em qualquer romance russo. Veja, seu Baby Flag, eu a fugir do sentimental, do dramático – e creia que nestes dois anos o sentimental e o dramático não têm feito outra coisa senão me perseguirem. Mas não há de vencer. Não tivesse eu mais *humour* que mesmo lirismo luso-brasileiro. Vai para você,[112] meu caro Baby Flag, que é dos meus amigos um daqueles em quem mais tenho pensado nas minhas saudades de quarto de hotel, um grande abraço. (Muitas vezes me surpreendo a dizer

---

109 [TEXTO-BASE: FREYRE, *Cartas do próprio punho sobre pessoas e coisas do Brasil e do estrangeiro*, 1978, p.155. Datação da carta na edição: "Consulado do Brasil – Lisboa – 4 de dezembro 1930."]

110 Como apresenta o *Oxford Advanced Learner's Dictionary* (1995), *dearest* – que pode ser um substantivo, embora nesta carta tenha sido empregado como adjetivo – é utilizado para endereçar-se a alguém de quem se gosta muito.

111 Refere-se a Estácio Coimbra (1872-1937). Bacharel em Direito, na década de 1890 começou sua carreira política, sendo eleito prefeito de Barreiros em 1894 em chapa ligada ao Partido Republicano Federal. Exerceu vários mandatos como deputado estadual e deputado federal. Em 15 de novembro de 1922, assumiu o cargo de vice-presidente da República, quando Artur Bernardes era o presidente. Em 1926, fica à frente do governo da província e Freyre é convidado para ser oficial de seu gabinete. Vale dizer que Estácio Coimbra era casado com Joana Castelo Branco de Albuquerque Coimbra, prima de Alfredo Freyre, pai de Gilberto Freyre. Em 1928, Freyre assume a direção do jornal *A Província* a pedido de Coimbra, sendo também nomeado professor da Escola Normal do Estado de Pernambuco. Com a vitória da Revolução de 30, ambos seguem para o exílio. Sobre os acontecimentos de outubro de 1930 e a sua repercussão, escreve Manoel Correia de Andrade: "No Norte houve luta com grande participação popular no Recife, desde a madrugada do dia 4 até a tarde do dia 5, quando o presidente Estácio Coimbra fugiu em um rebocador para a Bahia. Nos demais estados foi fácil aos revoltosos tomar o poder. No Piauí o comandante Areia Leão tomou o poder sem luta a 4 de outubro, enquanto Juvenal Lamartine caía a 6 no Rio Grande do Norte, a 8 o presidente Matos Peixoto abandonava o poder no Ceará, a 9 caía Pires Sexto no Maranhão, a 10 Álvaro Pais abandonava o governo de Alagoas, fugindo para a Bahia, seguido a 16 pelo presidente de Sergipe, dr. Manuel Dantas. Só o Pará resistiu aos rebeldes; o presidente Eurico Vale expulsou-os da capital e manteve-se no poder até quando a revolução estava vitoriosa em todo o país. O presidente Washington Luis não compreendia a fraqueza dos presidentes de estados do Norte e recusou-se a receber qualquer um que o procurasse." (ANDRADE, Manuel Correia de. *A Revolução de 30*: da República Velha ao Estado Novo. Porto Alegre: Mercado Aberto, 1988. p.51-52). Gilberto Freyre, no ensaio "Fidalgos pernambucanos", afirma que Estácio Coimbra, como Pedro Luiz Paranhos Ferreira, eram dois perfeitos fidalgos, dois senhores de engenho de atitudes virtuosas, figuras em extinção: "Esse corpo curvado antes do tempo e esses cabelos brancos também precoces, como que característicos dos últimos aristocratas pernambucanos – os Pedro Paranhos, os Estácio Coimbra, os Manuel Caetano de Albuquerque e Mello, as Donas Flora Cavalcanti, os Julio Bello, os Ignacio de Barros Barreto, os Paulo Cavalcanti de Amorim Salgado, os Conde Correia de Araújo." (FREYRE, Gilberto. Fidalgos pernambucanos. In: _____, *Região e tradição*, 1941, p.233).

112 [Forma da palavra abreviada em *Cartas do próprio punho* [...]: "V.".]

baixinho "Me dá alegria, Santa Teresinha!".)[113] Peço-lhe também que abrace por mim os bons amigos Blank, especialmente a colaboradora da *Província*,[114] Prudente e Inah[115], Dôdô, Ovalle[116], Rodrigo, o gênio, o deputado (ex-).

Do Gilberto

---

113 Gilberto Freyre se refere ao poema "Oração a Teresinha do Menino Jesus", publicado em *Libertinagem* (1930): "Perdi o jeito de sofrer. / Ora essa. / Não sinto mais aquele gosto cabotino da tristeza. / Quero alegria! Me dá alegria, / Santa Teresa! / Santa Teresa não, Teresinha... / Teresinha... Teresinha... // Me dá alegria! / Me dá a força de acreditar de novo / No / Pelo Sinal / Da Santa / Cruz! / Me dá alegria! Me dá alegria, / Santa Teresa!... / Santa Teresa não, Teresinha... / Teresinha do Menino Jesus" (BANDEIRA, *Poesia completa e prosa*, 1974, p.216-217).

114 Joanita Blank foi colaboradora regular do jornal *A Província*, escrevendo para a seção "A moda feminina", sempre no suplemento de domingo. Joanita assinava e ilustrava cuidadosamente à mão matérias bastante atualizadas sobre moda, dando enfoque diverso sobre várias questões relacionadas ao tema: moda feminina, infantil, para ocasiões informais, formais, para carnaval, casamento, sobre as últimas tendências europeias, sobre noções de etiqueta etc.

115 Inah Novaes, esposa e prima de Prudente de Morais Neto.

116 Trata-se de Jayme Ovalle (1894-1955). Como músico, Ovalle compôs "Azulão", "Modinha" e "Berimbau" a partir de letras de Bandeira. Ovalle foi amigo, parceiro, vizinho de Bandeira em Santa Teresa e, além disso, o poeta torna-o uma figura literária em vários dos seus poemas e crônicas. O "místico", como era chamado, levava Bandeira para as noitadas na Lapa, de modo que sua imagem também fica ligada à boêmia. No rastro desta correspondência, a amizade de Ovalle com Bandeira e com Freyre será abordada no ensaio presente na seção 4.2 – Para detalhes sobre relação de Jayme Ovalle com modernistas, cf.: WERNECK, Humberto. *O santo sujo*. São Paulo: Cosac Naify, 2008.

8 (MB)[117]

Rio de Janeiro, natal de 1930.

Gilberto. – Sua carta de 4, recebida agora mesmo, me deu um alegrão. Tivemos muitas apreensões a seu respeito nos primeiros dias da revolução: não se sabia de nada do Recife senão pelos rádios que corriam nas mãos dos revolucionários.[118] Até que por meu tio Antonico soubemos que você[119] navegava com Estácio para Lisboa, o que nos fez respirar por sabê-lo a salvo de perseguições.[120] Infelizmente veio depois por Bigodão notícia que a populaça tinha depredado e

---

117 [Classificação original (FGF): doc 5. Carta. Ms. datiloscrito com fita preta. Datação: "Rio de Janeiro, natal de 1930". Assinatura manuscrita com caneta-tinteiro preta. Papel amarelado, de gramatura média. Uma folha, duas páginas datiloscritas. Uma folha de 25,7 cm de largura dobrada ao meio, perfazendo quatro páginas (frente e verso). Primeira face: verso da página dois e página um. Segunda face: verso da página um e página dois. Dimensões: 20,1 x 12,85 cm. Documento ressecado, com rasgamento na parte inferior da folha dobrada, atingindo as duas folhas. Timbre da folha: "Via aeropostale". Na parte inferior da primeira página, encontram-se as seguintes palavras: "Uma folha e um enveloppe aéropostal pesam 5 grammas".]

118 O discurso de posse de Getúlio Vargas (1882-1954) no Governo Provisório, em 3 de novembro de 1930, assinalou, já em sua abertura, o objetivo político de uma transformação do *status quo*: "O movimento revolucionário, iniciado, vitoriosamente a 3 de outubro, no Sul, Centro e Norte do país, e triunfante a 24, nesta Capital, foi a afirmação mais positiva que, até hoje, tivemos de nossa existência como nacionalidade. Em toda a nossa história política, não há, sob esse aspecto, acontecimento semelhante. Ele é, efetivamente, a expressão viva e palpitante da vontade do povo brasileiro, afinal senhor de seus destinos e supremo árbitro de suas finalidades coletivas. / Todas as categorias sociais, de alto a baixo, sem diferença de idade ou de sexo, comungaram em um idêntico pensamento fraterno e dominador: – a construção de uma Pátria nova, igualmente acolhedora para grandes e pequenos, aberta à colaboração de todos os seus filhos." (CARONE, Edgard. *A Segunda República (1930-1937)*. São Paulo: Difel, 1978. p.13). A força que a movimentação revolucionária conseguiu, num primeiro momento, decorre de um descontentamento de grupos que se viam excluídos da chamada República "Café com Leite", período em que representantes do Partido Republicano Paulista (PRP) e do Partido Republicano Mineiro (PRM) revezavam-se na presidência da República. Nas eleições de 1930, Júlio Prestes, do PRP paulista, apoiado por 17 estados, entre eles Pernambuco, ganhou as eleições disputadas com Getúlio Vargas, candidato da Aliança Liberal articulada pelos políticos descontentes de Minas Gerais – que esperavam a alternância após a presidência do paulista Washington Luis –, juntamente com Paraíba e Rio Grande do Sul. Posteriormente vem o movimento de deposição de Washington Luis liderado por Getúlio Vargas, que contou, de fato, com o apoio de amplos setores da população esperançosos de uma mudança que, ao final, se viu frustrada em muitos pontos: "O regime Vargas pôs fim à cultura política do período oligárquico da Primeira República (ou República Velha, 1889-1930), que se caracterizava por ser um sistema federativo sob o qual os estados mais ricos – todos no Centro-Sul – dirigiam o país, deixando apenas migalhas para as unidades mais pobres da federação. Uma minoria diminuta de brasileiros vivia confortavelmente. A imensa maioria vivia na pobreza. Havia milhões de brasileiros que não podiam comprar sapatos. Mas, embora Vargas soubesse disso, sua era dizia respeito a política e economia, e não à condição humana." (LEVINE, Robert M. *Pai dos pobres?*: o Brasil e a Era Vargas. São Paulo: Companhia das Letras, 2001. p.17).

119 [Forma da palavra abreviada no ms.: "v.".]

120 Em prefácio a *Casa-grande & senzala*, afirma Gilberto Freyre: "Em outubro de 1930 ocorreu-me a aventura do exílio. Levou-me primeiro à Bahia; depois a Portugal, com escala pela África. O tipo de viagem ideal para os estudos e as preocupações que este ensaio reflete." (FREYRE, Gilberto. *Casa-grande & senzala*. Rio de Janeiro: Record, 2000. p.43). Ao passo que Freyre deixou Portugal em 1931, quando seguiu para os Estados Unidos, Estácio Coimbra retornou do exílio português em junho de 1933.

queimado a casa de Olímpio.[121] No Carrapicho[122] apareceu um caminhão com soldados e metralhadoras mas nada fizeram, nem chegaram a entrar e nenhum dos seus livros de viagem sofreu. Mas que desgraça, como diz você,[123, 124] ou que esculhambação como diz Bigodão. Este, quando você[125] ainda se achava na Baía,[126] me passou um telegrama que entendi ser de aviso para você[127] (naturalmente ele contava que você[128] estivesse aqui: endereçado a Flag, assinado Whiskers e dizendo *Keep well covered advise other*[129] *agents*[130] etc. [Em] suma um telegrama com sentido comercial que supus encobrir outro.) De resto Whiskers continua gastando as linhas da Western como intermediadora de um jornal do Recife (*A Tarde*)[131] ao fresco romano em mármore com esbeltas figuras de Tanagra, que anda em oposição acesa ao interventor. Este porém se interessa é pelo Pega, o que mandei dizer a Whiskers. Os amigos me perguntavam sempre por você,[132] especialmente as Blanks, Rodrigo e Prudente. Rodrigo virou Rimbaud[133] do Largo da Mãe do Bispo e tem trabalhado pra se acabar. Chico Sciencia[134] acaba dando

---

121 Trata-se da casa de Alfredo Freyre (1874-1961). Freyre chamava a seus pais, Alfredo e Francisca, de Olympios, como observamos por meio de sua correspondência endereçada aos pais: "Porto Alegre – 26-1-40. / Meus caros Olympios: / Grandes abraços para vocês e para todos de casa. Aqui estou há dias depois de uma viagem de automóvel, longa e interessantíssima: São Paulo, Paraná, Santa Catarina, parte do Rio Grande, tudo de automóvel, através de paisagens novas. [...] Nossos abraços para vocês e lembranças para os amigos do filho muito amigo Gilberto (FREYRE, *Cartas do próprio punho sobre pessoas e coisas do Brasil e do estrangeiro*, 1978, p.115). Em seu diário, com datação "Recife, 1928", Freyre narra: "Bandeira é um entusiasta dos chamados 'Olímpios'. 'Olímpios é, como, não sei bem porque, Ulisses e eu chamamos os pais: meu Pai e minha Mãe. Bandeira diz que minha Mãe é para ele a imagem da pernambucana perfeita: muito mãe, muito discreta, muito fidalga. Muito fidalga, diz ele, com um perfil aquilino que em qualquer parte do Ocidente é fidalguia da melhor." (FREYRE, *Tempo morto e outros tempos*, 1975, p.221).

122 Foi no sítio chamado Carrapicho que Gilberto Freyre escreveu *Casa-grande & senzala*. A casa mourisca que pertencia ao seu irmão Ulysses Freyre ficava na Estrada do Encanamento, perto da Casa Forte. Em alguns momentos da correspondência, o bairro aparece com a grafia "Karrapicho". Veja-se a descrição que José Lins do Rego faz do lugar: "A casa do Carrapicho, onde Gilberto Freyre morava, era para mim como um refúgio que eu procurava com ansiedade e timidez. No seu quarto, debaixo daquela enorme jaqueira, dormiam Gilberto e seu irmão Ulysses. Com os livros ainda desarrumados, com os seus quadros e os emblemas das universidades por onde passara pelas paredes brancas, ali viveu os seus primeiros e grandes dias de volta ao Brasil. Soprava sobre o Carrapicho o nordeste camarada e no silêncio do sítio pernambucano, debaixo das jaqueiras matriarcais, Gilberto por muitas vezes me lia os seus artigos. Às vezes ficávamos calados, e o apito do trem da Paraíba, lá para as bandas de Macacos, trazia para o meio de nós uma tristeza de fim de tarde." (REGO, José Lins do. Notas sobre Gilberto Freyre. In: FREYRE, *Região e tradição*, 1941, p.15).

123 [Forma da palavra abreviada no ms.: "v.".]

124 [Vírgula inserida nesta ed.]

125 [Forma da palavra abreviada no ms.: "v.".]

126 [Vírgula inserida nesta ed.]

127 [Forma da palavra abreviada no ms.: "v.".]

128 [Forma da palavra abreviada no ms.: "v.".]

129 [Forma da palavra no datiloscrito original: "others".]

130 "Mantenha bem protegido notifique outros agentes" [Tradução da organizadora].

131 [Emenda do autor com nome do jornal "*A Tarde*", com parênteses, sobrescrito à mão com caneta-tinteiro preta no ms.]

132 [Forma da palavra abreviada no ms.: "v.".]

133 Referência a Arthur Rimbaud (1854-1891), poeta francês, autor de *Le bateau ivre* (1871), *Une saison en enfer* (1873), *Les illuminations* (1874) e grande influência para os movimentos de vanguarda.

134 Chico Sciencia ou Chico Ciência era o apelido de Francisco Campos (1891-1968), advogado, jurista e político.

cabo dele. Não sei se você[135] sabe que ele é o chefe de gabinete do novo Ministério da Educação. Por influência dele o Lúcio Costa,[136] arquiteto pernambucano muito moço, foi nomeado diretor da Escola Nacional de Belas Artes[137] e o Gallet[138] do Instituto Nacional de Música.[139] Imagine que me quis fazer diretor[140] do Museu Histórico.[141] Ficou espantado que eu recusasse mas quando o Campos quis pregar-lhe a mesma peça também tirou o corpo. Então se lembrou do Tobias que recusou e indicou o Rodolfo[142] Garcia[143] que aceitou: está ótimo, não acha? Rodrigo [144],145 só fazia dizer: o Gilberto é que servia. Graciema[146] está safada porque Rodrigo [147] não para. Apesar do trabalho excessivo Rodrigo está bem-disposto.

Continuo parasita da nação e colaborador do *Diário Nacional* de São Paulo onde escrevo as mesmas cronicazinhas cínicas que já fizeram a delícia dos leitores de *A Província*.[148] Quando não tenho assunto, conto algum porre do Dôdô.

Desempenhou inúmeros cargos públicos. Ficou conhecido como reformador do ensino no Estado de Minas segundo os preceitos da Escola Nova na década de 1920. Foi ministro da Educação e Saúde no início do governo de Getúlio Vargas e secretário da Educação do Distrito Federal em 1935, em substituição a Anísio Teixeira, quando desestruturou a Universidade do Distrito Federal. Como ministro da Justiça de Vargas em 1937, ajudou-o a elaborar a nova Constituição, de caráter autoritário. Participou da elaboração dos Atos Institucionais (AI-1 e AI-2) do regime militar instaurado em 1964 e colaborou com a formulação da Constituição de 1967.

135 [Forma da palavra abreviada no ms.: "v.".]

136 Lúcio Costa (1902-1998), arquiteto e urbanista. Estudou Pintura e Arquitetura na Escola Nacional de Belas Artes, formando-se em 1924. Em 1930, assumiu a direção da instituição. Em 1931, reformulou o 38º Salão Nacional de Belas Artes, nomeando Manuel Bandeira e Anita Malfatti para o júri, entre outros nomes. Trouxe Le Corbusier para o Brasil em 1936. Em 1938, projetou com Oscar Niemeyer o pavilhão brasileiro da New York World's Fair, parceria esta que se repetiu com a elaboração do Plano Piloto de Brasília, em 1957.

137 [Forma do nome no ms.: "E. de B. Artes".]

138 Referência a Luciano Gallet (1893-1931), compositor e crítico musical. Cursou Piano no Instituto Nacional de Música, em 1930, assumiu a diretoria do Instituto Nacional de Música. Foi publicado, postumamente, o livro *Estudos de Folclore* (1934), de sua autoria.

139 [Forma da palavra abreviada no ms.: "I. de Música".]

140 [Forma da palavra abreviada no ms.: "dir.".]

141 [Forma da palavra abreviada no ms.: "Hist.".]

142 [Forma da palavra abreviada no ms.: "Rod.".]

143 Trata-se de Rodolfo Garcia (1873-1949), bacharel em Direito, professor, diretor do Museu Histórico Nacional de 1930 a 1932, da Biblioteca Nacional a partir de 1932 e membro da ABL. Escreveu *Nomes de aves em língua tupi* (1913) e editou *Dicionário de brasileirismos* (1915). Com Capistrano de Abreu, anotou a terceira edição da *História geral do Brasil*, de Varnhagen.

144 [Forma da palavra abreviada no ms.: "Rod.".]

145 Provável referência a Rodrigo Melo Franco de Andrade.

146 Graciema Prates de Sá, esposa de Rodrigo Melo Franco de Andrade.

147 [Forma da palavra abreviada no ms.: "Rod.".]

148 Manuel Bandeira foi colaborador do jornal *A Província* quando este era dirigido por Gilberto Freyre. O sociólogo pernambucano, ao assumir a direção do jornal a pedido do então governador Estácio Coimbra, procurou desenvolver um trabalho diferenciado, seguindo uma linha editorial que o destacasse dos demais periódicos em circulação. Veja o que Luís Jardim afirma, em prefácio a *Retalhos de jornais velhos*, acerca da atuação de Freyre no cenário literário e cultural pernambucano: "E ainda de acordo com elas é que nos deu n'*A Província*, jornal que dirigiu de 1928 a 1930 e onde colaboraram alguns dos maiores talentos do Brasil – Pontes de Miranda, os dois Manoel Ban-

Por via marítima lhe mandarei umas delas e também uma oração que diz a Nossa Senhora da Boa Morte[149] com quem me resolvi pegar porque fiquei convencido que Santa Teresinha não adianta, cadê que ela me dá alegria, dá o quê!

Eu e Cicinho[150] fizemos tudo pra descobrir o Anibal[151] [ilegível], não houve jeito. Primeiro esteve na sala da capela mas incomunicável. Depois que o soltaram ele sorveteu. Estive em casa de uns Rego Monteiro[152] que moram na

---

deira, o poeta e o desenhista, Mário de Andrade, Prudente de Morais Neto, Cícero Dias, Múcio Leão, José Américo de Almeida, Ribeiro Couto, Jorge de Lima, José Lins do Rego, Aníbal Fernandes, Olívio Montenegro – um tipo de jornal provinciano, honestamente provinciano, refletindo de preferência a vida local em toda a sua pureza de cor. / *A Província* foi uma reação contra o jornal de Estado estandardizado pelo modelo do Rio – salientou uma vez Manuel Bandeira, o poeta. Gilberto Freyre, fugindo ao sensacionalismo da imprensa de ares dinâmicos, em províncias as mais pacatas, considera hoje o melhor jornal do Recife, não nenhum dos mais ricos e técnica e financeiramente mais poderosos – mas o *Jornal Pequeno*, dos irmão Medeiros, por ser o menos estandardizado e o mais provinciano no bom sentido, o mais local, o mais recifense" (Jardim, Luís. Prefácio. In: Freyre, Gilberto. *Retalhos de jornais velhos*. Rio de Janeiro: José Olympio, 1964).

149 [Forma do nome abreviado no ms.: " N. S. da Boa Morte".]

150 Possível referência a Cícero Dias (1907-2003), pintor, gravador, desenhista, ilustrador, cenógrafo e professor pernambucano. Fez Escola de Belas-Artes no Rio de Janeiro e seguiu para a França, em 1930, como bolsista. Fixou residência em Paris a partir de 1937, a serviço do Itamarati, e frequentou o Ateliê Picasso. Ligou-se, desde a década de 1920, a intelectuais do Recife com tendência regionalista. Foi grande amigo de Gilberto Freyre e, para ele, ilustrou *Casa-grande & senzala*. Segundo Freyre, "a arte de Cícero Dias não seria nenhuma intrusa de Feira de Santana. Os encarnados e os verdes da pintura de Cícero vêm tão de dentro que diante deles nenhum brasileiro, por mais do interior que seja, se sente diante de simples garatujas de um estranho ou de puros caprichos de um esteta sofisticado. / São cores, as dessa pintura, que sozinhas exprimem aquele Brasil que um poeta de Paris, Éluard, descobriu haver tão inconfundivelmente em Cícero quanto a Espanha de Picasso." (Freyre, Gilberto. O regional e o universal na pintura de Cícero Dias. *O Cruzeiro*, Rio de Janeiro, 15 out. 1960). Indagado sobre os pintores brasileiros de sua predileção, Bandeira declarara para o "Flash autobiográfico de Manuel Bandeira", artigo de João Condé publicado nos seus "Arquivos implacáveis" (*O Cruzeiro*, Rio de Janeiro, [s.d.]), que eram Portinari, Pancetti e Cícero Dias "da primeira fase". (cf. Bandeira, *Estrela da vida inteira*, 1992, p.29).

151 Possível referência a Aníbal Fernandes (1894-1966), bacharel em Direito, professor e jornalista pernambucano. Casou-se com a artista plástica Fedora do Rego Monteiro. Trabalhou nos jornais recifenses *O Pernambuco* e *Diário de Pernambuco*, ocupando neste cargo de Redator-chefe, além de colaborar periodicamente com *Jornal Pequeno, Notícia* e *Estado*. Publicou vários estudos, tais como *Pernambuco no tempo do vice-rei* (1931), *Nabuco, cidadão do Recife* (1949), *Estudos pernambucanos* (1956) e *Um senhor de engenho pernambucano* (1959). Em apreciação acerca da atuação dos colaboradores para *A Província* quando era diretor, afirmaria Gilberto Freyre em seu diário: "Ótima a atuação de Aníbal Fernandes. Esplêndidos editoriais. Apenas é preciso ter a gente cuidado com ele: opiniões excessivamente pessoais em artigos de responsabilidade da redação, por exemplo. E disparates com que às vezes me surpreende, sendo o homem admiravelmente inteligente que é. Por exemplo, pôr no fim de um artigo, a ser continuado em número seguinte do jornal, em francês: '*La suite au prochain numéro*'. Felizmente vi a coisa em tempo e eliminei a disparatada expressão francesa. É um afrancesado, o nosso A. F. Quanto a Olívio não tem o menor jeito para secretário de jornal. Ou para jornalista. Pouco jornalístico é também Sylvio Rabello. É demasiado escritor, do tipo erudito, para ser jornalista. Enquanto em A. F. o escritor, o homem de letras, o erudito é superado pelo jornalista nato que ele é: ágil, plástico, sensível ao que o cotidiano tem de mais dramático e mais humano." (Freyre, *Tempo morto e outros tempos*, 1974, p.237).

152 Da família pernambucana Rego Monteiro, fazem parte os artistas Fedora, Joaquim e Vicente. Vicente do Rego Monteiro (1899-1970) foi pintor, escultor, desenhista, ilustrador e poeta. Participou da Semana de Arte Moderna de 1922 em São Paulo. Como poeta, publicou e imprimiu os livros *Poemas de bolso* (1941), *A chacun sa Marotte* (1943), *Litanie à la France combattant* (1944), *Canevas* (1946) e *Le petit cirque* (1948). Dirigiu as revistas *Montparnasse* e *Renovação* e fundou a editora *La Presse à Bras*. A Joaquim do Rego Monteiro (1903-1934), pintor morto precocemente, Freyre dedica um artigo publicado em 17 de fevereiro de 1924 no *Diário de Pernambuco*, dizendo: "Os trabalhos de Joaquim do Rego Monteiro são todos paisagens e marinhas. Assuntos ingênuos: recantos de bairros quietos com as suas lojitas de telhado vermelho; trechos de cais batidos de sol; pedaços de ruas meio tristonhas onde habitam e negociam '*petits bourgeois*' morosos e bons.[...] Às vezes, nesses quadros encantadores, as lojitas, os vapores e os sobrados parecem, pelo colorido, lojitas, navios e casas de brinquedo. Mas olhando-os bem, tomam aos nossos olhos um ar muito sério: o azul da água, de duro e claro, desfaz-se num azul negro e fluido; tem-se a sensação de profundidade." (artigo incluído em Freyre, Gilberto. *Tempo de aprendiz*. São Paulo: Ibrasa; Brasília: INL, 1979. v.1, p.370). Fedora do Rego Monteiro (1889-1975), pintora e desenhista, é uma das fundadoras da Escola de Belas Artes do Recife. Seu percurso artístico se caracteriza por uma aprendizagem com as vanguardas europeias e paulatina aproximação com temas locais. No *Livro do Nordeste*, no artigo dedicado à pintura, Gilberto Freyre assim se manifes-

rua Santo[153] Amaro e lá não puderam ou não quiseram me dizer nada, embora eu declinasse a minha qualidade de amigo. Não sei porque esse mistério. Ovalle continua com medo de morrer embaixo de automóvel antes de produzir. O gênio esteve para ir ser professor num colégio de Lambary; está agora cavando emprego com a revolução: a verdadeira vocação do gênio não é a pintura, é a burocracia; infelizmente nenhum estadista nacional reconheceu isso ainda! Dôdô formou-se por decreto e vai trabalhar em Vassouras numa turma do cadastro da Central; há 4 dias que anda num porre só pra se despedir. O bacharel Pedro Dantas[154] o mesmo homem delicioso de sempre. O ex-deputado recolheu-se à Boa Viagem. Sereno. A ex-deputada é que ficou amarga com a revolução. Lembre-se que o Ribeiro[155] Couto[156] está aí perto em Marselha. Muito

---

ta sobre a arte dos irmãos: "Dentre os novos pintores do Nordeste, um dos mais interessantes a destacar é D. Fedora do Rego Monteiro. Vitoriosa sobre o 'academicismo' de que se impregnara na Escola Nacional de Belas Artes e sobre o 'impressionismo' que era a onda renovadora no tempo dos seus estudos em Paris (1914-1919). D. Fedora de Rego Monteiro se nos apresenta nos últimos trabalhos com um frescor muito pessoal no colorido, coragem e claridade no jogo de luz e um como lirismo de sol. [...] Nos irmãos Vicente e Joaquim de Rego Monteiro, nestes domina o talento da composição e da decoração. Joaquim vem ultimamente fixando o seu jovem talento na estilização audaciosa e às vezes brilhante de motivos recifenses. Dos recortes do coqueiro e do mamoeiro já conseguiu agudos efeitos decorativos. / Em Vicente há que se lamentar o afastamento – aliás explicável – do país. *A pintura de composição não é por certo daquelas que possam prescindir de raízes: ela requer uma como base física por mais imaginoso que seja o artista. Pelo menos na fase formação.* [...] É um traço, o de Vicente de Rego Monteiro – o dos seus últimos trabalhos – vitoriosamente pessoal nas suas audácias, tantas vezes felizes, de simplificação. De simplificação de movimento." (Freyre, Gilberto. A pintura no Nordeste. In: _____ et al. *Livro do Nordeste*, 1979, p.129). Dessa citação, toda a parte em itálico foi reescrita para a reedição do artigo em *Região e tradição*: "No caso, é o contato com alguma região brasileira – a nordestina ou talvez a amazônica – que faz falta a esse pintor residente em Paris, onde não é fácil fazer 'arte brasileira' sem estar impregnado, e bem impregnado, do espírito e da tradição do conjunto brasileiro ou de alguma das nossas regiões." (Freyre, Gilberto. A pintura no Nordeste do Brasil. In: _____, *Região e tradição*, 1941, p.104).

153 [Forma do nome abreviado no ms.: "Sto.".]

154 Pseudônimo de Prudente de Morais Neto.

155 [Forma da palavra abreviada no ms.: "R.".]

156 O poeta Ribeiro Couto (1898-1963), formado em Direito, membro da ABL, acabou por seguir a carreira diplomática, tendo sido um grande divulgador da Literatura Brasileira no exterior. Um dos amigos mais próximos de Manuel Bandeira, foi seu vizinho na Rua do Curvelo, em Santa Teresa (RJ), na década de 1920. No primeiro ensaio biográfico do livro *Três retratos de Manuel Bandeira*, "De menino doente a Rei de Pasárgada", Ribeiro Couto fala sobre a estreita convivência entre ambos: "A minha hospedeira, bondosa portuguesa, que sempre se recusara a fornecer comida aos hóspedes, acudiu ao meu apelo: para o Sr. Dr. Bandeira, ali tão sozinho, sem família, e meu amigo, com muito gosto. Passamos então nós dois, privilegiadas criaturas, a regalar-nos com a mesa que nos preparava dona Sara; e será negra ingratidão se um dia, em nossas reminiscências escritas, não levantarmos um monumento de glória àquelas galinhas da cabidela, àquelas papas, àqueles bifes de cebolada com que a paciente senhora nos compensava da imensa pena de existir" (Couto, Ribeiro. *Três retratos de Manuel Bandeira*. Introd., cronol. e notas Elvia Bezerra. Rio de Janeiro: Academia Brasileira de Letras, 2004. p.60). Foi o acadêmico Ribeiro Couto que recebeu Manuel Bandeira quando este integrou os imortais da ABL, em 1940. Entre seus livros, figuram *O jardim das confidências* (1921), *Poemetos de ternura e melancolia* (1924), *Noroeste e alguns poemas do Brasil* (1932) e *Cancioneiro de Dom Afonso* (1939). Segundo Bandeira, "foi por intermédio dele [Ribeiro Couto] que tomei contato com a nova geração literária do Rio e de São Paulo, aqui com Ronald de Carvalho, Álvaro Moreira, Di Cavalcanti, em São Paulo com os dois Andrades, Mário e Oswald, quando Mário de Andrade veio ao Rio para ler em casa de Ronald e depois em casa de Olegário Mariano a sua *Pauliceia desvairada*, ainda inédita." (Bandeira, *Poesia completa e prosa*, 1974, p.60). Por sua vez, Gilberto Freyre dedicou crônica ao escritor – que foi colaborador assíduo de *A Província* no período em que o sociólogo seu diretor – a propósito da publicação de seu livro de poemas *Longe* (1961): "Mas também retrata a figura romântica – que poeta brasileiro mais romântico do que Ribeiro Couto? – de um menino de sobrado brasileiro, que é outra imagem do Brasil em que sua saudade do país distante – distante para ele, tanto no espaço como no tempo – coincide com a minha recordação de um país distante mais no tempo que no espaço; e do qual nunca deveríamos nos desprender de todo, os brasileiros, sejam quais forem as lonjuras a que nos levem missões no estrangeiro ou adesões a modernices vindas do estrangeiro. Há alguma coisa de simbólico na figura do menino de sobrado brasileiro antigo, patriarcal, vendo 'os meninos da rua quando brincam de soldado' evocada pelo poeta de *Longe*." (Freyre, Gilberto. O romântico Ribeiro Couto. In: _____, *Pessoas, coisas & animais*, 1979, p.41-42. Artigo

breve ele terá de ir ao Porto porque o caso da herança de mãe afinal se decidiu a favor deles. Hoje é dia de natal, está chovendo e fazendo frio como nos natais europeus. Meu querido Gilberto, de todo o coração desejo que melhores dias venham para você,[157] que o elegante exílio não seja muito pau e que não tarde o dia de o podermos abraçar com todo o afeto que lhe queremos. Apresente por mim ao dr. Estácio os meus cumprimentos e os melhores votos de felicidade. Inútil lhe dizer que o 51 sempre esteve e estará sempre ao seu dispor: as redes acabaram-se mas agora há duas camas. Um grande abraço

    Flag.

---

publicado originalmente no *Jornal do Commercio*, Recife, 10 fev. 1963). Cabe lembrar que Ribeiro Couto empregou pela primeira vez o termo "homem cordial", em carta para o escritor e diplomata mexicano Alfonso Reyes datada de 7 de março de 1931, na acepção que seria popularizada por escritores modernistas. Cf. BEZERRA, Elvia. Ribeiro Couto e o homem cordial. *Revista Brasileira*, Rio de Janeiro, ano 11, n.44, p.123-130, jul./set. 2005.

157 [Forma da palavra abreviada no ms.: "v.".]

9 (GF)[158]

Lisboa, 5 de janeiro de 1931.

Dear Baby Flag:

Recebi sua carta de 24 (por avião) a 3, da manhã. Já tinha lhe escrito respondendo quando o telefone toca e fico sabendo que a República Nova já permite que os seus *untouchables*[159] voltem quando quiserem. Rompi a carta e vai agora esta. Porque na outra eu lhe dizia que não era favor, que a pedia a ninguém, nada de especial para mim, apenas queria saber qual o critério de emigrados, adaptado pela República[160] Nova. Porque até anteontem, 3, a tarde, era inútil querer regressar: os consulados tinham ordem para não usar passaporte. Só a 3 veio telegrama suspendendo essa ordem. De modo que eu ficara admirado da sua ingenuidade e da de Rodrigo dizendo que *quem quisesse* podia voltar, porque o Dr. Aranha[161] assim declarara. Parece que na República Nova a mão direita não sabe o que faz a esquerda. Agora com relação a *A Província*. Deve ter havido em tudo isso mal-entendido. Segundo você[162] me escreve, resumindo o que Sérgio lhe mandou dizer pelo Prudente, parece que eu ofereci *A Província* ao Chateaubriand.[163] Eu concluíra de sua anterior e de cartas de Pernambuco que Chateaubriand queria ficar com *A Província*. Ora, nós aceitáramos a oferta, mas para uma *combinação*, não para passarmos *A Província* ao consórcio,[164] desfazendo-nos de todos os nossos direitos. As condições eram aquelas. Quero que fique bem claro, e peço-lhe tornar bem claro ao Chateau-

---

158 [TEXTO-BASE: FREYRE, Gilberto. *Cartas do próprio punho sobre pessoas e coisas do Brasil e do estrangeiro*, 1978, p.155-156. Datação da carta na edição: "Consulado do Brasil – Lisboa – Portugal. / 5 de jan. 1931."]

159 *Untouchables* pode ser traduzido como "intocáveis" (Cf. *Oxford Advanced Learner's Dictionary*, 1995).

160 [Forma da palavra abreviada em *Cartas do próprio punho* [...] (1978): "Rep.".]

161 Provável referência a Osvaldo Aranha (1894-1960), advogado, diplomata e político, tendo atuado por breve período como governador do Rio Grande do Sul, após a Revolução de 1930, e como ministro das Relações Exteriores (1938-1944) durante o primeiro governo de Getúlio Vargas, seu amigo. É considerado o grande articulador da aproximação do Brasil com os Aliados por ocasião da Segunda Guerra Mundial.

162 [Forma da palavra abreviada em *Cartas do próprio punho* [...] (1978): "V.".]

163 Assis Chateaubriand (1892-1968), jornalista, empresário, político e membro da ABL. Construiu a maior cadeia de imprensa do país, os *Diários Associados*, que, na primeira metade do século XX, chegou a abranger jornais, agência de notícias, emissoras de rádio, estações de televisão, editora e as revistas *O Cruzeiro* e *A Cigarra*. Foi jornalista, ainda jovem, do *Diário de Pernambuco* e depois, já no Rio de Janeiro, do *Correio da Manhã* e do *O Jornal* (1924), do qual também foi diretor. Tornou-se conhecido pela sua ética duvidosa e por sua habilidade de negociante. Em 1931, Chateaubriand agregou à sua cadeia o *Diário de Pernambuco*. Percebe-se, por esta carta, que o jornalista e empresário também tinha possivelmente considerado a hipótese de agregar *A Província*. Mais adiante, foi pioneiro na transmissão televisiva no país com a TV Tupi (1950) e fundou o Museu de Arte de São Paulo (1947).

164 Gilberto Freyre provavelmente se referia aqui à cadeia dos *Diários Associados*, cuja estrutura inicial se notava desde 1924, com a compra, por Chateaubriand, do *Diário da Noite*, de São Paulo.

briand, que nada pedi a ele. Nada, absolutamente. Nem mesmo para colaborar nas suas folhas, ficando muito agradecido a oferta que me fez por intermédio do Sérgio e lamentando não poder aceitar tamanha honra. Não deixe de tornar isto bem claro. E você,[165] meu caro Baby, como vai? Espero que a gripe tenha passado de banda por você,[166] indo se regalar nos gordos, que é aliás a gente mais do gosto dela. Eu andei mole uns dias mas já estou bom, menos dos nervos, que só faltam ranger. Mas acho que ainda desta vez não fico doido. Vou agora à Espanha. Retardei minha viagem até lá por causa do frio. Já conheço o Norte: quero conhecer o Sul, isto é, Andalucia. Depois conto seguir para a República[167] Nova. Meu irmão me escreve que não volte para o Recife como se não fosse meu dever voltar ao Recife. Quanto a ficarmos hei de me arranjar de qualquer modo. Ensinando inglês, por exemplo, passando uns dias por aí, já que as conveniências de vapor são maiores pelo Rio. Aqui fico. Escreva-me. O endereço continua Lisboa. Lembranças às[168] Blank, Prudente, Sérgio, Rodrigo, Dôdô,[169] Ovalle. Um abraço do

Gilberto

---

165 [Forma da palavra abreviada em *Cartas do próprio punho* [...]: "V.".]

166 [Forma da palavra abreviada em *Cartas do próprio punho* [...]: "V.".]

167 [Forma da palavra abreviada em *Cartas do próprio punho* [...]: "Rep.".]

168 [Forma da palavra em *Cartas do próprio punho* [...]: "ao". Supomos que seja "às Blank" porque Gilberto Freyre termina muitas de suas cartas desta época a Manuel Bandeira dessa forma, referindo-se a Fredy, Joanita e Guita Blank.]

169 [Forma da palavra em *Cartas do próprio punho* [...]: "Dodô".]

10 (GF)[170]

Consulado do Brasil
~~Park Hotel~~[171]
Telefone 2 7349

– – –

Lisboa
Portugal

Lisboa, início de 1931.

Dear Baby Flag:

    Mais um mês e estarei de partida para o U. S. A. donde acabam de me convidar – veja que a honra não é pequena, seu Flag – pra dar um curso de história social do Brasil na Faculdade de Ciências Sociais da Universidade de Stanford.[172] Venho pedir-lhe uma cousa: veja com Rodrigo tudo que for possível me enviarem – livros, estatísticas etc. – de interesse para a história social e econômico-social do Brasil, inclusive o que em inglês se entende por cultural. (Entre outras cousas que poderia lembrar, uma conferência do A. Taunay[173] feita no Rio pouco antes de estourar o movimento de que resultou a gloriosa República Nova.) Você[174] conhece o Azevedo Amaral?[175] Diga-lhe que me mande um outro exemplar do seu interes-

---

170 [Classificação original (FCRB): 212. Carta. Ms. autógrafo com caneta-tinteiro preta. Lápis grafite na margem inferior da segunda página (parte referente à nota de rodapé). Sem datação. Papel amarelado, de gramatura média. Timbre do papel: "Park Hotel – Telefone 27349 – Lisboa – Portugal"; "Park Hotel" tachado, ao qual se sobrepõe "Consulado do Brasil", manuscrito. Uma folha, duas páginas manuscritas (frente e verso). Dimensões: 21,4 x 13,7 cm. Documento em boas condições.]

171 [Timbre com tachado manuscrito sobre impresso.]

172 Gilberto Freyre chegou aos Estados Unidos a convite da Universidade Stanford como professor extraordinário no início de 1931, o que permite inferir que a carta foi escrita no final de 1930 ou início de 1931, no período do exílio em Portugal, para onde seguira com Estácio Coimbra. Sobre a partida, Freyre teceu as seguintes considerações em seu livro póstumo *De menino a homem*: "Recorde-se que, ao despedir-me de Estácio Coimbra em Lisboa – ao seguir para os Estados Unidos, atendendo a convite magnífico da Universidade de Stanford – o bom Estácio Coimbra que, a seu pedido, eu acompanhara ao exílio na Europa – abracei-o com a maior emoção. Eu deixava a Europa, onde conhecera exílio do mais amargo e, até, fome, para, do cais subir a um transatlântico italiano de luxo. Honra insigne para um jovem do ano de 1931, o convite recebido dos Estados Unidos. Altos honorários. / [...] Um golpe para Estácio Coimbra. Fidalgo, como era, deu-me seu relógio: verdadeira joia rara. Tão fino que era quase como uma folha de papel. Platina." (Freyre, *De menino a homem*, 2010, p.31-32).

173 Afonso d'Escragnolle Taunay (1876-1958), formado em Engenharia Civil, foi historiador, lexicógrafo, romancista, professor e membro da ABL. De sua extensa obra, podem-se destacar *História: São Paulo nos primeiros anos* (1920), *Escritores coloniais* (1925), *História geral das bandeiras paulistas* (1924-1950, em 7 volumes), *História seiscentista da vila de São Paulo* (1926-1929, em 4 volumes) e *História do café no Brasil* (1929-1941, em 11 volumes).

174 [Forma da palavra abreviada no ms.: "V.".]

175 Azevedo Amaral (1881-1942), formado em Medicina, foi jornalista. Trabalhou para jornais como *Correio da Manhã*, *Jornal do Commercio*, *Gazeta de Notícias* e *A Notícia*. Escreveu *A aventura política do Brasil* (1935), *O estado*

santíssimo *Problemas brasileiros*. Os livros dos sociólogos [Tristão Pontes], Delgado de Carvalho[176] e mesmo Oliveira Vianna[177],[178] também servem.[179] Lembro ainda: Vicente L. Cardoso,[180] Pandiá Calógeras,[181] Manoel Bomfim,[182],[183] Ronald,[184] José Américo,[185]

---

autoritário e a realidade nacional (1938) e *Getúlio Vargas estadista* (1941). Durante o governo Vargas, foi grande colaborador da revista *Cultura Política*, órgão do Departamento de Imprensa e Propaganda (DIP). É considerado o formulador de uma doutrina política para o Estado Novo; para ele, "a origem da autoridade do Estado estaria relacionada ao próprio ato de fundação, e sua legitimidade resultaria da eficácia demonstrada na tarefa de construção da nacionalidade. Esta nova autoridade, advinda da fundação do Estado Novo, objetivaria o progresso e o desenvolvimento industrial, valores tomados como indiscutíveis e representativos de um estágio superior de civilização" (OLIVEIRA, Lúcia Lippi. Autoridade e política. In: _____; VELLOSO, Mônica Pimenta; GOMES, Ângela M. de Castro. *Estado Novo*: ideologia e poder. Rio de Janeiro: Zahar, 1982. p.68).

176 Delgado de Carvalho (1884-1980), geógrafo, sociólogo, escritor e professor. Entre seus livros, encontram-se *Esboço histórico da origem e formação da língua inglesa* (1920), *Metodologia do ensino geográfico* (1925), *Sociologia* (1931) e *Sociologia educacional* (1933).

177 [Emenda do autor com trecho "de Carvalho e mesmo Oliveira Viana" sobrescrito no ms.]

178 Oliveira Vianna (1883-1951), bacharel em Direito, sociólogo, ensaísta, professor, jornalista e membro da ABL. Escreveu *Populações meridionais do Brasil – volume I: Populações do Centro-Sul* (1920), *O Idealismo da Constituição* (1920), *O ocaso do Império* (1925), *Problemas de Política Objetiva* (1930), *Formation ethnique du Brésil Colonial* (1932) e *Raça e assimilação* (1932), entre outros. Muito lido em sua época, sua obra, de tendência nacionalista e racialista, voltada para o tema da formação do Brasil, foi tida como o referencial teórico para o governo de Getúlio Vargas e seu projeto de modernização do Estado e da sociedade brasileira.

179 [Nesta posição, há uma indicação de nota de rodapé sobrescrito com lápis grafite. O conteúdo do rodapé, também manuscrito com lápis grafite e introduzido pelo mesmo sinal, está em trecho "Lembro ainda [...] Departamento de Trabalho de São Paulo", reinserido no corpo do texto do ms.]

180 Referência a Vicente Licínio Cardoso (1890-1931), engenheiro civil, sociólogo e professor universitário. É o autor de *Arquitetura norte* (1916), *A filosofia da arte* (1918), *Vultos e ideias* (1924), *À margem da história do Brasil* e do livro póstumo *Maracãs* (1934). Foi organizador e prefaciador de *À margem da história da República* (1924), obra coletiva que tratou de questões importantes da época.

181 Trata-se de João Pandiá Calógeras (1870-1934), político, ministro da Agricultura, Indústria e Comércio na presidência de Venceslau Brás, ministro da Guerra na presidência de Epitácio Pessoa e colaborador no governo de Getúlio Vargas. Escreveu *As minas do Brasil e sua legislação* (1903), em que defende a tese do direito do governo de explorar o subsolo, que daria origem à Lei Calógeras, *A Política exterior do Império – As origens* (v.1, 1927), *O Primeiro Reinado* (v.2, 1928) e *Da Regência à queda de Rosas* (v.3, 1933). É considerado um dos primeiros estudiosos da diplomacia brasileira.

182 [Sublinhado tal qual no ms.]

183 Referência a Manuel Bomfim (1868-1932), médico, professor de Pedagogia e Psicologia, escritor. Entre seus livros, destacam-se *Lições de pedagogia* (1915), *Noções de psicologia* (1916), *O método dos testes* (1926) e *Cultura do povo brasileiro* (1932). Com um pensamento original, defendeu a expansão da educação pública e a necessidade de se procurar a raiz dos problemas do Brasil e da América Latina analisando-se o processo colonial e o caráter dos colonizadores.

184 Ronald de Carvalho (1893-1935), formado em Direito, jornalista, exerceu vários cargos diplomáticos. Participou ativamente da Semana de Arte Moderna de 1922. Escreveu *Luz gloriosa* (1913), *Pequena História da Literatura Brasileira* (1919), *Poemas e sonetos* (1919), *Epigramas irônicos e sentimentais* (1922) e *Toda a América* (1926).

185 José Américo de Almeida (1887-1980), escritor, advogado, político, professor, governador da Paraíba (1951--1956) e membro da ABL. Publicou *A bagaceira* (1928), *Reflexões de uma cabra* (1922), *O boqueirão* (1935), *Ocasos de sangue* (1954) e livro póstumo *Sem me rir, sem chorar* (1984), entre outros livros. Seu romance *A bagaceira* é considerado um marco da literatura regionalista dos anos 1930: "O texto que se costuma reconhecer o chefe de fila da narrativa radical brasileira dos anos 30 e, em geral, da nova 'Literatura do Nordeste', é o romance de José Américo de Almeida *A bagaceira* [...] efetuando, na sua pessoa de político liberal, a síntese do pensamento e de ação teorizada por Gilberto Freyre e posta em ato por alguns poucos intelectuais, em diversos níveis e em diversas direções, depois da Revolução de 1930." (STEGAGNO-PICCHIO, Luciana. *História da Literatura Brasileira*. Rio de Janeiro: Nova Aguilar, 2004. p.525). Escreveu sobre o amigo Freyre para edição comemorativa *Gilberto Freyre: sua ciência, sua filosofia, sua arte*: "O romance do Nordeste só seria social servindo de documento. Como teatro de tipos aparentemente vulgares que se tornam marcantes pela escultura granítica e pela fatalidade do destino. É massa que, espontaneamente, rudemente, passa a vibrar ao toque da arte. Esse romance nunca foi intencional. / Mais: a inteligência moça

Chico Sciencia, marcações [de] Rondon[186] do Departamento[187] de Trabalho de São Paulo.[188] Os de Roquette-Pinto, Heloísa Torres,[189] Fróes da Fonseca[190] (*Anthropommetrica*), inquéritos de [ilegível] Antipoff[191] e outros em Minas Gerais terão grande interesse.[192] A Universidade tem aliás uma excelente livraria. Sabe, seu Flag, nestes meses passados em Portugal, tenho tomado muita nota e interessante pra aquele trabalho de que uma vez lhe falei – *Child Life in Brasil* – (de que lhe falei em reserva e como[193] continuo a lhe falar em reserva). Você[194] terá de me ajudar com a sua cultura musical e a sua fina compreensão do assunto na parte relativa a canções de fazer dormir crianças, cantos escolares[195] e às crianças que aparecem na literatura brasileira. Vá trabalhando nisso mas caladinho. Não seja saco roto. Não se descuide sobre os livros que pedi. Podem ser logo enviados para a Universidade, onde chegarei a 31 de março. O endereço é Gilberto Freyre, Department of History, Stanford University, California,[196] U. S. A. Quando digo não se descuide, não é pra você[197] ter muito trabalho ou qualquer vexame: é só pra se lembrar de ir falando com os sociólogos, cientistas, historiadores, economistas; e de falar com Rodrigo sobre estatísticas, inquéritos escolares de Minas Gerais e outros estados etc.

---

da região deve a Gilberto Freyre os estímulos de um redescobridor de terras e almas que ensinou muitos caminhos e possui a vocação de romancista que também será quando quiser." (ALMEIDA, José Américo de. Gilberto Freyre, nova forma de expressão. In: AMADO, Gilberto et. al. *Gilberto Freyre*: sua ciência, sua filosofia, sua arte. Rio de Janeiro: José Olympio, 1962. p.25-26).

186 Referência a Cândido Mariano da Silva Rondon (1865-1958), bacharel em Ciências Físicas e Naturais, militar, professor e sertanista.

187 [Forma da palavra abreviada no ms.: "Dep.".]

188 [Sublinhado tal qual no ms.]

189 Heloísa Alberto Torres (1895-1977), antropóloga. Escreveu, entre outros trabalhos, o livro *Arte indígena da Amazônia* (Imprensa Nacional, 1940). Ingressou no Museu Nacional como auxiliar de Roquette-Pinto em 1918 e tornou-se efetiva em 1925. Foi diretora do Museu Nacional de 1938 a 1955.

190 Fróes da Fonseca (1890-1988), catedrático de Anatomia na Faculdade de Medicina do Rio de Janeiro e antropólogo. Escreveu *Os grandes problemas da antropologia*, conferência proferida no Congresso de Eugenia, reunido (1929) e *Compêndio da anatomia médico-cirúrgica* (1923). Visitou o Recife para curso no Instituto de Antropologia Tropical em 1961 a convite de Gilberto Freyre. Prefaciou o livro de Freyre *O escravo nos anúncios de jornais brasileiros do século XIX* (Recife: Imprensa Universitária, 1963).

191 Possível referência a Helena Antipoff (1892-1974), formada em Psicologia pela Sorbonne, onde trabalhou com Pavlov, Jean Piaget e Bergson. Em 1929, migrou para o Brasil, onde, em Minas Gerais, criou o Laboratório de Psicologia Aplicada (Escola de Aperfeiçoamento de Professores – 1929), a Sociedade Pestalozzi de Minas Gerais (1932) e o Complexo Educacional da Fazenda do Rosário, iniciado em 1939, entre outras atividades. Seu trabalho foi postumamente coligido em *Psicologia experimental* (1992), *Educação do excepcional* (1992), *Fundamentos da educação* (1992), *Educação rural* (1992), *A educação do bem-dotado* (1992) e *Helena Antipoff: textos escolhidos* (2002).

192 [Sublinhado tal qual no ms.]

193 [Emenda do autor com palavra "como" sobrescrita no ms.]

194 [Forma da palavra abreviada no ms.: "V.".]

195 [Emenda do autor com segmento "cantos escolares" sobrescrito no ms.]

196 [Forma da palavra abreviada no ms.: "Cal.".]

197 [Forma da palavra abreviada no ms.: "V.".]

Muitas lembranças minhas aos nossos amigos comuns – as Blank, Prudente e Inah, Rodrigo, Sérgio, Dôdô, Ovalle. Cícero Dias anda por aí? Um abraço nele que eu mando. O [Gênio?] Diga a Prudente e Inah que da Espanha – cabulosa viagem de descanso mais uma vez retardada – hei de escrever-lhes. Estão sempre na minha lembrança.

Um abraço e muitas saudades

do magro[198]

Ainda há tempo de me escrever prá cá.

Vou-me embora pra Passárgada[199]
lá sou amigo do rei
lá tenho a mulher que quero
na cama que escolherei.[200]

---

198 "Magro" era um dos apelidos de Gilberto Freyre.

199 [Palavra "Passárgada" tal qual no ms., em vez de "Pasárgada".]

200 [Trecho manuscrito "Ainda há tempo [...] prá cá" e os quatro versos da primeira estrofe do poema "Vou-me embora pra Pasárgada", de Manuel Bandeira, fora do corpo principal da carta, localizado ao longo da margem superior à direita da primeira página, ao lado do timbre. Assinatura de Gilberto Freyre localizada logo após frase "Ainda há tempo de me escrever pra cá."]

11 (GF)[201]

STANFORD
DEPARTMENT OF HISTORY
STANFORD UNIVERSITY, CALIFORNIA

Stanford, 9 de junho de 1931.

Dear Flag: Sinto-me um mulambo. Acabo de ler, anotando, retificando, marcando com lápis [ilegível] cinquenta *blue book*, como aqui chamam aos cadernos de exame ou cadernos de 32 páginas! Alguns estudantes espalharam-se em 2 cadernos. Posso dizer que o curso foi um sucesso. Tive entre os estudantes, tanto os do <u>lecture</u>[202] *course*, que são esses 50, como os do <u>Seminar</u>[203] (5), alguns excelentes. Deixo neles bons camaradas – mais do que isso, começos de amizades que entretanto terão de morrer, com a distância, como outras que têm morrido. Que besta e triste esta vida de <u>scholar gipsy</u>,[204] um dia aqui, logo a 2000 milhas de distância, relações quebradas: Era contra isso que eu queria reagir encolhendo-me no meu retiro provinciano como um gato borralheiro. Que falhem os que andam atrás do Sucesso eu compreendo; mas que falhem os que[205] fogem do sucesso[206] me parece uma malvadeza de Deus ou do Destino – de seja lá que força sobrenatural nos dirija.[207] Mando-lhe um exemplar do meu exame em História Social do Brasil. Também lhe devo [ilegível] que talvez você[208] receba cartas de estudantes meus de Stanford. Não deixe de responder. Os livros, nada; não chegou um só. Mas é o mesmo pau o meu reconhecimento, que é grande, tanto à sua gentileza como à do nosso bom amigo Rodrigo. [ilegível] a Sociologia. Peço-lhe que mande seu *Libertinagem* a Isaac Goldberg,209 65 Crawford St, [Growe] Hall Station, Boston, Mass. Lembranças aos amigos.

---

201 [Classificação original (FCRB): 213. Carta. Ms. autógrafo com caneta-tinteiro preta. Datação: "9 de junho 1931". Papel amarelado, de gramatura média. Timbre do papel: "Stanford University – Department of History – Stanford University, California". Uma folha, duas páginas manuscritas (frente e verso). Dimensões: 20,35 x 26,6 cm. Documento em boas condições.]

202 [Sublinhado tal qual no ms.]

203 [Sublinhado tal qual no ms.]

204 [Sublinhado tal qual no ms.]

205 [Emenda do autor com palavra sobrescrita no ms.]

206 [Vírgula presente, nesta posição, no ms.; excluída nesta ed.]

207 [Emenda do autor com segmento "nos dirija" sobrescrito no ms.]

208 [Forma da palavra abreviada no ms.: "V.".]

209 Isaac Goldberg (1887-1938), escritor e crítico norte-americano. Publicou *Studies in Spanish American Literature* (1920), *Brazilian Literature* (1922) e *The man Mencken* (1925), estudo sobre o crítico norte-americano Henry Louis Mencken, ambos bastante citados por Gilberto Freyre.

Daqui da Califórnia, vou a Carolina do Sul visitar um amigo que se diz meu discípulo na maneira de interpretar história social; e que me dedicou o seu livro sobre a história da Carolina, uma espécie de Pernambuco americano. É de uma velha família. Depois a New York, onde quero principalmente estudar os *radicals*.[210] Antes uma visita ao meu amigo Mencken[211] em Baltimore. De New York, Europa. E um desses dias, aí chegará num cargueiro ou na 3ª classe de um alemão este provinciano (cosmopolita, cigano, romântico, *modern*,[212] *intellectual*, radical, reacionário, revolucionário, ortodoxo, Raul Dos Passos – (irmão do Dos Passos,[213] daqui, o de *Three*[214] *soldiers*). Seraphim Jung, Jorge Rialto,[215] Antonio Ricardo[216] etc. etc. – oxoniano, M. A.[217] Columbia, Stanfordiano, etc. etc. etc.). Raspado tudo isso, o provinciano, a quem todas as festas da Califórnia não fazem esquecer o gosto amargo[218] (desculpe esse classicismozinho) de um maracatu do Outeiro[219] (sem Ascenso[220] e sem "Regionalistas" presentes). Entretanto, eu

---

210 [Sublinhado tal qual no ms.]

211 Trata-se de Henry Louis Mencken (1880-1956), conhecido como H. L. Mencken, escritor, jornalista, editor e crítico literário. Ensaísta de humor ácido e tendência conservadora, é hoje considerado um dos grandes intelectuais dos Estados Unidos de seu tempo. Escreveu *George Bernard Shaw: his plays* (1905), *The philosophy of Friedrich Nietzsche* (1907), *The artist: a drama without works* (1912), *A book of burlesques* (1916), *A little book in C major* (1916), *The American language* (1919), *Prejudices* (1919-1927), *Notes on democracy* (1926), *Making a president* (1932) e outros. Gilberto Freyre conheceu H. L. Mencken após sua estada na Universidade de Columbia, Nova York, e costuma citá-lo como uma influência intelectual. Trocaram correspondência após o retorno de Freyre ao Brasil, na década de 1920.

212 [Sublinhado tal qual no ms.]

213 John dos Passos (1896-1970), escritor e jornalista. Prosador experimental de tendências revolucionárias, teve grande sucesso em seu tempo. A partir de 1930, no ambiente tenso que antecede a Segunda Guerra Mundial, assumiu uma postura de direita. Escreveu *Three soldiers* (1921), *A pushcart at the curb* (1922), *Rosinante to the road again* (1922), *Manhattan transfer* (1925), *Orient express* (1927) e *Prospects of a Golden Age* (1959), entre outros livros. Foi amigo de Gilberto Freyre, que inclusive o recebeu em sua casa de Apipucos em visita ao Brasil.

214 [Forma do numeral no ms.: "3".]

215 Jorge Rialto é um dos pseudônimos que Gilberto Freyre utilizou em artigos para *A Província*.

216 Antônio Ricardo é outro pseudônimo que Gilberto Freyre utilizou em artigos para *A Província*.

217 Abreviação do título de *Magister Artium* ou *Master of Arts*, que Gilberto Freyre recebeu na Universidade de Columbia apresentando a dissertação *Social life in Brazil in the middle of the 19th century*, defendida em 1922.

218 [Sublinhado tal qual no ms.]

219 A palavra "Outeiro" significa "morro, monte". No contexto das festas populares do final da década de 1920 e começo da década de 1930, o Outeiro de Santa Izabel, no Recife, era um ponto de convergência: "A rua Carolina, onde era a sede do maracatu, fica próxima também do local denominado Outeiro de Santa Izabel onde, de acordo com a memória de diversos moradores, funcionavam vários bordéis, e muitos se referem à região como violenta e perigosa. Em ruas transversais e paralelas funcionam muitos outros brinquedos além de outros maracatus: Maracatu Cambinda Nova, Maracatu Leão das Flores, Maracatu Pavão Dourado, Maracatu Som do Oriente. Todos estes maracatus são de orquestra, assim como o Cambinda Estrela, e começavam a chamar a atenção dos intelectuais da cidade, principalmente os caboclos de lança e os tuchaus, figuras que até então não circulavam com frequência pelas ruas centrais da cidade no período do carnaval" (Guillen, Isabel Cristina Martins. Por amor ao brinquedo: cotidiano e diversão na periferia do Recife. In: Simpósio Nacional de História. História: guerra e paz, 23, 2005, Londrina. *Anais...* Londrina: Universidade Estadual de Londrina, 2005. p.2-3). Também pode ser uma referência ao maracatu de Olinda, devido à altitude do centro histórico da cidade em relação ao Recife.

220 Provável referência a Ascenso Ferreira (1895-1965), funcionário público, jornalista e poeta. Publicou os livros *Catimbó* (1927), *Cana caiana* (1941) e *Xenhenhém* (1951), entre outros. Ligou-se ao chamado Grupo dos Modernistas do Recife, sendo fortemente orientado pela Semana de Arte Moderna de 1922 e por nomes como Guilherme de Almeida, Manuel Bandeira e Mário de Andrade. Sobre ele, escreveu Manuel Bandeira em *Apresentação da poesia*

posso raspar tudo isso de mim? Na província, a nostalgia do grande mundo não me deixará de todo; as memórias, que estavam secando, abriram-se de novo em verdadeiras feridas. Meu caro Flag, desculpe tanta literatura; não é só literatura.

Abraços do Gilberto

---

brasileira: "Tem uma estatura gigantesca, que a princípio assusta como a catadura de um campeão de boxe da categoria dos pesos pesados. No entanto, basta ele abrir a boca para dissipar todos os terrores: é um sentimentalão, e sentimentalmente compreendeu e cantou o drama doloroso do matuto, a quem ama ainda quando é o cangaceiro marcado pela fatalidade mesológica com os estigmas do crime. Os seus poemas são verdadeiras rapsódias nordestinas, onde espelha fielmente a alma ora brincalhona, ora pungentemente nostálgica das populações dos engenhos." (BANDEIRA, *Poesia completa e prosa*, 1974, p.627-628). Em 1956 foi nomeado por Juscelino Kubitschek para a direção do Instituto Joaquim Nabuco de Pesquisas Sociais, no Recife, mas não assumiu o cargo devido à forte oposição de um grupo de intelectuais pernambucanos.

12 (MB)[221]

Rio de Janeiro, 1934.[222]

Gilberto,

Esta tarde fui ao escritório do Rodrigo e,[223] quando estava lá, o Olívio[224] telefonou para ele e eu soube então que ele vai embarcar amanhã. Combinei nos encontrarmos às 10h. no Café Belas Artes. Vou mandar por ele o dinheiro sentimental dos *Guias Práticos*.[225] Os três foram vendidos – um ao Ribeiro Couto, que o viu no meu quarto e ficou entusiasmado, querendo logo comprar, outro ao Carlos Leão[226] e outro ao meu primo Zé Cláudio[227] (filho do carcomido). Você tinha ficado de mandar 5 e só mandou 3. Por isso tive que vender o meu. Portanto, trate de defender um para mim. Mando pelo Olívio os 400$000. Estava com esse dinheiro sem saber como remetê-lo. Passei um telegrama para Alfredo Freyre[228] – Justiça Federal – Recife e não tive resposta.

---

221 [Classificação original (FGF): doc 6. Carta. Ms. autógrafo com caneta-tinteiro preta. Sem datação. No final do documento, há trecho manuscrito com lápis grafite. Papel amarelado, de gramatura baixa. Uma folha, duas páginas manuscritas (frente e verso). Dimensões: 25,7 x 20,2 cm. Documento em boas condições. No topo do documento, encontram-se as palavras "De Manuel Bandeira", escritas com caneta esferográfica azul, grafia de Gilberto Freyre, com provável intuito de catalogação.]

222 [Datação aproximada. "1934" escrito a lápis grafite com provável intuito de catalogação por funcionários da Fundação Gilberto Freyre.]

223 [Vírgula inserida nesta ed.]

224 Olívio Montenegro (1896-1962), bacharel em Direito, jornalista e professor. De 1940 a 1962, foi colaborador do *Diário de Pernambuco* e do jornal *A Província*, sob a direção de Gilberto Freyre. Publicou *A Igreja na Idade Média* (1926), *O romance brasileiro* (1938), *Memórias do ginásio pernambucano* (1943), *Um revolucionário da Praieira* (1949) e *Retratos e outros ensaios* (1959), entre outros. Foi amigo muito próximo de Freyre e de José Lins do Rego.

225 Bandeira provavelmente se refere a exemplares do *Guia prático, histórico e sentimental da cidade do Recife*, livro de Freyre publicado pela Editora do Autor, em 1934, com ilustrações de Luís Jardim.

226 Trata-se do arquiteto Carlos Leão (1906-1983), formado pela Escola Nacional de Belas Artes. Para Bandeira, Carlos Leão é um dos modelos profissionais no qual gostaria de ter se espelhado em sua carreira, se não tivesse sido barrado pela tuberculose: "Não me julgava destinado à poesia, tomava minha veia versificadora como uma simples habilidade, o que eu queria era ser arquiteto e não só me matriculei na Politécnica como no Liceu de Artes e Ofícios; neste desenhava à mão livre e fazia aquarelas, porque eu desejava ser um arquiteto como são hoje Lúcio Costa, Carlos Leão e Alcides Rocha Miranda" (BANDEIRA, Manuel. Confidências a Edmundo Lys. In: _____, *Poesia completa e prosa*, 1974, p.671).

227 Trata-se de José Cláudio, a quem Bandeira dedica o poema "José Cláudio", publicado em *Belo, belo* (1948), registrando o sentimento de vazio causado pela morte precoce do primo. Sobre a convivência com Carlos Leão e José Cláudio, Elvia Bezerra registra os jantares do grupo de amigos que sentava ao redor de Bandeira: "Jayme Ovalle juntava-se ao grupo que, no final dos anos vinte, se reunia para jantar na casa de Tita Leão, mãe de Carlos Leão. Eram intelectuais e artistas entre os quais estavam Manuel Bandeira, Rachel de Queiroz e muitos outros. Mais tarde os encontros aconteciam semanalmente, na casa de Magu (Maria Augusta Costa Ribeiro) e José Cláudio, o primo querido de Bandeira, no agradável apartamento que tinham no Leme." (BEZERRA, *A trinca do Curvelo*, 1995, p.83).

228 Alfredo Alves da Silva Freyre (1874-1961), pai de Gilberto Freyre, foi professor, Juiz de Direito e catedrático de Economia Política da Faculdade de Direito do Recife. Escreveu as memórias *Dos 8 aos 80 e tantos* (Introd. e anot. Gilberto Freyre. Recife: Universidade Federal de Pernambuco, 1970). Algumas cartas de Freyre eram endereçadas

A tradução do Clifford Beers[229] já apareceu. O Afrânio Peixoto[230] escreveu um prefácio a pedido da Casa Editora e diz nele que eu que pedi! Então escrevi-lhe uma carta chamando "Caro amigo e mestre".

Rodrigo está de novo metido num inferno de trabalho com a tal sucursal do jornal dos primos – sem ganhar nada pois disso fez questão.

Bem, adeus, um abraço. Passo a pena a nossa querida amiga Fredy Blank.

Manuel

Gilberto o pessoal meio louco[231] que está sentado à roda desta mesa (na sala de jantar que você conhece) está fazendo tanto barulho e quer que eu escreva a você em português![232]

Joanita está fazendo [penteadas] estapafúrdias em Manuel que me ajudou felizmente a escrever esta palavra gostosa. Estão se rindo de mim, *parce que je me suis lancée en portugais*[233] então vou deixar lugar para as outras. Volte breve e receba um grande abraço da sua

amiga Fredy Blank [234]

um bom abraço

---

ao seu pai, que era seu amigo e confidente, para desviar-se da censura, sobretudo no período do primeiro governo de Getúlio Vargas. Em carta de Gilberto a seu pai, com datação "Stanford University, 16 de abril de 1931", há considerações que podem ser vistas como precursoras do sentido de brasilidade que se depreende de *Casa-grande & senzala*: "Fixar-me aqui ou em qualquer parte fora de Pernambuco, está absolutamente fora do seu programa. Mas não adianta a falar neste ponto. Com relação ao Brasil, acho que V. carrega muito as cores. Não há que estranhar que o Brasil atravesse uma fase como a de agora. Poderá mesmo prolongar-se por muito tempo assim. Mas nada nos autoriza a concluir que somos o 'país perdido' de que se fala há tempos. Poucos países tão interessantes como o Brasil: a aventura brasileira da miscigenação é uma das grandes aventuras modernas (moderno no amplo sentido histórico) – uma aventura nacional tão interessante quanto a russa ou a americana. [...] Não creio que desde Cristo ninguém nem nenhuma nação tenha feito ao mundo, à fraternidade dos homens, tamanha contribuição como a que há de resultar de mistura de raças no Brasil. [...] O período é doloroso porque é de transição. Ainda não desapareceu de todo o preconceito de branquidade; a vergonha de ser mulato ainda se manifesta em pretensões ridículas. [...] Devemos levantar a vista acima das coisas do momento, e impregnarmo-nos do ar, do grande ar de aventura, que sopra sobre o Brasil, onde cores, sangues, tradições se misturam para um resultado único, excepcional." (FREYRE, *Cartas do próprio punho sobre pessoas e coisas do Brasil e do estrangeiro*, 1978, p.58).

229 O livro a que Manuel Bandeira se refere é *Um espírito que se achou a si mesmo, autobiografia* (título original: *A mind that found itself: an autobiography*), tradução sua publicada em 1934 pela Casa Editora Nacional, de São Paulo. Seu autor, Clifford Whittingham Beers (1876-1943), fez a Universidade de Yale e, após um "colapso mental" em 1900, ficou hospitalizado por três anos. Essa experiência deu origem à sua autobiografia, e Beers passou a atuar, até o final de sua vida, na melhoria das condições de tratamento psiquiátrico em seu país.

230 Afrânio Peixoto (1876-1947), médico psiquiatra, professor, escritor, historiador literário, político e membro da ABL. Publicou, entre outros livros, *Rosa mística* (1900), *Lufada sinistra* (1900), *A esfinge* (1911), *Maria Bonita* (1914), *Minha terra e minha gente* (1915), *Poeira da estrada* (1918), *Trovas brasileiras* (1919), *Castro Alves, o poeta e o poema* (1922), *Dicionário dos Lusíadas* (1924), *Camões e o Brasil* (1926), *História da Literatura Brasileira* (1931) e *Panorama da Literatura Brasileira* (1940).

231 [Forma da palavra no ms.: "louca".]

232 [Sublinhado tal qual no ms.]

233 "[...] porque eu me lancei ao português [...]" [Tradução da organizadora].

234 [Sublinhado tal qual no ms.]

de Guita [235]

e muitas saudades[236]

de Joanita [237]

Escrever mais é impossível porque o frige é tal!

---

235 [Sublinhado tal qual no ms.]
236 [A partir desta linha, trecho escrito a lápis grafite no ms.]
237 [Sublinhado tal qual no ms.]

13 (MB) [238,239]

Rio de Janeiro, 10 de janeiro de 1934.

Gilberto,

As nossas cartas se cruzaram. Não há, pois, motivo para as lamuriazinhas irônicas do sociólogo.[240]

O sociólogo está na ordem do dia com a publicação da grande *Casa--grande*.[241] Ficou um bichão de bom aspecto que já está ficando conhecido como o "Ulisses" pernambucano...[242],243 A piada deve ser invenção do Murilo Mendes.[244] O que ficou bem safadinho foram os clichês das fotografias.

As informações dos livreiros é que o livro está tendo muita saída. O Cruls[245] não esperou o exemplar dele e comprou e leu logo e ficou estarrecido

---

238 [Classificação original (FGF): doc 6a. Carta. Ms. datiloscrito com tinta preta. Assinatura manuscrita com lápis grafite. Datação: "Rio, 10 de janeiro de 34". Expressão "Ulisses pernambucano" com tinta vermelha, para destaque. Papel amarelado, de gramatura média. Uma folha, duas páginas manuscritas (frente e verso). Dimensões: 27,9 x 21,4 cm. Documento em boas condições.]

239 [Primeira edição para cotejo: Bandeira, *Poesia e prosa*, 1958, p.1407-1408.]

240 [A referida carta não foi localizada para compor esta edição.]

241 *Casa-grande & senzala: formação da família brasileira sob o regime de economia patriarcal* foi publicado em 1933 pela Editora Maia & Schmidt, do Rio de Janeiro, contendo prefácio do autor e ilustrações de Cícero Dias. As segunda e terceira edições do livro, em 1936 e 1938, foram realizadas pelo Editor Schmidt. A quarta edição, de 1943, publicada em dois volumes, é considerada definitiva, tendo feito parte da coleção "Documentos Brasileiros" da Editora José Olympio. Conta com prefácios do autor, ilustrações de Tomás Santa Rosa e Cícero Dias.

242 [Trecho "o 'Ulisses' pernambucano" em tinta vermelha.]

243 Aqui, tanto poderia haver uma alusão ao Ulisses da mitologia grega, protagonista da *Odisséia* de Homero, quanto a Ulisses Pernambucano de Mello Sobrinho, primo e amigo de Gilberto Freyre, importante médico psiquiatra que dirigiu o Hospital da Tamarineira (Hospital Ulysses Pernambucano), segundo hospital psiquiátrico implantado em território brasileiro.

244 Murilo Mendes (1901-1975) estreou nas revistas *Terra roxa e outras terras* e *Antropofagia*. Poeta que se aproxima do Surrealismo e do Primitivismo, publicou *Poemas* (1930), *História do Brasil* (1932), *Tempo e eternidade* (1935), *Poesia em pânico* (1938), *O visionário* (1941), *As metamorfoses* (1944), *Mundo enigma* (1945), *Poesia liberdade* (1947), *Contemplação de Ouro Preto* (1954), *Tempo espanhol* (1959), *Convergência* (1970), entre outros livros.

245 Gastão Cruls (1888-1959), médico, romancista, contista, historiador, sociólogo e diretor da revista *Boletim de Ariel* (1931-1938), teve grande influência literária e cultural na época. Sua obra de ficção compreende *Coivara* (1920), *Ao embalo da rede* (1923), *A Amazônia misteriosa* (1925), *Elza e Helena* (1927), *A criação e o criador* (1928), *Vertigem* (1934), *História puxa história* (1938) e *De pai para filho* (1954). Seus ensaios históricos e sociológicos abrangem *A Amazônia que eu vi* (1930), *Hileia amazônica* (1944), *Aparência do Rio de Janeiro* (1941) e *Antônio Torres e seus amigos* (1950). Sobre sua ficção, escreveu Afrânio Coutinho: "A técnica é a mesma, a realista na descrição e exposição das minúcias, casos e observações, em desenvolvimento cronológico explícito. Reafirmam-se os dons vigorosos do romancista no estilo, no uso da ironia e até no sarcasmo, tudo, porém, dentro do espírito convencional que caracteriza sua obra, o que não impede que ela possa ser considerada das mais importantes da ficção brasileira." (Coutinho, A.; Coutinho, E. de F. *A Literatura no Brasil*. Rio de Janeiro: Editorial Sul-Americana, 1970. p.223). Gilberto Freyre e Gastão Cruls têm afinidades, literárias e de amizade; inclusive, o prefácio ao livro *Aparência do Rio de Janeiro* é escrito por Freyre. Para o sociólogo recifense, "nas páginas de Gastão Cruls, ilustradas por Luís Jardim com um admirável vigor de traço, como que se sente, do princípio ao fim, um ruído bom d'água, de natureza, de mar, de mata, e até de ressaca, a refrescar a erudição do pesquisador que, tendo conhecido o Rio de uma torre de

de admiração pelo sociólogo. Disse que, apesar de esperar muita coisa, nunca pensou que fosse assim! que pensava "que fosse mais literário"...

O Roquette também está no auge da admiração.[246] Recebeu o livro há três dias e ontem à noite, na hora educativa do Rádio Sociedade, encheu todo o tempo falando do livro, classificando-o de obra monumental. Eu e o Rodrigo ficamos inconsoláveis de ter perdido isso. Quem nos informou foi o Cruls. Disse o Roquette que,[247] à parte qualquer outro valor da obra, só a bibliografia que você reuniu representa uma contribuição inestimável. Fez grandes elogios às suas opiniões sobre miscigenação. Não esqueceu a linguagem e leu trechos inteiros do livro.

Por enquanto é o que sei. Mas, à proporção que for sabendo mais, irei fazendo a reportagem.

O calor aqui está brabo. Anteontem jantei em casa do nosso Rodrigo, que continua ainda nas dores de parto da *Casa-grande*, num grande paraísmo de amizade, interessadíssimo pelo sucesso do livro.[248] O Juaquim Pedro[249] está cada vez mais bonito, calmo, acho que vai dar um *scholar*.

E por falar em criança, eis a última de Sacha[250] (netinha de Mme Blank):

---

observatório, com olhos de filho pequeno de cientista e de sábio, soube dedicar-se ao estudo do passado da cidade nos arquivos, nas bibliotecas e nos museus, com o rigor e a minúcia de um homem de ciência. O mesmo homem de ciência que soube completar o escritor na sua visão e interpretação da Amazônia." (cf. CRULS, Gastão. *Aparência do Rio de Janeiro*: notícia histórica e descritiva da cidade. Rio de Janeiro: José Olympio, 1949. Coleção Documentos Brasileiros, 60).

246 Sob o título "Casa-grande & senzala", foi publicado no *Boletim de Ariel* (Rio de Janeiro, ano 3, n.5, p.116, fev. 1934. Texto reproduzido em *O Jornal*, Rio de Janeiro, 18 fev. 1934) artigo de Roquette-Pinto que tece os seguintes comentários sobre o livro: "[...] O autor preparou-se na escola de Franz Boas, antes de entrar a considerar os problemas complexos da nossa etnogenia. Armado de aparelhagem excepcionalmente valiosa, percorreu os meandros da nossa formação familiar. Viu claro. Viu certo. É sincero. Confessa os recuos e as variantes a que o exame dos casos o obrigou. [...] / *Casa-grande & senzala* nasceu obra clássica. Ninguém dará mais um passo, em matéria sociológica referente a este país sem consultar o volume, a menos que deseje andar errado, como quem se exercita em buscar, no escuro, os objetos que um raio de luz facilmente denuncia." (ROQUETTE-PINTO, Edgar. Nasceu obra clássica. In: FONSECA, Edson Nery da. *Casa-grande & senzala e a crítica brasileira de 1933 a 1944*. Recife: Companhia Editora de Pernambuco, 1985. p.90).

247 [Vírgula inserida nesta ed.]

248 Rodrigo Melo Franco de Andrade, entusiasta do projeto de *Casa-grande & senzala* e um dos grandes articuladores para a escrita e o lançamento do livro por meio do editor Schmidt, escreveria em 20 de outubro de 1933 no *Diário Carioca*: "Está a aparecer dentro de poucos dias um dos mais indiscutíveis benefícios que da revolução de outubro de 1930 terão resultado para o Brasil: o livro que o sr. Gilberto Freyre deverá publicar todo este mês, sob o título de *Casa--grande & senzala*. / [...] Não é, pois, senão justiça assinalar-se que ela é devida principalmente à Revolução de 1930, uma vez que, sem esta o sr. Gilberto Freyre não teria sido demitido das funções que exercia em Pernambuco, nem se exilado em Lisboa – circunstâncias essas que tiveram influência decisiva para a composição e a publicação do livro. [...] Por essa razão, o volume não é uma exposição fria de fenômenos sociais mais ou menos consideráveis, mas um livro de poesia intensa ao mesmo tempo que uma obra de ciência." (ANDRADE, Rodrigo Melo Franco de. O mais intensamente brasileiro dos nossos escritores. In: FONSECA, *Casa-grande & senzala e a crítica brasileira de 1933 a 1944*, 1985, p.35-37).

249 Trata-se de Joaquim Pedro de Andrade (1932-1988), cineasta e roteirista, filho de Rodrigo Melo Franco de Andrade e de Graciema Prates de Sá. Estreou com o documentário sobre Manuel Bandeira *O poeta do castelo* (1959). Dirigiu, entre outros, *O mestre de Apipucos* (1959), sobre Gilberto Freyre, *O padre e a moça* (1966), sobre um poema de Drummond, *Macunaíma* (1969), retomando o livro homônimo de Mário de Andrade, *Guerra conjugal* (1975), baseado nos contos de Dalton Trevisan, e *O homem do Pau Brasil* (1982), adaptação livre da vida e da obra de Oswald de Andrade. Ao morrer, deixou prontos os roteiros de *Casa-grande & senzala*, baseado no livro homônimo de Gilberto Freyre, e de *O defunto*, baseado na vida de Pedro Nava.

250 A convivência com Sacha, filha de Guita Blank, está registrada em alguns poemas de Bandeira, tais como "Sacha e o poeta" (*Estrela da manhã*), "Pardalzinho" (*Lira dos cinquent'anos*) e "Sacha" (*Mafuá do malungo*).

viu um cartão de festas muito mozarlesco, desses com flores e estufadas e desse azul e cor-de-rosa bem lambido; ficou extasiada *"so pretty"*[251] e não sabendo mais como exprimir a admiração e a ternura: *"May I sleep with it?"* Tudo que ela gosta muito, quer dormir com. De noite, mete o dedão na boca, se atraca com o brinquedo predileto e cai no sono.

    Adeus, sociólogo. Um grande abraço do

    Flag

---

251 [Trecho *"So pretty"* entre vírgulas em *Poesia e prosa* (1958).]

14 (MB)[252]

Rio de Janeiro, 20 de março de 1934.

Gilberto,

Não lhe tenho escrito porque andei tão cansado de bater na máquina, traduzindo um catatau alemão para a Civilização Brasileira, que acabada a tarefa do dia (6 horas em média) não tinha força nem para uma cartinha a um amigo. Nestes dois meses nem li nada. Imagine que nem a *Casa-grande* pude ainda acabar. De sorte que[253] só conheço dela o que li nas provas dos dois primeiros capítulos. O Afonsinho[254] me pediu colaboração para o número de aniversário do *Estado de Minas*. Mas como eu não tinha tempo para escrever artigo, me veio a ideia de uma sacanagem sobre *Casa-grande*[255] e daí resultaram estes versinhos que lhe mando. Ainda não pude ler *O infame João Friend*.[256] Ainda não li o trabalho do Sylvio Rabello!!![257] Quando você[258] estiver com ele, por favor me

---

252 [Classificação original (FGF): doc 7. Carta. Ms. datiloscrito com fita preta. Assinatura manuscrita com lápis grafite. Datação: "Rio, 20 de março de 34". Papel amarelado, de gramatura média. Uma folha, duas páginas datiloscritas (frente e verso). Dimensões: 27,9 x 21,4 cm. Documento em boas condições. Na parte inferior da página, encontram-se as palavras "De Manuel Bandeira", escritas com caneta esferográfica azul, grafia de Gilberto Freyre, com provável intuito de catalogação.]

253 [Palavra "que" inserida nesta ed.]

254 Provável referência a Afonso Arinos de Melo Franco (1905-1990), advogado, crítico literário, professor, político e membro da ABL. Dirigiu os jornais *O Estado de Minas* e *Diário da Tarde*, da cadeia dos *Diários Associados*, de Assis Chateaubriand. Fundou, com seu irmão Virgílio, a *Folha de Minas*. Foi um dos fundadores da UDN em 1945 e da Arena em 1966. Quando deputado federal, em 1950, apresentou lei que determinava que a discriminação racial passasse a ser uma contravenção penal, que se transformaria na Lei Afonso Arinos. Foi ministro das Relações Exteriores no governo de Jânio Quadros. Na década de 1980, exercendo mandato de senador, trocou o PFL pelo PSDB. Seus inúmeros livros tratam de assuntos os mais diversos, como nas áreas de História (*O índio brasileiro e a Revolução Francesa*, de 1937, *Um soldado do Reino e do Império: vida do Marechal Callado*, de 1942, *História das ideias políticas no Brasil*, de 1972), Política (*Introdução à realidade brasileira*, de 1933, *Problemas políticos brasileiros*, de 1976) e Direito (*Instituições políticas no Brasil e nos Estados Unidos*. Direito comparado, de 1974, *Direito Constitucional. Teoria da Constituição*, de 1976), só para citar alguns. Na área propriamente literária, escreveu os ensaios críticos *Espelho de três faces* (1937), *Mar de sargaços* (1944) e *O som de outro sino* (1978), entre outros; e as memórias *A alma do tempo: formação e mocidade* (1961), *Diário de bolso* seguido de *Retrato de noiva* (1979) e *Amor a Roma* (1982).

255 Talvez Bandeira se refira aqui aos versos de "Casa-grande & senzala", poema publicado em *Mafuá do malungo* (1948). O poema está reproduzido no capítulo 3 deste livro.

256 *The infamous John Friend*, de 1909, foi escrito por Martha Roscoe Garnett (1869-1946). É um romance histórico ambientado em 1805, no período das Guerras Napoleônicas.

257 Sylvio Rabello (1899-1972), bacharel em Direito e professor especializado em Pedagogia. Publicou, entre outros livros, *Psicologia do desenho infantil* (1935), *Farias Brito ou uma aventura do espírito* (1941), *Itinerário de Silvio Romero* (1944) e *Euclides da Cunha* (1948). Selecionou, organizou e prefaciou *Cartas do próprio punho* [...], edição de alguma correspondência ativa de Gilberto Freyre (FREYRE, *Cartas do próprio punho sobre pessoas e coisas do Brasil e do estrangeiro*, 1978). Quando do lançamento de *Casa-grande & senzala*, publicou com mesmo título resenha em *Folha de Minas* (Belo Horizonte, 14 out. 1934), afirmando: "Grande e intenso livro que nunca fará leitores indiferentes. A cada passo produzirá sempre fortes reações de razão ou simplesmente emocionais. Esclarecidas a nossa origem e formação, mais fácil se tornará a compreensão do momento presente – dessa nossa adolescência que tanto tem desmentido Spranger por suas atitudes desencontradas." (RABELLO, Sylvio. Grande e intenso livro que nunca terá leitores indiferentes. In: FONSECA, *Casa-grande & senzala*, 1985, p.142). Rabello tornou-se amigo próximo de Freyre.

258 [Forma da palavra abreviada no ms.: "v.".]

desculpe. Eu não escrevi a ele, porque queria ler antes o trabalho, mas até hoje não me foi possível. Eu não sei como é que os parás[259] fazem. Me afogo com muito pouca água.

Já entreguei ao Cícero os seus manuscritos, porque ele é que sabe quem vai p'ra Pernambuco, quem não vai. Tenho ido ao Olinda. Parece que o *surréaliste* anda meio descorçoado com o mundanismo. Pelo menos tenho notado alguma diferença.

O místico[260] não escreve carta. De vez em quando passa um telegrama em que deve gastar os culhões, fazendo literatura a 7$500 a palavra. Por exemplo: "Londres infinito humano inconcebível" etc. Uma pessoa que veio de lá contou que ele fez amizade com um padre. Não se sabe se é inglês, brasileiro ou... hispano-americano.[261] Edgarzinho me disse outro dia que a Dedé caiu na gandaia. A irmã do Ovalle de vez em quando me segura no telefone que eu corto uma volta. Schmidt[262] finalmente noivo. Está para ser expulso da livraria. Mas instalou-se bem na nova companhia de seguros do Solano. Me disse o Schmidt[263] que da livraria só queria levar os direitos de *Casa-Grande* para fazer presente a você.[264] Mas de certo é que ele não[265] tem esperança nenhuma de conseguir mesmo isso.[266]

---

259 Os "parás" são um dos cinco tipos de personalidades criadas por Jayme Ovalle e Augusto Frederico Schmidt, registradas na crônica "A nova gnomonia", de Manuel Bandeira: "Ovalle explicou: o exército do Pará é formado por esses homenzinhos terríveis que vêm do Norte para vencer na capital da República; são habilíssimos, audaciosos, dinâmicos e visam primeiro que tudo o sucesso material, ou a glória literária, ou o domínio público. / Compreendi. O nome do Pará não implica desdouro, se não honra para o grande Estado, torrão natal do homem-símbolo ou Anjo da grande categoria. O meu Pernambuco tem dado muita gente para o exército do Pará, talvez os seus soldados mais típicos." (BANDEIRA, *Crônicas da província do Brasil*, 2006, p.157).

260 Trata-se de Jayme Ovalle.

261 [Emenda do autor com palavra "hispano" sobrescrita a uma palavra tachada no ms.]

262 Augusto Frederico Schmidt (1906-1965), editor, jornalista e escritor. Da convivência com Schmidt, Bandeira escreveu "Poema desentranhado de uma prosa de Augusto Frederico Schmidt", "Soneto em louvor de Augusto Frederico Schmidt", "Soneto plagiado de Augusto Frederico Schmidt" (os três poemas de *Lira dos cinquent'anos*), "Augusto Frederico Schmidt" e, na seção "À maneira de...", "... Augusto Frederico Schmidt" (ambos de *Mafuá do malungo*). Em *Apresentação da poesia brasileira* (1944), diria Bandeira: "Contra o espírito dessa primeira geração modernista reagiu a poesia de Augusto Frederico Schmidt, a partir do *Canto do brasileiro* e do *Canto do liberto* (1928) seguidos de uma série de livros admiráveis – *Pássaro cego* (1930), *Desaparição da amada* e *Navio perdido* (1931), *Canto da noite* (1934), *Estrela solitária* (1940), *Mar desconhecido* (1942), *A fonte invisível* (1949), todos reunidos em *Poesias completas* (1956) e acrescidos de *Sonetos, mensagem aos poetas novos, Ladainha do mar, Morelli, Os reis, Novos poemas* e *Meditação sobre o mistério da ressurreição*. Seu último livro, *Aurora lívida*, é de 1958. Nascido no Rio em 1906, Schmidt passara pela experiência modernista, assimilara-a e, embora sabendo aproveitar-lhe as lições, afastara-se dela, exprimindo-se num tom constantemente sério e grave, quase catastrófico, acometendo-nos a consciência como um eco dos versículos severos dos profetas judeus." (BANDEIRA, *Poesia completa e prosa*, 1974, p.633). Schmidt casou-se com Yedda Schmidt Lemos, sobrinha de Jayme Ovalle. É à Yedda Schmidt que Ovalle teria aparecido numa sessão espírita, com a mensagem "Aqui estamos todos nus", que inspira o poema "Mensagem do além", de Bandeira, publicado em *Estrela da tarde* (Cf. BEZERRA, *A trinca do Curvelo*, 1995, p.81).

263 [Forma da palavra abreviada no ms.: "Sch.".]

264 [Forma da palavra abreviada no ms.: "v.".]

265 [Emenda do autor com palavra "não" sobrescrita à palavra "tem" no ms.]

266 Augusto Frederico Schmidt foi o editor de *Casa-grande & senzala* (1933). Sobre a experiência, diria anos mais tarde Gilberto Freyre: "Não posso dizer de Schmidt, editor, que fosse um modelo no gênero. Na fase em que escrevi esse livro, estava eu em situação mais que precária: angustiosa. Tendo, no exílio a que me forçara o movimento de 1930 – exílio de que nunca me mostrei ressentido a ninguém: sempre o considerei justo – me extremado em repelir

As Blanks vão bem, mas o *wild*[267] tem que ser operado[268] depois de amanhã de apendicite. O desquite ainda não se fez, mas a separação continua e definitiva.

A menina é que está um amor, inteligentíssima e com a mesma graça da avó.

Diga ao Jardim[269] que os trabalhos dele foram muito[270] admirados. Porém eu e o Rodrigo tivemos uma grande dor de corno por causa do que foi oferecido a D. Naná e Vera.[271] Aquilo está uma delícia. Agradeça muito em meu nome.

---

quanta generosidade das que me foram oferecidas por membros do novo governo – um deles o excelente José Américo de Almeida – e, de regresso ao Brasil, me extremado, ainda mais, em não incomodar amigo algum com qualquer pedido de proteção ou de auxílio, é claro que não podia ser outra minha situação. Pelo meu contrato com Schmidt para a publicação do livro que se intitularia *Casa-grande & senzala*, ele se obrigava a pagar-me 500 mil-réis, por mês, enquanto eu estivesse no Rio empenhado na elaboração do livro: trabalho que deveria concluir no Recife. Raramente cumpriu Schmidt essa obrigação de editor. Deixou-me mais de uma vez nas piores aflições. Obrigou-me, por isto, a levar a casas de penhores quanto me restava de algum valor: relógio de platina, botões de ouro, anel de avô. / E o pior é que, uma vez editado o livro – do qual devo recordar ter tido, de súbito, imensa aceitação do público brasileiro, a despeito dos silêncios deliberados da imprensa da época e da crítica militante daqueles dias: um desses críticos, o hoje ultraliberal, mas muito meu conhecido, sob outro aspecto, Prof. Alceu Amoroso Lima (Tristão de Ataíde) – e das hostilidades, naqueles dias, quer de jesuítas antigos de feitio antigo, quer de comunistas, assombrados com a força revolucionária do ensaio inclassificável – Schmidt, à base desse sucesso, passou a outro sua editora, incluindo na transação a publicação bem-sucedida. Daí resultaram duas edições, das chamadas piratas, terem sido feitas do meu livro, sem que o autor fosse beneficiado com um único mil-réis. Foi o advogado Trajano de Miranda Valverde quem, por iniciativa própria, livrou-me dessa escravidão. / Anos depois, encontrando-me com Augusto Frederico Schmidt já milionário, num almoço em casa de amigo comum – Nehemias Gueiros – disse, gracejando, ao meu primeiro editor: 'Lembre-se, Schmidt, que estou à base da sua fortuna'. / Não creio, de modo algum, que no seu procedimento para comigo e para com outros editados, houvesse de sua parte qualquer mesquinharia de cru 'fazendo dinheiro'; e sim boemia. Pura boemia. Havia nele um boêmio nato que, aliado ao poeta, não deixou que o milionário se banalizasse, em tempo algum, num ricaço vulgar. Nunca Schmidt se vulgarizou num argentário preso só aos negócios." (Freyre, Gilberto. Augusto Frederico Schmidt, poeta e homem de ação. In: _____, *Pessoas, coisas & animais*, 1979, p.43-44. Texto originalmente publicado com o título "O brasileiro Augusto Frederico Schmidt", no *Jornal do Commercio*, Recife, 14 fev. 1965).

267 Note-se que, em carta de Manuel Bandeira a Gilberto Freyre com datação "Rio de Janeiro, 12 de julho de 1929" (neste capítulo, Documento 6), Bandeira apresenta o futuro marido de Guita Blank com seu nome completo: Victor Valentine Wilde. Portanto *wild*, grafado com letra minúscula, pode ter sido um apelido dado a ele.

268 [Emenda do autor que corrige a forma original datiloscrita "oparado", cortando a letra "a" e sobrescrevendo "e" à mão com lápis grafite.]

269 Luís Jardim (1901-1987), também conhecido como Lula, foi desenhista e escritor pernambucano. Para Gilberto Freyre, ilustrou o *Guia prático, histórico e sentimental da cidade do Recife* (1934) e a segunda edição de *Olinda – 2º guia prático, histórico e sentimental de cidade brasileira* (1944), além de escrever prefácio ao seu *Retalhos de jornais velhos* (1964). Segundo Laurence Hallewell, "Luís Jardim, além de elogiado escritor, foi um dos mais assíduos capistas e ilustradores da José Olympio entre os decênios de 1940 e 1960." (Hallewell, Laurence. *O livro no Brasil*: sua história. 2. ed. rev. e ampl. São Paulo: Edusp, 2005. p.464). De fato, o artista produziu inúmeros retratos a bico de pena para a editora José Olympio e foi ilustrador de obras de Gastão Cruls, José Lins do Rego e João Guimarães Rosa. Escreveu, entre outros livros, *Proezas do Menino Jesus* (1968), *O boi aruá* (1940) e o romance *As confissões de meu Tio Gonzaga* (1949), além de artigos sobre pintura e arquitetura. Ganhou o prêmio Humberto de Campos, em 1938, pela coletânea de contos *Maria perigosa*. Seus romances, peças e histórias infantis tiveram muito sucesso na época. Com a morte de Santa Rosa, assumiu, até sua aposentadoria, a produção gráfica e a diagramação dos livros da editora José Olympio (Cf. Hallewell, *O livro no Brasil*, 2005, p.463).

270 [Emenda do autor com palavra "muito" sobrescrita no ms.]

271 Provável referência a Vera Pacheco Jordão (1910-1980), escritora e professora. Sobre sua presença na editora José Olympio ao lado do marido José Olympio, diria sua neta Lucila Soares: "Literatura estrangeira era uma área comandada por Vera, que continuava ativa no trabalho ao lado do marido e era dona de respeitável bagagem cultural, além de, diferentemente de J. O. e seus irmãos, dominar francês, inglês, espanhol, italiano e um pouco de alemão." (Soares, Lucila. *Rua do Ouvidor 110*. Rio de Janeiro: José Olympio, 2006. p.84). Rachel de Queiroz trabalhou ao lado de Vera nesse setor depois que a escritora cearense se mudou para o Rio de Janeiro, em 1939. Vera escreveu livros voltados para a literatura infantojuvenil, tais como *Maneco o byroniano* (1955), *Roteiro do museu de arte didática* (1972), *A índia que eu vi* (1975) e *A imagem da criança na pintura brasileira* (1979), entre outros.

Adeus, modesto sociólogo. Ando com saudades[272] de você. Quando atravessaremos juntos de novo a Praça Jaime Ovalle (antigo Largo da Lapa)? Talvez breve, pois os editores andam atrás do Rodrigo para conseguir do sociólogo a continuação de *Casa-Grande*. Um abraço do

Flag

---

272 [Emenda do autor que corrige a forma original datiloscrita "sausades", cortando a letra "s" e sobrescrevendo "d" à mão com lápis grafite.]

15 (MB) [273]

Rio de Janeiro, 20 de maio de 1934.

Caro Gilberto,

Depois que o Ribeiro Couto entrou para a Civilização Brasileira tem sido um tal bater de máquina em serviço de traduções que não tenho tempo para mais nada: não escrevo aos amigos, não leio nem os livros dos amigos. Imagine que ainda não acabei de ler a *Casa-grande & senzala*! Ainda nem peguei no *Infamous John Friend*![274]

Mas vou reparar tudo isso fazendo desde já o propósito firme de ir ao Recife pelo carnaval que vem (caso você esteja aí). A sua última carta, falando de menino Elói e no Pai Adão[275] e Pai Anselmo,[276] estava de pôr água na boca e li-a para o Rodrigo e para o Prudentinho.

---

273 [Classificação original (FGF): doc 8. Carta. Ms. datiloscrito com fita preta. Fita vermelha para destacar trecho "e não [...] for a de Londres". Assinatura manuscrita com lápis grafite. Datação: "Rio, 20 de maio de 34". Papel amarelado, de gramatura média. Uma folha, três páginas datiloscritas. Folha de 33 cm de largura dobrada ao meio, perfazendo quatro páginas (frente e verso). Primeira face: verso da página três e página um, nesta ordem. Segunda face: página dois e página três, na sequência. Dimensões: 21,9 x 16,5 cm. Documento levemente danificado.]

274 Cf. Garnett, Martha Roscoe. *The infamous John Friend*. New York: H. Holt and Company, 1909.

275 Possível referência a Felipe Sabino da Costa (1877-1936), segundo babalorixá do Sítio do Pai Adão. O Sítio do Pai Adão, ou Terreiro Obá Ogunté, está ligado ao culto Nagô de Pernambuco. Sobre a amizade de Freyre com Pai Adão, escreveu José Lins do Rego: "Vi Gilberto Freyre por esse tempo voltando à terra, querendo casar-se com a terra. Era ele então o amigo do arcebispo de Olinda, do pai Adão, do velho Dudu, sócio do Clube das Pás. O nativo aceitava a sua pátria, mas o seu amor não era de cego, de alucinado. Era o amor de quem examinava, de quem descobria os defeitos e se indignava contra os que, pretendendo melhorar, destruíam ou aleijavam o que havia ainda de realmente grande em Pernambuco e no Brasil." (Rego, José Lins do. Notas sobre Gilberto Freyre. In: Freyre, *Região e tradição*, 1941, p.11). Na crônica "Pai Adão, babalorixá ortodoxo" (*O Cruzeiro*, Rio de Janeiro, p.17, 4 fev. 1961), Gilberto Freyre manifestou por ele sua admiração: "Conheci (na verdade foi um dos meus melhores amigos) velho babalorixá nascido no Brasil que, tendo 'voltado' à África, nunca se integrou de todo em meio africano, embora aí durante anos tivesse se aperfeiçoado nos seus conhecimentos como que teológicos; e feito muitas amizades. Refiro-me a Pai Adão: o grande babalorixá do Fundão, subárea do Recife inconfundivelmente africanoide, proletária e plebeia na sua composição étnica e na sua estrutura sociocultural [...] / [...] Mais de uma vez almocei à sua mesa de sacerdote que tinha dignidade de um bispo. Quis escrever-lhe a biografia de perfeito afro-brasileiro. Sua morte impediu a realização, ou tentativa de realização, da biografia planejada; e para a qual cheguei a tomar notas como que taquigráficas de conversas." (Freyre, Gilberto. Pai Adão, babalorixá ortodoxo. In:_____, *Pessoas, coisas & animais*, 1979, p.29-30). Participou do I Congresso Afro-Brasileiro realizado no Recife, entre 11 e 16 de novembro de 1934, em uma das reuniões preparatórias para cultos noturnos em terreiros: "Houve reuniões preparatórias entre os organizadores do congresso e os babalorixás, ocorridas na Diretoria-geral da Assistência a Psicopatas. O Pai Adão assistiu a uma dessas reuniões preparatórias, mas se negou a participar do congresso. Considerou que sua formação na África o colocava numa posição de superioridade perante os demais babalorixás, que não percebia como seus iguais. Outros babalorixás, porém, participaram do congresso, mas não sem medo ou desconfiança, já que era comum a polícia perseguir praticantes das religiões africanas." (Giucci, Guillermo; Larreta, Enrique Rodríguez. *Gilberto Freyre*: uma biografia cultural: a formação de um intelectual brasileiro: 1900-1936. Rio de Janeiro: Civilização Brasileira, 2007. p.509).

276 Babalorixá de Recife, contemporâneo de Pai Adão. Sobre a participação de Pai Anselmo no I Congresso Afro-Brasileiro, narra Giucci e Larreta: "Os filhos e filhas do terreiro de Anselmo estavam vestidos com as cores características de seus santos protetores – azul, vermelho, branco, violeta. No chão, folhas de canela exalavam um odor 'brasileiro'. O 'toque' ocorreu num palanque enfeitado, ao som de dois ilus e um agogô. [...] A cerimônia de culto nagô, realizada no terreiro do Pai Anselmo, emocionou o público presente. A observação do culto impôs aos visitantes a impressão de autenticidade. Artistas e público encontraram-se diante de uma singular revelação estética. O desconhecimento da linguagem do ritual contribuiu para cercá-lo de uma aura de mistério que realçou sua dimensão exótica." (Giucci; Larreta, *Gilberto Freyre*, 2007, p.510-511).

Vou agora responder a algumas perguntas suas. Dôdô recebeu a piteira e mandou agradecer muito a você. Mme Blank recebeu a carta de José Antônio,[277] mas ficou meio desapontada porque era em alemão e não em holandês. Diga ao primo para aprender depressa o holandês para escrever a ela uma carta na língua de Nassau.[278]

Você soube da morte da Amelinha,[279] a filha mais velha do Afrânio,[280] casada com o Múcio Sena? Foi uma coisa horrível e que ficou meio obscura, não sabendo bem os médicos a que atribuí-la ao certo. Em todo caso coração. Rodrigo, como era de esperar, sentiu muito. O nosso amigo esteve ultimamente uns quinze dias numa fazendola de Virgilinho[281] em Barbacena e melhorou

---

277 José Antônio Gonsalves de Mello (1916-2002), bacharel em Direito, filho do professor e médico psiquiatra Ulysses Pernambucano e de Albertina Carneiro Leão de Melo. Publicou *Tempo dos flamengos* (1947), *Estudos pernambucanos* (1960) e *Gente da nação: cristãos novos e judeus em Pernambuco 1542-1654* (1989). Fez pesquisas históricas para o livro *Casa-grande & senzala*, de Gilberto Freyre. Em 1949, a convite de Freyre, assumiu a Direção Executiva do recém-criado Instituto Joaquim Nabuco de Pesquisas Sociais. A partir de 1950, passou a desempenhar a função de pesquisador na área de História do Instituto do Patrimônio Histórico e Artístico Nacional. Tornou-se membro do Conselho Diretor da Fundação Gilberto Freyre em 1987. Participou, em 1934, do I Congresso Afro-Brasileiro do Recife, com trabalho sobre o negro durante a ocupação holandesa. Seu irmão Jarbas Pernambucano, um ano mais novo, apresentou no mesmo congresso ensaio sobre "A maconha em Pernambuco". O pai de ambos foi presidente da Comissão Organizadora do referido congresso.

278 Bandeira refere-se aqui a Maurício de Nassau (1604-1679), Príncipe de Nassau-Siegen, nobre alemão que governou parte do Brasil, situada em Pernambuco, sob domínio holandês, de 1637 a 1644, representando a Companhia das Índias Ocidentais dos Países Baixos. Quando diz a expressão "na língua de Nassau", Bandeira se refere à língua do país adotado por Nassau, a Holanda, e não a do país de origem, a Alemanha. Vale dizer que Gilberto Freyre escreveu, em 1979, o opúsculo *The Johan Maurits van Nassau-Siegen from a Brazilian Viewpoint*. (The Hague: The Johan Maurits van Nassau Stichting, 1979).

279 Manuel Bandeira refere-se a Sylvia Amélia Cesário-Alvim de Melo-Franco, filha de Afrânio de Melo Franco, irmã do político, historiador, escritor e crítico literário Afonso Arinos de Melo Franco e do político Virgílio Alvim de Melo Franco. Foi casada com Mucio Senna Filho. Rodrigo Melo Franco de Andrade, referido no corpo da carta, era neto do senador Virgílio de Melo Franco e sobrinho de Afrânio de Melo Franco. Assim sendo, Rodrigo e Amélia seriam primos.

280 Afrânio de Melo Franco (1870-1943), político e diplomata. Foi eleito deputado estadual pelo Partido Republicano Mineiro em 1902; deputado federal em 1906; articulador da Aliança Liberal que promoveu a Revolução de 1930; ministro das Relações Exteriores no Governo Provisório de Getúlio Vargas, entre outros cargos políticos. Gilberto Freyre coloca o político no mesmo patamar dos "grandes fidalgos pernambucanos", uma ponte sólida a ligar o Brasil tradicional e moderno: "Por mais enfático que tenha sido o republicanismo doutrinário de Afrânio de Mello Franco, sua figura trazia a marca da formação imperial. Nisso se parecia com Estácio Coimbra, com Antônio Carlos, com Manoel Villaboim, com Miguel Calmon, com outros políticos da chamada República Velha inconfundivelmente imperiais no gesto e nas tendências, embora republicanos nas ideias. Foram eles uma espécie de desertores e até renegados, a vida inteira marcados pelos seus dias de adolescente de formação monárquica; de quase moços fidalgos da Casa Imperial. O andar, o gesto, o nó na gravata, o modo de falar traíam neles os 'imperiais' de qualidade a se suporem republicanos completos e até demagogos autênticos. O caso, também, de Quintino Bocayuva e de Coelho Lisboa." (Freyre, Gilberto. Afrânio de Mello Franco: seu bom-senso. In: _____, *Pessoas, coisas & animais*, 1979, p.125-127. Texto originalmente publicado no *Diário de Pernambuco*, Recife, 18 fev. 1943).

281 Referência a Virgílio Alvim de Melo Franco (1897-1948), bacharel em Direito e político. Foi eleito deputado estadual pelo Partido Republicano Mineiro em 1922 e deputado federal em 1933, bem como foi grande colaborador da Aliança Liberal, tendo sido figura atuante na Revolução de 1930. Foi um dos fundadores e presidente da UDN e apoiou o Manifesto dos Mineiros contra a Ditadura Vargas. Na ocasião da morte do atuante político, Gilberto Freyre, então deputado federal pelo mesmo partido, escreveu: "Vi Virgílio morto, pálido, ensanguentado na sua casa da Rua Maria Angélica, sem acreditar nesta morte absurda. Ainda não acredito nela. [...] Seu modo belo e leal de ser político precisa de ser destacado num país em que o nome de político continua feio, sujo, suspeito. Ele só fez afidalgá-lo. Da política não tirou nunca vantagens nem proveitos. Enquanto outros às sombra do governo ou do prestígio político têm se tornado donos de empresas, inclusive de jornais, ele só fez gastar com a política e tentar honestamente construir jornais e revistas com seu próprio esforço. Mais de uma vez voltou as costas a convites sedutores de governos fortes. E continuou a caminhar pelo seu caminho áspero de homem às vezes errado, sempre, porém, honrado. Até que o tiro de um gatuno o derrubou. Roubou-o a Minas. Roubou-o ao Brasil. Nunca um gatuno

bastante. Graciema e os meninos bem. O segundo está cada vez mais bonito. É mesmo uma beleza.

Outra notícia triste é a da morte do Ismael Neri,[282] que na ocasião da morte perdeu todas aquelas besteiras e parece que mostrou grande força de caráter e coragem. Foi um deperecimento rápido e um médico amigo atribui à tuberculina. Seu Gilberto, tenho visto muita gente morrer de tuberculina no Brasil: mais do que de tuberculose...

Cícero (*touch wood*) parece que anda mesmo descorçoado do mundanismo. Pelo menos tenho sentido sinais animadores. Já se mostra farto da praia e quer tomar um andar num sobrado da Travessa do Comércio (lembra-se que passamos uma vez num arco colonial ali perto do cais Pharoux? Pois é aí).

As notícias do Ovalle são sensacionais. Já fala inglês (erramos! O místico tem reservas desconhecidas!), só anda de chapéu-coco e não compreende mais a vida fora de Londres![283] Tem cinco criados e está ditando um livro em inglês para uma inglesa magra e feia que "tem um verdadeiro fanatismo por ele" – palavras do sobrinho em carta.

Aqui[284] espalharam a notícia que você viria fazer uma conferência na Sociedade Felipe de Oliveira. É verdade? Venha que há muito com que nos divertirmos agora. Anda uma intrigalhada braba entre a Felipe de Oliveira[285] e a Fundação Graça Aranha e esta com a casa Heloisa Graça Aranha, que também arranjou uma espécie de Sub-Fundação. A sacanagem carioca está gozando. Venha engrossar as fileiras.

Um abraço saudoso de

Flag

---

roubou ao Brasil ou a Minas joia ou diamante de mais alto valor." (Freyre, Gilberto. Virgílio de Mello Franco: seu modo belo e leal de ser político. In: _____, *Pessoas, coisas & animais*, 1979, p.189. Texto originalmente publicado, com o título "O crime da Rua Maria Angélica", em *O Cruzeiro*, Rio de Janeiro, 20 nov. 1948).

282 Ismael Neri (1900-1934), pintor, desenhista e escritor. Ingressou, em 1915, na Escola Nacional de Belas Artes e, em 1920, fez uma viagem à Europa, frequentando, em Paris, a Academia Julian. Em nova viagem à Europa, em 1927, conheceu Marc Chagall (1887-1985) e, de volta ao Brasil, sua obra passa a ser marcada pelo Surrealismo. Figura como poeta bissexto (Bandeira, *Antologia dos poetas bissextos contemporâneos*, 1964, p.79-83), com poemas originalmente publicados na revista *Ordem* por iniciativa de seu grande amigo Murilo Mendes.

283 [O trecho "e não [...] fora de Londres" em fita vermelha no ms.]

284 [Emenda do autor com palavra "Aqui" sobrescrita a uma palavra tachada no ms.]

285 Em 1934, Gilberto Freyre recebe o prêmio da Sociedade Felipe de Oliveira pela publicação de *Casa-grande & senzala*. No mesmo ano, apresenta, para a Sociedade, conferência sobre "O escravo nos anúncios de jornal do tempo do Império", publicada em artigo na revista *Lanterna Verde*.

16 (GF)[286],287

Recife, 28 de dezembro de 1934.

Viva 1935![288]

Bons anos! A você[289] e às boas amigas Blank, inclusive a pequenininha – Bons Anos! Estou com saudade. Você[290] não dá um ar de sua graça, deixa o provinciano sem notícias, fora das novidades da Metrópole. Mas o provinciano não esquece você[291] nem as boas amigas de Santa Teresa. O provinciano atravessou um ano que não foi dos melhores de sua vida – doente quase todos estes últimos seis meses. Felizmente parece que voltou agora ao seu "equilíbrio biológico". O provinciano está feliz no casarão velho onde mora agora com a família, numa puxada assobradada – puxado, dizem os requintados de Capiberibe, mas nós provincianos das margens do Capibaribe[292] dizemos puxada. (Casa velha e boa, bem boa, mas não deixo de ter saudades do K.[293] onde esperava viver toda a vida.) O provinciano está sentimental. O provinciano tem estado horrivelmente sentimental, até mesmo atacado de *self-pity*. Já esteve uma vez assim e curou-se lendo Nietzsche.[294] Agora, com tanto trabalho, não tem recorrido a Nietzsche: tem recorrido ao fumo. Charuto, cigarro. Mas cigarro só inglês, que o provinciano tem coisas de requintado misturadas com o seu plebeísmo de *club* das Pás[295] e festas de igreja. Vou deixar essa história de "o provinciano" que está virando

---

286 [Classificação original (FCRB): 214. Carta. Ms. autógrafo com caneta-tinteiro preta. Datação: "Re. 28 de dezembro 1934". Papel amarelado, de gramatura alta. Ex-líbris na margem superior da primeira página, centralizado. Uma folha, duas páginas manuscritas (frente e verso). Dimensões: 27,6 x 21,1 cm. Documento em boas condições. Desenho de uma bandeirola com os dizeres "Viva 1935!", no alto, à esquerda da primeira página.]

287 Esta carta está reproduzida no caderno iconográfico.

288 ["Viva 1935!" escrito dentro de uma bandeirola desenhada na abertura do primeiro parágrafo. Após desenho, há sinal de dois-pontos no ms.]

289 [Forma da palavra abreviada no ms.: "V.".]

290 [Forma da palavra abreviada no ms.: "V.".]

291 [Forma da palavra abreviada no ms.: "V.".]

292 [Forma da palavra incompleta no ms., "Capiba-", sugerindo que a escrita da palavra no ms. foi interrompida ao passar de uma linha da carta à outra.]

293 "K." provavelmente significa Carrapicho, sítio onde Gilberto Freyre morou com seu irmão Ulysses durante a escrita de *Casa-grande & senzala*.

294 O filósofo alemão Friedrich Nietzsche (1844-1900) é mais uma das referências intelectuais de Freyre.

295 O Clube das Pás é uma agremiação carnavalesca do Recife. Segundo o folclorista Mário Souto Maior, "não podemos esquecer as manifestações *folclóricas* próprias do Recife como o pastoril do Velho Barroso, o Mamulengo de Tiridá e, quando chega o Carnaval, o Maracatu Leão Coroado, os cabocolinhos, os La Ursas, as troças, o Zé Pereira, O Homem da Meia-Noite, O Galo da Madrugada, o Vassourinha, o Clube das Pás e muitos outros que enchem as ruas da cidade de gente, de cores, de frevo, de passo, de alegria." (SOUTO MAIOR, Mário. Folclore do Recife, de ontem e de hoje. *Leitura*, São Paulo, 6 fev. 1988).

literatura e retomar o meu eu. Sabe que estou com um convite para dar um curso nos Estados Unidos[296] no ano que vem? Desta vez é em Berkeley, na Universidade do Estado, que é um centro de estudos de antropologia, linguística, história do continente. Vários batutas entre os professores. Mas querem contrato de um ano e meu sentimentalismo está lutando contra. Não quero saber de um ano inteiro fora d'aqui. Cada vez me sinto mais preso a isto aqui. Pode ser doentio, pode ser o diabo, será até um complexo, mas é assim. Vamos ver se consigo os seis meses. Seis meses todos os anos lá, os outros aqui – isto é que seria bom. Vamos ver se consigo. E você?[297] Vem sempre para o Carnaval? Parece que vai ser bom este ano. Todos os sinais são de um carnaval de sustância. Apenas não apareceu uma marcha à altura. Mas há tempo. O Carnaval de 35 vai ser tarde: em Março. Há tempo para a inspiração de descer sobre os compositores. Você[298] deve vir. O pintor[299] vai bem. Ainda ontem estivemos juntos. E no dia 6 estamos planejando ir a Alagoas ver o Lins.[300] Meu segundo livro (estou um Felisberto de Carvalho)[301] vai indo. A doença me atrasou, mas,[302] fazendo uma forcinha, termino em Março, pois tenho as notas, o plano, e já um bocado de coisa escrita e se passando a limpo. Faz tempo que não vejo um poema seu. A propósito: você[303] podia me mandar uma cópia do poema sobre *C.&S.*? O

---

296 [Forma da palavra abreviada no ms.: "E. U.".]

297 [Forma da palavra abreviada no ms.: "V.".]

298 [Forma da palavra abreviada no ms.: "V.".]

299 Possível referência a Cícero Dias, companheiro constante de Gilberto Freyre à época.

300 Referência a José Lins do Rego Cavalcanti (1901-1957), jornalista e romancista. Ao longo de sua carreira literária, publicou *Menino de engenho* (1932), *Doidinho* (1933), *Banguê* (1934), *O moleque Ricardo* (1935), *Usina* (1936), *Pureza* (1937), *Pedra Bonita* (1938), *Riacho Doce* (1939), *Água-Mãe* (1941), *Fogo Morto* (1943), *Eurídice* (1947), *Cangaceiros* (1953) e *Meus verdes anos* (1956), além de ensaios críticos e crônicas. Bandeira dedicou a crônica "Lins do Rego: um romancista e o homem", publicada em *Andorinha, Andorinha* (1965), ao autor paraibano, retratando-o do seguinte modo: "O homem Lins do Rego valia o romancista. Os seus defeitos eram todos defeitos nascidos da generosidade. Dizem que como fiscal do imposto de consumo nunca multou ninguém. Não estava certo, mas a falta resultava do seu bom coração. Nunca errou por mesquinharia. Era um homem sem 'bondades', como disse nordestinamente de certa personagem de um dos seus romances: sem 'bondades', quer dizer, sem maldades" (BANDEIRA, *Poesia completa e prosa*, 1974, p.679). Para Bandeira, os romancistas de sua predileção eram José Lins do Rego e Rachel de Queiroz (Cf. CONDÉ, João. Flash autobiográfico de Manuel Bandeira. In: BANDEIRA, *Estrela da vida inteira*, [1992], p.29). O jovem José Lins do Rego segue da Paraíba para Recife para cursar Direito, aproximando-se em seguida de intelectuais como José Américo de Almeida, Olívio Montenegro e Gilberto Freyre. Em inúmeras ocasiões, houve a manifestação de um grande respeito intelectual e uma amizade recíproca entre Freyre e José Lins. José Lins prefaciou *Região e tradição* (1941) e *Ingleses* (1942), de Gilberto Freyre. Este, por seu turno, escreveu inúmeros artigos dedicados ao "menino de engenho", principalmente comparativos, enfocando sua relação intelectual e literária com o romancista, tais como "José Lins do Rego e eu: qual dos dois influiu sobre o outro?" (FREYRE, Gilberto. *Alhos & bugalhos*. Rio de Janeiro: Nova Fronteira, 1978) e "Recordando José Lins do Rego" (FREYRE, Gilberto. *Vida, forma e cor*. Rio de Janeiro: Record, 1987).

301 Felisberto Rodrigues Pereira de Carvalho (1850-1898), professor e escritor especializado em livros didáticos. Publicou *Livros de leitura 1, 2 e 3* (1892), *Exercícios de escrita e redações* (1894), *Gramática* (1894), *Quarto e quinto livros de leitura* (1895), *Seleta de autores modernos* (1896), *Dicionário gramatical* (1896), *Exercícios de Língua Portuguesa* (1896) e outros livros largamente utilizados para alfabetização no Brasil do final do século XIX e primeira metade do século XX.

302 [Vírgula inserida nesta ed.]

303 [Forma da palavra abreviada no ms.: "V.".]

pessoal de Momento[304] deu fim à que Rodrigo me mandou. Escreva, seu Flag. Dê muitas lembranças minhas às Blank. Lembranças aos amigos comuns. Pelo primeiro portador devem seguir uns 10 Guias. <u>4 são seus</u>.[305] Os outros 6, para você[306] ir vendendo, se achar quem queira. Um abraço e as saudades do

    Gilberto

---

304 Provável referência à editora Momento, sediada em Recife.
305 [Sublinhado tal qual no ms.]
306 [Forma da palavra abreviada no ms.: "V.".]

17 (MB)[307]

Rio de Janeiro, 17 de janeiro de 1935.

Gilberto.

    Quem diria que o homem que não responde aos Armstrong e aos Mencken teria que escrever duas cartas ao literato para se benzer com uma resposta?... Mas pode ficar certo que não foi "sacanagem carioca". Ando tão abarbado com a trabalheira da revisão de um dicionário para a Civilização Brasileira,[308] que fora disso não tenho ânimo para escrever uma linha. Estou em falta com todo o mundo, minha Nossa Senhora! Mas se não lhe tenho escrito, ando sempre a falar e a me lembrar de você, com Rodrigo, com as Blanks e outros gilbertistas. O seu nome anda num foco danado ultimamente com o prêmio da Sociedade Felipe de Oliveira.[309] É discussão p'r'aqui, discussão p'r'ali. Mando-lhe com esta uma seção do *Diário da Noite*, hoje dirigido pelo Alcântara Machado. É uma seção de comentários, sacanagens etc. Não sei quem foi o autor. O estilo desse tópico que lhe diz respeito parece-me com o do Alcântara, mas ele nega a pé firme que seja o Malasarte. Toda a gente anda intrigada com o pseudônimo.

    Mas o seu sucesso não ficou só entre os literatos não. Com esta, você[310] deve receber uma cartinha de Joanita em que ela lhe transmite as notícias de um baile que o secretário da Embaixada Francesa vai dar em 15 de fevereiro intitulado "Casa Grande & Senzala". Todo o mundo tem que ir vestido a caráter. Imagine: vai haver iaiás deliciosas (Zaídinha!). Veja se pode vir cá receber os cinco contos e assistir ao baile.

    Não poderei ir ao carnaval do Recife. Decididamente morro sem ver mais o carnaval do Recife! Só posso acabar a revisão do tal dicionário em fevereiro e tenho que passar março numa estação de água se não[311] o fígado acaba esbodegado de uma vez. Sinto-me cansado e necessitado de montanha.

---

307 [Classificação original (FGF): doc 9. Carta. Ms. datiloscrito com fita vermelha. Assinatura manuscrita com lápis grafite. Datação: "Rio, 17 de janeiro de 35". Papel amarelado, de gramatura média. Uma folha, duas páginas (frente e verso). Dimensões: 28 x 21,5 cm. Documento em boas condições. No topo do documento, encontram-se as palavras "De Manuel Bandeira", escritas com caneta esferográfica azul, grafia de Gilberto Freyre, com provável intuito de catalogação.]

308 O *Pequeno dicionário brasileiro da Língua Portuguesa*, publicado pela Civilização Brasileira, com primeira edição de 1938, é considerado o primeiro dicionário monolíngue da língua portuguesa publicado no Brasil. A partir da segunda edição, na capa, aparecem os nomes de Gustavo Barroso e Hildebrando Lima, como organizadores, e Manuel Bandeira e José Baptista da Luz, como revisores.

309 Gilberto Freyre ganhou o prêmio da Sociedade Felipe d'Oliveira pela publicação de *Casa-grande & senzala* em 1934 – note-se que o livro foi publicado em dezembro de 1933, de modo que a repercussão se deu sobretudo no ano de 1934.

310 [Forma da palavra abreviada no ms.: "v.".]

311 [Forma grafada no ms.: "senão".]

O místico nunca mais deu notícia nem por telegrama. Mas pelo sobrinho manda espalhar uma porção de intrujices. A última novidade é que está escrevendo a vida de um santo: "São[312] Sujo". Em inglês, naturalmente. Mas Tatí mandou contar que ele não sabe uma palavra em inglês. E Dedé aqui, de pitinho cheirando a mijo, sempre esperando por ele para o competente minete...

Tenho lido os seus artigos da *Folha de Minas*. Você fez uma muito boa: aquele Davidoff Lessa é um barbadão, formado há muito tempo, autor de uma porção de livros publicados, – um figurão!

A última do Sérgio: a namorada (irmã da Germaninha) foi requisitada para trabalhar no Ministério da Educação. O Carlos Drummond[313] engraçou-se com ela, uma coisa à toa, e o nosso Sérgio entrou pelo gabinete um belo dia e atracou-se com o Carlos. Acudiu o pessoal, o Peregrino[314] levou uma sobra na cara, e o Sérgio gritava indignado para o Carlos: "Seu poetinha de merda!".[315]

---

312 [Forma da palavra abreviada no ms.: "S.".]

313 Trata-se de Carlos Drummond de Andrade (1902-1987). Em 1930, Drummond começou a trabalhar com seu amigo Gustavo Capanema, que substituiu Cristiano Machado na Secretaria do Interior, em Minas Gerais. Em 1934, transferiu-se para o Rio de Janeiro como chefe de gabinete de Gustavo Capanema, então Ministro da Educação e Saúde Pública. Deixou o cargo em 1945, assumindo, pouco tempo depois, função na Diretoria do Patrimônio Histórico e Artístico Nacional a convite de Rodrigo M. F. de Andrade, onde seria chefe da Seção de História na Divisão de Estudos e Tombamento. Drummond foi considerado um dos maiores poetas brasileiros do século xx tanto por Bandeira quanto por Freyre. Escreveu *Alguma poesia* (1930), *A rosa do povo* (1945) e *Claro enigma* (1951), entre outros. Fazem parte do conjunto de sua prosa *Confissões de Minas* (1944), *Passeios na Ilha* (1952) e *Cadeira de balanço* (1966). Drummond organizou a antologia *Andorinha, andorinha*, com crônicas de Bandeira, publicada em meio a comemorações pelos 80 anos do poeta recifense em 1966. Em *Ensaios literários*, Bandeira dá a seguinte nota crítica sobre o autor: "Carlos Drummond de Andrade, nascido em 1902, é o representante mais típico em poesia do homem de Minas. Os mineiros mais genuínos são dotados daquelas qualidades de reflexão cautelosa, de desconfiança do entusiasmo fácil, de gosto das segundas intenções, de reserva pessimista, elementos todos geradores de *humour*. [...] Carlos Drummond de Andrade é o primeiro azo dessa feliz conjunção. Sensibilidade comovida e comovente em cada linha que escreve, o Poeta não abandona quase nunca essa atitude de *humour*, mesmo nos momentos de maior ternura." (BANDEIRA, *Poesia e prosa*, 1958, v.2, p.1110). Carta inédita de Freyre enviada a Drummond mostra, por sua vez, como Freyre procurava cultivar esta amizade: "Meu Carlos Drummond, / Venho lhe pedir o que não deveria ousar lhe pedir. Mas v., tão sensível ao 'it' da adolescência, que é um tão envolvente 'it' como eu, entenderá e me desculpará. Que pedido é este? Que v., poeta máximo, como fez para os 15 anos de minha filha Sonia Maria, escreva palavras como só v. saberia escrever para os muito próximos 15 anos de minha primeira neta, filha de Sonia Maria, Ana Cecília./ O pedinte espera o seu sim e reafirma a grande admiração afetuosa por v./ Gilberto Freyre." (Carta de Gilberto Freyre a Carlos Drummond de Andrade, de 10 de maio de 1978, do acervo da FCRB). Em telegrama posterior a Drummond, sem data precisa, Freyre agradece pelo envio do poema: "Confesso-lhe telegraficamente acabo ler poema Ana Cecília chorando por ela por mim por Magdalena Sonia por toda [...]. /Também outras meninas do Recife inclusive dos mocambos do Recife que este ano fazem quinze anos todas glorificadas por sua palavra genial./ Grande abraço / Gilberto Freyre" (Telegrama de Gilberto Freyre a Carlos Drummond de Andrade, do acervo da FCRB). Gilberto Freyre dedicou a coletânea *Talvez poesia* (1962) a Drummond.

314 Provável referência a Peregrino Júnior (1898-1983), médico, professor universitário catedrático em Biometria da Universidade do Brasil, jornalista e escritor. Foi membro da ABL, tendo sido recebido por Manuel Bandeira em 25 de julho de 1946. Conhecido escritor versado em temas amazônicos, além de artigos científicos, publicou os livros *Vida fútil* (1923), *Pussanga* (1929), *Histórias da Amazônia* (1936) e *O Movimento Modernista* (1954), entre outros.

315 Esse episódio da briga por ciúmes, ao que tudo indica, foi o responsável pelo "esfriamento" da relação de Drummond e Sérgio Buarque: "[...] E alguns passaram a vida apenas cultivando uma admiração intelectual que não se traduziu em amizade. Caso de Drummond e Sérgio Buarque, que se viram envolvidos num episódio que tornou para sempre cerimoniosa e constrangida a relação dos dois. / Sérgio tinha uma namorada que trabalhava com Drummond, no gabinete do Ministério da Educação. Um belo dia, a moça teve a infeliz ideia de lhe dizer que estava sendo assediada pelo chefe. Se era verdade ou invencionice para provocar ciúmes, nunca se ficou sabendo. O fato é que Sérgio acreditou e foi tomar satisfações com Drummond. Os dois acabaram rolando pelo chão, numa briga que teve que ser apartada. / As consequências do entrevero persistiram por décadas. Os dois pertenciam ao mesmo círculo, se encontravam com frequência e até se cumprimentavam, mas o constrangimento era indisfarçável. Esse mal-estar fez com que Sérgio morresse sem dizer a Drummond que o considerava o maior nome da poesia brasileira" (SOARES, *Rua do Ouvidor 110*, 2006, p.34).

Por hoje, só. Um grande abraço para você e bons anos e recomendações a toda a sua família. Saudades aos amigos, Tasso,[316] Olívio, Anibal, Cicinho (que belo sinhô-moço daria o Cicinho no baile!), Bandeira, Jardim, Odilon,[317] Júlio Bello.[318]

M

Mande o seu endereço. Não tenho fé na Justiça Federal![319]

---

316 Trata-se de José Jácomo Tasso, que fazia parte do grupo de amigos de Gilberto Freyre do Recife desde os anos 1920.

317 Referência a Odilon Nestor de Barros Ribeiro (1874-1968), bacharel em Direito, jornalista e professor. Dirigiu o *Jornal do Commercio* do Recife, órgão oposicionista.

318 Júlio Bello (1873-1951) escreveu *Memórias de um senhor de engenho* (1938) com estímulo de Freyre. Foi senhor de engenho e governador interino de Pernambuco quando Estácio Coimbra se ausentava do exercício de sua função (1926-1930). Na esfera da administração pública e na editoria do jornal *A Província*, Júlio Bello conviveu com Freyre. Após a Revolução de 1930, voltou a residir no Engenho Queimadas, pertencente à sua família. O livro foi publicado pela editora José Olympio em 1938 (Coleção Documentos Brasileiros, 11), com prefácios de Freyre e José Lins do Rego. O prefácio de Freyre foi depois incluído no livro *Perfil de Euclides e outros perfis* (Rio de Janeiro, José Olympio, 1944), sob o título "Júlio Belo, agricultor sentimental".

319 Gilberto Freyre oferecia aos seus correspondentes o endereço de seu pai, Alfredo Freyre, da Justiça Federal, talvez por temer perseguição política.

18 (GB) [320]

Recife, 29 de janeiro de 1935.

Dearest Flag:

    Recebi sua carta, com os dois retalhos de jornal, o poema e[321] o outro, que achei uma nota muito inteligente. A mesma impressão tive da de Sérgio, para a *Folha de Minas*, que recebi ontem. Não tenho visto o mais que esse tem escrito sobre o caso do prêmio. A carta de Joanita, a que você[322] se refere, ainda não chegou: estou ansioso para saber de notícias gerais, sobre a nossa gente aí no Rio. Você[323] quase não deu nenhuma e Rodrigo há tempo que não escreve. Eu, por minha vez, ando relaxado na correspondência, o que é devido em parte ao muito trabalho, que não tem sido caçoada – esse negócio de erudição é o diabo – mas também devido a não sei que desânimo; coisas de romântico, de solteirão, de <u>scholar</u>[324] de província etc. Agora, esta hesitação diante da proposta da Universidade do Estado de Califórnia – contrato de um ano, 190 dólares por mês, 9 horas de trabalho por semana – proposta que não é nenhum presente das 1001 noites mas tem suas vantagens. Mas esse contrato de um ano, você[325] não imagina como me aterroriza. Toda a vez que penso no assunto é para acabar fugindo covardemente de uma decisão. Como escrevi a Rodrigo, sinto que há alguma coisa, que há muito de [ilegível] em tudo isso, nesse apego ao Recife. Eu queria viajar, mas uma viagem curta, que acabasse logo, que apenas[326] me desse as impressões, os estímulos e contatos que eu preciso, se não[327] dou para provinciano dos ruins, intelectual provinciano, que é uma coisa horrível; e adeus. Um ano inteiro, não. Justamente agora, nesta casa velha para onde viemos há meses, estou me sentindo o perfeito recifense, rodeado de mangueiras, de sapotizeiros (um deles que vem quase à janela) vendo uns fundos de quintais que só se vendo, amas de menino se espreguiçando na areia que

---

320 [Classificação original (FCRB): 215. Carta. Ms. autógrafo com caneta-tinteiro preta. Pós-escrito manuscrito com lápis grafite. Datação: "Re. 29 de janeiro 1935". Papel amarelado, de gramatura alta. *Ex-libris* na margem superior da primeira página, centralizado. Uma folha, duas páginas (frente e verso). Dimensões: 27,7 x 21,1 cm. Documento em boas condições.]

321 [Emenda do autor com trecho "o poema e" sobrescrito no ms.]

322 [Forma da palavra abreviada no ms.: "V.".]

323 [Forma da palavra abreviada no ms.: "V.".]

324 [Sublinhado tal qual no ms.]

325 [Forma da palavra abreviada no ms.: "V.".]

326 [Emenda do autor com palavra "apenas" sobrescrita no ms.]

327 [Forma grafada no ms.: "senão".]

é uma beleza etc. etc. E eu e Cícero, temos às vezes vagado pelas ruas até alta noite, até de madrugada – e cada vez me sinto mais preso ao Recife, mas de modo a não querer sair daqui a não ser por muito pouco tempo, pensando na volta. Aos poucos venho me refazendo daquele desequilíbrio enorme que foi a amizade perdida de Bigodão; que foi sair do Carrapicho onde eu plantara tanta árvore, pensando romanticamente que havíamos de crescer e envelhecer juntos – eu e as árvores. Agora, é curioso, eu evito de uma maneira doentia o Carrapicho, não posso nem ver, nem passar por lá, por aquela casa que você[328] conhece, e onde – incrível – cheguei a morar sozinho um ano inteiro, ou mais, já não me lembro. Era bem bom que você[329] viesse para o Carnaval, seu Flag. Eu, Cícero e Zé Tasso temos, como você[330] sabe, um atelier, um 1º andar na sua Estrada do Rosário. Seria sua estação de repouso. Um bocado de frevo, e estação, descanso, você[331] podendo levar suas mulatas para lhe darem cafuné. Tem feito calor aqui. Parece o Rio. Vocês aí devem estar torrando. Tenho às vezes saudades enormes de você,[332] dos amigos daí, nosso grupo, e de outros amigos perdidos por esse mundo. É o diabo, haver distância, ser tão caro e complicado, ainda, viajar. É o diabo não ser tudo uma cidade – o Recife – uma só cidade. Aliás, a concepção de vez de alguns místicos tem sido essa – da grande e única cidade. Você[333] deve estar me achando um cacete de marca, com todas essas bobagens. É o sentimentalismo, o tal, de solteirão. Você[334] talvez compreenda essas bobagens. Dôdô? Nunca mais soube dele. Vejo pelos jornais que o Zé Nabuco e Maria do Carmo[335] estão para chegar aqui. Lembro-me de Ovalle – o amor mineiro de Ovalle, a viagem de trem, "era pra você[336] tocar violão" etc. Que silêncio, do nosso místico! Escrevi duas cartas a ele, ou três, acho que três. Tudo sem resposta. Um desdém absoluto. Meu trabalho, espero terminar em Março. Estou fazendo um esforço tremendo. O Ribeiro Couto passou por aqui. Está perfeitamente homem ilustre, mas homem ilustre suave, sem afetação, sem artifício. Desceu, que nem um Fradique,[337] querendo cachaça e ver o Beco do

---

328 [Forma da palavra abreviada no ms.: "V.".]

329 [Forma da palavra abreviada no ms.: "V.".]

330 [Forma da palavra abreviada no ms.: "V.".]

331 [Forma da palavra abreviada no ms.: "V.".]

332 [Forma da palavra abreviada no ms.: "V.".]

333 [Forma da palavra abreviada no ms.: "V.".]

334 [Forma da palavra abreviada no ms.: "V.".]

335 Trata-se do casal José Nabuco, filho de Joaquim Nabuco (1849-1910), e Maria do Carmo Melo Franco Nabuco de Araújo (1907-2001), filha de Afrânio de Melo Franco e irmã de Afonso Arinos. Consta que uma das quatro exposições de pintura de Gilberto Freyre foi na residência do casal, que colecionava objetos de arte.

336 [Forma da palavra abreviada no ms.: "V.".]

337 Referência a Fradique Mendes, personagem do escritor português José Maria Eça de Queirós (1845-1900). Romancista, crítico literário e diplomata, Eça escreveu *O primo Basílio* (1878), *Os maias* (1888), *A ilustre casa de Ramires* (1900) e *A correspondência de Fradique Mendes* (1900), entre outros livros. É uma das grandes referências literárias de Gilberto Freyre, muito admirado também pelo seu pai, Alfredo Freyre.

Cirigado.[338] Whiskey não servia. Só cachaça. Tivemos que ir ao [ilegível], no Largo do Mercado, e aí bebeu-se cachaça, não um gole ou dois, mas muitos. Sabe o que ia sucedendo? O Couto perder o vapor, ficar no Recife. Quando chegamos ao cais, o vapor já ia a uma boa distância. Momento horrível. Couto perdeu a serenidade, não se despediu dos regionais, caiu na lancha que estava à espera numa ansiedade doida. Claro que pegou facilmente o vapor. De lá então, outra vez sereno, ele nos deu adeus, agitou o chapéu, o lenço. Mas foi um momento de angústia, que passamos todos, diante do navio andando. Veja você[339] em que dá essa história de muito pitoresco. O tempo era pouco, devíamos ter ficado mesmo no whiskey do velho Ayres,[340] que é mesmo no caes, perto [dos vapores]. E o beco, via-se doutra vez, com mais vagar. Bem, seu Flag, escreva. Abraços e lembranças para os amigos. Um grande abraço para você[341] do

Gilberto

P. S.[342] Peço que veja com o Alcântara Machado se *Crítica* não paga a colaboração (eu e Cícero mandamos um trabalho, a pedido, aliás, do Alcântara, para uma edição especial).

Agradeço
Gilberto Freyre

---

338 Sobre o Beco do Cirigado, escreveu Gilberto Freyre em seu *Manifesto regionalista de 26*: "Reconheçamos a necessidade das ruas largas numa cidade moderna, seja qual for sua situação geográfica ou o sol que a ilumine; mas não nos esqueçamos de que a uma cidade do trópico, por mais comercial e industrial que se torne, convém certo número de ruas acolhedoramente estreitas nas quais se conserve a sabedoria dos árabes, antigos donos dos trópicos: a sabedoria de ruas como a Estreita do Rosário ou de becos como o do Cirigado que defendam os homens dos excessos de luz, de sol e de calor ou que os protejam com a doçura das suas sombras. A sabedoria das ruas com arcadas, de que o Recife devia estar cheio. A sabedoria das casas com rótulas ou janelas em xadrez, que ainda se surpreendem em ruas velhas daqui e de Olinda." (FREYRE, Gilberto. *Manifesto regionalista de 1926*. Recife: Edições Região, 1952. p.36).

339 [Forma da palavra abreviada no ms.: "V.".]

340 Provável referência a Jack Ayres, amigo do pai de Gilberto Freyre, Alfredo Freyre.

341 [Forma da palavra abreviada no ms.: "V.".]

342 [Todo o trecho introduzido com símbolo de pós-escrito, que recupera a expressão latina *post-scriptum*, manuscrito com lápis grafite.]

19 (MB)[343]

Rio de Janeiro, 10 de março de 1935.

Gilberto,

  Espero que você[344] tenha tido um bom carnaval aí. O meu foi todo do trabalho. Sem beber não posso fazer carnaval. Aproveitei para acabar a revisão do tal dicionário. Voltava às 10 horas para o quarto e desunhava até o vavavú das ruas sossegar um pouco, lá pelas duas e pouco da madrugada. Imagine que não passei pela avenida nem uma só vez. Saía de casa às 5 da tarde, ia jantar com Mme Blank e Joanita, e só. Joanita foi ao tal baile e ficou muito bonitinha como sinhá-moça, metida em anquinhas ou cousa parecida. Rodrigo não passou o carnaval aqui. Foi para a fazenda do Virgilinho.
  Tenho notícias frescas do místico. Indiretas, está claro. Ele não escreve[345] nem à irmã. Sabe-se das cousas pelo sobrinho. A última novidade são poemas ingleses: Mando-lhe cópia e queria estar perto de você para gozar de suas gargalhadas espirradas. O sobrinho mandou isso com muito mistério, dizendo que foi tirado de um grosso caderno onde há para mais de cinquenta poemas assim. Quando a Leolina[346] (a irmã do O.[347] casada com o Xiru[348]) me perguntou o que eu achava, eu respondi sem pestanejar: Acho que deve ser mistificação!

---

343 [Classificação original (FGF): doc 10. Carta. Ms. autógrafo e datiloscrito. Datação: "Rio, 10 de março de 35". Papel amarelado, de gramatura média. Uma folha, duas páginas (frente e verso). Primeira página datiloscrita com fita preta, finalizada com assinatura manuscrita "Flag", com lápis grafite. Uso de fita vermelha para destacar título "Três poemas ingleses de Jayme Ovalle". Na margem inferior direita da primeira página, encontra-se a palavra "vire" manuscrita com lápis grafite. Segunda página manuscrita com lápis grafite, finalizada com rubrica "M". Dimensões: 27,9 x 21,4 cm. Documento com rasgamento na parte inferior à esquerda.]

344 [Forma da palavra abreviada no ms.: "v.".]

345 [Forma da palavra no datiloscrito original, com a qual Manuel Bandeira termina a linha, sem continuação na seguinte : "escre-".]

346 Leolina Ovalle, irmã de Jayme Ovalle. Foi casada com Euclydes Hermes da Fonseca.

347 Provável abreviação para Jayme Ovalle.

348 Trata-se de Euclydes Hermes da Fonseca, apelidado "Xiru" pelo marechal Deodoro da Fonseca, seu tio-avô, filho do presidente da República Hermes da Fonseca e casado com Leolina Ovalle. Segundo Humberto Werneck: "O amigo de Caio [Lustosa de Lemos] não entraria apenas para a família, passaria também à história do Brasil. Alguns anos mais tarde, já capitão, Euclydes Hermes da Fonseca [...] seria o líder da revolta tenentista que culminou, em 6 de julho de 1922, com o célebre episódio dos Dezoito do Forte de Copacabana. Só não ficou sendo o 19º do Forte porque, horas antes do sangrento desenlace, havia saído rumo ao Centro da cidade, com a missão de negociar com Pandiá Calógeras, o ministro da Guerra do governo Artur Bernardes, uma rendição honorosa dos revoltosos. Não chegou a fazê-lo: tendo passado em casa para ver a mulher e os filhos, Xiru foi preso ali pelo general Hastínfilo de Moura, chefe da Casa Militar do presidente da República. / [...] O episódio dos Dezoito do Forte turvou a carreira do capitão Euclydes Hermes da Fonseca e lhe custou uma temporada na cadeia. Mas não impediu que fosse reintegrado ao Exército após a Revolução de 1930, chegando a general de divisão bem antes de morrer, em 1972." (Werneck, *O santo sujo*, 2008, p.49-50).

Suponho que o nosso místico contou em língua de trapo alguns sonhos ("Sonhei que um passarinho etc. etc.")[349] e algum amigo inglês de bar ou a tal professora escanifrada reduziu a cousa a inglês.[350] Isso me tem divertido a valer e traduzi três dos poemas com este título *Três poemas ingleses de Jaime Ovalle*[351],[352] para uma revista chic.

Quinta-feira devo partir para Cambuquira,[353] onde vou finalmente lavar o fígado. De lá lhe escreverei novamente.

Ainda não tive com o Alcântara, mas irei despedir-me dele e falarei sobre o caso da *Crítica*. Abraços do

Flag[354]

No outro dia, o Schmidt voltava de Paquetá, onde tinha havido uma solenidade cívica integralista. Estava sentado sozinho num banco, quando se aproximou dele um integralista e perguntou: "O Sr. não é amigo do Jaime Ovalle?" – Sim, respondeu o Schmidt: "Eu sou o Onésimo Coelho...".[355]

Era o anjo dos Onésimos metido na camisa verde! Aliás ele já antes do integralismo tinha feito um discurso encomiástico a[356] Pedro Ernesto.[357]

Se não fosse o Rodrigo, com a famosa lei da gravitação dos anjos, a doutrina do místico estaria por terra!

M.

---

349 [Sem estas aspas para fechar o período no ms.]

350 Provavelmente Bandeira se refere ao poema que reproduz na crônica "Ovalle", publicada em *Flauta de papel*: "Era uma virgem / A mais pura de quantas mais pura / Viviam na santa Jerusalém. / Uma noite depois de fazer as suas orações / Deitou-se adormeceu e na manhã seguinte / Acordou triste e doente de vergonha: / Sonhara este sonho / Um pássaro veio voando do céu / Veio voando voando / Pousou em sua cama / E dormiu assim a noite toda" (BANDEIRA, *Poesia completa e prosa*, 1974, p.491-492).

351 O primeiro dos "Três poemas" de Jayme Ovalle traduzidos por Bandeira é: "Deus contempla em silêncio / As folhas que caem das árvores / E as folhas que permanecem nos galhos, / E vê que elas o fazem como deve ser. / Enquanto isso, os anjos se ocupam / De outros detalhes, menos difíceis, / Do mundo de Deus" (BANDEIRA, *Estrela da vida inteira*, [1992], p.379).

352 [O título "Três poemas ingleses de Jaime Ovalle" está datiloscrito com fita vermelha.]

353 Cambuquira é uma cidade do sul do estado de Minas Gerais conhecida principalmente pela água mineral, considerada uma das melhores do país.

354 [Fim da primeira página do ms. Há uma indicação de que há uma segunda parte da carta pela colocação da palavra "vire" logo após a assinatura, na margem inferior direita, também manuscrita com lápis grafite. A segunda parte está manuscrita no verso do papel da primeira página com lápis grafite.]

355 Vale lembrar que os Onésimos são um dos tipos de personalidade segundo classificação de Jayme Ovalle e Augusto Frederico Schmidt. Trata-se dos céticos, que desapontam. "O seu *sense of humour* sempre vigilante é o terror dos Mozarlescos avisados. Não é que o faça por maldade: os Onésimos não são maus. O drama íntimo dos Onésimos é não sentirem entusiasmo por nada, não encontrarem nunca uma finalidade na vida. Não obstante, se as circunstâncias os colocam inesperadamente num posto de responsabilidade, podem atuar (não todos é verdade) com o mais inflexível senso do dever." (BANDEIRA, *Crônicas da província do Brasil*, 2006, p.160). Diga-se que, para Bandeira, um exemplo de Onésimo é Gilberto Freyre. O anjo dos onésimos era Onésimo Coelho, advogado.

356 [Palavra inferida, pois a decifração está prejudicada devido a rasgamento no papel.]

357 Pedro Ernesto (1884-1942), médico e político, aliado de Getúlio Vargas na Revolução de 1930, foi interventor no Distrito Federal (Rio de Janeiro).

20 (MB) [358]

HOTEL SILVA
JOÃO SILVA
CORRESPONDENTE DO BANCO DO BRASIL
CAMBUQUIRA
TELEFONE 12

Cambuquira, 23 de março de 1935.

Meu caro Gilberto,

Afinal desencantei a viagem a Cambuquira. Estou aqui desde o dia 15, e parece que as águas estão me fazendo grande bem.

Gostei muito de Cambuquira, que é bem simples e bonitinha. O que estraga um pouco isto são os aquáticos – gente que tem quase todos um ar pará de favorecidos da sorte, muito irritante. Tenho levado uma vida de completo repouso, levantando às 6 da manhã e deitando às 9 da noite.

Anteontem fui numa excursão a Campanha, cidadezinha morta que fica a um ¾ de hora daqui. Faz agora justamente 30 anos que cheguei lá carregado. Verifiquei que era um camelo em 1905, pois não senti então a delícia que são aquelas ruas tão simples, tão modestas, com os seus casarões quadrados, quase todas com bicos de telhado em forma de asa de pombo. Há lá uma rua Direita (hoje tem nome de gente) que é um encanto: tão genuinamente brasileira, tão boa, dando vontade de morar nela. O passeio que foi de noite, com o luar (uma lua sem nada de mozarlesco, lua-Dantas, simples e bom satélite),[359] foi dessas cousas que a gente não esquece. Diante das duas casas onde morávamos, e onde passei o Diabo, me senti valado, com um nó na garganta. Assim como no interior da matriz, uma igreja tristíssima, que essa, sim, parece o "huge baru" que Luccock[360] viu nas igrejas de Ouro Preto. Faziam a Via-Sacra e eu estive longo tempo imaginando quantas vezes minha mãe e minha irmã estiveram ali ajoelhadas rezando para que eu não morresse.

---

358 [Classificação original (FGF): doc 11. Carta. Ms. autógrafo com caneta-tinteiro marrom. Datação: "Cambuquira, 23 de março de 1935". Papel amarelado, de gramatura média. Timbre do papel: "Hotel Silva – João Silva – Correspondente do Banco do Brasil – Cambuquira – Telefone 12". Pós-escrito na margem esquerda na posição vertical. Duas folhas, duas páginas. Dimensões: 27,1 x 20 cm. Documento em boas condições.]

359 [Vírgula inserida nesta ed.]

360 John Luccock, escritor e comerciante inglês, chegou ao Brasil em 1808. Durante sua estada de 10 anos, procurou fazer negócios diversos e registrar suas impressões de viagem, que deram origem ao livro *Notes on Rio de Janeiro, and the southern parts of Brazil; taken during a residence of ten years in that country, from 1808 to 1818* (1820). Também escreveu *The nature and properties of wool, illustrated: with a description of the English fleece* (1805), *Five years' residence in Buenos Aires, during the years 1820 to 1825* (1825) e *Grammar and vocabulary of the tupi language* (1880).

Esta vida é uma merda, seu Gilberto. Mas não quero acabar com amarguras esta carta. No descalabro que foi a minha vida, ainda me sobram amizades sólidas como a das Blanks, a sua, do Rodrigo e poucos mais. E quis escrever isto a você para dizer que a lembrança destes bons amigos me acompanhava enquanto eu andava como um fantasma sem eira nem beira pelas ruas desertas daquela cidadezinha morta.

Abraços do

Manuel

Volto a 10 para o Rio.[361]

---

361 [Frase pós-escrita na margem esquerda da primeira página do ms., na posição vertical.]

21 (MB)[362]

Rio de Janeiro, 7 de agosto de 1935.

Meu caro Gilberto,

Você[363] deve estar me considerando um ingratão. Nunca mais lhe escrevi! *What a shame*! Mas lhe afianço que não passa dia em que não penso em você[364] várias vezes, em que não fale a amigos (Blanks, Rodrigo etc.) Até nestes últimos dias o mestre do Recife anda nos preocupando muito, porque está nos parecendo que ele anda com pouca vontade de dar as caras por aqui para ensinar Sociologia na nova universidade. Veja se adia o curso prometido aos estudantes daí e vem. Quem sabe se a mudança de ares não acaba de vez com essa furunculose que o tem azucrinado? A sua nomeação[365] (como a do Lélio Gama,[366] a do Sousa da Silveira[367] e alguns mais) pôs uma grande esperança na tal

---

362 [Classificação original (FGF): doc 12. Carta. Ms. datiloscrito com fita preta. Assinatura manuscrita com lápis grafite. Datação: "Rio, 7 de agosto de 1935". Papel amarelado, de gramatura média. Uma folha, uma página datiloscrita. Dimensões: 28 x 21,5 cm. Documento em boas condições.]

363 [Forma da palavra abreviada no ms.: "V.".]

364 [Forma da palavra abreviada no ms.: "V.".]

365 A Universidade do Distrito Federal foi fundada em 1935. Gilberto Freyre recebe então o convite de Anísio Teixeira para ser professor de Sociologia e Antropologia da Escola de Economia e Direito. Os textos de suas aulas estão publicados em *Problemas brasileiros de antropologia* (1943). A experiência desta fase como professor está registrada no texto de Lectícia Vicenzi sobre a fundação da universidade: "Segundo os relatos dos ex-alunos entrevistados, as matérias mais temidas eram sociologia (com Gilberto Freyre, devido ao nível de exigência do professor) e antropologia física. / Sobre as aulas de Gilberto Freyre, informaram os entrevistados que todos esperavam dele uma grande atuação, por causa do enorme sucesso do seu livro *Casa-grande & senzala*. O professor era, porém, ainda muito jovem, mostrava-se excessivamente tímido, não encarava os alunos, e 'proferia suas lições com voz extremamente pausada e monótona, que levava ao estado de sonolência'. Uma estenógrafa ficava sempre a seu lado, e na semana seguinte os alunos recebiam um folheto com a aula do mestre datilografada. Mas ninguém teve, de início, curiosidade bastante para lê-las. No fim do primeiro semestre exigiu Gilberto Freyre, como trabalho de estágio, que os alunos classificassem como quisessem as matérias publicadas nos jornais do Rio de Janeiro, medissem-nas com régua e apresentassem suas conclusões sobre o que viessem a achar. Apesar de 'indignados', resolveram cumprir a tarefa, em grupo. Ao fazê-lo, porém, descobriram um mundo de excelentes novidades e, tomados de entusiasmo, decidiram ler as apostilas guardadas: verificaram, então, que elas constituíam verdadeiras obras literárias, com profundas observações do mestre sobre aspectos sociológicos da vida cotidiana. [...] Gilberto Freyre acabou sendo bem apreciado pela turma, embora alguns ainda lhe censurem o não ter sido muito sistemático em seu programa. As aulas fluíam poéticas, mais ou menos ao sabor da inspiração do momento, feitas preferentemente para serem lidas e não ouvidas." Mais adiante, a autora dá os motivos da saída de Freyre: "Em fins de 1937 ocorreu o golpe de Estado Novo, e uma nova Constituição, de inspiração tipicamente fascista, foi imposta ao país. [...] Gilberto Freyre foi um dos que saíram da UDF quando Alceu Amoroso Lima – o principal líder católico (secular) da época – foi chamado a substituir Baeta Viana, sucessor de Afonso Pena na reitoria." (VICENZI, Letícia J. B. A fundação da Universidade do Distrito Federal e seu significado para a educação no Brasil. *Forum Educacional*, Rio de Janeiro, v.10, n.3, jul./set.1986). Coincidentemente o nome de Amoroso Lima aparece como catedrático de Sociologia em 1938.

366 Lélio Gama (1892-1981), pesquisador em Ciências Exatas e professor de Matemática, atuou na Universidade do Distrito Federal e na Universidade do Brasil. Publicou inúmeras obras na área de Astronomia e Matemática. Foi diretor do Observatório Nacional entre 1951 e 1967 e diretor do Instituto de Matemática Pura e Aplicada (IMPA) entre 1952 e 1965.

367 Sousa da Silveira (1883-1967) foi nomeado professor da recém-fundada Universidade do Distrito Federal, assumindo a cadeira de Filologia Portuguesa da Escola de Filosofia e Letras em 1935. Publicou *Lições de Português*

universidade. Se você[368] rói a corda é o diabo. Venha. Se a coisa não lhe agradar, será só este rabo de ano que você[369] terá que aturar, ao passo que em 1936 seria um ano inteiro. Estamos com muitas saudades. O Gastão Cruls não dorme! Volta e meia me telefona.

Também tenho cortado a minha volta com um diabo de um eczema que me deu no ouvido direito. Depois de alguns meses em que pensei que não era nada o dr. Públio,[370] de passagem por aqui, me levou a um especialista, um rapaz daí, de Bezerros, que todos dizem ser muito traquejado no ofício, Ermiro de Lima.[371],[372] – Chi, Bandeira, isto está feio! ele disse e começou a tratar. Trata que trata, até agora não fiquei bom, e no outro dia a coisa se danou e passei duas noites[373] sem dormir com uma dor danada. Ora já se viu?

Não tenho feito mais nada senão traduções para a Editora Nacional. Traduzi até um romance da tal Elinor Glyn![374] Hoje acabei a tradução de um sacana de um Curwood,[375] com um vocabulário arrevesadíssimo que me fez desunhar no dicionário como um excomungado. Bem que Bigodão (que leu o romance na nossa viagem de diurno para São[376] Paulo) me disse: "Seu Flag, você vai cortar uma volta com esse danado!" Livro bom mesmo, até agora só me apareceu o do[377] cicloide americano.

(1921-1923), *Trechos seletos* (1919), *Algumas fábulas de Fedro* (1927), *Textos quinhentistas* (1945) e *Dois autos de Gil Vicente* (1949). Manuel Bandeira foi grande admirador de seu trabalho, além de vizinho e amigo de infância. Sobre o poeta, escreveu o filólogo: "Conheço Manuel Bandeira desde um ano que ainda não desapareceu na noite dos tempos, mas que já vai longe: o de 1897. Entráramos para o Ginásio Nacional, nome que tinha então, e perdeu mais tarde, o antigo Colégio Pedro II. Desde o primeiro momento prendeu-nos mútua simpatia, e Manuel Bandeira – na lista de aula Manuel Carneiro de Sousa Bandeira Filho, na minha intimidade o Bandeirinha, para o distinguir do irmão mais velho, também nosso condiscípulo – tornou-se no correr da vida o *animae dimidium meae* [a outra metade de minha alma]." (SILVEIRA, Sousa da. Animae dimidium meae. In: HOMENAGEM a Manuel Bandeira. Rio de Janeiro: Officinas Typographicas do *Jornal do Commercio*, 1936. p.219).

368 [Forma da palavra abreviada no ms.: "V.".]

369 [Forma da palavra abreviada no ms.: "V.".]

370 Provável referência a Sebastião Públio Dias da Silva (1909-1992), médico e escritor pernambucano. Figura na *Antologia dos poetas bissextos contemporâneos*, de Bandeira, com o poema "Balada a Nossa Senhora dos Enforcados" (1964, p.193-194). Foi colaborador da *Revista de Antropofagia*.

371 [Forma do nome no ms.: "Ermiro Lima".]

372 Ermiro Estevam de Lima (1901-1997), médico otorrinolaringologista pernambucano, tornou-se uma referência mundial na abordagem cirúrgica aos seios paranasais.

373 [Emenda do autor com palavra "noites" sobrescrita com lápis grafite no ms.]

374 Elinor Glyn (1864-1943), escritora britânica. Publicou *best-sellers* na primeira metade do século XX, tais como *The price of things* (1901), *Three weeks* (1901) e *Beyond the rocks* (1914). A tradução a que possivelmente se refere Bandeira é *Tudo se paga*, editado pela Civilização Brasileira (número um da coleção "Biblioteca da Mulher Moderna"). Elizabeth Bishop, em uma das estrofes do poema "To Manuel Bandeira, with a present", escreve: "*Smiled on by Fame and Miss Brazil: / Is this the man to keep so still? / The gallant man who rendered in / more graceful language Elinor Glyn?*". Elizabeth Bishop fala da maestria do Bandeira tradutor, que, ao trazer versos para a língua de chegada, segundo ela, o fazia com criatividade e grande consciência formal.

375 James Oliver Curwood (1878-1927). Escreveu *best-sellers* como *The courage of Captain Plum* (1908), *The danger trail* (1910), *The valley of silent men* (1920) e *A gentleman of courage* (1924), entre outros. A tradução de Bandeira é do livro *Nômades do Norte* (1935).

376 [Forma da palavra abreviada no ms.: "S.".]

377 [Emenda com palavra "do" subscrita com lápis grafite no ms.]

Os seus últimos retratos foram muito apreciados. As mãos (coisa sua muito característica) estão ótimas. Joanita ia lhe escrever, mas,[378] como a sua vinda se anunciava, ela não escreveu. Estão morando agora numa casinha muito simpática no Leme. A filhinha de Guita cada vez fica mais interessante. Apesar de toda a ambientação, é uma inglesinha. No outro dia no fim do jantar ofereci cigarros a ela: – *Cigarette*? Ela agradeceu: – *No, thank you*. Eu insisti: – *Please*! Pois não é que o diabinho virou-se para mim[379] e com um sorriso mais *sophisticated* disse: – *No, I really couldn't*!

O Carlos Drummond de Andrade me arranjou uma fiscalização de colégio. É uma Fundação Osório, onde se educam órfãs de militares. Dirigido pela viúva do Eneias Martins.[380] Uma beleza de colégio, no fundo do vale de Santa Alexandrina. Como o colégio é muito bem dirigido, não dá quase trabalho nenhum, senão aparecer por lá uma vez por semana e em tempo de provas parciais todos os dias.

O místico continua sem escrever a ninguém, nem à irmã querida. Sabe-se que está vivo pelas cartas do sobrinho. Quando Tatí chegou, contou que ele tinha uma amante chinesa. Abandonou o projeto da "Vida de Santo[381] Sujo" e está escrevendo (*supposed*) um livro complicado em que há uma discussão entre Cristo e o diabo. Já veio nova fornada de poemas, todos parecendo mais obra da tal inglesa velha. Por sinal que um deles bem bonito.

Mas você precisa vir ver a chácara que o bacharel Pedro Dantas arranjou na Gávea! Uma coisa inacreditável. Parece realmente incrível que neste Rio de Copacabanas haja recantos daqueles. E segundo me conta o Rodrigo, o nosso Prudentinho naquele sossego voltou a escrever. Mas está cada vez mais exigente consigo.

Adeus, Gilberto. As Blanks se recomendam a você. Receba um grande abraço do

Flag

---

378 [Vírgula inserida nesta ed.]

379 [Vírgula presente, nesta posição, no ms.; excluída nesta ed.]

380 Provável referência a Eneias Martins (1872-1919), jornalista e político brasileiro, Ministro das Relações Exteriores em 1912 e governador do Pará entre 1913 e 1917.

381 [Forma da palavra abreviada no ms.: "S.".]

22 (MB)[382]

Rio de Janeiro, 7 de setembro de 1936.

Gilberto,

Por intermédio do Rodrigo recebi sua carta de Lisboa. Foi pena que a revolução na Espanha[383] viesse transtornar os seus planos de trabalho. Por que não dá um pulo à Holanda para mexer nos arquivos de lá? Mme Blank recebeu resposta da amiga a quem mandou perguntar se havia alguma coisa interessante publicada sobre Nassau ultimamente. A amiga andou indagando com interesse e falaram-lhe[384] das seguintes obras: um livro intitulado *Les Hollandais au Brésil*,[385] escrito em francês por um holandês P. M. Netscher, 1853, preço 20 florins; outro (este creio já seu conhecido, pois o nome do autor vem citado em *Sobrados e Mocambos*) de Hermann Wätjen, *Das holländische kolonialreich in Brazilien*[386] (a amiga de Mme Blank diz ter visto o nome do modesto sociólogo citado nele);[387] outro editado em Utrecht em 1914 por A. N. J. Fabius e intitulado *Johan Maurits, de Braziliaan*[388] (Johan Maurits, o Brasileiro), preço 2 a 3 florins; finalmente, de W. Arni, *Das Eindringen des Niederländischen Elementes in der Kolonisation Brasiliens* (A penetração dos elementos holandeses na colonização do Brasil) 1600-1674, Biel, 1918.[389]

Falei a Mme Blank sobre a sua proposta de tradução dos panfletos da Biblioteca Nacional, e ela aceitou a ideia com grande interesse.

---

382 [Classificação original (FGF): doc 13. Carta. Ms. datiloscrito com fita preta. Assinatura manuscrita com lápis grafite. Datação: "Rio, 7 de setembro de 36". Papel amarelado, de gramatura baixa. Uma folha, duas páginas datiloscritas (frente e verso). Dimensões: 25,3 x 18,4 cm. Documento em boas condições.]

383 Durante a Guerra Civil Espanhola (1936-1939), houve uma série de mudanças econômicas e sociais, às quais se denomina Revolução Espanhola, principalmente em regiões controladas por sindicalistas revolucionários e anarquistas, como na Catalunha e em Aragão. A Guerra Civil Espanhola, liderada por frentes militares, foi vencida pelos nacionalistas ligados a Francisco Franco.

384 [Emenda do autor que corrige a forma original datiloscrita da palavra "falaram-lhe" sobrepondo a letra "f" manuscrita com lápis grafite.]

385 NETSCHER, Pieter Marinus. *Les Hollandais au Brésil*: notice historique sur les Pays-Bas et le Brésil au XVII siècle. La Haye: Belinfante frères, 1853. [Pieter Marinus Netscher (1824-1903).]

386 WÄTJEN, Hermann J.E. *Das Holländische Kolonialreich in Brasilien*: ein kapital aus der kolonialgeschichte des 17. jahrhunderts. Haag: M. Nijhoff, 1921. [Hermann Julius Eduard Wätjen (1876-1944).]

387 Vale dizer que, se a primeira edição do livro data de 1921, dificilmente o nome de Gilberto Freyre poderia figurar nele.

388 FABIUS, Arnoldus Nicolaas Jacobus. *Johan Maurits, de Brazilian*: 1604-1679. Utrecht: Bruna & Zoon, 1914. [Arnoldus Nicolaas Jacobus Fabius (1855-1921).]

389 ARNI, Walter. *Das windringen des niederländischen elementes in der kolonisation Brasiliens unter spezieller beleuchtung der niederländischen kolonisation in guayana, 1600-1674*. Biel: A. Moser, 1918. [Walter Arni (1894-?).]

Tenho tido muito trabalho com uma antologia de poetas românticos para o Ministério. Fora dos bambinhas que toda a gente conhece (Dias,[390] Alves,[391] Azevedo,[392] Junqueira,[393] Varela,[394] Rabelo,[395] Abreu[396]), aos quais convém juntar o Bernardo Guimarães,[397] só encontrei de realmente interessante a "Bodarrada"[398] do Luís Gama,[399] que vou incluir na íntegra.

---

390 Referência a Gonçalves Dias (1823-1864). Bandeira escreveu sobre o poeta romântico: "E é isto o que efetivamente se encontra em toda a lírica de Gonçalves Dias: uma funda nostalgia, a mágoa dos amores contrariados pelo destino, o consolo que tirava do espetáculo da natureza, do afeto dos amigos e da crença religiosa. [...] A maior parte da lírica de Gonçalves Dias inspira-se ora da natureza, ora da religião, mas sobretudo de suas próprias tristezas." (BANDEIRA, *Poesia completa e prosa*, 1974, p.561-566).

391 Referência a Castro Alves (1847-1871). Segundo Bandeira, o poeta era "vulgarmente melodramático na desgraça, simples e gracioso na ventura, o que constituía o genuíno clima poético de Castro Alves era o entusiasmo da mocidade apaixonada pelas grandes causas da liberdade e da justiça – as lutas da independência na Bahia, a insurreição dos negros de Palmares, o papel civilizador da imprensa, que ele pinta como uma deusa incruenta." (BANDEIRA, *Poesia completa e prosa*, 1974, p.579).

392 Referência a Álvares de Azevedo (1831-1852). Sobre a obra do escritor romântico, escreve Bandeira: "[...] as notas desabusadas, irônicas, a miúdo intencionalmente prosaicas, alternam com outras que lhe eram mais sinceramente pessoais – o seu erotismo entravado pela timidez, as suas afeições familiares, os pressentimentos melancólicos derivados de uma saúde precária, a obsessão da morte." (BANDEIRA, *Poesia completa e prosa*, 1974, p.568).

393 Referência a Junqueira Freire (1832-1855), sobre quem escreveu Bandeira: "o poeta das *Inspirações do claustro* e das *Contradições poéticas*, livros onde palpita um sentimento fundo e sincero, nascido não da imaginação ou de leituras, mas de sofrimentos reais. Junqueira Freire era de constituição doentia e muito peculiar." (BANDEIRA, *Poesia completa e prosa*, 1974, p.571).

394 Referência a Fagundes Varela (1841-1875). Sobre o poeta, diz Bandeira: "As melhores inspirações lhe derivam da sua natureza de hipocondríaco, de inadaptado dentro da civilização das cidades, o que o levava muitas vezes a buscar refúgio no seio das matas, a levar uma vida andarilha de boêmio, munido da inseparável garrafa de cachaça." (BANDEIRA, *Poesia completa e prosa*, 1974, p.574).

395 Referência a Laurindo Rabelo (1826-1864). Escreveu Bandeira sobre o poeta: "O talento satírico e repentista granjeou-lhe grande popularidade no tempo: chamavam-lhe 'o poeta Lagartixa' por causa do seu físico magro e desengonçado. A alegria exterior escondia porém uma funda mágoa das dificuldades e desdém que encontrava na vida." (BANDEIRA, *Poesia completa e prosa*, 1974, p.570).

396 Referência a Casimiro de Abreu (1839-1860). Estas são as palavras de Bandeira que definem o escritor: "Casimiro de Abreu é seguramente o mais simples, o mais ingênuo dos nossos românticos e isso lhe valeu o primeiro lugar na preferência do povo. A nostalgia da pátria, os primeiros sobressaltos amorosos da adolescência, os encantos da paisagem brasileira foram por ele cantados com um acento de meiguice inconfundível." (BANDEIRA, *Poesia completa e prosa*, 1974, p.571).

397 Bernardo Guimarães (1825-1884), segundo Bandeira, é: "Mais conhecido pelos seus romances, nele todavia o poeta é superior ao romancista. O seu poema em versos brancos 'O devanear de um céptico' é uma das produções mais características do estado de espírito de sua geração." (BANDEIRA, *Poesia completa e prosa*, 1974, p.570).

398 "Bodarrada" é o nome popular do poema "Quem sou eu", de Luís Gama, editado em 1859.

399 Luís Gama (1830-1882), filho de escrava e senhor branco, frequentou o curso de Direito do Largo São Francisco como ouvinte, tornou-se jornalista e orador libertário. Conhecido pelos seus versos satíricos, tem sua obra reunida nos livros *Trovas burlescas* (1859) e *Novas trovas burlescas* (1861).

As Blanks se recomendam. O Portinari[400] está fazendo[401] um retrato a óleo de Joanita.[402] Parece que vai ficar bom. Ele fez outro meu a fusain que todo mundo acha bom. Pretende passá-lo para óleo.[403]

Adeus, mariposa. Um abraço do

Flag

---

400 Candido Portinari (1903-1962) ilustraria anos mais tarde *Perfil de Euclydes e Outros Perfis* (1944), de Gilberto Freyre, juntamente com Santa Rosa. Sobre Portinari, Gilberto Freyre escreveu: "O meio brasileiro agiu, porém, sobre o meninozinho ruivo de origem europeia com toda a força do seu sol, de suas tradições, de sua democracia de campina de subúrbio onde ruivos e pardos fraternalmente empinam papagaios e jogam *football* de bola de pano alheios a quanta convenção separa os meninos, em outros países socialmente menos democráticos em *brancos* e *pretos* ou em *europeus* e *nativos*. Daí a sensibilidade desse pintor louro e de nome italiano aos assuntos mais íntima e complexamente brasileiros. Daí ser Portinari tão teluricamente do Brasil como Cícero Dias, quanto Villa-Lobos, quanto Luís Jardim ou Santa Rosa." (Freyre, Gilberto. O brasileirismo telúrico de Portinari. In: _____, *Pessoas, coisas & animais*, 1979, p.80-82). A primeira parte do artigo, em que consta o trecho citado, foi originalmente publicada, com o título "Portinari", no *Diário de Pernambuco* (Recife, 20 dez. 1942), e a segunda parte, com o título "Portinari: seus painéis épicos, na *Folha de S.Paulo* (São Paulo, 26 fev. 1978). Consta também, no *site* da FGF, que a primeira parte do artigo "O brasileirismo telúrico de Portinari" saiu em *O Jornal* (Rio de Janeiro, 16 dez. 1942).

401 Candido Portinari efetivamente realizou o "Retrato de Joanita Blank", óleo em tela. Dimensões: 80,9 x 65 cm. Cf. Portinari, João Candido; Penna, Christina (Orgs.). *Candido Portinari*: catálogo *raisonné*. Rio de Janeiro: Projeto Portinari, 2004. v.1.

402 Joanita Blank teve como professores de pintura Zita Aita (1900-1967) e Candido Portinari.

403 O retrato sobre o qual escreve Bandeira faz parte da obra catalogada de Portinari. O desenho (*crayon* em papel) (dimensões: 50,5 x 36,5 cm), feito em 1936, não parece ter sido passado a óleo. Consta ainda uma gravura (monotipia em papel), de 1940 (dimensões: 48 x 34 cm). Um retrato de Manuel Bandeira, óleo sobre tela, foi efetivamente realizado em 1931 (dimensões: 73 x 60 cm), alguns anos antes. Portinari; Penna, *Candido Portinari*, 2004. v.1.

23 (MB) [404,405]

Rio de Janeiro, 22 de setembro de 1936.

Gilberto,

Por intermédio de Rodrigo recebi a sua carta de Lisboa. Respondi para lá por via aérea, mas três ou quatro dias depois o Gastão (o Crâls, como chama Mme Blank) me deu a notícia de[406] que você já estava de volta. Vou, pois, repetir o que disse na carta anterior.

Mme Blank ficou toda contente com a ideia de traduzir os panfletos holandeses e manda dizer-lhe que está esperando as suas instruções.

Ela recebeu resposta da amiga da Holanda, a quem consultou, a seu pedido, sobre literatura nassoviana. A amiga indagou e soube da existência dos trabalhos seguintes:

P. M. Netscher – *Les Hollandais au Brésil*, 1853. Escrito em francês por um holandês. Preço – 20 florins.

A. N. J. Fabius, editor – *Johan Maurits, de Braziliaan* (João Maurício, o brasileiro) – Utrech, 1914. Preço 2 ou 3 florins.

W. Arni – *Das Eindringen des Niederländischen Elementes in der Kolonisation Brasiliens* (A penetração do elemento holandês na colonização do Brasil) – 1600-1674 – Biel, 1918.

---

404 [Classificação original (FGF): doc 14. Carta. Ms. autógrafo com caneta-tinteiro marrom. Datação: "Rio, 22 de setembro de 1936". Papel marrom, de gramatura média. Uma folha, três páginas manuscritas. Uma folha de 33 cm dobrada ao meio, perfazendo quatro páginas (frente e verso). Primeira face: verso da página dois e página um. Segunda face: página três, em letras inclinadas, e dois, nessa ordem. Dimensões: 22 x 16,5 cm. Na pasta individual do documento, encontra-se também cópia datilografada. Encontram-se, no topo do documento copiado, as palavras "De Manuel Bandeira (Flag)", com caneta esferográfica azul; na parte inferior, suposta assinatura "Flag"; e, ao longo da folha, lacunas preenchidas, todas manuscritas com caneta azul, grafia de Gilberto Freyre, com provável intuito de preservação e divulgação. A cópia desta carta foi realizada em papel amarelado, de gramatura média; duas folhas, duas páginas datiloscritas. No verso da segunda página, vê-se a seguinte informação, manuscrita com caneta esferográfica azul: "Cópias de cartas de Manuel Bandeira a Gilberto Freyre".]

405 [PRIMEIRA EDIÇÃO PARA COTEJO: BANDEIRA, *Poesia e prosa*, 1958, v.2, p.1409-1410.]

406 [Palavra "de" inserida nesta ed.]

Além desses citou um trabalho já conhecido seu, o de Hermann Wätjen[407] – *Das holländische Kolonialreich in Brasilien*, dizendo que tinha visto o seu nome mencionado lá.

Tenho tido muito trabalho com a tal antologia dos românticos. Talvez eu devesse fazer a coisa com um critério mais objetivo. Fiz uma antologia para mim,[408] que desse bem ideia dos temas, da sensibilidade, dos processos românticos, mas que não fosse uma versalhada pau: em vez de "Terribilis Dea",[409] por exemplo,[410] três estrofezinhas mozarlescas de Vitoriano Palhares,[411] cuja última é:

Foste a serpente, e eu, vil, inda te adoro!
Que vertigens meu cérebro percorrem!
Mente mais uma vez, para que eu possa
Morrer sonhando, como os doidos morrem!

---

407 [Forma do nome em ed. de *Poesia e prosa* (BANDEIRA, 1958): "Wätzen".]

408 [Sinal de ponto e vírgula, nesta posição, no ms.; excluído nesta ed.]

409 O poema em tom épico "Terribilis Dea" foi composto por Pedro Luís Pereira de Souza (1839-1884). Escritor hoje fora do cânone do Romantismo brasileiro, foi, segundo José Veríssimo em *História da literatura brasileira*, na seção "Poetas menores", "um poeta brilhante, o precursor da inspiração política e social e do que depois se chamou condoreirismo, na nossa poesia, político de relevo, jornalista, conversador agradabilíssimo, segundo quantos o trataram, e homem do mundo de rara sedução. Deixou meia dúzia de poemas, os melhores no tom épico ('Os voluntários da morte', 'Terribilis Dea') que todo o Brasil conheceu, recitou e admirou. Mas a sua obra dispersa de mero diletante, se lhe criou um nome meio lendário como o de José Bonifácio e Francisco Otaviano, não basta a assegurar-lhe um posto de primeira ordem na nossa poesia." (VERÍSSIMO, José. *História da literatura brasileira*. Rio de Janeiro: José Olympio, 1954. p.259).

410 [Forma da palavra abreviada no ms.: "ex.".]

411 O poema a que Bandeira se refere é de autoria de Vitoriano José Marinho Palhares (1840-1890), escritor pernambucano. A estrofe transcrita por Bandeira é a última do poema "Negro adeus", de três quartetos. Os dois primeiros quartetos são: "Adeus! já nada tenho que dizer-te. / Minhas horas finais trêmulas correm./ Dê-me o último riso, p'ra que eu possa. / Morrer cantando, como as aves morrem. // Ai daquele que fez do amor seu mundo! / Nem deuses nem demônios o socorrem. / Dê-me o último olhar, para que eu possa / Morrer sorrindo, como os anjos morrem. [...]". No capítulo sobre os últimos românticos em *História da literatura brasileira*, José Veríssimo faz a seguinte menção ao poeta: "O aparecimento simultâneo de Varela com o seu *Pavilhão auriverde*, e de Vitoriano Palhares com o seu *A D. Pedro II*, a propósito do conflito anglo-brasileiro de 1862, e de numerosos poemas tão patrióticos como bombásticos de José Bonifácio e Pedro Luís, coincidindo com os de Castro Alves e Tobias Barreto, da mesma entoação, está atestando que não havia novidade essencial no chamado condoreirismo de 60 a 70." (VERÍSSIMO, *História da literatura brasileira*, 1954, p.272-273).

Os amigos vão bem. Zé Lins – sofrendo muito, por se julgar "arrepunado"[412] pelo mestre. Para entrar de novo nas suas graças tem insultado o Schmidt [413] em letra de forma, chamando-o "israelita voraz"[414] etc.

Abraços do

Flag.

Morais e Vale 57
ap. 73

---

412 A palavra "arrepunar" não consta em dicionários da língua portuguesa. Porém, segundo o *Dicionário Houaiss da língua portuguesa*, a origem etimológica da palavra "repugnar" vem do latim *repugno*, com variantes registradas, ao longo da história da língua, tais como *repuna* (XIV), *rrepunar* (XV) e *repunhar* (XV) (cf. HOUAISS; VILLAR, *Dicionário Houaiss da língua portuguesa*, 2001). Desse modo, é provável que "arrepunar" seja uma variante coloquial em uso, na época, no Nordeste do Brasil, com acepção de "recusado, não aceito, rejeitado".

413 [Em lugar do nome "Schmidt", encontra-se a letra "Z." em *Poesia e prosa* (BANDEIRA,1958).]

414 Talvez o apelido dado a Augusto Frederico Schmidt por José Lins do Rego seja por conta do episódio da venda da editora, incluindo os direitos de publicação de *Casa-grande & senzala*, evento referido detalhadamente em nota a "Schmidt" no documento 14 deste capítulo.

24 (GB) [415]

Recife, 26 de setembro de 1936.

Caro Flag:

  Recebi ontem sua carta de 7 de setembro que primeiro foi a Lisboa e a Paris para acabar aqui à sombra dos cajueiros e das mangueiras, onde li com delícia todas as boas notícias que me dá. Esperava que o flamengófilo José Antônio fosse agora ao Rio para conversar com Mme Blank sobre os panfletos da coleção Salvador de Mendonça, escolhendo-se então[416] os de mais interesse ou menos conhecidos para a tradução. Zé Antônio já remexeu na coleção e podia ser útil. Mas o pai dele, o meu querido Ulisses,[417] está doente e parece que muito doente – de qualquer maneira precisando de maior repouso. De modo que o melhor é você[418] ir à Biblioteca com Mme Blank e conversarem com o velhote Garcia que, estou certo, se prestará a vos orientar sobre a coleção e a vos franquear os preciosos panfletos. E mãos à[419] obra. Zé Antônio aqui está traduzindo uns inéditos, que estavam nos arquivos do Instituto. Em Amsterdã (lembra-se que eu [uma vez] disse – Amsterdam deve ter riquezas – a Congregação dos Judeus – etc – e nesse sentido escrevi ao indolente Couto, dando-lhe indicações etc.), o Caio M. Faccó (que conheci agora e de quem gostei muito) descobriu um documento de que eu andava atrás: o poema de Abade da Fonseca sobre o Recife. Vai para a coleção. Falta traduzir. É ótimo. Como eu gostaria de ter ido até a Holanda! Mas se quase não aguento com as despesas até a França! Sabe que a

---

415 [Classificação original (FCRB): 216. Carta. Ms. autógrafo com caneta-tinteiro cinza. Datação: "Re. / 26 de set. / 1936". Na margem superior de cada página, centralizada, há numeração como indicativo de sequência de leitura. Papel amarelado, de gramatura baixa. Uma folha, quatro páginas manuscritas. Uma folha de 26,8 cm de largura dobrada ao meio, perfazendo quatro páginas (frente e verso). Primeira face: páginas um e dois. Segunda face: páginas três e quatro. Dimensões: 17,7 x 13,4 cm. Documento em boas condições.]

416 [Emenda do autor com palavra "então" sobrescrita no ms.]

417 Referência a Ulisses Pernambucano de Mello Sobrinho (1892-1943), médico psiquiatra e professor catedrático de Clínica Psiquiátrica e Clínica Neurológica. Foi fundador da *Revista de Neurologia* em 1938 e escreveu artigos científicos pioneiros na área de Psicologia e Psiquiatria. Primo de Gilberto Freyre, foi presidente da Comissão Organizadora do I Congresso Afro-brasileiro no Recife, em 1934. Durante a escrita de *Casa-grande & senzala*, Freyre é hospedado por algum tempo pelo primo, como se nota pela carta enviada a Rodrigo M. F. de Andrade, com datação "Recife. / 4 de nov. 1932": Rodrigo: / Estou há muito tempo sem notícias suas. Mas antes de qualquer coisa: vai nova porção do livro e o portador é o meu primo e amigo de quem frequentemente lhe tenho falado: Ulisses Pernambucano. Há um mês que estava essa maçaroca pronta, à espera de um portador idôneo que agora surgiu, magnífico, na pessoa de Ulisses. Na casa dele é que tenho estado nestes últimos meses como lhe terá dito Cícero. [...] Alheando-me o mais possível do desagradável ambiente brasileiro tenho trabalhado intensamente no livro [...] inclusive a mim próprio que sou às vezes uma companhia bem desagradável e impertinente de mim mesmo. Questão de higiene mental: não estivesse eu morando com um psiquiatra..." (FREYRE, *Cartas do próprio punho sobre pessoas e coisas do Brasil e do estrangeiro*, 1978, p.247).

418 [Forma da palavra abreviada no ms.: "V.".]

419 [Acento grave inserido nesta ed.]

Universidade não me paga, desde maio? Começa bem, no calote. Pela sua carta, vejo que você[420] já andou folheando os *Sobrados*! Ainda não recebi um[421] exemplar da Companhia.[422] Vi o artigo do Plínio Barreto.[423] É um noticiarista – o resumo está admiravelmente bem-feito. Mas quando comenta! E não são comentários de um burrego humilde, mas de um burrego pretensioso a chamar o livro de "engenhoso", de "interessante" etc. – sem a coragem – que só a inteligência lhe daria – de reconhecer a grandeza e a originalidade do trabalho. Ainda não estou bom. Como sabe adoeci ainda em Portugal. Estou em dieta rigorosa. Desde que cheguei aqui só saí duas vezes para visitar Ulisses Pernambucano. Em Paris recebi telegrama do místico: queria que eu fosse a Londres. Disse-me Caio que o místico não sai nunca de casa. Escreva. Muitas lembranças minhas às Blank. Para você[424] um abraço do amigo velho –

Gilberto

P. S. Os livros de Netscher e Wätjen são meus conhecidos. Fiquei interessado pelo de W. Arni.[425]

---

420 [Forma da palavra abreviada no ms.: "V.".]

421 [Sinal de dois-pontos, nesta posição, no ms.; excluído nesta ed.]

422 *Sobrados e mucambos* é publicado em 1936 pela Companhia Editora Nacional, Rio de Janeiro, como o volume 64 da Coleção Brasiliana.

423 Plínio Barreto (1882-1958), advogado, político, escritor e jornalista. Foi governador do estado de São Paulo de 6 a 25 de novembro de 1930, em substituição a José Maria Whitaker, logo após a Revolução de 1930. Com a publicação de *Casa-grande & senzala*, saiu na seção "Livros novos" (*O Estado de S. Paulo*, 3 mar. 1934) longo artigo de sua autoria sobre o livro de Freyre: "Aceitem-se, ou não, as conclusões a que o sr. Gilberto Freyre chega, verdade é que o seu livro constitui um dos estudos mais sérios, pelo pensamento e pela erudição, sobre a formação social do Brasil. [...] Páginas curiosas e cheias de ensinamentos. Não as recomendo, entretanto, a todos os leitores. O sr. Gilberto Freyre gosta de dizer as coisas nua e cruamente e escreve em português claro aquilo que os autores pudicos costumavam escrever em latim, que era, até há pouco, a única língua em que se podia impunemente 'braver l'honneteté'..." (BARRETO, Plínio. Um dos ensaios mais sólidos e interessantes de sociologia brasileira. In: FONSECA, *Casa-grande & senzala e a crítica brasileira de 1933 a 1944*, 1985, p.105-106).

424 [Forma da palavra abreviada no ms.: "V.".]

425 [Pós-escrito na margem superior da primeira página. Final do pós-escrito indicado por rubrica de Gilberto Freyre.]

Rio de Janeiro, 7 de outubro de 1936.

Gilberto,

Recebi a sua carta do Recife.
Acabei ontem de ler os *Sobrados e mocambos*. Li devagar, porque fui logo fazendo a revisão, corrigindo erros ortográficos (como "atrito" com c, "tísica" com y etc.), assinalando lugares em que falta alguma palavra de sorte que o texto não forma sentido etc. Assim, se tirarem nova edição, você poderá servir-se do meu exemplar.

Naturalmente a minha impressão foi ótima. No prefácio da minha antologia dos românticos aludo ao seu capítulo sobre a mulher e o homem – ideal patriarcal da virgem pálida e lânguida –, pondo em destaque a ilustração do conceito na poesia romântica, prendendo-o ao tema do "amor e medo" assinalado pelo Mário de Andrade, ou melhor, subordinando isto àquilo – o homem fingindo medo da mulher para melhor dominá-la.

Não sei se já lhe falei da edição da minha *Estrela da manhã*. O Luís Camilo[427] tinha uma certa porção de bom papel que me ofereceu para fazer uma edição de 54 exemplares. Aceitei. Capa tipográfica de Santa Rosa.[428] Retrato a fusain de Portinari em cópia fotográfica colada. 26 poesias. Como os exemplares são poucos e não dariam para todos os amigos, ficou resolvido que a coisa será na batata: 50$000 o exemplar. Dez já foram subscritos em São[429] Paulo. Aqui é provável que haja maior número de subscritores. Vou reservar dez para o Recife. Não ofereça a ninguém aí, mas espalhe a notícia: quem quiser que mande o cobre ao meu endereço – Morais e Vale 57, ap. 73.

Não vou dar aos amigos. Mas você – mestre querido viverás enquanto – de quem recebi o *Guia*, vai ter o seu exemplar.

---

426 [Classificação original (FGF): doc 15. Carta. Ms. datiloscrito com fita preta. Datação: "Rio, 7 de outubro de 1936". Assinatura manuscrita com lápis grafite. Papel amarelado, de gramatura média. Um folha, uma página. Dimensões: 28 x 21,5 cm. Documento ressecado, com pequenos rasgos laterais.]

427 O papel presenteado por Luís Camilo de Oliveira Neto não foi suficiente para a impressão de 54 exemplares de *Estrela da manhã*, como o anunciado. Saem, então, apenas 47 exemplares para subscritores. O livro foi publicado em 1936.

428 Santa Rosa (1909-1956), artista gráfico, cenógrafo, pintor, figurinista, professor e crítico de arte. Colaborou em diversas revistas. De 1934 a 1954, desenvolveu vários trabalhos de ilustração para a editora José Olympio. *Casa-grande & senzala*, a partir da quarta edição, trazia ilustrações de Santa Rosa. Desenvolveu também projetos gráficos para livros de Jorge Amado, José Lins do Rego, Graciliano Ramos, Carlos Drummond de Andrade e Guimarães Rosa, entre outros. Em 1950, passou a coordenar o Ateliê de Decoração Teatral da Escola Nacional de Teatro e, em 1952, integrou a Comissão Nacional de Artes Plásticas. Em 1956, partiu para Bombaim e Nova Délhi para participar da Conferência Internacional de Teatro e da Conferência Internacional de Teatro, onde faleceu.

429 [Forma da palavra abreviada no ms.: "S.".]

Com o produto da venda farei imprimir uma edição de 500 exemplares de minhas *Poesias escolhidas*.[430]

Li a sua carta para Mme Blank. Qualquer dia destes irei com ela ao velhote Garcia, com quem tenho estado ultimamente por causa da antologia. Lá no escritório dele tenho encontrado o Octávio Tarquinio[431] – a ler coleções de jornais para o Bernardo de Vasconcelos – e o Primitivo Moacir. Você sabe como os empregados da Biblioteca chamam o carrinho onde transportam as cargas de livros e jornais pedidos pelos pesquisadores? – Fanchono.[432] Dizem a palavra naturalmente, como se dissessem "cadeira" ou "régua". Quem me contou isso foi o Moacir. De sorte que no dia seguinte, estando ele melancolicamente à espera dos volumes pedidos, eu disse para ele: – Então, dr. Moacir, está à espera do fanchono?

Bom, vou largar esta para continuar a revisão das *Histórias da Velha Totônia*,[433] já em primeiras provas. O *menino de engenho*[434] vai brilhar nos contos para criança.

Um abraço do

Flag

---

430 A edição de *Poesias escolhidas*, publicada pelos Irmãos Pongetti, foi custeada pelo próprio Bandeira, cujo trabalho de seleção também contou com a ajuda de Mário de Andrade.

431 Octávio Tarquínio de Sousa (1889-1959) foi bacharel em Direito, historiador, biógrafo e jornalista, autor de *Monólogo das coisas* (1914) e de biografias sobre estadistas do Império, como *Bernardo Pereira de Vasconcelos e seu tempo* (1937, Coleção Documentos Brasileiros, v. 3), *Evaristo da Veiga* (Coleção Brasileira, v. 157, da Companhia Editora Nacional) e *Diogo Antônio Feijó* (1942, Coleção Documentos Brasileiros, v. 35). Colaborou em *O Estado de S. Paulo* e *O Jornal*, bem como dirigiu a *Revista do Brasil* e a *Revista do Comércio*, ao lado de Afonso Arinos de Melo Franco. Assumiu a direção da coleção "Documentos Brasileiros" em 1939, cargo que ocupou até sua trágica morte em acidente de avião, acompanhado de sua esposa Lúcia Miguel Pereira. Pela coleção, responsabilizou-se do 19º ao 110º número. No *Diário de Pernambuco* de 14 de dezembro de 1947, saiu o artigo "Biografias", de Gilberto Freyre, em que o autor discorre sobre o gênero e sobre a obra de Octávio Tarquínio. Freyre também publicou "Um artigo monumental", no mesmo jornal, sobre o livro *História dos fundadores do Império do Brasil* (1957), de Octávio Tarquínio, em 2 de novembro de 1958. Por sua vez, foi publicado postumamente o texto "Gilberto Freyre e sua interpretação de influências inglesa e francesa na formação da cultura brasileira", de Tarquínio, no livro comemorativo *Gilberto Freyre: sua ciência, sua filosofia, sua arte*, o qual se encerra do seguinte modo: "É o que Gilberto Freyre nos mostra ao fixar aspectos análogos em sua obra de sociólogo e historiador social, em que avultam ensaios da penetração crítica de 'O Brasileiro e o Europeu' e de 'Ascensão do Bacharel e do Mulato', em *Sobrados e Mucambos*, num e noutro surpreendidas e anotadas, com inigualável sutileza, as transformações e mudanças, lentas e rápidas, disfarçadas ou notórias, na formação da cultura brasileira, por força de influências inglesas e francesas, influências nem sempre benéficas e até hoje responsáveis em boa parte por um artificialismo de fórmulas e soluções que iam das instituições políticas ao vestuário, dos modos de pensar aos modos de viver." (In: GILBERTO Freyre: sua ciência, sua filosofia, sua arte. Rio de Janeiro: José Olympio, 1962. p.470).

432 "Fanchono" significa "homem que mantém relações sexuais e amorosas com outros homens". A palavra claramente dialoga com "fanchone", que significa "tábua grossa dotada de rodízios, usada como carro para transportar pacotes em estabelecimentos comerciais" (Cf. HOUAISS; VILLAR, *Dicionário Houaiss da Língua Portuguesa*, 2001).

433 O livro *Histórias da Velha Totônia*, classificado como literatura infantojuvenil, é de José Lins do Rego, tendo sido publicado em 1936 pela José Olympio com ilustrações de Santa Rosa. O livro reúne quatro histórias: "O macaco mágico", "A cobra que era uma princesa", "O príncipe pequeno" e "O sargento verde". José Lins tomou contato com a Velha Totônia, contadora de causos, quando criança; ela é uma espécie de personagem que povoa o imaginário e a escrita de José Lins do Rego, como o escritor testemunha em várias passagens de sua obra: "A velha Totônia amanhecera na casa-grande. A tia Naninha pediu para ficar comigo no quarto meio escuro. A velhinha valia para mim mais do que todos os vomitórios. Aos poucos as princesas e príncipes, o rei e a rainha, as moças encantadas começavam a viver no meio de todos nós. A voz macia da velhinha fazia andar um mundo de coisas extraordinárias." (REGO, José Lins do. *Meus verdes anos*: memórias. Rio de Janeiro: José Olympio, 1997. p.75).

434 Referência a José Lins do Rego, cujo primeiro livro, *Menino de engenho*, é romance de forte tendência autobiográfica, narrado em primeira pessoa – daí a tentação de Bandeira em assumir certo "pacto autobiográfico" (cf. LEJEUNE, Philippe. *Le pacte autobiographique*. Paris: Éditions du Seuil, 1975), transferindo para o plano da vida a identificação literária implícita que ocorre entre autor, narrador e personagem. *Menino de engenho* foi publicado em 1932 pela Editora do Autor e distribuído pelo editor Andersen, no Rio de Janeiro.

26 (MB)[435],436

Rio de Janeiro, 30 de outubro de 1936.

Gilberto,

Joanita todo fim de ano ganha umas centenas de mil-réis com uns desenhos de *Season's Greetings* que vende às dúzias aos americanos das Empresas Elétricas. Este é um dos que ela fez este ano. Não está bonito?
Recebeu minha carta anterior? Nela lhe mandei dizer que Mme Blank estava pronta a começar o trabalho de tradução dos panfletos holandeses. Conviria que você mandasse uma cartinha apresentando-a ao Rodolfo Garcia e pedindo a este que os tais panfletos sejam entregues a ela, pois o trabalho na própria biblioteca seria penoso, não acha?
Já revi as primeiras[437] provas de *Estrela da manhã* e de *Antologia dos românticos*.[438] A *Estrela* foi toda subscrita.
Estive hoje com Jardim, que andou muito alarmado com a perspectiva de uma operação de apendicite. Parece que o Silva Melo[439] o tranquilizou com

---

435 [Classificação original (FGF): doc 2. Carta. Ms. autógrafo com caneta-tinteiro preta. Datação: "Rio, 30-X-36". Papel amarelado, de gramatura alta. Uma folha, duas páginas manuscritas. Uma folha de 28,8 cm de largura dobrada ao meio, perfazendo quatro páginas (frente e verso). Primeira face: verso da página dois e página um. Segunda face: verso da página um e página dois. Dimensões: 18,7 x 14,4 cm. Desenho no alto da página: paisagem de Copacabana, de autoria de Joanita Blank. Documento em boas condições.]

436 Esta carta está reproduzida no caderno iconográfico.

437 [Forma do numeral no ms.: "1as".]

438 A *Antologia dos poetas brasileiros da fase romântica*, de Bandeira, foi publicada em 1937.

439 Provável referência a Antônio da Silva Melo (1886-1973), médico, professor, ensaísta, pesquisador na área de Medicina e membro da ABL. Escreveu *Problemas do Ensino Médico e da Educação* (1936), *Perspectivas para uma vida mais feliz* (1943), *Nordeste brasileiro. Estudos e impressões* (1953), *Estudos sobre o negro* (1958) e a *Superioridade do homem tropical* (1967), entre outros livros. Era amigo de Gilberto Freyre, que lhe dedicou vários artigos de jornal, tais como: "Em torno de um livro de médico" (*Diário de Pernambuco*, Recife, 22 fev. 1944); "Ainda o livro de Silva Melo" (*Diário de Pernambuco*, Recife, 2 mar. 1944; "A propósito da alimentação" (*Diário de Pernambuco*, Recife, 8 mai. 1946); "Um humanista científico" (*Diário Carioca*, Rio de Janeiro, 6 nov. 1946); "Ainda o livro do professor Silva Melo" (*Diário Carioca*, Rio de Janeiro, 10 nov. 1946); "A propósito do novo livro de um verdadeiro mestre" (*Diário de Pernambuco*, Recife, 27 set. 1959), sobre o livro *Estudos sobre os negros*; e "Os 'prós e contras', de mestre Silva Melo" (*O Cruzeiro*, Rio de Janeiro, 10 set. 1960). "Médico, cientista e humanista" (*Jornal do Comércio*, Recife, 13 abr. 1943), reproduzido posteriormente no livro *Pessoas, coisas & animais*, inicia-se com a seguinte apreciação do autor: "Em Antônio da Silva Melo o médico é completado pelo homem de ciência; e este pelo humanista. Se eu fosse ditador da Altruria ou amigo do Rei de Pasárgada, era a Silva Melo ou a Roquete-Pinto que confiaria a direção de um Departamento que se intitulasse de Antropologia e de Cultura; e se destinasse não só ao estudo científico da gente de Altruria ou de Pasárgada – do seu físico e da sua cultura – em relação com o meio e com as culturas maternas e vizinhas – como à orientação de sua vida, de sua alimentação, de sua saúde." (Freyre, Gilberto. Silva Melo, cientista e humanista. In: _____, *Pessoas, coisas & animais*, 1979, p.100.). Além de ser um dos médicos da família Freyre, Silva Melo aproximou-se mais de Freyre por ocasião do casamento deste com Magdalena Freyre, em 1942, quando o médico e sua esposa Violeta foram seus padrinhos. Antes mesmo, a correspondência trocada entre ambos já demonstra alguma intimidade, como nesta carta com datação "M. S. Western Prince / 10 de setembro 1939", em que o sociólogo dividiu com o amigo sua experiência de viagem internacional por navio em plena movimentação durante a Segunda Guerra Mundial: "Querido Antônio: / Um grande abraço. Se V. Receber esta carta, é que este bom navio inglês escapou dos

uns clisteres: as dores se aplacaram.
　　　　Um abraço do

　　　　　　　　　　　Flag
　　　　　　　　Morais e Vale 57
　　　　　　　　　　　ap. 73

---

submarinos nazistas. Vamos fazendo uma viagem triste. O navio todo pintado de cinzento, tudo apagado à noite e frequentes exercícios de salvamento. Sabemos que os submarinos nazistas estão concentrando sua fúria contra os ingleses. O comandante e os oficiais, admiráveis de serenidade e o espírito ou o moral dos passageiros não é mau. Entretanto, não estamos certos de chegar. Um abraço para o Flamengo. Abraços para todos os nossos amigos. Muitos cumprimentos a boa amiga Violeta. E o *Guia* do Rio? Seu, como sempre Gilberto." (Freyre, *Cartas do próprio punho sobre pessoas e coisas do Brasil e do estrangeiro*, 1978, p.261).

27 (GF)[440]

Recife, 11 de fevereiro de 1937.

Dear Baby:

Fiquei muito contente com a sua carta. Há quanto tempo não tinha uma carta sua! Em Março devo estar aí abraçando-o, já que você[441] não veio ao Carnaval. Estou com saudade de você, das Blank, de Prudente, de Gastão, do nosso grande Rodrigo, dos renegados Lins e Jardim que me parecem agora de corpo e alma da Metrópole. Eu, Baby, é que me sinto cada vez mais daqui. Já me parece alguma coisa de freudiano, de regresso,[442] alguma coisa assim. Quando penso que estou menos preso me acontece uma coisa sentimental que me prende a algum recanto ou bairro do Recife que estava na sombra e descubro encantos novos. Isto é uma cidade profunda. Muito profunda mesmo. Cada ano me traz o conhecimento de coisas inteiramente novas do Recife, mas que só podem ser sentidas e compreendidas, tendo-se a experiência das outras. Se eu voltar à literatura, como pretendo, depois de findar meu trabalho de Sociologia com o *Ordem e progresso*[443] (que será mais sobre o Sul que sobre o Norte e mais sobre o 1900 que sobre outras épocas) procurarei explicar esse mistério do Recife no meu diário.[444],[445] Você[446] sentiu essa profundidade no "Evocação" e você,[447] quem sabe, devia ter sido do Recife mais do que do Rio. Há muito pernambu-

---

440 [Classificação original (FCRB): 217. Carta. Ms. autógrafo com caneta-tinteiro preta. Datação: "Recife / 11 de fevereiro / 1937". Papel amarelado, de gramatura média. Uma folha de 27,4 cm de largura dobrada ao meio, perfazendo quatro páginas de folhas manuscritas (frente e verso). Primeira folha: páginas quatro e um. Segunda folha: páginas dois e três. Dimensões: 19,8 x 13,7 cm. Imagem impressa no alto à esquerda da primeira página, com a inscrição "Air France / Brasil". Documento em boas condições.]

441 [Forma da palavra abreviada no ms.: "V.".]

442 [Sublinhado tal qual no ms.]

443 *Ordem e progresso: processo de desintegração das sociedades patriarcal e semipatriarcal no Brasil sob o regime de trabalho livre: aspectos de um quase meio século de transição do trabalho escravo para o trabalho livre: e da Monarquia para a República* foi publicado em dois volumes pela Editora José Olympio em 1959. Compõe, juntamente com *Casa-grande & senzala* e *Sobrados e mucambos*, a chamada trilogia de nascimento, desenvolvimento, decadência e morte do patriarcalismo no Brasil.

444 [Sublinhado tal qual no ms.]

445 *Tempo morto e outros tempos: trechos de um diário de adolescência e primeira mocidade: 1915-1930* seria o único livro de Freyre publicado em forma de diário durante a vida do autor, em 1975, pela Editora José Olympio. Segundo Pallares-Burke, o livro deve ser mais precisamente chamado de "diário-memória", tendo em vista que sua escrita não teria acontecido na época do desenrolar dos eventos, os quais teriam sido livremente recriados em momento posterior (cf. PALLARES-BURKE, *Gilberto Freyre*: um vitoriano dos trópicos, 2005).

446 [Forma da palavra abreviada no ms.: "V.".]

447 [Forma da palavra abreviada no ms.: "V.".]

canismo e provincianismo em você,[448] como você[449] próprio sente no seu grande "Provinciano que nunca soube";[450] só os filólogos como seu amigo Nascentes[451] não sentem isso.[452] Esses filólogos! Creio que os filólogos poderiam ter escrito coisas ótimas sobre você,[453] mas ao meu ver falharam, embora a nota do Nascentes tenha uns pedaços sentimentalistas e biográficos bem bons, beirando a pieguice mas sem cair nela. Gostei muito do artigo do Abgar Renault.[454] Eis aí um fino sem requintes idiotas e compreendendo coisas de literatura inglesa que

---

448 [Forma da palavra abreviada no ms.: "V.".]

449 [Forma da palavra abreviada no ms.: "V.".]

450 O poema a que se refere Gilberto Freyre é "Autorretrato". O poema foi reproduzido, com base em documento manuscrito, na 13ª página da *Homenagem a Manuel Bandeira* (1936), tendo sido publicado posteriormente em *Mafuá do malungo*. "Autorretrato" está reproduzido no capítulo 3 deste livro.

451 Antenor Nascentes (1886-1972), filólogo, linguista e lexicógrafo. Além de professor do Colégio Pedro II, com Manuel Bandeira, foi professor universitário, tendo ocupado a cátedra de Filologia Românica da Faculdade de Filosofia, Ciências e Letras da Universidade do Rio de Janeiro. Escreveu, entre outras obras, *Dicionário etimológico da Língua Portuguesa* (1932), *Elementos de filologia românica* (1954), *Dicionário da Língua Portuguesa*, 4 volumes (1961-1967), e *Dicionário ilustrado da Língua Portuguesa da Academia Brasileira de Letras*, 4 volumes (1972). Nascentes publicou, na *Homenagem*, o artigo "Quarenta anos de amizade", em que discorreu: "Conheci os dois Bandeiras em março de [18]97 quando me matriculei no antigo Ginásio Nacional, com dez anos de idade. / Embora me desse bem com ambos, sempre me senti mais atraído pelo menor, o Bandeirinha, como o chamávamos; idade, temperamento, inclinações iguais criaram entre nós uma camaradagem que o tempo se encarregou de transformar em amizade até hoje inquebrantada. / [...] É verdade que ele nasceu no Recife, do qual aparecem reminiscências em suas poesias, mas eu, que o acompanho desde menino, posso afirmar que foi no Rio que o seu espírito se formou; por isso ele é na realidade um verdadeiro poeta carioca." (Nascentes, Antenor. Quarenta anos de amizade. In: Homenagem a Manuel Bandeira, 1936, p.65-70).

452 A partir deste momento da carta, Gilberto Freyre tece comentários – desfavoráveis no geral, aliás, bem no estilo freyriano que Bandeira aponta na crônica "A nova gnomonia" (cf. Bandeira, *Crônicas da província do Brasil*, 2006, p.157-161) – sobre a *Homenagem a Manuel Bandeira*, livro que a editora José Olympio publicou como parte das comemorações do cinquentenário do autor. A tiragem do livro foi de 201 exemplares e, nessas páginas, grandes intelectuais da época discorrem sobre a convivência com o autor e sobre sua poesia. Em *Itinerário de Pasárgada*, Bandeira fala sobre o contexto da *Homenagem*: "Em 1936, aos cinquent'anos de idade pois, não tinha eu ainda público que me proporcionasse editor para os meus versos. *A Estrela da manhã* saiu a lume em papel doado por meu amigo Luís Camilo de Oliveira Neto, e a sua impressão foi custeada por subscritores. Declarou-se uma tiragem de 57 exemplares, mas a verdade é que o papel só deu para 50. / Hoje nenhum de nós pode impunemente completar cinquenta anos sem a publicidade de uma homenagem dos amigos. O costume foi invenção de Rodrigo M. F. de Andrade a propósito do meu cinquentenário. Já então se afirmara ele o meu amigo mais dedicado e mais delicado. [...] / Pois foi Rodrigo que promoveu a *Homenagem a Manuel Bandeira*, belo volume onde, ou em poemas, ou em estudos críticos, depoimentos, impressões, ou em desenhos, exprimiram muitos de meus amigos o seu sentimento a meu respeito ou a respeito da minha poesia. De todos eles – mais de trinta – só perdi um, e não creio que tenha sido culpa minha. Se perdi esse, ganhei outros novos, cuja crítica ou depoimento faz falta naquele repositório de generosas perscrutações de minha obra, especialmente as exegeses de Otto Maria Carpeaux e de Aurélio Buarque de Holanda, a longa análise de Adolfo Casais Monteiro. Quem quer que queira estudar a minha poesia e da minha geração não pode dispensar a leitura desse livro." (Bandeira, *Poesia completa e prosa*, 1974, p.82-83).

453 [Forma da palavra abreviada no ms.: "V.".]

454 Abgar Renault (1908-1995), bacharel em Direito, professor, político, escritor e membro da ABL. Fundou, com Carlos Drummond de Andrade, Emílio Moura, João Alphonsus e Pedro Nava, *A Revista* (1924), em Belo Horizonte. Foi deputado estadual por Minas Gerais (1927-1930), chefe da Secretaria do Interior e Justiça de Minas Gerais no governo de Olegário Maciel, diretor-geral do Departamento Nacional de Educação e Cultura do Distrito Federal (1940-1946), Ministro da Educação e Cultura (1955-1956), entre outros cargos públicos. Sua obra poética compreende os livros *Sonetos antigos* (1968), *A lápide sob a lua* (1968), *Sofotulafai* (1971), *A outra face da lua* (1983) e *Obra poética* (1990). Abgar Renault contribuiu com o artigo "Notas à margem de algumas traduções de Manuel Bandeira" para a *Homenagem a Manuel Bandeira*.

o brasileiro raramente compreende. Gostei de Rodrigo,[455] de Nava,[456] de outros. A nota de Sérgio[457] muito rápida. A de Afonsinho[458] tem umas coisas boas, outras de que não gostei tanto. O meu grande Prudente,[459] bom mas seria chegar ao ótimo a que habituou as leituras de suas interpretações e críticas. A nota de meu querido Lins,[460] embora tão carinhosa comigo (como sempre), achei fraca. A de Plínio boa, apenas uns pedaços frios. A do Dr. Jorge de Lima,[461] característica,

---

455 Rodrigo M. F. de Andrade, que promoveu a *Homenagem a Manuel Bandeira*, publicou nela o artigo "Tentativa de aproximação". No momento em que disserta sobre a relação entre poesia e doença, afirma Rodrigo: "Certos poemas seus podem ser de fato interpretados como 'sonhos de menino doente', conforme Gilberto Freyre observou com sagacidade em relação ao *Vou-me embora pra Pasárgada* (tendo em vista provavelmente determinado trecho deste poema). Mas a verdade é que o próprio tema de Pasárgada não tem nada em si de doentio. Nem, tão pouco, o lirismo de Manuel Bandeira, em si mesmo, se ressente de nada de mórbido." (ANDRADE, Rodrigo M. F de. Tentativa de aproximação. In: HOMENAGEM a Manuel Bandeira, 1936, p.211-216).

456 Pedro Nava (1903-1984), médico e escritor, foi um dos fundadores de *A Revista* (1924). Foi incluído na *Antologia dos poetas bissextos* por Bandeira. Estreou oficialmente na literatura com o livro *Baú de ossos,* em 1972, seguido por *Balão cativo, Chão de ferro, Beira-mar, Galo das trevas* e *O círio perfeito*, conjunto este considerado uma das grandes obras memorialistas brasileiras. Em *Homenagem a Manuel Bandeira*, Nava afirma: "Essa extraordinária importância que a poesia de Manuel Bandeira teve para mim, parece que posso afirmar sem medo de erro, – foi a mesma para quase todos os de minha geração –, ao menos para aquele grupo que por volta de 1923 ou 1924 começou a adivinhar o seu problema pelo lirismo, antes de passar a interpretá-lo pelo raciocínio." (NAVA, Pedro. Itinerário para a rua da Aurora. In: HOMENAGEM a Manuel Bandeira, 1936, p.184).

457 Sérgio Buarque de Holanda contribui, na *Homenagem*, com o artigo "Notas sobre Manuel Bandeira", que ocupa uma página inteira e poucas linhas da página seguinte. Nelas, o crítico fala sobre a aparente facilidade que não exclui o rigor, sobre a concentração das emoções em sua poesia (HOLANDA, Sérgio Buarque de. Notas sobre Manuel Bandeira. In: HOMENAGEM a Manuel Bandeira, 1936, p.217).

458 Provável referência ao artigo "Manuel Bandeira ou o homem contra a poesia", de Afonso Arinos de Melo Franco, publicado na *Homenagem a Manuel Bandeira*.

459 Prudente de Morais Neto publicou, na *Homenagem a Manuel Bandeira*, o artigo "Acre sabor", assinado com o pseudônimo Pedro Dantas.

460 José Lins do Rego escreveu, para a *Homenagem a Manuel Bandeira*, o artigo "Manuel Bandeira, um mestre da vida".

461 Jorge de Lima (1895-1953) foi médico, político e professor de literatura na Universidade do Brasil. Publicou *XIV alexandrinos* (1914), *O mundo do menino impossível* (1925), *Poemas* (1927), *Novos poemas* (1929), *Poemas escolhidos* (1932), *Tempo e eternidade* (1935, com Murilo Mendes), *Quatro poemas negros* (1937), *A túnica inconsútil* (1938), *Poemas negros* (1937), *Livros de sonetos* (1949), *Enunciação e encontro com Mira-Celi* (1950, incluído na *Obra poética*), *Invenção de Orfeu* (1952), *Castro Alves – vidinha* (1952), além de romances e ensaios críticos. Sua convivência com os regionalistas do Recife, com figuras como Olívio Montenegro, José Lins do Rego e Gilberto Freyre, deixou marcas fortes em sua lírica, que incorpora a experiência com a terra, o povo, o mundo patriarcal, a opressão contra o negro. Segundo Bosi, "por trás do mosaico ingênuo e colorido, o poeta vai reconhecendo as matrizes da sua emotividade que coincidem com a de tantos meninos brancos do Nordeste: o convívio com o negro, portador de marcas profundas tanto na conduta mítica quanto nos hábitos vitais e lúdicos." (BOSI, Alfredo. *História concisa da Literatura brasileira*. São Paulo: Cultrix, 1994. p.453). Para a *Homenagem a Manuel Bandeira*, Jorge de Lima escreveu o artigo "Minha conversão", que aborda o contato do poeta com Recife: "O seu prestígio não era pois o de um simples precursor ou iniciador, mas de um apóstolo que tivesse visto a luz numa estrada galopando. O exemplo atraía os descrentes e desconfiados de que o novo movimento literário não passava de blague. A primeira poesia moderna grandemente divulgada de Bandeira foi a 'Evocação do Recife' publicada no 'Livro do Nordeste' em 1925. / O 'Diário de Pernambuco' lançava aos quatro ventos num número de comemoração de seu centenário uma edição numerosíssima e lá estava no meio de imensa colaboração grande parte medíocre – o esplêndido poema de Manuel. Todo mundo o leu e com este poema todo mundo pelo menos começou a odiar menos o modernismo." (LIMA, Jorge de. Minha conversão. In: HOMENAGEM a Manuel Bandeira, 1936, p.103-104). Sobre o poeta, Gilberto Freyre dedicou um ensaio, em que coloca: "Em Jorge de Lima o verbo fez-se carne neste sentido: no de sua poesia afro-nordestina ser realmente a expressão carnal do Brasil mais adoçado pela influência do africano. Jorge de Lima não nos fala dos seus irmãos, descendentes de escravos, com resguardos profiláticos de poeta arrogantemente branco, erudito, acadêmico, a explorar o pitoresco do assunto com olhos distantes de turista ou de curioso. De modo nenhum. Seu verbo se fez carne: carne mestiça. Seu verbo de poeta se torna carnalmente mestiço quando fala de 'democracia', de 'comidas', de 'Nosso Senhor do Bonfim', embora a metade aristocrática desse nordestino total, de corpo colorido de jenipapo e marcado por catapora, não esqueça que a 'bisavó dançou uma valsa com dom Pedro II'

bem característica. Mas não estou fazendo um comentário ao livro que nem ao menos tenho perto de mim. Acabou-me o Carnaval. Morreu Aloísio Branco.[462] Tasso parece que vai comigo ao Rio em Março. O Carnaval não foi grande coisa. Mas durante ele sucedeu uma das coisas mais extraordinárias de minha vida, uma das coisas mais líricas. Posso dizer que "vi os céus" como certo poeta nosso conhecido. Vi comunhões, capelas, [velas]. Estou vendo se convenço o nosso Cícero a ir ao Rio mas o provinciano está resistindo. Não quer mais saber do Rio. Eu, francamente, só me interessam[463] aí vocês, meus amigos. O mais, só com esforço se tolera quando se chega, como Cícero, como eu, a um provincianismo onde há alguma coisa de místico e de [sennial] ao mesmo tempo. Manda lembranças às Blank. Abraços para os amigos. Você[464] receba um grande abraço do

Gilberto

---

nem que 'o avô teve banguê'." (Freyre, Gilberto. A propósito de Jorge de Lima, poeta. In: _____, *Vida, forma e cor*, 1987, p.42).

462 A morte precoce de Aloísio Branco surpreendeu o meio literário e cultural nordestino. Segundo Ieda Lebensztayn: "Aloísio trabalhou como foca de revisão no *Correio da Manhã*, que teve como editorialistas Otto Maria Carpeaux e Álvaro Lins (e, na cúpula da redação, nos anos 1940, os alagoanos Costa Rego, Aurélio – depois Graciliano – e Rodolfo Motta Lima). Foi idealista do integralismo e, de volta a Alagoas, oficial de gabinete do governador Osman Loureiro. Pretendia seguir a carreira diplomática, mas morreu aos 27 anos." (Lebensztayn, Ieda. *Graciliano Ramos e a novidade*: o astrônomo do inferno e os meninos impossíveis. São Paulo: Hedra, 2010. p.277).

463 [Forma da palavra no ms.: "interessa".]

464 [Forma da palavra abreviada no ms.: "V.".]

28 (MB)[465]

Rio de Janeiro, 4 de março de 1937.

Gilberto,

De Londres chegaram os seguintes livros:

Wyndham – *The Atlantic and Slavery*[466]
Harlow – *A History of Barbados*[467]
Williamson – *The Caribbee Islands*[468]
Phoebe[469] Haggard – Red Macaw[470]

Que devo fazer: remetê-los para aí ou guardá-los aqui?
Por intermédio do deputado mandei-lhe um exemplar das minhas *Crônicas da Província do Brasil*.[471]
O Lins me entregou 40$000 para comprar um presente seu para Sacha. Ela gostou tanto do livro de *Babà, l'éléphant* que pediu a continuação. Vou ver se o descubro nas livrarias.
Recebi a sua carta com as impressões da *Homenagem*.
Dei as suas lembranças aos amigos. Rodrigo anda de novo às voltas com furúnculos na barriga. Gastão agora volta e meia vai a Angra para estudar o ambiente onde se passa um romance que pensa escrever.

---

465 [Classificação original (FGF): doc 16. Carta. Ms. datiloscrito com fita preta. Assinatura com lápis cor-de-rosa escuro. Datação: "Rio, 4 de março de 37". Papel amarelado, de gramatura baixa. Uma folha, uma página. Dimensões: 25,3 x 18,5 cm. Documento em boas condições.]

466 WYNDHAM, Hugh Archibald. *The Atlantic and slavery*; a report in the study group series of the Royal Institute of International Affairs. London: Oxford University Press: H. Milford, 1935. 310 p. [Hugh Archibald Wyndham (1877--1963)].

467 HARLOW, Vincent Todd. *A history of Barbados*. Oxford: Clarendon Press, 1926. 347 p. [Vincent Todd Harlow (1898-1961)].

468 Trata-se, provavelmente, da obra: WILLIAMSON, James Alexander. *The Caribbee islands under the proprietary patents*. London: Oxford University Press: H. Milford, 1926. 234 p. [James Alexander Williamson (1886-1964)].

469 [Forma do nome no ms.: "Phaebe".]

470 HAGGARD, Phoebe. *Red Macaw*. London: J. Cape, [1934]. 384 p. Também foi editado pela C. Scribner's Sons, New York, em 1934. 384p.

471 BANDEIRA, Manuel. *Crônicas da Província do Brasil*. Rio de Janeiro: Civilização Brasileira, 1937. 268 p.

As *Memórias*[472] do Oliveira Lima[473] estão fazendo grande sucesso com as anedotas que conta de Nabuco,[474] Graça Aranha[475] etc. Soube que a viúva do

---

[472] LIMA, Oliveira. *Memórias:* (estas minhas reminiscências). Rio de Janeiro: José Olympio, 1937. 319 p.

[473] Oliveira Lima (1867-1928), diplomata, escritor, historiador brasileiro e membro fundador da ABL. Começou a carreira diplomática em 1890, tendo assumido posteriormente postos em Lisboa, Berlim, Washington, Londres, Tóquio, Caracas, Bruxelas e Estocolmo. Em Londres, conviveu com Joaquim Nabuco, Eduardo Prado e Graça Aranha, sobre os quais discorreria em suas *Memórias*, publicadas postumamente. Entre os seus principais livros, destacam-se *Pernambuco e seu desenvolvimento histórico* (1894), *Aspectos da Literatura Colonial* (1896), *História do reconhecimento do Império* (1902), *Dom João VI no Brasil* (1909), *Formation historique de la nationalité brésilienne* (1911), *Evolução histórica da América Latina comparada com a América Inglesa* (1914) e *O movimento da Independência, 1821-1822* (1922). Os volumes *Pan-Americanismo* e *Coisas diplomáticas* reúnem colaborações a jornais de Pernambuco e São Paulo. A estreita convivência entre o jovem Gilberto Freyre, que, lembre-se, morou nos Estados Unidos entre 1918 e 1922, e Oliveira Lima, intelectual também pernambucano já internacionalmente reconhecido e fixado em Washington após a interrupção de sua carreira diplomática, está registrada no livro *Em família: a correspondência de Oliveira Lima e Gilberto Freyre* (2005), com organização, introdução e notas de Ângela de Castro Gomes. Sobre o escritor, com enorme admiração, Freyre escreveria no ensaio biográfico "Oliveira Lima, Dom Quixote Gordo": "No caso do livro de memórias de Oliveira Lima, publicado dez anos depois da morte do autor, sepultado entre as árvores tranquilas de Mount Oliver, com estas palavras simples, 'aqui jaz um amigo dos livros', gravadas sobre o túmulo – uma pedra que Arsenio Tavares mandou de Pernambuco – para se tornar tão vivo como o mais vivo dos escritores atuais do Brasil. Para afrontar de novo as iras dos seus inimigos e dos seus críticos. Para se tornar de novo Dom Quixote: o Bom Quixote gordo de Parnamirim lutando contra o Barão, contra a Santa Casa, contra Pinheiro Machado, contra o Presidente Epitácio Pessoa. / Várias das páginas de Memórias já disse que são minhas conhecidas velhas: ouvi-as ler o próprio Oliveira Lima. Outras só vim a conhecê-las o ano passado, em Lisboa, quando Dona Flora me franqueou a leitura do Ms inteiro." (FREYRE, Gilberto. Oliveira Lima, Dom Quixote Gordo. In: _____. *Perfil de Euclydes e outros perfis*. Rio de Janeiro: José Olympio, 1944. p.71). A Biblioteca Oliveira Lima, situada na Universidade Católica de Washington, instituição para a qual prestou serviços após aposentar-se, é composta por 58 mil livros, além de outros documentos, e congrega uma das mais importantes brasilianas da atualidade.

[474] Joaquim Nabuco (1849-1910), advogado, jornalista, político, escritor, diplomata e membro fundador da ABL. Em sua obra, destacam-se *Camões e os Lusíadas* (1872), *L'Amour est Dieu*, poesias líricas (1874), *O Abolicionismo* (1883), *Escravos*, poesia (1886), *Porque continuo a ser monarquista* (1890), *Um estadista do Império*, biografia, 3 tomos (1897-1899), *Minha formação*, memórias (1900) e *Escritos e discursos literários* (1901). Sobre ele, escreveu Gilberto Freyre em prefácio a *Minha formação*: "A Joaquim Nabuco não faltou a coragem de deixar claro, na sua parcial mas expressiva autobiografia, que nascera fidalgo; que crescera menino de engenho aristocrático, à sombra de uma madrinha um tanto matriarcal, pela imponência de sua figura e pela amplitude de seu prestígio; e, ainda, que se fizera homem público, por vocação apolineamente patrícia para a alta política, já praticada por seu Pai 'na mais alta hierarquia...' A verdade, porém, é que essa vocação o levara, na mocidade, a atividades antes dionisíacas do que apolíneas, de 'reformador social', por ele deixadas um tanto na sombra ao escrever *Minha formação*. Pois mais do que simples abolicionista ele se afoitara a ser, quando jovem, 'reformador social', contra os interesses da própria casta – a nobreza territorial, a aristocracia escravocrática, a elite de brancos e quase brancos do império agrário – a que pertencia. E ao proceder assim, o processo do seu comportamento talvez tivesse sido um processo de deformação, em relação com o que foi, ortodoxamente, antes e depois dos seus dias de abolicionista, norma de formação, no desenvolvimento geral da sua personalidade. Daí, talvez, deixar de dar demasiado relevo nas suas recordações um tanto renaneanas de infância e de mocidade, aos seus excessos dionisíacos – ou assim considerados pelo Nabuco apolíneo que escreveu *Minha formação* – de 'agitador social'; revolucionário em várias das suas ideias político-sociais; herético em algumas das suas atitudes com relação à Igreja; a negação do intelectual conformado com a ordem estabelecida no seu país em não poucas das inovações que pleiteou, para o Brasil, como homem público de feitio literário, em comícios no Recife e em discursos na Câmara." (FREYRE, Gilberto. Joaquim Nabuco e sua formação. In: NABUCO, Joaquim. *Minha formação*. Brasília: Ed. Universidade de Brasília, 1963. p.9-23).

[475] Graça Aranha (1868-1931), formado em Direito, magistrado, diplomata e membro fundador da ABL, da qual se desligou em 1924. Escreveu *Canaã* (1902), grande sucesso editorial e de crítica já em seu lançamento, *Malasarte* (1911), *A estética da vida* (1921), *Espírito moderno* (1925), *Futurismo: Manifesto de Marinetti e seus companheiros* (1926) e *A viagem maravilhosa* (1929). Deixou incompleta sua autobiografia *O meu próprio romance*, publicada postumamente. Bandeira, depois de considerações que procuraram justificar sua ausência na homenagem a Graça Aranha na revista *Klaxon*, dizendo que "o que veio depois mostrou que eu tinha razão: o movimento passou a ser considerado obra de Graça Aranha, e embora 'as datas estejam aí, e as obras', como comentou Mário comigo em carta de 1924, não conseguimos até hoje impor a verdade, a saber, que nunca fomos discípulos de Graça Aranha." (BANDEIRA, Manuel. Itinerário de Pasárgada. In:_____, *Poesia completa e prosa*, 1974, p.65), arremata do seguinte modo sua visão sobre a participação do escritor no movimento modernista: "A verdade é que não houve influência de Graça Aranha sobre os moços, mas, ao contrário, estes é que influenciaram o confrade mais velho, como está patente no romance *A viagem maravilhosa*, em que o escritor abandona muitas vezes o seu processo de frase ampla e numerosa para adotar as formas breves e elípticas tão ao gosto dos inovadores. Graça Aranha não teve discípulos.

Nabuco[476] andava muito apreensiva com o aparecimento do livro.

Não me estendo mais porque está um calor verdadeiramente infernal. E depois conto que você breve esteja por aqui.

Receba muitos abraços do

Flag

Não foi um mestre, no sentido estrito da palavra, senão um companheiro mais velho, cuja adesão deu ao movimento o prestígio de sua glória pessoal e o calor do seu generoso entusiasmo." (BANDEIRA, Manuel. Apresentação da poesia brasileira. In: _____, *Poesia completa e prosa*, 1974, p.609).

476 Trata-se de Evelina Torres Soares Ribeiro Nabuco de Araújo.

29 (MB)[477]

Rio de Janeiro, 3 de maio de 1938.

Gilberto,

Só ontem o Sousa do Serviço Gráfico do Ministério me deu as provas já paginadas das suas conferências. Estão passadas à ortografia oficial, mas com grande supressão dos acentos, o que me parece ser da sua simpatia e por isso não retoquei. Tanto quanto me pareceu (quem o vai verificar com mais vagar é o Gastão, a quem transmitirei amanhã as provas), foi respeitada "religiosamente" a sua pontuação.

Quanto aos nomes a incluir: o do Joaquim Ribeiro[478] já constava. Introduzi os outros, e mais alguns que certamente você aprovará, como os de Eugénio de Castro(!),[479,[480] Clóvis Monteiro,[481] filólogo de [ilegível], da orientação[482] de Sousa da Silveira e do Nascentes, Antônio Couto de Barros,[483] de São[484] Paulo, o Eugênio Vilhena de Morais,[485] o Múcio Leão,[486] o [Oscar] [ilegível], aquele pernambucano que faz crítica em [Minas]... Acho que foi só. Lembrei-me de mais

---

477 [Sem classificação na FGF. Carta. Ms. autógrafo com caneta-tinteiro marrom. Datação: "Morais e Valle 57 / Rio, 3 de maio de 38". Papel marrom, de gramatura média. Duas páginas manuscritas. Dimensões 21,5 x 28 cm. Papel médio. Documento com dobramentos.]

478 Trata-se possivelmente de Joaquim Ribeiro de Carvalho (1880-1942), político, jornalista e escritor. Foi diretor e fundador do jornal A República Portuguesa e colaborou para a revista luso-brasileira Brasil-Portugal (cf. números disponíveis em: <http://hemerotecadigital.cm-lisboa.pt/OBRAS/BrasilPortugal/BP15.htm>).

479 Provável referência ao escritor português Eugénio de Castro e Almeida (1869-1944), autor do livro Oaristos (1890), considerado o marco inicial do Simbolismo em Portugal.

480 [Eugénio de Castro (!): sobrescrito no ms.]

481 Clóvis Monteiro (1898-1961) foi filólogo, professor e escritor. Exerceu o cargo de professor catedrático no Colégio Pedro II. Publicou Traços do romantismo na poesia brasileira (1929), Fundamentos clássicos do português do Brasil e Português da Europa e Português da América (1959), entre outros escritos.

482 [orientação: escrito após rasura no ms.]

483 Referência a Antônio Carlos Couto de Barros (1896-1966), advogado, escritor e professor. Participou ativamente da Semana de Arte Moderna de 1922 e dirigiu, com outros companheiros, as revistas Klaxon, Terra roxa e outras terras e Revista Nova. Ajudou a estabelecer e foi professor da Escola de Sociologia e Política de São Paulo. Foi membro-fundador do Partido Democrático e atuou intensamente na concepção da Revolução de 1932. Colaborava para importantes periódicos da época, como Revista do Brasil, Estética, Ariel, A Ideia, A Gazeta e A Manhã.

484 [Forma da palavra abreviada no ms.: "S.".]

485 Eugênio Vilhena de Morais (1887-?), bacharel em Direito, historiador, poeta, jornalista e professor. Foi nomeado Diretor do Arquivo Nacional pelo presidente Getúlio Vargas em 1938.

486 Provável referência a Múcio Leão (1898-1969), que foi jornalista e escritor, membro da ABL. Trabalhou no Correio da Manhã, no Jornal do Brasil e fundou com Cassiano Ricardo e Ribeiro Couto o jornal A Manhã, onde criou o suplemento literário "Autores e Livros". Exerceu inúmeros cargos públicos, escreveu obras literárias e de crítica como Ensaios contemporâneos (1923), o livro de poesia Tesouro recôndito (1926), A promessa inútil e outros contos (1928), o romance No fim do caminho (1930), os ensaios biográficos João Ribeiro (1954) e José de Alencar (1955), entre outros.

alguns, mas na incerteza de aprovação sua, que terá mais a incluir (Otávio de Faria,[487],[488] Osvaldo Orico,[489] Augusto de Lima Jr.,[490] etc).

Achei ótimas todas as conferências, cheias de sugestões fecundas.

Já me estreei como professor. Tinha [um] receio de não aguentar o rojão, primeiro pela saúde, segundo pela falta de experiência de classes. Com grande surpresa minha, me senti à vontade desde o primeiro contato com as turmas (primeiro e segundo[491] ano do Curso Complementar Jurídico). São rapazes já de bigodeira e moças. Uns 30 e tantos em cada ano. Portam-se bem, prestando muita atenção e tomando notas. São danados para tomar notas! As aulas, praticamente se reduzem a 45 minutos. Com a dicção lenta, escrevinhação no quadro negro, não me canso. Dou uma aula todas as manhãs, de 9 às 10. E tenho achado agradável a tarefa, e estou interessado.

Mas ando ainda muito ocupado, devendo a antologia dos parnasianos, que está a [?][492] poéticas completas de Alphonsus de Guimarães,[493] que o Ministério vai publicar. Além disso o nosso Rodrigo [ilegível] comigo para fazer parte do Conselho Consultivo do SPHAN.

A saúde vai resistindo galhardamente apesar de tudo.

---

487 Possível referência ao escritor, tradutor e jornalista Otávio de Faria (1908-1980), membro da ABL. Em 1927, começou a escrever em *A Ordem*, órgão do centro D. Vidal. Colaborou, inclusive como crítico literário e de cinema, para diversos periódicos de grande circulação, tais como *Literatura, Boletim de Ariel, Letras e Artes, O Correio da Manhã, Jornal do Commercio*. Entre seus livros, podemos citar sua estreia com *Maquiavel e o Brasil* (1931) e o monumental *Tragédia burguesa* (em 13 volumes).

488 [*Otávio de Faria*: sobrescrito no ms.]

489 Osvaldo Orico (1900-1981) foi escritor, jornalista e político, membro da ABL. Apontado como animador do movimento modernista no Pará, deixou livros como *Dança dos pirilampos* (1923, poesia), *Grinalda* (1928), *O melhor meio de disseminar o ensino primário no Brasil* (1928), *Vocabulário de crendices amazônicas* (1937), *Seiva* (1937, romance), *Da forja à Academia* (1954, memórias), entre outros.

490 Provável referência a Augusto de Lima Júnior (1889-1970), advogado, jornalista, escritor, magistrado e historiador. Filho do jurista e deputado federal por Minas Gerais Augusto de Lima, foi membro do Instituto Histórico e Geográfico de Minas Gerais e da Academia Mineira de Letras. Colaborou para diversos jornais, tais como *A Gazeta de Notícias, A Noite, Correio da Manhã* e *Jornal do Brasil*. É fundador dos periódicos mineiros *Diário da Manhã* e *Revista de História e Artes*. Publicou estudos (*A Capitania de Minas Gerais: suas origens e formação*, 1940; *Pequena história da Inconfidência Mineira*, 1955; *Cláudio Manoel da Costa e seu poema Vila Rica*, 1969), romances (*Mariana*, 1931; *Mansuetude*, 1932) e antologias de poesia (*Canções da Grupiara*, 1935; *Canções do tempo antigo*, 1966), para citar somente alguns de seus livros.

491 [Forma do numerais no ms.: "1º e 2º".]

492 [Dobramento no papel prejudicando a decifração do ms.]

493 Alphonsus de Guimaraens (1870-1921), bacharel em Direito, foi promotor de Justiça, juiz e escritor. Publicou, em 1899, *Dona Mística* e *O Setenário das dores de Nossa Senhora*. Com o pseudônimo de Alphonsus de Vimaraens, publicou *Kyriale* em 1902. Foi considerado um dos principais escritores do Simbolismo e, sobre ele, diria Manuel Bandeira: "Chamava-se Afonso Henriques da Costa Guimarães. A latinização do prenome data de 1894 e talvez indicava, com o desejo de fugir à vulgaridade, uma intenção mística nesse poeta que tinha o gosto dos hinos latinos da Igreja e traduziu em versos o '*Tantum Ergo*' e o '*Magnificat*'. [...] Nesta quase morta cidadezinha mineira [Mariana], que parece dormir 'no seio branco das litanias', viveu o Poeta até morrer, e nas dificuldades de um lar pobre, onde os filhos chegaram a ser quatorze, sem outros consolos senão o carinho da família, a sua fé católica e a realização dos seus poemas, todos impregnados de unção cristã [...]" (BANDEIRA, *Poesia completa e prosa*, 1974, p.599).

Os amigos vão bem. O Vinicius[494] com grande esperança de chegar a bolsa para estar em Oxford. O [Arninho] teve em menos de um mês dois desastres de automóvel, um conduzindo em viagem para Minas, outro aqui, atropelando e [ilegível] ao chão [ilegível], os dois sem consequência séria.

Até. Um abraço e saudades do

Flag.

---

494 Referência ao escritor, compositor e diplomata Vinicius de Moraes (1913-1980), autor, entre outros livros, de *O caminho para a distância* (1933), *Forma e exegese* (1933), *Novos poemas* (1938) e *Cinco elegias* (1943). No ano de 1938, recebeu bolsa do Conselho Britânico e seguiu para Oxford, onde estudou Literatura Inglesa. Manuel Bandeira foi dos principais correspondentes de Vinicius ao longo da vida e, abrangendo o período inglês de Vinicius, temos um trecho que mostra a preocupação do poeta mais experiente em aconselhar o jovem estudante: "A propósito de seus estudos, quando eu digo: estude, estude, não é no sentido de ler tudo, mas de aprofundar o essencial em matéria de poesia inglesa, uns seis nomes, e coisas de que nós aqui nem temos ideia, o Milton dos poemas anteriores aos *Paraísos*, por exemplo. Não só ler, mas sobretudo conversar com alguns sujeitos que fatalmente deve haver aí, para sentir através deles o que há nos poetas ingleses de mais sutil ou escondido à nossa mentalidade. Estou me exprimindo mal, mas espero que você tenha compreendido o que quero dizer." (Carta de Manuel Bandeira a Vinicius de Moraes de 21 de dezembro de 1938. In: MORAES, Vinicius de. *Querido poeta:* correspondência de Vinicius de Moraes. Sel., org. e notas Ruy Castro. São Paulo: Companhia das Letras, 2003. p.79).

30 (MB) [495]

Rio de Janeiro, 8 de agosto de 1938.

Gilberto,

Recebi o retrato, que achei ótimo. Obrigado.

Satisfazendo ao pedido da sua última carta, distribuí o seu inquérito a alguns professores do Pedro II: Pedro do Coutto,[496] meio positivista; Nélson Romero,[497] católico;[498] e José Oiticica,[499] anarquista. Até hoje só o primeiro me entregou a resposta, que vai com esta. O Oiticica me declarou ontem que positivamente não tem tempo. Ainda tenho esperança que o Romero responda. Sabendo que você tem interesse em obter o depoimento de alguém que tenha sido aluno do Caraça, lembrei-me de um amigo de Vasconcelos (aquele velhinho meu amigo, já falecido), o qual amigo foi contemporâneo dele no famoso colégio. É um certo Garcia Leão, que se dá com Vera Melo Franco. Por intermédio dela mandei um exemplar do inquérito a ele. Vamos ver se ele responde.

---

495 [Classificação original (FGF): doc 17. Carta. Ms. datiloscrito com fita preta. Trecho "uma amiga" (terceiro parágrafo) manuscrito com caneta-tinteiro marrom. Assinatura manuscrita com lápis grafite. Datação: "Rio, 8 de agosto de 38". Papel amarelado, de gramatura média. Uma folha, uma página datiloscrita. Dimensões: 28 x 21,5 cm. Documento em boas condições.]

496 Pedro do Coutto foi um dos 183 brasileiros, nascidos entre 1850 e 1900, entrevistados para a composição de *Ordem e progresso*, que saiu em 1959 pela José Olympio. Na apresentação bibliográfica consta: "N.[ascido na] corte ou capital do Império, 1872. Afilhado de D. Pedro II e de Nossa Senhora da Glória, cresceu republicano e livre pensador. Estudos primários em casa e secundários no Mosteiro de São Bento (cursos gratuitos). Estudos superiores. Magistério. Formação católica seguida por atitudes anticatólicas." (FREYRE, Gilberto. *Ordem e progresso*. São Paulo: Global, 2004. p.121).

497 Nélson Romero (1890-1963), filho do crítico literário e escritor Sílvio Romero (1851-1914), foi filólogo e professor, autor de *Notas sobre direito* (1918), *Crítica nova* (1931), *Os grandes problemas do espírito* (1939) e *O argumento histórico e a pronúncia do latim* (1947). Seu nome não consta entre os entrevistados para a composição de *Ordem e progresso*.

498 [Sinal de ponto-e-vírgula inserido nesta ed.]

499 Manuel Bandeira provavelmente se refere a José Oiticica (1882-1957), escritor, professor e filólogo de orientação, fundador e diretor do periódico anarquista *Ação Direta*. José Oiticica é filho do bacharel em Direito, escritor, deputado e senador Francisco de Paula Leite e Oiticica (1853-1927), que foi um dos colaboradores do *Livro do Nordeste* (1925), com o artigo "A arte da renda do Nordeste". José Oiticica publicou *Sonetos* (1911), *Princípios e fins do programa comunista-anarquista* (1919), a peça teatral *Azalan!* (1924) e *Roteiro de fonética fisiológica, técnica do verso e dicção* (1955), entre outros livros. Seu nome não consta entre os entrevistados para a composição de *Ordem e progresso*, de Freyre. O artista brasileiro Hélio Oiticica (1937-1980) é filho do pintor, fotógrafo, entomólogo e matemático José Oiticica Filho (1906-1964) e neto do filólogo anarquista José Oiticica, que inclusive influenciou sua formação intelectual.

O Pedro do Coutto é, como você[500] verá, um autêntico exemplar *Ordem e progresso*.[501] Pena que procurasse brilhar em vez de[502] depor apenas. Na conversa disse coisas bem mais interessantes; duas você[503] pode acrescentar. Contou-me que,[504] por ocasião da Proclamação da República, tinha dezessete anos e já usava cartola. A respeito do problema da raça, contou que uma vez, mostrando-lhe uma amiga[505] a sua árvore genealógica, muito ancha do arianismo esgalhado por ela acima, ele Pedro do Coutto fez-lhe a seguinte pergunta: – E você tem mesmo certeza que nenhum moleque trepou nesta árvore? Convém acentuar que até hoje ele conserva a ojeriza aos portugueses, o que foi muito característico da geração.

Tenho andado em grandes trabalhos. Não há meio de pôr um paradeiro nessa dobadoura. *A Antologia dos parnasianos*[506] está quase a sair. O que vai ficar uma beleza é o *Guia de Ouro Preto*,[507] graças à colaboração do nosso Jardim, que fez ótimo trabalho: *21 hors-texte* e 24 ilustrações no texto. Os desenhos foram reproduzidos em litofotogravura e ficaram exatamente iguais aos originais. Anteontem eu e o Rodrigo estivemos fazendo a paginação. Dentro de dois meses sairá.

Continuo muito interessado nas lições do Pedro II. Infelizmente breve terei que largar o osso, porque vão abrir concurso e eu não tenho idade, saúde nem tempo para me meter na aventura de um concurso. Tenho gasto quase todo o dinheiro de professor em adquirir livros que sempre tive vontade de comprar e não comprava porque era preciso defender os cobres para o quarto e o bife do almoço.

Dos amigos, tenho visto sempre Zé Lins, Rodrigo, Prudente e Zé Cláudio. O místico anda arredio. Está muito envelhecido. Vinicius deve partir até o fim do mês para Oxford.

Adeus, Magro. Recomenda-me aos seus, e abrace o velho

Flag

---

500 [Forma da palavra abreviada no ms.: "v.".]

501 É possível observar a reprodução da primeira página do depoimento autobiográfico de Pedro do Coutto, escrito em caneta-tinteiro com esmerada caligrafia, na sexta edição de *Ordem e progresso*, em imagem com legenda "Extratos de depoimentos autobiográficos utilizados na elaboração do livro *Ordem e progresso*." (cf. ilustrações em folhas não numeradas de: Freyre, *Ordem e progresso*, 2004).

502 [Palavra "de" inserida nesta ed.]

503 [Forma da palavra abreviada no ms.: "v.".]

504 [Vírgula inserida nesta ed.]

505 [Emenda do autor com segmento "uma amiga" sobrescrito à mão com caneta-tinteiro marrom no ms.]

506 Bandeira, Manuel (Org.). *Antologia dos poetas brasileiros da fase parnasiana*. Rio de Janeiro: Ministério da Educação e Saúde, 1938.

507 Bandeira, Manuel. *Guia de Ouro Preto*. Ilust. Luís Jardim e Joanita Blank. Rio de Janeiro: Ministério da Educação e Saúde, 1938.

Rio de Janeiro, 23 de março de 1939.

Gilberto,

Recebi carta e conferências. Levei estas imediatamente ao Capanema,[510] a quem li as suas recomendações. Ele pediu-me que lhe agradecesse em nome dele e fez-lhe uma porção de elogios. Agora vou ficar atento para que a impressão marche depressa e fique a seu contento.

De volta de São[511] Lourenço e Petrópolis, vi-me de novo envolvido numa porção de trabalhos: revisão de provas da *Antologia dos parnasianos*, revisão de provas das *Poesias completas*[512] de Alphonsus de Guimarães (edição do Ministério) e – o *Guia de Ouro Preto*! Eu tinha vindo adiando o início desse guia, porque não sabia em que parariam as coisas na política. Afinal todo o trabalho preparatório estava pronto – 20 desenhos ótimos do Jardim, planta de Ouro Preto etc. Tive que vencer a preguiça e começar. O meu plano é dar primeiro os dados geográficos, em seguida um histórico, depois impressões de viajantes estrangeiros; passo então às minhas impressões de Ouro Preto atual, passeios a pé [lá] pela parte central, chamando aqui e ali atenção do turista distraído para um detalhe interessante; depois lista dos monumentos, com informações precisas. Penso também juntar uma bibliografia. Creio que ficará um livrinho útil para quem for viajar por lá.

---

508 [Classificação original (FGF): doc 18. Carta. Ms. autógrafo com caneta-tinteiro preta. Datação: "Rio, 23 de março de 39". Papel amarelado, de gramatura média. Duas folhas, duas páginas manuscritas. Dimensões: 27,9 x 21,4 cm. Documento bastante fragilizado, ressecado, com rasgamentos provavelmente causados pela acidez da tinta no papel. Na pasta individual do documento, encontra-se também cópia datilografada. No topo do documento copiado, encontram-se as palavras "Cópia de carta de Manuel Bandeira a Gilberto Freyre", manuscritas com caneta esferográfica azul, grafia de Gilberto Freyre, com provável intuito de preservação e divulgação. A cópia desta carta foi realizada em papel amarelo, de gramatura média, uma página datiloscrita em fita preta. Documento reproduzindo autógrafo original até trecho "tanto faz num como noutro lugar".]

509 [Primeira edição para cotejo: Bandeira, *Poesia e prosa*, 1958, v.2, p.1417-1418.]

510 Gustavo Capanema (1900-1985), formado em Direito em 1923, fazia parte do grupo de "intelectuais da rua da Bahia", juntamente com Abgar Renault, Milton Campos e Carlos Drummond de Andrade. Elegeu-se vereador de Pitangui (MG) em 1927; assumiu o posto de oficial de gabinete durante o mandato de seu primo, Olegário Maciel, como governador de Minas Gerais em 1930, depois secretário do Interior e da Justiça; assumiu a interventoria federal em Minas Gerais com a morte do primo em 1933 e, no ano seguinte, o Ministério da Educação e Saúde, no qual permaneceu até o fim do Estado Novo, em 1945. Em sua gestão, considerada centralizadora e com ideais nacionalistas, foram criados o Serviço Nacional de Aprendizagem Industrial (Senai) e o Serviço de Patrimônio Histórico e Artístico Nacional (SPHAN). O bom relacionamento com intelectuais nesse período foi facilitado por Carlos Drummond de Andrade, então seu chefe de gabinete. Foi deputado federal por inúmeros mandatos após 1945 e, em 1964, apoiou o golpe militar. Com o bipartidarismo, filiou-se à Aliança Renovadora Nacional (Arena) e encerrou sua carreira política como senador por Minas Gerais em 1979.

511 [Forma da palavra abreviada no ms.: "S.".]

512 Bandeira, Manuel (Org.). *Poesias, de Alphonsus de Guimaraens*. Rio de Janeiro: Ministério da Educação e Saúde, 1938. Apesar de a carta estar datada de "39", consta que o título *Poesias, de Alphonsus de Guimaraes* foi publicado em 1938.

A novidade que tenho para lhe dar de mim é que fui convidado pelo Gabaglia,[513] diretor do Pedro II, para reger interinamente a cadeira Literatura Geral. Hesitei um pouco, mas acabei aceitando. Rende 1:900$, seis horas por semana, mas posso faltar duas horas. Vamos ver se dou para a coisa. O que concorreu para me fazer aceitar foi que no Departamento de Ensino apertaram as funções de inspetor de ensino e eu tinha que me cansar muito mais. Cansar por cansar, prefiro que seja uma tarefa mais interessante. E se tiver que arriar, tanto faz num como noutro lugar.

Ontem jantei com Manuel Leão em casa de Zé Cláudio. Ele esteve dando notícias do grupo daí.

Cícero me escreveu um cartãozinho encantado com a Holanda: "nunca vi tanta canoa, tanta menina de trança!"

As Blanks vão bem e sempre perguntam por você e mandam lembranças.

O místico telefonando sempre de manhã cedo. Não se desembaraçou ainda de Guinguinha...[514]

Até. Um grande abraço do

Flag.

---

513 Provável referência a Fernando Antonio Raja Gabaglia (1895-1954). Formado em Direito, atuou como professor de Geografia e diretor do Colégio Pedro II, professor de Fisiogeografia na Universidade do Brasil e secretário de Educação do Distrito Federal. Escreveu *As fronteiras do Brasil* (1916) e livros didáticos na área de Geografia e História.

514 Segundo Humberto Werneck: "'A primeira coisa que o Ovalle fez quando aprendeu inglês foi arranjar uma namorada', contou Mário Guaraná de Barros ao pintor Cícero Dias, numa conversa em Paris. Segundo Murillo Hermes da Fonseca, Ovalle se comunicava com Guinguinha 'num inglês misturado', sapecando palavras em português que a obrigava a memorizar. Apesar disso, acrescenta o sobrinho, a moça 'jamais chegou a falar português além de "bom-dia", coisas assim.' De alguma forma, porém, inclusive (ou sobretudo) as não verbais, os dois se entenderiam, e em breve estavam Guinguinha e Tasma trocando arrulhos bilíngues. / Entabularam romance de algum fôlego: quando Ovalle voltou para o Brasil, em 1937, a moça não tardou a vir no seu encalço. Seguiram enroscados por uns bons anos. O *affair* só foi terminar nas alturas de 1946, quando Ovalle se mudou para Nova York." (WERNECK, *O santo sujo*, 2008, p.207).

32 (MB)[515]

Petrópolis, 5 de abril de 1939.

Gilberto,

Desde fim de dezembro vim descansar na Serra em casa de Guita, que se mudou p'raqui – um velho sobrado na rua Ipiranga, que me deu saudades da casa em que meu avô Costa Ribeiro[516] passava a festa em Monteiro. Com as boas comidas, o feijão diário no almoço, recuperei os três quilos perdidos na lufa-lufa do Rio. No fim desta semana volto à rua Morais e Vale, retomar o curso no Pedro II.

Não tinha escrito a você, porque incendiaram que você vinha ao Rio em março. Agora vejo que os seus planos mudaram.

Soube que o *Açúcar*[517] já saiu. Ainda não vi. Estou muito curioso é da *Introdução à Sociologia*.[518]

Tenho estado aqui algumas vezes com o Tarquinio, que comprou uma velha casa muito simpática, com grande terreno, para os lados do Bingen.[519] Só em julho estarão terminadas as obras de reparo. O Octávio muito saudoso do netinho que embarcou com os pais para os Estados Unidos[520] por seis meses.

Zé Lins apareceu aqui um domingo e as Blanks se divertiram muito ouvindo-o contar o novo romance que está escrevendo. Era para se chamar

---

515 [Classificação original (FGF): doc 19. Carta. Ms. autógrafo com caneta-tinteiro marrom. Datação: "Petrópolis, 5 de abril 1939". Papel com marca d'água "Basildom mail". Papel azul-claro, de gramatura média. Uma folha, duas páginas manuscritas (frente e verso). Dimensões: 20,1 x 12,5 cm. Documento com rasgamentos causados pela acidez da tinta no papel e com partes esbranquiçadas.]

516 Antônio José da Costa Ribeiro, advogado e político, era avô materno de Manuel Bandeira. Sobre a presença de seu avô Costa Ribeiro em seu período de formação, diria o poeta: "Dos seis aos dez anos, nesses quatro anos de residência no Recife, com pequenos veraneios nos arredores – Monteiro, Sertãozinho de Caxangá, Boa Viagem, Usina do Cabo – construiu-se a minha mitologia, e digo mitologia porque os seus tipos, um Totônio Rodrigues, uma Dona Aninha Viegas, a preta Tomásia, velha cozinheira da casa de meu avô Costa Ribeiro, têm para mim a mesma consistência heroica das personagens dos poemas homéricos. A Rua da União, com seus quatro quarteirões adjacentes limitados pelas Ruas da Aurora, da Saudade, Formosa e Princesa Isabel, foi a minha Troada; a casa de meu avô, a capital desse país fabuloso. Quando comparo esses quatro anos de minha meninice a quaisquer outros quatro anos de minha vida de adulto, fico espantado do vazio destes últimos em cotejo com a densidade daquela quadra distante." (BANDEIRA, Manuel. Itinerário de Pasárgada. In: _____, *Poesia completa e prosa*, 1974, p.35).

517 FREYRE, Gilberto. *Assucar*: algumas receitas de doces e bolos dos engenhos do Nordeste. Ilustr. Manoel Bandeira. Rio de Janeiro: José Olympio, 1939.

518 Gilberto Freyre viria a publicar *Sociologia I (Introdução ao estudo dos seus princípios)* seis anos depois (cf. FREYRE, Gilberto. *Sociologia*. Pref. Anísio Teixeira. Rio de Janeiro: José Olympio, 1945).

519 Bingen é um bairro localizado em Petrópolis (RJ). Sua origem remonta à presença de colonos alemães no século XIX.

520 [Forma do nome no ms.: "Estados-Unidos".]

Edna, mas o José Olympio[521] vetou o título! De uma confabulação com o Tarquinio estava decidido chamar-se *Viagem ao Sol*. Achei ruim, e Joanita notou o equívoco implicado no título, como se fosse coisa de Julio Verne.[522] Aconselhamos *Riacho Doce*[523] que é o nome de lugar onde a ação se passa. O fato de já 2 romances dele trazerem o nome do lugar da ação não tem importância, não acha?

Mme Blank desde já agradece a lembrança que você vai mandar pela Regina.

Tenho tido sempre cartas de Vinicius, que agora me parece mais ajeitado em Oxford.

Li numa entrevista do Arnon de Melo[524] os seus projetos de trabalho. Este ano eu terei de trabalhar na *Antologia dos simbolistas*,[525] para o ministério, e talvez numa edição das poesias de Gonçalves Dias[526] para a Civilização Brasileira.

---

521 José Olympio (1902-1990), como empregado da Casa Garraux na seção de livros, travou contato com intelectuais modernistas na década de 1920, tais como Mário de Andrade, Oswald de Andrade, Plínio Salgado, Menotti Del Picchia, Cassiano Ricardo etc. Em 1931, comprou o acervo de Alfredo Pujol e, a partir do comércio de livros, conseguiu se lançar num bem-sucedido empreendimento editorial, que daria origem à Livraria e Editora José Olympio. José Olympio foi o editor de, entre outros, Gilberto Freyre, José Lins do Rego, Jorge Amado, Rachel de Queiroz, Graciliano Ramos, José Américo de Almeida, Gastão Cruls e Guimarães Rosa. Vale dizer que José Lins do Rego foi uma das primeiras apostas da recém-fundada editora: "Convencido de que poderia vender Zé Lins, e bem, num mercado mais amplo, José Olympio resolveu tomar a incomum iniciativa de dirigir-se ao autor. Telegrafar-lhe-ia oferecendo-se para publicar uma segunda edição de *Menino de engenho*, de três mil exemplares, e uma edição de cinco mil exemplares de *Banguê*, que fora anunciado na contracapa de *Doidinho* como o próximo romance de Lins. Na agência do correio, o bom jogador José foi levado, no último momento, por um impulso repentino, a dobrar as cifras, para cinco mil e dez mil. 'Você é doido mesmo', reagiu Vera à sua tímida confissão do que acabara de fazer. Lins do Rego, ainda mais atônito, telegrafou imediatamente de Pernambuco a resposta: 'Tomo o próximo navio', e enviou a Gastão Cruls um pedido de desculpas por sua deserção"... Já em 1940, José Olympio declarava, em entrevista, que Lins do Rego era o único autor brasileiro vivo com vendas comparáveis às de Humberto de Campos. Durante algum tempo chegou a conseguir o quase impossível feito de ser um autor brasileiro a viver de direitos autorais." (Hallewell, *O livro no Brasil*, 2005, p.440-442). Mais do que editor, José Olympio foi um grande amigo de Gilberto Freyre, assim como de vários intelectuais que giravam em torno da Livraria e Editora José Olympio. Na sede da José Olympio da década de 1930, reuniam-se os mais próximos amigos de Freyre do Rio de Janeiro, como Manuel Bandeira, Sérgio Buarque de Holanda, Afonso Arinos de Melo Franco, Rodrigo Melo Franco de Andrade, Prudente de Morais Neto, Octávio Tarquínio de Sousa, Lucia Miguel Pereira, Gastão Cruls, Candido Portinari etc. Outro endereço dos mais concorridos, já na década de 1960, é o do restaurante Cantina Batatas, que continuou a catalisar a intelectualidade e, apesar da passagem dos anos e da perda de muito de seus amigos, foi um ponto de visitação obrigatório do sociólogo quando na cidade do Rio de Janeiro. Foi também Gilberto Freyre quem, nos anos 1930, deu o apelido de J. O. ao seu editor (Jotaó), "que o acompanhou pelo resto da vida", segundo Lucila Soares (Soares, *Rua do Ouvidor 110*, 2006, p.27).

522 Jules Verne (1828-1905), escritor francês. Com seus romances de aventura e de ficção científica, Verne foi *best-seller* em todo o mundo. Alguns de seus livros são *Voyage au centre de la terre* (1864), *Vingt mille lieues sous les mers* (1869) e *Le tour du monde en quatre-vingts jours* (1872).

523 Rego, José Lins do. *Riacho Doce*. Rio de Janeiro: José Olympio, 1939.

524 Arnon Afonso de Farias Melo (1911-1983), na década de 1930, atuava como jornalista. Eleito deputado federal pela udn em 1945, o pai do ex-presidente Fernando Collor de Mello desempenhou cargos de governador e senador por Alagoas. Arnon de Melo aproximou-se de Gilberto Freyre por ocasião da defesa dos direitos de *Casa-grande & senzala*, após a venda por Schmidt da editora que o lançou: "O fato, porém, foi um transtorno para Gilberto. A primeira edição logo se esgotou e foram feitas outras que hoje chamaríamos piratas, o que levou Gilberto a ter que contratar advogados não sei por intermédio de quem. Foi uma difícil querela judicial parece que resolvida por Arnon de Melo que anos depois se tornaria compadre de meus pais, convidados a ser padrinhos da filha dele e de Leda, Ana Luiza." (Freyre, Sonia. *Vidas vivas e revividas*. Recife: Edições Bagaço, 2004. p.50).

525 Essa antologia seria publicada em 1965: Bandeira, Manuel (Org.). *Antologia dos poetas brasileiros da fase simbolista*. Rio de Janeiro: Ed. de Ouro, 1965.

526 Livro que seria publicado em 1944: Bandeira, Manuel (Org.). *Obras poéticas de Gonçalves Dias*. São Paulo: Ed. Nacional, 1944.

Desejo-lhe boa viagem. Se você vir por lá algum bom compêndio escolar de Literatura Geral, compre pra mim. Em língua inglesa só tenho o Drinkwater.[527]

Um abraço do

Flag

---

527 O escritor inglês John Drinkwater (1882-1937) publicou, entre várias peças teatrais, poemas e ensaios críticos, o livro *An anthology of English verse*. A obra apresenta poetas como John Milton, Alexander Pope, John Keats, John Dryden, George Meredith, William Butler Yeats, Robert Browning, além de outros, e foi publicada em 1924 pela W. Collins, de Londres (cf. DRINKWATER, John. *An anthology of English verse*. Boston: Houghton Mifflin, 1924. 368 p.).

33 (MB) [528]

Rio de janeiro, 4 de junho de 1939.

Gilberto,

    Recebi sua carta e fiz os acréscimos de nomes nas conferências. Não houve traição de seu subconsciente: o nome de Eugénio de Castro já estava citado; a mim é que escapou, pois a leitura que fiz foi muito[529] apressada: o Cruls é que reviu com maiores cuidados. Por estes dois ou três dias o livrinho ficará pronto. A demora tem sido por causa de uma infernal *Revista do Serviço Público*, coisa do Conselho Federal... que está empatando tudo quanto é serviço gráfico do Ministério.

    Distribuí alguns exemplares de seu inquérito no Pedro II: ao Nascentes,[530] cujo depoimento sobre a questão dos *colored* será muito importante, ao Pedro do Coutto, ao Oiticica e ao Nélson Romero. D. Cacilda tinha perdido o exemplar que eu dei: mandei-lhe outro e ela prometeu responder. Os outros a quem distribuí parece que desanimaram. O que se nota é que ao se falar na coisa todo o mundo fica [ilegível] de dar e interessado, mas quando veem as minúcias, às vezes bem embaraçosas, do inquérito, bate-lhes a preguiça.

    Vinicius ganhou o páreo de Oxford! Ele e todos nós estamos radiantes.

Abraços do

Flag.

---

528 [Classificação original (FGF): doc 20. Carta. Ms. autógrafo com caneta-tinteiro marrom. Datação: "Rio, 4 junho 39". Papel amarelado, de gramatura média. Uma folha, uma página manuscrita. Dimensões: 28 x 21,5 cm. Documento frágil, com bordas com rasgamentos.]

529 [Forma da palavra abreviada no ms.: "m^{to}".]

530 Em *Ordem e progresso*, Gilberto Freyre apresenta Antenor Nascentes do seguinte modo: "N. corte ou capital do Império, 1886. Cursos primário e secundário. Desejou ser lapidário ou cabeleireiro. Professor humanista. Filólogo. Formação católica." (FREYRE, *Ordem e progresso*, 2004, p.129).

34 (MB)[531]

Petrópolis – Ipiranga 385

Dezembro de 1939.

Gilberto,

Vai aqui a lista de subscritores do *Guia de Olinda*.[532]
Já estou instalado na boa vida da casa da Guita, comendo *porridge* de manhã, dormindo a sesta depois do almoço, livre do telefone e outros flagelos do beco. No dia 1º estive de manhã em casa do Tarquinio. Ficou muito bonito o lar do ministro! Ele me disse que você sobe domingo para almoçar e embarcar de noite para São[533] Paulo. Havemos de nos ver. Um abraço e mais votos de felicidades para 40.

Baby Flag

Quarta-feira.

---

531 [Classificação original (FGF): doc 21. Carta. Ms. autógrafo com caneta-tinteiro preta. Sem datação precisa. Papel amarelado, de gramatura média. Uma folha, uma página manuscrita. Dimensões: 27,1 x 20,85 cm. Documento em boas condições.]

532 Trata-se de: Freyre, Gilberto. *Olinda*: 2º guia prático, histórico e sentimental de cidade brasileira. Ilustr. Manoel Bandeira. Recife: Ed. do Autor, 1939. A segunda edição, publicada pela Editora José Olympio em 1944, vem com ilustrações de Luís Jardim.

533 [Forma da palavra abreviada no ms.: "S.".]

35 (MB) [534]

Rio, Flamengo 122

19 de outubro de 1942.

Gilberto,

    Muito obrigado pela participação do nascimento de Sonia Maria.[535] Que ela possa ver um mundo melhor que este de hoje, seja feliz e só dê motivos de alegria para você e Madalena[536] – são os votos que faço. Por Ulysses e das Dores soube que é uma menina muito bonita e esperta.
    Fiz logo a comunicação às Blanks, que mandaram a vocês dois um grande abraço de felicitações. Guita teve no começo de março um menino. Nasceu com a cara do Churchill. É ao mesmo tempo macho e [manso]. Chama-se John Talbot e o [ilegível][537] velha lira já estremeceu encantada numa cantiga de ninar, assim:

"Acalanto de John Talbot"

Dorme, meu filhinho,
Dorme sossegado.
Dorme, que ao teu lado
Cantarei baixinho.
O dia não tarda,
Vai amanhecer...

---

534 [Classificação original (FGF): doc 22. Carta. Ms. autógrafo com caneta-tinteiro preta. Datação: "Rio, Flamengo 122 – 19 de outubro de 1942". Papel amarelado, de gramatura baixa. Uma folha, duas páginas manuscritas. Uma folha de 29,3 cm de largura dobrada ao meio, perfazendo quatro páginas. Dimensões: 20,8 x 14,6 cm. Primeira face: verso da página dois e página um. Segunda face: verso da página um e página dois. Documento muito frágil, com rasgamentos e manchas provavelmente causados pela acidez da tinta no papel.]

535 Sonia Maria Guedes Pereira de Mello Freyre (1942), atual presidente da Fundação Gilberto Freyre (FGF). Escreveu o livro de memórias *Vidas vivas e revividas*, que dá um destaque especial para sua convivência com o pai. Nele, sobre seu contato com Bandeira, Sonia Freyre afirma: "Não sei se o decepcionei, mas era com muita alegria que sempre me acariciava quando nos reencontrávamos. Eu me sentia como a filha que ele nunca teve, pois me dava muita atenção." (FREYRE, *Vidas vivas e revividas*, 2004, p.36). Foi Manuel Bandeira quem abriu o caderno de autógrafos de Sonia, com o poema "Sonia Maria", depois publicado em *Mafuá do malungo*.

536 Trata-se de Maria Magdalena Guedes Pereira de Mello Freyre (1921-1997), esposa de Gilberto Freyre. Eles se conheceram e se casaram em 1941. Seus filhos, Sonia Maria Guedes Pereira de Mello Freyre e Fernando Alfredo Guedes Pereira de Mello Freyre, nasceram respectivamente em 1942 e 1943. Foi eleita presidente vitalícia da FGF, cargo assumido após seu falecimento, em 29 de novembro de 1997, pela filha Sonia Freyre.

537 [Rasgamento no papel prejudicando a decifração do ms.]

> *Como [é frio]*[538] *o ar!*
> *O anjinho da guarda*
> *Que o Senhor te deu,*
> *Pode adormecer,*
> *Pode descansar,*
> *Que te guardo eu.*[539]

Ando cheio de trabalhos e não sei como dar conta deles. Recusei dois cursos – um na Califórnia, outro em Buenos Aires. E uma viagem a Montevidéu. Mas era impossível arredar pé agora daqui.

Achei muito bem apresentada a segunda edição do *Guia do Recife*. Parabéns.

Receba, com Madalena, os abraços do amigo velho

Flag

P. I. Muitas recomendações a seus pais.

---

538 [Rasgamento no papel prejudicando decifração do ms.]

539 Com pequenas alterações, esta é a versão do poema "Acalanto de John Talbot", publicado em *Lira dos cinquent'anos*: "Dorme, meu filhinho, / Dorme sossegado. / Dorme, que a teu lado / Cantarei baixinho. / O dia não tarda... / Vai amanhecer: / Como é frio o ar! / O anjinho da guarda / Que o Senhor te deu, / Pode adormecer, / Pode descansar, / Que te guardo eu." (BANDEIRA, *Poesia completa e prosa*, 1974, p.261).

36 (MB)[540]

Rio de Janeiro, 24 de julho de 1944.

Gilberto,

Recebi dois recados[541] seus: um por intermédio do Barros Carvalho,[542],[543],[544] a propósito da eleição na Academia;[545] outro,[546] por intermédio do Jardim,[547] para prefaciar o novo livro do Odilon.

Ainda antes de tomar conhecimento do seu pedido a favor do Carneiro Leão,[548] já eu tinha prometido o meu voto a ele em todos os escrutínios. Infelizmente o nosso amigo perdeu no primeiro escrutínio a oportunidade de ser eleito. Por um voto apenas! O do Hélio Lobo,[549] que se interessou pela eleição do Carneiro Leão, pediu o voto de alguns colegas da Academia, e no

---

540 [Classificação original (FGF): doc 23. Carta. Ms. datiloscrito com fita preta. Provável assinatura manuscrita danificada pelo rasgamento na margem inferior do papel. Datação: "Rio, 24 de julho de 1944". Papel amarelado, de baixa gramatura. Uma folha, uma página datiloscrita. Dimensões: 26,6 x 20 cm. Documento frágil, ressecado e com bordas danificadas. Carta com emendas do autor sobrepostas às respectivas formas incorretamente grafadas.]

541 [Emenda do autor com sinal de barra manuscrito indicando separação entre palavras no ms.]

542 [Forma do nome no ms.: "Barros de Carvalho".]

543 Possível referência a Antônio de Barros Carvalho (1899-1966), grande proprietário rural, jornalista e político pernambucano. Foi assessor técnico do ministro da Fazenda Artur de Sousa Costa durante o governo de Getúlio Vargas, foi deputado federal pela UDN (eleito como primeiro suplente 1945 e como deputado federal em 1950). Posteriormente, filiou-se ao PTB, sendo reeleito deputado federal em 1954 e em 1958, bem como senador em 1958. Optou, em 1958, por assumir o cargo de senador. Foi ministro da Agricultura do Governo Juscelino Kubitschek.

544 [Emenda do autor com vírgula manuscrita com caneta-tinteiro preta no ms.]

545 Referência à Academia Brasileira de Letras (ABL).

546 [Emenda do autor com vírgula manuscrita com caneta-tinteiro preta no ms.]

547 [Emenda do autor com vírgula manuscrita com caneta-tinteiro preta no ms.]

548 Antônio Carneiro Leão (1887-1966), professor, educador e escritor. Foi eleito em 30 de novembro de 1944 para a Cadeira número 14, sucedendo a Clóvis Beviláqua, e empossado em 1º de setembro de 1945. Exerceu cargo junto ao governo estadual de Pernambuco como secretário de Estado do Interior, Justiça e Educação (1929-1930). Colaborou com periódicos e escreveu inúmeros livros, entre os quais se destacam *O Brasil e a educação popular* (1917), *Problemas de educação* (1919), *O ensino na capital do Brasil* (1926), *A organização da educação em Pernambuco* (1929), *A sociedade rural, seus problemas e sua educação* (1940), *Fundamentos de Sociologia* (1940) e *Panorama sociológico do Brasil* (1958).

549 Hélio Lobo (1883-1960), advogado, historiador, escritor, diplomata e membro da ABL. Colaborou com diversos jornais do Brasil e do exterior, tais como *La Nación*, *Jornal do Commercio* (Rio de Janeiro), *O Diário* (São Paulo) etc. Especialista em Direito e Diplomacia, escreveu os livros *Sabres e togas* (1906), *De Monroe a Rio Branco* (1912), *O Brasil e seus princípios de neutralidade* (1915), *Cousas americanas e brasileiras* (1925), *O pan-americanismo e o Brasil* (1939) e *O domínio do Canadá* (1942), entre outros.

entanto não quis votar! Por causa da eleição do Getúlio,[550,551] não frequenta mais a Academia e não quer tomar parte nos trabalhos.

O Jardim fez uns bonitos desenhos para o livro do Odilon. Farei o prefácio e tomarei altura pelo seu. Mas não será senão para a segunda quinzena de agosto, pois estou apertadíssimo, terminando uma *Apresentação da Poesia Brasileira*[552] para o Fondo Econômico do México. Pelo contrato, tenho de entregá-la nos primeiros dias do mês que vem.

Você já deve ter sabido que deixei o Pedro II, com a extinção da cadeira de Literatura, e fui convidado pelo San Tiago Dantas[553] para tomar conta da cadeira de Literaturas Hispano-americanas na Faculdade de Filosofia. Depois de grandes hesitações, aceitei e comecei a lecionar lá em julho do ano passado. Por um lado melhorei: ordenado mais alto, meio mais disciplinado, turmas menores, três horas por semana; o diabo é que tenho de ler muito, e cadê tempo? e cadê os livros? Já consegui reunir com muito esforço, trepando pelas escadas dos sebos, uma pequena biblioteca de uns duzentos volumes. Mas ainda me faltam

---

550 Sobre Getúlio Vargas (1882-1954), Gilberto Freyre deixa registrada, n'*O Jornal*, do Rio de Janeiro, a sua homenagem ao presidente quando de seu suicídio: "É certo que esses seus métodos de ação o fizeram dançar mais de uma vez estranhas danças dionisíacas para quem o julgasse do ponto de vista da coerência do bailarino apolíneo que ele era. Mas sem que nos últimos anos – os do seu trabalhismo mais intenso – ele deixasse um instante de ser fiel aos seus propósitos de reforma social do Brasil, no sentido que se poderia denominar trabalhista ao mesmo tempo que nacionalmente brasileiro. / Sempre que lhe era possível, procurava para os cargos que considerava decisivos e não apenas decorativos, para os governos de Estado, para os ministérios em fase de organização ou reconstrução, aqueles brasileiros que admirava e que respeitava, não só pelo que neles descobria de competência como de honestidade. Era um admirador dos homens ao mesmo tempo lúcidos e honestos, embora soubesse admirar os lúcidos, apenas lúcidos e não somente os honestos, apenas honestos. / [...] Se não lhe devo um único favor pessoal, a verdade é que tenho hoje o gosto de dizer: fomos amigos." (FREYRE, Gilberto. Getúlio Vargas, artista político. In: _____, *Pessoas, coisas & animais*, 1979, p.191. Texto originalmente publicado com o título "Getúlio Vargas: meu depoimento", em *O Jornal*, Rio de Janeiro, 5 set. 1954).

551 O episódio da eleição de Getúlio Vargas para a Academia é descrito por Lucila Soares da seguinte forma: "Em 1940, a ABL ganhou prestígio junto ao grupo elegendo Manuel Bandeira para a cadeira 24, na sucessão de Luís Guimarães. [...] Em 1941, contudo, a ABL jogou por terra a ilusão dos que esperavam por uma renovação. Naquele ano, o presidente Getúlio Vargas manifestou desejo de ocupar uma cadeira no Petit Trianon. Getúlio não tinha propriamente uma obra literária, mas este era um obstáculo contornável porque já haviam sido publicados oito volumes de *A nova política do Brasil*. É verdade que boa parte dos discursos era de autoria de terceiros. Mas isso era algo que se podia relevar. Restavam dois obstáculos concretos ao pleito – sem contar o mais grave, que era o fato de Getúlio estar em pelo exercício de seu poder de ditador e ter no currículo a censura à imprensa e a prisão de escritores como Graciliano Ramos e Monteiro Lobato. O primeiro: não havia vaga. O segundo: o regimento interno exigia que o candidato se inscrevesse. / Em abril de 1941, a morte de Alcântara Machado, autor de *Vida e morte do bandeirante*, resolveu a primeira questão. Restava o regimento, que acabou sofrendo uma mudança arquitetada e articulada por Cassiano Ricardo. O autor de *Martim Cererê* propôs, e a Academia aceitou, que uma candidatura pudesse ser apresentada por cinco acadêmicos. Getúlio obteve dez indicações, conseguiu 33 votos – um desempenho raro na história da ABL, que tem quarenta cadeiras – e, em visita à Academia, agradeceu a espontaneidade de sua eleição. / Depois disso não havia mais clima para nenhuma candidatura propriamente literária. A presença de Getúlio transformava o que era simples desprezo em verdadeiro asco. Alguns escritores chegaram a firmar um pacto de não entrada na ABL. Entre os líderes desse movimento estavam Sérgio Buarque de Holanda, Octávio Tarquínio de Sousa e Carlos Drummond de Andrade." (SOARES, *Rua do Ouvidor 110*, 2006, p.116-117).

552 BANDEIRA, Manuel. *Apresentação da poesia brasileira*. Rio de Janeiro: Casa do Estudante do Brasil, 1944.

553 San Tiago Dantas (1911-1964) bacharelou-se em Direito, foi advogado, professor e político. Participou da Ação Integralista Brasileira (AIB), dela se afastando na ocasião do preparo do levante para a deposição de Getúlio Vargas em 1938. Foi diretor da Faculdade Nacional de Filosofia e, mais tarde, professor catedrático da Faculdade Nacional de Direito, da Universidade do Brasil. Foi assessor de Getúlio Vargas durante os estudos preparatórios para a criação da Petrobrás. Entre outros cargos públicos, foi eleito deputado federal por Minas Gerais em 1958, nomeado embaixador do Brasil na ONU por Jânio Quadros em 1961 e escolhido por João Goulart para chefiar o Ministério das Relações Exteriores em 1962.

dezenas de obras indispensáveis. Eu gostaria de me limitar à minha tarefa de professor, com que aliás me dou bem. Não é possível: de todos os lados chovem as encomendas, e a gente se sente em falso para recusar certas coisas a que o patriotismo ou o simples dever de solidariedade humana obriga. Foi o caso do México e são assim outros casos.

Apesar de tantos trabalhos, a saúde vai resistindo.

Os amigos estão bem. As Blanks sempre falam de você e Madalena (soubemos do nascimento do segundo menino). Rodrigo sempre amofinadíssimo com as dificuldades do Patrimônio. Afinal o prefeito conseguiu derrubar a preciosa igrejinha de São[554] Pedro.[555] Foi uma tristeza.

A semana passada estive em São Paulo para assistir à celebração do cinquentenário de Rio Preto, uma das bocas do sertão paulista. Fui e voltei de avião. Ainda não tinha voado, porque[556] receava que os meus pulmões fraqueassem com a rápida diferença de pressão. O Clementino Fraga[557] tranquilizou-me, e de fato me dei muito bem. Viagem magnífica. Fiquei assombrado de encontrar naqueles cafundós de São Paulo uma enorme cidade, toda calçada, com excelentes prédios, um grande teatro e até um arranha-céu. Assisti na rua a uma congada muito interessante, que durou duas horas. O promotor dessa congada quem arranjou com a comissão dinheiro para compra da indumentária etc. foi um pernambucano que vive lá e é presidente da Ordem dos Advogados, um Tavares de Almeida, amigo do Nava.

Breve sairá em "Autores e livros", o suplemento literário do Múcio na *Manhã*, a minha *Antologia dos poetas bissextos*.[558] Tive um trabalho danado com isso, mas creio que sairá bem interessante. Juntei você, o Nava, o Prudentinho, o Cardoso e outros, escrevi uma nota sobre cada um, arranjei os retratos, enfim acho que a coisa está boa.

Estou lhe escrevendo esta carta porque amanhã vou almoçar com o Olívio, que será portador dela. Não tenho escrito pelo Correio para não perder o meu tempo, pois me contaram que a sua correspondência é jogada fora. Receba com Madalena um abraço e as saudades do velho amigo.

---

554 [Forma da palavra abreviada no ms.: "S.".]

555 Manuel Bandeira provavelmente se refere à Igreja São Pedro dos Clérigos. Para a construção da Avenida Presidente Vargas, no Rio de Janeiro, vários prédios e monumentos foram demolidos, como as igrejas de São Pedro dos Clérigos, a de São Domingos e a do Bom Jesus do Calvário, além da antiga prefeitura. A Igreja de São Pedro dos Clérigos, construída em 1733 e demolida em 1944, era considerada uma das mais importantes da cidade. Representativa do Barroco, apresentava interior decorado por Mestre Valentim e talha em estilo Rococó (cf. HOLLANDA, Daniela Maria Cunha de. *A barbárie legitimada*: a demolição da Igreja de São Pedro dos Clérigos do Rio de Janeiro. Rio de Janeiro: Eduerj, 2007).

556 [Emenda do autor com sinal de barra manuscrito indicando separação entre palavras no ms.]

557 Provável referência ao médico e político Clementino Fraga (1880-1971), professor em Medicina na Faculdade de Medicina da Bahia e na Universidade do Brasil, escritor e membro da ABL, eleito e empossado em 1939. São de sua autoria os livros *Orações à mocidade* (1923), *A febre amarela no Brasil* (1929), *Ciência e arte em medicina* (1938), *Bovarismo antes e depois de Flaubert* (1939), *Antero de Quental* (1942), *Doença e gênio literário* (1943), *Vida e obra de Oswaldo Cruz* (1972), entre outros.

558 BANDEIRA, Manuel. (Org.) *Antologia de poetas brasileiros bissextos contemporâneos*. Rio de Janeiro: Liv. Ed. Z. Valverde, 1946.

37 (MB)[559]

Rio de Janeiro, 20 de novembro de 1945.

Gilberto,

Afinal estamos desafogados. Afinal podemos retomar a nossa correspondência, interrompida pelas violências do China Gordo.[560] Quantas vezes nestes últimos anos tive vontade de lhe escrever, e não o fazia porque estava certo de que a censura dava sumiço a tudo o que lhe mandavam. Pelo Anibal Fernandes lhe mandei um exemplar dos *Poemas traduzidos*[561] e o retrato que você me tinha pedido. Aquela fotografia foi tirada no restaurante da Praça José de Alencar, no dia do almoço oferecido ao Neruda.[562] Achei que você gostaria de ter também, com a minha, a fotografia da Lia Correia Dutra.[563,564]

A Livraria José Olímpio me mandou, com o seu cartão, um exemplar da *Sociologia*.[565] Está bonito. Pretendo lê-la nas férias. Agora ando cheio de tra-

---

559 [Classificação original (FGF): doc 24. Carta. Ms. datiloscrito com fita preta. Assinatura manuscrita com caneta-tinteiro preta, parcialmente danificada por rasgamento no papel. Datação: "Rio, 20 de novembro de 45". Papel amarelado, de gramatura baixa. Uma folha, duas páginas datiloscritas (frente e verso). Dimensões: 26,9 x 19,8 cm. Documento frágil e com bordas danificadas.]

560 Referência a Agamenon Magalhães (1883-1952), bacharel em Direito e político. Foi redator dos jornais *A Ordem* e *A Província*, de Recife. Posicionou-se contra o presidente da província de Pernambuco Estácio Coimbra e apoiou a candidatura presidencial de Getúlio Vargas, lançada pela Aliança Liberal em 1930. Foi ministro do Trabalho e da Justiça e Negócios Interiores durante o governo de Vargas. Com o Estado Novo, foi nomeado interventor federal no estado de Pernambuco, substituindo seu antigo aliado, o governador Carlos de Lima Cavalcanti. Em seu governo, procurou implementar a produção de alimentos, estimulou a formação de cooperativas de pequenos produtores e criou a Liga Social contra o Mocambo, com o objetivo de encaminhar a questão da moradia. Deixou o governo de Pernambuco em março de 1945. Assumiu novamente o ministério da Justiça e liderou o processo de redemocratização do país. Foi eleito governador de Pernambuco em 1950, vindo a falecer durante o mandato.

561 POEMAS traduzidos, de Goethe e outros. Org. e trad. Manuel Bandeira. Ilustr. Guignard. Rio de Janeiro: Revista Acadêmica, 1945.

562 Pablo Neruda (Neftalí Ricardo Reyes Basoalto, 1904-1973), cônsul, político, poeta, Prêmio Nobel de Literatura em 1971. Escreveu, entre outros, os livros *Crepusculario* (1923), *Veinte poemas de amor y una canción desesperada* (1924), *España en el corazón. Himno a las glorias del pueblo en la guerra* (1937), *Odas elementares* (1954) e *Confieso que he vivido* (Memórias) (1974). Publicado em *Belo Belo* (1948), o poema de Bandeira "No vosso e em meu coração" mostra como o brasileiro procurou captar o lirismo de Neruda: "Espanha no coração: / No coração de Neruda, / No vosso e em meu coração. / Espanha da liberdade, / Não a Espanha da opressão. / Espanha republicana: / A Espanha de Franco, não! / Velha Espanha de Pelaio, / Do Cid, do Grão-Capitão! ... Espanha atual de Picasso, / De Casals, de Lorca, irmão / Assassinado em Granada! / Espanha no coração / De Pablo Neruda, Espanha / No vosso e em meu coração!" (BANDEIRA, *Poesia completa e prosa*, 1974, p.278-279).

563 A referida foto, com Lia Correia Dutra, também traz João Condé e Astrojildo Pereira, em almoço de homenagem a Pablo Neruda (ver Figura 42).

564 Lia Correa Dutra (1908-1989), escritora, chefe da revisão de debates da Câmara de Vereadores do antigo estado da Guanabara. Publicou os livros *Sombra e luz* (1930), *O romance brasileiro e José Lins do Rego* (1938), *Navio sem porto* (1943), *História de um pracinha* (1947), entre outros.

565 Trata-se de: FREYRE, *Sociologia*, 1945.

balhos, na faculdade [e][566] nas editoras. Está a sair por estes dias a edição em português do livro que escrevi para o Fondo de Cultura Económica – a *Apresentação da Poesia Brasileira*. Aqui edita-a a Livraria da Casa dos Estudantes, a quem já entreguei também um livro de *Estudos Literários*[567] (discurso de posse na Academia,[568] conferências sobre Mallarmé, Gonçalves Dias, Júlio Ribeiro,[569] Sor Juana Inés de la Cruz,[570,571] estudo sobre as *Cartas Chilenas*).[572] Preparei a terceira edição das *Noções de História das Literaturas*,[573] a que ajuntei novos capítulos (literaturas holandesa, polonesa, catalã e galega), desenvolvendo muito também o capítulo relativo às literaturas hispano-americanas. O Zélio Valverde[574] vai dar em livro a minha *Antologia dos Poetas Bissextos*, e a Livraria do Globo uma edição comum dos *Poemas traduzidos* aumentada de mais uns dez poemas.

Por falar em Livraria do Globo, o Rosenblatt[575] pediu-me que no lhe escrever eu indagasse se você quer confiar[576] a eles a tarefa de editar em português o seu livro sobre a evolução brasileira. Não sei que livro é esse,[577]

---

566 [Rasgamento no papel prejudicando a decifração do ms.]

567 Não consta que o livro *Estudos literários* tenha sido publicado pela Livraria da Casa do Estudante, porém tais ensaios foram reunidos em edição da Aguilar intitulada *Poesia e prosa* (1958).

568 O discurso de posse na ABL foi proferido em 30 de novembro de 1940.

569 A conferência denominada "O centenário de Júlio Ribeiro" foi proferida em sessão pública da ABL no dia 16 de abril de 1945. Júlio César Ribeiro Vaughan (1845-1890) foi escritor abolicionista, de linhagem naturalista, e gramático. Autor do romance *A carne* (1888), foi escolhido, na ABL, como patrono da cadeira 24.

570 Sor Juana Inés de la Cruz (1651-1695) foi uma escritora representativa do Barroco da Nova Espanha, vice-reino espanhol em que também se situava a região do México. A religiosa católica dedicou-se à poesia e ao drama. Uma importante referência crítica sobre sua obra é o livro *Sor Juana Inés de la Cruz o las Trampas de la Fe* (1982), de Octavio Paz.

571 Cf. CRUZ, Juana Inés de la Sor. Auto sacramental do divino Narciso. Trad. Manuel Bandeira. In: _____, *Poesia e prosa*, 1958, v.2.

572 Cf. BANDEIRA, Manuel. *A autoria das* Cartas chilenas. Rio de Janeiro: Revista do Brasil, 1940. Depois de muitas discussões, chegou-se à conclusão de que o autor dos poemas satíricos de *Cartas chilenas* era Tomás Antônio Gonzaga.

573 Primeira edição: BANDEIRA, Manuel. *Noções de história das literaturas*. São Paulo: Ed. Nacional, 1940.

574 Zélio Valverde foi jornalista e editor. Publicou, em 1946, a primeira edição da *Antologia de poetas brasileiros bissextos contemporâneos*, de Manuel Bandeira. Zélio Valverde foi quem assumiu, em 1939, a livraria e a editora de Schmidt quando ficou claro que seria difícil ao poeta persistir, sozinho, no ramo. A Livraria e Editora Zélio Valverde se tornou uma das mais importantes na década de 1940. Sobre ele, escreveu Hallewell: "Valverde (1921-1985), jovem e 'espantosamente obeso', iniciou-se nos negócios em 1937, com uma pequena livraria num primeiro andar de um prédio da rua do Rosário, voltada sobretudo para a história do Brasil e para os clássicos da literatura brasileira: Francisco de Assis Barbosa foi seu editor literário. [...] Valverde, depois diretor-gerente dos jornais *Diário Carioca* e *Última hora* e mais recentemente assessor técnico da gráfica do Senado Federal, morreu em 25 de abril de 1985, vítima de enfarte." (HALLEWELL, *O livro no Brasil*, 2005, p.428-429).

575 Provável referência a Maurício Rosenblatt, que trabalhava para a editora Globo e foi justamente encarregado de estreitar as relações entre o Rio de Janeiro e a editora, sediada no Rio Grande do Sul: "Esses triunfos pessoais tornaram-no [Érico Veríssimo] muito mais acessível à crítica segundo a qual a Globo desprezava autores nacionais, de tal forma que, em 1943, convenceu Henrique Bertaso a confiar a Maurício Rosenblatt, que ele mesmo recrutara para a Globo, a representação da editora no Rio de Janeiro. [...] De fato, Maurício conseguiu contratar autores de reputação nacional para o desenvolvimento de prestigiosos projetos de tradução." (HALLEWELL, *O livro no Brasil*, 2005, p.412).

576 [Emenda do autor com palavra "confiar" sobrescrita a máquina e indicada por sinal de barra.]

577 Trata-se do livro de Gilberto Freyre *Brazil: an interpretation*, mencionado em detalhe no próximo documento.

estou transmitindo o recado, quem falou nisso à direção da Globo foi o Érico Veríssimo,[578] que estaria pronto a fazer a tradução.

Por aqui as coisas vão andando bem. Só que os amigos se acham bastante divididos: uns com o Prestes,[579] outros com a UDN,[580] outros com os que[581] o Prestes chama a canalha trotskista.[582] Prestistas são o Astrojildo,[583] o Vinicius, o Dalcídio Jurandir,[584] o Portinari,[585] o Mignone;[586] udenistas, a maioria – Prudente,

---

578 Érico Veríssimo (1905-1975), escritor e professor. Na Editora Globo, foi um ativo colaborador e um dos seus principais escritores. Escreveu *Clarissa* (1933), *Olhai os lírios do campo* (1938), *Um lugar ao sol* (1936), *Incidente em Antares* (1971) e a trilogia *O Tempo e o vento: O continente* (1949), *O retrato* (1951) e *O arquipélago* (1961), entre outros.

579 Luís Carlos Prestes (1898-1990) foi uma das mais conhecidas personalidades políticas brasileiras do século XX. Engenheiro pela Escola Militar do Realengo, Rio de Janeiro, fez parte das reuniões de preparo para o levante de 5 de julho de 1922, que marcou o início das revoltas tenentistas. Depois de atuar em vários movimentos revolucionários e de sua prisão pelo governo de Getúlio Vargas, é libertado em 1945, quando já era secretário-geral do PCB, partido que, com a abertura política após o Estado Novo, conquistou breve condição de legalidade.

580 A UDN, de orientação liberal, foi fundada em 1945 com a abertura política levada a cabo pelo governo Vargas. "No ano decisivo de 1945 surgiram também os três principais partidos que iriam existir no período de 1945 a 1964. A antiga oposição liberal, herdeira da tradição dos partidos democráticos estaduais, adversária do Estado Novo, formou, em abril, a União Democrática Nacional (UDN). A princípio, a UDN reuniu também o reduzido grupo dos socialistas democráticos e uns poucos comunistas." (FAUSTO, Boris. *História concisa do Brasil*. São Paulo: Edusp: Imprensa Oficial do Estado, 2001. p.213). Os outros dois grandes partidos da época são o Partido Social Democrático (PSD) e o Partido Trabalhista Brasileiro (PTB), ambos de inspiração getulista. No parágrafo de abertura de seu programa de 1945, fica assinalado o compromisso com o processo de abertura política pelo partido: "A União Democrática Nacional preconiza e apoia um processo de democratização do Brasil, de fim construtivo e social, capaz de promover o progresso político e econômico e o bem-estar de todos os brasileiros." (CARONE, Edgard. *A Terceira República (1937-1945)*. São Paulo: Difel, 1982. p.426). Gilberto Freyre foi eleito deputado federal em 1945 pela UDN.

581 [Emenda do autor com segmento "os que" sobrescrito à máquina indicado pelo sinal de barra.]

582 Conjunto de ideias que se baseia em Leon Trótski (1879-1940), intelectual marxista que participou ativamente da Revolução Russa de 1917 e da edificação da União das Repúblicas Socialistas Soviéticas. Teve posição de destaque no governo socialista e no Partido Comunista soviético. Com a morte de Lênin, em 1924, disputou a posição de protagonista do governo com Stálin. Partiu para o exílio em 1929. Escreveu *A minha vida* (1930), *História da Revolução Russa* (1930 e 1932, em dois volumes) e *A revolução permanente* (1933), entre outros trabalhos. Foi assassinado no México a mando de Stálin.

583 Referência a Astrojildo Pereira (1890-1965), jornalista. Quando jovem, aproximou-se de associações de orientação anarquista. Em 1922, participou do congresso de fundação do PCB e foi eleito secretário-geral da organização. Dois anos depois viajou para a União Soviética e, em 1927, procurou Prestes na Bolívia para uma aproximação deste com o partido. Em 1930 conduziu o processo de proletarização do PCB, que levou à saída de intelectuais da direção; acabou sendo também afastado do cargo. Desligou-se do PCB logo depois. Passou, então, a se dedicar ao jornalismo e à crítica literária. Colaborou com os jornais *Diário de Notícias* e *Imprensa Popular*, com as revistas *Diretrizes* e *Novos Rumos*, assim como dirigiu as revistas *Literatura, Problemas da Paz e do Socialismo* e *Estudos Sociais*. Publicou também o livro de crítica literária *Interpretações* (1944). Com o golpe militar, foi preso em 1964, sua saúde ficou ainda mais precária e acabou falecendo no ano seguinte.

584 Dalcídio Jurandir (1909-1979), escritor e jornalista. Seguiu para o Rio de Janeiro em 1927. Colaborou com vários jornais e revistas, como *O Imparcial, Crítica, Estado do Pará, Guajaramirim* e *A Semana*. Como comunista militante, fez parte das atividades do movimento da Aliança Nacional Libertadora, sendo preso, em 1935, por dois meses e, em 1937, por três meses. Em 1938, retornou ao Pará para assumir cargo na área de educação. Em 1945 e 1946, era ativo jornalista para órgãos de imprensa como o *Tribuna Popular, O Jornal, A Classe Operária* e a revista *O Cruzeiro*. Ao longo de sua vida, seguiu com suas atividades políticas de esquerda. Publicou *Chove nos campos de Cachoeira* (1941), *Marajó* (1947), *Três casas e um rio* (1958), *Belém do Grão-Pará* (1960), *Passagem dos inocentes* (1963), *Primeira manhã* (1968), *Ponte do galo* (1971), *Os habitantes* (1976), *Chão dos lobos* (1976), *Ribanceira* (1978) e *Linha do parque* (1959).

585 Obras de Candido Portinari como *Os retirantes* (1944) e *Meninos de Brodósqui* (1946) mostram a intensificação de seu interesse pela temática social, quando também entra para o PCB, lançando-se como candidato a deputado em 1945 e a senador em 1947.

586 Trata-se de Francisco Mignone (1897-1986), compositor e regente. Começou a estudar música com seu pai, Alferio Mignone, e, aos 10 anos, com Sílvio Motto. Nessa idade já tocava em rodas de choro nos bairros tradicionais

Rodrigo, Afonso, Octávio Tarquinio, Guilherme de Figueiredo,[587] Carlos de Lacerda[588] etc.; comunista antiprestista Mário Pedrosa,[589] Rachel de Queiroz,[590]

---

de São Paulo. Em 1913, começou a ter aulas no Conservatório Dramático e Musical de São Paulo, onde conheceu Mário de Andrade, amigo e parceiro, e já mostrou seu interesse pela temática nacional. Completou sua formação na Europa e, em 1929, retornou ao Brasil. Entre suas peças mais conhecidas estão o *Maracatu de Chico Rei, Quadros amazônicos* – obra de 1939 censurada pelo governo Vargas – e *Festas das igrejas*, além de peças para piano solo e canções compostas a partir de poemas de autores brasileiros. Em parceria com Bandeira, produziu *A estrela, Anjo da guarda, Berimbau, Solar do desamado* e *Pousa a mão na minha testa*. Com a abertura política de Vargas em 1945, filiou-se ao PCB.

587 Guilherme Figueiredo (1915-1997), escritor. Escreveu peças teatrais de sucesso na época, como *Um Deus dormiu lá em casa* (1949) e *A raposa e as uvas* (1953), além dos livros de poemas *Um violino na sombra* (1938), *Ração do abandono* (1974) e *Pássaro quebrado* (1983).

588 Carlos Lacerda (1914-1977), escritor, jornalista, político e editor. Filho do político e escritor Maurício Paiva de Lacerda, participou da ANL em 1935, filiou-se à UDN após o rompimento com o comunismo em 1939, bem como foi eleito deputado federal (1947-1955) e governador do estado da Guanabara (1960-1965). Fundou em 1949 o jornal *Tribuna da Imprensa*. Foi um grande crítico do governo de Getúlio Vargas, diretamente envolvido com o desfecho dos acontecimentos que resultaram no suicídio do presidente, bem como do governo de Juscelino Kubitschek, principalmente no que diz respeito à construção de Brasília. Também seu nome se liga à renúncia de Jânio Quadros. Apoiou o Golpe de 1964 e depois dele se afastou, tendo sido cassado em 1968. Foi fundador da editora Nova Fronteira em 1965 e são de sua autoria vários livros, tais como *O caminho da liberdade* (1957), *O poder das ideias* (1963), *Brasil entre a verdade e a mentira* (1965), *A casa do meu avô; pensamento, palavras e obras* (1977) e *Discursos parlamentares* (1982). Recentemente seu neto, Rodrigo Lacerda, dedicou-lhe o romance biográfico *A república das abelhas*.

589 Mário Pedrosa (1900-1981), escritor, crítico de arte e militante político. Colaborou com *Correio da Manhã* e *Jornal do Brasil*. Filiou-se ao PCB e, depois, ajudou a fundar o Partido dos Trabalhadores (PT). Entre os seus livros, destacam-se *A opção brasileira* (1966), *A opção imperialista* (1966), *Dos murais de Portinari aos espaços de Brasília* (1981) e *Forma e percepção estética* (1996).

590 Rachel de Queiroz (1910-2003), escritora. Lançou *O quinze* em 1930 e, no ano seguinte, começou a travar relações com o Partido Comunista. Tendo sido uma das fundadoras do PC cearense, rompeu com o grupo por conta de seu segundo romance, *João Miguel*, não ter sido aprovado pelo partido, com a justificativa de que um operário é assassinado por outro. Em seguida, conhece membros do grupo trotskista em São Paulo. Com o Estado Novo, seus livros, considerados subversivos, assim como os de Jorge Amado e José Lins do Rego, foram queimados em Salvador. Ficou detida por três meses na sala de cinema do quartel do Corpo de Bombeiros de Fortaleza. O afastamento da vida partidária se deu definitivamente quando teve a notícia de que Stálin havia mandado assassinar Trótski, em 1940. Décadas depois, lhe foi oferecido o Ministério da Educação pelo então presidente Jânio Quadros, convite este recusado. Rachel apoiou o golpe que afastou o presidente João Goulart em 1964 e passou a ser uma das colaboradoras do governo que se instalou. De 1967 a 1985, foi integrante do Conselho Federal de Cultura. Foi a primeira mulher eleita para a ABL em 1977. Entre seus livros, destacam-se os romances *O quinze* (1930), *João Miguel* (1932), *Caminho de pedras* (1937), *As três Marias* (1939), *Dora, Doralina* (1975) e *Memorial de Maria Moura* (1992); os infantojuvenis *O menino mágico* (1969), *Cafute & Pena-de-Prata* (1986) e *Andira* (1992); e as peças teatrais *Lampião* (1953) e *A beata Maria do Egito* (1958), além de prefácios, traduções, livros didáticos, vários livros de crônicas compiladas ao longo de sua extensa produção para periódicos e outros. Sobre ela, escreveu Stegagno-Picchio: "O que conta, de qualquer modo, nesses textos é a intenção: arte instrumental, a serviço de uma ideia regionalista, em que seca e coronelismo são as duas chagas, a da natureza-inimiga e a dos homens, de uma sociedade que só em si, na solidariedade consciente dos seus filhos, pode encontrar uma via de salvação. Sente-se, talvez, nestes textos a falta daquela exigência política pela qual, num certo momento da sua parábola existencial, a autora parecia ter sido atingida. Mas esta curva ideológica, da esquerda para a direita e paralela em certo sentido à Gilberto Freyre, pode encontrar sua explicação na saudade 'do bom tempo antigo', que caracteriza apesar de tudo alguns intelectuais do Norte e a que um crítico agudo como Alfredo Bosi batizou de lusotropicologismo." (STEGAGNO-PICCHIO, *História da Literatura Brasileira*, 2004, p.527-528).

Caloca e outros.[591] Carlos Drummond de Andrade[592] andou com os prestistas e era um dos diretores da *Tribuna Popular*, mas depois do último manifesto do Prestes desligou-se do jornal.

Escreva-me. Mande notícias de Madalena e dos meninos. Para eles e para você um grande abraço e as saudades de

Manuel

---

591 Falando sobre a sociabilidade que se forma em torno da Livraria e Editora José Olympio e sua extensão "democrático-esquerdista" no bar Vermelhinho, Lucila Soares afirma que: "O ponto começou a se formar em 1942, tendo como fundadores Vinicius e Moacir Werneck. Rapidamente congregou-se ali um grupo que foi, aos poucos, roubando a freguesia do Amarelinho. Não era uma roda exclusivamente literária. Pontificavam no Vermelhinho os arquitetos Oscar Niemeyer e Carlos Leão (Caloca), o jovem pintor Carlos Scliar e a bailarina Eros Volusia, estrela da noite carioca, famosa por suas coreografias que uniam balé clássico a ritmos populares do Brasil. Em 1943, a inauguração do novo prédio do Ministério da Educação engrossou a dissidência, por uma questão de comodidade. A sede nova era quase pegada ao bar, o que tornou Carlos Drummond de Andrade presença assídua." (SOARES, *Rua do Ouvidor 110*, 2006, p.126).

592 Carlos Drummond de Andrade foi convidado, em 1945, a assumir a coeditoria do jornal do PCB *Tribuna Popular*. Afastou-se do cargo, e da vida política, meses depois por divergências com o jornal. O período literário que se segue, principalmente marcado por *Claro enigma* (1951), elucida o pessimismo do poeta acerca de qualquer possibilidade de ação no mundo. O livro *Drummond – da Rosa do Povo à Rosa das Trevas* analisa bem tal guinada do poeta (CAMILO, Vagner. *Drummond*: da Rosa do Povo à Rosa das Trevas. Cotia: Ateliê Editorial, 2001).

38 (GF)[593]

Para Manuel Bandeira

Apipucos – Recife, 3 de dezembro de 1945.

Dear Baby Flag:

    Foi com grande alegria que recebi sua carta. É claro: passado, como parece ter passado, o regímen gestapiano,[594] vamos voltar aos dias de correspondência. E antes que me esqueça: aquela fotografia que você[595] nos mandou não serve. Reprovada. Queremos Baby Flag só e não em grupo. Nem ao menos conhecemos Dona Lia Correia Dutra. Só de nome. Andei pelo interior quase em santas missões, com um grupo de estudantes, pregando Democracia e batizando pagãos deixados pelo "Estado Forte". Foi uma grande excursão. Estão aparecendo os primeiros resultados das eleições aqui e seu velho amigo na dianteira![596] Povo bom, este nosso, do Recife, seu Flag.[597] O Brigadeiro[598] vai bem

---

593 [Classificação original (FCRB): 218. Carta. Ms. autógrafo com caneta-tinteiro cinza. Datação: "Apipucos, Recife / 3 de dezembro / 1945". Papel amarelado, de gramatura baixa. *Ex-libris* no alto da primeira página à esquerda. Uma folha, duas páginas manuscritas. Uma folha de 29,2 cm de largura dobrada ao meio, perfazendo duas páginas manuscritas (frente e verso). Primeira face: página um à direita. Segunda face: página dois à direita. Dimensões: 25 x 14,6 cm. Documento em boas condições. Na margem superior, à esquerda, da primeira página, trecho "Para Manuel Bandeira" manuscrito com letra de Gilberto Freyre.]

594 O adjetivo "gestapiano" claramente alude à "gestapo", nome da polícia secreta alemã da época do nazismo. (cf. Houaiss; Villar, *Dicionário Houaiss da língua portuguesa*, 2001).

595 [Forma da palavra abreviada no ms.: "V.".]

596 Gilberto Freyre teve destacada ação política durante o processo de redemocratização do país que assinalou o fim do Estado Novo, estando à frente de comícios para estudantes do grupo democrático da Faculdade de Direito e bastante atuante na imprensa periódica. Manoel Correia de Andrade disserta sobre aquele momento: "Programadas as etapas da redemocratização, lançada a candidatura do Brigadeiro Eduardo Gomes à Presidência da República e composta a chapa da UDN para o Senado e a Câmara Federal, tiveram os estudantes, que haviam sido os pioneiros em Pernambuco, na luta contra o Estado Novo, o direito de indicar um candidato a deputado e este foi, naturalmente, Gilberto Freyre, que eleito com expressiva votação, sobretudo no Recife, representou-os não só na Câmara dos Deputados, como nos trabalhos da Constituinte, de vez que o Congresso, que não fora eleito especificamente para elaborar uma Constituição, recebeu atribuições constitucionais. / Tivemos então a atuação destacada de Gilberto Freyre na Constituinte, procurando priorizar a problemática social frente aos problemas apenas jurídicos, defendidos por alguns constituintes, e levantando ideias e problemas profundamente comprometidos com a realidade brasileira. Sua passagem pela Constituinte está bem documentada no prefácio escrito pelo político e escritor paranaense, Bento Munhoz da Rocha, para o seu livro *Quase política*, e em depoimento prestado pelo próprio Gilberto, em Ciclo de Conferências realizado pela Fundação Joaquim Nabuco, em 1986. Foi uma passagem marcante, demonstrando ter sido muito feliz a escolha que os jovens de 1945 fizeram ao elegê-lo seu representante." (ANDRADE, Manuel Correia de. Gilberto Freyre e a geração de 45. *Ciência & Trópico*, Recife, v.15, n.2, p.147-156, jul./dez. 1987.)

597 [Sublinhado tal qual no ms.]

598 Trata-se de Eduardo Gomes (1896-1981), militar de carreira e político. Participou do levante do Forte de Copacabana em 1922, marco do movimento tenentista, do levante de 1924, da Coluna Prestes e do movimento que culminou com a deposição de Washington Luís em 1930. A partir de então, seguiu a carreira militar. Com a criação do Ministério da Aeronáutica em 1941, foi promovido a brigadeiro. Com a criação da UDN em 1945, filiou-se ao partido e aceitou lançar-se candidato à presidência nas eleições que dariam a vitória ao general Eurico Gaspar

em Pernambuco. Mas que notícias tristes nos vêm de São[599] Paulo! Enfim, são as primeiras notícias. Vamos ver o fim de tudo isso. Você[600] por favor informe o Érico Veríssimo que o Olívio Montenegro[601] já começou a traduzir o meu *Brazil: an interpretation*.[602] Neste caso, a Globo[603] se interessaria em publicar uma tradução feita pelo Olívio com uma introdução? E em que condições? É claro que eu estimaria que a tradução fosse feita pelo Erico; mas no caso de não estar sendo feita já por Olívio, que desde o princípio se entusiasmou com o livreco. Este vem tendo sucesso nos Estados Unidos e Canadá. E os críticos não têm destacado o que há no livro, segundo ele, de sugestivo pelas ideias, como o estilo, um chegando a dizer que é "fascinante". Como vão nossos amigos? O Rodrigo, o Prudente, o Sérgio, o Ovalle, as boas amigas, as Blank? Vejo que você[604] não deixa de trabalhar. Sabe – estou sem o seu endereço. Vai esta carta pelo Flamengo. Você[605] quando escrever agora, mande seu endereço. Não esqueça o retrato. Vai um retratinho de Sonia Maria e Fernando Alfredo.[606] O velho Freyre se manda para a cidade, pede pressa. De modo que fico por aqui. Vamos todos bem, graças a Deus – nós de Apipucos e Bigodão, das Dores e os rebentos. Lembranças aos bons amigos. Para você[607] um saudoso abraço

Gilberto

Dutra. Em 1950, novamente foi candidato, derrotado, então, por Getúlio Vargas. Defendeu a renúncia de Vargas no segundo mandato após o atentado contra Carlos Lacerda e foi um aliado do Golpe Militar de 1964. Foi ministro da Aeronáutica no governo de Café Filho (1954-1955) e durante o regime militar (1965-1967).

599 [Forma da palavra abreviada no ms.: "S.".]

600 [Forma da palavra abreviada no ms.: "V.".]

601 [Sublinhado tal qual no ms.]

602 FREYRE, Gilberto. *Brazil: an interpretation*. New York: Alfred A. Knopf, 1945. A primeira edição brasileira foi a seguinte: FREYRE, Gilberto. *Interpretação do Brasil*. Trad. e introd. Olívio Montenegro. Rio de Janeiro: José Olympio, 1947. O livro foi também publicado na Itália, no México e em Portugal.

603 [Sublinhado tal qual no ms.]

604 [Forma da palavra abreviada no ms.: "V.".]

605 [Forma da palavra abreviada no ms.: "V.".]

606 Fernando Alfredo Guedes Pereira de Mello Freyre (1943-2005), administrador de empresas, foi diretor executivo da Fundação Joaquim Nabuco, presidente da Fundação Gilberto Freyre e membro da Academia Pernambucana de Letras. Escreveu, entre outros trabalhos, *Administração e pesquisa* (1978), *Breves considerações sobre alguns problemas das universidades brasileiras* (1981), *Engenharia social e outros temas* (1985), *Brasileiridade* (1992), *Fundação Joaquim Nabuco: dimensão da terra e do homem* (1992), *Tempo de Pernambuco: geração, tradição e cultura* (com Vamireh Chacon, 1999), *Presença de Odilon Ribeiro Coutinho* (2001), *Amaro Quintas: 90 anos de liberdade e história* (2002) e *Ruy João Marques: médico e humanista* (1996).

607 [Forma da palavra abreviada no ms.: "V.".]

39 (MB) [608]

Rio de Janeiro, 26 de dezembro de 1945.

Gilberto,

Respondo à sua carta de 3.

Transmiti a sua resposta ao Rosenblatt, gerente aqui da Livraria Globo. Aceitam eles a tradução do Olívio e perguntam quanto devem pagar por ela. Quanto à sua parte, há duas propostas: o livro pode ser lançado na *Coleção Tucano*, toda composta de bons livros dos melhores autores, edição de divulgação popular ao preço de 12 cruzeiros, com uma tiragem de 3 a 4 mil exemplares; ou pode sair fora de coleção, em edição mais cara (uns 25 cruzeiros). Aos homens do Globo interessa mais que você entre na coleção *Tucano* para prestigiá-la definitivamente. Pagam dez por cento sobre o preço de capa.

Entreguei a eles para a tal *Tucano* uma segunda edição dos *Poemas traduzidos*,[609] com acréscimo de quinze novas traduções.

Por estes dias sairá a minha *Apresentação da poesia brasileira*, editada pela livraria da Casa dos Estudantes. É um livro que vai despertar ressentimentos contra mim, porque, escrevendo para o estrangeiro, não deixei passar camarão pelas malhas.

Breve vocês receberão um retrato de Baby Flag sem acompanhamento. Mandei o grupo porque todos acharam aquele meu retrato muito bom e eu pensei que você conhecesse pessoalmente a Lia, cujo retrato no grupo está também ótimo. Fui ultimamente fotografado por dois excelentes fotógrafos – o Manzon[610] e o Scliar[611] (irmão do pintor-pracinha).[612] Ambos estão bons. É um destes que lhe vou remeter.

---

608 [Classificação original (FGF): doc 25. Carta. Ms. datiloscrito com fita preta. Assinatura manuscrita com caneta-tinteiro preta. Datação: "Rio, 26 de dezembro de 1945". Papel amarelado, de gramatura baixa. Uma folha, uma página datiloscrita. Dimensões: 26,9 x 20,1 cm. Documento frágil e ressecado.]

609 POEMAS traduzidos. Org. e trad. Manuel Bandeira. 2. ed. Rio de Janeiro: Globo, [1948].

610 Jean Manzon (1915-1990), fotógrafo, repórter e cineasta. Nascido em Paris, mudou-se para o Rio de Janeiro em 1940. Trabalhou para o Departamento de Imprensa e Propaganda do Estado Novo e colaborou intensamente com os periódicos dos *Diários Associados*, especialmente *O Cruzeiro*. À frente de sua empresa, produziu inúmeros documentários. A Figura 28, desta edição, traz a fotografia de Gilberto Freyre no solar de Santo Antônio de Apipucos, de sua autoria.

611 Referência a Salomão Scliar (1925-1991), fotógrafo e cineasta. Chegou ao Rio de Janeiro, vindo do Rio Grande do Sul, em 1943 para morar com seu irmão, o pintor Carlos Scliar. Colaborou com as revistas *Diretrizes*, *Revista Rio*, *O Cruzeiro*, *Revista do Globo* e, mais adiante, passou a trabalhar com a produção cinematográfica, tendo dirigido e produzido o longa-metragem *Vento Norte* (1951).

612 Bandeira refere-se, aqui, a Carlos Scliar, irmão de Salomão Scliar. Carlos Scliar (1920-2001), nascido no Rio Grande do Sul, mudou-se para São Paulo em 1940. Em 1943, foi convocado para a Força Expedicionária Brasileira (FEB), seguindo para a Itália em 1944. Ao retornar, em julho de 1945, trouxe consigo inúmeros desenhos realizados na Itália, que integraram a exposição "Com a FEB na Itália". Os soldados da FEB na Segunda Guerra Mundial eram chamados de pracinhas.

Aqui reina entre os nossos amigos muita desolação por causa da surpresa das eleições.[613] A verdade é que todo o mundo se enganou desta vez: o Getúlio que,[614] se contasse com este resultado, ter-se-ia desincompatibilizado e certamente ganharia a eleição. Nós do Brigadeiro erramos ao imaginar que os católicos votariam em massa nele. Os comunistas, ou melhor, os prestistas (repugna-me chamar comunistas um partido de cambalachos oportunistas onde os princípios – veja bem, os <u>princípios</u>[615] marxistas –[616] são abandonados) pensavam ter a massa com eles e, no entanto, onde o Getúlio se apresentou ganhou com enorme dianteira sobre eles. O Dutra,[617] que parecia perdido um mês antes das eleições, ganhou afinal com os votos dos trabalhistas e dos católicos.

Quando na rua um filho da puta vem me falar com um risinho sacana na derrota do Brigadeiro, respondo com as últimas palavras da mensagem das senhoras cariocas ao Eduardo; citaram elas as de Cristo para as mulheres de Sião quando ia para o Calvário: "Não choreis por mim; chorai por vós mesmos e pelos vossos filhos". Tenho dito por aí: Deus teve pena do Brigadeiro. A verdade é que a maioria dos brasileiros gosta é de sacanagens e peia no lombo. Como disse um sujeito no *Correio da Manhã*: apanham e beijam depois o nó da peia.

Os amigos mandam-lhes lembranças. Mostrei a fotografia dos seus meninos às Blanks, que ficaram encantadas; acharam a menina muito parecida com você.

Receba com Madalena e as crianças os melhores votos de Natal e Ano Bom do

Flag

---

613 Sobre o contexto da eleição de 1945 à presidência da República, observa Robert Levine: "Os dois candidatos declaravam-se agora 'liberal-conservadores' e, ao falar, usavam lugares-comuns, evitando mencionar Vargas e o Estado Novo. Embora Gomes ('um belo solteiro casadouro', registra a imprensa) fosse homem vistoso em comparação com o ministro da Guerra, 'baixote, sem graça' e que havia apoiado os nazistas antes de Vargas levar o Brasil à guerra, Dutra ganhou por uma margem de três a dois." (LEVINE, *Pai dos pobres?*, 2001, p.113). E o resultado das eleições, ao que tudo indica, teve, de fato, sua dose de surpresa: "Pelo comparecimento aos comícios, parecia que a candidatura do brigadeiro Eduardo Gomes ia em franca expansão, enquanto a de Dutra marcava passo. A campanha do brigadeiro atraiu setores da classe média dos grandes centros urbanos em torno da bandeira da democracia e do liberalismo econômico. Dutra não entusiasmava ninguém e chegou-se mesmo a pensar em substituir sua candidatura por outro nome que tivesse maior apelo eleitoral. Quase nas vésperas das eleições, Getúlio acabou por fazer uma declaração pública de apoio à candidatura Dutra. Mesmo assim, ressalvou que ficaria ao lado do povo contra o presidente se ele não cumprisse as promessas de candidato." (FAUSTO, *História concisa do Brasil*, 2001, p.219)."

614 [Vírgula inserida nesta ed.]

615 [Sublinhado tal qual no ms.]

616 [Travessão indicando fechamento de período inserido nesta ed.]

617 Eurico Gaspar Dutra (1885-1974), militar de carreira e presidente da República entre 1946 e 1951. Participou da Revolta da Vacina em 1904 contra o governo de Rodrigues Alves, esteve ao lado das forças legalistas durante as revoltas tenentistas e na Revolução de 30, ajudou na repressão à ANL e, a partir de 1936, assumiu o Ministério da Guerra. Em 1945, o PSD, representado por membros governistas, lançou sua candidatura vitoriosa à Presidência da República. Apoiou Cristiano Machado nas eleições de 1950, que dariam a vitória a Getúlio Vargas. Foi um aliado do movimento para desestabilizar o segundo governo Vargas, para afastar João Goulart da presidência, e membro da Arena durante o regime militar. Sobre o início do governo Dutra, analisaria Thomas Skidmore: "As eleições de 2 de dezembro de 1945 prepararam o terreno para a redemocratização do Brasil. Tendo empossado o seu novo presidente em janeiro de 1946, o país se preparava para refazer a sua Constituição pela quarta vez, desde a queda do Império, em 1889. [...] Dutra logo se mostrou um presidente tranquilamente apolítico. O seu período presidencial foi caracterizado por frequentes apelos por um retorno à 'tranquilidade'. Dutra gozou de uma lua de mel política durante o seu primeiro ano, quando a UDN cooperou com o seu governo nas tarefas imediatas de reconstrução do após-guerra." (SKIDMORE, Thomas. *Brasil*: de Getúlio a Castelo. São Paulo: Paz e Terra, 1988. p.90-91).

40 (GF)[618]

Para Manuel Bandeira[619]

Apipucos – Recife, 22 de janeiro de 1948.[620]

Meu caro Baby Flag:

Um abraço. Foram tão curtos os dias que passei no Rio que não houve tempo para o nosso almoço ou jantar. Fica para abril. Envio-lhe agora já o seguinte: tendo eu escrito um artiguete sugerindo uma homenagem do Brasil, principalmente da Academia de Letras, ao Thomas Mann,[621] filho de brasileira, alguém mandou o artigo ao Mann e o velho comoveu-se. Escreveu a um amigo em São[622] Paulo, o austríaco Carlos de Lustig-Prean,[623] prestes a ser cônsul da Áustria ali, dizendo que a ideia era de sua "inteira satisfação" e "verdadeiramente comovente". Que fazer-lhe agora? Convidá-lo a Academia com Ministério do Exterior a vir ao Brasil fazer conferências ou simplesmente receber uma home-

---

618 [Classificação original (FCRB): 221. Carta. Ms. autógrafo com caneta-tinteiro preta. Datação: "Apipucos, Recife / 22 de janeiro". Papel amarelado, de gramatura baixa. Uma folha, uma página manuscrita. Dimensões: 27,1 x 21,5 cm. Documento com manchas.]

619 [Sublinhado tal qual no ms.]

620 Documento sem determinação de ano, porém supomos que se trata de janeiro de 1948, tendo em vista "os votos de felicidades em 48", ao final da carta, e o esforço de Gilberto Freyre, ao longo de 1947, em fazer uma homenagem a Thomas Mann no Brasil: "Pois autorizado por Thomas Mann, através de amigo comum, é que procurei, em 1947, interessar instituições e personalidades influentes do nosso país – a Academia Brasileira de Letras e os Diários Associados – num convite que o grande escritor alemão, no fim da vida, muito desejou receber do Brasil. Desejava conhecer – dizia-me ele – 'a terra da sua Mãe'. Infelizmente fracassei nesse esforço. A Academia de Letras não se interessou pelo assunto. Assis Chateaubriand, a princípio entusiástico, deixou de empenhar-se, absorvido por outros afãs, pela realização do que lhe parecera justíssima homenagem brasileira ao quase teuto-brasileiro Thomas Mann." (FREYRE, Gilberto. *Em torno das relações culturais do Brasil com a Alemanha*. Recife: Ed. da UFPE, 1974).

621 Thomas Mann (1875-1955), escritor. Sua mãe, Julia da Silva Bruhns, era filha de um alemão com uma brasileira. Considerado um dos expoentes da literatura ocidental, escreveu, entre outros, o livro de contos *Der kleine Herr Friedemann* (*O pequeno senhor Friedemann*, 1898); a novela *Der Tod in Venedig* (*Morte em Veneza*, 1913); os romances *Buddenbrooks – Verfall einer Familie* (*Os Buddenbrooks*, 1901), *Der Zauberberg* (*A montanha mágica*, 1924) e *Doktor Faustus* (*Doutor Fausto*, 1947), assim como ensaios. Recebeu o Nobel de Literatura em 1929. A propósito, o amigo e biógrafo de Freyre Valmireh Chacon escreveu o livro *Thomas Mann e o Brasil* (Rio de Janeiro: Tempo Brasileiro, 1975).

622 [Forma da palavra abreviada no ms.: "S.".]

623 No livro *Exílio e literatura: escritores de fala alemã durante a época do nazismo*, de Izabela Maria Furtado Kestler, encontramos um perfil biográfico do escritor austríaco: "Originalmente Lustig-Prean von Preanfeld und Fella; diretor de teatro, publicista: Prachatitz/Böhmerwald, 20.1.1892 – Viena, 22.10.1965; no Brasil de 1937 a 1948; publicou aqui os livros *Mil destinos da Europa*, São Paulo, 1943 e – por incumbência dos mórmons – *Ausgewähltes Volk zieht in die Wüste: Geschichte der Mormonen*, São Paulo, 1941". Segundo a autora, Lustig-Prean pertencia ao campo católico conservador. Como intelectual, tentou combater o nazismo no Brasil, país no qual residiu com sua mulher Lotte, e defendeu que a cultura alemã não podia ser valorada com base nos crimes de Hitler (cf. KESTLER, Izabela Maria Furtado. *Exílio e literatura*: escritores de fala alemã durante a época do nazismo. Trad. Karola Zimber. São Paulo: Universidade de São Paulo, 2003. p.129-130).

nagem? Elegê-lo sócio correspondente? Que acha você?[624] Ao meu ver alguma coisa deve ser feita e sem demora. Peço a você,[625] que certamente concorda com a ideia, agir e transmitir a informação que lhe envio a Roquette, Múcio, Claudio de Sousa,[626] Carneiro Leão, [Levy],[627] Rodrigo, Octavio Filho,[628] [Artuzinho], [ilegível] Tavares, Cassiano,[629] Peregrino, Afonso Pena,[630] Ataulfo[631] e outros *cajones* [e] tornar uma homenagem a Mann realidade. E que essa homenagem não demore. O endereço atual de Thomas[632] Mann é:

        1550 San Remo Drive, Pacific Palisades
                     California,[633] USA
   O do Lustig-Prean: Rua Luiz Coelho 206, São Paulo

---

624 [Forma da palavra abreviada no ms.: "V.".]

625 [Forma da palavra abreviada no ms.: "V.".]

626 Cláudio Justiniano de Sousa (1876-1954), médico, professor e escritor. Foi eleito para a ABL em 28 de agosto de 1924 e tomou posse em 28 de outubro de 1924. Colaborou com jornais cariocas como *O Correio da Tarde* e *A Cidade do Rio*. Ajudou a fundar a Academia Paulista de Letras. A partir de 1913, abandonou a Medicina para dedicar-se à literatura, tendo sido considerado o introdutor do teatro ligeiro de comédia. Deixou peças teatrais como *Flores de sombra* (1916), *O turbilhão* (1921), *O conto do mineiro* (1923) e *Pátria e bandeira, cinema* (1942); romances como *Pater* (1913), *Os infelizes* (1926) e *As mulheres fatais* (1928); ensaios como *Os últimos dias de Stefan Zweig* (1942) e *Pirandello e seu teatro* (1946).

627 Possível referência a Levi Fernandes Carneiro (1882-1971), advogado e escritor. Foi eleito para a ABL em 23 de julho de 1936 e tomou posse em 7 de agosto de 1937. Foi fundador e primeiro presidente da Ordem dos Advogados do Brasil (OAB), em 1932, dirigiu a *Revista Brasileira* (1941-1944) e foi presidente da ABL em 1941. Escreveu, entre outros trabalhos, o *Livro de um advogado* (1943).

628 Rodrigo Octavio Filho (1892-1969), advogado e escritor. Foi eleito para ABL em 10 de agosto de 1944 e tomou posse em 19 de junho de 1945. Colaborou com periódicos como a revista *Fon-Fon!* e o jornal *Correio da Manhã*. Foi um dos fundadores do PEN Clube do Brasil. Escritor de linhas penumbristas e simbolistas, deixou, entre outras obras, a coletânea de poesia *Alameda noturna* (1922) e os ensaios *Velhos amigos, estudos e ensaios* (1938), *Figuras do Império e da República* (1944) e *Simbolismo e Penumbrismo* (1970).

629 Provável referência a Cassiano Ricardo (1895-1974), jornalista e escritor. Foi eleito para ABL em 9 de setembro de 1937 e tomou posse em 28 de dezembro de 1937. Trabalhou em jornais como *Correio Paulistano* (de 1923 a 1930) e *A Manhã* (Rio de Janeiro, de 1940 a 1944), assim como fundou as revistas *Novíssima*, em 1924, *Planalto*, em 1930, e *Invenção*, em 1962. Escreveu clássicos do Modernismo brasileiro como *Vamos caçar papagaios* (1926), *Borrões de verde e amarelo* (1927) e *Martim Cererê* (1928). Mais adiante, dá uma guinada introspectiva com *O sangue das horas* (1943) e *Um dia depois do outro* (1947). Com *Jeremias sem-chorar* (1964) mostrou pleno domínio das técnicas vanguardistas. Como ensaísta e crítico literário, deixou os livros *Marcha para Oeste* (1940), *A poesia na técnica do romance* (1953) e *Algumas reflexões sobre a poética de vanguarda* (1964).

630 Afonso Pena Júnior (1879-1968), advogado, professor do ensino superior, político e ensaísta, eleito para a ABL em 22 de maio de 1947 e empossado em 14 de agosto de 1948 na cadeira 7. Foi reitor da Universidade do Distrito Federal. Escreveu *A educação pelo escotismo* (1935), *Crítica de atribuição de um manuscrito da Biblioteca da Ajuda* (1943) e *A arte de furtar e o seu autor* (1946, em dois volumes).

631 Provável referência a Ataulfo de Paiva (1867-1955), magistrado empossado na ABL na cadeira 25 em 23 de maio de 1918. Publicou *O Brasil no Congresso Internacional de Direito Comparado de Paris* (1900), *Justiça e assistência: os novos horizontes* (1916) e *Discursos na Academia* (1944), entre outros trabalhos.

632 [Forma do nome abreviado no ms.: "Th.".]

633 [Forma da palavra abreviada no ms.: "Cal.".]

Vamos todos regularmente – Magda, eu, crianças, velho Freyre, Bigodão e família. A você,[634] nossos votos de felicidades em 48. Iguais votos a nossas boas amigas as Blank. Outro abraço do

Gilberto

---

634 [Forma da palavra abreviada no ms.: "V.".]

41 (MB)[635]

Rio de Janeiro, 5 de setembro de 1952.

Gilberto,

Seu amigo José Antonio de Souza Leão apresentou-se aqui armado de sua carta trazendo-me a sua lembrança de Sofala,[636] o delicioso porquinho. Muito obrigado a você. Ficou o José Antônio de voltar ao meu apartamento antes de regressar ao Recife. Mas jacaré voltou? Nem ele! Ora, eu queria aproveitar o portador de confiança para lhe mandar o seu exemplar do *Opus 10*.[637] Umas semanas depois, estive em casa do Thiago de Mello[638] com o Mauro Mota,[639] que embarcava para o Recife uns dois dias depois e se ofereceu para levar-lhe o livro. Diga-me agora: o volumezinho chegou às suas mãos?

Há três dias mandei pelo correio um exemplar da minha *Biografia de Gonçalves Dias*,[640] escrita para a Ipê de São[641] Paulo, que quebrou, e agora editada pelos irmãos Pongetti. É coisa sem importância mas feita com cuidado.

Receba com Madalena e as crianças o velho [melhor] afeto do velho

Manuel

---

635 [Classificação original (FGF): doc 26. Carta. Ms. autógrafo com caneta-tinteiro preta. Datação: "Rio, 5.9.52". Papel amarelado, de gramatura média. Duas folhas, duas páginas manuscritas. Dimensões: 22,1 x 16,2 cm. Documento em boas condições.]

636 A viagem a Sofala, província da região central de Moçambique, está descrita em *Aventura e rotina* (1953), de Gilberto Freyre. A viagem a regiões de Portugal e África, quando Freyre procura encontrar elementos para fundamentar a lusotropicologia como ciência, foi feita entre agosto de 1951 e fevereiro de 1952. A chegada do escritor a Sofala é em janeiro de 1952, lugar descrito da seguinte forma: "Manica e Sofala têm por capital Beira; e na Beira me espera um dos mais cultos e gentis governadores de Província que já encontrei no Ultramar Português: o engenheiro militar Ferreira Martins. Recebem-me ele e a esposa com a melhor das hospitalidades lusitanas. [...] É uma gente de um encanto verdadeiramente singular, a luso-chinesa de Manica e Sofala [...]" (FREYRE, Gilberto. *Aventura e rotina*. Rio de Janeiro: José Olympio, 1953. p.496). Vale dizer que Sofala foi o nome dado a uma feitoria e fortaleza construída pelos portugueses na costa de Moçambique, na região da província, e que Manica, hoje, é outra província moçambicana que tem como capital a cidade de Chimoio.

637 BANDEIRA, Manuel. *Opus 10*. Niterói: Hipocampo, 1952.

638 Amadeu Thiago de Mello (1926-), escritor e tradutor. Esteve à frente do Departamento Cultural da Prefeitura do Rio de Janeiro em 1957, foi adido cultural na Bolívia e no Peru, entre 1959 e 1960, e em Santiago, entre 1961 e 1964, tendo sido afastado do cargo por dar abrigo a refugiados políticos brasileiros. Foi ele próprio refugiado político durante o regime militar. Publicou os livros de poesia *Faz escuro mas eu canto* (1965), *A canção do amor armado* (1966), *Poesia comprometida com a minha e a tua vida* (1975), *Os estatutos do homem* (1977) e *Campo de milagres* (1998); o ensaio *Borges na luz de Borges* (1993); e o infantojuvenil *Amazonas* (1998), entre outros. Thiago de Mello era amigo próximo de José Lins do Rego, deixando depoimento marcante no documentário de Wladimir Carvalho *O Engenho de Zé Lins* (2007).

639 Mauro Mota (1912-1984), jornalista, escritor, professor de História, diretor executivo do Instituto Joaquim Nabuco de Pesquisas Sociais e membro da ABL. Foi redator-chefe e diretor do *Diário de Pernambuco* e colaborou com os jornais *Correio da Manhã*, *Diário de Notícias* e *Jornal das Letras*, do Rio de Janeiro. Entre seus livros, estão *Elegias* (1952), *A tecelã* (1957) e *O galo e o catavento* (1962). Mauro Mota, juntamente com Ledo Ivo, ajudou Gilberto Freyre a reduzir trechos de prosa na forma de poema, publicados em *Talvez poesia* (1962).

640 BANDEIRA, Manuel. *Gonçalves Dias*: esboço biográfico. Rio de Janeiro: Pongetti, 1952.

641 [Forma da palavra abreviada no ms.: "S.".]

42 (GF) [642]

Apipucos – Recife, 9 de setembro de 1952.

Dear Baby Flag:

Voltando da Paraíba, aonde fui com a família – Magdalena e os meninos – e mais o casal Gurvitch,[643] entregar ao Governador José Américo um quadro que me ofereceu o Governador de Moçambique, encontrei sua carta. Estimo que tenha gostado do porquinho. O que eu lamento é já estarmos um tanto velhos, você[644] e eu, pra irmos juntos a [Moçambique]: aquela África já tocada pelo Oriente mas ainda tão África, tão primitiva no melhor sentido e que você[645] e eu saberíamos compreender e, mais moços, nos fazer compreender

---

642 [Classificação original (FCRB): 219. Carta. Ms. autógrafo em caneta-tinteiro preta. Datação: "Apipucos, 9 de setembro 1952". Papel amarelado, de gramatura baixa. *Ex-libris* na margem superior esquerda da primeira página. Uma folha, duas páginas manuscritas. Uma folha de 27,7 cm de largura dobrada ao meio, perfazendo quatro páginas (frente e verso). Primeira face: página manuscrita um à direita. Segunda face: página manuscrita dois à direita. Dimensões: 21,3 x 14 cm (primeira metade da folha) e 21,3 x 13,7 cm (segunda metade da folha). Documento com rasgamentos.]

643 Georges Gurvitch (1894-1965) é sociólogo nascido russo e naturalizado francês. Publicou, entre outros livros, *L'expérience juridique et la philosophie pluraliste du droit* (1935), *Essai de Sociologie* (1939), *La vocation actuelle de la sociologie* (dois tomos, 1950), *Dialectique et sociologie* (1962) e *Les Cadres sociaux de la connaissance* (1972). Em 11 de agosto de 1971, Gilberto Freyre apresentou palestra na Faculdade de Direito de Caruaru sobre Gurvitch. Nela, o sociólogo brasileiro fala da aproximação, permeada por estranhamentos, entre ambos na década de 1940 e da amizade sólida construída ao longo dos anos seguintes. O primeiro contato entre os sociólogos tinha sido no conclave realizado em Paris em 1948 pela Unesco, organizado por Julian Huxley, para a discussão de questões relacionadas às fortes tensões internacionais – para o combate das quais, supunha-se, o Brasil poderia oferecer um modelo alternativo válido. Na época Freyre exercia mandato de deputado federal e foi questionada a sua isenção política, por Gurvitch, para tratamento de tema tão espinhoso: "Foi um conclave interessantíssimo. Dele participaram, além de Gurvitch, um filósofo norueguês, Naes, o psiquiatra anglo-americano Sullivan, o famoso sociólogo alemão Horkheimer, um mestre de Harvard, de Psicologia Social – Gordon Allport – um psicanalista inglês – Richman – um sociólogo economista soviético – Szalai – todos, com uma exceção, única, figuras do maior destaque nas suas especialidades; e tidos por altamente representativos dos diferentes saberes convocados para tão importante reunião. Nenhum de nós representava Estado-Nação, muito menos governo. Nenhum de nós ali se encontrava por escolha oficial do seu governo ou do seu país. Tínhamos sido escolhidos como representantes – ou supostos representantes – daqueles diferentes saberes considerados básicos ou essenciais para o estudo de 'tensões internacionais': o antropológico, o sociológico – o ocidental e o soviético – o psicológico, o psiquiátrico, o filosófico. / Foi nessa reunião que conheci pessoalmente Gurvitch. Encontro que quase resultou em inimizade entre nós; é que, sem mais aquela, o ilustre mestre de Sociologia do Direito da Sorbonne acusou-me de ter sido convocado para aquela reunião indevidamente, não – acentuou – por não ser competente em Ciências Sociais – era-o, decerto, segundo ele – mas pelo fato de, como político, no meu país, não ser isento para o trato do problema a ser ali discutido com toda a crueza científica ou todo o rigor científico-filosófico. Atitude de uma estreiteza absoluta. E Max Weber político? E Ortega político? E Karl Marx político?" (FREYRE, Gilberto. *Meu amigo Gurvitch*. Caruaru: Faculdade de Direito de Caruaru, 1972). Mas, posteriormente, o estranhamento foi se transformando em sólida amizade e admiração mútua, e Gurvitch, acompanhado por sua esposa, esteve no Brasil por duas vezes. Foi Gurvitch, juntamente com Lucien Febvre, quem procurou promover o doutoramento *Honoris Causa* pela Sorbonne, que viria a acontecer em 1965, e para cuja solenidade Gilberto Freyre não conseguiu passagem pedida ao governo brasileiro e nem representação diplomática. No encontro com José Américo de Almeida, inclusive, Gurvitch teria proposto a fundação de uma extensão da Escola Normal Superior de Paris na Paraíba.

644 [Forma da palavra abreviada no ms.: "V.".]

645 [Forma da palavra abreviada no ms.: "V.".]

plenamente por ela. Recebemos o *Opus*[646] trazido pelo Mauro Mota. Nossa casa de Apipucos, em que sua presença é um fato, adquire mais este valor para a nossa Bandeiriana. A velha casa está em conserto e um dos recantos que está sendo reparado é o quarto de hóspedes – que é mais seu do que de[647] ninguém. Creio que,[648] com a lentidão atual dos nossos operários, estará a casa pronta lá para São João. Há três meses que se trabalha nela. Pernambuco, coitado, cada dia menos Pernambuco. É uma tristeza. Sinto que hoje é quase só a paisagem que nos prende a isto aqui, e esta mesmo no Recife e arredores e em cidades do interior, como a hoje intolerável Caruaru, vem sofrendo o diabo dos arrivistas. Às vezes penso que sou eu que estou ficando velho. Mas abro bem os olhos e procuro ver as coisas como se fosse não daqui, mas de Niterói, e a impressão é a mesma. Enfim, vai-se atravessando. Receba você[649] um grande abraço nosso e abrace por nós nossos amigos – as Blanks, Rodrigo e Graciema, o nosso grande Prudente, Octávio e Lúcia,[650] Lins e Jardim e as caras-metades e o Aníbal Freire.[651]

Gilberto

---

646 Bandeira, Manuel. *Opus 10*. Niterói: Hipocampo, 1952.

647 [Palavra "de" inserida nesta ed.]

648 [Vírgula inserida nesta ed.]

649 [Forma da palavra abreviada no ms.: "V.".]

650 Trata-se de Lúcia Miguel Pereira (1901-1959), escritora e crítica literária, esposa de Octávio Tarquínio de Sousa (1889-1959). Seu trabalho sobre Machado de Assis é referência até hoje (Pereira, Lúcia Miguel. *Machado de Assis. Estudo crítico-biográfico*. Rio de Janeiro: Companhia Editora Nacional, 1936), tendo recebido Prêmio da Sociedade Felipe de Oliveira). Também ficou conhecida como precursora dos estudos de gênero. Publicou, entre outros, os seguintes trabalhos: *Maria Luísa* (1933), *Em surdina* (1933), *A vida de Gonçalves Dias* (1952) e *Cinquenta anos de literatura* (1952). Foi leitora da obra de Freyre, tendo publicado o artigo "Livro que alarga os limites de uma nação", no jornal *Gazeta de Notícias* (Rio de Janeiro, 7 out. 1934), sobre o lançamento de *Casa-grande & senzala*, no qual afirmou: "Gilberto Freyre, sendo um escritor de raça – sacrifica uma ou outra vez ao ídolo moderno relaxamento verbal, mas logo volta à boa linguagem – sendo um artista, faz-nos viver a formação da nacionalidade; faz-nos sentir que temos raízes, e fundas, enriquece-nos de todo o nosso passado. Alia à precisão das investigações históricas e sociais uma liberdade de apreciações, um sentido do pitoresco, um certo tom colorido de cronista que tornam saborosa a leitura do seu alentado volume. E, sobretudo, sem ser meridionalmente otimista, seu livro é, para nós outros, um livro generoso, um livro que dá confiança." (Pereira, Lúcia Miguel. Livro que alarga os limites de uma nação. In: Fonseca, Edson Nery da. *Casa-grande & senzala e a crítica brasileira de 1933 a 1944*. Recife: Companhia Editora de Pernambuco, 1985. p.134.). Mais adiante, foi publicada postumamente a contribuição de Lúcia Miguel para o livro comemorativo *Gilberto Freyre, sua ciência, sua filosofia, sua arte*, sobre a sua visão na obra de Freyre, em que a escritora pondera: "A contribuição cultural da índia e da negra, assim como a sua função democratizadora, não me consta hajam sido devidamente avaliadas e valorizadas antes de *Casa-grande & senzala*. Antes desse livro, que foi realmente um divisor de águas dos estudos sociais entre nós, já se falava muito – em regra para lamentá-la – na miscigenação praticada pelos portugueses; mas não sei se haverá ocorrido a alguém que só assim 'corrigiu a distância social que doutro modo se teria conservado enorme entre casa-grande e a mata tropical; entre a casa-grande e a senzala [...]." (Pereira, Lúcia Miguel. A valorização da mulher na sociologia histórica de Gilberto Freyre. In: Gilberto Freyre: sua ciência, sua filosofia, sua arte. Rio de Janeiro: José Olympio, 1962. p.353.). Quando Lúcia Miguel Pereira publicou *História da Literatura Brasileira – Prosa de ficção – de 1870 a 1920* (Rio de Janeiro: José Olympio, 1950), Freyre dedicou-lhe o artigo "O novo livro da Sra. Lúcia Miguel Pereira", saído em 19 de agosto de 1950 em *O Cruzeiro*, do Rio de Janeiro.

651 Aníbal Freire (1884-1970), advogado, magistrado, político, professor e jornalista. Foi membro da abl, eleito em 30 de setembro de 1948 e empossado em 10 de maio de 1949. Foi redator e diretor do *Diário de Pernambuco* e deputado estadual na década de 1900; na década de 1920, foi deputado federal e diretor do *Jornal do Brasil*, cargo que voltou a ocupar no final da década de 1930 e, posteriormente, de 1951 a 1961, após aposentadoria compulsória pelo Supremo Tribunal Federal. Publicou, entre outros livros, *Do poder executivo da República brasileira* (1916), *Pareceres do consultor-geral da República* (2 volumes, 1951) e *Conferências e alocuções* (1958).

43 (MB) [652],653

Rio de Janeiro, 18 de dezembro de 1952.

Gilberto,

    Esta paisagem não quer dizer que eu já tenha subido para Petrópolis. Ainda fico por aqui este mês de dezembro, que aliás está bastante quente.
    Escrevo-lhe para desejar a vocês e a todos os seus feliz Natal e um próspero 1953. Peço-lhe que transmita os mesmos votos a Ulysses e Maria.
    Um grande abraço do velho amigo

                    Manuel

---

652 [Classificação original (FGF): doc 27. Cartão-postal da Avenida 7 de Setembro (Petrópolis). Ms. autógrafo com caneta-tinteiro preta. Datação, na margem inferior do trecho manuscrito: "18.12.52". Papel amarelado, de gramatura alta. Dimensões: 9,2 x 13,7 cm. Documento em boas condições. Informações impressas na margem inferior da face da imagem: "PE – Foto-Postal Colombo – 177", à esquerda, e "Avenida 7 Setembro – Petrópolis Est. do Rio", à direita.]

653 Este cartão-postal está reproduzido no caderno iconográfico (Figuras 11 e 12).

44 (MB)[654]

Rio de Janeiro, 1º de janeiro de 1953.

    Aos queridos amigos Gilberto, Magdalena e filhos

    Abraço muito[655] afetuosamente, agradecendo e retribuindo os votos de Ano-Bom.

    Manuel

---

654 [Classificação original (FGF): doc 28. Cartão de apresentação pessoal. Ms. autógrafo com caneta-tinteiro preta. Datação, na margem inferior do trecho manuscrito: "Rio, 1.1.53". Papel amarelado, de gramatura alta. Página única manuscrita. Dimensões: 7,35 x 11,25 cm. Documento em boas condições. Informações impressas na margem superior esquerda: "Manuel Bandeira – Av. Beira Mar, 406 – Ap. 409".]

655 [Forma da palavra abreviada no ms.: "m^{to}".]

45 (MB) [656]

Rio de Janeiro, 15 de março de 1953.

MANUEL ~~BANDEIRA~~
Av. BEIRA MAR, 406 – APTO 409

envia a

    Gilberto e a Magdalena as suas saudades, abraçando-os pelo dia 15 e desejando-lhes muitos anos de felicidade.

---

656 [Classificação original (FGF): doc 29. Cartão de apresentação pessoal. Ms. autógrafo com caneta-tinteiro preta. Datação na margem inferior do trecho manuscrito: "Rio, 15.3.53". Papel amarelado, de gramatura alta. Página única manuscrita. Original em letras tachadas: Bandeira. Dimensões: 7,35 x 11,25 cm. Documento em boas condições. Informações impressas na margem superior, à esquerda: "Manuel Bandeira – Av. Beira Mar, 406 – Ap. 409".]

46 (MB)[657], 658

Rio de Janeiro, 26 de outubro de 1953.

Meu querido sociólogo,

Aqui tem você, muito canhestramente esquissada,[659],[660] a vista que eu tenho do meu novo apartamento no mesmo edifício São Miguel. Estou agora no 8º andar, apartamento[661] 806. A área é a mesma, o aluguel (perdi a proteção da lei do inquilinato) passou de 650 a 3.000! Mas vale a pena. O sol entra de manhã pelo quarto adentro e vai [puxar] as roupas no armário ao fundo. A paisagem é como uma feijoada completa: tem de [um] tudo – aeroporto com aviões entrando e saindo a cada momento, um portozinho de caíques e moles de regatas, lanchinhas e *motor-boats* e até uma casinha lacustre com cão de guarda: é a água que você[662] vê no primeiro plano. [Disponha].

Um abraço do velho amigo

Flag

---

657 [Classificação original (FGF): doc 30. Carta. Ms. autógrafo com caneta-tinteiro marrom. Desenho de autoria de Manuel Bandeira na parte superior da folha. Datação: "Rio, 26.10.53". Papel amarelado, de gramatura média. Uma folha, uma página manuscrita. Dimensões: 26,5 x 20 cm (sendo 13 cm a altura do desenho), localizado na parte superior da folha. Documento em boas condições.]

658 Esta carta está reproduzida no caderno iconográfico.

659 O verbo "esquissar" não se encontra em edições brasileiras recentes de dicionários da língua portuguesa. O *Dicionário Houaiss da língua portuguesa* (HOUAISS; VILLAR, 2001), porém, registra o substantivo "esquisso", que significa, no campo das artes plásticas, croqui. Palavra relacionada etimologicamente à palavra francesa "esquisse", que significa primeira forma de um desenho; esboço, ensaio. O vocábulo é considerado um galicismo, sendo sugerido, em seu lugar, "esboço, bosquejo, rascunho, debuxo".

660 [Vírgula inserida nesta ed.]

661 [Forma da palavra abreviada no ms.: "apartam^to".]

662 [Forma da palavra abreviada no ms.: "v.".]

47 (MB)[663]

Rio de Janeiro, 29 de março de 1954.

    Estou à espera de minha *Aventura e Rotina*.[664] O Roquette, que já leu o livro, me disse: "Que presente bonito você ganhou!"

    Receba um grande abraço do seu muito[665] grato e desvanecido

    Manuel

---

663 [Classificação original (FGF): doc 31. Cartão de apresentação pessoal. Ms. autógrafo com caneta-tinteiro preta. Datação, na margem inferior do trecho manuscrito: "Rio, 29.3.53". Papel amarelado, de gramatura alta. Frente e verso manuscritos. Dimensões: 5 x 6,8 cm. Documento em boas condições. Impressão localizada no centro: "Manuel Bandeira".]

664 Freyre, *Aventura e rotina*, 1953. O livro traz a seguinte dedicatória: "A Manuel Bandeira / Sem quê nem para quê, só por pura e velha amizade". O poeta é também uma referência constante ao longo da obra.

665 [Forma da palavra abreviada no ms.: "m^{to}".]

48 (MB) [666]

Rio de Janeiro, 18 de junho de 1954.

Gilberto,

Comecei a ler o seu livro, – o meu livro, nas vésperas de sua última conferência no Gabinete Português de Leitura. E desde então não tenho feito outra leitura. Leitura que vou fazendo com aquele vagar de menino que come assim para fazer inveja aos outros.
Vou lendo com delícia de reencontrar aqui o Gilberto de *Casa-grande & senzala*. Sem parecer desfazer no que veio depois (Tudo que você escreve teve interesse, aí certas croniquinhas pífias do *Cruzeiro*), havia no seu primeiro livro uma "virgindade" que você perdeu nos outros, e agora como que se refez para esta *Aventura e rotina*, talvez pela [ilegível] ou emoção do assunto. Por outras palavras, e em termos do binômio português: em *Casa-grande & senzala*, como em *Aventura e rotina*, houve aventura; nos outros livros, rotina. Rotina, bem entendido, do que é de primeira ordem no que você imagina e exprime. Do ponto de vista do estilo, da ressonância poética, este supera a todos os seus livros, inclusive o primeiro. Não lhe digo que estas e aquelas páginas são de antologia porque na verdade quase tudo é de antologia. Todavia posso destacar como me tendo deleitado intensamente tudo o que se refere às quintas portuguesas, a passagem sobre restaurações de monumentos, as coisas de culinária, as biografias de Pero da Covilhã e F. Mendes Pinto,[667] as notas sobre Sagres, as impressões sobre livros antigos, a propósito de biblioteca de Vila Viçosa etc. etc. etc. Fiquei assombrado com o seu conhecimento de Portugal, sobretudo do conhecimento em profundidade da paisagem portuguesa. Agora estou chegando com você a São[668] Tomé.
Por tudo isto que lhe estou dizendo pode você imaginar como me sinto contente e vaidoso com o fato de você me ter dedicado o livro. Eu já suspeitava da importância da obra quando encontrando no pátio o Roquette-Pinto, que agora raramente vai à Academia por causa dos achaques da doença, ele me disse antes de eu ter recebido o livro: "Que presente magnífico lhe fez o Gilberto! O livro é uma delícia."

---

666 [Sem classificação na FGF. Carta. Ms. autógrafo com caneta-tinteiro azul. Datação: "Rio, 18.6.54". Papel marrom, de gramatura média. Duas páginas manuscritas. Dimensões 20,5 x 26 cm. Papel fino. Documento em boas condições. Anotação na margem inferior da segunda página: "Flag: Manuel Bandeira".]
667 Fernão Mendes Pinto (1509-1583), cronista, aventureiro e explorador português.
668 [Forma da palavra abreviada no ms.: "S.".]

Quando você esteve aqui esqueci-me de lhe perguntar se você tinha recebido o *Itinerário de Pasárgada*[669] e *De poetas e de poesia*,[670] que eu lhe tinha mandado para Recife pelo Correio.

Madalena me disse que vocês voltariam aqui breve. Voltam mesmo?

Até lá um abraço do velho

Flag

---

669 Bandeira, Manuel. *Itinerário de Pasárgada*. Rio de Janeiro: Jornal de Letras, 1954.

670 Bandeira, Manuel. *De poetas e de poesia*. Rio de Janeiro: MEC, 1954.

49 (MB)[671]

Rio de Janeiro, 21 de julho de 1954.

Caro Gilberto,

  A portadora destas linhas – Pilar Vásquez Cuesta[672] – é uma bolsista da Espanha, muito interessada em nossa cultura (coautora, com os irmãos Pórto, de um livro *Tres poetas del Brasil*),[673] pessoa muito de minha amizade e estima. Vai agora visitar o Recife, e eu vim pedir-lhe que a receba em sua casa, que a apresente aos nossos amigos, de sorte que ela possa conhecer o que há de melhor em nossa terrinha.
  Receba por ela um grande abraço do velho amigo

  Bandeira[674]

---

671 [Classificação original (FGF): doc 32. Carta. Ms. autógrafo com caneta-tinteiro preta. Datação: "Rio, 21 de julho 54". Papel amarelo-esverdeado, de gramatura alta. Uma folha, duas páginas manuscritas. Uma folha de 32,5 cm de largura dobrada ao meio, perfazendo quatro páginas (frente e verso). Primeira face: verso da página dois e página um. Segunda face: verso da página um e página dois. Dimensões: 20,5 x 16,2 cm. Documento em boas condições. No centro da segunda página manuscrita, encontram-se as palavras "De Manuel Bandeira", escritas com lápis grafite, com provável intuito de catalogação.]

672 Pilar Vázquez Cuesta (1926-), professora da Universidade de Santiago de Compostela e tradutora, escreveu, com Maria Albertina Mendes da Luz, a *Gramática da Língua Portuguesa* (VÁSQUEZ CUESTA, Pilar; LUZ, Albertina Mendes da. *Gramática da língua portuguesa*. Trad. Ana Maria Brito e Gabriela de Matos. Lisboa: Edições 70, 1971).

673 Pilar Vázquez Cuesta participou da tradução e apresentação do livro: TRES poetas del Brasil: Bandeira, Drummond, Schmidt. Trad. y pról. Leonidas Sobrino Porto, Pilar Vazquez Cuesta, Vicente Sobrino Porto. Madrid: Estaees, 1950.

674 [O nome "Manuel Bandeira" encontra-se logo abaixo da assinatura.]

50 (MB)[675]

Rio de Janeiro, 9 de maio de 1956.

Gilberto,

A minha cabeça está pronta, com pedestal e tudo. Creio que ficou boa obra. O Celso Antônio[676] pediu-me que pedisse a você uma inscrição para ser gravada no granito do pedestal: quatro ou cinco palavras (não podem ser muitas). A mim também agradará muitíssimo que essas palavras sejam de sua autoria.

O meu septuagésimo foi comoventemente festejado. Os amigos me deram uma vitrola espetacular – *high fidelity* –,[677] um rádio de cabeceira, e ainda sobraram vinte contos que transformaram num crédito na Casa Palermo para eu tirar discos. De Portugal o franciscano Armindo Augusto me trouxe uns vinhos e dois queijos da Serra da Estrela – adoro queijo da Estrela, tenho comido queijo p'ra me acabar: é o que se leva desta vida – queijo da Serra de Estrela!

Quanto à literatura, participo-lhe que acabo de traduzir *Macbeth*[678] e traduzo neste momento *La machine infernale*[679] de Cocteau[680], ambos para o TBC.[681]

---

675 [Classificação original (FGF): doc 33. Carta. Ms. autógrafo com caneta-tinteiro preta. Datação: "Rio, 9 maio 1956". Papel amarelado, de gramatura baixa. Uma folha, uma página manuscrita. Dimensões: 26,3 x 20,4 cm. Documento em boas condições. Na margem superior da página manuscrita, encontram-se as palavras "Poeta Manuel Bandeira", escritas com caneta esferográfica azul, grafia de Gilberto Freyre, com provável intuito de catalogação.]

676 Celso Antônio Silveira de Menezes (1896-1984), pintor, escultor e professor. Considerado um artista plástico representativo do Modernismo, foi convidado por Lúcio Costa para ser professor de escultura na Escola de Belas Artes. Foi colega de Candido Portinari quando professor na Universidade do Distrito Federal e realizou inúmeras encomendas oficiais, como as esculturas para o prédio do Ministério da Educação e Saúde durante o governo Vargas. Entre suas obras mais conhecidas estão *A moça reclinada*, *Moça ajoelhada* e o busto de Getúlio Vargas, no prédio do atual Palácio Gustavo Capanema (antigo prédio do MEC), assim como a cabeça de Manuel Bandeira, provável assunto desta carta, disposta diante do Espaço Pasárgada.

677 [Traço indicando fechamento de período inserido nesta ed.]

678 SHAKESPEARE, William. *Macbeth*. Trad. Manuel Bandeira. Rio de Janeiro: José Olympio, 1961.

679 COCTEAU, Jean. *A máquina infernal*: peça em quatro atos. Trad. Manuel Bandeira. Petrópolis: Vozes, 1967.

680 Jean Cocteau (1889-1963), poeta, romancista dramaturgo e cineasta, publicou *Les enfants terribles* (1929) e *Orpheus* (1949), entre vários outros. *La machine infernale* (1934) é considerada por alguns críticos como sua melhor peça literária.

681 O Teatro Brasileiro de Comédia (TBC) foi criado em 1948 por Franco Zampari, italiano radicado no Brasil desde 1922, e um grupo de empresários de São Paulo. Considerado um dos grandes renovadores do teatro brasileiro, possibilitou a profissionalização de atores, diretores, dramaturgos, técnicos etc. Entre os jovens atores do TBC, estavam Cacilda Becker, Sérgio Cardoso, Fernanda Montenegro, Cleyde Yáconis, Paulo Autran e Tônia Carrero. A encenação, num primeiro momento, foi levada a cabo por europeus, como Adolfo Celi, Ziembinski, Flaminio Bollini Cerri e Gianni Ratto, que trabalharam com autores como Sófocles, John Gay, Goldoni, Pirandello, Tennessee Williams e Arthur Miller. Posteriormente, num último momento, brasileiros como Flávio Rangel e Antunes Filho passaram a se encarregar das encenações, com textos de Dias Gomes, Gianfrancesco Guarnieri e Jorge Andrade. Em 1949, Zampari inicia a expansão das atividades com a criação da Companhia Cinematográfica Vera Cruz, e ambos são fechados em 1964.

Mande notícias. Há muito não as recebo. É certo que você[682] vai à Europa agora?

Aceite, com Magdalena e os filhos, as saudades e um grande abraço do

Bandeira

O TBC é considerado um marco na história do teatro no Brasil, pela profissionalização das atividades, pelo domínio técnico e pela qualidade de sua produção artística.

682 [Forma da palavra abreviada no ms.: "v.".]

51 (MB)[683]

Rio de Janeiro, 19 de maio de 1956.

Gilberto,

Muito desvanecedoras as palavras sugeridas por você para o pedestal. Tenho, porém, contra elas duas objeções:
1º – aquilo "ser maior poeta" suscita susceptibilidades;
2º – o auxílio pedido à Assembleia pelo Nilo Pereira[684] implica adesão de todo o meu querido Pernambuco.[685] Se puséssemos assim:

DE PERNAMBUCO
A
MANUEL BANDEIRA,
O POETA DE
EVOCAÇÃO DO RECIFE [686]

Mande a sua impressão pela volta do correio.
Parabéns pela viagem à Europa, sobretudo pela visita a Oxford. Desejo a você e Magdalena ares de rosas, ida e volta, e feliz estada lá.

Grande abraço

Baby Flag

---

683 [Classificação original (FGF): doc 34. Carta. Ms. autógrafo com caneta-tinteiro preta. Datação: "Rio, 19 de maio 56". Papel amarelado, de gramatura baixa. Uma folha, uma página manuscrita. Dimensões: 26,3 x 20,4 cm. Documento em boas condições.]

684 Nilo Pereira (1909-1992), advogado, jornalista, professor, escritor e político. Trabalhou para jornais de Recife como *Jornal do Commercio* e *Folha da Manhã*. Exerceu inúmeros mandatos como deputado estadual. De sua obra, destacam-se *O período regencial brasileiro* (1939), *Camões e Nabuco* (1949), *Província e Academia* (com Mauro Mota, 1954), *Elogio do poeta morto* (1954), *O destino das faculdades de filosofia na Universidade* (1957), *Dom Vital e a questão religiosa no Brasil* (1966), *Ensaios de História Regional* (1972) e *Pernambucanidade* (3 volumes, 1977), entre outros.

685 A cabeça de bronze de Manuel Bandeira, de autoria de Celso Antonio, acabou gerando celeuma na cidade, polêmica esta registrada nos jornais da época, como afirma o estudioso da obra de Freyre e Bandeira Edson Nery da Fonseca (FONSECA, Edson Nery da. Morte e estrelas em Manuel Bandeira. *NordesteWeb*, 28 maio 2001). Apoiando-se na Constituição do Estado de Pernambuco, o jornalista Mário Melo fez campanha para que a mesma não fosse colocada em via pública, uma vez que, segundo a lei estadual, era proibido nome de pessoas vivas em ruas e praças. A escultura, encomendada pela Assembleia Legislativa de Pernambuco, acabou sendo paga por Odilon Ribeiro Coutinho. Entristecido com o episódio, Manuel Bandeira não compareceu à inauguração da cabeça (chamada, erroneamente, como bem lembra Fonseca, de busto), deixando registrado o episódio em seu poema "Recife", datado de 20 de março de 1963: "Há quе tempo que não te vejo! / Não foi por querer, não pude, / Nesse ponto a vida me foi madrasta, / Recife. // Ah Recife, Recife, *non possidebis ossa mea*! / Nem os ossos nem o busto. / Que me adianta um busto depois de eu morto? / Depois de morto não me interessará senão, se possível / Um cantinho no céu, / 'Se o não sonharam', como disse o meu querido João de Deus / Recife." (BANDEIRA, *Poesia completa e prosa*, 1974, p.334).

686 [Itálico tal qual no ms.].

52 (GF)[687]

CADOGAN HOTEL
SLOANE ST.
LONDON S. M. L.

Recife, 23 de maio de 1956.

Caro Flag

Respondo às pressas – já sob o nervosismo da véspera de viagem, deixando os filhos, o velho Freyre, o Recife, Pernambuco, o Brasil – a sua carta. As palavras que você[688] sugere são boas porém me parecem, para o caso, e dentro das convenções, frias. Além disso, no caso, Pernambuco me parece representar não expansão[689] porém restrição[690] da homenagem. O Recife é capital do Nordeste e não apenas de Pernambuco. Sua grande ligação visível é com o Recife, embora eu saiba que no íntimo você[691] é, como eu sou, muito pernambucano. Daí não aderir inteiramente à sua sugestão. Susceptibilidade quanto ao maior? De quem, Santo Deus? Quando foi que o Recife produziu poeta que chegasse à altura do seu umbigo? Dentre os mais jovens também não vejo nenhum com a possibilidade de ultrapassar essa medida. Repito, entretanto, que suas palavras extremamente simples me parecem boas. Mas como lhe disse na outra carta, ando me reconciliando com Acácio[692] em vários assuntos. E no caso, Acácio diria: – bem, não sei ao certo, o que Acácio diria.

Abraços do

Gilberto

---

687 [Classificação original (FCRB): 220. Carta. Ms. autógrafo com caneta azul de ponta grossa. Datação: "Recife – 23 maio 1956". Papel amarelado, de gramatura baixa. Uma folha, duas páginas (frente e verso). Dimensões: 25 x 14,6 cm. Documento em boas condições.]

688 [Forma da palavra abreviada no ms.: "v.".]

689 [Sublinhado tal qual no ms.]

690 [Sublinhado tal qual no ms.]

691 [Forma da palavra abreviada no ms.: "v.".]

692 Aqui, mais uma vez Gilberto Freyre revela a admiração por Eça de Queirós. Conselheiro Acácio, personagem de *O Primo Basílio* (1878), representa a retórica pomposa e vazia da elite portuguesa pretensamente intelectualizada.

53 (MB)[693],694

Sr.

Gilberto Freyre
R. Dois Irmãos 320
(Apipucos)
Recife
Brésil

Paris, 28 de setembro de 1957.

Gilberto,

    Minha escapada à Europa tem se saído bem, salvo a gripe que apanhei em Londres (acho que foi a asiática, tive que entrar na penicilina). Estou aqui desde o dia 24 e volto já a Holanda no próximo dia 2.[695] Ao Brasil no dia 24 de outubro. Adorei a Holanda. O tempo me tem favorecido, variável mas com muitos[696] dias bonitos. Já estive com Cícero e o Vinicius. Cícero tem me ajudado muito[697] com o seu Chevrolet. Adeus, mestre. Receba com Madalena e os meninos um abraço de

    Baby Flag

---

693 [Classificação original (FGF): doc 36. Cartão-postal de "Chimères de Notre-Dame – Le Rongeur". Ms. autógrafo com caneta-tinteiro azul. Datação, na margem inferior do trecho manuscrito: "28.9.57". Papel amarelado, de gramatura alta. Dimensões: 8,8 x 14 cm. Documento em boas condições. Informações impressas na face manuscrita: "203 Paris – Chimères de Notre-Dame – Le Rongeur", no alto à esquerda; "Editions Chantal, 74, Rue des Archives – Paris", ao centro, inclinado; e selo e carimbo com inscrição "Paris 96 – 16h-15; 28-9;1957; R. Cluck (9e)", à direita.]
694 Este cartão-postal está reproduzido no caderno iconográfico.
695 De 31 de julho de 1956 a primeiro de setembro de 1957, Bandeira realizou viagem à Europa em navio, que está registrada no "Diário de bordo", publicado em *Flauta de papel* (1956).
696 [Forma da palavra abreviada no ms.: "m^{tos}".]
697 [Forma da palavra abreviada no ms.: "m^{to}".]

54 (MB) [698]

Rio de Janeiro, 15 de março de 1960.

Gilberto,

Vejo aqui no meu *Birthday Book* que hoje é dia dos seus anos. Venho trazer-lhe o meu abraço, tanto mais afetuoso quanto sei que você andou menos bem de saúde. Li nos jornais que você foi operado na garganta. Espero que tudo já pertença ao passado e que você tenha entrado na nova primavera livre de micróbios que o impediram de viajar para a Europa.

Tenho acompanhado com tristeza o drama das inundações no Nordeste. Por aqui também as tem havido. Tivemos um verão muito chuvoso e com frequentes ondadas de frio. O calor foi, por isso, bastante suportável. No entanto o serviço de meteorologia havia prognosticado um verão quentíssimo. Fiquei tão assustado que comprei um aparelho de refrigeração. E quase não tem funcionado!

Nosso amigo Chateaubriand[699] continua em alternativas. Melhora e piora. Já estive uma vez na casa de saúde. Mas ninguém o pode ver. Conversa com Athayde:[700]

— Para um temperamento como o dele, sem recuperação completa é melhor morrer.
— Mas para nós será terrível. Vai haver luta.
— Luta?
— O Fernando não se conformou com a doação e irá a juízo.[701]

Mande notícias – as melhores, desejo. Aceite com Magdalena as minhas saudades

M.

---

698 [Classificação original (FGF): doc 38. Carta. Ms. autógrafo com caneta esferográfica azul. Datação: "Rio, 15.3.60". Papel azul-claro amarelado, de gramatura baixa. Duas folhas, duas páginas manuscritas. Dimensões: 28 x 21,5 cm. Documento em boas condições.]

699 Em 1960, Assis Chateaubriand sofreu uma trombose que o deixou paralisado e com dificuldades de comunicação. Ainda assim, trabalhou até sua morte, ocorrida em 4 de abril de 1968. Deixou os *Diários Associados* para um grupo de 22 funcionários, o que pode ter suscitado problemas com seus herdeiros.

700 Austregésilo de Athayde (1898-1993), escritor e jornalista. Foi uma das principais figuras atuantes nos *Diários Associados* e ocupou, por 34 anos, a presidência da ABL (1959-1993).

701 Com a instituição dos *Diários Associados*, tendo à frente Assis Chateaubriand, ficou firmado que seu grupo dirigente seria formado por um condomínio acionário de 22 cotas fixas, não transmissíveis sequer por herança, distribuídas entre funcionários da empresa que mostrassem destacado desempenho profissional. É possível que o referido diálogo versasse sobre a limitação dos direitos dos herdeiros de Assis Chateaubriand.

55 (MB) [702]

Rio de Janeiro, 8 de setembro de 1961.

Meu caro Gilberto,

Só muito tarde tive notícias, pelo Antiógenes, do falecimento do velho Freyre. Pensei muito em você e no Ulysses. Lembrei-me com vivas saudades daqueles dias que passei no Karrapicho com seu pai e sua mãe.[703] Mando-lhe após o meu abraço de pesar.

Joanita andou por cá em visita à mãe, cuja saúde vai declinando devido à arteriosclerose cerebral. Tem a nossa querida Fredy perdido a memória, o que frequentemente produz estados de confusão. Isso me põe apreensivo e triste. Por outro lado, os acontecimentos políticos recentes (da renúncia de Jânio)[704] me deprimiram bastante. Que Brasil este! Como é difícil amá-lo! Entreguei os pontos: seja o que Deus quiser.

Receba, com Magdalena e os filhos, o meu constante afeto.

Bandeira

---

702 [Classificação original (FGF): doc 39. Carta. Ms. autógrafo com caneta esferográfica azul. Datação, na margem inferior da página, após a assinatura: "Rio, 8.9.61". Papel azul-claro amarelado, de gramatura baixa. Uma folha, uma página manuscrita. Dimensões: 28 x 21,5 cm. Documento com mancha no centro.]

703 Trata-se de D. Francisca Teixeira de Melo Freyre, mãe de Gilberto Freyre, falecida em 1943. Sobre ela, escreveram Giucci e Larreta: "Francisca era uma jovem de caráter vivo e imaginativo. Estudou com as freiras do Colégio São José e aprendeu francês, língua em que lia com prazer. Antes de ter acesso a uma educação francesa formal, Gilberto aprendeu suas primeiras palavras em francês justamente com a mãe. [...] A imagem que esboça de dona Francisquinha é a de uma personalidade sensível, artística, com formação musical, que gostava de tocar piano e interpretava Chopin 'no doce estilo do Brasil'. Uma personalidade romântica, que transmitiu ao filho a influência de sua formação religiosa, bem diferente da severidade pedagógica de Alfredo Freyre." (GIUCCI; LARRETA, *Gilberto Freyre*: uma biografia cultural, 2007, p.20).

704 Referência a Jânio Quadros (1917-1992), advogado, professor e político. Assumiu os cargos de vereador por São Paulo em 1948, de deputado estadual pelo estado de São Paulo em 1951, de prefeito pela cidade em 1953 e de governador pelo estado em 1955, empunhando, sempre, a bandeira da moralização dos serviços públicos. São Paulo expandia-se na década de 1950, o que provavelmente influenciou o desempenho de Jânio na disputa eleitoral de 1960, ao lado de João Goulart. Críticas suas ao governo de Juscelino, medidas poucos populares como cortes no funcionalismo público e a aproximação com países socialistas são apontados como eventos que antecederam sua renúncia no mesmo ano da posse, 1961. Filiou-se ao PTB em 1980, foi governador de São Paulo entre 1986 e 1988 pelo partido e filiou-se, em 1989, ao PSD. Manoel Correia de Andrade analisa da seguinte forma seu mandato como presidente da República: "O candidato do PSD, que se caracterizou por sua inabilidade política, o gen. Teixeira Lott, foi fragosamente derrotado pelo candidato udenista Jânio Quadros, que, representando um partido ultraoligárquico, usava uma linguagem populista. Na presidência ele realizou uma série de jogadas dúbias, apresentando-se como interessado em uma maior aproximação com os países africanos e com a área socialista – chegando a condecorar o guerrilheiro cubano Che Guevara –, favorecendo, ao mesmo tempo, a burguesia nacional e o capital estrangeiro. Preocupou-se com coisas de pouca importância e desenvolveu uma política moralizadora – de grande simpatia para a classe média –, descuidando dos grandes problemas nacionais. Antes de completar um ano de governo, surpreendeu a nação com sua renúncia." (ANDRADE, *A Revolução de 30*, 1988, p.95).

56 (MB)[705]

Rio de Janeiro, janeiro de 1962.[706]

GILBERTO FREYRE DOIS IRMÃOS
320 – APIPUCOS RECIFE PE

    RECEBA COM MADALENA E FILHOS / O MEU DESOLADO ABRAÇO.
    PERDA NOSSO QUERIDO ULYSSES MANUEL BANDEIRA

---

705 [Classificação original (FGF): doc 40. Telegrama. Sem datação. Papel amarelo, de gramatura alta, com timbre do "Departamento dos Correios e Telégrafos". Dimensões: 19 x 20,6 cm. Documento em boas condições.]

706 A datação foi inferida pela data da morte de Ulysses, irmão de Gilberto Freyre, em janeiro de 1962.

57 (MB)[707]

Rio de Janeiro, 15 de março de 1962.

Gilberto

Estou vendo aqui no meu *Birthday Book* que hoje é dia dos seus anos. Venho trazer-lhe meu abraço desejando-lhe tudo que há de bom.

Anteontem, jantei em casa de Rodrigo e tive notícias suas pelo Aloísio, noivo da Clara.[708] Contou-nos que Sonia está noiva! Grande sensação! Um abraço para ela. Clara vai casar-se no próximo dia 24 em São[709] Bento.

Acabei de traduzir (em versos soltos) a *Mireille*.[710] Achei o poema bastante chato. Imagine que "moça" em provençal é *chato*; "beijo" é *poutoun*.[711,712] Foi encomenda da editora Delta, que vai editar em português toda a coleção francesa "Les Prix Nobel", num livro de cara premiado.

Mande notícias e receba com Madalena e filhos um abraço. As saudades do velho

B.

---

707 [Sem classificação na FGF. Carta. Ms. autógrafo com caneta-tinteiro azul. Datação: "Rio, 15 Março 1962." Papel marrom, de gramatura média. Dimensões 21 x 28 cm. Papel fino. Uma página manuscrita. Documento com dobramentos.]

708 Referência a Clara de Andrade Alvim, autora de *Os discursos sobre o negro no século XIX: desvios da enunciação machadiana* (1989).

709 [Forma da palavra abreviada no ms.: "S.".]

710 Mistral, Frédéric. *Mireia*. Trad. Manuel Bandeira. Rio de Janeiro: Opera Mundi, 1973. Frédéric Mistral (1830--1914) publicou seu principal livro, o poema longo em provençal *Mirèio* (*Mireille*), em 1859.

711 [Forma da palavra no ms.: "puntum".]

712 [A fixação da grafia das palavras "chato" e "poutoun" deu-se com base na seguinte edição: *Mirèio, pouèmo prouvençau de Frederi Mistral, emé la traduction literalo en regard*. 4. ed. Paris: Charpentier, 1868. As palavras *chato* e *poutoun* estão entre aspas no ms.]

58 (MB) [713],714

Sr.
Gilberto Freyre
R. Dois Irmãos 320
(Apipucos)
Recife
Pernambuco

Rio de Janeiro, 25 de dezembro de 1963.

A Magdalena e Gilberto, com as minhas grandes saudades, envio os meus votos de bons anos.
Quando dará um ar de suas graças por aqui?
Queremos tomar conhecimento do casal logo com o aspecto de vovôs.[715] Grande abraço do velho

Baby Flag

---

713 [Classificação original (FGF): doc 41. Cartão-postal com imagem de retrato de Jan Six, feita por Rembrandt. Ms. autógrafo com caneta esferográfica azul. Datação, na margem inferior do trecho manuscrito: "25.xii.63". Papel amarelado, de gramatura alta. Dimensões: 10,5 x 14,9 cm. Documento em boas condições. Informações impressas na margem inferior à esquerda na face manuscrita: "Série I. N° 11 – Burgemeester Jan Six – (Rembrandt, B. 285) – Jan Six". Cartão-postal com selo datado de 6 de janeiro de 1964.]

714 Este cartão-postal está reproduzido no caderno iconográfico.

715 Manuel Bandeira provavelmente se refere aqui à neta de Gilberto e Madalena Freyre, Ana Cecília, filha de Sonia. Antônio Alves Pimentel Filho e Sonia Freyre tiveram dois filhos, Ana Cecília e Antônio.

59 (MB) [716]

Rio de Janeiro, 23 de dezembro de 1965.

Meu caro Gilberto,

    Receba com Madalena os meus agradecimentos pelo cartão de Natal e Ano-Bom. A todos vocês desejo saúde e alegrias em 66.
    Você me deu um alegrão. Eram as palavras que escreveu para a nova edição de minhas *Poesias completas*. O Daniel[717] mostrou-me ontem (almocei lá). Achado ótimo e bem dos seus melhores aquela aproximação do oito e do oitenta. Estou desvanecidíssimo.
    Como vão vocês de calor aí? Aqui está uma coisa tremenda! Há 68 anos que moro no Rio e nunca senti calor maior. Mas fisicamente vou resistindo bem. O moral é que anda muito baixo: depois da perda de Mme Blank, amiga incomparável, perdi o mês passado outra muito querida e que era um refúgio nas horas de tempestade – a Dulce Pontes (a que figura na minha *Antologia dos bissextos* sob o pseudônimo Lucila Godoy).[718]
    Grande abraço do velho amigo

    Manuel

---

716 [Classificação original (FGF): doc 42. Carta. Ms. autógrafo com caneta esferográfica azul. Datação: "Rio, 23 dezembro 1965". Papel amarelado, de gramatura baixa. Uma folha, uma página manuscrita. Dimensões: 25,7 x 19,9 cm. Documento em boas condições.]

717 Referência a Daniel Joaquim Pereira, irmão de José Olympio. Sobre sua presença na livraria e editora do irmão, diz Lucila Soares: "A essa altura, os irmãos de José Olympio estavam incorporados à editora fundada pelo primogênito. [...] Daniel, nascido em 1914, incorporou-se ao *staff* da editora em 1936, quando se formou em Direito (ele foi o único dos irmãos a concluir o curso superior). Ao se mudar para o Rio, tornou-se o braço direito de J. O. Daniel (Beléo, em família) cuidava da produção editorial. Encomendava a datilografia dos originais, supervisionava a revisão, cuidava dos contratos com as gráficas. [...] Volta e meia sugeria (às vezes, impunha) mudanças nos títulos. Por interferência sua, Alceu Amoroso Lima trocou *Três ensaios de psicologia diferencial* por *Idade, sexo e tempo*. E Graciliano Ramos não lançou *O mundo coberto de penas*, e sim *Vidas secas*." (SOARES, *Rua do Ouvidor 110*, 2006, p.80). A estreita relação entre Daniel Pereira e os autores da José Olympio pode ser notada pelo volume da correspondência, ainda inédita, entre este e Gilberto Freyre.

718 Manuel Bandeira usou as seguintes palavras para apresentar a poeta Lucila Godoy em sua *Antologia dos poetas bissextos contemporâneos*: "Publicou alguns poemas curtos em *Revista Brasileira*, número de março de 1945. A nota da redação informava: 'Nascida em Niterói. Tem em preparo um romance. Res.: Rua Evaristo de Veiga, 47-A, Rio'. Tudo indicava tratar-se de uma autêntica bissexta, desde o nome, que não parecia seu nome verdadeiro (Lucila Godoi é, sim, o nome verdadeiro de Gabriela Mistral). Como quer que seja, merece 'presa en laurel la planta fugitiva' desta 'Marola', com o seu ritmo embalador, e desta 'Tentação', tão suavemente feminina.' Isso escrevemos na primeira edição desta antologia. Agora podemos revelar que o nome verdadeiro da autora é Dulce Ferreira Pontes." (BANDEIRA, *Antologia dos poetas bissextos contemporâneos*, 1964, p.105.) A antologia ainda traz os poemas "Tentação", "Marola" e "Terceto de junho".

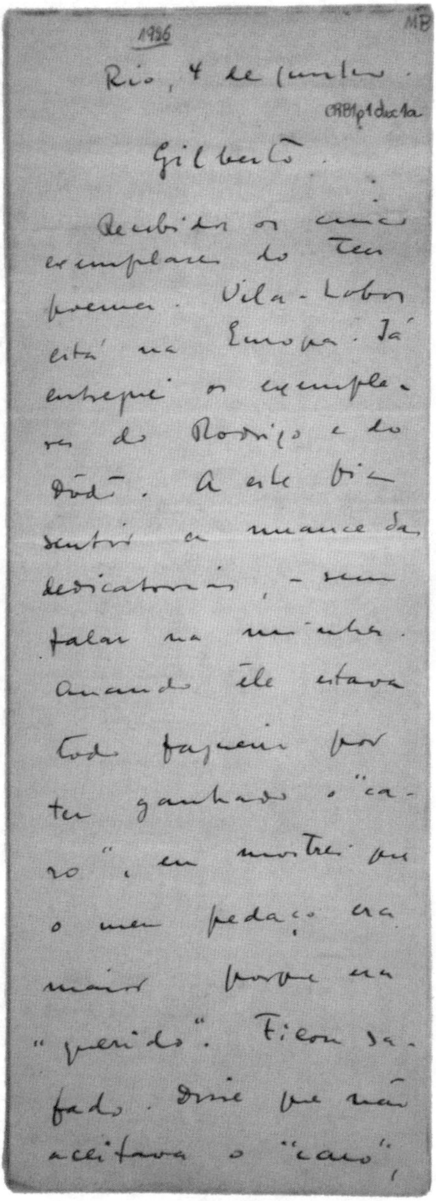

1936

Rio, 4 de junho.

Gilberto:

Recebidos os cinco exemplares do teu poema. Vila-Lobos está na Europa. Já entreguei os exemplares do Rodrigo e do Dodô. A este fiz sentir a nuance da dedicatoria, — sem falar na minha. Quando ele estava cá, fazenda por ter ganhado o "caro", em mostra que o meu pedaço era mais forte na "querido". Ficou safado. Disse que não aceitava o "caro",

que tambem queria o "querido". Que enganhei o "querido" porque fui a Pernambuco, mas por ele tambem havia de ir a Recife. Este ano ele está estudando alguma coisa et pour se délasser toma de vez em quando um daqueles monumentais purés de série um milhão. Agora descobrimos um joguinho de bar chamado "cavalinhos" que é o tipo do fine.

EXPLICAÇÃO DO JOGUINHO DE BAR CHAMADO CAVALLINHOS

Quando já se tomaram uns sete ou oito

Figura 1 – Página 1 da carta de Manuel Bandeira a Gilberto Freyre datada de "Rio de Janeiro, 4 de junho [de 1927]".

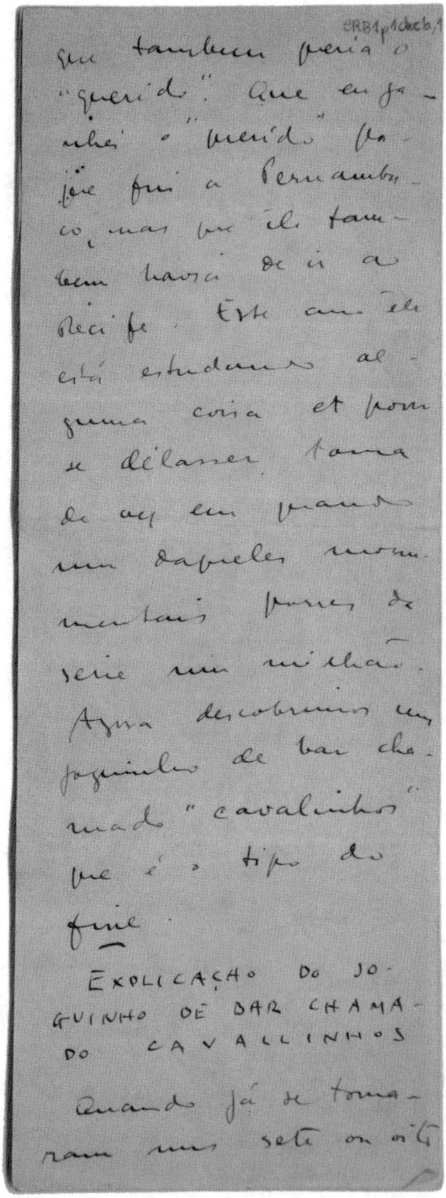

Figura 2 – Página 2 da carta de Manuel Bandeira a Gilberto Freyre datada de "Rio de Janeiro, 4 de junho [de 1927]".

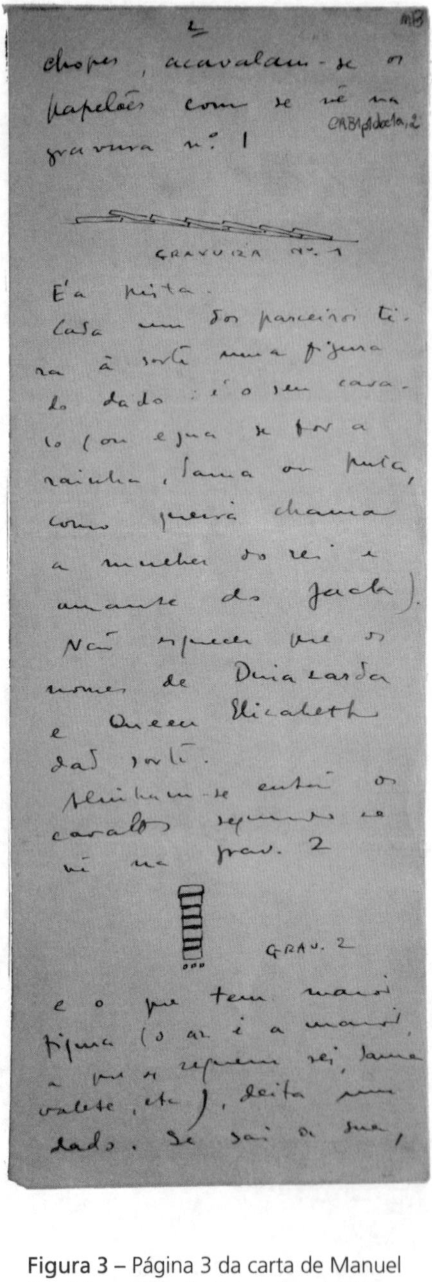

2 MB

chopes, acavalam-se os papelões como se vê na gravura nº 1

CRB1p1doc1a,2

GRAVURA Nº 1

É a pista. Cada um dos parceiros tira à sorte uma figura do dado: é o seu cavalo (ou égua se for a rainha, dama ou puta, como queira chamar a mulher do rei e amante do Jack). Não esqueça que os nomes de Dona Lasda e Queen Elizabeth dão sorte. Alinham-se então os cavalos segundo se vê na grav. 2

GRAV. 2

e o que tem maior figura (o az é a maior, a que se seguem rei, dama, valete, etc.), deita um dado. Se sai a sua,

Figura 3 – Página 3 da carta de Manuel Bandeira a Gilberto Freyre datada de “Rio de Janeiro, 4 de junho [de 1927]”.

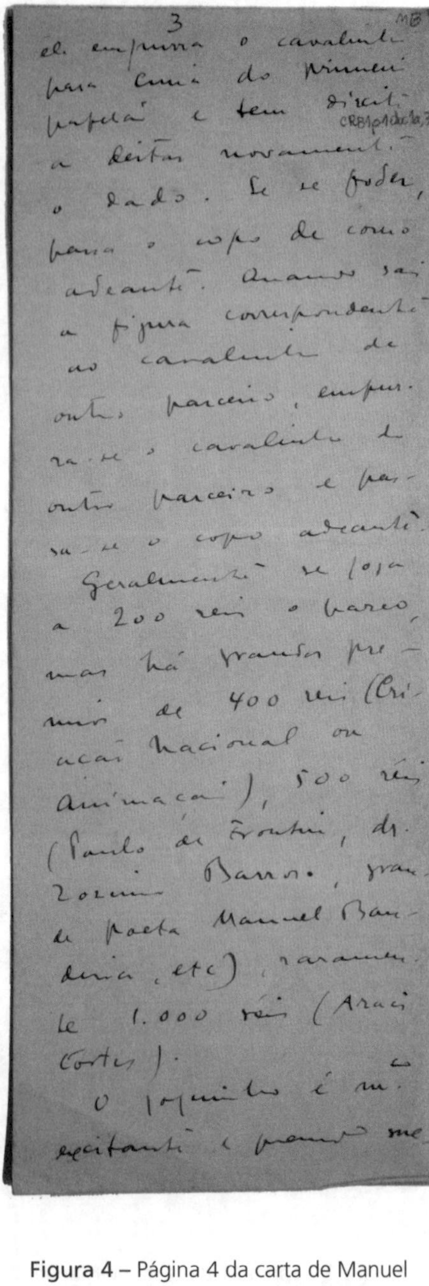

3 MB

ele empurra o cavalinho para cima do primeiro papelão e tem direito a deitar novamente o dado. Se se foder, passa o copo de corno adeante. Quando sai a figura correspondente ao cavalinho de outro parceiro, empurra-se o cavalinho do outro parceiro e passa-se o copo adeante.

CRB1p1doc1a,3

Geralmente se joga a 200 réis o parceo, mas há grandes prêmios de 400 réis (Criação Nacional ou Animação), 500 réis (Paulo de Frontin, dr. Zozimo Barroso, grande poeta Manuel Bandeira, etc.), raramente 1.000 réis (Araci Cortes).

O joguinho é muito excitante e promove me

Figura 4 – Página 4 da carta de Manuel Bandeira a Gilberto Freyre datada de “Rio de Janeiro, 4 de junho [de 1927]”.

Figura 5 – Página 5 da carta de Manuel Bandeira a Gilberto Freyre datada de "Rio de Janeiro, 4 de junho [de 1927]".

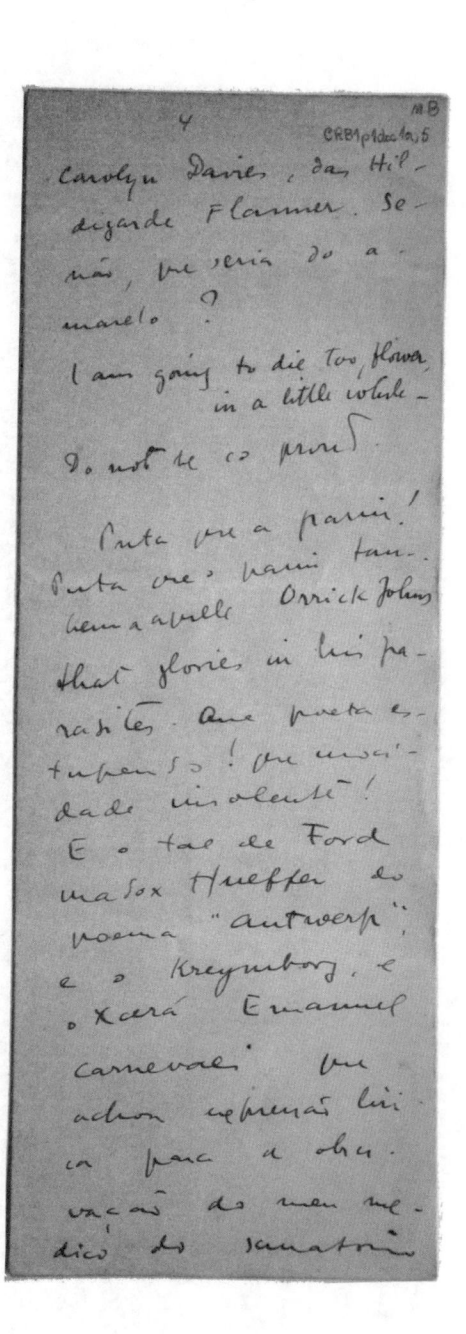

Figura 6 – Página 6 da carta de Manuel Bandeira a Gilberto Freyre datada de "Rio de Janeiro, 4 de junho [de 1927]".

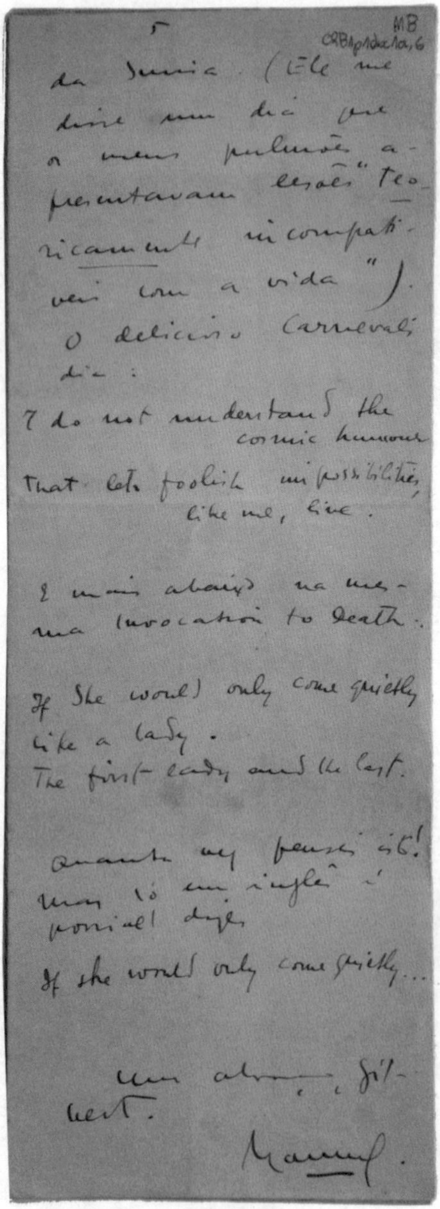

5

MB
CRB Ap1dc1a, 6

da Suíça. (Êle me disse um dia que os meus pulmões apresentavam lesões "teoricamente incompatíveis com a vida").

O delicioso Carnevali diz:

I do not understand the cosmic humour
That lets foolish impossibilities,
like me, live.

E mais abaixo na mesma invocation to Death:

If She would only come quietly
like a lady.
The first lady and the last.

Quanta vez pensei isto! mas só em inglês é possível dizê-lo.

If she would only come quietly...

Um abraço, Gilberto.

Manuel.

Figura 7 – Página 7 da carta de Manuel Bandeira a Gilberto Freyre datada de "Rio de Janeiro, 4 de junho [de 1927]".

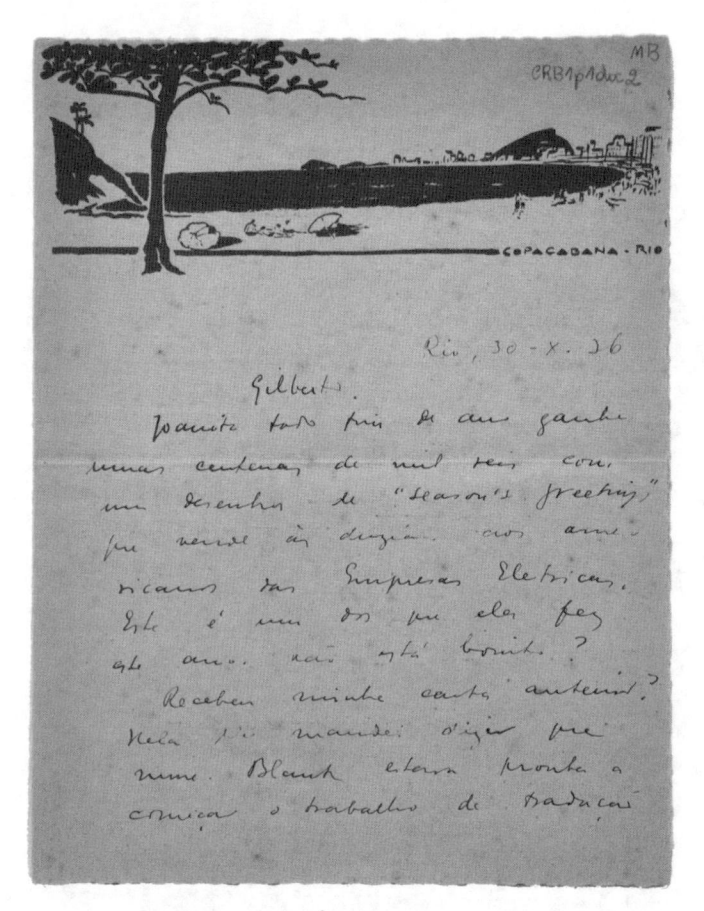

Figura 8 – Página 1 da carta de Manuel Bandeira a Gilberto Freyre datada de "Rio de Janeiro, 30 de outubro de 1936".

Figura 9 – Página 2 da carta de Manuel Bandeira a Gilberto Freyre datada de "Rio de Janeiro, 30 de outubro de 1936".

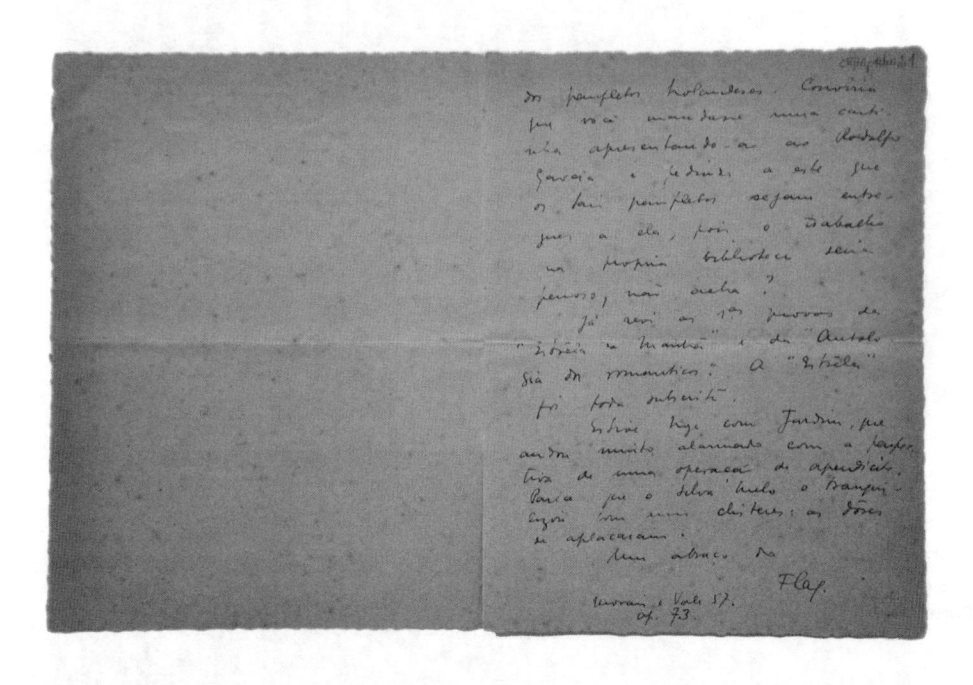

Rio, 26.10.53

Meu querido sociólogo,

Aqui tem você, muito canhestramente expressada a vista que se tem do meu novo apartamento no mesmo edifício São Miguel. Estou agora no 8º andar, apartamento 801. A área é a mesma, o aluguel (perdi a proteção da lei do inquilinato) passou de 650 a 3.000! mas vale a pena. O sol entra de manhã pela porta a dentro e vai buscar as roupas no armário ao fundo. A paisagem é como uma feijoada completa: tem de um tudo — aeroporto com aviões entrando e saindo a cada momento; um portozinho de caíques e yoles de regatas; lanchinhas, motor-boats e até uma carrinha lacustre com cais de pegada... e a água que v. vê no primeiro plano. Disponha.

Um abraço do velho amigo

Flag.

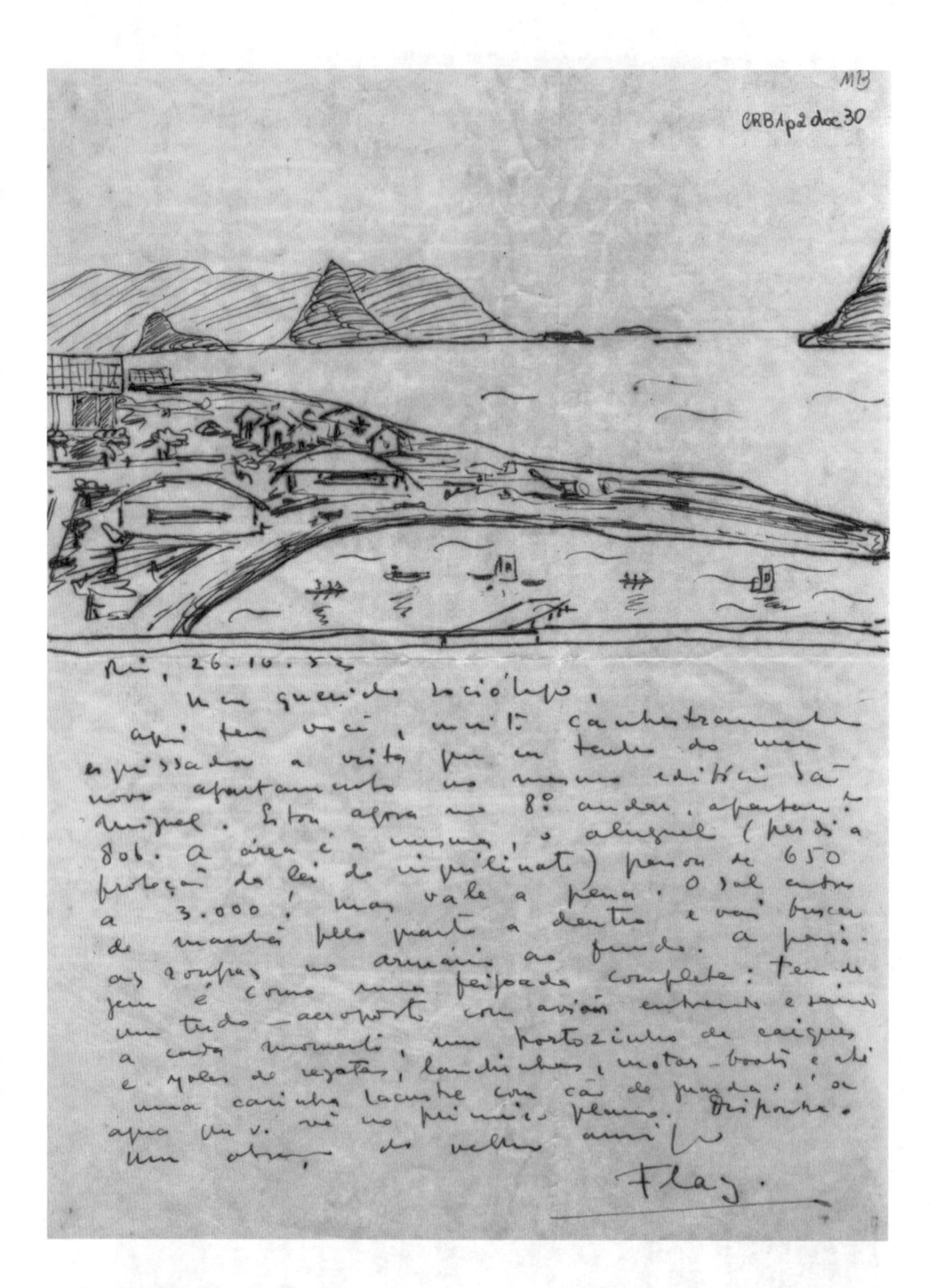

Figura 10 – Carta de Manuel Bandeira a Gilberto Freyre datada de "Rio de Janeiro, 26 de outubro de 1953".

Figura 11 – Frente de cartão-postal, com fotografia da avenida 7 de Setembro – Petrópolis/RJ, enviado por Manuel Bandeira a Gilberto Freyre e datado de 18 de dezembro de 1952.

Figura 12 – Verso de cartão-postal, com fotografia da avenida 7 de Setembro – Petrópolis/RJ, enviado por Manuel Bandeira a Gilberto Freyre e datado de 18 de dezembro de 1952.

Figura 13 – Frente de cartão-postal, com fotografia dos Chimères de Notre-Dame, Paris/França, enviado por Manuel Bandeira a Gilberto Freyre e datado de 28 de setembro de 1957.

Figura 14 – Verso de cartão-postal, com fotografia dos Chimères de Notre-Dame, Paris-França, enviado por Manuel Bandeira a Gilberto Freyre e datado de 28 de setembro de 1957.

Figura 15 – Frente de cartão-postal, com imagem do retrato de Jan Six de autoria de Rembrandt, enviado por Manuel Bandeira a Gilberto Freyre e datado de 25 de dezembro de 1963.

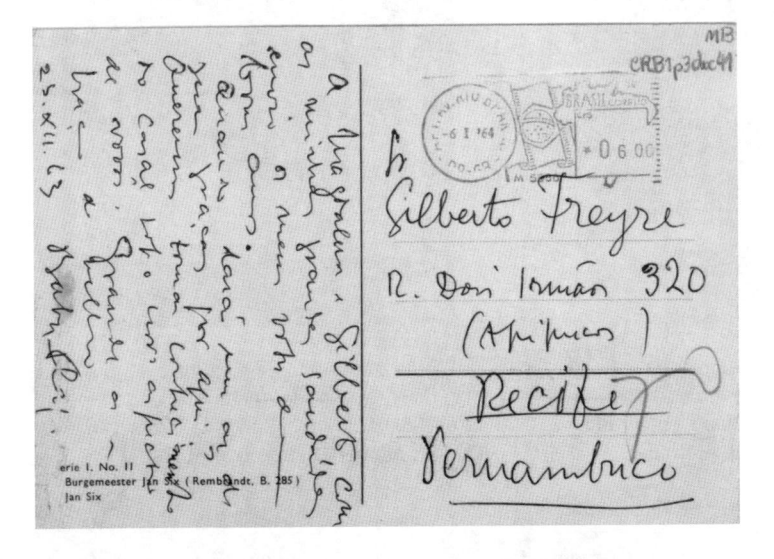

Figura 16 – Verso de cartão-postal, com imagem do retrato de Jan Six de autoria de Rembrandt, enviado por Manuel Bandeira a Gilberto Freyre e datado de 25 de dezembro de 1963.

Figura 17 – Capa de exemplar da primeira edição de *Poesias completas* (1948), de Manuel Bandeira.

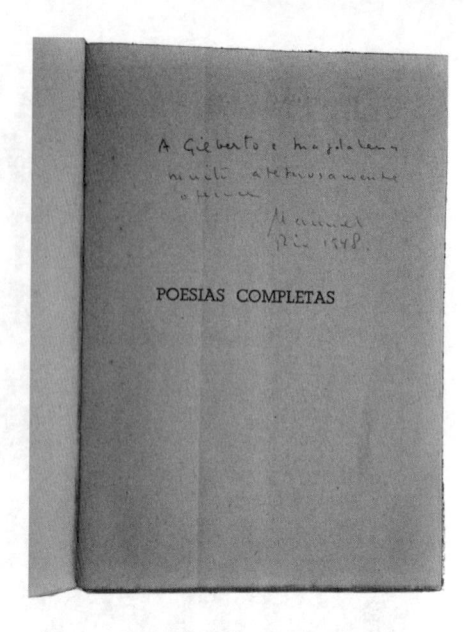

Figura 18 – Folha de rosto de exemplar da primeira edição de *Poesias completas* (1948), de Manuel Bandeira.

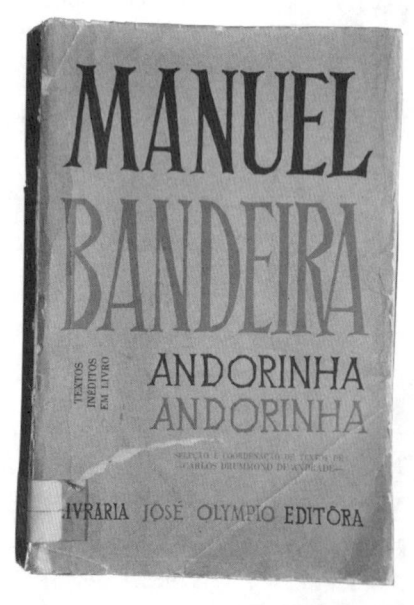

Figura 19 – Capa de exemplar da primeira edição de *Andorinha, andorinha* (1966), de Manuel Bandeira, organizada por Carlos Drummond de Andrade.

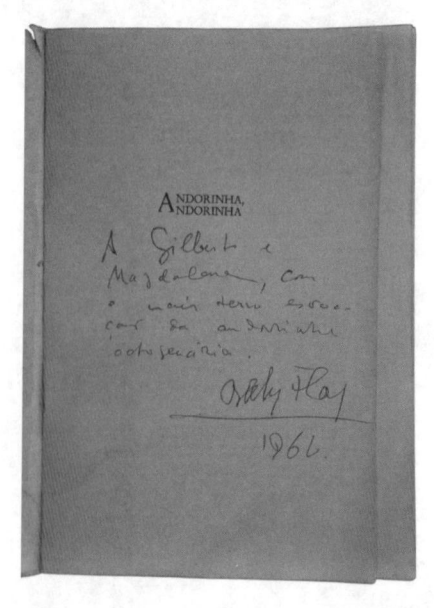

Figura 20 – Folha de rosto de exemplar da primeira edição de *Andorinha, andorinha* (1966), de Manuel Bandeira, organizada por Carlos Drummond de Andrade.

Figura 21 – Capa de exemplar da primeira edição da *Antologia de poetas brasileiros bissextos contemporâneos* (1946), organizada por Manuel Bandeira.

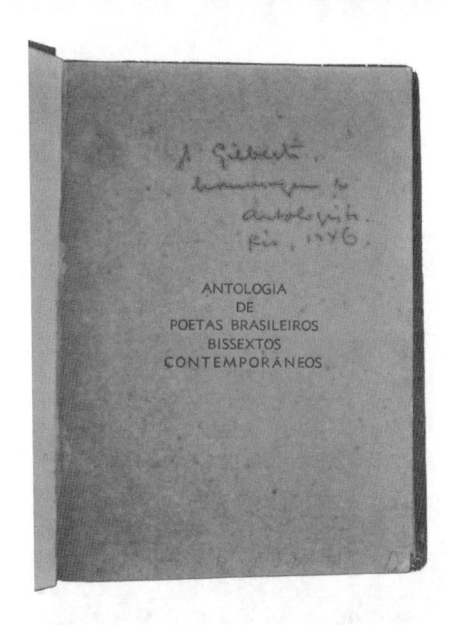

Figura 22 – Folha de rosto de exemplar da primeira edição da *Antologia de poetas brasileiros bissextos contemporâneos* (1946), organizada por Manuel Bandeira.

Figura 23 – Capa de exemplar da primeira edição de *Aventura e rotina* (1953), de Gilberto Freyre.

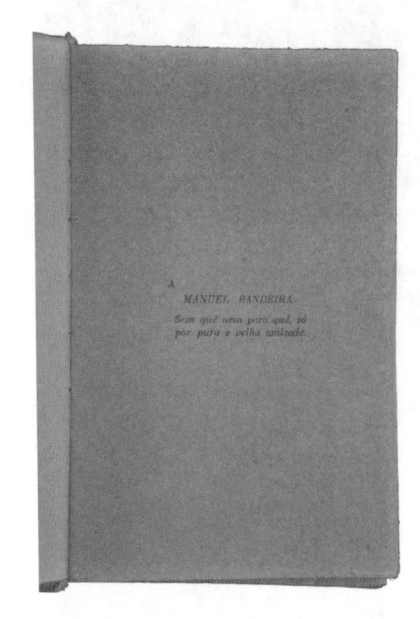

Figura 24 – Dedicatória de exemplar da primeira edição de *Aventura e rotina* (1953), de Gilberto Freyre.

Figura 25 – Capa de exemplar da primeira edição de *Poesias* (1941), de Mário de Andrade.

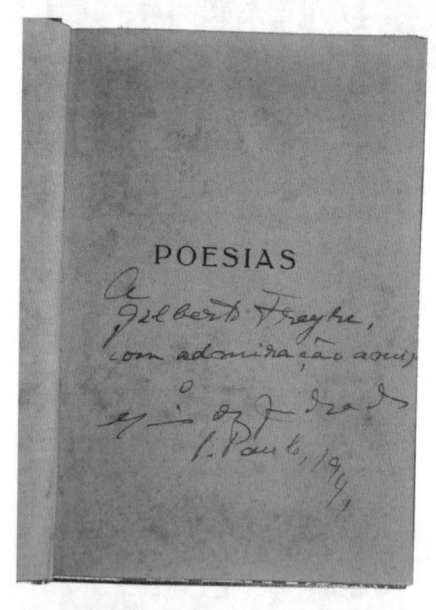

Figura 26 – Folha de rosto de exemplar da primeira edição de *Poesias* (1941), de Mário de Andrade.

Figura 27 – Gilberto Freyre aos 23 anos.

Figura 28 – Gilberto Freyre no Solar de Santo Antônio de Apipucos (foto de Jean Manzon).

Figura 29 – Gilberto Freyre, Alfredo Freyre, Francisca Freyre e Gilberto Freyre Costa.

Figura 30 – Antônio Pimentel Filho, Magdalena Freyre, Gilberto Freyre, Gilberto Freyre Neto, Cecília Pimentel, Antônio Pimentel, Sonia Freyre, Cristina Suassuna e Fernando de Mello Freyre.

Figura 31 – Heitor Villa-Lobos.

Figura 32 – José Lins do Rego, Octávio Tarquinio de Sousa, Paulo Prado, José Américo de Almeida e Gilberto Freyre.

Figura 33 – Cícero Dias, Gilberto Freyre, Sérgio Buarque de Holanda, José Américo de Almeida, Rodrigo Melo Franco de Andrade e António Bento.

Figura 34 – José Lins do Rego, Olívio Montenegro e Gilberto Freyre.

Figura 35 – Rachel de Queiroz e Gilberto Freyre.

Figura 36 – Gilberto Freyre e Olívio Montenegro (sentados) e Sylvio Rabello e Aníbal Fernandes (em pé).

Figura 37 – Gilberto Freyre e Cícero Dias.

Figura 38 – Da esquerda para a direita: Sylvio Rabello, Carlos Duarte, Altamiro Cunha, Gilberto Freyre, João Cardoso Ayres, Alfredo Freyre e Olívio Montenegro.

Figura 39 – Da esquerda para a direita: Cícero Dias, Altamiro Cunha, Lula Cardoso Ayres e Gilberto Freyre.

Figura 40 – Gastão Cruls, José Lins do Rego e Gilberto Freyre.

Figura 41 – Gilberto Freyre, Olívio Montenegro e Ulisses Pernambucano.

Figura 42 – João Condé, Manuel Bandeira, Lia Correia Dutra e Astrojildo Pereira.

Figura 43 – Cabeça de bronze de Manuel Bandeira na Fundação Gilberto Freyre.

Figura 44 – Fotografia de Manuel Bandeira, dedicada a Gilberto e Magdalena Freyre.

Figura 45 – Fotografia de Manuel Bandeira e Octávio Tarquínio de Sousa.

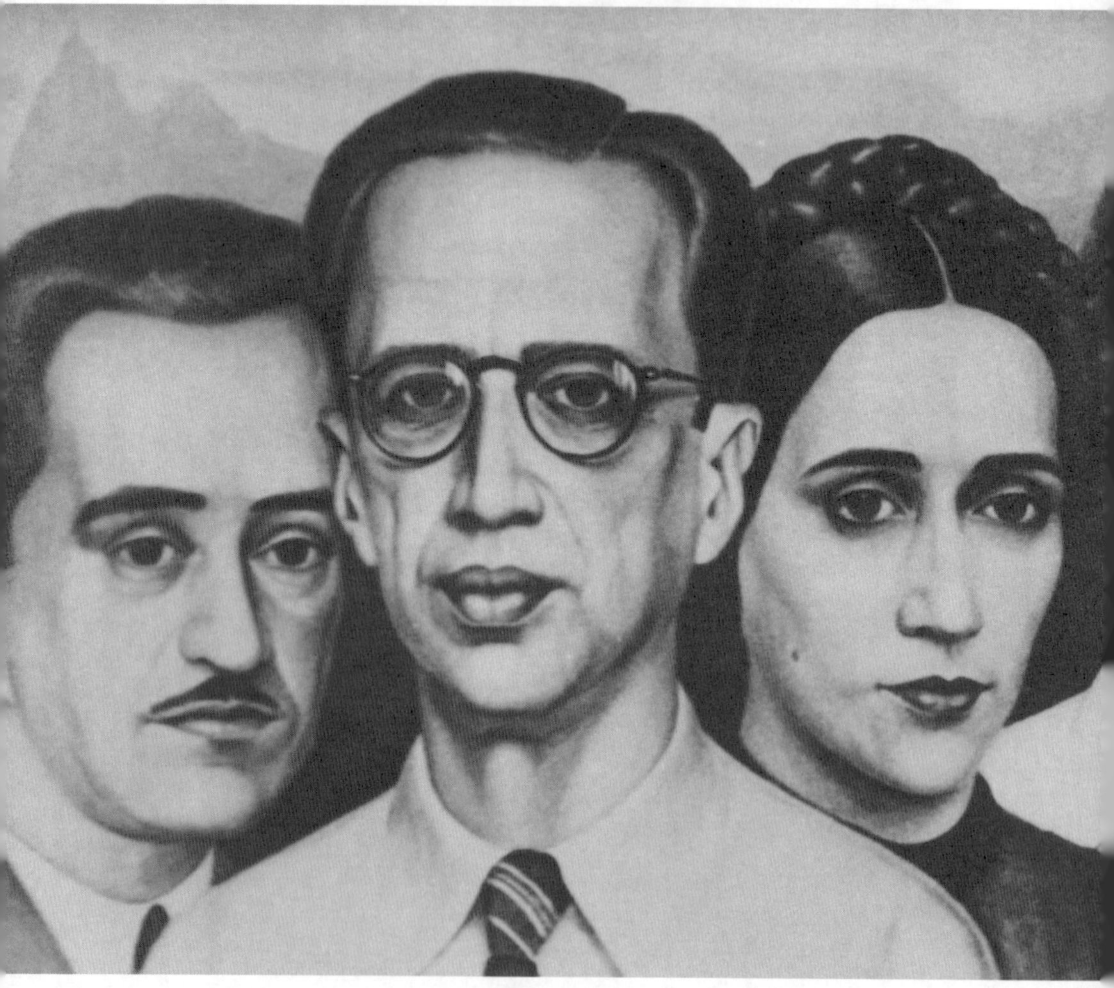

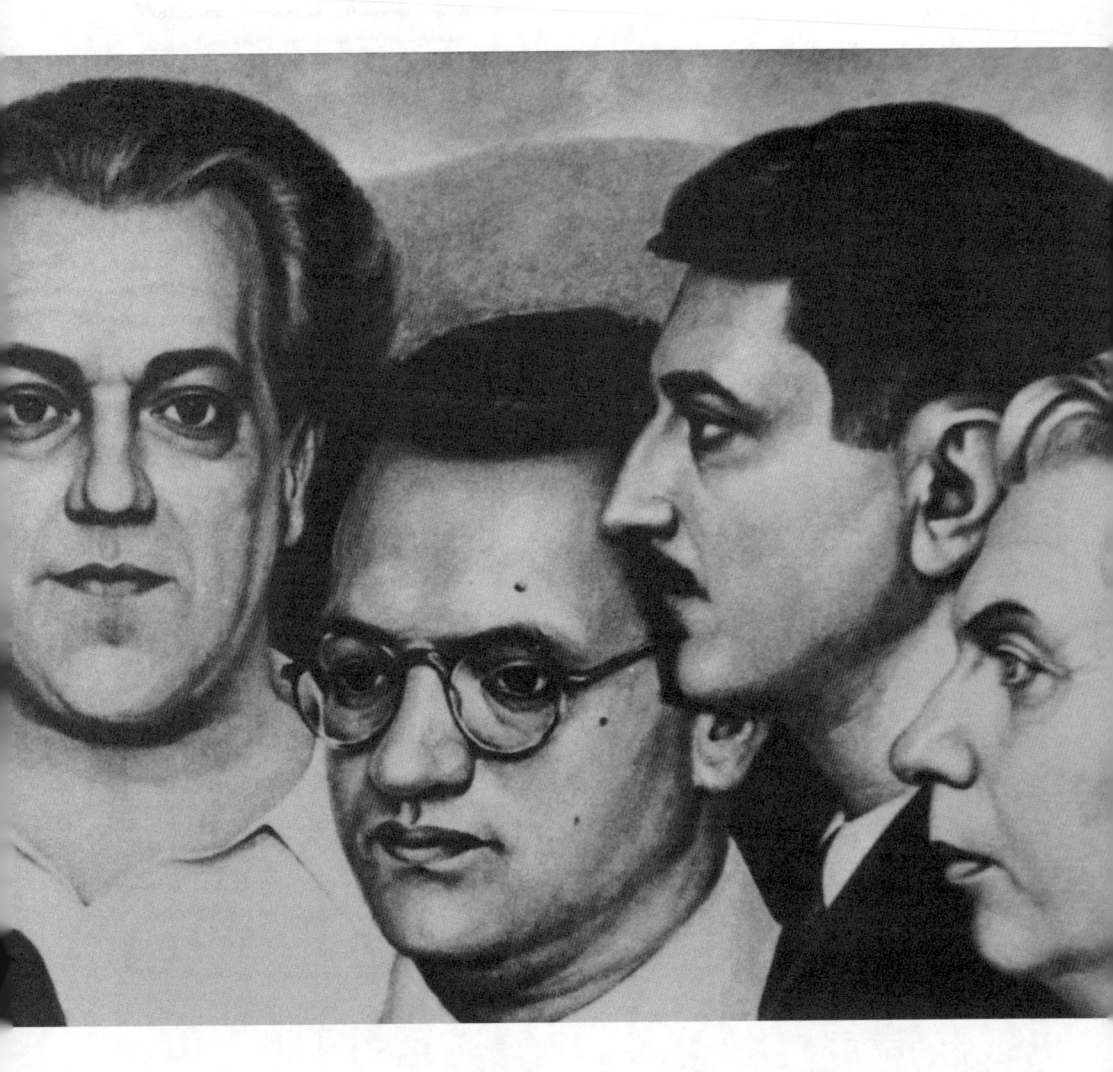

Figura 46 – Fotomontagem (da esquerda para direita) com Luís Jardim, Manuel Bandeira, Tarsila do Amaral, Heitor Villa-Lobos, José Lins do Rego, Gilberto Freyre e Oswald de Andrade.

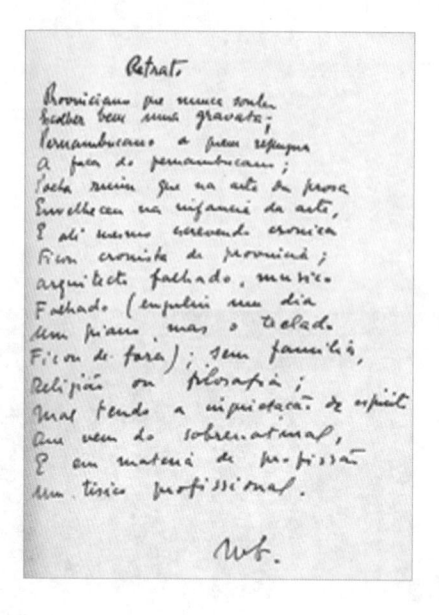

Figura 47 – Manuscrito do poema "Retrato", de Manuel Bandeira.

Figura 48 – Reprodução do *ex-libris* de Manuel Bandeira, por Alberto Childe (1917).

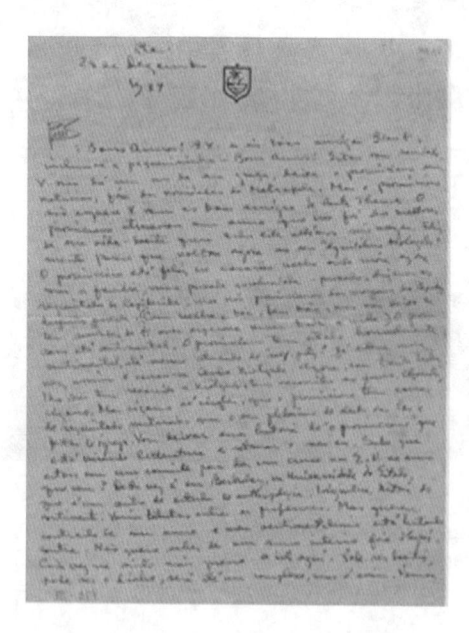

Figura 49 – Página 1 da carta de Gilberto Freyre a Manuel Bandeira datada de "Recife, 28 de dezembro de 1934", com *ex-libris* do autor.

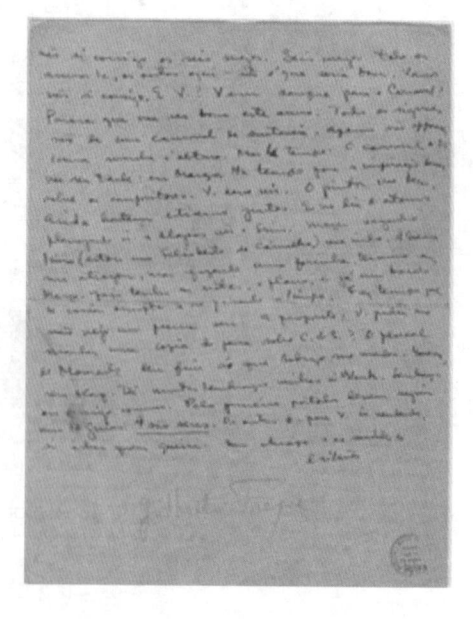

Figura 50 – Página 2 da carta de Gilberto Freyre a Manuel Bandeira datada de "Recife, 28 de dezembro de 1934".

60 (MB)[719]

Teresópolis, 20 de março de 1966.

Caro Gilberto,

    Estou lhe escrevendo de Teresópolis, aonde vim recuperar as forças perdidas durante o verão, o mais arrasador e prolongado que vi no Rio nos setenta anos que vivo lá. Os médicos me aconselharam ir para a montanha por duas ou três semanas – Petrópolis ou Teresópolis. Vera, irmã do Rodrigo, pôs à minha disposição a casinha dela no alto de Teresópolis e eu subi com a Lourdes no fim de fevereiro e desceremos no fim de março. Tenho apreciado enormemente a estada aqui: há que tempo eu não me via cercado de verde, há que tempo eu não desfrutava o prazer de avistar um cavalo solto pastando na rua!
    Assim estou me fortalecendo para enfrentar as maçadas do próximo 19 de abril. A duas solenidades não poderei furtar-me: sessão da Academia e almoço na José Olympio. Haverá nas proximidades de data lançamento de várias reedições e uma edição do livro novo; este é de prosa escrita depois da edição Aguilar (1958);[720] a reedição das *Poesias completas*,[721] incluindo traduções e o *Mafuá do malungo* aumentado –, ambos os volumes sairão da José Olympio e que também lançará um livro biográfico do Stefan Baciu.[722] A Editora do Autor reeditará a *Antologia poética*,[723] o *Itinerário de Pasárgada* e uma seleção de crônicas sob o título *Os Reis Vagabundos*[724] com a declaração "Seleção de Rubem Braga aprovada pelo autor". As Edições de Ouro[725] (livros de bolso) também lançarão uma pequena antologia poética (umas cento e dez poesias) sob o título *Meus poemas preferidos*.[726] Com os direitos autorais que vou receber poderei

---

719 [Classificação original (FGF): doc 43. Carta. Ms. autógrafo com caneta esferográfica azul. Datação, na margem inferior da segunda página, após a assinatura: "20 de março de 1966". Papel amarelado, de gramatura baixa. Duas folhas, duas páginas manuscritas. Dimensões: 26,1 x 19,8 cm. Documento em boas condições.]

720 É possível que Manuel Bandeira se refira à coletânea de crônicas *Andorinha, andorinha* (1966), com seleção e coordenação de textos de Carlos Drummond de Andrade.

721 BANDEIRA, Manuel. *Estrela da vida inteira*: poesias reunidas. Rio de Janeiro: José Olympio, 1966. Edição comemorativa do octogésimo aniversário do poeta.

722 Stefan Baciu (1918-1993), escritor, poeta, crítico literário, professor universitário, diplomata e tradutor de origem romena, morou em diversos países. Chegou no Brasil em 1949, com sua esposa, e tornou-se especialista em literatura latino-americana. Na década de 1960, assumiu posto de professor na Universidade de Seattle. Sua biografia sobre Manuel Bandeira continua sendo uma referência: BACIU, Stefan. *Manuel Bandeira de corpo inteiro*. Rio de Janeiro: José Olympio, 1966. 181 p. (Coleção Documentos Brasileiros, 122).

723 BANDEIRA, Manuel. *Antologia poética*. Ed. aument. Rio de Janeiro: Ed. do Autor, 1961.

724 BANDEIRA, Manuel. *Os reis vagabundos e mais 50 crônicas*. Rio de Janeiro: Ed. do Autor, 1966.

725 [Sublinhado tal qual no ms.]

726 BANDEIRA, Manuel. *Meus poemas preferidos*. Rio de Janeiro: Tecnoprint, 1967.

completar o pagamento de uma casinha que comprei aqui para passar os possíveis verões que ainda viverei.

Subi para aqui às pressas, sem trazer meus papéis, de sorte que, sem o meu *Birthday Book*, deixei passar o dia 15 sem lhe mandar o meu abraço pelo seu aniversário. Aqui lhe mando ele com os melhores votos de felicidades e alegrias. Gostei muito de almoçar na José Olympio com a Sonia Maria e o marido, que me pareceu muito[727] simpático. Quem me lembrou o seu aniversário foi o João Condé,[728] que subiu a Teresópolis para colher dados destinados a uma página do *Cruzeiro* relativa ao meu octogésimo.

Adeus, meu velho. Receba com Madalena um afetuoso abraço e as grandes saudades do

Flag

---

727 [Forma da palavra abreviada no ms.: "m^{to}".]

728 João Ferreira da Silva Limeira Pepeu Condé, jornalista especializado na área cultural, escritor, adido cultural do Brasil em Lisboa e fundador do *Jornal de Letras*, no Rio, com seus irmãos José e Elysio. Condé teve fundamental importância para que o *Itinerário de Pasárgada* fosse publicado, como explica Bandeira no início de sua autobiografia: "Confesso que já me vou sentindo bastante arrependido de ter começado estas memórias. Fi-lo a instâncias de Fernando Sabino e Paulo Mendes Campos. O compromisso que assumi com eles nada tinha de irrevogável, porque um e outro são criaturas humanas, compreensivas. Mas a revista a que eles se destinavam gorou, e quando eu dei por mim, estava nas mãos do João Condé, amigo sabidamente implacável, que me faz viver trabalhando para os seus Arquivos [de *O Cruzeiro*] e para o *Jornal de Letras*, valendo-se para isso dos expedientes mais inconfessáveis, como sejam a sua simpatia pessoal, a televisão, o nome de Caruaru etc." (BANDEIRA, *Poesia completa e prosa*, 1974, p.39).

61 (MB)[729]

LIVRARIA JOSÉ OLYMPIO EDITORA

Rio de Janeiro, 13 de julho de 1966.

Meu caro Gilberto,

    Soube agora pelo que verifiquei que você estava pronto a se candidatar à Academia na vaga do Maurício de Medeiros,[730] mas que à vista da candidatura do José Américo[731] você não se apresentaria. Aprovo-o.
    Fiquei muito[732] satisfeito de saber que futuramente podemos chamá-lo com aceitação sua. Venha, seu mano. A Academia não é cenáculo, nem isto, nem aquilo: é uma casa de família onde às quintas a gente tem a certeza de encontrar alguns amigos queridos e você é um deles que está faltando terrivelmente.
    Grande abraço para você e Madalena.

Baby Flag

---

729 [Classificação original (FGF): doc 44. Carta. Ms. autógrafo com caneta esferográfica azul. Datação, na margem inferior da página, após a assinatura: "Rio, 13.7.1966". Papel amarelado, de gramatura alta. Timbre da "Livraria José Olympio Editora" na margem superior esquerda. Uma folha, uma página manuscrita. Dimensões: 26,1 x 17,6 cm. Documento em boas condições.]

730 Maurício de Medeiros (1885-1966), médico, político, professor, jornalista, ministro da Saúde nos governos de Nereu Ramos e Juscelino Kubitschek, escritor e membro da ABL, eleito e empossado em 1955. Publicou *Peço a palavra* (1924), *Segredo conjugal* (1933), *Ideias, homens e fatos* (1934) e *Homens notáveis* (1964).

731 José Américo de Almeida foi, de fato, o ocupante da cadeira 38 da ABL, eleito no dia 27 de outubro de 1966 e sucedendo a Maurício de Medeiros. Sua posse foi no dia 28 de junho de 1967, tendo sido recebido pelo acadêmico Alceu Amoroso Lima.

732 [Forma da palavra abreviada no ms.: "m^{to}".]

62 (MB) [733]

Gilberto,

Afinal vai uma carona para a Província. Desculpe a demora. Ando numa preguiça safada e farto "das letras", salvo de meus versinhos que faço uma vez ou outra.

Inah anda braba com você porque não escreveu nada ao Prudente. Não quer mais saber da Província. Escreva!

Abraços do

Flag.

---

733 [Classificação original (FGF): doc 46. Bilhete. Ms. autógrafo com caneta-tinteiro preta. Sem datação. Papel amarelado, de gramatura alta. Uma folha, uma página. Dimensões: 13,1 x 21,5 cm. Documento em boas condições.]

63 (MB)[734]

~~Manuel Bandeira~~

Que fim levou, bichão?
Vai esta carta para o Magro, e para você, das Dores e rebentos, abraços e felicitações de Ano-Bom.

---

734 [Classificação original (FGF): doc 49. Cartão de apresentação pessoal. Ms. autógrafo com caneta-tinteiro preta. Sem datação. Papel amarelado, de gramatura alta. Uma folha, uma página, colada em outra folha de gramatura alta, como etapa de procedimento de restauro. Dimensões: 5,6 x 7,4 cm. Dimensões da folha do restauro: 8,3 x 10 cm. Documento em boas condições. Impressão localizada no centro do documento original em letras tachadas: "Manuel Bandeira".]

64 (MB)[735], 736

ALFREDO FREYRE – DOIS IRMÃOS 320
APIPUCOS RECIFE PE

QUEIRA ACEITAR PREZADO AMIGO AS MINHAS CONDOLÊNCIAS
MANUEL BANDEIRA.

---

735 [Classificação original (FGF): doc 50. Telegrama destinado a Alfredo Freyre. Sem datação. Papel azul amarelado, de gramatura alta. Timbre da "Repartição Geral dos Telégrafos". Dimensões: 17 x 20,7 cm. Documento em boas condições. Carimbo, entre endereço e mensagem, com número 03758.]

736 O carimbo dos documentos de número 50 e 51 (classificação da FGF), respectivamente 03758 e 03759, permite afirmar que ambos se encontram na sequência. Como o teor parece ser condizente com luto, é provável que Manuel Bandeira os tenha enviado pela ocasião da morte da mãe de Gilberto Freyre, Francisca Teixeira de Melo Freyre, ocorrida em 1943, depois de um longo período de enfermidade. Porém, como ainda resta dúvida sobre isso, preferimos mantê-los ao final do conjunto.

65 (MB)[737,738]

GILBERTO FREYRE DOIS IRMÃOS 320
APIPUCOS RECIFE PE

  RECEBA COM MADALENA UM APERTADO ABRAÇO MANUEL BANDEIRA.

---

737 [Classificação original (FGF): doc 51. Telegrama. Sem datação. Papel azul amarelado, de gramatura alta. Timbre da "Repartição Geral dos Telégrafos". Dimensões: 17 x 20,7 cm. Documento em boas condições. Carimbo, entre endereço e mensagem, com número 03759.]

738 Ver segunda nota ao documento de número 64 desta edição.

66 (MB)[739],740

Para o Magro

Abraços
do

Flag

---

739 [Classificação original (FGF): doc 52. Bilhete. Ms. autógrafo com lápis grafite. Sem datação. Papel amarelado, de gramatura média, provavelmente retirado de um livro. Emblema do "Institute of International Education – New York". Uma folha, uma página. Dimensões: 18,7 x 14,8 cm. Documento em boas condições. Manuscritas com caneta esferográfica azul, grafia de Gilberto Freyre, encontram-se as palavras "Magro = Gilberto Freyre", ao lado da palavra "magro", e "Flag = Manuel Bandeira", ao lado da palavra "Flag". No verso, encontra-se trecho de uma obra em língua inglesa manuscrito com lápis grafite, grafia de Gilberto Freyre.]

740 É possível que o referido documento, classificado como bilhete, seja uma página com dedicatória de Manuel Bandeira a Gilberto Freyre recortada de um livro.

67 (MB)[741]

DR ALFREDO FREYRE
JUSTIÇA FEDERAL

   QUEIRA RECEBER E TRANSMITIR A GILBERTO AFETUOSO ABRAÇO
MANUEL BANDEIRA

---

741 [Classificação original (FGF): doc 54. Telegrama destinado a Alfredo Freyre. Sem datação. Papel amarelado, de gramatura média. Timbre do "Departamento dos Correios e Telegraphos". Dimensões: 21,4 x 21,4 cm. Documento em boas condições.]

68 (MB)[742],743

ENCOMENDA DE BANDEIRA / CAVIEDES – *EL DIENTE DEL PARNASO*.[744] / MARIÁTEGUI (JOSÉ CARLOS) – *SIETE ENSAYOS DE INTERPRETACIÓN DE LA REALIDAD PERUANA*[745]

Estive aqui às 10h para abraçá-los: Muito boa viagem e até a volta...

Manuel

---

742 [Classificação original (FGF): doc 48. Bilhete. Ms. autógrafo com caneta-tinteiro preta. Sem datação. Papel amarelado, de gramatura média. Folha datiloscrita com fita vermelha e preta com a seguinte informação: "Encomenda de Bandeira / Caviedes – *El Diente del Parnaso*. / Mariátegui (José Carlos) – *Siete Ensayos de Interpretación de la Realidad Peruana*". Uma folha, uma página. Dimensões: 14,1 x 20,8 cm. Documento em boas condições. Anotações diversas com lápis grafite, grafia de Gilberto Freyre.]

743 Segundo documentação organizada pela FGF, intercalada entre o bilhete manuscrito de Manuel Bandeira de número 46 e o bilhete manuscrito de Manuel Bandeira de número 48, está uma folha datiloscrita, documento de número 47 conforme classificação da FGF, não transcrito aqui, que coincide com o final da Carta 30, de Manuel Bandeira, datada de 23 de março de 1939. Provavelmente essa folha foi copiada com intuito de catalogação e posteriormente anexada como parte da correspondência passiva de Gilberto Freyre.

744 VALLE Y CAVIEDES, Juan del. *Diente del Parnaso:* manuscrito de la Universidad de Yale. Ed., introduc. y notas Luis Garcia-Abrines Calvo, colab. Sydney Jaime Muirden. [Jaén]: Diputación Provincial de Jaén, [1993?]. 444 p. A obra *Diente del Parnaso*, considerada a mais importante do poeta espanhol e peruano Juan del Valle y Caviedes (1652--1692), satiriza a Medicina e os médicos do final do século XVII. Hoje é possível encontrar somente dez cópias do manuscrito original, distribuídas em diferentes bibliotecas e universidades do mundo. A edição preparada por Calvo é tida como a mais rigorosa.

745 MARIÁTEGUI, José Carlos. *7 ensayos de interpretación de la realidad peruana*. Lima: Biblioteca Amauta, 1928. 264 p. Esse livro do jornalista, escritor, político e teórico marxista peruano José Carlos Mariátegui (1894-1930), considerado seu trabalho mais conhecido, passou a ser uma referência para o socialismo latino-americano.

2.3 Outros correspondentes

Esta seção é composta de três documentos, originalmente classificados, na Fundação Gilberto Freyre, como correspondência de Bandeira a Freyre. Tais peças, que de alguma forma dialogam com a correspondência, foram editadas e anotadas com os mesmos critérios adotados para os documentos principais da *Correspondência entre Gilberto Freyre & Manuel Bandeira*.

2.3.1 *Carta de Manuel Bandeira a Godofredo Filho*[746]

Recife, 28 de janeiro de 1957.

Godofredo,

    Godô, saudades de você.
    Saudades da Baía.
    Em Recife – dor de corno: Gilberto fez o poema da Baía: definitivo.[747]
    Viagem ruinzinha.[748] Vim pensando nisto: como é que o Renato[749] nasceu na Baía? Com certeza foi por equívoco. Ou mau jeito.

> *Mulata bonita um dia*
> *Por um mau jeito se peida*
> *Essa mulata é a Baía*
> *O peido, Renato Almeida.*

Um abraço do

Manuel!

---

746 [Classificação original (FGF) na pasta da correspondência de Manuel Bandeira: doc 35. Carta. Ms. autógrafo, com caneta-tinteiro preta. Datação: "Recife, 28 janeiro 1957". Papel amarelado, de gramatura alta. Uma folha, uma página. Dimensões: 19,2 x 15,8 cm. Documento em boas condições.]

747 Bandeira provavelmente se refere a "Bahia de Todos os Santos e de quase todos os pecados", reproduzido no capítulo 3 deste livro.

748 Bandeira, quando viajava para o Nordeste, normalmente fazia uma parada em Salvador. Supomos que a carta foi escrita por Bandeira ao chegar ao Recife, em viagem que incluía escala na capital baiana, quando o poeta teria se encontrado com Godofredo Filho. Possivelmente a mesma não foi enviada, tendo sido mantida no acervo pessoal de Gilberto Freyre.

749 Trata-se de Renato Almeida (1895-1981), poeta, musicólogo e folclorista. Participou da Semana de Arte Moderna de 1922. Possui extensa publicação sobre música e folclore, tais como *História da música brasileira* (1926), *Compêndio de história da música brasileira* (1948), *O folclore na poesia e na simbólica do Direito* (1960) e *Música e dança folclórica* (1968), entre outros.

2.3.2 *Telegrama de Manoel Bandeira a Gilberto Freyre*[750]

23 de agosto de 1971.[751]

SEGUIU PASSAGEM. ABRAÇOS = MANOEL BANDEIRA.

---

750 [Classificação original (FGF) na pasta da correspondência de Manuel Bandeira: doc 45. Telegrama. Datação: "23 ago. 1971".] Dimensões: 21,5 x 19 cm. Papel médio.

751 Uma vez que a datação "23.ago.1971" é posterior à morte de Manuel Bandeira, ocorrida em 1968, foi levantada a dúvida quanto à correta classificação do documento. Segundo Sonia Freyre, havia um funcionário, com este nome, do Conselho Federal de Cultura, órgão do governo para o qual Gilberto Freyre prestava consultoria, que enviava periodicamente passagens para o sociólogo. Concluímos, portanto, que o remetente era um homônimo de Manuel Bandeira e, portanto, desconsideramos o referido telegrama do conjunto.

2.3.3 Bilhete de Joanita, Guita e Fredy Blank a Gilberto Freyre[752]

Rio de Janeiro, sexta-feira.

Gilberto,

O Manuel de cá leva um abraço bem amical do trio Blank *who is hoping to see you soon in Rio. Always remembering both to much pleasure the short moments I've had you here in the little house on the hill.*[753]

---

752 [Classificação original (FGF) na pasta da correspondência de Manuel Bandeira: doc 53. Bilhete. Ms. autógrafo com caneta-tinteiro marrom. Autoria provável da família Blank (Fredy, Guita e Joanita Blank). Datação imprecisa: "Rio, sexta-feira". Papel amarelado, de gramatura alta. Uma folha, uma página. Dimensões: 26,6 x 20,9 cm. Documento em boas condições.]

753 "[...] trio Blank que está ansioso para vê-lo logo no Rio. Sempre recordando ambos com grande prazer, os curtos momentos quando o recebemos aqui na pequena casa na colina." [Tradução da organizadora.]

2.4 Dos arquivos à edição: apontamentos

> [...] a anotação é um enorme trabalho de formiga, amiúde ingrato, quando não desesperador, nunca encerrado, sempre problemático, utópico e, para alguns, petulante em suas ambições de abarcar a totalidade ou reconstruir um objeto literário. [...] Apesar disso tudo e por essa razão, esse trabalho continua sendo para mim cativante e necessário.[754]

Este texto discute pressupostos metodológicos e críticos relacionados à edição de correspondência de escritores modernos. A partir da leitura crítica do diálogo epistolar entre Gilberto Freyre e Manuel Bandeira, elaborou-se uma proposta de edição do conjunto, atentando-se para a importância de se seguir um rigor filológico. Pretende-se, desse modo, enfocar questões fundamentais concernentes à edição de textos modernos e, especificamente, à edição de cartas.

Há um longo percurso que separa o documento guardado em arquivo até o momento em que é editado. Vários são os problemas que se colocam nesse trajeto, e ter consciência deles pode, ao menos minimamente, garantir algum sucesso na empreitada. Particularmente aqui será discutida uma proposta de edição da *Correspondência entre Gilberto Freyre & Manuel Bandeira*, a qual certamente apresenta desafios comuns a outras edições de textos modernos inéditos que procuram seguir um rigor filológico. Algumas problemáticas podem ser antecipadas. Primeiramente, o editor[755] ou o organizador depara-se normalmente com a especificidade lacunar e fragmentária do texto epistolar, a qual interfere em âmbitos tais como a intercalação das peças, a fixação do texto e a anotação do conjunto. Outro ponto diz respeito a quando a coletânea é composta por material nunca publicado em livro, especialmente durante a vida do autor, limitando os testemunhos que o organizador poderia utilizar.

Para falar com Jeanne Bem,[756] há uma diferença fundamental entre a carta, como objeto particular, pontual, e sua transformação em coletânea destinada a um público. Virtualmente toda carta, como fragmento, teria um grau variável de literariedade e de literalidade, podendo tocar as fronteiras também móveis de formas literárias como o diário, a (auto)biografia, as memórias, o ensaio, a crônica e o romance. Ao serem reunidas em coletânea, ainda outras questões podem se tornar mais prementes. Retomando o conceito de "obra aberta" de Umberto Eco, valeria ainda dizer que, a despeito de ser um fragmento,

---

[754] Becker, Colette. O discurso de escolta: as notas e seus problemas (o exemplo da correspondência de Zola). *Patrimônio e Memória*, São Paulo, Unesp, v.9, n.1, p.144-156, jan.-jun. 2013. Trad. Ligia Fonseca Ferreira. p.155.

[755] Veja-se que correntemente se emprega a expressão "organizador" para o responsável pela complexa tarefa de edição de correspondência, compreendendo reunir e intercalar peças, fixar texto e anotar o conjunto, como percebemos por meio de edições recentes que serão mencionadas a seguir.

[756] Bem, Jeanne. Le statut littéraire de la lettre. *Genesis*: révue internationale de critique génétique, Paris, n.13, p.113-115, 1999.

a carta contém um todo ilimitado em sua particularidade: "A obra, portanto, tem infinitos aspectos, que não são somente 'partes' ou fragmentos, pois cada um deles contém a obra inteira, e a revela numa determinada perspectiva".[757] E, certamente, possíveis abordagens desse texto dinâmico que é a carta pedem, como na forma barroca – "em seu jogo de cheios e vazios, de luz e sombra, com suas curvas e quebras, os ângulos nas inclinações mais diversas" –, que se olhe especialmente para ela sem "uma visão privilegiada, frontal, definida, mas induzam o observador a deslocar-se continuamente para ver a obra sob aspectos sempre novos, como se ela estivesse em contínua mutação".[758]

Dito isso, vale lembrar que explanações de natureza exegética não dispensam um acurado tratamento do texto. Descuidar dessa parte poderia levar a considerações equivocadas. Desse modo, é preciso também ponderar especificamente sobre a condição material dos documentos originais, bem como sobre outras questões e escolhas que o organizador de correspondência deve enfrentar antes de o trabalho encontrar sua forma definitiva. Para abordar alguns desses apontamentos relacionados ao texto epistolar, a base será a *Correspondência entre Gilberto Freyre & Manuel Bandeira* editada, composta, em sua quase totalidade, de textos inéditos.

O Centro de Documentação da Fundação Gilberto Freyre, que mantém o variado acervo do sociólogo, guarda sua correspondência passiva original e cópia de alguma correspondência ativa. Já boa parte da correspondência passiva de Manuel Bandeira se encontra no Arquivo-Museu de Literatura Brasileira da Fundação Casa de Rui Barbosa. O conjunto da *Correspondência entre Gilberto Freyre & Manuel Bandeira* totaliza 68 peças, sendo 14 de autoria de Gilberto Freyre e 54 de Manuel Bandeira. O total da correspondência de Gilberto Freyre é composto de cartas, sendo 12 manuscritas e duas, cujos originais têm destino desconhecido, fazem parte da edição de cartas escritas por ele, com destinatários vários, preparada por Sylvio Rabello, intitulada *Cartas do próprio punho sobre pessoas e coisas do Brasil e do estrangeiro*.[759] A correspondência de Manuel Bandeira, por sua vez, é mais diversificada: são 25 cartas manuscritas, 12 cartas datiloscritas, uma carta simultaneamente datiloscrita e manuscrita, sete cartões, seis telegramas e três bilhetes. No conjunto da correspondência de Manuel Bandeira endereçada a Gilberto Freyre, oito documentos, em sua maior parte bilhetes manuscritos, não estão datados.[760]

Da correspondência de Manuel Bandeira a Gilberto Freyre guardada pela Fundação Gilberto Freyre, tem-se notícia de publicação prévia de apenas três

---

757 PAREYSON, Luigi apud ECO, Umberto. *Obra aberta*. Trad. Sebastião Uchoa Leite. São Paulo: Perspectiva, 1976. p.64.

758 ECO, *Obra aberta*, 1976, p.44.

759 FREYRE, Gilberto. *Cartas do próprio punho sobre pessoas e coisas do Brasil e do estrangeiro*. Sel., org. e introd. Sylvio Rabello. Rio de Janeiro: Conselho Federal de Cultura, 1978.

760 Considerações sobre a tendência à dispersão de documentos do arquivo pessoal de Manuel Bandeira, entre eles as cartas escritas por Gilberto Freyre, podem ser encontradas na seção 4.6.

documentos – de um conjunto de 117 documentos escritos por Bandeira com destinatários diversos compilados para a seção "Epistolário" da sua *Poesia e prosa*,[761] três foram endereçados a Gilberto Freyre. Por sua vez, Gilberto Freyre também publicou, de forma esparsa, trechos de cartas de Manuel Bandeira. Diante desse conjunto heterogêneo, é conveniente lançar mão do confronto das variantes, de um lado, apontando para a especificidade da apresentação dos documentos originais (a serem abordados do modo mais fidedigno possível) e, de outro, procurando oferecer o cotejo com as cartas efetivamente publicadas em sua integralidade.

  Sobre os procedimentos para uma edição desse diálogo epistolar, é apropriado adotar um critério cronológico, alocando os documentos de ambos os conjuntos a serem intercalados. Nesse sentido, apesar de os documentos terem sido previamente organizados por bibliotecários e arquivistas, no que toca sobretudo às cartas de Bandeira, notou-se a necessidade de se rever a ordem de classificação em alguns casos. A reordenação cronológica, por exemplo, deve ser realizada no caso do documento 2 (neste parágrafo, recupero a classificação da Fundação Gilberto Freyre, diferente, portanto, daquela adotada para a organização das cartas nesta edição), com datação atribuída a 30 de outubro de 1926, mas que posteriormente verifiquei ser de 30 de outubro de 1936. No arquivo original do Centro de Documentação da Fundação Gilberto Freyre, há 55 documentos de autoria atribuída a Bandeira efetivamente classificados. Entretanto, os seguintes itens foram desconsiderados do conjunto: o 35, que tem como destinatário Godofredo Filho, e não Gilberto Freyre; o 37, que não se encontra nem na pasta de originais, nem no conjunto de imagens digitalizadas pela Fundação Gilberto Freyre; o 45, que considerei ser de autoria de um homônimo, tendo em vista a datação 23 de agosto de 1971 – portanto, após a morte do escritor Manuel Bandeira e mesmo depois da morte de outro quase homônimo, o pintor Manoel Bandeira, falecido em 1964; o 47, cujo trecho datilografado corresponde ao final do documento 18, carta com datação 23 de março de 1939; e o 53, bilhete de provável autoria de Fredy, Joanita e Guita Blank, amigas próximas de Bandeira. No caso dos documentos deslocados, o 35, o 45 e o 53 foram deslocados para a seção 2.3, sendo editados com os mesmos critérios adotados para a *Correspondência entre Gilberto Freyre & Manuel Bandeira*. Quando o destinatário é Alfredo Alves da Silva Freyre, pai de Gilberto Freyre (documentos 50 e 54), avalio que o documento deve permanecer como parte constitutiva da *Correspondência*, mesmo porque Gilberto costumava oferecer o endereço de seu pai, principalmente em tempos de desconfiança quanto a perseguições políticas – que datam desde final dos anos 1920 e que avançam na Era Vargas (1930-1945) –, para o recebimento de sua correspondência. Depois de o trabalho finalizado e defendido como tese de doutorado em 2008, a Fundação localizou mais três documentos autógrafos, os quais permanecem ainda não classificados. Eles apresentam as seguintes datações: "Morais e Valle 57 / Rio, 3 de maio de 38", "Rio, 18.6.54" e "Rio, 15 Março 1962".[762]

---

761 Bandeira, Manuel. *Poesia e prosa*. Rio de Janeiro: Aguilar, 1958. v.2, p.1379-1464.

762 Respectivamente, nesta edição, foram ordenados como documentos 29, 48 e 57.

Valer-se dos instrumentos da Filologia e da Crítica Textual é fundamental para determinar, com clareza, o lugar ideal dessa edição na escala que vai da conservação à uniformização. Tendo em mente que se trata de uma edição de documentos com base, em sua maior parte, em manuscritos autógrafos, a necessidade de uniformização se impõe especialmente nos casos, por exemplo, de emprego de maiúsculas e minúsculas; de numerais por extenso e em algarismos; de ortografia; de abreviações; de datação; de paragrafação; e do uso de negrito, sublinhado e cor diferente para destaque de palavras e trechos do texto. Entre os casos de diferentes formas ortográficas e de abreviações com maior ocorrência, podem-se citar "m^{to}" e "muito", "V." e "você", "Sto." e "Santo", "por ex." e "por exemplo". Seria mais adequado, pois, chamar esta edição de fidedigna e uniformizada, já que as variantes podem ser observadas no conjunto da coletânea. Contudo, todas as vezes em que há uniformização de variantes, bem como intervenções tendo em vista a adaptação à norma culta da língua e outros esclarecimentos relativos a elementos adicionais ao documento, como emendas dos autores, notas de edição devem ser inseridas para evidenciar a apresentação da ocorrência tal qual o documento original. Somente no caso de emprego de itálico para título de obras considero desnecessário recorrer às notas, visto que os autores sempre utilizavam a forma sublinhada. Optei por apresentar as notas de edição entre colchetes para facilitar, ao leitor, a diferenciação entre notas de edição e notas exegéticas. Como última ressalva, não nos parece que essas escolhas, que visam a uma uniformização, determinem uma modernização do texto nos termos como a Crítica Textual caracterizaria o processo de uma edição modernizada, a ponto de se poder chamá-la de paráfrase ou novo texto baseado/inspirado no primitivo,[763] mesmo porque, conforme esta proposta, o texto original permanece com voz ativa – se assim podemos dizer – por meio da anotação.

Note-se que este pode ser percebido como uma espécie de *work in progress* no sentido mais lato do termo, ainda mais porque houve mudanças estilísticas e adequação dos correspondentes às regras ortográficas ao longo de quase meio século de produção incessante, bem como houve diferença de materiais empregados, como uso alternado da caneta-tinteiro, da caneta esferográfica e da fita da máquina de escrever, ou ainda o uso dos papéis mais simples e dos mais sofisticados, questões submetidas à escolha de cada remetente que também refletiram as mudanças de costume e a adequação do cotidiano às novas técnicas no decorrer do tempo.

É possível observar que o tipo de interferência por parte do organizador de correspondência não seria da mesma ordem em caso de uma obra orgânica, fechada e, portanto, com possibilidade de ser considerada finita e pontual no sentido da vontade do escritor, como um romance do século xix ou mesmo um texto filosófico medieval de que se tenha o autógrafo. A relatividade da proposta filológica *stricto sensu* se evidencia quando se procura partir de

---

763 CAMBRAIA, César Nardelli. *Introdução à crítica textual*. São Paulo: Martins Fontes, 2005. p.89.

sua intenção primeira como sendo a depuração do texto, ou seja, "livrar o texto das intromissões voluntárias e/ou involuntárias de terceiros e apresentá-lo ao leitor o mais aproximadamente possível à última redação materializada pelo autor ou à realizada sob as vistas e conforme a aprovação desse mesmo autor".[764] A impossibilidade de se delimitar essa redação materializada do autor dificulta tal tipo de abordagem no caso da edição de uma coletânea de cartas, problema este que se avulta quando se considera a diferença dos tipos de recepção que uma carta e uma coletânea de cartas almejam, ou seja, do destinatário de uma carta íntima e do público leitor em geral.

Assim, diante da vontade do organizador em seguir um rigor filológico, a constatação da sua dificuldade dá-se especialmente diante da seguinte pergunta: "em uma edição de correspondência, onde está o autor?".[765] Paralelamente à escassez de testemunhos, ainda há o fato de que se trata de dois autores (e não d'*o autor*). E, adicionalmente, há outro ponto a demonstrar a dispersão da autoria: quando o anotador se torna uma voz efetiva no interior da edição, como será abordado mais adiante.

Sem nos estendermos muito, destacam-se, desse modo, tanto a impossibilidade de se delimitar a efetiva vontade do autor (para além daquela que concerne ao efetivo diálogo com seu destinatário) quanto os empecilhos para se realizar um trabalho que apresente todos os testemunhos do texto, na trilha das edições crítico-genéticas. Sobretudo diante desses fatos, o organizador de correspondência, ainda que esteja num terreno mais movediço que o organizador de uma obra "orgânica" ou efetivamente escrita para publicação, não deve perder de vista que é fundamental fixar princípios que orientem o trabalho de elaboração da sua edição, como ressalta Cambraia,[766] citando Carvalho e Silva. Nesse sentido, a orientação crítica, mesmo diante da impossibilidade de se construir uma teia de testemunhos, pode oferecer uma base metodológica segura, por exemplo, ao permitir recuperar emendas, acréscimos, suspensões etc. Nesse sentido, as reflexões de Giuseppe Tavani sobre a edição crítica de textos modernos apontam para alguns desses impasses:

> A complexidade das operações que requerem a leitura, a interpretação, a transcrição, a classificação e a disposição em séries cronologicamente ordenadas dos "dossiês" dos escritores contemporâneos é tal que para lhe fazer frente não bastam a boa vontade, a paixão e a competência do filólogo: [...] a decifração dos car-

---

764 MARTINS, Ceila. Para uma definição de crítica textual: o caso da edição crítico-genética de *O Egipto e outros relatos* de Eça de Queirós: edição de texto. 2007. In: 2º CONGRESSO Virtual do Departamento de Literaturas Românicas, Lisboa, Universidade de Lisboa, primavera de 2007. Texto em preparo para CD-ROM. p.2.

765 Para reflexão sobre problemas metodológicos acerca de obras não finalizadas para publicação, além do trabalho acima citado, de Ceila Martins, cf.: DUARTE, Luiz Fagundes. Prática de edição: onde está o autor? In: IV ENCONTRO Internacional de Pesquisadores do Manuscrito e de Edições. São Paulo: Annablume/Associação de Pesquisadores do Manuscrito Literário, 1995. p.335-358.

766 CAMBRAIA, *Introdução à crítica textual*, 2005, p.19.

tapácios é, o mais das vezes, tão árdua que requer a intervenção do "manuscritólogo", isto é, quem tenha adquirido a capacidade de analisar a urdidura aparentemente desordenada de uma série de escritas constantemente caracterizadas por intermitências, interrupções inesperadas, substituições, deslocações, alternativas deixadas em suspenso, alterações, correções.[767]

Não basta, portanto, nesse caso, dominar a técnica de composição de edições; seria útil mobilizar conhecimentos outros, por exemplo, a perspectiva da crítica genética. A estes se deve acrescentar, evidentemente, a importância de se manter, como pano de fundo dessas escolhas textuais, o enfoque crítico, com desejável repertório hermenêutico e historiográfico, que inclui, além do conhecimento da estrutura do texto, um saber o mais abrangente possível sobre a realidade socioeconômica, cultural e ideológica (significativamente complexa nesse caso, já que a troca de cartas atravessou mais de cinco décadas de produção ininterrupta, dos anos 1920 aos anos 1960) dentro da qual o texto foi escrito. Nessa linha, teoria e práxis combinam-se, de modo que a melhor solução editorial para uma obra pode não ser tão adequada para outra.

Além dessa questão metodológica em sentido estrito, outra consideração que pode diferenciar as edições "orgânicas" das edições de cartas diz respeito à (im)possibilidade de fechamento absoluto do trabalho. Menos que uma abertura que remeteria à literariedade e à sua flutuação, o que temos aqui é um fato muito básico: a proliferação virtual a que toda coletânea está submetida. Mesmo que haja uma intenção de apresentação fidedigna por parte do organizador de correspondência, ainda que os arquivos que guardam a documentação original tenham uma política adequada de preservação e conservação, bem como franqueiem determinado conjunto epistolar sob sua guarda em sua integralidade, nada garante que o acaso não aja ao revés e reserve alguma surpresa futura, trazendo à tona textos do conjunto que podem estar em mãos de particulares ou mesmo perdidos entre objetos pessoais dos próprios correspondentes. Esse parece ser o caso da correspondência passiva de Gilberto Freyre, uma vez que, em sua casa, transformada após sua morte na Casa-museu Magdalena e Gilberto Freyre, muitos dos seus itens ainda não foram inventariados. Além disso, funcionários e familiares de Freyre fazem a seguinte ressalva: o escritor costumava guardar cartas entre páginas de livros e, assim, tendo em vista que sua extensa biblioteca, de mais de 40 mil livros, ainda não foi catalogada, e mesmo caixas de manuscritos ainda não foram abertas, outros documentos podem ser descobertos – como efetivamente aconteceu com as três cartas anteriormente mencionadas. De qualquer modo, o número de documentos assinados por Bandeira é apreciável e podemos considerar o conjunto fechado, uma vez que sua catalogação, ao que tudo indica, foi iniciada pelo próprio Freyre, como atestam os acréscimos com sua letra ao longo da correspondência e as

---

767 TAVANI, Giuseppe. Filologia e genética. *Estudos linguísticos e literários*, Salvador, n.20, set.1997. p.90.

cópias realizadas à máquina de escrever, possivelmente por uma datilógrafa sob sua supervisão. Aliás, não parece ter sido por acaso que a pasta de Manuel Bandeira, no meio de 520 outros correspondentes brasileiros e sem ser, de longe, a mais numerosa dos arquivos, recebeu, no Centro de Documentação da Fundação Gilberto Freyre, o número um. Isso pode ter acontecido devido ao fato de sua catalogação já estar adiantada pela própria vontade de Freyre, que, em vários escritos, dissertou, com orgulho, sobre as relações epistolares com o poeta-correspondente, acompanhadas por citações de trechos das cartas.[768]

Avançando a proposta, a questão de como anotar a coletânea atualiza uma série de problemas cruciais para o organizador. Sem esmiuçar muito um tema que mereceria, por si só, um artigo, podemos apontar os pressupostos metodológicos que adotei nessa tarefa que é uma das mais avessas a modelos, quando o assunto é o texto epistolar moderno. Colette Becker, no importante texto "O discurso de escolta: as notas e seus problemas (a exemplo da correspondência de Zola)",[769] após fazer ressalvas acertadas sobre a dificuldade de se elaborar uma teoria da anotação, diferencia fundamentalmente dois tipos de notas: as descritivas e as explicativas. A autora dá uma atenção especial às notas explicativas, mais sujeitas a polêmicas, defendendo, ao final, o conceito de "discurso de acompanhamento": "[...] a anotação é um enorme trabalho de formiga, amiúde ingrato, quando não desesperador, nunca encerrado, sempre problemático, utópico e, para alguns, petulante em suas ambições de abarcar a totalidade ou reconstruir um objeto literário".[770]

Aqui, parto da lúcida reflexão de Becker para individualizar os tipos de nota que podem ser mobilizados na tarefa e proponho o emprego – utilizando sua nomenclatura, mas com diferenciações – tanto das notas descritivas quanto das notas explicativas. Sem dúvida, o maior desafio seria avaliar o grau de interpretação que poderia ser impresso nessa empreitada que é, ao final, sobretudo crítica, sem prejudicar o equilíbrio do conjunto nem comprometer a "orquestração de vozes" que deve ser conduzida pelo organizador de coletâneas de correspondência.

As notas descritivas, num primeiro momento, dariam informações materiais sobre a condição do documento original. Essas informações podem vir ao final de cada carta ou documento individual da correspondência, em diagramação diferenciada do texto epistolar ou, como foi realizado nesta edição, em nota de rodapé, abrindo o conjunto da anotação de cada carta. Lá, o leitor teria dados sobre, por exemplo, tipo e cor do papel e da tinta, as dimensões, número de folhas e páginas, rasgamentos, rabiscos ou desenhos e classificação do documento no arquivo de onde provém, a qual preferi manter por conta das

---

[768] FREYRE, Gilberto. Amy Lowell: uma revolucionária de Boston. In: _____. *Vida, forma e cor.* 2. ed. rev. Rio de Janeiro: Record, 1987. p.27-38.

[769] BECKER, *O Discurso de Escolta*: as notas e seus problemas (o exemplo da correspondência de Zola), 2013; BEM, Le stafut littéraire de la lettre, 1999.

[770] BECKER, *O Discurso de Escolta*: as notas e seus problemas (o exemplo da correspondência de Zola), 2013, p.155.

inúmeras ocorrências de reclassificação do material, sobretudo da correspondência assinada por Manuel Bandeira.[771]

O segundo tipo de anotação, desenvolvendo esta proposta, é aquele de caráter descritivo com um grau mínimo de intervenção do editor ou do organizador, e se beneficiaria especialmente dos conhecimentos da Linguística, da Filologia, da Crítica Textual e da Ecdótica. São estas que, a meu ver, expõem as dificuldades de transcrição, as diferenças de variantes em edições precedentes, as escolhas do editor ou do organizador visando à uniformização do texto, rasuras e emendas do autor, assim como outras interferências de natureza não autoral. Essas informações, assim como as notas relativas ao primeiro tipo de anotação, são apresentadas, nesta edição, entre colchetes. Preferi, nas notas descritivas, desenvolver um aparato compreensível para o leitor não familiarizado com a excessiva abstração de certos códigos.

O terceiro tipo de anotação, seguindo esse raciocínio, já vai um pouco além, mas também procuraria se reservar das interferências excessivamente subjetivas por parte do editor ou do organizador; poderíamos chamá-las de notas explicativas mínimas. Aqui podem ser relacionados tanto a tradução de expressões em língua estrangeira quanto o destaque para usos incomuns de palavras e expressões. Vê-se que elas já estariam sujeitas à interpretação. Além disso, poderiam se aprimorar no sentido de trazer à tona informações relevantes para o entendimento do contexto múltiplo das cartas, por exemplo, considerações acerca dos personagens mencionados e acerca da importância de um determinado grupo social para a formação do correspondente, bem como trazer referência dos textos citados no corpo da carta, explicitando fatos históricos importantes como pano de fundo para o texto da correspondência.

Por sua vez, nas notas eminentemente explicativas, ou também exegéticas, talvez o tom da forma ensaística seja o mais adequado – o que, ao final, permitiria dizer que as notas podem ter, dependendo da qualidade da anotação, um caráter ensaístico peculiar. Isso não significa dizer que as notas de edição tendem a ser preteridas – pelo contrário, elas formariam o fundamento para que a anotação integradora possa ser realizada, na trilha de Becker. Também remeter ao estado da pesquisa sobre determinado assunto seria bastante útil ao leitor e ao pesquisador, que teriam, em especial na edição das cartas de escritores, referências bibliográficas atualizadas e confiáveis que poderiam estimular pesquisas futuras sobre questões levantadas pela anotação. Isso sem falar no esclarecimento de pontos e relações ainda obscuros para a história literária e cultural, para os quais muito provavelmente a edição de documentos paraliterários inéditos pode apontar. Assim, para a elaboração das notas, nenhuma análise fechada seria admissível (por exemplo, de caráter ideológico), já que feriria o princípio básico da abertura do texto epistolar.

---

771 Vale dizer que mantive o modo de classificação dos documentos originais (aproveitando somente os últimos dígitos, que recuperam a ordem de cada peça) adotado pela Fundação Gilberto Freyre (de "doc 1" a "doc 54") e pela Fundação Casa de Rui Barbosa (de "210" a "221"). Tais informações se encontram na primeira nota, com a descrição física de cada documento.

Sobretudo para as notas explicativas, tanto mínimas quanto mais interpretativas, ainda sobrevém o problema das fontes de informações. Por mais que se tenha a preocupação de relacionar fontes confiáveis, estas são obviamente sujeitas a uma apuração, poder-se-ia dizer, infinita. Assim como o *corpus* da correspondência pode ser alargado com o tempo, lacunas que parecem insolúveis podem ser preenchidas. Ou, mais ainda, uma nova informação pode invalidar algo que parecia, antes, inquestionável ou mesmo ampliar a informação dada num primeiro momento. Desse modo, é inevitável que quase sempre trabalhemos com mais hipóteses e menos certezas do que desejaríamos. Tal como a correspondência, o aparato crítico da edição recuperaria, mais uma vez, a ideia de infinitude, abertura e precariedade constantes.

Para Becker, há duas escolas bem definidas: a que defende o emprego de notas descritivas e a que defende o emprego de notas explicativas. De um lado, está aquela que defende que o texto deve bastar-se a si mesmo, aplicando tão somente notas descritivas; no máximo, notas explicativas mínimas são toleradas. De outro, há aquela que defende a necessidade da aplicação de notas explicativas e interpretativas, além das descritivas – apesar de estas serem muitas vezes vistas, nesta perspectiva, como de natureza secundária. A perspicácia do editor ou do organizador deve, neste caso, saber dosar a extensão e a profundidade das notas. O perigo da sobreposição das notas em relação ao texto da carta é evidente, mas podem utilizar-se recursos de diagramação que neutralizem ou amenizem o aparato das mesmas. A nosso ver, nenhum tipo de nota deve ser preterido diante de outros. O texto das cartas pode e deve ser enriquecido de todos os modos possíveis; porém, haveria um certo limite, fluido como seu texto-base, para a elaboração de notas explicativas e interpretativas, a serem redigidas com objetividade e clareza. E parece haver uma relação estreita entre a natureza lacunar própria das cartas e a restituição alusiva e sincopada do vivido a que esse tipo de anotação conduz, aproveitando as palavras de Becker.

Alguns casos editoriais de impacto recente podem ser mencionados como exemplos. Há os livros que compõem a coleção "Correspondência de Mário de Andrade", que têm ressoado positivamente a proposta de *belle note* ("nota ambiência", em tradução de Marcos Antonio de Moraes) de Colette Becker, sem abrir mão de um aparato crítico formal.[772] Menciono, especificamente, a *Correspondência Mário de Andrade & Manuel Bandeira*, organizada, apresentada e anotada por Marcos Antonio de Moraes,[773] e a *Correspondência Mário de Andrade & Tarsila do*

---

[772] Segundo Marcos Antonio de Moraes, "esse tipo de anotação, 'discurso de acompanhamento', como se vê, busca recriar, à margem da ordenação cronológica das cartas, um espaço biográfico e histórico-literário. Assim, ao mesmo tempo que referências pontuais ou obscuras (nomes, lugares, menção a publicações de difícil acesso) são elucidadas, o leitor pode perceber a biografia do escritor sendo fragmentariamente construída". O pesquisador ainda recupera, sobre o assunto, palavras de Becker que podem ser úteis para futuros organizadores, advertindo sobre "o tênue fio entre o uso e o abuso deste tipo de anotação". (Moraes, Marcos Antonio de. Edição da *Correspondência Reunida* de Mário de Andrade: histórico e alguns pressupostos. *Patrimônio e Memória*, Unesp-FLCAS, Cedap, v.4, n.2, p.123-136, jun.2009. p.134).

[773] Correspondência Mário de Andrade & Manuel Bandeira. Org., pref. e notas Marcos Antonio de Moraes. São Paulo: Edusp, 2000.

Amaral, organizada, introduzida e anotada por Aracy Amaral.[774,775] Um outro conjunto que pode ser mencionado pela magnitude da empreitada e pela riqueza do diálogo que vem à tona é *Carlos e Mário. Correspondência completa entre Carlos Drummond de Andrade (inédita) e Mário de Andrade*, organizada por Lélia Coelho Frota, com texto das cartas de Drummond estabelecido por Alexandre Faria e com prefácio e notas de Silviano Santiago.[776,777] Este pode ser apontado, inclusive, como um exemplo editorial moderno em que há evidente dispersão de autoria, efeito que se sobressai também porque a intricada tarefa de edição se dilui entre vários responsáveis – o que pode, por um lado, estimular leituras múltiplas, mas, por outro, pode desencadear uma espécie de efeito diluidor do aspecto organizacional, também pela complexa noção de autoria compartilhada que emerge do trabalho da equipe. Mais ainda, impossibilitou-se perfazer o caminho nos moldes de uma edição pautada pela leitura crítica de autógrafos, visto que não há propriamente um aparato crítico formal. Vê-se, portanto, que as opções editoriais podem ser variadas, conduzindo a diferentes resultados, cada qual com seus méritos específicos.[778]

---

774 Correspondência Mário de Andrade & Tarsila do Amaral. Org., pref. e notas Aracy Amaral. São Paulo: Edusp/IEB-USP, 2001.

775 A coleção "Correspondência de Mário de Andrade" tem sido publicada pela coordenação entre Edusp e o Instituto de Estudos Brasileiros (IEB-USP). Outro livro que merece ser mencionado por seguir linha metodológica de preparo de edição fidedigna com aparato crítico (embora não faça parte da coleção) é a edição de cartas de Mário de Andrade e Câmara Cascudo, organizada por Marcos Antonio de Moraes, que recebeu o Prêmio Jabuti de Teoria Literária no ano de 2011: Cascudo, Luís da Câmara. *Câmara Cascudo e Mário de Andrade*: cartas 1924-1944. Pesquisa documental/iconográfica, estabelecimento de texto e notas (organizador) Marcos Antonio de Moraes; ensaio de abertura Anna Maria Cascudo Barreto; pref. Diógenes da Cunha Lima; introd. Ives Gandra da Silva Martins. São Paulo: Global, 2010.

776 Carlos e Mário: correspondência completa entre Carlos Drummond de Andrade (inédita) e Mário de Andrade. Org. e pesq. iconog. Lélia Coelho Frota. Pref. e notas Silviano Santiago. Estabelecimento de texto das cartas de CDA por Alexandre Faria. Rio de Janeiro: Bem-Te-Vi, 2002.

777 Sobre esse conjunto de correspondência entre Mário e Drummond, Heloísa Buarque de Hollanda capta a dimensão fluida da terceira voz, neste caso, a do introdutor e do anotador da edição (veja que, neste caso, há uma dispersão do trabalho de edição, pois anotador e introdutor são diferentes do organizador e do responsável pelo estabelecimento do texto), que torna ainda mais móvel a noção de autoria: "Demorei um pouco para entrar no verdadeiro diferencial dessa edição da correspondência entre os dois poetas. E este é o surpreendente *entrelugar* onde se coloca o terceiro poeta que compõe esta polifonia. Falo das notas e comentários de Silviano Santiago. Aparentemente, Silviano, professor de erudição amplamente reconhecida, comporta-se, mais uma vez, com critério e seriedade e elabora um estudo introdutório definitivo acompanhado de extensas notas de rodapé, construindo um meticuloso e necessário contexto para a melhor compreensão da correspondência entre Carlos & Mário. / Entretanto, uma observação mais atenta percebe certo 'excedente' tanto neste texto introdutório quanto nestas notas críticas. Percebe também uma certa irregularidade metodológica, ou melhor, uma certa transgressão das normas técnicas editoriais, na composição das notas. Ora as notas informam, ora comentam, ora dialogam, ora falam em solo. Percebe ainda um certo abuso na utilização diversificada dos 'materiais' dessas notas: citações, poemas, textos não diretamente informativos, secas referências bibliográficas, *hiperlinks* arbitrários. Às vezes Silviano parece um comentarista bem informado, às vezes um *metteur-en-scène*, outras um iluminador teatral. Percebe-se ainda que, aos poucos, o crítico-poeta se estabelece reflexivamente entre as vozes de *Carlos & Mário* e constrói sua própria voz, na brecha da ambiguidade 'técnica' que imprime à composição dessas notas." (Hollanda, Heloísa Buarque de. O modernismo em tempo real. *Cult*, São Paulo, ano 6, n.68, p.22-27, abr. 2003).

778 Outro exemplo recente que poderia ser considerado é a correspondência trocada entre Mário de Andrade e Sérgio Buarque de Holanda, organizada e anotada por Pedro Meira Monteiro, que assina longo estudo crítico. Na edição, opta-se por não publicar o aparato crítico em notas de rodapé, embora se apresente nota descritiva após transcrição de cada carta. (Cf. Mário de Andrade e Sérgio Buarque de Holanda: correspondência. Org. Pedro Meira Monteiro. São Paulo: Companhia das Letras/IEB-USP/Edusp, 2012).

Ainda sobre o aparato crítico, se o organizador estiver atento para a ideia de que a carta pode ser vista como um "laboratório de múltiplos textos", como defende Guimarães,[779] a correspondência pode dialogar com artigos, crônicas, diário, (auto)biografia, memórias etc. Personagens e correspondência se entrecruzam e, alargando as possibilidades da anotação exegética, o organizador pode se mostrar um leitor ativo do conjunto, estabelecendo relações entre os missivistas, os personagens, as obras e os grupos sociais, que podem ser lidos como uma rede dinâmica que vai do detalhe ao todo provisório e, deste, voltaria ao particular. Nesse sentido, retornamos de novo a Becker quando fala sobre o modelo de anotação integradora, de "ancoragem no tempo" (a *belle note*), que tem servido, por exemplo, de referência para a bem-sucedida coleção "Correspondência de Mário de Andrade".

Fazer o texto da correspondência dialogar com outros textos publicados pelos próprios autores e seus contemporâneos permitiria, por exemplo, reconstruir o horizonte da recepção dos autores.[780] Nesse sentido, as palavras do filólogo Ignacio Arellano podem ser potencializadas quando se examina uma edição epistolar de escritores modernos. Após afirmar a impossibilidade de elaborar uma "teoria" no que diz respeito ao trabalho com textos do Século de Ouro espanhol, ele aponta para uma "poética" da anotação:

> [...] a anotação filológica [empregada em sentido amplo, abrangendo as notas exegéticas] é, para mim, mais que uma "ciência" objetiva e asséptica, uma "arte" que carrega em si, incorporada, uma atitude do anotador frente a sua tarefa. Por isso não creio que se possam determinar regras exatas de como e quando anotar. Há anotações que podem parecer impertinentes desde o entendimento estrito do texto, ilustrações com lugares paralelos que podem parecer desnecessárias, porém talvez alcancem outra dimensão se são lidas com certa perspectiva de complemento erudito não isenta de certos ingredientes lúdicos ou de "enriquecimento literário".[781]

Vê-se, desse modo, que, se mesmo diante dos problemas de edição e anotação de um texto antigo a tarefa é aberta a várias possibilidades e

---

779 Guimarães, Júlio Castañon. *Contrapontos*: notas sobre correspondência no modernismo. Rio de Janeiro: Fundação Casa de Rui Barbosa, 2004.

780 Ayuso, Ignacio Arellano. Edición crítica y anotación filológica. In: Fernández, Jesús Cañedo; Ayuso, Ignacio Arellano. *Crítica Textual y anotación filológica en obras del Siglo de Oro*: actas del seminário internacional para la edición y anotación de textos del Siglo de Oro. Madrid: Editorial Castalia, 1991. p.563-586.

781 No original: "[...] *la anotación filológica es, para mí, más que una 'ciência' objetiva y asséptica, un 'arte' que lleva en sí incorporada la actitud del anotador frente a su tarea. Por eso no creo que se puedan determinar reglas exactas de cómo y cuánto anotar. Hay anotaciones que pueden parecer impertinentes desde el estricto entendimiento del texto, ilustraciones con lugares paralelos que pueden parecer ociosas, pero quizá alcancen otra dimensión si se leen con una cierta perspectiva de complemento erudito no exento de ciertos ingredientes lúdicos o de 'enriquecimiento literário'.*" (Ayuso, *Crítica textual y anotación filológica em obras del Siglo de Oro*, 1991, p.579-580).

escolhas, o texto epistolar moderno traz inúmeras questões que o afastam de uma proposição unívoca. Becker ressalta que o papel do organizador de cartas é móvel e, também por isso, acrescento, estimulante. Tomando emprestadas as reflexões de Roland Barthes sobre a crítica na modernidade presentes em *Crítica e verdade*, o organizador de correspondência pode assumir as funções de *scriptor, compilator, commentator* e *autor*.[782] O que seria desejável é deixar razoavelmente claro ao leitor, na medida do possível, como se dá a sobreposição de vozes e níveis – que vai da transcrição do texto, tal qual o *scriptor*, à elaboração das próprias ideias do organizador, tal qual o faz o *auctor*. Nesse sentido, essa proposta indica a necessidade de se controlarem interferências de natureza exegética no processo de anotação – apesar de sua insinuação ser, de certo modo, inevitável –, expandindo-as no desenvolvimento do estudo crítico que pode acompanhar as cartas, presente no capítulo 4 deste livro.

Diante do exposto, ressaltamos que a prática editorial depende sobremaneira do tipo e do conjunto que temos à disposição, o que impossibilita abstrair dela qualquer linha genérica. E, inclusive, depende do tipo de público a que a edição se dirige; neste caso, no horizonte estão tanto o público especialista, que procura uma informação confiável do ponto de vista filológico, quanto leitores de outras áreas de pesquisa ou simplesmente apreciadores da carta.

Sobre a necessidade de escolha dos pontos de vista críticos a serem adotados pelo filólogo em seu trabalho, a qual se pode estender para a prática da edição em sua plenitude, e sobre a importância da coerência a esses princípios, as palavras de Luciana Stegagno Picchio são acertadas:

> À pergunta "que instrumentos críticos julga mais úteis e actuais para a sua prática interpretativa?", o filólogo para quem a interpretação não pode ser nunca um acto simplesmente mental, mas antes hábito de acção, comportamento, deve responder: "todos". Os métodos críticos equiparam-se a filtros fotográficos: cada um deles apto a exaltar pormenores diversos do objeto e a atenuar outros. O importante, metodologicamente, é não confundir, decidir desde o início que objetos de pesquisa são ou se consideram quantificáveis e esclarecer constantemente que ponto de vista (emissor ou recebedor, intencionalidade ou aparência, signo codificado ou sintoma) se adopta ou se pretende reconstituir no exame de uma mensagem linguística que é ao mesmo tempo um "texto" e um "objeto" poético.[783]

Quanto à última possibilidade de relação entre texto (carta) e seu extratexto, ainda na senda de Becker, penso que a relação da nota com outras

---

782 Barthes, *Crítica e verdade*, 1982, p.229.

783 Stegagno Picchio, Luciana. *A lição do texto*: Filologia e Literatura. Trad. Alberto Pimenta. São Paulo: Martins Fontes, 1979. p.217.

notas poderia ser provisoriamente dispensada – a elaboração de um índice onomástico pode ser suficiente para realizar esta integração do conjunto, sem, no entanto, sobrecarregar ainda mais a anotação.

Porém, é possível explorar a integração da carta com outros textos de outros modos. Tendo em mãos um vasto material de época que pode esclarecer e iluminar a leitura da correspondência, para este trabalho, procurei editar, utilizando os conhecimentos da Filologia e da Crítica Textual, também textos de fato publicados dos autores, tais como crônicas, ensaios críticos e poemas, úteis para perfazer o diálogo entre as cartas e suas notas com o estudo da edição. Nesse sentido, o capítulo 3 traz à luz trabalhos dispersos de autoria de Bandeira e Freyre, muitos deles raros, divulgados em edições já esgotadas.

Delineados alguns apontamentos sobre uma possível edição de correspondência de autores modernos, resta dizer que o editor ou organizador de cartas encontra, de fato, uma abertura que pode até ser uma armadilha, visto que ele pode se sentir tentado a perfazer o caminho que as lacunas possibilitam. Como resultado, o trabalho pode atender precariamente à intenção de informação, de explicação ou mesmo de fruição, distorção esta que não seria desejável. Por outro lado, se bem realizada, mesmo em seus limites, a edição se torna tanto um autêntico testemunho do diálogo entre os autores – com a sombra da precariedade e da contingência, pelos diversos motivos antes arrolados –, quanto um documento de pesquisa crítico-filológica, um pequeno mapa de outras possíveis explorações hermenêuticas.

De qualquer modo, uma edição de correspondência bem realizada dentro de sua proposta, que consiga empregar, de modo consequente, os instrumentos oferecidos pelas diversas perspectivas metodológicas críticas, parece ter sua importância justificada. E deve sempre ressaltar-se: a última palavra, em forma espectral, jamais se estabiliza, sobretudo diante da condição do silenciamento da voz dos escritores. Diante dessa condição patente, deve procurar-se respeitar as complexas e sempre ressoantes vozes autorais, que permanecem influentes, de modo inequívoco, pelos testemunhos documentais sobreviventes.

3. Textos seletos de Gilberto Freyre e Manuel Bandeira

Neste capítulo, estão editados textos seletos de Manuel Bandeira e Gilberto Freyre. São textos que trazem referências um ao outro, permitindo ampliar a leitura da correspondência e flagrar afinidades literárias e ideológicas. A prosa de ambos, em geral, é exemplo de um estilo muito singular, que combina, em maior ou menor medida, retrato literário, ensaio crítico e crônica. Entre os artigos de Gilberto Freyre que tangencialmente tocam Manuel Bandeira, há "Amy Lowell: uma revolucionária de Boston" e "Em defesa da saudade". O primeiro, ao enfocar Amy Lowell numa perspectiva ampla, observa a questão das ressonâncias anglo-americanas presentes em Bandeira, o que permite, por extensão, pensar um pouco o papel do poeta como tradutor, atividade constantemente citada nas cartas. O segundo texto possibilita lançar luz sobre a província, na medida em que articula temas como a memória, a "expressão autêntica", a saudade, a infância e a terra natal. Já de Manuel Bandeira, a crônica "Pernambucano, sim, senhor", menos que focar Gilberto Freyre, vem para reforçar quanto a ligação com a terra, ancorada pelo tema da província e correlatos, é especialmente visceral para certa geração, determinando, em alguma medida, a ressonância estética que se torna paradigmática no Modernismo da década de 1930. Os demais textos são explicitamente dedicados um ao outro.

Ainda há um conjunto de poemas selecionados, como "Bahia de Todos os Santos e de quase todos os pecados" e sua outra versão, "Bahia", ambos de Gilberto Freyre, ao lado dos poemas de Manuel Bandeira "Evocação do Recife", "Casa-grande & Senzala" e "Autorretrato". Na obra de Freyre e Bandeira – inclusive na correspondência trocada e em seus ensaios que abordam aspectos da relação artística e intelectual entre ambos –, tais poemas são constantemente referenciados.

Finalmente, como os textos foram publicados em diferentes suportes – livros, revistas e jornais –, cada qual possuindo, portanto, sua própria história editorial, não houve um critério uniforme de escolha de texto-base que pudesse unificá-los. Procurei, no entanto, para o estabelecimento do texto, partir daqueles que poderiam ser considerados a materialização da última vontade autoral. Quando esse procedimento não foi possível – no caso de dificuldade de localização de algum texto – ou não desejável ou necessário – como no caso do poema "Evocação do Recife", que aliás já possui uma excelente edição crítica[1] –, optei por estabelecer como textos-base aqueles que tinham uma função dentro da história editorial de cada autor[2] ou dentro da história do encontro entre ambos. Por exemplo, no caso de "Evocação do Recife", como o maior elo entre Freyre e Bandeira foi justamente a edição do poema no *Livro do Nordeste*, preferi estabelecer como texto-base essa edição, de forma que o leitor possa ter acesso ao poema em sua versão tal como discutida na primeira carta trocada entre os autores.[3] Inclusive procurei respeitar, sempre que possível, a disposição gráfica dos poemas. Nos textos de Bandeira, duas edições foram particularmente buscadas para a definição do texto-base: a primeira edição de *Andorinha, andorinha*, com seleção de Carlos Drummond de Andrade, publicada em 1966, e *Estrela da vida inteira*, edição de 1966.[4] A edição da Nova Aguilar de 1967[5] não tem sido tomada como referência, apesar de ser a última publicada em vida pelo autor, uma vez que, por conta de lapsos editoriais, a situação textual apresentada não parece reproduzir a última vontade de Bandeira. Com relação aos textos de Gilberto Freyre, os textos-base foram estabelecidos a partir de obras diferentes, pois são vários os títulos que reúnem crônicas e ensaios críticos do sociólogo.

Para cotejo, o número de textos foi variável, e esses foram sempre explicitados em nota de edição em rodapé. Vale dizer que, em sua maior parte, o cotejo foi realizado com primeiras edições. Para dar suporte ao aparato crítico, composto sobretudo de notas de edição entre colchetes, a partir dos mesmos critérios estabelecidos para a edição da *Correspondência entre Gilberto Freyre & Manuel Bandeira*, decidi também realçar, ao longo do texto tomado como base, as passagens que se diferenciavam dos textos para cotejo. Assim procedendo, o objetivo foi auxiliar o leitor a localizar, prontamente, os trechos que apresentam variantes com relação a outras edições selecionadas.[6] As notas de edição em rodapé, entre colchetes, evidenciam exatamente quais foram as modificações, ou seja, as formas preteridas ou assumidas no correr dos anos.

---

1 BANDEIRA, Manuel. *Libertinagem; Estrela da manhã*. Coord. Giulia Lanciani, Edición crítica. Madrid, Paris, México, Buenos Aires, São Paulo, Lima, Guatemala, San José, Santiago de Chile: ALLCA XX, 1998.

2 Guimarães, ao discutir a publicação de poemas em periódico, aponta para a importância de se considerarem esses textos como participantes ativos do sistema de organização da obra de um autor. Assim, não se trata apenas de distinguir fases de sua elaboração, mas também de olhar a publicação no periódico como participante de uma rede mais ampla de relações. Conclui o pesquisador em seu artigo: "Numa situação limite, seria possível dizer que um poema publicado num jornal e publicado em um livro não é exatamente o mesmo poema ou, pelo menos, não seria lido do mesmo modo." (GUIMARÃES, Júlio César. Bandeira, Murilo e Drummond em periódicos. In: SÜSSEKIND, Flora; DIAS, Tânia (Orgs.). *A historiografia literária e as técnicas de escrita. Do manuscrito ao hipertexto*. Rio de Janeiro: Edições Casa de Rui Barbosa/Vieira e Lent, 2004. p.641).

3 Cf. cap. 2, documento 1, carta de Manuel Bandeira a Gilberto Freyre, com datação "Rio de Janeiro, 12 de dezembro de 1925".

4 Especificamente essa escolha para o estabelecimento dos poemas de Bandeira foi, por exemplo, adotada para a edição crítica de *A cinza das horas, Carnaval* e *O ritmo dissoluto* (BANDEIRA, Manuel. *A cinza das horas; Carnaval; O ritmo dissoluto*. Edição crítica preparada por Júlio Castañon Guimarães e Rachel Teixeira Valença. Rio de Janeiro: Nova Fronteira, 1994. p.25).

5 BANDEIRA, Manuel. *Poesia completa e prosa*. Rio de Janeiro: Nova Aguilar, 1967.

6 A cuidada edição da biografia intelectual de Gilberto Freyre, por Maria Lúcia Pallares-Burke (PALLARES-BURKE, Maria Lúcia. *Gilberto Freyre*: um vitoriano dos trópicos. São Paulo: Ed. Unesp, 2005), traz, em Apêndice, dois textos do sociólogo editados de forma semelhante, com grifos simples para as modificações no texto-base e colchetes para destacar as variantes. A solução que encontrei, no que diz respeito à explicitação de modificações no texto-base, parte daquela usada pela historiadora, mas com diferenciações.

Será possível observar, ainda, duas atitudes bastante diversas com relação à gênese textual: enquanto os textos de Gilberto Freyre são prolíferos, com diversas versões e diferenças bem visíveis, Manuel Bandeira não costumava reescrever os seus ou inserir modificações de monta. Tal fato mostra que estamos, apesar das afinidades artísticas e ideológicas, diante de estilos bastante diversos, em certo sentido até complementares, de escrita.[7]

A despeito dessas diferenças de estilo, Freyre e Bandeira, numa espécie de gozação literária de fundo polemista, publicam na *Revista do Brasil*, com os pseudônimos Esmeraldino Olympio e J. J. Gomes Sampaio, artigos paródicos que interessam não só pelo estilo, mas também pela leitura do contexto literário da época e por mostrar sua atitude irreverente quando o assunto era a tradição parnasiana e a orientação retórica ainda dominante. A crônica "Na academia em 1926", originalmente publicada na *Revista do Brasil* e posteriormente em *Andorinha, andorinha*, é reproduzida tendo como determinação de autoria o pseudônimo coletivo.

Ao reunir esses textos, meu objetivo é ampliar o diálogo cujo ponto de irradiação são as cartas, abrangendo também textos efetivamente publicados pelos autores.

Sobre a edição

No aparato crítico de comentários à edição dos textos seletos, constam referências aos respectivos textos-base utilizados para cada texto editado, assim como referências às edições utilizadas para cotejo. Foi construído um aparato crítico em rodapé que apresenta variantes em relação às edições cotejadas. Como na edição da correspondência, neste caso, optamos por não construir um aparato formal e exaustivo de variantes, e sim um aparato crítico, fundamentalmente com notas de edição, indicadas entre colchetes.

---

[7] Quanto às notas de edição desse capítulo, as reticências que evidenciam cortes efetuados por mim aparecem entre parênteses, de modo a diferenciar dos colchetes envolvendo o texto da nota.

3.1 A propósito de Manuel Bandeira[8]

Gilberto Freyre

Versos cheios da dolorosa coragem[9] de ser doente, os versos do Sr. Manuel Bandeira trazem para a nossa pobre poesia toda uma onda de sangue vivo e jovem. Uma[10] riqueza toda nova de emoção.

Emoção a que não falta "restraint" – antes se agita dentro de certo ritmo grave de latim, por vezes parecido com o de igreja.[11] É uma voz que se diria educada em Solesmes, a desse brasileiro que canta sem gritar. Voz de acentos como que gregorianos.[12]

Sente-se nos versos do poeta pernambucano, como em certas páginas de Proust,[13] um homem que a emoção da doença aproximou da alma. Daí talvez a sua voz baixa: por ser a de um homem perto da alma.

É o que mais nos afasta a saúde: da alma. Por isso o padre Lapuente[14] escreveu para os enfermos aquele livro delicioso: *La perfección en las enfermedades*.[15]

Morre quase ignorante da própria alma o homem que morre sem ter estado, uma vez, longamente doente. Morre quase pagão. Pela doença Beardsley[16] tanto se alongou de corpo que se diria ir partir-se de magro e alto. Mas[17] a alma de Beardsley também tanto se alongou, durante a fina doença – tanto se

---

8 [TEXTO-BASE: FREYRE, Gilberto. A propósito de Manuel Bandeira. In:_____. *Tempo de aprendiz*. São Paulo: IBRASA; Brasília: INL, 1979. v.2, p.177-179. COTEJO: FREYRE, Gilberto. A propósito de Manuel Bandeira. *Diário de Pernambuco*, Recife, 23 jun. 1925. Consideramos como primeira edição o texto de 23 de junho de 1925, porém este foi publicado dois dias antes, em 21 de junho de 1925, no mesmo jornal, com incorreções, e, por isso, foi reproduzido posteriormente.]

9 [Forma da palavra em ed. de 1925: "volúpia".]

10 [Forma da palavra em ed. de 1925: ": uma".]

11 [Forma do segmento em ed. de 1925: "latim de Igreja.".]

12 [Forma da frase em ed. de 1925: "Voz de acentos gregorianos no seu frescor deliciosamente pessoal.".]

13 Proust foi uma das principais referências literárias de Gilberto Freyre. O ensaísta escreveria no prefácio a *Casa-grande & senzala* (1933): "O estudo da história íntima de um povo tem alguma cousa de introspecção proustiana; os Goncourt já o chamavam 'ce roman vrai'. O arquiteto Lúcio Costa diante das casa velhas de Sabará, São João del-Rei, Ouro Preto, Mariana, das velhas casas-grandes de Minas, foi a impressão que teve: 'A gente como que se encontra... E se lembra de cousas que a gente nunca soube, mas que estavam lá dentro de nós; não sei – Proust devia explicar isso direito'." (FREYRE, Gilberto. *Casa-grande & senzala*. Rio de Janeiro: Record, 1999. p.lxv. Prefácio.).

14 Luis de la Puente (1554-1624) [também de Lapuente, D'Aponte ou Dupont] foi um padre, escritor e professor jesuíta de origem espanhola.

15 PUENTE, Luis de la. *La perfección en las enfermedades*. Madrid: La España Editorial, [1900].

16 Aubrey Vincent Beardsley (1872-1898), ilustrador e caricaturista inglês, conhecido pelos seus desenhos eróticos, atuou como editor de arte e se estreitou com o Estetismo inglês, que mantinha relações com os decadentes e os simbolistas. Suas criações estiveram presentes, por exemplo, na peça *Salomé*, de Oscar Wilde, em 1893, em performance francesa, assim como em ilustrações para a edição de luxo de *A morte de Artur*, de Thomas Malory. Sem ter nunca deixado de ser extremamente ativo, morreu de tuberculose com apenas 25 anos.

17 [Forma do segmento em ed. de 1925: "magro: mas".]

alongou para cima – que terminou uma alma cristã. Alongou-se goticamente. Beardsley morreu com os lábios secos beijando um crucifixo.

Do *"Rendez-vous With Death"* – que homem não sai[18] o homem novo de que falam as Escrituras?[19]

E não é senão um voluptuoso[20] noivado com a morte – mais que o *"rendez-vous"* de um dia – a longa doença. Noivado que eleva o doente; que o refina; que o exalta. À antecipação da noite mística de núpcias ele se sutiliza e afina.

O homem vitoriosamente são, que apenas "flirta" de longe com a morte, expondo-se aos possíveis riscos duma corrida de auto ou dum voo de aeroplano – esse passa pela vida, virgem de uma de suas maiores volúpias: o místico noivado com a morte que é a longa doença. Assunto de um dos melhores poemas modernos em língua inglesa.[21]

E entretanto é preciso saber ser doente para que a doença não seja apenas o negativo irritante da saúde. Ou[22] não reduza o indivíduo à pieguice. É tão preciso saber ser doente como saber ser rico e saber ser poderoso. Há doentes que são uns como novos-ricos: fazem de sua doença um motivo de ostentação. E dizendo-se às vezes doentes do peito gritam que estão doentes como se tivessem peitos de Stentor.[23],[24]

Para o Sr. Manuel Bandeira a emoção da doença é antes uma cultura íntima. De sua "fina e doce ferida" lhe escorre o fio da emoção por alguns versos nada mórbidos ou doentios.

Ninguém lhe vê a ferida.[25] Ele não desabotoa o casaco nem abre a camisa para ostentar a ferida: sua emoção conhece o pudor. O que se sente nos seus versos é a emoção íntima da doença criando no poeta um estado de alumbramento. Um estado de alumbramento que lhe permite ver uns céus muito seus e muito vivos:[26]

"Eu vi os céus! Eu vi os céus!
Oh, essa angélica brancura

---

18 [Forma da palavra em ed. de 1925: "sabe".]

19 [Este e o próximo parágrafo fazem parte de um único em ed. de 1925.]

20 [Forma da palavra em ed. de 1925: "vultuoso".]

21 [Frase ausente em ed. de 1925.]

22 [Forma do segmento em ed. de 1925: ", ou".]

23 "Sténtór" ou "Estentor", segundo a mitologia grega, foi um guerreiro grego cuja voz era tão forte quanto a de cinquenta homens (Ilíada, V, 785) (Cf. Houaiss, Antonio.; Villar, Mauro de Salles. *Dicionário Houaiss da Língua Portuguesa*. Rio de Janeiro: Objetiva, 2001). Foi um trácio que disputou aos gritos com Hermes, o arauto dos Deuses e, vencido, foi morto por ele (Guimarães, Ruth. *Dicionário da mitologia grega*. São Paulo: Cultrix, 1993. p.142).

24 [Forma da frase em ed. de 1925: "E dizendo-se às vezes doentes como se tivessem peitos de Stentor."]

25 [Forma do segmento que abrange dois parágrafos em ed. de 1925: "fio de sangue da emoção, pelos versos todos. /Mas ninguém lhe vê a ferida.".]

26 [Forma das frases em ed. de 1925: "O que se sente nos seus versos é a emoção íntima da doença criando no poeta um estado de alumbramento que lhe permite ver os céus:".]

Sem tristes pejos e sem véus!
... E vi a Via-Láctea ardente
Vi comunhões... Capelas... véus...
Súbito... alucinadamente."

Mas nesses aparentes olhos de menino em dia de Primeira Comunhão que veem os céus e a Via-Látea ardem volúpias em torno de coisas da terra. Requeimes em que ardem também lúbricas pontas de dedos em busca de formas de mulher; de contornos de coxas largas; de relevos de peitos adolescentes, rijos e em bico.[27]

E entretanto são versos que por vezes[28] terminam no desencanto da volúpia erótica, os versos eróticos do Sr. Manuel Bandeira. É uma volúpia com o gosto de "fruto que ainda verde apodrece" a que faz tremer o poeta de "Pierrot Místico" para logo o desencantar. E nesse "Pierrot Místico" se lê como numa página medieval daquela esquisita *Anatomy of Melancholy*[29] de Robert Burton:[30]

"A volúpia é bruma que esconde
Abismos de melancolia."

E lendo "Pierrot Místico" – parente dos Pierrot de Laforgue;[31] e lendo "Dona Branca" e "Na Solidão das noites úmidas" e "Chama e Fumo" e "Murmúrio d'água" e "Mar Bravio" e "Soneto" e "O Gesso" e "Os Sinos" – a mim próprio pergunto se é mesmo em português que estou a ler. Se não é de uma outra língua, estranhamente plástica e melodiosa, a música de um líquido fluxuoso de latim de igreja por vezes com um toque de "maldito" em que aí se alongam carícias moles de som; em que se afinam adstringências de um acre, provocante sabor; em que se aguçam sentidos sob uma interior vibração. Música "di Camera" é a desses versos; – e mais que isso, de quarto de doente, onde todo

---

27 [Forma do parágrafo em ed. de 1925: "Mas esses doces olhos de menino em dia de Primeira Comunhão que veem os céus e a Via-láctea ardem também na volúpia das coisas da terra; no requeime – em que ardem também lúbricas pontas de dedos – de formas de mulher; de contornos de coxas longas; de relevos de peitos adolescentes, rijos em bico.".]

28 [Segmento ausente em ed. de 1925.]

29 [Título do livro entre aspas nas ed. de 1925 e 1979; em itálico nesta ed.]

30 Robert Burton (1577-1640), ligado à Universidade de Oxford, escreveu *The anatomy of melancholy* (1621), um tratado de estilo informal sobre as causas e os efeitos da melancolia.

31 Jules Laforgue (1860-1887), nascido em Montevidéu e morto em Paris, é um dos principais nomes da poesia em língua francesa do século xix, frequentemente ligado ao Decadentismo. Gilberto Freyre citou o trabalho de Laforgue como exemplo de escrita que produz milagre de economia verbal: "Basta saber graduá-las quanto à inflexão e à cadência: exprimem mil e uma coisas, de um extremo ao outro, do grave ao agudo. [...] Podem ser, ao mesmo tempo, 'deliciosos', um verso de Shelley ou de Laforgue e um verso de Victor Hugo; um gesto de Cécile Sorel e uma postura do sr. Domício da Gama; um paradoxo de Jean Cocteau e uma página de filosofia do mesmo Sr. Almachio Diniz." (Freyre, Gilberto. *Tempo de aprendiz*. São Paulo: Ibrasa; (Brasília): INL, 1979. v.1, p.384.).

o mover é um brando mover de pontas de pé; onde as vozes são meias-vozes debussianas. Onde o silêncio é cheio.[32]

"de sentido místico, grave
ferindo a alma de um enleio
mortalmente agudo e suave."

Nunca se falou em voz tão baixa na poesia brasileira. Nunca, entre nós, poeta nenhum cantou o amor por mulher nessa voz misticamente grave, a que, entretanto, não falta aguda vibração emotiva.[33, 34]
Esse poeta tem o seu ritmo próprio – sem o que nenhum poeta é verdadeiramente escritor.[35] É verdade que às vezes – raras vezes – repontam no livro do Sr. Bandeira influências exóticas como nesse "O inútil luar" que parece uma tradução de Dario. E há no livro versos positivamente convencionais:[36] "A Camões", "D. Juan", "Renuncia". Dir-se-iam versos do Sr. Alberto de Oliveira.[37]
O Sr. Manuel Bandeira tem tanto motivo para acreditar escrever em[38] água como Keats[39] para acreditar ter deixado o nome escrito com água: "one whose name was written in water".

Seus versos são escritos em tinta melhor que a Stephens. O papel é que é pobre. A[40] língua é que é melancolicamente ignorada: quase a areia de que fala Brandes.[41]

---

32 [Forma do segmento do parágrafo em ed. de 1925: "; se não é duma outra língua estranhamente plástica e melodiosa, a música de um líquido fluxuoso de latim de Igreja em que se afinam adstringências de um acre, provocante sabor: em que se aguçam sentidos palavras de uma interior vibração. Música "di Camera" é a desses versos; – e mais que isso, ver é um brando mover de pontas de pé; onde as vozes são meias-vozes debussyanas; onde o silêncio é cheio."]

33 [Forma do parágrafo em ed. de 1925: "Nunca se falou em voz tão baixa na poesia brasileira, nunca entre nós poeta nenhum cantou nessa voz misticamente grave, a que entretanto não falta aguda vibração emotiva.".]

34 [Este parágrafo e o próximo fazem parte de um único em ed. de 1925.]

35 [Forma do segmento em ed. de 1925: "sem o que nenhum é verdadeiramente poeta e nenhum escritor é verdadeiramente escritor.".]

36 [Forma da palavra em ed. de 1925: "banais".]

37 Alberto de Oliveira era o pseudônimo de Antônio Mariano de Oliveira (1857-1937), farmacêutico, professor e escritor brasileiro ligado ao movimento simbolista. Fundador da Academia Brasileira de Letras, publicou *Canções românticas* (1878), *Poesias* (1900) e *Culto da forma na poesia brasileira* (1916), entre outros livros.

38 [Forma da palavra em ed. de 1925: "na".]

39 John Keats (1795-1821), um dos principais poetas românticos, escreveu *Endymion: a poetic romance* (1817) e *Hyperion* (1818), entre outros livros.

40 [Forma do segmento em ed. de 1925: "; a".]

41 Possível referência a Georg Morris Cohen Brandes (1842-1927), professor e influente crítico literário de origem escandinava. Escreveu biografias de Goethe, Voltaire e Michelangelo, entre outros livros.

3.2 Manuel Bandeira, recifense[42]

Gilberto Freyre

Porque esta nota não tem pretensão nenhuma a "crítica" ou a "estudo" e é só um depoimento, permitam que comece falando de mim, como nas memórias e nos diários. Permitam que vá adiante: que me aproveite um pouco da glória do poeta.

O admirador tem sempre alguma coisa de gato – aquela manha já célebre do gato, que parece estar somente agradando, afagando e fazendo festa à pessoa amada, quando na verdade está é se aproveitando dela para alisar o próprio pelo. Não me julgo exceção à regra geral. Conjugo o verbo "admirar" como todos os admiradores: aproveitando-me um pouco das glórias da pessoa admirada; convencendo-me de que a admiro por causa das semelhanças, das afinidades, dos pontos de contato agradáveis. A mesma técnica voluptuosa do gato.

Sucede, no caso, que o poema em certo sentido mais brasileiro de Manuel Bandeira – "Evocação do Recife" – ele o escreveu porque eu pedi que ele escrevesse. O poeta estranhou a princípio o pedido do provinciano. Estranhou que alguém lhe encomendasse um poema para edição especial de jornal como quem encomenda um pudim ou uma sobremesa para uma festa de bodas de ouro. Não estava acostumado – me escreveu de Santa Teresa – a encomendas dessas. Parece que teve vontade de não escrever poema nenhum para tal edição – que se tornou depois o *Livro do Nordeste*, organizado em 1925 para comemorar o primeiro centenário do *Diário de Pernambuco*. Mas um belo dia recebi[43] "Evocação do Recife".

Nesse tempo eu não conhecia pessoalmente Manuel Bandeira. Só de nome. Nem mesmo de retrato. E dos seus poemas – apenas uns três ou quatro. Entre eles, "Os Sinos", que até aprendi de cor:

"Sino da Paixão
Bate bão-bão-bão".

Nossa amizade começou por carta. Começou com a carta que um dia recebi dele; que li com uma alegria enorme e que devo ter guardada entre os meus papéis mais queridos. Era uma carta cheia de simpatia pelos artigos meio líricos que eu andava então escrevendo no *Diário de Pernambuco*, num português ainda mais perro que o de hoje, português de quem tinha saído daqui

---

42 [TEXTO-BASE: FREYRE, Gilberto. Manuel Bandeira, recifense. In: _____. *Perfil de Euclydes e outros perfis*. Rio de Janeiro: José Olympio, 1944. p.173-181. COTEJO: FREYRE, Gilberto. Manuel Bandeira e o Recife. In: HOMENAGEM a Manuel Bandeira. Rio de Janeiro: Officinas Typographicas do "Jornal do Commercio", 1936. Edição fac-similar preparada pela Metal Leve em 1986.]

43 [Forma do segmento em ed. de 1936: "recebi a".]

quase menino para voltar homem feito, depois de cinco anos maciços de língua inglesa. Artigos sobre coisas de Pernambuco, do Recife, do Norte. Sobre a paisagem, sobre os nomes da rua, sobre a cozinha tradicional do Norte do Brasil.

Precisamente um artigo sobre a cozinha pernambucana, sobre o munguzá, o doce de goiaba, a tapioca molhada, é que fez que Manuel Bandeira me escrevesse. Eu respondi afoito: pedindo-lhe o poema sobre o Recife da sua meninice.[44] Pedindo só, não: quase exigindo. Os admiradores são quase sempre mais arrogantes que os indivíduos simplesmente admirados. É preciso ser um grande, um magnífico cabotino, tipo Gabriel D'Annunzio,[45],46 para manter certos admiradores à distância ou no lugar que lhes compete. Manuel Bandeira é o que não tem: cabotinismo, mesmo em dose profilática. E embora não seja nenhum adulador de admiradores, ele se iguala franciscanamente aos lobos que lhe trazem sua admiração às vezes com exigências tremendas, pedindo intimidades, pedindo elogios, pedindo autógrafos em álbum. Eu lhe pedi o poema sobre o Recife e agora me gabo do pedido. Porque é um dos maiores poemas que já se escreveram na nossa língua. O pedido foi uma sem-cerimônia; foi mesmo um atrevimento. Mas deu certo. Deu esplendidamente certo. O poema de encomenda deu certo.

* * *

Esse poema de Manuel Bandeira creio que no gênero não tem nada que se compare com ele. É o que a geografia lírica do Brasil tem de maior. O Recife tinha sido cantado pelo outro:

"Salve, terra formosa...
Veneza americana...
Boiando sobre as águas..."

Mas veio Bandeira e não quis saber de "Veneza Americana", nem mesmo do Recife das "revoluções libertárias" ou dos Mascates, nem do Recife de Mauricio de Nassau, a "Mauritsstad dos armadores das Índias Ocidentais" – mas do Recife que ele tinha conhecido menino: o Recife "sem história" e "sem literatura". "Recife sem mais nada".

---

44 [Segmento ausente em ed. de 1936.]

45 [Forma do nome em ed. de 1936: "Dannunzio".]

46 Gabriele d'Annunzio (1863-1938) foi um dos principais – e mais polêmicos – escritores italianos da passagem do século xix ao xx, ligado ao movimento decadentista. Escreveu uma obra vasta, como os romance *Il piacere* (1889) e *Giovanni Episcopo* (1891), as coletâneas de poesia *Primo vere* (1879) e *Poema paradisiaco* (1893), a peça teatral *La città morta* (1899), entre outros.

Exagero, de certo: porque não se evoca uma cidade sem fazer história; e, quando se é Manuel Bandeira, sem fazer literatura. O poema de Manuel Bandeira é história e é literatura. Mas é acima de tudo poema. É de uma grande pureza poética e de uma grande pureza humana, sendo ao mesmo tempo uma crônica, com nomes de gente, de rua, de coisas regionais. Nomes certos, definidos, exatos: Dona Aninha Viegas, Totônio Rodrigues, Santo Antonio, São José, Rua da União, Rua da Saudade, Rua da Aurora, Caxangá, midubi.

Raros poemas com a mesma riqueza de substância. Cada palavra é um corte fundo no passado do poeta, no passado da cidade, no passado de todo[47] homem, fazendo vir desses três passados distintos, mas um só verdadeiro, um mundo de primeiras e grandes experiências da vida. Não há uma palavra que seja um gasto de palavra. Não há um traço que seja de pitoresco artificial ou de cenografia. O poema é compacto: tem alguma coisa de um bolo tradicional do Norte chamado "Palácio encantado", bolo muito rico, bolo de casa-grande de engenho, com sete gostos por dentro, sete gostos profundos em cada fatia que se corte dele.

Mas se é certo que o poema se baseia nos primeiros gostos e nas primeiras experiências da vida de todo[48] homem, e não nas de um só, nem nas do homem de determinada cidade, é impossível desprezar em "Evocação do Recife" o que há de liricamente autobiográfico e de liricamente geográfico. O que há de regional, de provinciano, de recifense, de Souza Bandeira.

Ninguém hoje pode falar de Manuel Bandeira sem ter lido esse poema; nem falar do Recife, de sua história – de sua história no sentido mais lógico, e até no mais cronológico e mais convencional – sem saber quase de cor a "Evocação".

É o grande poema do Recife. Só lhe falta o barulho de *Maracatu*, que se ouve com insistência através dos últimos poemas de Manuel Bandeira, dando à sua música um gosto mais africano, mais afro-brasileiro, mais nortista. Mas,[49] naquele tempo, o poeta, há muito tempo fora de sua terra, estava esquecido do *Maracatu*.

* * *

Creio que foi só em 29 – 1929 – que Bandeira, visitando pela segunda vez o Recife, pôde reavivar suas memórias de *Maracatu*. Ele voltava uma vez para casa, tarde da noite, com um amigo, quando se encontrou com um *Maracatu*.[50] Era o *Estrela d'Alva*?[51] Era o *Leão Coroado*?[52] Era o *Maracatu* da rainha Albertina de Fleury (uma negra de Casa Amarela com esse nome aristocrático

---

47 [Forma do segmento em ed. de 1936: "todo o".]

48 [Forma do segmento em ed. de 1936: "todo o".]

49 [Vírgula inserida nesta ed.]

50 [Palavra "Maracatu" sem itálico e grafada com letra minúscula na edição de 1944; forma original reconstituída conforme ed. de 1936.]

51 [Nome "Estrela d'Alva" sem itálico em ed. de 1936.]

52 [Nome "Leão Coroado" sem itálico em ed. de 1936.]

que José Lins do Rego acha parecido com nome de heroína de Proust)? Não me lembro qual era. Sei que vinha por Cruz das Almas, levantando um desadoro de poeira. Talvez fosse Cambinda:

> *Eu sou de Cambinda*
> *Cambinda de valor*
> *Eu quero é louvor*
> *Pra Boneca do amor.*[53]

Ou então:

> *Se o Recife fosse meu*
> *Eu mandava ladriá*
> *Com pedrinha diamante*
> *Pra Cambinda passeá.*

Ou seria o velho Leão?

> *Isso é*[54] *um a, isso é um b, isso é um c.*[55]
> *Isso é um c, isso é um b, isso é um a.*

  Manuel Bandeira ficou numa grande alegria e nem ligou à[56] poeira que a negrada do Maracatu levantava com suas danças na areia seca de Cruz das Almas. Ele não queria deixar o Recife sem ver um *Maracatu*. Estava satisfeita sua vontade. E satisfeita, magnificamente, como a vontade de um rei; satisfeita sua vontade que nem em Passárgada.
  O *Maracatu* se aproximou do poeta como no propósito de o impressionar o mais possível: com vagares maiores que os comuns. Porque os Maracatus que se prezam se movem devagar. Seus vagares são os místicos, das procissões. Ninguém confunda *Maracatu* com clube[57] de Carnaval.
  O *Maracatu* do beco de Cruz das Almas se aproximou do poeta com todo o vagar.[58] O barulho foi aumentando aos poucos. Era noite e noite profunda e o Maracatu dominava sozinho o silêncio da grande noite pernambucana. O poeta esperou-o parado, até que se encontraram, o barulho do Maracatu já

---

53 [Letra de maracatu, nesta estrofe e nas duas seguintes, em itálico em ed. de 1944; sem itálico em ed. de 1936.]
54 [Forma do segmento, por uma possível incorreção tipográfica, em ed. de 1936: "é,".]
55 [Ponto-final ausente em ed. de 1944; forma original reconstituída conforme ed. de 1936.]
56 [Forma da palavra como artigo "a", sem acento, em ed. de 1944; como contração de artigo e preposição, com acento ("á"), em ed. de 1936; forma original reconstituída conforme ed. de 1936, com atualização ortográfica.]
57 [Forma da palavra em ed. de 1936: "club".]
58 [Ponto-final em ed. de 1936.]

enorme. A emoção do poeta creio que foi também enorme naquele instante. Seus olhos se arregalaram. Por um momento, o menino que nunca morreu nele[59] dominou o homem. O homem é que ficou pequeno e secundário. Quase ridículo, com seus óculos e seu dente chumbado a ouro.

  Nessa noite, completou-se a intimidade profunda, que se rompera no Rio e em São Paulo, de Manuel Bandeira com o Recife. Talvez eu não exagerasse dizendo que foi um dos instantes mais dramáticos na vida de Manuel Bandeira. O que faltava à "Evocação do Recife" se apossou dele no silêncio daquela noite; o ritmo do *Maracatu*.

* * *

  Já o passeio de lancha que fizemos juntos uma tarde, pelo Capibaribe, Manuel Bandeira, Mário de Andrade e eu, não teve o mesmo gosto de reconciliação dramática do poeta com o seu meio de menino, que o instante em que ele se encontrou tarde da noite com o Maracatu. O gosto do Capibaribe lhe tinha ficado mais vivo nos olhos que o do *Maracatu* nos ouvidos. Não tinha havido afastamento tão profundo.

  Todo o tempo que a lancha levou subindo o rio, até Caxangá, pensei em Manuel Bandeira, através de sua "Evocação do Recife". E pensei no Recife de há trinta anos, de há quarenta, de há cinquenta, de há cem, em todos os Recifes que o rio viu nascer e morrer; em todos os Recifes que estão no poema de Manuel Bandeira. Aquele rio, aquela terra, aquela cidade, aquele poeta magro dentro da mesma lancha comigo e com Mário de Andrade, estavam ligados para sempre.

  "Capibaribe
  Capibaribe".[60]

  Vi nas margens verdes, saindo do meio dos cajueiros, da sombra das mangueiras, meninazinhas, meninos, muleques iguais aos que há quarenta anos brincavam de roda na rua da União, quebravam os vidros da casa de D. Aninha Viegas, mangavam do pince-nez de Totônio Rodrigues; vi a própria D. Aninha Viegas (com outro nome, decerto) sentada numa cadeira de balanço num terraço de casa de beira do rio, tomando fresco; vi banheiros de palha tristonhos, negros lavando cavalos, muleques nadando na água suja onde já não tomam banho moças nuas como no tempo em que o poeta menino passou as festas em Caxangá e um dia:

  "Um dia vi uma moça nuinha no banho

---

59 [Vírgula presente, nesta posição, nas ed. de 1936 e 1944; excluída nesta ed.]
60 [Ponto-final ausente em ed. de 1936.]

> Fiquei parado o coração batendo
> Ela se riu".

Porque o Capibaribe é hoje um rio porco. Todos os rios da zona chamada da mata em Pernambuco são hoje uns rios porcos, onde as usinas de açúcar mijam, defecam, fazem as suas precisões; e o resto da gente que se dane. As moças bonitas desapareceram dos rios.

O poema de Bandeira está cheio de memórias de um outro Capibaribe, um Capibaribe íntimo das famílias. O que nós subimos naquela tarde era, como o de hoje, um rio cativo e desprezado, por onde quase ninguém passeia, para onde as casas e os homens voltam as costas. O poeta o procurou como a um velho amigo, com qualidades permanentes, mesmo através do cativeiro. Os dois – o rio e o poeta – passaram uma tarde inteira juntos.

Também o poeta quis ver o sobrado amarelo que foi do avô e está ainda de pé, com a escada rangendo de velha. Quis ver a rua da União. Quis ver a rua da Saudade. A do Sol. A da Aurora, esta se ofereceu de longe aos seus olhos. Vimos juntos alguns desses lugares,[61] que se amanhã desaparecerem do mapa do Recife – cidade que há cinco anos serve de brinquedo a amadores de urbanismo para suas experiências gostosas de derrubar casas e igrejas velhas – ficarão para sempre, enquanto houver língua portuguesa, enquanto houver literatura brasileira, no poema de Manuel Bandeira:

> "Recife
> Rua da União
> A casa de meu avô
> Nunca pensei que ela acabasse
> Tudo lá parecia impregnado de eternidade
> Recife meu avô morto
> Recife morto Recife bom Recife brasileiro como a casa de meu avô".[62]

---

61 [Vírgula ausente em ed. de 1936.]

62 [Ponto-final ausente em ed. de 1936.]

3.3 Dos oito aos oitenta[63]

Gilberto Freyre

Um dito clássico, em língua portuguesa, repele os extremos *oito* e *oitenta*. "Nem oito nem oitenta", diz a sabedoria popular através desse dito.

No gênio poético de Manuel Bandeira os dois extremos vêm se conciliando. Desde que se revelou poeta, Bandeira nunca deixou de ser menino. De conservar-se na "aurora da vida". Mas, ao mesmo tempo, não lhe faltou, por antecipação, nem sequer aos vinte anos, a maturidade que o comum dos homens só adquire na tarde, e, mesmo, na noite da existência. Aos oitenta ou perto dos oitenta anos.

Essa rara combinação de menino sempre instintivo e de sábio com a reflexão dos velhos[64] é um dos característicos mais expressivos da poesia, por vezes tocada de filosofia e até de religiosidade, desse brasileiríssimo Manuel que se lembra de ter visto, com olhos de menino do Recife, moças nuinhas no banho, no rio Capibaribe. E de ter, com ouvidos também de menino, ouvido vozes de meninas cantando canções alegres de roda na cidade do Recife. A propósito do que filosofa com tristeza em versos célebres:

"Dessas rosas muita rosa
terá morrido em botão."

Meditações semelhante a estas ocorrem em vários outros dos seus versos, escritos quando ainda jovem:

"Aquele pequenino anel que tu me deste
Ai de mim – era vidro e logo se quebrou..."[65]

Ainda jovem, ele escreveu muito verso em que à voz do menino, de oito anos,[66] se segue a do velho de oitenta, que por antecipação como que sempre existiu no poeta de *Carnaval*. Nem o menino de oito anos se deixou, em Bandeira poeta, vencer, em tempo algum, por esse precoce velho de oitenta, nem o antecipado velho de oitenta, pelo renitente menino de oito. Sempre se completaram, sem muita desarmonia entre os dois. Como avô e neto dentro do mesmo indivíduo.

---

63 [TEXTO-BASE: FREYRE, Gilberto. Dos oito aos oitenta. In: BANDEIRA, Manuel. *Estrela da vida inteira*: poesias reunidas. Rio de Janeiro: José Olympio, 1966. p.26-30.]

64 [Vírgula presente, nesta posição, em ed. de 1966; excluída nesta ed.]

65 [Aspas fechando a citação ausentes em ed. de 1966; inseridas nesta ed.]

66 [Vírgula inserida nesta ed.]

O que é certo da própria pessoa do poeta. Do seu físico. Manuel Carneiro de Souza Bandeira chega, em pessoa, aos oitenta anos, com alguma coisa do menino da Rua da União. Seu próprio cabelo conserva-se, ao natural, um cabelo que resiste ao tempo sem precisar de tintura: não embranqueceu. Seu sorriso e até seu riso são mais de menino – menino feio e dentuço porém espontâneo – do que de homem gasto pela vida e marcado pela fadiga. Só a surdez é nele, agora, afirmação de velhice: do desgaste pelos oitenta anos que já viveu. Pois,[67] nos próprios olhos, ele guarda alguma coisa de olhos de menino. De menino de oito anos. De menino na aurora da sua vida.

Mesmo sob o impacto da velhice, Manuel Bandeira tem se firmado no menino de oito anos que nele vem subsistindo. Daí, talvez, sua devoção de poeta por "Santa Teresa, não" mas por "Teresinha... Teresinha... Teresinha do Menino Jesus". E a quem ele pede não só que lhe dê "alegria" – a alegria dos oito anos – mas "a força de acreditar de novo".

"No
Pelo Sinal
Da Santa Cruz!"

A força da sua fé de menino de oito anos. Porque antes dos oito anos, ele talvez não soubesse bem o que era ter fé em Deus ou devoção aos santos:

"Quando eu tinha seis anos
Não pude ver o fim da festa de São João
Porque adormeci."

O menino acordado, o menino de olhos abertos para a vida e para o mundo, o menino que via o fim das festas de São João e surpreendia as moças nuinhas no banho no Capibaribe, era o menino já com oito anos. "Aurora da vida!" Aurora clara da vida. Essa a aurora que a poesia de Manuel Bandeira tem resistido ao crepúsculo. Em vão o espelho veio dizer ao homem de cinquenta anos que começava a envelhecer. Fosse esse espelho, em vez de realista, mágico, e descobriria

"... O menino que sustenta esse homem,
O menino que não quer morrer."

Que não morreria, em Bandeira, nem no homem de cinquenta, nem no de sessenta, nem no de setenta, nem no de oitenta. Que não morrerá no de noventa. Pois

---

67 [Vírgula inserida nesta ed.]

"... não morrerá senão comigo,
O menino que todos os anos na véspera de Natal
Pensa ainda em pôr os seus chinelinhos trás da porta."

Mais: Manuel Bandeira chega aos oitenta anos não só pai como avô do menino de oito anos que não morrerá senão com ele:

"... trago dentro do peito
Meu filho que não nasceu."

Não só o filho: o neto. Repita-se que há três gerações dentro do poeta Manuel Bandeira: o menino de oito anos, o seu pai e o seu avô. Os três alternam. Os três desentendem-se por vezes. Mas quase sempre se entendem e um completa o[68] outro. O central, o básico, o mais constante, é o menino de oito anos. O romântico que sabe de cor "Meus Oito Anos" de José Casimiro de Abreu e não esquece nunca os seus próprios oito anos:

"Aí tantas lembranças boas!
Massangana de Nabuco
Muribara de meus pais!"

Aos contrastes que o tempo cria na vida de um indivíduo, não é alheia a poesia, por vezes, a seu modo, proustiana, de Manuel Bandeira. Sente-os e chega a comentá-los à sua maneira um tanto filosófica. E como para Dante[69] o número nove, parece que para Bandeira o número oito tem alguma coisa de número-chave. No seu caso, número-chave para a interpretação dos efeitos do tempo não só sobre ele próprio como sobre pessoas queridas. Sobre mulheres amadas, até. Sobre certa Beatriz que o poeta primeiro conheceu menino:

"Era eu menino e tu menina.
Sorrias tanto... Havia em ti
Graça de instinto, airosa e fina.
Eras pequena, eras franzina."

E que voltou a ver, ela já moça; e, ainda oito anos depois, ela, já um tanto gasta pelo tempo:

"Quanta mudança o tempo traz
Em sua atroz monotonia!"

---

68 [Forma da palavra em ed. de 1966: "e". Possível incorreção tipográfica.]

69 Em toda a obra de Dante Alighieri (1265-1321), desde a *Vida nova* até a *Divina comédia*, o número 9 assume um valor central e alegórico, seja como a representação de Beatriz, seja como signo da perfeição (três vezes a Trindade).

Em contraste com a imagem da última vez que lhe aparecera a antiga menina – talvez de oito anos – "airosa e fina", "pequena" e "franzina", tornada moça, ela se tornara outra criatura. Uma mulher marcada pela tristeza. Pela tristeza e pelo tempo:

> "Vejo-te agora. Oito anos faz,
> Oito anos faz que não te via..."[70]

Noutros versos, o poeta, em 1944, nos fala de velha casa em[71] que viveu, menino, aos oito anos:

> "A casa era por aqui...
> Onde? Procuro-a e não acho.
> Ouço uma voz que esqueci:
> É a voz deste mesmo riacho
>
> Ah quanto tempo passou!
> (Foram mais de cinquenta anos)
> Tantos que a morte levou!
> (E a vida ... nos desenganos...)
>
> A usura fez tábua rasa
> Da velha chácara triste:
> Não existe mais a casa...
> – Mas o menino ainda existe."

Um menino fiel à sua meninice e ao Pernambuco do tempo da sua meninice – de oito a dez anos. Fiel principalmente ao Recife: cidade que, pelo seu gosto, não teria se acatitado, como se acatitou, num Recife um tanto banal de "avenidas e arranha-céus":

> "Saí menino de minha terra
> Passei trinta anos longe dela.
> [...] Diabo leve quem pôs bonita a minha terra!"

Essa terra amadíssima ele a deixou com pouco mais de oito anos – aos dez anos:

---

70 [Aspas fechando a citação ausentes em ed. de 1966; inseridas nesta ed.]
71 [Vírgula presente, nesta posição, em ed. de 1966; excluída nesta ed.]

"Com dez anos vim para o Rio.
Conhecia a vida em suas verdades essenciais.
Estava maduro para o sofrimento
E para a poesia."

Dos dez anos aos oitenta, Manuel Bandeira tem vivido quase o tempo todo no Rio – em Santa Teresa, em Petrópolis, no Beco – sem haver se desprendido nem do Recife, para ele vivo, da sua meninice nem da sua meninice vivida no Recife. É um espaço-tempo potentemente vivo na sua poesia, esse do verdor da sua vida. Amadureceu Manuel Bandeira à base de suas experiências decisivas nesse espaço-tempo irredutível. Mesmo quando, quase aos oitenta anos, se diz "trôpego, reumático, surdo" é para sentir, como um Schmidt magro, que "a poesia restabelecerá"... "o equilíbrio perdido". O equilíbrio entre o verdor lírico dos oito anos e a maturidade sabiamente poética dos oitenta. Entre a avidez de vida a viver e o gosto por vezes amargo de vida já vivida.

3.4 AMY LOWELL: UMA REVOLUCIONÁRIA DE BOSTON[72],73

Gilberto Freyre

Eu[74] era um simples estudante da Universidade de Columbia, e ainda não tinha 21 anos,[75] quando um telegrama de Miss Amy Lowell[76] me trouxe um dia o convite para ir visitá-la na velha casa dos Lowell em Brookline, perto de Boston. Foi como fiquei conhecendo em alguns dos seus aspectos mais característicos e justamente no meio do outono – com o arvoredo todo amarelado[77] ou já sem as folhas – o fim de civilização aristocrática[78] que é a antiga Nova Inglaterra: *dying culture*[79] em que Keyserling[80] acharia "um grande e original encanto", duvidando porém de sua sobrevivência por muito tempo[81] tal "o etéreo do seu lirismo", a "beleza essencialmente estéril" de seu intelectualismo ou, antes, de sua cultura exclusivista, ou[82] alguma coisa de neurótico de tantos dos letrados que ainda a representam: e que são, na verdade, quase uns fantasmas para o resto dos Estados Unidos.

---

72 [TEXTO-BASE: FREYRE, Gilberto. Amy Lowell: uma revolucionária de Boston. In: _____. *Vida, forma e cor*. 2. ed. rev. Rio de Janeiro: Record, 1987. Esse artigo foi composto a partir da inclusão de "Recordação de Amy Lowell" e de "Ainda Amy Lowell", ambos publicados em sequência no *Correio da Manhã*. COTEJO: FREYRE, Gilberto. Recordação de Amy Lowell. *Correio da Manhã*, Rio de Janeiro, 10 dez. 1940; FREYRE, Gilberto. Ainda Amy Lowell. *Correio da Manhã*, Rio de Janeiro, 17 dez. 1940; trecho de documento 2 do capítulo 2 desta ed. (carta de Manuel Bandeira a Gilberto Freyre, com datação "Rio de Janeiro, 4 de junho [de 1927]".)

73 Gilberto Freyre esclarece, no "Prefácio do autor" a *Vida, forma e cor*, que: "O ensaio acerca de Amy Lowell inclui trechos de um trabalho, também escrito em inglês, aparecido num jornal dos Estados Unidos, quando o autor era ainda estudante da Universidade de Baylor." (FREYRE, Gilberto. Prefácio do autor. In: _____, *Vida, forma e cor*, 1987, p.17). Não temos conhecimento dessas anotações; por isso, para fixação do texto, utilizamos somente publicações que conseguimos localizar.

74 [A partir do início do texto até o ponto que será posteriormente assinalado, Gilberto Freyre utilizou, como referência para a escrita de "Amy Lowel: uma revolucionária em Boston", o artigo "Recordação de Amy Lowell". Portanto, o aparato de notas de edição, nesse trecho, assinalará as peculiaridades de cada texto a partir do cotejo entre as duas edições – ou seja, a de 10 dez. 1940 e a de 1987.]

75 [Vírgula ausente em ed. de 1987; forma original reconstituída conforme ed. de 10 dez. 1940.]

76 Amy Lowell (1874-1925), poeta norte-americana, considerada líder do movimento imagista, publicou *A dome of many-coloured glass* (1912), *Sword blades and poppy seed* (1914), *Men, women and ghosts* (1916) e *Pictures of the floating world* (1919), entre outros livros. Foi correspondente de Gilberto Freyre. Sobre a presença de Amy Lowell na obra de Freyre, cf. artigo, de minha autoria "Leituras modernas da antiga província: nordestes, Gilberto Freyre e a vanguarda anglo-americana", publicado na *Revista Terra Roxa e Outras Terras* (Revista do Programa de Pós-graduação em Letras da Universidade Estadual de Londrina, Londrina, n.11, p.77-90, 2007). No mesmo ano sairia também o livro *Em torno de Gilberto Freyre*, de Edson Nery da Fonseca. Nele, a seção 1.1.2 dedica-se ao tema do "Imagismo" na obra de Freyre (FONSECA, Edson Nery da. *Em torno de Gilberto Freyre*: ensaios e conferências. Recife: Fundação Joaquim Nabuco/Ed. Massangana, 2007. p.47-52).

77 [Forma do segmento em ed. de 10 dez. 1940: "manchado de amarelo".]

78 [Forma do segmento em ed. de 10 dez. 1940: ", ao mesmo tempo puritana e aristocratica,".]

79 [Segmento entre aspas em ed. de 10 dez. 1940.]

80 Possível referência ao escritor e filósofo alemão Hermann Alexander Graf von Keyserling (1880-1946), autor de vários livros, entre eles *Reisetagebuch eines Philosophen* (1919), um diário resultante de várias viagens pelo mundo.

81 [Forma do segmento em ed. de 10 dez. 1940: "tempo,".]

82 [Forma da palavra em ed. de 10 dez. 1940: "o".]

Em Amy Lowell havia traços inconfundíveis desse intelectualismo ou dessa cultura exclusivista e um tanto mórbida da Nova Inglaterra, que se exprimiu com tanta pureza nos Lowell e em muitos deles se aguçou por uma espécie de endogamia[83] intelectual junto à de sangue. Mas havia, por outro lado, certo vigor quase plebeu, certa vitalidade criadora, certo espírito de pioneiro e de revolucionário que ela adquirira[84] de Walt Whitman.[85] Alguma coisa de plebeu que não deixava[86] as suas palavras[87] se alongarem todas em expressões do[88] intelectualismo ou no lirismo etéreo[89] da tradição aristocrática, assexual e esterilmente estética[90] de Boston. Daí ela ter sido[91] uma figura um tanto áspera de renovador das letras não só da[92] Nova Inglaterra mas dos Estados Unidos, a cuja pluralidade[93] de culturas acrescentou novas técnicas[94] de expressão poética, escandalizando a crítica conservadora e a opinião acadêmica do seu tempo.[95]

Eu conhecera Amy Lowell quando ainda estudante na Universidade de Baylor. Quase menino escrevera[96] sobre sua poesia nova – seu imagismo[97] – umas notas de aula[98] que o professor A. Joseph Armstrong[99] generosamente se apressara em publicar em jornal. Pois foram essas notas quase de colegial que me aproximaram de Amy Lowell.

Para gozo de minha vaidade de adolescente, vi-me em correspondência com uma mulher em quem os estudantes anglo-americanos[100] do meu tempo, interessados em assuntos literários, exaltavam uma das expressões mais

---

83   [Forma da palavra em ed. de 10 dez. 1940: "endogamica".]

84   [Forma da palavra em ed. de 10 dez. 1940: "adquirida".]

85   Walt Whitman (1819-1892), jornalista, poeta e escritor norte-americano, autor da coletânea de poemas *Leaves of grass* (1856). Freyre dedicou ao poeta de *Leaves of grass* [*Folhas da relva*, 1855] o opúsculo *O camarada Whitman* (Rio de Janeiro: José Olympio, 1948).

86   [Forma do segmento em ed. de 10 dez. 1940: "deixava todas".]

87   [Forma do segmento em ed. de 10 dez. 1940" "palavras de letrada fina".]

88   [Forma do segmento em ed. de 10 dez. 1940: "do na".]

89   [Segmento entre aspas em ed. de 10 dez. 1940.]

90   [Forma do segmento em ed. de 10 dez. 1940: "esteril,".]

91   [Forma do segmento em ed. de 10 dez. 1940: "sido, paradoxalmente".]

92   [Forma da palavra em ed. de 10 dez. 1940: "de".]

93   [Forma do segmento em ed. de 10 dez. 1940: "cujo pluralismo".]

94   [Forma do segmento em ed. de 10 dez. 1940: "nova técnica".]

95   [Forma do segmento em ed. de 10 dez. 1940: "acadêmica.".]

96   [Forma do segmento em ed. de 10 dez. 1940: "Escreva"]

97   [Palavra entre aspas em ed. de 10 dez. 1940.]

98   [Forma do segmento em ed. de 10 dez. 1940: "aula,".]

99   [Forma do nome em ed. de 10 dez. 1940: "Armstrong".]

100 [Forma da palavra em ed. de 10 dez. 1940: "norte-americanos".]

fortes da nova poesia[101] ou, mais do que isso, do modernismo[102] estético e – mais ainda – cultural, naquele país. E hoje que a distância nos permite ver tranquilamente, em exata perspectiva, o movimento chamado de *New Poetry*[103] nos Estados Unidos, a situação de Amy Lowell entre as grandes figuras do movimento continua de destaque: a situação de quem não hesitou em fazer face ao ridículo, à caricatura, à crítica morrinhenta dos acadêmicos fechados nas suas becas de mestres caturras,[104] para abrir novos caminhos à expressão poética de um povo cujo arrojo em assuntos de experimentação[105] artística – exceção feita de arquitetura – estava – e continua – longe de corresponder à sua audácia, à sua intrepidez e ao seu gosto de aventura noutras esferas: a da mecanização das indústrias, a do comércio, a do esporte,[106] a da aeronáutica.[107]

Amy Lowell, pelo físico, prestava-se à caricatura e ao ridículo mais do que outro qualquer poeta da *new poetry*.[108] Era gorda, vermelha, bochechuda, de *pince-nez*:[109] a negação do tipo poético, em geral, e do tipo modernista[110] em particular. Quem a avistasse,[111] como eu a vi pela primeira vez, a estourar de gorda das rendas amarelas e das sedas pretas de um vestido que me pareceu extremamente justo para o seu corpo, não a supunha capaz de lirismo tão fino, de estetismo tão agudo, de experimentalismo tão arrojado e ao mesmo tempo tão preciso,[112] nos seus efeitos, como os dos seus poemas mais característicos. A impressão que ela primeiro nos comunicava era a de uma governante alemã vestida para ir ao ofício luterano; ou a de *menagère* de hotel suíço. Mas essa impressão, ela a desmanchava lendo-nos os seus próprios[113] poemas ou os de Keats. Ou conversando, maliciosa, sutil, às vezes cruel, sobre os poemas alheios, sobre[114] os críticos, sobre[115] os doutores das universidades – um deles o seu próprio irmão, por alguns anos reitor da Universidade de Harvard.[116] Ou

---

101 [Segmento entre aspas em ed. de 10 dez. 1940.]
102 [Palavra entre aspas em ed. de 10 dez. 1940.]
103 [Segmento entre aspas em ed. de 10 dez. 1940.]
104 [Forma do segmento em ed. de 10 dez. 1940: "e dos tradicionalistas hieráticos,".]
105 [Forma do segmento "literária e" em ed. de 10 dez. 1940: "experimentação literária e".]
106 [Forma da palavra em ed. de 10 dez. 1940: "*sport*,".]
107 [Forma do segmento em ed. de 10 dez. 1940: "aeronáutica, a da ", a da política, a da religião, a da ética.".]
108 [Forma do segmento em ed. de 10 dez. 1940: "New Poetry.".]
109 [Palavra sem itálico em ed. de 10 dez. 1940.]
110 [Forma do segmento em ed. de 10 dez. 1940: "'modernista',".]
111 [Vírgula ausente em ed. de 10 dez. 1940.]
112 [Vírgula ausente em ed. de 10 dez. 1940.]
113 [Forma da palavra em ed. de 10 dez. 1940: "primeiros".]
114 [Palavra "sobre" ausente em ed. de 10 dez. 1940.]
115 [Palavra "sobre" ausente em ed. de 10 dez. 1940.]
116 [Segmento ausente em ed. de 10 dez. 1940.]

sobre porcelanas, pintores, charutos.

Amy Lowell tinha essa outra condição apoética: além de gorda,[117] era rica. E além de rica, fumava charuto como qualquer burguês de caricatura socialista. Sua casa de Brookline era uma velha casa dos Lowell, família antiga da região que depois de ter dado ao país personalidades austeras, acinzentadas pela formação puritana, explodira naquela antipuritana gulosa de cores vivas e de imagens pagãs, gostando de saborear seus quitutes franceses,[118] de fumar seus charutos[119] de Manilla,[120] de viver entre telas de impressionistas e pós--impressionistas, de[121] jarros da China, de[122] leques do Japão, de[123] pratos da Índia; de pisar tapetes de Pérsia. Em Brookline ela recebia seus amigos com jantares excelentes;[124] com vinhos, licores e charutos finos,[125] guardados em estantes, na vizinhança dos livros raros e sob o olhar de retratos a óleo de avós severíssimos.[126]

Não sei se para se castigar a si própria, à boa moda puritana, do[127] fato de ser voluptuosamente gorda e largamente rica, os vagares do seu outono de vida, Amy Lowell dedicou-os ao trabalho de escrever a biografia de um poeta ortodoxamente poético: Keats. Ortodoxamente poético pela magreza, pela pobreza, pelo perfil de adolescente romântico com o qual contrastava[128] o de Amy Lowell.[129]

Mas já escrevera outro livro interessantíssimo:[130] de interpretação e de crítica de alguns dos[131] poetas modernistas dos Estados Unidos, seus companheiros na bela aventura de experimentação literária com que se iniciou naquele país – fenômeno que se repetiria no Brasil – a renovação das letras: primeiro, a poesia; depois a prosa, a[132] poesia – na segunda fase –[133] como que sumindo-se,

---

117 [Vírgula ausente em ed. de 10 dez. 1940.]

118 [Forma do segmento em ed. de 10 dez. 1940: "franceses e".]

119 [Forma do segmento em ed. de 10 dez. 1940: "bons charutos".]

120 [Forma do segmento em ed. de 10 dez. 1940: "Manilla:".]

121 [Palavra "de" ausente em ed. de 10 dez. 1940.]

122 [Palavra "de" ausente em ed. de 10 dez. 1940.]

123 [Palavra "de" ausente em ed. de 10 dez. 1940.]

124 [Forma do segmento presente em ed. de 10 dez. 1940: "excelentes,".]

125 [Vírgula ausente em ed. de 10 dez. 1940.]

126 [Forma do segmento em ed. de 10 dez. 1940: "puritanos e magros.".]

127 [Forma da palavra em ed. de 10 dez. 1940: "pelo".]

128 [Forma do segmento em ed. de 10 dez. 1940: "contrastava tanto".]

129 [Ponto-final presente em ed. de 10 dez. 1940.]

130 [Dois-pontos ausentes em ed. de 10 dez. 1940.]

131 [Forma do segmento em ed. de 10 dez. 1940: "seis".]

132 [Forma do segmento em ed. de 10 dez. 1940: "prosa. A".]

133 [Forma do segmento em ed. de 10 dez. 1940: "depois do primeiro ímpeto de ofensiva,".]

os poetas inovadores afastando-se, abrindo alas[134] para a prosa triunfalmente nova passar, afirmar-se, dominar. Mas[135] uma prosa poética, tornada possível pela revolução poética[136] e esta, facilitada[137] pela crítica também revolucionária. Amy Lowell afirmou seu talento tanto na poesia como na prosa; tanto na crítica como na chamada criação pura dos que erradamente insistem em separar "crítica" de "criação"; e, de modo absoluto, "prosa" de "poesia".[138],[139] Seu modo de desenvolver uma "prosa polifônica" creio ter tido alguma influência sobre minhas primeiras tentativas de aprendiz de prosador: tentativas que, por sua vez, influíram sobre outros escritores brasileiros, então jovens e à procura de novas formas de expressão. Novas tanto na sua música como na sua plástica. Tanto nos seus ritmos como até nos seus ajustamentos a formas, também novas, de arte gráfica.

Amy Lowell – de quem guardo um grupo de cartas interessantíssimas, recordação de mais de três anos de correspondência – pertence um pouco à geração de críticos revolucionários, pelo estudo que consagrou aos poetas novos do seu país.[140] Mas seu nome[141] há de ficar principalmente ligado às experiências[142] à procura de novas técnicas de expressão[143] para a poesia americana dos Estados Unidos.[144] Para a poesia e para a prosa através da chamada "prosa polifônica".[145]

Como sentido,[146] como substância, como experiência, sua poesia[147] não terá a mesma proximidade do[148] atual e do humano,[149] que a de Vachel

---

134 [Forma do segmento em ed. de 10 dez. 1940: "alas,".]

135 [Forma do segmento em ed. de 10 dez. 1940: "Mas lá como aqui,".]

136 [Forma do segmento em ed. de 10 dez. 1940: "dos poetas".]

137 [Forma do segmento presente em ed. de 10 dez. 1940: "por sua vez, facilitada".]

138 [Forma da frase em ed. de 10 dez. 1940: "principiou afirmando-se na 'poesia' e na 'prosa', ao mesmo tempo; na 'crítica' e na chamada 'criação pura' dos que insistem em separar crítica de criação; e, de modo absoluto, prosa, de poesia.".]

139 [Neste ponto, finaliza-se o cotejo com o texto original publicado em 10 dez. 1940 sob o título "Recordação de Amy Lowell".]

140 [A partir deste ponto, inicia-se o cotejo entre o texto "Amy Lowell: uma revolucionária de Boston", em ed. de 1987, texto-base para fixação do texto nesta edição, e "Ainda Amy Lowell", em edição publicada em 17 dez. 1940.]

141 [Forma do segmento em ed. de 17 dez. 1940: "O nome de Amy Lowell".]

142 [Forma do segmento em ed. de 17 dez. 1940: "a suas experiências quase de laboratório".]

143 [Forma do segmento em ed. de 17 dez. 1940: "uma nova técnica".]

144 [Forma do segmento em ed. de 17 dez. 1940: "americana.".]

145 [Frase ausente em ed. de 17 dez. 1940.]

146 [Palavra entre aspas em ed. de 17 dez. 1940.]

147 [Forma do segmento em ed. de 17 dez. 1940: "sua poesia".]

148 [Forma da palavra em ed. de 17 dez. 1940: "de".]

149 [Vírgula ausente em ed. de 17 dez. 1940.]

Lindsay,[150] a de Carl Sandburg,[151] a de Claude McKay[152] – este, grande[153] poeta negro. (Só em estudo à parte se[154] poderia tratar da revolta cultural do negro nos Estados Unidos através da poesia e da música).[155,156] Mas aquelas suas experiências de artista, seu desassombro de atitudes novas, sua visão concentrada, nítida, definida dos homens e das coisas, com algum[157] desprezo pelo que fosse[158] ostensivamente didático, pelo que se destacasse como convencionalmente[159] ético, dão à sua arte um forte[160] significado revolucionário.[161]

Ela libertou a poesia americana dos Estados Unidos,[162] salienta o crítico irlandês Padraic Colum[163],164 – que também conheci em Nova York nos meus dias de estudante de universidade, depois de ter conhecido de perto o maior dos irlandeses da época: William Butler Yeats – [165, [166]] do "ritmo tradicional da poesia inglesa", tornando as palavras independentes, tirando-lhes o último ranço de colonialismo, adaptando-as às necessidades líricas do filho dos imigrantes sueco, russo, sírio, grego. Criou uma nova música, um novo ritmo, distintamente americano. Muito combatida a princípio – inclusive, é curioso

---

150 O poeta Nicholas Vachel Lindsay (1879-1931), cuja produção apresentou conexão com a *performance* musical, foi bastante conhecido em vida. Publicou livros como *Rhymes to be traded for bread* (1912) e *The Chinese nightingale* (1917), entre outros.

151 Carl Sandburg (1878-1967), escritor e editor norte-americano, teve grande reconhecimento em vida, sobretudo por sua obra poética. Publicou *Rootabaga stories* (1922, livro infantil), *American songbag* (1927, coletânea de poemas) e *Abraham Lincoln: the prairies years* (1926, biografia), entre outros.

152 Claude McKay (1889-1948), escritor de origem jamaicana e norte-americana, escreveu romances e coletâneas de poesia, tais como *Songs of Jamaica* (1912), *Spring in New Hampshire and other poems* (1920) e *Hardem shadows* (1922).

153 [Forma do segmento em ed. de 17 dez. 1940: "um grande".]

154 [Palavra ausente em ed. de 17 dez. 1940.]

155 [Forma do segmento em ed. de 17 dez. 1940: ", através da poesia)".]

156 [Ponto-final presente em ed. de 17 dez. 1940.]

157 [Forma do segmento em ed. de 17 dez. 1940: "do seu tempo com".]

158 [Forma do segmento em ed. de 17 dez. 1940: "elemento".]

159 [Forma do segmento em ed. de 17 dez. 1940: "ou vagamente".]

160 [Forma da palavra em ed. de 17 dez. 1940: "largo".]

161 [Forma do segmento em ed. 17 de dez. 1940: "revolucionário. Um significado vigorosamente cultural e não apenas estético.".]

162 [Forma do segmento em ed. de 17 dez. 1940: "americana,".]

163 [Forma do segmento em ed. de 17 dez. 1940: "Padraic Colum,".]

164 Padraic Colum (1881-1972), escritor ligado à Renascença Céltica, poeta, dramaturgo, biógrafo e pesquisador do folclore irlandês, publicou o poema épico *The story of Lowry Maen* (1937) e organizou *Anthology of Irish verse* (1922), entre outros.

165 William Butler Yeats (1865-1939) foi um dos mais importantes poetas em língua inglesa na virada do século xix para o século xx. Poeta e dramaturgo, contribuiu para a Renascença Céltica irlandesa e ganhou o Prêmio Nobel de Literatura em 1923. Alguns de seus livros são *The wanderings of Oisin and other poems* (1889), *The second coming* (1920) e *The tower* (1928).

166 [Segmento ausente em ed. de 17 dez. de 1940.]

salientar, por críticos como H. L. Mencken[167] – podem-se[168] hoje encontrar nos seus poemas excessos de tecnicismo:[169] mas sua ação de revolucionária cultural[170] é das mais significativas.

Natural que,[171] nos seus primeiros poemas,[172] Amy Lowell tenha escandalizado[173] os ouvidos habituados às formas tradicionalmente inglesas. Ela é que, sempre cheia de si, nunca duvidou do valor de suas inovações. Lembro-me da carta que me escreveu, a propósito daquele artigo[174] que, ainda estudante da Universidade de Baylor,[175] eu escrevera em inglês, e que foi publicado num jornal anglo-americano,[176] sobre os seus primeiros livros de "poesia nova" – artigo de que outro, escrito quase na mesma época, seria a extensão em língua portuguesa:[177] *"It is pleasant indeed to meet with so much appreciation and understanding and I am happy to know that you find melody in my work as well as*[178] *pictorial qualities. I know it has it, but few people have ears delicate enough to hear as well as you have done."*[179] Trecho de[180] outra carta: *"I am also glad to know that you liked* Gavotte in D Minor *because that is one of my favourites... the reviewers,*[181] *as a rule,*[182] *have passed it by. I suppose it is too subtle*[183] *for them"*.[184] (A indireta ia atingir Mencken e outros críticos).

---

167 [Forma do nome em ed. de 17 dez. 1940: "Mencken"]

168 [Forma da palavra em ed. de 17 dez. 1940: "pode-se".]

169 [Forma do segmento em ed. de 17 dez. 1940: "tecnismo;".]

170 [Segmento entre aspas em ed. de 17 dez. 1940.]

171 [Vírgula inserida nesta ed.]

172 [Vírgula ausente em ed. de 17 dez. 1940.]

173 [Forma da palavra em ed. de 17 dez. 1940: "chocado".]

174 [Forma do segmento em ed. de 17 dez. 1940: "das notas".]

175 [Forma do segmento em ed. de 17 dez. 1940: "estudante,".]

176 [Segmento ausente em ed. de 17 dez. 1940.]

177 [Segmento ausente em ed. de 17 dez. 1940.]

178 [Forma do segmento em ed. de 17 dez. 1940: "as its".]

179 "É realmente prazeroso encontrar tamanha apreciação e entendimento e estou feliz em saber que você percebeu melodia no meu trabalho, assim como qualidades pictóricas. Eu sei que é assim, mas poucas pessoas têm ouvidos suficientemente delicados para perceber do mesmo modo que você." [Tradução da organizadora.]

180 [Nesta posição, palavra "uma" presente em ed. de 17 dez. 1940.]

181 [Vírgula ausente em ed. de 17 dez. 1940.]

182 [Vírgula ausente em ed. de 17 dez. 1940.]

183 [Forma da palavra em ed. de 1987: "subtile"; forma da palavra em ed. de 17 dez. 1940: "subtle"; dada a ausência da palavra "subtile" na língua inglesa moderna (cf. CROWTHER, Jonathan. (Ed.). *Oxford Advanced Learner's Dictionary*. 5th ed. Oxford: Oxford University Press, 1955), retomamos a forma adotada na primeira edição.]

184 "Estou contente em saber que você gostou de *Gavotte in D Minor* porque este é um dos meus favoritos... os críticos, em geral, passam ao largo dele. Eu suponho que seja muito sutil para eles. [Tradução da organizadora.]

Ainda noutra carta,[185] ela me diria que seu desejo era que eu me tornasse o embaixador[186] da poesia nova[187] dos Estados Unidos e inglesa[188] – a dos imagistas, revolucionários intelectuais – como ela e Ezra Pound[189] (que quis que eu conhecesse em Paris, do mesmo modo que desejou que eu visitasse, também em Paris, o então esquisitíssimo James Joyce) – no Brasil. Também o Brasil devia estar precisando de uma revoluçãozinha não só de técnica de expressão poética como na sua inteira sistemática literária. E, a seu ver, eu deveria concorrer para essa necessária revolução, trazendo para o Brasil o seu imagismo e o de Pound e o psicologismo estético de James Joyce.[190],[191]

"Embaixador",[192], [193] "propagador",[194] "missionário"[195] da "poesia nova" dos "imagistas" e dos *ismos de*[196] outros revolucionários norte-americanos, irlandeses e ingleses, das letras e das artes,[197] no Brasil – país [198] então muito

---

185 [Forma do segmento em ed. de 17 dez. 1940: "Noutra carta".]

186 [Palavra entre aspas em ed. de 17 dez. 1940.]

187 [Segmento entre aspas em ed. de 17 dez. 1940.]

188 [Forma do segmento em ed. de 17 dez. 1940: "norte-americanos e ingleses".]

189 Em sua juventude, Ezra Pound (1885-1972) esteve à frente do Imagismo e do Vorticismo.

190 Gilberto Freyre foi um dos primeiros autores a escrever sobre Joyce no Brasil, tendo publicado vários artigos sobre ele no *Diário de Pernambuco*: "James Joyce: o criador de um ritmo novo para o romance", em 11 de dezembro de 1924; "Acerca de James Joyce", em 2 de abril 1925; "A propósito de Ulysses, de 10 de janeiro de 1926; e "Os papéis de Joyce: um exemplo", de 5 de setembro de 1971. No artigo de 11 de dezembro de 1924, Freyre desenvolve a metáfora de *Ulysses* como uma catedral gótica: "Em James Joyce surpreende e perturba, ao primeiro contato, o formidável poder criador. / Está a meio sua obra e entretanto parece a metade duma catedral. Ou uma catedral inteira. Porque *Ulysses* é talvez o livro mais gótico e mais complexo que desde a comédia de Dante se escreveu. / Nasceu James Joyce com esse sentido arquitetônico das coisas, a um tempo largo e intenso, que apenas se satisfaz em complexidade de catedral. Daí o vertical de concentração que assumiu em *Ulysses* seu poder criador. Sua força jovem e virgem de imaginação. / *Ulysses* é por isto, por esta concentração, de um simbolismo que perturba. De um simbolismo que exige Baedekers como o da Catedral de Toledo e da Catedral de Chartres. De um simbolismo como o das catedrais góticas. / [...] No Portrait já se analisara Joyce na crise religiosa de adolescência ligada à primeira experiência de amor físico. Experiência que lhe comunicará, com a impureza das masturbações em que antes se requeimara um senso de pecado de tal forma pungente que só a confissão o aliviaria. A confissão e a promessa de dedicar-se no serviço 'ad maiorem Del gloriam' / [...] Joyce quis tomar do fenômeno da vida um fôlego largo e forte; e para fixá-lo como que adaptou ao romance o ritmo da arquitetura medieval. *Ulysses* é complexo como uma catedral. Não lhe encontro melhor comparação. É a mesma concentração de símbolos e de aspectos da vida. Nas catedrais góticas representam-se vícios, virtudes, o feio, o belo, as coisas da terra e as do céu e as do inferno. *Ulysses* é assim. Um livro duma amplitude que perturba. Às vezes parece que é pouco chamá-lo um livro." (Disponível em: <http://prossiga.bvgf.fgf.org.br/portugues /obra/artigos_imprensa/james_joyce.htm>; acesso em: jul. 2011).

191 [Forma do segmento em ed. de 17 dez. 1940: "no Brasil. Principalmente da seita 'imagista'.".]

192 [Adentramento de parágrafo ausente em ed. de 1987; adentramento de parágrafo presente em ed. de 17 dez. 1940.]

193 [Aspas da palavra ausentes em ed. de 17 dez. 1940.]

194 [Aspas da palavra ausentes em ed. de 17 dez. 1940.]

195 [Aspas da palavra ausentes em ed. de 17 dez. 1940.]

196 [Segmento ausente em ed. de 17 dez. 1940.]

197 [Segmento ausente em ed. de 17 dez. 1940.]

198 [Forma do segmento em 17 dez. 1940: "(país".]

quieto na sua economia colonial[199] e literariamente bem comportado,[200] o café ainda[201] equilibrado nos seus preços, equilibradas ainda nas suas atitudes passivamente subeuropeias, quase todas as inteligências literárias[202] – nada disso fui, no meu país, depois de ter conhecido de perto Yeats, Vachel Lindsay, Amy Lowell.[203] A não ser que se dê atenção a uma insignificância: certa[204] tentativa de poema a que me aventurei em 1926 – poema chamado[205] "Bahia de todos os santos e quase todos os pecados" – distinguido, aliás, com uma espécie de "menção honrosa" pelo ilustre crítico e doutrinador daqueles dias, mestre Tristão de Ataíde;[206, 207] se enxergue, nesse talvez poema,[208] como outro crítico ilustre, este anglo-americano,[209] o professor William Berrien[210], já enxergou[211] – repercussão do "imagismo" anglo-saxônico no Brasil; sua repercussão com imagens e vozes brasileiras e até afro-brasileiras.[212] Vaga repercussão, porém; e muito mais vaga, ainda, propagação direta de um *ismo*, de que não se chegou a fazer nenhum reclame nem no Rio nem em São Paulo nem mesmo no Recife daquela época.[213]

Eu que, menino de dezesseis anos, entusiasmado pelo exemplo romântico do doutor Livingstone, chegara a pensar gravemente em tornar-me missionário protestante na África, no Amazonas ou no Brasil central, aos 19 ou

---

199 [Segmento ausente em ed. de 17 dez. 1940.]

200 [Forma do segmento em ed. de 17 dez. 1987: "comportado, Graça Aranha todo voltado para a Europa,".]

201 [Palavra ausente em ed. de 17 dez. 1940.]

202 [Forma do segmento em ed. de 17 dez. 1940: ", equilibrados os espíritos)".]

203 [Forma do segmento em ed. de 17 dez. 1940: "Nem por correspondência nem depois de voltar a Pernambuco."]

204 [Forma do segmento em ed. de 17 dez. 1940: "numa".]

205 [Segmento ausente em ed. de 17 dez. 1940.]

206 Tristão de Ataíde era o pseudônimo do intelectual católico Alceu Amoroso Lima (1893-1983), professor, ensaísta e crítico literário. Alceu ajudou a fundar a Pontifícia Universidade Católica do Rio de Janeiro, tendo assumido a cadeira de Literatura Brasileira. Gilberto Freyre e Amoroso Lima tiveram várias divergências, o que não impediu o sociólogo de, em 21 de agosto de 1983, publicar o artigo "Meus caros admiradores de Dr. Alceu", no *Diário de Pernambuco*, por ocasião de sua morte. Amoroso Lima publicou diversos livros, tais como *Política* (1932), *Contribuição à história do modernismo* (1939), *Três ensaios sobre Machado de Assis* (1941), *Estética literária* (1945) e *Meio século de presença literária* (1969), entre outros.

207 [Segmento ausente em ed. de 17 dez. 1940.]

208 [Segmento ausente em ed. de 17 dez. 1940.]

209 [Forma do segmento em ed. de 17 dez. 1940: "recentemente um crítico norte-americano de origem irlandesa,".]

210 William Berrien, nascido em 1902, foi um professor e estudioso da literatura brasileira. Gilberto Freyre dedicou a ele o artigo "William Berrien, carioca honorário", publicado em 26 de fevereiro de 1955 no periódico *O Cruzeiro*. Berrien editou, em parceria com Rubens Borba de Morais, o *Manual bibliográfico de estudos brasileiros* (Rio de Janeiro: Gráfica Editora Souza, 1949. 895 p.) no qual há textos de Gilberto Freyre ("República"), Sérgio Buarque de Holanda ("Período Colonial") e Manuel Bandeira ("Poesia"), para citar alguns colaboradores. Nos créditos do livro, consta que Berrien foi professor da Universidade de Harvard.

211 [Segmento ausente em ed. de 17 dez. 1940.]

212 [Segmento ausente em ed. de 17 dez. 1940.]

213 [Segmento ausente em ed. de 17 dez. 1940.]

vinte,[214] quando conheci de perto, pessoalmente, intimamente,[215] Amy Lowell e outros poetas novos de língua inglesa – o maior de todos, a meu ver, Vachel Lindsay, depois, é claro, do irlandês genial, William Butler Yeats –[216] já não era capaz de grandes[217] entusiasmos evangélicos[218] na propagação dessa outra espécie[219] de boas novas: as estéticas. As literárias.[220]

Quando voltei ao Brasil, depois de cinco anos de estudos universitários nos Estados Unidos,[221] tendo estado também na Europa e aí vivido vida ainda de estudante em Oxford, em Paris, na Alemanha, em Coimbra – frequentando cursos, conferências, museus de antropologia, de arte e de história cultural, convivendo mais com *undergraduates* do que com *graduates*, embora já fosse *Magister Artium* à moda inglesa, por uma universidade então ainda muito anglófila nos seus ritos como a de Columbia e a essa dignidade juntasse estudos essenciais ao doutorado de estilo germânico, já feitos ou realizados na mesma universidade, com mestres de formação também germânica: um deles, Boas – 222,[223] não cumpri[224] o desejo de miss[225] Lowell de tornar-me "missionário" ou[226] "embaixador da poesia nova" – particularmente da seita "imagista" – entre minha gente, meus companheiros brasileiros e portugueses de geração; ou junto a adolescentes; a indivíduos mais moços do que eu.[227] Não só porque me agradava conservar-me

---

214 [Forma do segmento em ed. de 17 dez. 1940: "vinte e um.".]

215 [Forma do segmento em ed. de 17 dez. 1940: "melhor".]

216 [Forma do segmento em ed. de 17 dez. 1940: "dos Estados Unidos,".]

217 [Forma do segmento em ed. de 17 dez. 1940: "do menor".]

218 [Forma do segmento em ed. de 17 dez. 1940: "entusiasmo".]

219 [Segmento ausente em ed. de 17 dez. 1940.]

220 [Forma do segmento em ed. de 17 dez. 1940: ". Nem estéticas nem científicas; nem religiosas nem políticas".]

221 [Forma do segmento em ed. de 17 dez. 1940: "E quando alguns anos depois voltei ao Brasil,".]

222 Referência a Franz Boas (1858-1942), antropólogo norte-americano de origem alemã, fundador do primeiro programa de PhD em Antropologia (Universidade de Columbia) dos Estados Unidos. É considerado o grande nome da Antropologia Moderna. Publicou *The mind of primitive man* (1911), *Primitive Art* (1927), *Antropology and modern life* (1928), *Race, language, and culture* (1940), entre outros. Freyre o aponta como uma de suas grandes influências. Em carta datada de 19 de outubro de 1921, escreve ao amigo Manuel de Oliveira Lima, de Nova York: "Vou bem com meus estudos. O curso de Antropologia, pelo Professor Franz Boas, promete ser interessantíssimo. Tenho quatro cursos pesados e um *'light'* [...]". Mais adiante, afirma ao mesmo amigo, em carta de 27 de outubro do mesmo ano: "Lembranças do Dr. Inman e também do Dr. Boas, que me pediu que agradecesse e retribuísse as suas. Gosto muito do Dr. Boas. A congestão deixou-o com o lado esquerdo do rosto incapaz de contrações e a boca repuxada para a esquerda. Fala, por isto, com certa dificuldade, porém é suficientemente claro." (FREYRE, Gilberto.; LIMA, Oliveira. *Em família*: a correspondência de Oliveira Lima a Gilberto Freyre. Org. Ângela de Castro Gomes. Campinas: Mercado de Letras, 2005. p.111, 114).

223 [Forma do segmento em ed. de 17 dez. 1940: "antes na Europa e aí – em Oxford, em Paris, na Alemanha, na Espanha – vivido mais vida de diletante do que de rígido especialista,".]

224 [Forma do segmento em ed. de 17 dez. 1940: "cumpri decerto".]

225 [Forma da palavra em ed. de 17 dez. 1940: "Amy".]

226 [Segmento ausente em ed. de 17 dez. 1940.]

227 [Forma do segmento em ed. de 17 dez. 1940": entre os meus companheiros de geração e os brasileiros mais moços que eu.".]

até certo ponto, diletante, num Brasil a que eu regressava sem orientação certa quanto às minhas futuras atividades – decidido apenas a não resvalar nas mais convencionalmente burguesas e a procurar, num esforço heroico, ser escritor: empenho a que Oliveira Lima comparou o de um louco que pretendesse patinar em areia tropical –[228] como por não me ter parecido que para a propagação daquela e de outras novas houvesse já ambiente no mesmo[229] Brasil. Ambiente em[230] que[231] não me sentia com forças para improvisar do simples canto de província em que decidi fixar-me, deixando amarelecer, virgens e inúteis, as cartas que me recomendavam ao então presidente da República, Washington Luis, e ao então presidente de São Paulo, Carlos de Campos.[232],233

Se em 1923, depois de regressar[234] da Europa ao Recife, fiz-me "missionário"[235] de alguma coisa[236] foi de certo regionalismo ao mesmo tempo tradicionalista e experimentalista, modernista e brasileirista[237] – não confundir com nacionalista: o "nacionalismo" que então me repugnava, mesmo quando pregado pelo Barrès[238] de *Les déracinés*. Também procuraria desenvolver certas ideias ao mesmo tempo democráticas (democracia social) inspiradas ou sugeridas por estudos de antropologia com o professor Franz Boas e "antidemocráticas" (antidemocracia política de sentido antiburguês, antiliberal, antiplutocrático). Ideias contraditórias, desenvolvidas, a meu modo, de Maurras[239] e,

---

228 [Segmento ausente em ed. de 17 dez. 1940.]

229 [Palavra ausente em ed. de 17 dez. 1940.]

230 [Palavra "em" inserida nesta ed.]

231 [Forma do segmento "Ambiente que" em ed. de 17 dez. 1940: "E".]

232 [Forma do segmento em ed. de 17 de dez. 1940 "nem entusiasmo para improvisá-lo de um canto de província".]

233 O paulista Washington Luis Pereira de Sousa (1869-1957), advogado e político brasileiro, foi presidente da República entre 1926 e 1930. Com sua deposição, comandada por Getúlio Vargas, encerrou-se a República Velha. Por sia vez, o paulista Carlos de Campos (1866-1927), advogado e político, governou o estado de São Paulo entre 1924 e 1927.

234 [Forma do segmento em ed. de 17 dez. 1940: "cheguei".]

235 [Forma do segmento em ed. de 17 dez. 1940: "missionário".]

236 [Forma do segmento em ed. de 17 dez. 1940: "coisa,".]

237 [Forma do segmento em ed. de 17 dez. 1940: "personalista e universalista".]

238 Maurice Barrès (1862-1923) foi um escritor e político francês. Antes com pendor ao nacionalismo romântico, passou a atuar no movimento antissemita junto com os antidreyfusards, com Charles Maurras. Publicou *Sous l'œil des Barbares* (1888) – de ênfase ao subjetivismo –, *Les Déracinés* (1897), – de viés nacionalista –, *Colette Baudoche* (1909) e *La Colline inspirée* (1913), entre outros. Sobre Barrès, Freyre escreveu em 18 de maio de 1924, no *Diário de Pernambuco*: "Daquele homem fino como um convalescente de tísica, e todo agudos relevos ósseos, irradiava quase insolentemente a consciência da aristocracia mental. Sua mentalidade ou, se quiserem, seu sistema nervoso, era todo vertical. Incapaz de amolecer-se em plásticas contemporizações. Vícios ou virtudes de arquitetura íntima impunha-lhe aquela verticalidade de atitudes mentais." (Freyre, Gilberto. *Tempo de aprendiz*. São Paulo: Ibrasa, 1979. v.2, p.30).

239 Charles Maurras (1868-1952) foi jornalista e poeta. Monarquista francês, fundou e dirigiu o jornal nacionalista *Action Française*. Teórico do nacionalismo integral, também atuou no movimento antidreyfusard, como eram denominados aqueles que queriam condenar Alfred Dreyfus, um oficial de artilharia do exército francês de origem judaica denunciado por suposta traição (1894), episódio que dividiu a intelectualidade francesa. Sobre Maurras, afirmou Freyre em seu diário-memória: "[em conversa com Beaulieu] E lembra que na *direita* de Maurras há alguma coisa de esquerda como na esquerda dos russos há muito de direita. O que levou nossa conversa para a filosofia de

sobretudo, de Georges Sorel.[240] Ideias que me pareceram dignas de ser combinadas mesmo contraditoriamente, para uso brasileiro. O curioso é que algumas dessas ideias se propagariam, no pior sentido possível, como consequência dos artigos que então escrevi e de conferências que então pronunciei, resultando de sua má apropriação e imperfeita compreensão por indivíduos semiletrados, seitas políticas, que furiosamente se voltaram contra mim: seu inspirador mal compreendido ou mal assimilado.

Não deixei, porém, de, entre certos intelectuais e certos artistas, a meu ver capazes de assimilar valores que haviam se tornado parte de mim mesmo e que representavam uma cultura por mim antes desenvolvida que simplesmente adquirida no estrangeiro, de procurar contagiar com o gosto por esses valores aqueles intelectuais e aqueles artistas. Valores antes modernos que "modernistas". Mas bastante "modernistas" para a sua irradiação ter sido um aspecto independente do "modernismo" no Brasil.[241]

De modo que posso falar, não de conversões literárias ou artísticas ao "imagismo" anglo-americano ou ao "expressionismo" germânico ou ao "folclorismo" irlandês ou a outra qualquer seita "modernista", que se tivesse realizado por meu intermédio, mas de contatos que tornei possíveis entre brasileiros e *ismos* então de todo ou quase de todo ignorados no Brasil: mesmo os "modernistas" mais sofisticados do Rio e de São Paulo. Inclusive contatos de poetas brasileiros com a poesia nova em língua inglesa. Foram encontros facilitados por aquelas minhas amizades com poetas e escritores daquela língua: amizades feitas nos meus dias de estudante, quando ao estudo das ciências chamadas do homem juntei sempre o gosto pelas artes e pelas letras chamadas belas. Primeiro, nos Estados Unidos; depois, na Europa.[242] Com Amy Lowell, principalmente – e daí o destaque que dou ao fato nesta ampliação de velha nota em inglês a seu respeito: mas também com William Butler Yeats,[243] com Constance Lindsay Skinner,[244] com Vachel Lindsay, com Muna Lee[245] (a quem não consegui convencer da vantagem de traduzir

---

Georges Sorel. [...] E me leva às conferências de Maurras que são, com efeito, verdadeira introdução ao estudo de Ciência Política ou de Direito Público considerados em algumas de suas relações mais significativas com a Sociologia. É claro que introdução a esse estudo do ponto de vista de um monarquista absoluto como é Maurras. Monarquista singular: enamorado de Regionalismo e de Sindicalismo. Do próprio sindicalismo de Sorel cujo grupo de adeptos estou também frequentando com o maior interesse." (Freyre, Gilberto. *Tempo morto e outros tempos*. Rio de Janeiro: José Olympio, 1975. p.84-85.)

240 Georges Eugène Sorel (1847-1922), engenheiro, político e escritor francês, autor de *Réflexions sur la violence* (1908), foi o principal teórico do sindicalismo revolucionário.

241 [Segmento "– não confundir (...) 'modernismo' no Brasil." ausente em ed. de 17 dez. 1940.]

242 [Forma do segmento em ed. de 17 dez. 1940: "Ainda assim, posso hoje falar senão de conversões literárias ao 'imagismo' ou a outra qualquer seita modernista que se tivesse realizado por meu (...) contatos de brasileiros com o romance e a poesia nova em língua inglesa facilitados pelas amizades com poetas e escritores americanos que eu fizera nos meus dias de estudante nos Estados Unidos e na Europa".]

243 [Segmento ausente em ed. de 17 dez. 1940.]

244 Constance Lindsay Skinner (1877-1939), historiadora, escritora e editora canadense, autora dos livros *Pioneers of the Old Southwest* (1921), o romance *Rob Roy, the frontier twins* (1934) e a coletânea de poemas *Songs of the Coast Dwellers* (1930), entre outros.

245 A escritora e tradutora norte-americana Muna Lee (1895-1965), feminista e pan-americanista, foi uma importante difusora da literatura latino-americana.

para o inglês o *Toda América*[246] de Ronald de Carvalho, conforme o pedido do ilustre "modernista"[247] brasileiro), com A. Joseph Armstrong – especialista, ao mesmo tempo, no estudo dos dois Browning, Robert e Elizabeth, e no dos poetas novos dos Estados Unidos; com Carl Van Doren;[248] com Leon Kobrin;[249] amigo fraterno de Trótski e um dos melhores escritores iídiches da sua época. Henry L. Mencken – com quem me correspondi desde meus dias de cigano de beca parado em Oxford – este só vim a conhecê-lo pessoalmente, em Nova York, mais de cinco anos depois de iniciada essa amizade epistolar. E em Paris, por intermédio de Regis de Beaulieu,[250] com os discípulos então ainda ardentes e Mistral[251] – alguns deles maurrasianos; com os adeptos de Georges Sorel – revolucionários com alguma coisa de espanhóis na sua violência; e também por intermédio dos pintores brasileiros, então fixados na França, Vicente e Joaquim do Rego Monteiro, com Bourdel, com Foujita[252] e com as várias novas tendências na escultura e na pintura europeias. Por intermédio de Vicente, conheci em Paris Tarsila do Amaral[253] e Brecheret[254] – paulista que então se impregnava na Europa de "modernism" estético. Mas a quem faltava, decerto, a inteligência de Vicente.[255]

Um daqueles brasileiros – digo-o um tanto ancho de vaidade ao recordar que em livros dados a mim por Amy Lowell, Constance Lindsay Skinner e

---

246 CARVALHO, Ronald de. *Toda a América*. Rio de Janeiro: Ed. Pimenta de Melo, 1926.

247 [Aspas da palavra ausentes em ed. de 17 dez. 1940.]

248 Carl Van Doren (1885-1950), escritor e editor norte-americano, formado na Universidade de Columbia, editou *Cambridge History of American Literature* (1917-1921) e publicou os seguintes livros, entre outros: *Benjamin Franklin* (1939), com o qual ganhou o Pulitzer Prize, *Contemporary American Novelists* (1922) e *What is American Literature?* (1935).

249 O escritor e tradutor Leon Kobrin (1873-1946) dedicou-se, em especial, à imigração judaica nos Estados Unidos e escreveu inúmeras peças teatrais.

250 Regis de Beaulieu é citado na conferência "Apologia pro-generatione sua", de Gilberto Freyre, proferida e publicada na Paraíba e depois incluída no livro *Região e tradição* (Rio de Janeiro: José Olympio, 1941): "Suas amizades de adolescente foram feitas principalmente nos Estados Unidos e na Europa: Francis B. Simkins, que se orgulhava de ter sido seu primeiro discípulo, o alemão Rudiger Bilden, o inglês Esme Howard Junior, de Oxford, Regis de Beaulieu, da Sorbonne." (COLLIER, Maria Elias Dias. Apresentação: Gilberto Freyre e os jovens. In: FREYRE, Gilberto. *Seleta para jovens*. Rio de Janeiro: José Olympio, 1971. p.xi). Em seu diário-memória *Tempo morto e outros tempos*, Freyre fala sobre o encontro com Beaulieu em Paris, em 1922: "Regis de Beaulieu já me apresentou ao grupo de seus amigos mais velhos que foram discípulos de Mistral [...]. Beaulieu é muito do grupo de Maurras e Daudet, cujo movimento venho estudando desde os meus dias de Columbia e do *Circle Français*. Pergunto a Beaulieu com alguma malícia se do ouvido da *direita* ou do ouvido da *esquerda* (os russos há muito que são surdos dos ouvidos da *direita*). Cujo esquerdismo tem alguma coisa de direitismo." (FREYRE, Gilberto. *Tempo morto e outros tempos*. Rio de Janeiro: José Olympio, 1975. p.84).

251 Frédéric Mistral (1830-1914), escritor francês em língua provençal, publicou seu premiado livro *Mirèio* em 1859, o qual foi traduzido no Brasil sob o título *Mireia* por Manuel Bandeira (Rio de Janeiro: Opera Mundi, 1973). Recebeu o Prêmio Nobel de Literatura em 1904.

252 Referência ao pintor modernista de origem japonesa Tsugouharu Foujita (1886-1968), que residiu brevemente no Brasil, entre 1931 e 1932.

253 A pintora Tarsila do Amaral (1886-1973) ocupou lugar de proeminência, ao lado de Anita Malfatti, no movimento modernista brasileiro, apesar de não ter participado da Semana da Arte Moderna de 1922. A partir de 1922, passou a namorar Oswald de Andrade, quando ambos seguem para Paris. Passou longo período na França na década de 1920, momento em que desenvolveu as fases Pau Brasil e Antropofagia.

254 Victor Brecheret (1894-1955), artista brasileiro de origem italiana, é considerado pioneiro na escultura modernista. Estudou em Paris na década de 1920, onde também desenvolveu sua carreira.

255 [Segmento "; com Carl (...) inteligência de Vicente" ausente em ed. de 17 dez. 1940.]

A. Joseph Armstrong, iniciaram-se vários brasileiros na *new poetry* – que, por meu intermédio, se aproximaram da *new poetry* em língua inglesa[256] foi[257],[258] Manuel Bandeira. Outro [259] foi Ronald de Carvalho. [260] Em interessantíssima carta, de que vou aqui revelar alguns trechos, o próprio de *Libertinagem* e crítico dos "parnasianos" e "românticos" do Brasil, me comunicou, ainda alvoroçado, suas primeiras impressões dos poetas novos dos Estados Unidos, cujo conhecimento ele acabara de fazer através de uma antologia com que me presenteara não me lembro se Constance Lindsay, se Amy Lowell.[261] Conhecimento que seria seguido por descobertas noutra zona de sensibilidade poética em língua inglesa: os poemas de Elizabeth Barrett Browning, de quem Manuel Bandeira acabaria traduzindo para o português e para o jornal *A Província*, a pedido meu e[262] a pedido do professor Armstrong, alguns dos sonetos admiráveis[263] que nos deixou a inglesinha doente. Dessas traduções acaba de[264] escrever um crítico brasileiro da penetração e da cultura de[265] Abgar Renault que revelam um aspecto novo no talento de Manuel Bandeira. Pois para esse "aspecto novo" modestamente contribuí, pondo o poeta brasileiro em contato com os Browning e com numeroso grupo de "poetas novos" em língua inglesa. Não só novos pela[266] técnica: também pela mensagem. O caso do autor de "I have a rendez-vous with death", poema que a meu pedido Manuel Bandeira traduziria para a língua portuguesa.[267]

Que me permita o velho e querido amigo de Santa Teresa[268] a transcrição – omitidas as[269] expressões demasiado íntimas – de alguns trechos de sua carta de 1926.[270] "Tua antologia já está comigo. Vou ficar com ela mais alguns dias para[271] travar relações com os irmãozinhos de língua inglesa. Quanta mulher

---

256 [Vírgula presente, nesta posição, em ed. de 1987; excluída nesta ed.]

257 [Segmento " – digo-o (...) foi" ausente em ed. de 17 dez. 1940.]

258 [Vírgula presente, nesta posição, em ed. de 1987; excluída nesta ed.]

259 [Vírgula presente, nesta posição, em ed. de 1987; excluída nesta ed.]

260 [Frase ausente em ed. de 17 dez. 1940.]

261 [Forma do segmento em ed. de 17 dez. 1940: "Ainda há pouco, remexendo papéis velhos, encontrei a carta interessantíssima em que o autor de Libertinagem e crítico dos 'parnasianos' e 'românticos' do Brasil me dá suas primeiras impressões dos poetas novos dos Estados Unidos, cujo conhecimento ele acabara de fazer através da antologia que eu lhe emprestara".]

262 [Segmento ausente em ed. de 17 dez. 1940.]

263 [Forma do segmento em ed. de 17 dez. 1940: "de amor".]

264 [Forma do segmento em ed. de 17 dez. 1940: "poderia".]

265 [Forma do segmento ed. de 17 dez. 1940: "do Sr.".]

266 [Forma da palavra em ed. de 1987: "pelas".]

267 [Segmento "Pois para (...) língua portuguesa." ausente em ed. de 17 dez. 1940.]

268 [Forma do segmento em ed. de 17 dez. 1940: ", e poeta de 'Passárgada',".]

269 [Palavra ausente em ed. de 17 dez. 1940.]

270 [Forma do segmento em ed. de 17 dez. 1940: "1926:".]

271 [Forma da palavra no manuscrito original da carta de Manuel Bandeira a Gilberto Freyre (documento 2 do capítulo 2 desta ed.): "pra".]

batuta. Felizmente as nossas poetisas[272] não têm a poesia das Alice Corbin, das Mary Carolyn Davies, das Hildegarde Flanner. Se não,[273] que seria do amarelo?

> *I am going to die too, flower,*[274] *in a little while*
> *Do not be so proud*[275]

[...][276] também aquele Orrick Johns [...][277] que[278] poeta estupendo! Que[279] mocidade insolente! E o tal de Ford Madox Hueffer do poema "Antwerp"[280] e o Kreymborg [281] e o xará[282] Emanuel Carnevali que achou expressão lírica para a observação do meu médico de[283] sanatório da Suíça. (Ele[284] me disse um dia que os meus pulmões apresentavam lesões teoricamente[285] incompatíveis com a vida).[286] O delicioso Carnevali diz:

> *I do not understand the cosmic*[287] *humour*
> *that lets foolish impossibilities,*[288] *like me, live.*

---

272 [Forma da palavra no manuscrito original da carta de Manuel Bandeira a Gilberto Freyre (documento 2 do capítulo 2 desta ed.): "Rosalinas".]

273 [Forma fixada nesta ed.]

274 [Vírgula ausente em ed. de 1987 e presente no manuscrito original da carta de Manuel Bandeira a Gilberto Freyre (documento 2 do capítulo 2 desta ed.).]

275 [Forma do segmento em ed. de 17 dez. 1940: "proud.".]

276 [Reticências entre colchetes ausentes em ed. de 17 dez. 1940.]

277 [Reticências entre colchetes ausentes em ed. de 17 dez. 1940.]

278 [Forma do segmento "[...] também aquele Orrick Johns [...] que" em manuscrito original da carta de Manuel Bandeira a Gilberto Freyre (documento 2 do capítulo 2 desta ed.): "Puta que a pariu! Puta que pariu também a aquele Orrick Johns *that glories in his parasites*'. Que".]

279 [Forma da palavra no segmento do manuscrito original da carta de Manuel Bandeira a Gilberto Freyre (documento 2 do capítulo 2 desta ed.): "que".]

280 [Forma do segmento no manuscrito original da carta de Manuel Bandeira a Gilberto Freyre (documento 2 do capítulo 2 desta ed.): "'Antwerp, e o Kreymborg,".]

281 [Forma do segmento em ed. de 17 dez. 1940.]

282 [Forma da palavra no manuscrito original da carta de Manuel Bandeira a Gilberto Freyre (documento 2 do capítulo 2 desta ed.): "Xará".]

283 [Forma da palavra no manuscrito original da carta de Manuel Bandeira a Gilberto Freyre (documento 2 do capítulo 2 desta ed.): "do".]

284 [Forma do segmento em ed. de 17 dez. 1940: "(Ele, (o médico),".]

285 [Palavra sublinhada no manuscrito original da carta de Manuel Bandeira a Gilberto Freyre (documento 2 do capítulo 2 desta ed.).]

286 [Segmento "teoricamente incompatíveis com a vida" entre aspas no manuscrito original da carta de Manuel Bandeira a Gilberto Freyre (documento 2 do capítulo 2 desta ed.).]

287 [Forma da palavra em ed. de 1987: "comic". Forma "cosmic" reconstituída conforme manuscrito original da carta de Manuel Bandeira a Gilberto Freyre (documento 2 do capítulo 2 desta ed.).]

288 [Vírgula ausente em ed. de 1987, reconstituída conforme manuscrito original da carta de Manuel Bandeira a Gilberto Freyre (documento 2 do capítulo 2 desta ed.).]

E mais abaixo,[289] na mesma "Invocation of Death":

*If she would only come quietly like a lady
The first lady and the last.*

Quanto eu pensei isto![290] Mas só em inglês é possível dizer:[291]

If she would only come quietly..."[292]

    Amy Lowell – é curioso – não impressionou fortemente Manuel Bandeira. Deixou-o um tanto frio. A verdade, porém, é que[293] Amy Lowell, a experimentalista, concorreu para tornar possível o poeta ou o escritor dizer em língua inglesa coisas que só pareciam ter gosto em francês, em italiano, em alemão.[294] Já Elizabeth Browning fizera o mesmo com relação a um lirismo que parecia só ter graça em língua portuguesa, conseguindo transferi-la para a língua inglesa.[295] Da mesma maneira Manuel Bandeira – tão experimentalista quanto essas duas poetisas[296] – tornaria possível dizer-se em verso português o que só parecia possível em inglês.[297] Elizabeth Barrett Browning foi, aliás, outro valor da literatura inglesa, então ignorada no Brasil, para o qual tive o gosto de atrair Manuel Bandeira. Tive também a ventura de conseguir que ele lhe traduzisse alguns dos seus sonetos de amor.

    Em artigo escrito para o *Diário de Notícias,* do Rio de Janeiro – quase dez anos depois da carta das "primeiras impressões" de que acabo de transcrever alguns trechos por me parecerem de interesse para o estudo do contato dos atuais poetas brasileiros com "imagistas" e com outros "modernistas" dos Estados Unidos e da Inglaterra – Manuel Bandeira salientaria, na poesia nova dos americanos dos Estados Unidos, a tendência para tornar-se interpretação ou ex-

---

289 [Vírgula ausente em manuscrito original da carta de Manuel Bandeira a Gilberto Freyre (documento 2 do capítulo 2 desta ed.).]

290 [Forma do segmento no manuscrito original da carta de Manuel Bandeira a Gilberto Freyre (documento 2 do capítulo 2 desta ed.): "Quanta vez pensei isto!".]

291 [Dois-pontos ausentes no manuscrito original da carta de Manuel Bandeira a Gilberto Freyre (documento 2 do capítulo 2 desta ed.).]

292 [Cotejo com manuscrito original da carta de Manuel Bandeira a Gilberto Freyre (documento 2 do capítulo 2 desta ed.) finaliza-se aqui. Aspas, ausentes em ed. de 1987, inseridas nesta ed., para indicar fim de citação. Não explicitamos diferenças de paragrafação entre versão de 1987 e manuscrito devido ao fato de a mesma não estar clara no documento original. (ver Figuras 3 a 7).]

293 [Segmento ausente em ed. de 17 dez. 1940.]

294 [Forma do segmento em ed. de 17 dez. 1940: "tornou possível dizer em inglês coisas que só pareciam ter gosto em francês ou em italiano.".]

295 [Segmento ausente em ed. de 17 dez. 1940.]

296 [Forma do segmento em ed. de 17 dez. 1940: "ela".]

297 [Neste ponto, finaliza-se o cotejo com o texto original publicado em 17 dez. 1940 sob o título "Ainda Amy Lowell". Texto fixado nesta ed. continua conforme ed. de "Amy Lowell: uma revolucionária de Boston", de 1987.]

pressão profunda de vida; para abandonar o vocabulário *soi-disant* poético e os *clichés*[298] e contrações convencionais; para empregar a linguagem quotidiana; para abusar do verso livre. E do "imagismo", em particular (do qual aproxima, ao meu ver arbitrariamente, os nossos poetas Guilherme de Almeida[299] e Cassiano Ricardo, cujas imagens me parecem algumas vezes mais oratórias – como aliás as do grande Castro Alves[300] e as do engenhoso Ronald de Carvalho – do que poéticas – embora de Cassiano Ricardo e Guilherme de Almeida existam poemas de uma forte pureza lírica) – destaca os seis mandamentos característicos: empregar linguagem quotidiana, mas usar sempre o termo exato; criar novos ritmos como expressão de novos estados de espírito; absoluta liberdade na escolha do assunto; sintetizar o conceito numa imagem, sem se perder em generalidades vagas; e "a poesia nova deve ser clara e nítida, nunca confusa e indefinida; a concentração é a essência mesma da poesia".

Da "poesia nova" há quem ache difícil separar a prosa; e afinal, a separação torna-se, a certa altura, convencional. O "imagismo" tanto se fez sentir na poesia como na prosa poética de "modernistas"; inclusive, na Inglaterra, na de D. H. Lawrence,[301] companheiro de "imagismo" de Amy Lowell em Londres. E no Brasil – onde alguns dos seus "mandamentos" correspondem a condições e necessidades tão nossas: país novo e de cultura plural, tradicionalmente portuguesa mas enriquecida de outras influências (indígena, africana, espanhola, polonesa, síria, judia, italiana, alemã) – ainda hoje, talvez haja lugar para alguma das sugestões do "imagismo". Principalmente para aquela: "criar novos ritmos".

Ainda hoje, nos esforços de experimentação daqueles que procuram os "ritmos novos" para "novos estados", chamados de espírito, mas na realidade complexamente culturais e psicossociais e não apenas individuais, o "imagismo" pode vir em nosso auxílio. Amy Lowell e seus companheiros americanos e ingleses de "revolução cultural" nos oferecem ainda sugestões para a solução não de simples problemas de técnica literária,[302] mas[303] de problema mais vasto: o da pluralidade de cultura em países como o Brasil, no qual o idioma tradicional precisa de tornar-se cada dia mais plástico, para alargar-se em expressão de descendentes não só de portugueses e de espanhóis, como de italianos, poloneses, africanos, sírios, alemães, judeus, ameríndios.

De Amy Lowell, mais do que de William Butler Yeats – que de certa altura em diante foi um imagista – é que recebi os esclarecimentos mais exatos

---

298 [Forma da palavra em ed. de 1987: *"chichés"*.]

299 O advogado, jornalista, escritor, tradutor e crítico literário Guilherme de Almeida (1890-1969) foi um dos organizadores da Semana de Arte Moderna de 1922 e um dos fundadores da Revista *Klaxon*. Foi membro da ABL.

300 Referência ao poeta romântico Antônio Frederico de Castro Alves (1847-1871), conhecido como "Poeta dos Escravos". Escreveu *Espumas flutuantes* (1870) e *O navio negreiro* (1869), entre outros.

301 David Hebert Lawrence (1885-1930), escritor, crítico e pintor inglês, abordou em seus livros sobretudo as mudanças trazidas pela modernidade, tendo sido polêmico em seu tempo. Entre seus livros, pode-se citar *Lady Chatterley's Lover* (romance, 1928), *Birds, beasts and flowers* (poesia, 1923) e *Studies in Classic American Literature* (crítica literária, 1923).

302 [Vírgula inserida nesta ed.]

303 [Vírgula presente, nesta posição, em ed. de 1987; excluída nesta ed.]

sobre a revolução que o imagismo pretendia realizar – e vinha realizando – na literatura de língua inglesa, contra a retórica, a própria eloquência, a palavra abstrata. Era uma revolução, a meu ver, conservadora, tradicionalista: vinha do que na língua inglesa era e é vigor anglo-saxônico contra a pompa latina; John Bunyan[304] contra Milton;[305] Chaucer[306] contra Shakespeare.[307] Essa interpretação, sugeri-a a Amy Lowell, uma tarde em Brookline;[308] e ela a aplaudiu.

Mas não sem advertir: "Não se esqueça que é uma revolução em língua inglesa vinda, em grande parte, da língua francesa." Referia-se a sugestões de Gautier,[309] de Baudelaire,[310] de Rimbaud,[311] de Mallarmé, de Verlaine[312], de Laforgue e, sobretudo, do Remy de Gourmont:[313] o Remy de Gourmont que escreveu estas três obras-primas de inteligência e de sensibilidade francesas que são *Livre des marques*, *Problèmes du style* e *Chemin de velours*. Na França o imagismo se desenvolvia com Romains[314] e com Duhamel;[315] com todo um grupo de renovadores das letras francesas com os quais Ezra Pound entrara em íntimo contato, comunicando algumas das suas assimilações dessa outra revolução francesa a escritores de língua inglesa, que lhe dariam um desenvolvimento maior e mais sistemático que o alcançado na própria França. Pois,[316] além de Yeats, foram influenciados pelo imagismo de que Pound, "H. D." e Richard Aldington[317] se tornaram pioneiros em língua inglesa, escritores como D. H.

---

304 John Bunyan (1628-1688), escritor e pregador inglês, é autor de *The Pilgrim's Progress* (primeira parte em 1678 e segunda parte em 1684).

305 O inglês John Milton (1608-1674), contemporâneo de John Bunyan, é um dos principais poetas de língua inglesa, autor do clássico *Paradise lost* [*O paraíso perdido*] (1667).

306 Geoffrey Chaucer (1343?-1400), escritor e diplomata inglês, é autor de *The Canterbury tales* [*Os contos da Cantuária*], escrito entre 1386 e 1400.

307 Apesar de Chaucer ter contribuído para definir o inglês como língua nacional de seu país, o reconhecimento definitivo como escritor nacional seria dado ao poeta e dramaturgo William Shakespeare (1564-1616).

308 [Forma da palavra em ed. de 1987: "Blookline"; provável incorreção tipográfica.]

309 Pierre Jules Théophile Gautier (1811-1872), escritor, crítico literário e jornalista francês ligado ao Romantismo e ao Parnasianismo, autor de obras que valorizavam a construção formal e a fixação precisa de imagens.

310 A obra de Charles Baudelaire (1821-1867) é considerada um marco da tradição simbolista e da poesia moderna, tendo influenciado movimentos de vanguarda. Seu livro *As flores do mal* (1857) foi censurado em sua época.

311 [Forma da palavra em ed. de 1987: "Rimbaut"; provável incorreção tipográfica.]

312 O escritor francês Paul Verlaine (1844-1896), um dos expoentes do Simbolismo, foi muito popular em sua época. Publicou *Poèmes saturniens* (1866), *Art poétique* (1874) e *Bonheur* (1891), entre outros.

313 Rémy de Gourmont (1858-1915), escritor de linhagem simbolista e crítico literário francês de projeção em sua época, contribuiu para a difusão da estética simbolista em língua inglesa por meio de sua obra traduzida, influenciando autores como Ezra Pound e T. S. Eliot.

314 Jules Romains (1885-1972), escritor francês, fundador do Unanimismo e membro da Academia Francesa, é autor de *Hommes de bonne volonté* (em 27 volumes, 1932-1946).

315 Georges Duhamel (1884-1966), escritor francês, membro da Academia Francesa e correspondente da ABL entre 1946 e 1966, publicou *Civilisation* (1918), *Vie et aventures de Salavin* (em 5 volumes, 1920-1932) e *Chronique des Pasquier* (em 10 volumes, 1933-1945), entre outros.

316 [Vírgula inserida nesta ed.]

317 Richard Aldington (1892-1962), escritor britânico, foi um poeta imagista e produziu obras ligadas à experiência da Primeira Guerra Mundial, tais como *Death of a hero* (1929).

Lawrence e John Gould Fletcher,[318] como o próprio Eliot.[319] Mas, principalmente, como Amy Lowell.

Que novo – ou renovado – tipo de expressão literária terá sido, afinal, esse? O baseado no chamado *"visual appeal"*, é certo. Numa mais aguda sensibilidade às formas e às cores e às suas relações com a vida e com o homem. Mas sem que deixasse de caracterizá-lo uma estrutura rítmica; rítmica e musical; e esta, adstringente em vez de eloquente. A aproximação de línguas ocidentais como a inglesa, de línguas orientais, como a chinesa, no sentido de procurar-se, nas ocidentais, uma apresentação visual de imagens e de ritmos em que a sugestão dos objetos concretos se realize o mais possível através de sinais verbais semelhantes aos da expressão pictórica, por um lado, e aos da expressão musical, por outro. Daí a importância atribuída por alguns dos escritores que no segundo decênio do século atual mais se empenharam em desenvolver uma sistemática imagista – um desses escritores, Amy Lowell – ao livro de Ernest Fenollosa,[320],[321] *The Chinese written character as a medium for poetry*,[322] em que se nega que o objeto da arte ou da poesia seja o geral ou o abstrato; e se pretende que, ao contrário, a maior preocupação do artista ou do poeta deve ser com o que é concreto na natureza.

Daí, em literatura, a necessidade de serem empregadas "palavras ativas"; os verbos transitivos (tão constantemente usados por Shakespeare); as palavras justapostas que, pela justaposição, criem novas combinações e expressão de música e de *visual appeal*. E criem essas combinações novas, valendo-se o escritor moderno não de uma fonte única de inspiração ou de informação, porém – já o notou mr. Herbert Read[323] precisamente a propósito de Ezra Pound – de várias – política, ética, economia, anedotas, sugestões vindas de várias línguas (inglês, grego, latim, italiano, provençal, chinês, no caso de Pound e, até certo ponto, no de Amy Lowell); e esse material vário e até contraditório apresentado sem coesão ostensiva e aparentemente sem estrutura. Mas, na verdade, estruturalmente: sob aquela *forma* que Pound tantas vezes escreveu assim *forma*; e não em inglês. Forma desembaraçada de quanto seja supérfluo; de quanta palavra não revele alguma coisa de significativo no objeto que o escritor ou o artista

---

318 John Gould Fletcher (1886-1950), poeta imagista norte-americano, atuou no movimento Southern Agrarians, que rejeitava a modernidade e a industrialização. Seu livro *Selected poems* (1938) ganhou o Pulitzer Prize.

319 O poeta modernista inglês de origem norte-americana T. S. Eliot (1888-1965), autor de *The waste land* (1922), Prêmio Nobel de Literatura em 1948, também teria sido influenciado pelo movimento imagista.

320 [Forma do nome em ed. de 1987: "Fenelosa".]

321 Ernest Francisco Fenollosa (1853-1908), historiador da arte especializado em arte japonesa, professor norte-americano de filosofia e economia atuante na Universidade Imperial de Tóquio, empenhou-se para divulgar a arte e a cultura japonesa no Ocidente.

322 Fenollosa, Ernest. *The Chinese written character as a medium for poetry*: an ars poetica. With a foreword and notes by Ezra Pound. London: Stanley Nott, 1936.

323 Sir Herbert Read (1893-1968), poeta anarquista, crítico e professor britânico, atuou fortemente para promover o movimento Educação pela Arte, tendo publicado extensamente sobre o assunto: *Education through Art* (1943), *The Education of Free Men* (1944) e *Redemption of the Robot* (1970), entre outros.

procure evocar ou revelar, distanciando-se do historiador ou do físico ou do biólogo ou do sociólogo[324] ou do economista que apenas descreva, como puro informante, o que seja o mesmo objeto do ponto de vista da sua especialidade; e distanciando-se, também, de quanto objetivo se afaste do objeto natural ou concreto; de quanta generalidade, por mais sedutora, prejudique os particulares exatos; de quanto seja "cósmico" por incapacidade do escritor ou do poeta ou do artista para lidar com os difíceis problemas de apresentação artística ou poética daqueles particulares, através de imagens sugestivas e por vezes simbólicas.

É evidente que, de modo desajeitado, foi um poema imagista que procurei escrever ao evocar a Bahia como cidade de "todos os santos e de quase todos os pecados"; suas casas, "como um grupo de gente se espremendo para sair num retrato de revista ou jornal"; suas igrejas como "igrejas gordas" em contraste com as "magras" do Recife; seus morros, como "ventres empinados" dos quais estiveram para sair novas cidades. Evidente, também, que foi sob remota influência de um imagismo simbolista, folclorista, mitologista, um tanto *à la* Yeats que procurei dar forma, além de sociológica, poética, na língua portuguesa, do Brasil, à imagem do "amarelinho", à imagem da "casa-grande", horizontalmente gorda, completada pela da "senzala", à figura – já entrevista, aliás, de modo vago, por Pereira da Costa,[325] do "triângulo rural", à imagem do "sobrado", sobretudo do verticalmente "magro", como expressão de civilização urbana no Brasil em que a herança portuguesa de arquitetura fora modificada pela norte-europeia tanto em suas funções como em suas formas, tanto em sua técnica como na sua estética.

---

324 [Forma da palavra em ed. de 1987: "sociológico".]

325 Referência a Francisco Augusto Pereira da Costa (1851-1923), advogado, historiador, folclorista, jornalista e político brasileiro. Sua longa obra *Anais pernambucanos*, narrando a história de Pernambuco entre 1493 e 1850, foi publicada em 1951.

3.5 Em defesa da saudade[326]

Gilberto Freyre

Mostraram-me um dia desses furiosas palavras contra "a saudade" e contra "os saudosistas", proferidas já há tempo, em discurso, aparentemente nacionalista – que não li naquela ocasião, senão em breve resumo de jornal – por distinto homem público, hoje afastado da atividade política, ou, antes, demagógica. Distinto mas incoerente. Não há nacionalismo que seja inimigo tão cru da saudade, a não ser quando excessivamente demagógico no seu repúdio à tradição.

Por que dizer-se mal da saudade como se ter saudade fosse ou particularidade de indivíduo doente ou de mulher velha ou de povo inferior, incapaz, por fraqueza de ânimo, de encarar corajosamente o presente e mesmo o futuro? Não é. Ao contrário: aos grandes criadores e até inovadores em política, em arte, em ação social, não tem faltado a capacidade de encontrar no passado, individual ou nacional, evocados pela sua saudade, estímulos para os seus arrojos de criação e para as suas audácias de renovação.

Quem mais dado à "saudade amorosa" – "enquanto houver no mundo saudade" – que o grande Camões?[327] *Os Lusíadas* são um poema em que o saudosismo reponta muito lusitanamente de alguma de suas melhores efusões. Mas, ao mesmo tempo, é poema de energia viril e de fé máscula no esforço do homem e no ânimo do cristão. Joaquim Nabuco destacou em Camões precisamente este aspecto: o mestre de energia. Com efeito, foi graças a Camões – o saudosista – que Portugal veio a reerguer-se em 1640. O que mostra que saudade do passado e fé no futuro podem completar-se de modo magnífico.

Completou-se também em Tolstói.[328] Completou-se em Michelet.[329] Completou-se em Unamuno.[330]

---

326 [TEXTO-BASE: FREYRE, Gilberto. Em defesa da saudade. In:_____. *Pessoas, coisas & animais*. São Paulo: Círculo do Livro, 1979. COTEJO: FREYRE, Gilberto. Em defesa da saudade. *Jornal do Commercio*, Recife, 3 out., 10 out. 1965.].

327 Gilberto Freyre dedicou a Luís de Camões (1524-1580) o seguinte trabalho: FREYRE, Gilberto. *Camões*: vocação de antropólogo moderno? São Paulo: Conselho da Comunidade Portuguesa do Estado de São Paulo, 1984.

328 Liev Tolstói (1828-1910), autor de *Guerra e paz* (1865-1869), cristão e pacifista, alcançou grande fama em sua época e passou a promover, sobretudo ao final de sua trajetória, a ideia de uma vida simples, ligada à natureza, idealizando o camponês.

329 Jules Michelet (1798-1874), historiador nacionalista francês, autor de *Histoire de France* (1833-1844), *Histoire de la Révolution Française* (1847-53) e *Le peuple* (1846), procurava ressuscitar o passado por meio de uma narrativa histórica de grande dramatização.

330 Miguel de Unamuno y Jugo (1864-1936), escritor e filósofo espanhol, fez parte da chamada Geração de 98. Publicou vários livros que influenciaram o século XX e, especificamente, a obra de Gilberto Freyre, tais como *Del sentimiento trágico de la vida en los hombres y en los pueblos* (1913).

A saudade do Brasil fez com que José Bonifácio[331] renunciasse às vantagens que lhe eram oferecidas pela Europa e viesse ser, em sua terra – terra onde não faltavam medíocres que lhe detestassem a incômoda superioridade de inteligência e de saber – o campeão da independência nacional e o primeiro grande organizador do futuro brasileiro. A saudade do Brasil fez com que Gonçalves Dias escrevesse no exílio os, há mais de um século, popularíssimos e brasileiríssimos versos "Minha terra tem palmeiras". A saudade da Bahia nunca deixou de inspirar maternalmente Rui Barbosa[332],333 sem nunca ter impedido que ele fosse homem tão em dia com os saberes jurídicos da sua época[334] e se conservasse, como político,[335] tão preocupado com o futuro brasileiro. A saudade de Pernambuco inspirou ao pernambucano Manuel Bandeira sua Evocação[336] imortal do Recife. Sem a saudade da sua meninice de filho de gente de casa-grande, criado tanto por negras de senzala, como por iaiás brancas, José Lins do Rego não teria escrito o "Ciclo da Cana-de-Açúcar"[337] e aberto novas perspectivas à reforma agrária que o Nordeste reclama. E a saudade da casa-grande e da senzala do Engenho Massangana – entre as quais se criou, recebendo também, além dos carinhos da madrinha branca, ternuras de mães-pretas e brincando no engenho com os malungos da senzala, seus verdadeiros irmãos, desde que dos oficialmente seus irmãos, os brancos, todos residentes com os pais no Rio, nhô Quim vivia separado – já fazia que Joaquim Nabuco, filho de pai baiano e de mãe pernambucana, nascido em sobrado do Recife e criado em casa-grande de Pernambuco, se tornasse o maior campeão brasileiro da causa abolicionista no Brasil. O homem público do seu tempo mais lúcido em sua visão do futuro brasileiro.

Como, então, dizer-se mal da saudade, vendo-se nela sentimento rasteiro e lamentavelmente "reacionário"? Como condenar-se na saudade o que nela é ternura pelo que há de bom no passado – o passado do indivíduo e o passado do grupo a que ele pertence? A saudade da infância. A saudade dos pais. A saudade dos avós. A saudade dos mortos – pai, mãe, irmão, esposa,

---

331 José Bonifácio de Andrada e Silva (1763-1838), naturalista, poeta e estadista brasileiro, conhecido como "Patriarca da Independência", viajou extensamente fora do Brasil após a década de 1790. Depois de estabelecer vários contatos com cientistas e literatos europeus, retornou ao Brasil em 1819, defendendo aqui ideias liberais de modernização do Estado e de organização democrática. Gilberto Freyre publicou sobre ele o trabalho *A propósito de José Bonifácio* (Recife: Ed. do Instituto Joaquim Nabuco, 1972).

332 [Forma do segmento em ed. de 3 out. 1965: "Barbosa,".]

333 Rui Barbosa de Oliveira (1849-1923), escritor, jornalista, advogado, político, ministro da Fazenda, ministro interino da Justiça, candidato à presidência da República em 1910 e em 1919, membro fundador da ABL (cadeira 10), foi nomeado pelo presidente Afonso Pena chefe da delegação brasileira junto à Segunda Conferência da Paz, em Haia (Holanda), em 1907, onde defendeu o princípio da igualdade das nações, recebendo, por isso, o apelido de "Águia de Haia".

334 [Forma do segmento em ed. de 3 out. 1965: "época,".]

335 [Vírgula ausente em ed. de 1979; vírgula reconstituída conforme ed. de 3 out. 1965.]

336 [Palavra "Evocação" sem itálico em ed. de 3 out. 1965.]

337 Os romances de José Lins do Rego que fazem parte do "Ciclo da Cana-de-açúcar" são *Menino de engenho* (1932), *Doidinho* (1933), *Banguê* (1934), *O moleque Ricardo* (1935) e *Usina* (1936). Por extensão, se inclui também *Fogo morto* (1943), que trabalha com uma espacialidade e uma temporalidade cíclicas, girando em torno do mundo da casa-grande, espécie de complexo que engloba a vivência e as contradições do Brasil patriarcal, de herança colonial.

mestres, namoradas, mortos – esses mortos que os próprios Positivistas[338] não concebem senão orientando em muita coisa os vivos.

Que povo pode viver hostil ou indiferente ao seu passado – do[339] muito que no seu passado é valor essencial ao seu desenvolvimento e não apenas acontecimento histórico? Houve, logo após a Revolução de 1917, quem tentasse separar o povo russo de quanto fosse valor que o ligasse ao seu passado. Quem quisesse proibir a gente russa[340] mais russa de dançar suas velhas danças, de cantar suas velhas canções, de adorar seus velhos santos. Mas a saudade desses valores fez que o povo russo resistisse aos teóricos tão cruamente empenhados em desnacionalizá-lo para torná-lo apenas Comunista,[341] desde que o Comunismo[342] era, para esses teóricos, o Futuro[343] – era do futuro que os russos tudo deviam esperar. O povo russo não obedeceu àqueles teóricos do Comunismo.[344] Continuou russo. Russo pela saudade: saudade até dos seus Pedros imperadores que a esperança no futuro pode completar, muitas vezes, a saudade do passado: mas nunca a substituir de todo. Uma completa a outra.

* * *

Ainda a propósito de saudade, voltemos ao caso russo. Que se viu, em consequência daquele viril desobedecer de um povo a alguns dos seus governantes? Viu-se nova geração de teóricos do Comunismo[345] na Rússia surgirem e deixarem de ser internacionalistas integrais e futuristas absolutos para admitirem e até, em alguns casos, estimularem, entre os russos, a saudade do passado russo, o culto do passado nacional, a devoção à memória de grandes imperadores, o carinho pelas relíquias de arte religiosa, as danças, as canções, os quitutes, o folclore das várias regiões russas.

Só assim pôde[346] a União Soviética enfrentar a Alemanha Nazista na Segunda Grande Guerra: juntando ao culto da esperança,[347] nos valores socialistas – os do futuro, segundo os revolucionários de 1917 –,[348] o culto da saudade de irredutíveis valores nacionais e regionais provados pelo tempo e por ele enobrecidos.

---

338 [Forma da palavra em ed. de 3 out. 1965: "positivistas".]

339 [Forma da palavra em ed. de 3 out. 1965: "ao".]

340 [Forma do segmento em ed. de 1979: "russa,"; nesta ed., reconstituída forma de ed. de 3 out. 1965.]

341 [Forma da palavra em ed. de 3 out. 1965: "comunista,".]

342 [Forma da palavra em ed. de 3 out. 1965: "comunismo".]

343 [Forma da palavra em ed. de 3 out. 1965: "futuro".]

344 [Forma da palavra em ed. de 3 out. 1965: "comunismo.".]

345 [Forma da palavra em ed. de 10 out. 1965: "comunismo".]

346 [Forma da palavra em ed. de 1979; "pode"; nesta ed., reconstituída forma de ed. de 10 out. 1965.]

347 [Vírgula ausente em ed. de 10 out. 1965.]

348 [Vírgula inserida nesta ed.]

Quem,[349] por ignorância ou por ceticismo aprendido com algum Anatole France[350] retardatário, duvidar do que aqui se diz[351] que procure instruir-se sobre o assunto em fontes idôneas. Um dos males de certos homens públicos no Brasil de hoje é, além de serem por vezes insinceros ou levianos no que dizem às multidões, servirem-se de assessores pouco instruídos nas matérias em que tais assessores se dizem especialistas.

Não: a saudade não é expressão de baixa pieguice "reacionária". Não é sentimentalismo rasteiro a que recorram apenas os adeptos do chamado *status quo*. Não é recurso a que se agarrem os "regressistas" incapazes de acompanhar os "progressistas" que representam a seu modo o que consideram determinismo histórico ou econômico. É afirmação, no indivíduo, quer com relação ao seu passado pessoal, quer com relação ao seu passado nacional, daquela autenticidade de caráter que encontra,[352] na identificação do mesmo indivíduo com os valores do seu passado, a sua base mais sólida.

Só aos maus aventureiros, aos maus filhos que têm horror à memória dos pais, aos maus adultos incapazes de ternura para com a própria meninice e para com a memória dos seus antepassados e dos seus mortos e dos seus irmãos mais velhos, a saudade repugna como aos diabos dos mitos medievos repugnava a cruz de Cristo. Ou o nome de Maria Santíssima.

Não nos deve inspirar inteira confiança nem o homem público nem o sociólogo nem o historiador nem o economista que se apresentem, no Brasil, aos seus compatriotas, como inimigos tais do Passado,[353] inimigos tais da Tradição,[354] inimigos tais do que é ibérico no passado brasileiro e no seu modo de tornar-se presente e transformar-se em futuro, americanizando-se no sentido de renovar-se sob o estímulo de novas condições – as americanas – de vida, que lhes repugne quanto seja sentimento de saudade do brasileiro de hoje para com o Brasil de um tempo mais aparentemente que efetivamente morto. Porque sem esse sentimento, um tanto amoroso, de saudade do passado,[355] substituído de todo por outro, de repúdio total ao mesmo passado, não há povo que se compreenda profundamente a si mesmo. Que compreenda o que nele é presente e o que nele é possível futuro.

Não há compreensão inteira de qualquer desses tempos e de qualquer aspecto da realidade que elas formam, interpenetrando-se, se falta um pouco de amor pelo passado ao analista que tente compreendê-los e ouse

---

349 [Vírgula ausente em ed. de 1979; reconstituída conforme ed. de 10 out. 1965.]

350 O escritor francês Anatole France, pseudônimo de Jacques Anatole François Thibault (1844-1924), Prêmio Nobel da Literatura de 1921, escreveu *Le crime de Sylvestre Bonnard* (1881) e *La vie littéraire* (crítica literária, 1888-1892), entre vários outros livros.

351 [Vírgula presente, nesta posição, nas edições de 1979 e 10 out. 1965; excluída nesta ed.]

352 [Vírgula inserida nesta ed.]

353 [Forma da palavra em ed. de 10 out. 1965: "passado,".]

354 [Forma da palavra em ed. de 10 out. 1965: "tradição,".]

355 [Vírgula ausente em ed. de 1979; reconstituída conforme em ed. de 10 out. 1965.]

interpretá-los. Daí, nas modernas Ciências do Homem, a tendência para uma compreensividade que é a negação mesma de quanto seja Sociologia apenas sociométrica. Antropologia somente antropométrica. Economia apenas estatística ou unicamente matemática. Os números aos quais se chegou a atribuir uma nova e decisiva eloquência[356] não bastam nessas ciências: os analistas que procuram estudar o homem, desejando compreendê-lo, sabem que precisam de ir além dos números e além dos determinismos; e de recorrer à própria tradição ibérica de <u>introspecção</u>,[357] além de pessoal, social, para aprofundarem seus estudos e aprofundarem suas compreensões.

---

356 [Vírgula presente, nesta posição, nas edições de 1979 e 10 out. 1965; excluída nesta ed.]

357 [Forma da palavra em ed. de 1979: "introspecação", por incorreção tipográfica; nesta ed., reconstituída a forma corretamente grafada em ed. de 10 out. 1965.]

3.6 Bahia de Todos os Santos e de quase todos os pecados[358,359],360,361

Gilberto Freyre

Bahia de Todos os Santos (e de quase todos os pecados)
casas trepadas umas por cima das outras
casas, sobrados, igrejas, como gente se espremendo pra
                      [sair num retrato de revista ou jornal
(vaidade das vaidades! diz o Eclesiastes)
igrejas gordas (as de Pernambuco são mais magras)
toda a Bahia é uma maternal cidade gorda
como se dos ventres empinados dos seus montes
dos quais saíram tantas cidades do Brasil
inda outras estivessem pra sair.
ar mole oleoso
cheiro de comida
cheiro de incenso
cheiro de mulata
bafos quentes de sacristias e cozinhas
panelas fervendo
temperos ardendo
o Santíssimo Sacramento se elevando
mulheres parindo
cheiro de alfazema
remédios contra sífilis
letreiros como este:
Louvado seja Nosso Senhor Jesus Cristo
(Para sempre! Amém!)
automóveis a 30$ a hora
e um ford todo osso sobe qualquer ladeira

---

358 [TEXTO-BASE: FREYRE, Gilberto. Bahia de Todos os Santos e de quase todos os pecados. In:_____. *Talvez poesia*. Rio de Janeiro: José Olympio, 1962. p.9-11.]

359 [Para a transcrição do poema, procurei respeitar a disposição gráfica.]

360 O poema "Bahia e Todos os Santos e de quase todos os pecados" (1926) foi pela primeira vez publicado no livro *Talvez poesia* (1962). Porém, ele já tinha sido divulgado na imprensa periódica; primeiro, em 1926 pela *Revista do Norte*, editada por José Maria de Albuquerque Melo; depois – com muitas alterações, segundo o próprio Bandeira afirma no ensaio crítico "Gilberto Freyre poeta", também reproduzido neste trabalho –, na revista *O Cruzeiro*, em edição de 20 de junho de 1942. Foi também editado no livro, organizado por Bandeira, *Antologia dos poetas bissextos contemporâneos* (1964). Na *Antologia*, o poema foi publicado com o título "Bahia". É interessante observar que há diferenças entre ambos, a ponto de ser mais útil, para o pesquisador que se interessar pelo confronto entre as versões, reproduzir "Bahia" na íntegra (seção 3.7).

361 No texto "Gilberto Freyre poeta", de Manuel Bandeira, editado neste capítulo do trabalho, o poeta aprecia algumas diferenças entre versões de "Bahia de Todos os Santos e de quase todos os pecados", de Gilberto Freyre.

saltando pulando tilitando
pra depois escorrer sobre o asfalto novo
que branqueja como dentadura postiça em terra encarnada
(a terra encarnada de 1500)
gente da Bahia!
Preta, parda, roxa, morena
cor dos bons jacarandás de engenho do Brasil
(madeira que cupim não rói)
sem rostos cor de fiambre
nem corpos cor de peru frio
Bahia de cores quentes, carnes morenas, gostos picantes
eu detesto teus oradores, Bahia de Todos os Santos
teus ruisbarbosas, teus otaviosmangabeiras
mas gosto das tuas iaiás, tuas mulatas, teus angus
tabuleiros, flor de papel, candeeirinhos,
tudo à sombra das tuas igrejas
todas cheias de anjinhos bochechudos
sãojões sãojosés meninozinhosdeus
e com senhoras gordas se confessando a frades mais magros
[do que eu
O padre reprimido que há em mim
se exalta diante de ti Bahia
e perdoa tuas superstições
teu comércio de medidas de Nossa Senhora e de
[Nossossenhores do Bonfim
e vê no ventre dos teus montes e das tuas mulheres
conservadores da fé uma vez entregue aos santos
multiplicadores de cidades cristãs e de criaturas de Deus
Bahia de Todos os Santos
Salvador
São Salvador
Bahia
Negras velhas da Bahia
vendendo mingau angu acarajé
Negras velhas de xale encarnado
peitos caídos
mães das mulatas mais belas dos Brasis
mulatas de gordo peito em bico como pra dar de mamar a
[todos os meninos do Brasil.
Mulatas de mãos quase de anjos
mãos agradando ioiôs
criando grandes sinhôs quase iguais aos do Império
penteando iaiás
dando cafuné nas sinhás

enfeitando tabuleiros cabelos santos anjos
lavando o chão de Nosso Senhor do Bonfim
pés dançando nus nas chinelas sem meia
cabeções enfeitados de rendas
estrelas marinhas de prata
teteias de ouro
balangandãs
presentes de português
óleo de coco
azeite de dendê
Bahia
Salvador
São Salvador
Todos os Santos
Tomé de Sousa[362]
Tomés de Sousa
padres, negros, caboclos
Mulatas quadrarunas octorunas
a Primeira Missa
os malês
índias nuas
vergonhas raspadas
candomblés santidades heresias sodomias
quase todos os pecados
ranger de camas de vento
corpos ardendo suando de gozo
Todos os Santos
missa das seis
comunhão
gênios de Sergipe
bacharéis de pince-nez
literatos que leem Menotti Del Picchia[363] e Mário Pinto Serva[364]
mulatos de fala finaser
muleques
capoeiras feiticeiras

---

362 O militar e político português Tomé de Sousa (1503-1579) foi o primeiro governador-geral do Brasil, entre 1549 e 1553, tendo fundado a cidade de Salvador no ano de sua chegada.

363 Menotti Del Picchia (1892-1988), advogado, jornalista, político, escritor e pintor, membro da ABL, dirigiu vários periódicos, como *A Noite* e *A Cigarra*, participou da Semana de Arte Moderna de 1922, dirigiu o Grupo Anta (1937), com Cassiano Ricardo, e o Movimento Cultural Nacionalista Bandeira, com Cassiano Ricardo e Candido Mota Filho. Publicou *Juca Mulato* (1917), *Máscara* (1920) e *Salomé* (1940), entre vários outros livros.

364 Mário Pinto Serva publicou livros, tais como *Pátria nova* (1922), *A educação nacional* (1924), *Renovação mental do Brasil* (s.d.) e *Diretrizes constitucionais: estudos para a constituinte de 1933* (1933). Atacou ferozmente a Semana de Arte Moderna de 1922 por meio de artigos na imprensa periódica.

chapéus do chile
Rua Chile
viva J. J. Seabra[365]
morra J. J. Seabra
Bahia
Salvador
São Salvador
Todos os Santos
um dia voltarei com vagar ao teu seio moreno brasileiro
às tuas igrejas onde pregou Vieira moreno hoje cheias de
[frades ruivos e bons
aos teus tabuleiros escancarados em x (esse x é o futuro
[do Brasil)
a tuas casas a teus sobrados cheirando a incenso comida
[alfazema cacau.

---

365 José Joaquim Seabra (1855-1942), ou J. J. Seabra, foi governador da Bahia entre 1912 e 1916 e, novamente, entre 1920 e 1924. No intervalo, esteve à frente do poder seu aliado politico, Antonio Moniz. Também foi ministro da Justiça e Negócios Interiores do Brasil (1902-1906), das Relações Exteriores do Brasil (1910-1912) e dos Transportes do Brasil (1912-1916).

3.7 Bahia[366,367]

Gilberto Freyre

Bahia de todos os santos (e de quase todos os pecados)
casas trepadas umas por cima das outras
como um grupo de gente se espremendo
p'ra sair num retrato de revista ou jornal
igrejas gordas (as de Pernambuco são mais magras)
toda a Bahia é uma maternal cidade gorda
como se dos ventres empinados dos seus montes
dos quais saíram tantas cidades do Brasil
inda outras estivessem p'ra sair.

ar mole oleoso com cheiro de comida
  automóveis a 30$ a hora
  e um "ford" todo osso sobre qualquer ladeira
  saltando, pulando, tilitando
  p'ra depois escorrer sobre o asfalto novo
  que branqueja como dentadura postiça
  entre as casas velhas

  gente da Bahia!
    preta, parda, roxa, morena
    cor dos bons jacarandás de engenho
    do Brasil
    (madeira que cupim não rói)
    sem caras cor de fiambre
  nem rostos cor de peru frio
  sem borrões de manteiga francesa
  (cabelo ruivo de inglês e de alemão)
  Bahia ardendo de cores quentes
  Carnes morenas gostos picantes

    eu detesto teus oradores Bahia de todos os santos
    teus ruis barbosas teus otávios mangabeiras
    mas gosto dos teus angus e das tuas mulatas
    tabuleiros flores de papel candeeirinhos
    tudo à sombra das tuas igrejas

---

366 [TEXTO-BASE: FREYRE, Gilberto. Bahia. In: BANDEIRA, Manuel. *Antologia dos poetas bissextos contemporâneos*. 2. ed. rev. e aum. Rio de Janeiro: Org. Simões, 1964. p.61-64.].

367 [Para a transcrição do poema, procurei respeitar a disposição gráfica.]

todas cheias de anjos bochechudos
sãojoões, sãojosés, meninozinhos-Deus
e com senhoras gordas se confessando
a frades mais magros do que eu
(o padre reprimido que há em mim
se exalta diante de ti, Bahia
e perdoa tuas superstições
teu comércio de medidas de Nossa Senhora
e de Nossos Senhores do Bonfim)

negras velhas da Bahia
vendendo mingau e vendendo angu
negras velhas de xale encarnado
e de mole peito caído
mães das mulatas mais quentes do Brasil
mulatas de gordo peito em bico
como p'ra dar de mamar
a tudo quanto é menino do Brasil
Bahia de quase todos os pecados
escorrediça lama de carne
ranger de camas de lona
sob corpos ardendo, suando de gozo
moquecas de preta Eva
caruru vatapá azeite de dendê
cachos de gordas bananas
balaios de enormes laranjas
bacharéis de pince-nês
gênios de Sergipe
bonecas de pano
mulatos de fraque
estudantes de medicina
chapéus do Chile
botinas de elástico
mulatinhos de fala fina
literatos que tomam a sério Mário Pinto Serva
requintados que leem Guilherme de Almeida e
                                     [Menotti del Picchia
patriotas que dão vida ao sr. Pedro Lago[368]
   chegado do Rio pelo Rui Barbosa
   e outros com saudade do doutor Seabra

---

368 Pedro Francisco Rodrigues do Lago (1870-1958), advogado, político e jornalista baiano, foi senador pela Bahia (1923-1930) e deputado federal, representando seu estado (1906-1923 e 1935-1937).

Bahia
 um dia voltarei com vagar ao teu seio brasileiro
 ao teu quente seio brasileiro
 às tuas igrejas cheirando a incenso
 aos teus tabuleiros escancarados em X
 (esse X é o futuro do Brasil)
 e cheirando a mingau e a angu.

3.8 No centenário de seu nascimento[369]

Gilberto Freyre

Às comemorações recifenses do centenário do nascimento de Manuel Bandeira, recifense pelo nascimento e carioca por adoção, parece ter faltado o conhecimento de certos aspectos mais íntimos e mais característicos do reavivamento da recifensidade do grande poeta. Inclusive o fato de que "Evocação do Recife" não foi um poema escrito por iniciativa própria, mas a pedido e por encomenda de recifense, porventura tornado, depois de terem se conhecido, o maior – por muito tempo – dos seus amigos intelectuais brasileiros.

Responsável, o autor deste texto, por essa joia de poema surgido na comemoração do centenário do *Diário de Pernambuco*. Responsável, pessoalmente, pela vinda ao Recife, do poeta. Tornou-se, então, o poeta, muito a seu gosto, novo membro, quer, fraternalmente, da parte boêmia da família Freyre – Gilberto, Ulysses – quer da família presidida por pernambucana de quem se tornou entusiasta: dona Francisquinha de Mello Freyre. Manuel Bandeira encontrou, nela, o exemplo do tipo de fidalga de Pernambucano de que havia tradição na sua família, não lhe faltando o, para ele, precioso característico de ser quituteira. Bandeira era de paladar tradicionalista e encontrou em dona Francisquinha, mãe dos amigos fraternais Ulysses e Gilberto, quituteira ideal. Frequentemente foi com quem almoçou.

Fui à rua Curvelo, 51, conhecer o grande poeta. O grande poeta não me identificou como brasileiro, supondo-me espanhol de uma encantadora pronúncia do português do Brasil. Mas a amizade foi tão imediata como profunda. Como ficamos amigos! Deliciou o poeta uma invenção minha a seu respeito: o de ter crescido metade Bandeira brasileiro, metade *Baby* à inglesa, e traduzindo esse seu apelido de família, Nenê, para a língua inglesa: *Baby, Baby Flag*. Nenê Bandeira.

Como isso nos foi irmanando! Quando se viu, um começou a ver no outro uma espécie de complemento da própria pessoa. Senti que precisava de Bandeira – de sua poesia e de sua pessoa – para sentir-me um integralmente brasileiro; ele, Bandeira, por sua vez, começou a sentir que eu lhe começara a dar características brasileiras que talvez tivessem sido comprometidas pela sua convalescença de tuberculoso na Europa. Profunda aproximação que tornou a amizade entre os dois uma das maiores entre escritores brasileiros de todos os tempos. Inclusive – um paradoxo – através da língua inglesa de que Bandeira descobriu em mim um domínio que o empolgou e procurou incorporar ao seu conhecimento menos íntimo da mesma língua. Seu forte era, até então, a língua francesa.

---

369 [TEXTO-BASE: FREYRE, Gilberto. No centenário de seu nascimento. In: _____. *Perfil de Euclides e outros perfis*. Apresentação de Walnice Nogueira Galvão; biobibliografia de Edson Nery da Fonseca; índice onomástico de Gustavo Henrique Tuna. 3. ed. rev. São Paulo: Global, 2011. p.186-189.]

Havia entre as duas antigas famílias pernambucanas, Melo Freyre e Sousa Bandeira, um elo precioso: a família, também fidalgamente antiga, Costa Ribeiro. O poeta tinha num Costa Ribeiro muito pernambucano, o médico que, do Recife, se transferiu para o Rio, sem se desprender de Pernambuco, um tio de seu profundo afeto.

Foi na companhia quase exclusiva de Ulysses Freyre e deste seu irmão, que o grande poeta reviu, em Pernambuco, o Caxangá de pernambucanazinhas fidalgas "nuinhas no banho" do Capibaribe, sherloquianamente identificadas pelos três, durante certa tarde mais livre, mantendo-se um segredo absoluto essa identificação. Juntos fomos ao Igaraçu, a Goiana, a Itamaracá. O poeta aprendeu com os Melo Freyre a distinguir sabores de mangas de Pernambuco e de frutas rústicas como cajá. Havia e há uma cajazeira matriarcal no sítio dos Melo Freyre, na estrada do Encanamento, de que o poeta tornou-se apaixonado. Apaixonado pela árvore e pelo fruto.

Meu irmão e eu fizemos do poeta um irmão mais velho. Dizia ele ter nascido de novo conosco, como brasileiro de Pernambuco.

O sítio, então mais de Casa Forte que de Apipucos, dos Melo Freyre, era vasto. Daí o fato do poeta poder ser festejado nele com uma liberdade nudista que muito o encantou. Nem sempre conseguiu, entretanto, o poeta sensibilizar mulata de sua escolha. Páreo duro, com a competição de um Ulysses, bonitão sedutor. Mas teve seus idílios agrestes, assim como almoços regionalíssimos preparados sob a direção de dona Francisquinha, em sua casa, para variar dos nudistas. Muito presente José Lins do Rego, amigo fraternalíssimo de Ulysses e Gilberto. Esforçou-se Bandeira para tornar-se ciclista igual a Ulysses e seu irmão, mas não conseguiu. Os dois eram perfeitos no ciclismo. Daí ter sido preciso táxi amigo que acompanhasse os ciclistas em percursos longos que eram acrobaticamente vencidos pelos Melo Freyre: Olinda, Igaraçu, Cabo, Goiana e, repita-se, que Itamaracá, recanto do particular entusiasmo de Bandeira.

Em Pernambuco dizia o poeta ter descoberto ser mais guloso do que supunha. Ulysses e eu o levamos ao amigo Dudu, do pátio do Mercado, que ofereceu ao poeta uma feijoada toda preparada por ele, Dudu, o que era raro: depois de rico, Dudu tornou-se um aristocrata e um esnobe que só preparava feijoada para gente muito da sua escolha. Entusiasmou-se por Manuel Bandeira. Adotou-o. E Bandeira fez o mesmo: adotou Dudu.

Foi no Recife que Bandeira ganhou o apelido de *Baby Flag*. Por que *Baby Flag*? Anglicismo gilbertiano? Porque o poeta era chamado com extremo, pela família, Nenê. Nenê: em inglês *Baby*. Daí a gilbertização de *Baby Flag*, apreciadíssima pelo grande poeta.

Foram dias e dias, os de *Baby Flag* em Pernambuco que ele não esqueceu nunca, sempre dando alegria especial ao tio admirável Costa Ribeiro, por muito pernambucanizar-se.

Há quem diga ter tido Manuel Bandeira em Mário de Andrade o seu amigo máximo, entre intelectuais. É duvidoso. Suas afinidades comigo parece terem sido muito mais profundas nas suas raízes e nas suas motivações e até em certos dos seus preconceitos secretamente sociais. A amizade com Mário de Andrade foi posterior e é possível dizer-se ter correspondido à maturidade dos dois. Enquanto com os Melo Freyre, a relação de idade foi, em termos simbólicos, a de tio com sobrinhos ainda quase adolescentes.

3.9 Sou provinciano[370]

Manuel Bandeira

Sou provinciano. Com os provincianos me sinto bem. Se com estas palavras ofendo algum mineiro requintado peço desculpas. Me explico: as palavras "província", "provinciano", "provincianismo" são geralmente empregadas pejorativamente por só se enxergar nelas as limitações do meio pequeno. Há, é certo, um provincianismo detestável. Justamente o que namora a "Corte". O jornaleco de município que adota feição material dos vespertinos vibrantes e nervosos do Rio – eis um exemplo de provincianismo bocó. É provinciano, mas provinciano do bom, aquele que está nos hábitos do seu meio, que sente as realidades, as necessidades do seu meio. Esse sente as excelências da província. Não tem vergonha da província – tem é orgulho. Conheço um sujeito de Pernambuco, cujo nome não escrevo porque é tabu e cultiva com grandes pudores esse provincianismo. Formou-se em sociologia na Universidade de Columbia, viajou a Europa, parou em Oxford, vai dar breve um livrão sobre a formação da vida social brasileira... Pois timbra em ser provinciano, pernambucano, do Recife. Quando dirigiu um jornal lá, fez questão de lhe dar feitio e caráter bem provincianos. Nele colaborei com delícia durante uns dois anos. Foi nas páginas da *A Província* que peguei este jeito provinciano de conversar. No Rio lá se pode fazer isso? É só o tempo de passar, dar um palpite, uma bola, como agora se diz, nem se acredita em nada, salvo no primeiro boato...

---

370 [TEXTO-BASE: BANDEIRA, Manuel. Sou provinciano. In: _____. *Andorinha, andorinha*. Sel. e coord. Carlos Drummond de Andrade. Rio de Janeiro: José Olympio, 1966. p.4. COTEJO: BANDEIRA, Manuel. Sou provinciano. In: _____. *Poesia completa e prosa*. Rio de Janeiro: Nova Aguilar,1974. p.668. Segundo nota de edição em *Andorinha, andorinha*, o texto foi escrito para o *Estado de Minas*, Belo Horizonte, 12 mar. 1933.]

3.10 SEGREDO DA ALMA NORDESTINA[371]

Manuel Bandeira

Gilberto Freyre: "Nordeste"[372, 373]

Este livro constitui uma novidade na obra do sociólogo pernambucano. Se o fundo, as ideias, o sentimento geral são os mesmos dos seus livros anteriores, a composição é sensivelmente diferente: mais simples, mais clara, mais despojada. Como se neste livro de contatos com a terra ele tivesse renunciado ao contraponto formidável da *Casa-grande & Senzala* e *Sobrados e Mocambos* para deixar cantar livremente a melodia amorável dos canaviais, tão deliciosamente transposta em valores plásticos pelo pintor Cícero Dias. O rigor do sociólogo, a documentação exaustiva não tinham impedido que nos dois livros anteriores repontasse aqui e ali o grande poeta que coexiste no seu autor ao lado do cientista. Em *Nordeste*, porém, o poeta está sempre presente. Um poeta que,[374] sem perturbar de modo nenhum o desenvolvimento objetivo e preciso dos temas tratados, lhe comunica uma força lírica e exata ambientação. Esses temas se distribuem em cinco capítulos: a cana e a terra; a cana e a água; a cana e a mata; a cana e os animais; a cana e o homem. Estudo ecológico, em que se estuda o homem em suas relações com a terra, o nativo, as águas, as plantas, os animais da região ou importados da Europa ou da África.

O autor foi excessivamente modesto quando nos diz que o seu ensaio tenta apenas esboçar a fisionomia do Nordeste[375] agrário e o apresenta como um estudo esquemático e quase impressionista. A verdade é que não ficou apenas a fisionomia: antes, em cortes profundos, tanto no substrato do passado como no subconsciente do presente, soube captar e apresentar-nos a alma mesma daquele Nordeste[376] agrário cujo segredo e encanto foi o primeiro a penetrar e possuir integralmente.

No primeiro capítulo "A cana e a terra"[377] faz Gilberto Freyre o elogio do massapê em termos de uma sensualidade que irritará talvez os pedantes da ciência

---

371 [TEXTO-BASE: BANDEIRA, Manuel. Segredo da alma nordestina. In: _____. *Andorinha, andorinha*. Sel. e coord. de Carlos Drummond de Andrade. Rio de Janeiro: José Olympio, 1966. p.242-244. COTEJO: BANDEIRA, Manuel. Segredo da alma nordestina. In: _____. *Andorinha, andorinha*. Sel. e coord. de Carlos Drummond de Andrade. São Paulo: Círculo do Livro, 1978. p.270-273. Consta, nas edições, que a resenha sobre o livro *Nordeste*, de Gilberto Freyre, foi publicada em 22 jun. 1937, sem especificar o veículo.]

372 FREYRE, Gilberto. *Nordeste*: aspectos da influência da cana sobre a vida e a paisagem do Nordeste do Brasil. Ilust. Manoel Bandeira. Rio de Janeiro: José Olympio, 1937.

373 [O autor e o nome do livro resenhado postos em destaque no início do texto aparecem em ed. de 1978.]

374 [Vírgula inserida nesta ed.]

375 [Forma da palavra em ed. de 1978: "nordeste".]

376 [Forma da palavra em ed. de 1978: "nordeste".]

377 [Forma do segmento em ed. de 1978: "capítulo, 'a cana e a terra',".]

sociológica. Como que sentindo de antemão alguma possível estranheza, o autor lembra que José da Silva Lisboa[378] fez o elogio do massapê "em palavras tão quentes que não parecem de um economista frio". Um nordestino amoroso e conhecedor de sua terra é que nunca estranhará o "óleo gordo" que ressuma das palavras de Gilberto Freyre quando ele escreve, por exemplo: "A terra aqui é pegajenta e melada, agarra-se aos homens com modos de garanhona. Mas ao mesmo tempo parece sentir gosto em ser pisada e ferida pelos pés da gente, pelas patas dos bois e dos cavalos. Deixa-se docemente marcar até pelo pé de um menino que corra brincando, empinando um papagaio; até pelas rodas de um cabriolé velho que vá aos solavancos de um engenho de fogo morto a uma estação da Great Western".

Mas o capítulo que entre todos me dá a sentir o encanto envolvente da minha terra é o da água. Tenho em meu quarto uma estampa de Schlappriz[379] representando um trecho do Capibaribe na passagem de Madalena: fundo de velhos sobrados patriarcais, coqueiros, mangueiras, banheiros de palha, botes de vela e de vara com figurões de grande barba e chapéu alto, um escravo lavando um cavalo branco... É o Capibaribe que Gilberto Freyre retrata em suas páginas, o Capibaribe ainda não emporcalhado pelas caldas fedorentas das usinas, o Capibaribe onde as moças tomavam banho em camisa na sombra úmida dos banheiros de palha, onde os estudantes pálidos, de fraque preto, colarinho duro e botinas de verniz faziam serenatas de bote. Lamento que Gilberto Freyre não tenha posto na boca desses estudantes os versos de alguma modinha imperial – o *Se te amei*, ou *Quando as glórias que gozei*, ou *Vem, noite silenciosa, mitigar minha paixão...*, em vez de *Desperta, abre a janela, Stela*, modinha de 1907 (os versos são de Adelmar Tavares)[380] ou da italianíssima[381] *Ai, Maria, ai Maria, quantas noites sem ti sem dormir*.

No capítulo "A cana e a mata" mostra Gilberto Freyre como a monocultura da cana acabou separando o homem da água dos rios, dos animais, das árvores. E ataca os estetas "que em diferentes épocas nos têm querido impor aos parques ou às ruas, numa generalização contra toda a harmonia da natureza regional, o *Ficus Benjamin*, o *Cactus* mexicano, o *Eucalyptus* australiano, a *Accacia* de Honolulu".

Em "A cana e os animais" há páginas excelentes sobre o boi e o cavalo, sobre o bumba meu boi, companheiro de trabalho do africano, o negro animal,

---

378 José da Silva Lisboa (1756-1835), primeiro barão e visconde de Cairu, foi um economista, historiador, jurista e político brasileiro, nascido em Salvador. Segundo Manuel Diégues Júnior: "O elogio ou a quase exaltação do massapê vem sendo feito desde que se conhece a excelência de sua qualidade para a cana-de-açúcar; desde Antonil, que no alvorecer do século XVIII proclamou as terras de massapê como as mais excelentes para o plantio da cana, até Artur Orlando, nos começos do século atual; desde José da Silva Lisboa, o mais tarde Visconde de Cairu, até em nossos dias Gilberto Freyre." (Diégues Júnior, Manuel. *O engenho de açúcar no Nordeste*: documentário da vida rural. Maceió: Edufal, 2006. p.35).

379 O artista suíço Luís Schlappriz chegou ao Recife em março de 1858 e, nos anos sucessivos, produziu extenso conjunto iconográfico.

380 Adelmar Tavares da Silva Cavalcanti (1888-1963), advogado, professor, escritor e magistrado, membro da ABL, foi considerado o "Príncipe dos Trovadores Brasileiros".

381 [Forma do segmento em ed. de 1966: "italianíssima,"; nesta ed., reconstituída a forma de ed. de 1978.]

em contraposição ao cavalo, companheiro do senhor; o cavalo, espécie de capanga branco, muito bem tratado, "maricas meu bem", mesureiro e cheio de laçarotes.

Em "A cana e o homem", a parte mais desenvolvida, o autor nos dá um pano de amostra do que será o seu livro *Açúcar* quando nos fala das receitas de doce conservadas como verdadeiro patrimônio das grandes famílias pernambucanas. E fica-se com água na boca, curioso de provar esses bolos – bolo[382] Sousa Leão, bolo[383] Cavalcanti, bolo[384] dr. Constâncio, bolo[385] do Major, bolos que por natureza complexa resistem à industrialização em que decaiu a goiabada, a araçazada. Nesse mesmo capítulo o autor se estende sobre um movimento tão mal conhecido de desafogo popular, a revolta do Pedroso, a revolta de 1823. E defende o mulato do Nordeste,[386] dizendo que "não se pode generalizar, dando-o como elemento por excelência perturbador da civilização aristocrática do açúcar: o mesmo grande e violento elemento revolucionário que foi em São Domingos, por exemplo". E acrescenta: "Decerto ele foi, aqui, em muitos casos, um insatisfeito, um mal ajustado, dentro do sistema terrivelmente simplista de senhores e escravos. Mas não por ódio radical de raça ou de classe: por desajustamento psicológico, principalmente. Este é que fez dele um introspectivo, não só individual como social."

O livro conclui observando que a civilização do açúcar, patológica em tantos sentidos, sobretudo por tornar o homem, o homem do povo um desajustado, um ser terrivelmente isolado, foi contudo mais criadora de valores políticos, estéticos, intelectuais do que outras civilizações – a pastoril, a das minas, a da fronteira, a do café – civilizações mais saudáveis, mais democráticas, mais equilibradas quanto à distribuição da riqueza e dos bens.

Quanto à linguagem, ao estilo, *Nordeste* renova o mesmo sabor sensual, denso, oloroso de *Casa-grande & Senzala*. Há aqui o mesmo jeito tardo e como preguiçoso de fazer ponto e abrir período para elementos de igual categoria sintática, tique peculiar que dá tanta personalidade à prosa tão genuinamente brasileira e até pernambucana de Gilberto Freyre. Ele escreve, por exemplo: "Organização cheia de contrastes. Inimiga do indígena. Opressora do negro. Opressora do menino e da mulher..." Quase não há página em que não se possa colher um exemplo desses.

Merece menção especial o soberbo desenho de M. Bandeira representando o Triângulo[387] rural do Nordeste: engenho, casa e capela. Nunca o desenhista pernambucano foi tão forte como neste bico de pena magistral. [22.VI.1937]

---

382 [Forma da palavra em ed. de 1978: "Bolo".]

383 [Forma da palavra em ed. de 1978: "Bolo".]

384 [Forma da palavra em ed. de 1978: "Bolo".]

385 [Forma da palavra em ed. de 1978: "Bolo".]

386 [Forma da palavra em ed. de 1978: "nordeste,".]

387 [Forma da palavra em ed. de 1978: "triângulo".]

3.11 Gilberto Freyre[388]

Manuel Bandeira

Nasceu no Recife em 1900. Fez os estudos primários e secundários no Colégio Americano Batista daquela cidade. Seguindo para os Estados Unidos, estudou primeiro na Universidade de Baylor e depois na de Columbia, onde completou o curso de Ciências Políticas e Sociais. Antes de regressar a Pernambuco, viajou pela Europa, demorando-se na Inglaterra, França e Alemanha. Desde os Estados Unidos iniciou a sua colaboração para o *Diário de Pernambuco*, continuada depois do seu regresso ao Recife, onde passou a exercer influência de verdadeiro mestre e guia da mocidade. De 1928 a 1930, dirigiu o diário *A Província*, imprimindo-lhe uma feição inteiramente diversa do tipo estandartizado segundo a imprensa do Rio. Depois de 1930, esteve na Europa e só após o seu regresso escreveu o primeiro volume da numerosa obra que o tornou uma das personalidades mais dominadoras do meio cultural brasileiro – a famosa *Casa-grande & Senzala*. Livro que revelava, não só um sociólogo forte e original, mas, também, um poeta. Em 1962 a editora José Olympio editou-lhe o volume intitulado *Talvez Poesia*, onde está reunida a sua obra de importante bissexto.

---

388 [TEXTO-BASE: BANDEIRA, Manuel. *Antologia dos poetas bissextos contemporâneos*. 2. ed. rev. e aum. Rio de Janeiro: Org. Simões, 1964. p.61-68. A antologia inclui os poemas "Bahia", "O outro Brasil que vem aí", "Luz de Olinda" e "A menina e a casa", de Gilberto Freyre. A primeira edição, publicada pela Livraria Editora Zélio Valverde em 1946, vem com o título *Antologia de poetas brasileiros bissextos contemporâneos*.]

3.12 Pernambucano, sim senhor[389]

Manuel Bandeira

Acordei, tomei meu café, puxei para a cama a minha Hermes Baby[390] e disse muito decidido: vou bater uma crônica sobre o Natal. Mas aconteceu-me a mim o mesmo que ao poeta no famoso soneto: a folha branca pedia inspiração e ela não vinha. Não fiquei perplexo, porém. Sei que mudei, que o Natal mudou, que todos mudaram, que tudo mudou, e isto é sem cura... No meu tempo de menino não havia Papai Noel, esse grande palerma francês de barbaças brancas, havia era "a fada", assim, sem nome, o que lhe aumentava ainda mais o encanto.

Mudei. Mudei muito. Menos numa coisa: continuo me sentindo profundamente, de raiz, de primeira raiz, pernambucano (com *e* bem aberto – pérnambucano). No *Itinerário de Pasárgada* escrevi ter nascido para a vida consciente em Petrópolis, frase que alguns interpretaram erradamente como atestado de verdadeiro nascimento fora do Recife. No entanto, a oração seguinte explicava cabalmente: "pois de Petrópolis datam as minhas mais velhas reminiscências".

Dizer-se que nasci no Recife por acidente quando sou filho de pais recifenses, neto de avós recifenses e por aí acima, é inverter as coisas: digam antes que por acidente deixei o Recife duas vezes, aos dois anos para voltar aos seis, e aos dez para só o rever de passagem. Mas esses quatro anos, entre os seis e os dez, formaram a medula do meu ser intelectual e moral, e disso só eu mesmo posso ser o juiz. Me sinto tão autenticamente pernambucano quanto, por exemplo, Joaquim Cardozo, Mauro Mota e João Cabral de Melo.[391] Se não

---

389 [TEXTO-BASE: BANDEIRA, Manuel. Pernambucano, sim senhor. In: _____. *Andorinha, andorinha*. Sel. e coord. Carlos Drummond de Andrade. Rio de Janeiro: José Olympio, 1966. p.26-27. COTEJO: BANDEIRA, Manuel. Pernambucano, sim senhor. In: _____. *Andorinha, andorinha*. Sel. e coord. de Carlos Drummond de Andrade. São Paulo: Círculo do Livro, 1978. p.34. Consta, nas edições, que o texto foi publicado em 24 dez. 1958. Título conforme edição de 1978.]

390 A Hermes Baby era uma máquina de escrever portátil, de fabricação norte-americana, muito popular sobretudo nas décadas de 1930 e 1940.

391 João Cabral de Melo Neto (1920-1999), poeta e diplomata, um dos maiores representantes da lírica moderna brasileira, perseguiu o rigor estético, mas também, sobretudo após a década de 1950, transfigurou poeticamente sua experiência pernambucana por meio de livros como *O cão sem plumas* (1950), *O rio ou relação da viagem que faz o Capibaribe de sua nascente à cidade do Recife* (1954) e *Morte e vida severina* (1966). Era primo de Gilberto Freyre e de Manuel Bandeira. Cabral – que parece ter tido uma relação tensa com o sociólogo nas décadas de 1930 e 1940 –, em carta a Bandeira, cita Freyre em uma possível articulação de brasileiros em prol de uma campanha contra o cosmopolitismo: "Por tudo isso ser abstrato é trágico e ridículo para um brasileiro. E dizer isso claramente vale qualquer incômodo. V. com o seu prestígio devia iniciar essa campanha contra o cosmopolitismo de nossos intelectuais. Tenho a certeza de que o que nós temos de melhor: Gilberto Freire, Villa-Lobos, José Lins do Rego, Portinari, etc., seguirão o apelo." (MELO NETO, João Cabral de. *Correspondência de Cabral com Bandeira e Drummond*. Org. Flora Süssekind. Rio de Janeiro: Nova Fronteira: Fundação Casa de Rui Barbosa, 2001. p.146). João Cabral também escreveu poema dedicado a Ana Cecília, filha de Sônia Freyre, que o divulgou em 2004: "[...] Que nunca esqueça seus elos / Com essa família que soube / Criar com a linguagem e com o gesto / Certo ser especial de ser: / Família que é dialeto. /Dialeto que posso detetar / Na prosa do primo-tio Gilberto, / No caráter de minha vó / E de minha mãe no léxico, / De meu tio Ulisses, no "humour" / Com que via o mundo e seus restos, / No ser das tias, primas-tias, / Ou no estar de pé incorreto / (pernas curvas para trás / que nos curvava qual marrecos), / Enfim no parentesco melhor / Que é o da linguagem e do gesto." (FREYRE, S. *Vidas vivas revividas*. Recife: Edições Bagaço, 2004. p.18-19). Cabral dedica seu livro *Educação pela pedra* (1966) a Bandeira, com as seguintes palavras: "A Manuel Bandeira, esta antilira

fosse assim, não poderia jamais ter escrito a "Evocação do Recife", poema do qual disse Gilberto Freyre (e que maior autoridade na matéria?) que cada uma de suas palavras representa "um corte fundo no passado do poeta, no passado da cidade". Alegam que é sermão de encomenda. Mas a encomenda veio por causa de uma carta escrita a Ascenso Ferreira, carta essa que foi a matriz do poema. O poema já se gestava no meu subconsciente. E aqui chego ao cerne da minha verdade: sou pernambucano na maior densidade do meu subconsciente.

     Estas linhas vão como amical protesto à entrevista dada a José Condé[392] pelo poeta Carlos Moreira[393] dos belos sonetos e das encantadoras poesias. Compreendi que ele me quis honrar mais do que mereço dando à homenagem do meu busto no Recife um sentido mais largo, ainda que para mim menos amorável. Carlos amigo, pode acreditar que nestes meus quase setenta e três anos de vida virei e mexi, andei certo, andei errado, corri, parei, prossegui, quis voltar, não pude não, que os caminhos percorridos prenderam meus pés no chão carioca. Chão de asfalto – este terrível asfalto carioca onde tudo pode acontecer, até morrer-se afogado, como nas enchentes do Capibaribe! [24.XII.1958]

---

para seus oitent'anos". Publica, em *Museu de tudo* (1975), poema comemorativo pelos 40 anos de *Casa-grande & senzala*: "Ninguém escreveu em português / no brasileiro de sua língua: / esse à vontade que é o da rede, / dos alpendres, da alma mestiça, / medindo sua prosa de sesta, / ou prosa de quem espreguiça" (MELO NETO, João Cabral de. *A educação pela pedra e depois*. Rio de Janeiro: Nova Fronteira, 1997. p.61-62).

392 José Ferreira Condé (1917-1971), jornalista e escritor, publicou diversos livros, tais como *Caminhos na sombra* (1945), *Um ramo para Luíza* (1959), *Terra de Caruaru* (1960), *Noite contra noite* (1965), *Tempo, vida, solidão* (1971) e *As chuvas* (1972).

393 Referência ao advogado e poeta pernambucano ligado à Geração de 45 Carlos Martins Moreira, autor de *Os sonetos* (1953).

3.13 GILBERTO FREYRE POETA[394]

Manuel Bandeira

Que assistem no sociólogo Gilberto Freyre as virtualidades de um grande poeta é coisa que salta aos olhos em cada página de sua obra, já na pertinência e graça de uma imagem, já na escolha de um adjetivo ou no gostoso número de um movimento rítmico. Mais sustentadamente em certas passagens, de que posso citar de memória, sem recorrer à releitura, a história do negro do surrão em *Casa-Grande & Senzala* (pág. 458 da 9ª edição brasileira),[395] a situação da solteirona no regímen semipatriarcal do sobrado (*Sobrados e Mucambos*, pág. 308 da 2ª edição),[396] a enumeração de "alegrias caracteristicamente brasileiras" (ceias de siri com pirão, galos de briga, canários do Império, caçadas de onça ou de anta nas matas das fazendas, banhos nas quedas-d'água dos rios de engenho[397] etc.) em *Atualidade de Euclides da Cunha*,[398] pág. 34.

Aliás para Freyre não existem fronteiras rígidas entre a região da poesia e a região da ciência. Da ciência criadora, como ele precisa, aquela ciência como que apocalíptica e quixotesca, tantas vezes tão próxima do ridículo e do obscuro, que é a mais alta das ciências. E há nele, assiduamente, aquilo que lhe parece qualidade essencial do fato realmente poético: "o constante descobrimento de um mundo novo no mundo já conhecido e gasto" (prefácio a um livro de Otávio de Freitas Júnior.)[399] E aquela vontade permanente de "aventura, contato e solidariedade com a terra, com os outros homens, com os outros seres, até mesmo com as plantas e com a água", em que se implica o movimento poético. (Prefácio a um livro de Antônio Rangel Bandeira.)[400]

Mas esse poeta em potencial alguma vez já liberou a sua carga lírica em poemas formais? Sim, e um eu conhecia – o poema "Bahia de Todos os *Santos*

---

394 [TEXTO-BASE: BANDEIRA, Manuel. Gilberto Freyre poeta. In: AMADO, Gilberto et al. *Gilberto Freyre:* sua ciência, sua filosofia, sua arte: ensaios sobre o autor de *Casa-grande & senzala* e sua influência na moderna cultura do Brasil, comemorativos do 25º aniversário da publicação deste seu livro. Rio de Janeiro: José Olympio, 1962. p.79-83.]

395 FREYRE, Gilberto. *Casa-grande & senzala*: formação da família brasileira sob o regime da economia patriarcal. 9. ed. Ilustr. Tomás Santa Rosa e desenho Cícero Dias. Rio de Janeiro: José Olympio, 1958.

396 FREYRE, Gilberto. *Sobrados e mucambos*: decadência do patriarcado rural e desenvolvimento do urbano. 2. ed. Ilustr. Lula Cardoso Ayres, Manoel Bandeira, Carlos Leão e do autor. Rio de Janeiro: José Olympio, 1951.

397 [Vírgula presente, nesta posição, em ed. de 1962; excluída nesta ed.]

398 FREYRE, Gilberto. *Atualidade de Euclydes da Cunha*. Rio de Janeiro: [Casa do Estudante do Brasil], 1941.

399 Freyre escreveu o prefácio "Uma instituição pernambucana: Otávio de Freitas" para o livro de Otávio de Freitas intitulado *Histórico da luta antituberculosa em Pernambuco* (Recife: Ed. do "IV Congresso Nacional de Tuberculose", 1948). O prefácio inicia-se do seguinte modo: "O tisiólogo que vem a Pernambuco e não vê o Professor Otávio de Freitas é como o católico que vai a Roma e não vê o Papa. Porque Otávio de Freitas há anos deixou de ser simplesmente um mestre de medicina para tornar-se uma instituição pernambucana." (FREYRE, Gilberto. *Prefácios desgarrados*. Org., intr. e notas Edson Nery da Fonseca. Rio de Janeiro: Cátedra; Brasília: INL, 1978. p.549).

400 O pernambucano Antônio Rangel Bandeira (1917-1988) foi advogado, jornalista e escritor.

e de Quase Todos os Pecados",[401] que incluí na minha *Antologia dos Bissextos*. Versos escritos em 1926 e editados em poucos exemplares pela *Revista do Norte* de José Maria de Albuquerque Melo,[402] republicados com muitas alterações em *O Cruzeiro*, do Rio, número de 20 de junho de 1942.

A lista das obras completas de Gilberto Freyre na programação da Editora José Olympio inclui um volume sob o título *Talvez Poesia*.[403] Quando li isso, pensei alegre que haveria outros poemas inéditos; não é segredo que Madalena Freyre, esposa de Gilberto, guarda uma coleção de poemas a ela dedicados. Ninguém os leu nunca senão a destinatária. O autor recusou-me a leitura deles, alegando que não têm nenhuma importância literariamente. Que poemas então constituem a matéria do livro *Talvez Poesia*? Está informado numa entrevista dada recentemente ao *Correio da Manhã* que são poemas resultantes da redução de certos trechos da prosa de Freyre a forma poética, trabalho que vem sendo realizado por ele próprio e pelos poetas Mauro Mota e Thiago de Mello. Alguns já foram publicados em jornais e deles nos ocuparemos adiante.

Restam, pois, como poemas formais conhecidos, um soneto feito aos 11 anos, o poema "Outro Brasil", escrito aos 24 anos e publicado no *Jornal do Comércio* do Recife em 12 de junho de 1955, e as duas versões do poema sobre a Bahia.

O soneto da meninice, com ser ruinzinho, revela certa precocidade fora do comum em alguns detalhes. Intitula-se "Jangada Triste":

*"Ao longe, mui longe, no horizonte,
além, muito além, daquele monte,
como ave que voa desdenhada,
flutua tristemente uma jangada.*

*Nos zangados soluços do oceano,
quase desaparece o canto humano
de quem no mar e céu ainda confia,
porque em terra tudo lhe é melancolia.*

*Isso de terra firme e mar traiçoeiro
nem sempre é certo para o jangadeiro
mais preso ao fiel sal que à ti incerta areia.*

*Mistura ao grande azul as suas mágoas
e encontra no vaivém das verdes águas
consolo às negras dores cá da terra."*

---

401 [Par de aspas inserido nesta ed. Título do poema no texto-base em itálico.]

402 Para Luís Jardim: "Amigo de José Maria de Albuquerque Melo e admirando Cardoso, Gilberto olhava com a maior simpatia a *Revista do Norte* lamentando a conduta romântica do dono, que por amor à perfeição criativa adiava sempre o aparecimento do esporádico (não do periódico) tão admirável (apud Barros, Souza. *A década de 20 em Pernambuco*. Rio de Janeiro: Ed. Forense Universitária, 1958. p.166).

403 Freyre, Gilberto. *Talvez poesia*. Pref. Mauro Mota. Rio de Janeiro: José Olympio, 1962.

Há no segundo verso a reminiscência da *Iracema* de Alencar,[404] mas o que todo o soneto trai é a influência de Camões, influência bem assimilada, o que é surpreendente num menino de 11 anos. Bem assimilada, digo, pois resultou no achado de três belos versos: *"Nos zangados soluços do oceano"*, *"de quem no mar e céu ainda confia"*, *"mais preso ao fiel sal que à incerta areia"*, os quais poderiam estar na lírica do mestre. O que soa nada camoniano é a irregularidade das rimas em parelha nos quartetos. O poeta mirim acusava curiosamente os seus dons de colorista na aproximação que no segundo terceto fez das três cores – o azul do céu, *"o grande azul"*, o verde das águas e o negro das dores *"cá da terra"*.

Gosto muito menos do poema dos 24 anos, o "Outro Brasil". Lembra o Ronald whitmaniano de *Toda a América*. Senão vejam este começo:

> Eu ouço as vozes
> Eu vejo as cores
> Eu sinto os passos
> de outro Brasil que vem aí
> mais tropical
> mais fraternal
> *mais brasileiro.*

Não há nada de Gilberto nessas linhas de entusiasmo enfático, sem vestígio de *humour* corretivo.

Onde Gilberto Freyre está todo, ou quase todo, é nos versos realmente felizes de "Bahia de Todos os Santos e de Quase Todos os Pecados".[405] A "maternal cidade gorda", "com casas trepadas umas por cima das outras como gente se espremendo pra sair num retrato de revista ou jornal", e o seu "ar mole oleoso com cheiro de comida", "ardendo de carnes morenas e de gostos picantes" foi integralmente captada no poema quase todo enumerativo de Gilberto. As duas versões se equivalem. Há coisas que estão melhor ditas numa do que na outra, e vice-versa. Assim "mulatas mais quentes do Brasil, mulatas de gordo peito em bico como pra dar de mamar a tudo quanto é menino do Brasil" (1ª versão) é melhor do que "mulatas mais gordas do Brasil, mulatas de peitos em bico para dar de mamar a multidões de brancos" (2ª versão). Mas faltam na 1ª as mãos dessas mulatas "criando os grandes sinhôs do Império, penteando iaiás, dando cafunés nas sinhás"[406] etc. O poema merece que o seu autor faça um estudo das variantes, fixando a melhor, pois é um dos mais saborosos do ciclo das cidades brasileiras.

---

404 Vale dizer que Gilberto Freyre publicou ensaio sobre o escritor romântico José de Alencar (1829-1877): Freyre, Gilberto. *Reinterpretando José de Alencar*. Rio de Janeiro: Ministério da Educação e Saúde, 1952.

405 [Par de aspas inserido nesta ed. Título do poema no texto-base em itálico.]

406 [Vírgula presente, nesta posição, em ed. de 1962; excluída nesta ed.]

"Bahia de Todos os Santos e de Quase Todos os Pecados"[407] é um poema gordo, como convinha ao tema. Magríssimo, no extremo despojamento de artifícios poéticos, saiu o que extraí, sem tirar nem acrescentar uma só palavra, da prosa do *Guia de Olinda*:

OLINDA

Praias muito brancas. Montes verdes.
Monte principal: o da torre de Duarte Coelho.
Para o lado, do norte mais sete montes.
A primeira praia é a dos Milagres.
Para o norte mais três praias grandes:
Carmo, S. Francisco, Farol.
Umas curvando-se para receber o mar.
Outras parecendo resistir às ondas.
Olinda:
Quatro praias e oito montes.

Poema em que Olinda é vista como que de muito alto, falta-lhe o claro-escuro da luz tão peculiar da cidade, e que Gilberto celebrou nestas palavras por mim distribuídas em versos livres:

A LUZ DE OLINDA

Luz que deixa ver o fundo de areia do Beberibe
– Rio mais de Olinda que do Recife –,
Tornando mais gostosos os seus banhos.
Que dá vida às ruínas de igrejas e fortalezas sufocadas pelos matos.
Que dá brilho aos azulejos velhos das sacristias e corredores dos
[*conventos,*
Das frentes dos sobrados,
Mas não deixa que eles nos doam cruamente nos olhos.
Que não deixa que os vultos dos mosteiros
Dominem a cidade
Com abafados de sombras clericais povoadas de corujas e morcegos,
Mas que os adoça em sombras tão doces
Que no meio delas
Não há quem não se sinta brasileiro
Sem se sentir ao mesmo tempo,
Ao menos por um instante,
Ou pelo menos franciscanamente,
Católico.

---
407 [Par de aspas inserido nesta ed. Título do poema no texto-base em itálico.]

Toda vez que nos seus livros fala Gilberto Freyre de aspectos e arredores urbanos, sobretudo de Pernambuco, o poeta se entremostra no movimento rítmico e na surpresa das imagens. Mauro Mota assinalou em *Assombrações do Recife Velho*[408] vários trechos que são autênticos poemas. Assim o do Encanta-Moça, com a sua aparição que, nas noites de lua, assombra

> *A homens morenos e até pretos*
> *Enfeitiçando-os com a sua nudez de Branca de Neve*
> *Mas desmanchando-se como sorvete*
> *Quando alguém se aventura a chegar perto*
> *Do seu nu de fantasma.*
> *Desmanchando-se como sorvete*
> *E deixando no ar um frio de gelo e de morte.*

Gilberto Freyre sempre foi um amigo de fantasmas. Desconfio mesmo que inventa assombrações para as casas onde monta residência. Ou escolhe-as entre as que oferecem probabilidades de aparições, como o Karrapicho, com os seus tetos de telha-vã onde dormiam morcegos, ou a de Apipucos, velha mansão que pelas fotografias me pareceu sítio ideal para espairecimento de almas do outro mundo entediadas do além. Para Gilberto uma das tristezas dos hotéis velhos é esta:

> *não retêm fantasmas,*
> *como as casas e os conventos,*
> *os castelos e os conventos.*

Isso pertence a um dos poemas tirados das páginas do prosador por Thiago de Mello. Atrás ficou um poema sobre a luz de Olinda. Thiago descobriu outro sobre a luz em qualquer cidade e intitulou-o "A Cidade e o Sol":

> *Quando a luz é muito forte,*
> *ninguém entende o que dizem*
> *as coisas nem as paisagens*
> *de uma cidade,*
> *assim abrilhantadas pelo sol.*
> *Tornam-se claras demais*
> *para se fazerem compreender.*
> *Brilhantes demais para serem*
> *amadas à primeira vista,*
> *difícil como é o amor*

---

408 FREYRE, Gilberto. *Assombrações do Recife Velho*. Ilustr. Lula Cardoso Ayres. Rio de Janeiro: Ed. Condé, 1955.

> sem um pouco de compreensão
> e um pouco de sombra.

Outro belo poema desentranhado por Thiago de Mello são as palavras inspiradas a Gilberto pelo Mosteiro da Batalha:

> Em suas pedras encanta
> aos que se dão ao trabalho
> de contemplá-las com amor,
> certo tom cor-de-rosa
> que à luz da tarde parece
> amaciar a pedra em carne.
>
> Mas uma carne
> antes de santa que de mulher,
> tão suave parece aos nossos olhos
> de pecadores e tão distante de nós,
> pessoas banalmente vivas:
> uma distância criada pelo tempo.

Paisagens, velhas cidades brasileiras, sobretudo de seu Pernambuco, velhos monumentos, velhas casas, velhas histórias são os temas que mais habitualmente movem a sensibilidade poética de Gilberto Freyre. Mas não raro é ela também acionada por motivos sociais e até políticos. Edson[409] Nery da Fonseca[410] sabe de cor certo discurso pronunciado por Gilberto quando na redação do *Diário de Pernambuco* se inaugurou o retrato de Demócrito de Sousa Filho,[411] estando o jornal fechado pela polícia. Discurso de onde Edson extraiu dois ou três poemas, é verdade que um tanto "impuros". De um deles tirei eu, por minha vez, as seguintes linhas, tão marcadas pelo ainda indeciso frêmito da madrugada:

> O dia seguinte, camaradas de Demócrito,
> se aproxima, de nós.
> Já é quase madrugada.
> Das redes pulam os operários madrugadores.

---

409 [Forma do nome, nesta e na próxima ocorrência, em ed. de 1962: "Edison".]

410 Edson Nery da Fonseca (1921-2014) escritor, bibliotecário e professor universitário, é um grande nome na área de biblioteconomia, um dos fundadores da Universidade de Brasília (UnB) e um grande estudioso da obra de Gilberto Freyre, tendo organizado, inclusive, inúmeras edições sobre o sociólogo. Também possui livros sobre a poesia de Manuel Bandeira.

411 O estudante Demócrito de Sousa Filho (1921-1945) morreu durante protesto de 3 de março de 1945 na Praça da Independência, em frente ao *Diário de Pernambuco*, durante um discurso de Gilberto Freyre, quando a polícia abriu fogo contra a população. Em 1986, Freyre concedeu uma entrevista a Lêda Rivas em que afirma: "A bala que matou Demócrito era para mim".

Os pássaros vão cantar.
O clarim vai soar.
As mulheres vão fazer fogo para o café.
Os trens vão partir.
Os aviões vão voar.
Os padres vão dizer as primeiras missas do quase dia.
O pão vai chegar.
Já é quase madrugada.

Pelas amostras de poemas transcritos acima já se pode concluir não ter cabimento o título escolhido por Gilberto Freyre para o volume dos seus versos. *Talvez Poesia?* Não: certamente poesia.

Balbina, a velha preta cozinheira de Ribeiro Couto em Campos do Jordão (a essa São Pedro deve ter dito também, como à Irene: "Entra, Balbina, você não precisa pedir licença!"), costumava dizer do patrão: "Qual! Seu dotô tem outro dentro..." De Gilberto Freyre se pode repetir o mesmo: dentro do sociólogo há um poeta, e a poesia deste está de vez em quando repontando na prosa magistral daquele.

3.14 Evocação do Recife[412],413,414

Manuel Bandeira

Recife
Não a Veneza americana
Não a Mauritssatd dos armadores das Índias Ocidentais
Não o Recife dos Mascates
Nem mesmo o Recife que aprendi a amar depois –
Recife das revoluções libertárias
Mas o Recife sem história nem literatura
Recife sem mais nada
Recife da minha infância

A Rua da União onde eu brincava de chicote-queimado e partia
        [as vidraças da casa de Dona Aninha Viegas
Totônio Rodrigues era muito velho e botava o pincenê[415] na ponta
do nariz
Depois do jantar a gente tomava a calçada com cadeiras mexericos
        [namoros risadas[416]
A gente brincava no meio da rua
Os meninos gritavam[417]

---

412 [TEXTO-BASE: BANDEIRA, Manuel. Evocação do Recife. In: FREYRE, Gilberto et al. *Livro do Nordeste*. Recife: Arquivo Público Estadual, 1979. p.121-123. COTEJO: BANDEIRA, Manuel. *Estrela da vida inteira*. Rio de Janeiro: José Olympio, 1966. p.114-117; BANDEIRA, Manuel. *Estrela da vida inteira*. Rio de Janeiro: Record; São Paulo: Altaya, [1992]. p.133-136; BANDEIRA, Manuel. *Poesia completa e prosa*. Rio de Janeiro: José Olympio, 1974. p.212-214. O texto tomado como base foi respeitado inclusive no que se refere à diagramação do poema, que foi levemente alterada em edições subsequentes, principalmente na diferenciação de distanciamentos de início de parágrafos. A diagramação do poema no *Livro do Nordeste*, facilitado pelo tamanho da página (40 x 27 cm), é sensivelmente mais solta. Optei por tomar como base a edição do *Livro do Nordeste* tendo em vista sua importância histórica e também porque, em carta a Gilberto Freyre (cf. documento 1 do capítulo 2 desta ed.), Manuel Bandeira comenta a referida publicação. Pelas notas de edição, poder-se-ão observar as variantes no cotejo com edições subsequentes.]

413 O poema saiu pela primeira vez no *Livro do Nordeste* (1925). Posteriormente, foi incluído na coletânea *Libertinagem* (BANDEIRA, Manuel. *Libertinagem*. Rio de Janeiro: Pongetti, 1930). Na edição do *Livro do Nordeste*, as palavras, de provável autoria de Gilberto Freyre, que introduzem o poema são: "Manuel Bandeira escreveu para este livro os versos que se seguem. Versos de um lirismo [...] música de voz de menino de coro e de uma [...] e de sugestões. Neles se sente bem o Recife onde o poeta brincou menino – Recife não de todo desaparecido, O Recife da Rua da União, da Rua Aurora, dos sinos de igreja anunciando incêndio em São José [...] vendedoras de banana e de chales [...] repintados de cor [...] rolete de cana. Manuel Bandeira é hoje, no Brasil, o mais intenso dos nossos líricos". Ressalte-se que a decifração ficou prejudicada devido à baixa qualidade da impressão da edição.

414 Para ter-se uma exaustiva pesquisa de variantes deste poema, consultar: BANDEIRA, *Libertinagem*; *Estrela da manhã*, 1998, p.24-27.

415 [Forma da palavra em ed. de 1925: "picenê". A forma "pincenê" foi corrigida em edições subsequentes.]

416 [Forma do verso em edições subsequentes: "Depois do jantar as famílias tomavam a calçada com cadeiras, mexericos, namoros, risadas".]

417 [Dois-pontos presentes no final deste verso em edições subsequentes.]

Coelho sai
Não sai [418]

Lá embaixo as vozes macias das meninas politonavam[419]

Roseira dá-me uma rosa
Craveiro dá-me um botão

(Destas[420] rosas muita rosa
Terá morrido em botão...)

De repente
   nos longes da noite
      um sino

Uma pessoa grande dizia:
– Fogo em Santo Antônio![421]
Outro[422] contrariava: – São José!
Totônio Rodrigues achava sempre que era São José[423]
Os homens punham o chapéu saíam fumando
E eu tinha raiva de ser menino porque não podia ir ver o fogo

Rua da União[424]
Como eram lindos os nomes das ruas da minha infância
Rua do Sol
(Tenho medo que hoje se chame do Dr. Fulano de Tal)
Atrás de casa ficava a Rua da Saudade[425]
                  ... onde se ia fumar escondido
Do lado de lá era o cais da Rua da Aurora[426]
                  ... onde se ia pescar escondido

---

418 [Ponto de exclamação presente nestes dois versos em edições subsequentes.]
419 [Forma do verso em edições subsequentes: "À distância as vozes macias das meninas politonavam:".]
420 [Forma da palavra em edições subsequentes: "dessas".]
421 [Travessão neste e no verso seguinte suprimido em edições subsequentes.]
422 [Forma da palavra em edições subsequentes: "Outra".]
423 [Ponto-final presente neste verso em edições subsequentes.]
424 [Reticências presentes no final deste verso em edições subsequentes.]
425 [Reticências presentes no final deste verso em edições subsequentes.]
426 [Reticências presentes no final deste verso em edições subsequentes.]

Capiberibe
Capibaribe[427]
Lá longe o sertãozinho de Caxangá
Banheiros de palha[428]

Um dia eu vi uma moça nuinha no banho
Fiquei parado o coração batendo
Ela se riu
      Foi o meu primeiro alumbramento

Cheia! As cheias!
  [barro[429] boi morto árvores destroços redemoinho[430]
               [sumiu[431]
E nos pegões da ponte do trem de ferro os caboclos destemidos
        [em jangada de bananeiras

Novenas
  Cavalhadas
Eu me deitei no colo da menina e ela começou a passar a mão
         [nos meus cabelos
Capiberibe
  Capibaribe[432]

Rua da União onde todas as tardes passava a preta das bananas
com xale vistoso de pano da Costa
E o vendedor de roletes de cana
O de amendoim
  – que se chamava midubim e não era torrado era cozido[433]
Me lembro de todos os pregões[434]
      – "Ovos frescos e baratos[435]
      Dez ovos por uma pataca"
Foi há muito tempo...

---

427 [Travessão presente no início deste verso em edições subsequentes.]
428 [Este verso não marca final de estrofe em edições subsequentes.]
429 [Forma da palavra em edições subsequentes: "Barro".]
430 [Forma da palavra em edições subsequentes: "redomoinho".]
431 [Este verso não se desdobra do verso anterior em edições subsequentes.]
432 [Travessão presente no início deste verso em edições subsequentes.]
433 [Travessão presente neste verso suprimido em edições subsequentes.]
434 [Dois-pontos presentes no final deste verso em edições subsequentes.]
435 [Travessão presente neste verso e aspas presentes neste e no verso seguinte suprimidos em edições subsequentes.]

A vida não me chegava pelos jornais nem pelos livros
Vinha da boca do povo na língua errada do povo
Língua certa do povo
Porque ele é que fala gostoso o português do Brasil
        Ao passo que nós
        O que fazemos
        É macaquear
        A sintaxe lusíada
A vida com uma porção de coisas que se não entendia bem
Terras que eu não sabia onde ficavam[436]

Recife[437]
    Rua da União
        A casa de meu avô
Nunca pensei que ela acabasse[438]
Tudo lá parecia impregnado de eternidade

Recife meu avô morto
Recife morto Recife bom Recife brasileiro como a casa de meu avô[439, 440]

---

436 [Forma destes dois versos fixada em edições subsequentes: "A vida com uma porção de coisas que eu não entendia bem / Terras que não sabia onde ficavam". Cf. documento 1 do capítulo 2 desta ed.]

437 [Reticências presentes no final destes três versos em edições subsequentes.]

438 [Ponto de exclamação presente no final deste verso em edições subsequentes.]

439 [Forma destes dois versos fixada em edições subsequentes: "Recife... / Meu avô morto. / Recife morto, Recife bom, Recife brasileiro como a casa de meu avô".]

440 [Datação presente em edições subsequentes: "Rio, 1925".]

3.15 Casa-Grande & Senzala[441,442]

Manuel Bandeira

"Casa-Grande & Senzala"
Grande livro que fala
Desta nossa leseira
       Brasileira.

Mas com aquele forte
Cheiro e sabor do Norte
– Dos engenhos de cana
       (Massangana!)

Com fuxicos danados
E chamegos safados
De mulecas fulôs
       Com sinhôs.[443]

A mania ariana
Do Oliveira Vianna
Leva aqui a sua lambada
       Bem puxada.

Se nos brasis abunda
Jenipapo na bunda,
Se somos todos uns
       Octoruns,

Que importa? É lá desgraça?
Essa história de raça,
Raças más, raças boas
– Diz o Boas –

---

441 [TEXTO-BASE: BANDEIRA, Manuel. Casa-Grande & Senzala. In: _____. *Estrela da vida inteira*. Rio de Janeiro: José Olympio, 1966. COTEJO: BANDEIRA, Manuel. Casa Grande & Senzala. In: _____. *Mafuá do malungo*. Rio de Janeiro: Liv. São José, 1948. p.70-71; BANDEIRA, Manuel. Casa Grande & Senzala. In:_____. *Poesia completa e prosa*. Rio de Janeiro: Nova Aguilar, 1974. p.397-398.]

442 [Em todas as ocorrências de "Casa-grande & Senzala", tanto no título quanto nos versos, nas edições para cotejo aparece "Casa grande & Senzala", sem hífen.]

443 [Forma do segmento nas edições para cotejo: "sinhôs!".]

É coisa que passou
Com o franciú Gobineau.[444]
Pois o mal do mestiço
   Não está nisso.

Está em causas sociais,
De higiene e outras que tais:
Assim pensa, assim fala
   Casa-Grande & Senzala.

Livro que à ciência alia
A profunda poesia
Que o passado revoca
   E nos toca

A alma de brasileiro,
Que o portuga femeeiro
Fez e o mau fado quis
   Infeliz!

---

444 Joseph Arthur de Gobineau (1816-1882), escritor, crítico literário e diplomata francês, foi um proeminente teórico do racismo em sua época. Foi embaixador da França no Rio de Janeiro, travando contato próximo com D. Pedro II. Publicou *Essai sur l'inégalité des races humaines* (1853-1855), entre vários outros títulos.

3.16 Autorretrato[445,446]

Manuel Bandeira

Provinciano que nunca soube
Escolher bem uma gravata;
Pernambucano a quem repugna
A faca do pernambucano;
Poeta ruim que na arte da prosa
Envelheceu na infância da arte,
E até mesmo escrevendo crônicas
Ficou cronista de província;
Arquiteto falhado, músico
Falhado (engoliu[447] um dia
Um piano, mas o teclado
Ficou de fora); sem família,
Religião ou filosofia;
Mal tendo a inquietação de espírito
Que vem do sobrenatural,
E em matéria de profissão
Um tísico profissional.

---

445 [TEXTO-BASE: BANDEIRA, Manuel. Autorretrato. In: _____. *Estrela da vida inteira*. Rio de Janeiro: José Olympio, 1966. COTEJO: BANDEIRA, Manuel. Retrato. In: _____. Retrato. In: HOMENAGEM a Manuel Bandeira. Rio de Janeiro: Officinas Typographicas do *Jornal do Commercio*, 1936. p.13. Edição fac-similar preparada pela Metal Leve em 1986. p.13. O poema, na edição da *Homenagem a Manuel Bandeira*, foi reproduzido em sua versão manuscrita.]

446 [Forma do título em ed. de 1936: "Retrato".]

447 [Forma da palavra em ed. de 1936: "enguliu".]

3.17 A ACADEMIA EM 1926[448]

Esmeraldino Olympio[449]

O sr. Luís Carlos chamou de "ninho de relâmpagos" ao espadim acadêmico que pertenceu a Raimundo Correia.[450] Foi imprudência. O espadim tomou à letra o que, no espírito do ilustre poeta das *Colunas*, não passava, sem dúvida, de um tropo imaginoso para arrematar com chave de ouro a sua bela peça oratória. À hora em que o novo acadêmico se vestia a fim de comparecer à sessão solene de recepção, ao tomar da arma insigne, o "ninho de relâmpagos" desferiu a mais viva fuzilaria de raios que já desabou sobre a nossa capital. Os efeitos foram lamentáveis. O poeta caiu desacordado, como se já estivesse ouvindo o discurso do paraninfo, e não pôde comparecer ao Trianon. Subtituindo-o o diretor de tráfego da Central que, embora apanhado de improviso, e sem dispor materialmente de tempo para enfrentar um problema tão complexo como o que se lhe deparava, apresentou um volumoso relatório em que historiou a vida das academias, desde o famoso jardim de Atenas, que teria ficado como o ideal dos institutos congêneres, se não fosse a falta de *jeton*, invenção muito posterior à da roda, mas evidentemente bem mais importante para um acadêmico. A pedido de várias famílias o orador tornou a narrar, com inexcedível graça de pormenores, a anedota do copo d'água e da pétala de rosa, ocorrida na Academia dos Silenciosos da Pérsia. Depois veio o elogio dos predecessores, e a propósito do sr. Alberto Faria,[451] o digno engenheiro explicou à douta companhia que a palavra "folclore" é de origem inglesa: *"folk"*, povo; *"lore"*, conhecimento, estudo; *"folk-lore"*, ciência que tem por objeto estudar o povo. Foi a nota erudita do discurso. Causou também a melhor impressão a belíssima imagem de "condor do orgulho humano", com que o orador saudou Vargas Vila,[452] "o Revoltado genial a cujo diadema os adversários arrancam estrelas para com elas mesmas agredirem-no!"...

---

448 [TEXTO-BASE: OLYMPIO, Esmeraldino. A Academia em 1926. In: BANDEIRA, Manuel. *Andorinha, andorinha*. Rio de Janeiro: José Olympio, 1966. COTEJO: OLYMPIO, Esmeraldino. A Academia em 1926. In: BANDEIRA, Manuel. *Andorinha, andorinha*. São Paulo: Círculo do Livro, 1978. p.167-168.]

449 Preferi manter o pseudônimo Esmeraldino Olympio por causa da possível autoria coletiva da crônica, publicada na *Revista do Brasil* no dia 30 de dezembro de 1926.

450 Raimundo Correia (1859-1911), juiz, iniciou sua produção poética com influência romântica, mas logo passou a compor versos parnasianos. Para Bosi: "Era constante em Raimundo a capacidade de assimilar estilos alheios, dom que lhe custou por vezes a pecha injusta de plagiário. Fino tradutor, fez seguir às *Sinfonias*, os burilados *Versos e versões* em que dá forma vernacular a poemas de Lope, Byron, Heine, Gautier, Hugo, Leconte de Lisle, Catulle Mendès, Heredia e Rollinat." (BOSI, Alfredo. *História concisa da literatura brasileira*. São Paulo: Cultrix, 1994. p.225). Raimundo Correia foi o fundador da cadeira nº 5 da ABL.

451 Alberto Faria (1869-1925), jornalista, escritor, historiador e folclorista brasileiro, foi eleito para a ABL em 10 de outubro de 1918, tendo ocupado a cadeira nº 18.

452 Referência ao escritor libertário colombiano José María Vargas Vila (1860-1933), autor de *La muerte del condor; del poema de la tragedia y de la historia* (1914), *Ante los bárbaros (los Estados Unidos y la guerra) el yanki, he ahí el enemigo* (1917) e *Saudades tácitas* (1922), entre outros.

O paraninfo do poeta foi o sr. Osório Duque Estrada[453] que entre os títulos de glória do novo acadêmico citou o de ter ele merecido de sua pena as honras de um "Registro" inteiro. Realmente o eminente crítico não podia dizer mais. O preciso "Registro" foi lido de cabo a rabo. É uma crítica de escada acima e abaixo, no qual o profanador da "Oração na Acrópole" analisou exaustivamente as poesias das *Colunas*, verificando que em cento e trinta e duas composições só quatro versos, num total de três mil e oitenta e oito, são duros, além de uma única estrofe com rimas homófonas. O ilustre homem de letras leu em seguida vários outros folhetins do "Registro literário", contendo apreciações sobre os *Astros e Abismos*, a *Vida Doméstica* e outros magazines do lar e da mulher, terminando por contar a História da Princesa Magalona, vertida para a língua dos pp.

Os espíritos de Platão e Academus, invocados no exórdio da oração do seu novo confrade, sorriam encantados... [454] [30.XII.1926]

---

453 O poeta, crítico literário e professor Osório Duque-Estrada (1870-1927), membro da ABL, foi atuante na imprensa periódica, publicou *Alvéolos* (poemas, 1886) e ficou conhecido por sua letra do Hino Nacional Brasileiro.

454 [Ao final da crônica, nesta posição, encontra-se a seguinte nota de Carlos Drummond de Andrade, editor da coletânea: "Publicado com pseudônimo *Esmeraldino Olympio*. Esta e mais a de J. J. Gomes Sampaio eram as assinaturas com que, na *Revista do Brasil* dirigida nominalmente por Pandiá Calógeras, Afrânio Peixoto, Alfredo Pujol e Plínio Barreto, porém na realidade sob a direção exclusiva de Rodrigo M. F. de Andrade, este, Gilberto Freyre e o Autor, em 1926 e começo de 1927, satirizavam aspectos da vida literária brasileira." (OLYMPIO, Esmeraldino. A Academia em 1926. In: BANDEIRA, *Andorinha, andorinha*, 1978, p.168).]

4. LEITURAS DA PROVÍNCIA

> *Hoy se ha perdido la buena costumbre,*
> *tan conveniente a la higiene mental, de tomar en serio –*
> *o mejor, en broma – los versos sociales de álbum, de cortesías.*
> *Desde ahora te digo que quien sólo canta en do de pecho no sabe*
> *cantar; que quien sólo trata en versos para las cosas sublimes no vive la*
> *verdadera vida de la poesía y las letras...*
> ALFONSO REYES[1]

No livro comemorativo dos 50 anos de Manuel Bandeira, *Homenagem a Manuel Bandeira*, o escritor José Lins do Rego oferece sua contribuição – em meio a outros colaboradores cujos nomes ficaram ligados ao Modernismo nas décadas de 1920 e de 1930 no Brasil, como Carlos Drummond de Andrade, Mário de Andrade, Augusto Frederico Schmidt, Gastão Cruls, Jorge de Lima, Lúcia Miguel Pereira, Murilo Mendes, Olívio Montenegro, Pedro Dantas (Prudente de Morais Neto), Pedro Nava, Ribeiro Couto, Rodrigo Melo Franco de Andrade, Sérgio Buarque de Holanda e Vinicius de Moraes – com um texto breve sobre o poeta, de apenas duas páginas, qualificado como "fraco" por Gilberto Freyre, "embora tão carinhoso" diria o exigente sociólogo em carta ao próprio Manuel Bandeira.[2] Naquele pequeno ensaio, de tom despretensioso, é possível observar que, quando fala de Bandeira, José Lins marca bem dois argumentos que retomarei mais adiante na costura deste estudo da correspondência entre Gilberto Freyre e Manuel Bandeira: um primeiro argumento diz respeito à história do primeiro contato entre o romancista do Nordeste e o poeta "provinciano" radicado no Rio de Janeiro, mediado pelo futuro mestre de Apipucos – num

---

[1] Epígrafe da coletânea de poemas de Manuel Bandeira *Mafuá do malungo* (cf. BANDEIRA, Manuel. *Mafuá do malungo*. Barcelona: O Livro Inconsútil, 1948), tomada, por sua vez, da epígrafe de Alfonso Reyes ao seu livro de poesias de circunstância *Cortesia* (cf. REYES, Alfonso. *Cortesia (1909-1947)*. México: Ed. Cultura, 1948).

[2] A seguir, o comentário que Gilberto Freyre faz acerca do livro *Homenagem a Manuel Bandeira*: "Há muito pernambucanismo e provincianismo em você, como você próprio sente no seu grande 'Provinciano que nunca soube'; só os filólogos como seu amigo Nascentes não sentem isso. Esses filólogos! Creio que os filólogos poderiam ter escrito coisas ótimas sobre você, mas ao meu ver falharam, embora a nota do Nascentes tenha uns pedaços sentimentalistas e biográficos bem bons, beirando a pieguice mas sem cair nela. Gostei muito do artigo do Abgar Renault. Eis aí um fino sem requintes idiotas e compreendendo coisas de literatura inglesa que o brasileiro raramente compreende. Gostei de Rodrigo, de Nava, de outros. A nota de Sérgio muito rápida. A de Afonsinho tem umas coisas boas, outras de que não gostei tanto. O meu grande Prudente, bom mas seria chegar ao ótimo a que habituou as leituras de suas interpretações e críticas. A nota do meu querido Lins, embora tão carinhosa comigo (como sempre), achei fraca. A de Plínio boa, apenas uns pedaços frios. A do Dr. Jorge de Lima, característica, bem característica. Mas não estou fazendo um comentário ao livro que nem ao menos tenho perto de mim." (Cf. cap.2, Documento 27, com datação "Recife, 11 de fevereiro de 1937"). A resposta de Bandeira é direta, sem delongas: "Recebi a sua carta com as impressões da *Homenagem*." (Cf. documento 28, com datação "Rio de Janeiro, 4 de março de 1937.").

contexto em que ambos, Freyre e Lins, vale dizer, seriam uma espécie de "quixotes" na província,[3] sempre em busca de novas leituras e novos contatos. Um segundo argumento enfoca a afirmação, que permeia todo o curto ensaio, de que "poesia e poeta não se separam, numa simulação criminosa" – em outras palavras, persegue uma relação quase imediata entre texto e autor, entre exegese e biografia.

Gilberto Freyre, assim, entra na crônica de José Lins para a *Homenagem* como um personagem que articula dois universos antes intocados e que, depois, passam a compor um amplo espaço – o qual envolve cenários como Recife e Rio de Janeiro, entre outros redutos espalhados pelo país. Nesse contexto, intelectuais, artistas e literatos aos poucos procuram ampliar seu círculo e fazer da conciliação entre modernidade e tradição, em diferente medida, um projeto – o que é emblemático no contexto da política modernizadora e ao mesmo tempo conservadora empreendida por Getúlio Vargas entre 1930 e 1945.

Comecemos pelo primeiro fio argumentativo, na trilha de José Lins, a respeito da crônica do encontro. Gilberto Freyre seguiu para a Europa em 1922, depois de longo período nos Estados Unidos (1918-1922), onde se bacharelou em Letras e Ciências Humanas pela Universidade de Baylor (Waco, Texas, 1920) e obteve título de pós-graduação apresentando a dissertação *Social life in Brazil in the middle of the 19th century* na Universidade de Columbia (Nova York, 1922). No retorno ao Brasil, em 1923, depois de cerca de um ano de viagem por vários países da Europa (Inglaterra, França, Alemanha, Bélgica, Espanha e Portugal), aqui não se depara propriamente com um ambiente acolhedor:

> Recife, 1923.
> O que sinto é que sou repelido pelo Brasil a que acabo de regressar homem, depois de o ter deixado menino, como se me tivesse tornado um corpo estranho ao mesmo Brasil. É incrível o número de artigos e artiguetes aparecidos nestes poucos meses contra mim; e a insistência de quase todos eles é neste ponto: a de ser eu um corpo estranho, um exótico, um meteco, um desajustado, um estrangeirado. Sendo um estrangeiro – argumentam eles – é natural que não me sinta mais à vontade no Brasil. E se não me sinto à vontade no Brasil, se não sei admirar Rui Barbosa na sua plenitude, se não me ponho em harmonia com o progresso brasileiro nas suas expressões mais modernas, antes desejo voltar aos dias coloniais – uma mentira – se isto, se mais aquilo, por que não volto aos lugares ideais onde me encontrava, deixando o Brasil aos brasileiros que não o abandonaram nunca por tais lugares?

---

3 Para recordar, Gilberto Freyre qualifica o tom dos primeiros artigos no *Diário de Pernambuco* como de "um quixotismo de adolescente desvairado", "uma quixotesca busca" (Freyre, Gilberto. Introdução do autor. In: _____. *Tempo de aprendiz*: artigos publicados em jornais na adolescência e na primeira mocidade do autor: 1918-1926. São Paulo: Ibrasa; Brasília: inl, 1979. v.1, p.27).

Este parece ser o sentido dominante nos artiguetes que vêm aparecendo contra mim.[4]

Gilberto Freyre procurou cavar "um mercado consumidor" que pagasse pelo seu trabalho e, ao fazer-se um profissional das letras, foi aberto a diversas experiências, desde a mais vanguardista e revolucionária à mais tradicional e conservadora.[5] Porém tal atitude, quando do seu retorno ao país, não foi positivamente recebida por seus pares pernambucanos, apesar de Freyre nunca ter se desvinculado de todo da terra natal – note-se, por exemplo, que enviava periodicamente artigos para o *Diário de Pernambuco*, escritos em meio a diversas atividades acadêmicas em que se envolveu quando nos Estados Unidos. Nesse contexto, foi devido à sua atividade profissional que se deparou com o nome de Manuel Bandeira pela primeira vez.

O jovem aspirante a jornalista José Lins – que à época assinava seus artigos "Lins do Rego", tendo adotado o "José" por influência do sociólogo[6] – encontrou em Gilberto Freyre, apenas um ano mais velho que ele, um amigo e "quase mestre", que lhe teria apresentado vários nomes da literatura inglesa e norte-americana e teria chegado a lhe dar aulas de inglês.[7] O estreito vínculo entre os dois, nesses primeiros anos após a volta de Freyre ao Brasil, permite o registro de outras "crônicas modernistas", como aquela em que se narra o encontro – na melhor acepção da palavra, descoberta ao acaso, guiada por afinidades e lançada à aventura do conhecimento mútuo – entre Freyre e Bandeira:

---

4 Freyre, Gilberto. *Tempo morto e outros tempos*: trechos de um diário de adolescência e primeira mocidade: 1915-1930. Rio de Janeiro: José Olympio, 1975. p.128.

5 José Lins do Rego fala sobre os "anos difíceis" de Gilberto Freyre: "Os dias de Gilberto, por esse tempo, passados os primeiros contatos do retorno, foram duros, duríssimos. Faltava-lhe tudo no seu Brasil. O que poderia fazer um diplomado em Columbia num país indiferente por completo às grandes manifestações do espírito desinteressado? Teria que trabalhar, teria que viver. Quiseram fazê-lo diretor da Biblioteca Pública. E lá um dia um parente próximo procurou-o. O governador tinha o lugar para ele, mas aquilo de andar Gilberto com um rapaz inimigo do governo soava mal [aqui a referência pode ser ao próprio José Lins, que escrevia, àquela época, artigos nada elogiosos aos políticos e intelectuais nordestinos]. Teria que mudar de relações. Perdeu o bom emprego. Contaria somente com os artigos do *Diário de Pernambuco*; mais tarde com um emprego, porém insignificante." (Rego, José Lins do. Notas sobre Gilberto Freyre. In: Freyre, Gilberto. *Região e tradição*. Rio de Janeiro: José Olympio, 1941. p.15). É interessante observar que Gilberto Freyre, ao contrário do que se possa pensar, não era propriamente um representante da elite ou da aristocracia pernambucana; foi com muito custo que sua família conseguiu mantê-lo nos Estados Unidos, onde também o futuro sociólogo arranjou inúmeras formas de melhorar o parco orçamento.

6 Freyre, *Tempo morto e outros tempos*, 1975, p.148.

7 "Anglos às vezes anjos. Gilberto Freyre me ensinou a amar esta gente-síntese da Humanidade. Deu-me a ler os seus poetas e os seus grandes romancistas." (Rego, José Lins do. Prefácio. In: Freyre, Gilberto. *Ingleses*. Rio de Janeiro: José Olympio, 1942. p.15). E, ainda, em testemunho mais eloquente: "Lembro-me dos nossos passeios. Daquele, à tarde, à Cruz do Patrão, com o mar batendo forte nas pedras e os relevos de Olinda iluminados do sol. Havia no porto um navio com o nome de Boswel. Era o biógrafo do Dr. Johnson. Gilberto me dava lições de inglês, e tudo era um pretexto para que ele me falasse de uma literatura virgem para mim. Ele queria que eu me apercebesse da riqueza dessa literatura onde os instintos e os lógicos se encontravam em verdadeiros milagres de criação, românticos e céticos se cruzando nos mesmos caminhos, uma literatura que era como a natureza humana, cheia de contrastes, de forças em conflito, mas por onde soprava o sopro lírico mais intenso." (Rego, José Lins do. Notas sobre Gilberto Freyre. In: Freyre, *Região e tradição*, 1941, p.16).

> Gilberto Freyre chegara da Europa e eu quis aproximá-lo da nova poesia brasileira. Não houve porém contato que satisfizesse o jovem que chegava cheio de tantas prevenções contra a nossa pobre literatura. Ele mesmo dissera, sobre Gonçalves Dias, que nós não havíamos tido ainda um grande poeta, mas pedaços de grandes poetas, em Castro Alves, Alvares de Azevedo, Gonçalves Dias. [...] Isto foi em 1923. Separamo-nos. E mais tarde, um ano depois, o trem do Recife das 2 horas me trazia ao Engenho Itapuá, com o *Diário de Pernambuco*, uma grande surpresa: Gilberto Freyre encontrara um grande poeta no Brasil. E aparecia com um longo artigo de 2 colunas, falando de um Manuel Bandeira que eu ainda não conhecia. O artigo do meu amigo vinha banhado de um entusiasmo de quem houvesse descoberto uma terra nova. O grande poeta brasileiro já não era um esperado ou um pedaço de grande poeta. O pequeno ensaio que Bandeira inspirara ao seu conterrâneo valia para mim como uma descoberta real.[8]

Com o emprego da expressão "descoberta real", José Lins é enfático ao destacar como Gilberto Freyre articulou esse primeiro encontro literário com Bandeira. Diferentemente de Freyre e José Lins, Bandeira já era um escritor relativamente conhecido, um pouco mais velho, que circulava em meio aos modernistas do Rio de Janeiro, de São Paulo e de Belo Horizonte, por exemplo, e viria a ganhar projeção nacional sobretudo a partir do final da década de 1920. Já havia publicado seus dois primeiros livros, *A cinza das horas*, de 1917, e *Carnaval*, de 1919. Talvez a novidade a que se refere José Lins tenha sido *O ritmo dissoluto*, de 1924. Nesse sentido, é interessante observar que Bandeira não parece ter chegado até Freyre como que conduzido por mãos ansiosas por incluí-lo num círculo restrito de amizade já consolidado – estratégia relativamente comum em meios sociais que procuram estender redes de relações paralelas a instituições sociais propriamente capitalistas, guiadas pelas leis de mercado, situação comum em países nos quais haveria um terreno instável entre vida pública e privada. O testemunho indica, em outra direção, um encontro pautado por uma admiração literária genuína. Mais ainda, a aura desse encontro, antevista no texto de José Lins, ganha peso em ensaio biográfico de Gilberto Freyre, no qual o sociólogo relata sua aproximação pessoal com o poeta Manuel Bandeira:

> Nossa amizade começou por carta. Começou com a carta que um dia recebi dele; que li com uma alegria enorme e que devo ter guardada entre os meus papéis mais queridos. Era uma carta cheia de simpatia pelos artigos meio líricos que eu andava então

---

[8] Rego, José Lins do. Manuel Bandeira, um mestre da vida. In: Homenagem a Manuel Bandeira. Rio de Janeiro: Officinas Typographicas do Jornal do Commercio, 1936. p.105-107. Edição fac-similar preparada pela Metal Leve em 1986.

escrevendo no *Diário de Pernambuco*, num português ainda mais perro que o de hoje, português de quem tinha saído daqui quase menino para voltar homem feito, depois de cinco anos maciços de língua inglesa. Artigos sobre coisas de Pernambuco, do Recife, do Norte. Sobre a paisagem, sobre os nomes da rua, sobre a cozinha tradicional do Norte do Brasil.[9]

O que chegou antes a Freyre, se carta ou livro de Bandeira, não se sabe, talvez até tenham sido concomitantes (tal carta, infelizmente, não foi localizada para integrar a *Correspondência entre Gilberto Freyre & Manuel Bandeira* coligida nesta edição). O fato é que, após o primeiro encontro, toda uma trajetória de amizade, respeito, mútua compreensão, simpatia e grande alegria – ambos eram autênticos gozadores, afirma a filha de Freyre, Sonia – se consolida. Ao longo de mais de cinco décadas, os companheiros de leitura, trabalho e boêmia compartilham amigos e frequentam-se como membros de uma mesma família. O universo da intimidade como tônica da correspondência entre os amigos está também no modo como Gilberto Freyre descreveu o primeiro encontro com Bandeira na Rua do Curvelo em seu diário:[10]

> Rio, 1926.
> Vou visitar Manuel Bandeira: Curvelo 51, Santa Teresa. Lindo lugar. Mas casa de pobre.
> Ele não me supõe a princípio um espanhol – ou hispano--americano? – que ficara de visitá-lo. Quando digo quem sou, desata numa risada que deixa à mostra a dentuça já famosa que lhe dá ao aspecto alguma coisa de inglês e, ao mesmo tempo, de caricatural.

---

9 Freyre, Gilberto. Manuel Bandeira, recifense (cf. seção 3.2 desta ed.)

10 As informações que temos, supostamente registradas no "calor da hora" em *Tempo morto e outros tempos*, se revelam extremamente precárias quando procuramos dados acerca do primeiro contato de Gilberto Freyre com Manuel Bandeira. Surpreendentemente, Freyre já teria, segundo o diário, uma opinião bem delineada acerca dos principais personagens do Modernismo brasileiro no ano de seu retorno ao Brasil, em 1923: "Entretanto temos que estar atentos ao que nos prometem os bons modernos do Rio e de São Paulo, que não fazendo do 'modernismo' seita, começam a escrever a língua portuguesa e a tratar de assuntos – inclusive os velhos ou de sempre – com uma nova atitude ou lhes dando um novo sabor: Bandeira, Ribeiro Couto, Drummond, Emílio Moura, Prudente, Sérgio, Oswald de Andrade, Mário de Andrade, Andrade Murici, Grieco." (Freyre, *Tempo morto e outros tempos*, 1975, p.132). Tais pessoas, aliás, ainda estavam se conhecendo e seus nomes começavam a circular, longe de serem considerados importantes no campo literário da época. A dificuldade de se usar o diário como documento foi abordada por Maria Lúcia Pallares-Burke. Segundo a historiadora, o diário de Gilberto Freyre *Tempo morto e outros tempos* seria, na verdade, não um diário propriamente dito, mas uma autobiografia em forma de diário: "[...] fica claro que o texto foi escrito e reescrito ao longo dos anos, houvesse ou não um núcleo original de entradas feitas na própria época dos eventos que descreve. Quando se comparam, por exemplo, alguns fatos ali narrados com o que outros documentos comprovadamente de época revelam, o caráter memorialístico de *Tempo morto* fica evidente" (Pallares-Burke, Maria Lúcia. *Gilberto Freyre*: um vitoriano dos trópicos. São Paulo: Ed. Unesp, 2005. p.25). Em carta a José Lins do Rego, afirma Freyre em *P. S.*: "Tenho acrescentado várias coisas ao diário sobre V. Está ficando um livro. G." (Cf. Carta de Gilberto Freyre a José Lins do Rego, com datação "Recife, 22-1-48" em: Freyre, Gilberto. *Cartas do próprio punho sobre pessoas e coisas do Brasil e do estrangeiro*. Sel., org. e introd. Sylvio Rabello. Rio de Janeiro: Conselho Federal de Cultura, 1978. p.132). Daí que, embora me refira a *Tempo morto e outros tempos* como um diário, não deixo de considerar seu cunho autobiográfico, ciente de que os dados ali narrados podem ter sofrido processo de reelaboração ficcional possibilitado pela distância temporal entre escrita e acontecimentos, o que é próprio das escritas de si que supõem esse lapso temporal.

> Ninguém mais pernambucano. Vive uma saudade constante do Recife. Pergunta-me por mil e uma coisas do Recife. Depois por poetas e escritores da língua inglesa. Se conheço beltrano. Que tal fulano? Que penso de sicrano.
> Como já nos correspondemos há mais de um ano, sentimo-nos como se fôssemos amigos velhos. Vejo que são muitas e profundas as afinidades que nos ligam. Para mim é hoje o maior poeta da língua portuguesa, dentre os que conheço.[11]

As cartas, nesse contexto, assumem a função de testemunhos da vida íntima, são como crônicas esparsas de indivíduos que zelam pelo universo da intimidade. Ao mesmo tempo, porém, abrem-se, por sua eloquência e pela importância dos correspondentes no cenário literário, artístico e cultural brasileiro, para a possibilidade de leituras múltiplas. E, além do mais, podem ser abordadas pelo aspecto da literariedade impura, conceito que será apresentado e problematizado a seguir.

4.1 O ensaio de Gilberto Freyre e outras correspondências impuras

> *[...] quanto mais o pensamento se aproxima do* standard *estabelecido, mais ele perde sua função antitética, e é somente nela, na relação manifesta com seu contrário, não em sua existência isolada, que sua pretensão se encontra fundada.*
> Theodor Adorno[12]

Propor uma leitura criteriosa de um texto tão escorregadio e indefinível como o epistolar, principalmente quando nele, quase sempre, nenhum assunto demarcado e exclusivo conduz a recepção, exige que se façam algumas considerações preliminares sobre o seu estatuto. E toda consideração corre o risco de se revelar, ao final, extremamente precária, dada a sua impureza, ou melhor, sua impossibilidade de delimitação categórica.

Como abordar a correspondência nos estudos literários? Seria um texto paraliterário útil para o estudioso de literatura, principalmente num contexto em que as disciplinas de Teoria Literária ou Literatura Comparada justamente firmaram suas bases, sobretudo na segunda metade do século XX, procurando evitar relações extraliterárias, entre elas as biográficas? Dos formalistas russos e sua

---

[11] Freyre, *Tempo morto e outros tempos*, 1975, p.184-185.
[12] Adorno, Theodor W. *Minima moralia*. Trad. Luiz Eduardo Bicca. São Paulo: Ática, 1992. p.69.

tentativa de definição da "literariedade", do entendimento da "função poética" tal qual proposta por Roman Jakobson à busca de desvendamento da estrutura profunda dos textos por estruturalistas e pós-estruturalistas – aventura hermenêutica que ainda está no rastro de formação das novas gerações recém-saídas dos cursos universitários de Letras espalhados pelo país –, o que temos, em muitos momentos, é uma separação entre vida e obra ou, no mínimo, uma dificuldade muito grande em realizar trânsitos plausíveis ou significativos entre uma e outra.

A correspondência familiar e com amigos, como nenhum outro tipo de texto, encena o diálogo circunscrito ao universo privado. Assim, em um contexto de progressiva despersonalização e solipsismo na sociedade moderna ou, ainda, avançando nas transformações do século XX, de fragmentação e espetacularização pós-moderna, as cartas perderam a função que tinham, por exemplo, no século XVIII, XIX e começo do século XX, quando eram fundamentais não só para o trânsito de informação, mas também para o estabelecimento de redes vitais para a dinâmica da vida em sociedade. O texto epistolar perdeu seu espaço com o avanço de outros meios mais eficientes de comunicação e perdeu também o sentido de rito social de aproximação e troca entre indivíduos. Outra não é a trajetória de escritas subjetivas – as quais paulatinamente vêm penetrando no meio acadêmico, sob a rubrica de escritas da vida e outras afins –, algo que parece acompanhar o progressivo desaparelhamento do sujeito em várias esferas. Como observa Terry Eagleton:

> No momento mesmo em que o estruturalismo afastava o objeto real, afastava também o sujeito humano. De fato, este duplo movimento define o projeto estruturalista. A obra não se refere a um objeto, nem é expressão de um sujeito individual; ambos são eliminados, e o que resta, pendendo no ar entre eles, é um sistema de regras. Esse sistema possui existência autônoma, e não se inclinará às intenções individuais. Dizer que o estruturalismo tem um problema com o sujeito individual é dizer pouco: o sujeito foi efetivamente liquidado, reduzido à função de uma estrutura impessoal. Em outras palavras, o novo sujeito era realmente o *próprio sistema*, que parecia equipado de todos os atributos (autonomia, autocorreção, unidade, etc.) do indivíduo tradicional. O estruturalista é "anti-humanista", e isso não significa que seus partidários roubem os doces das crianças, mas que rejeitam o mito de que o significado começa e termina na "experiência" do indivíduo.[13]

O apagamento progressivo do sujeito e a personificação da estrutura parecem ter sido, no geral, a experiência, por assim dizer, hegemônica das Letras

---

13 EAGLETON, Terry. *Teoria da Literatura:* uma introdução. Trad. Waltensir Dutra. São Paulo: Martins Fontes, 1983. p.120.

no século XX.[14] Nesse rastro, textos de circunstância, sem intenção de serem "estéticos" ou literariamente sofisticados, como as cartas, parecem ter gozado de pouco espaço no âmbito da pesquisa acadêmica. Semelhante ruptura com a significação e com a tradição humanista no campo dos estudos literários também parece ter se dado na produção artística tida como canônica na modernidade. A perspectiva moderna na produção literária que, segundo normalmente se generaliza, deixou a marca no século XX, iniciada nos fins do século XIX com a poesia mais enigmática de Rimbaud e Mallarmé, por exemplo, foi a do silenciamento da palavra, do emudecimento do discurso, do esvaziamento da expressão. Note-se como o estruturalista e semiólogo Roland Barthes aborda a poesia moderna:

> Vimos que a poesia moderna, pelo contrário, destruía as relações da linguagem e reduzia o discurso a estações de palavras. [...] Essas palavras-objeto sem ligação, ornadas de toda a violência de sua explosão, cuja vibração puramente mecânica toca de maneira estranha a palavra seguinte, mas logo se extingue – essas palavras poéticas excluem os homens: não existe humanismo poético da modernidade: esse discurso de pé é um discurso cheio de terror, vale dizer, que põe o homem em ligação não com os outros homens, mas com as imagens mais inumanas da Natureza; o céu, o inferno, o sagrado, a infância, a loucura, a matéria pura, etc.
> A essa altura, dificilmente se pode falar de uma escritura poética, porque se trata de uma linguagem cuja violência de autonomia destrói qualquer alcance ético.[15]

Para Barthes, a ruptura é ainda mais profunda: a poesia não teria mais certa ética da linguagem que caracterizaria as escrituras; afinal, nenhuma das figuras da história ou da sociabilidade estaria presente nos estilos autônomos da modernidade. Vê-se, desse modo, que estamos num terreno em que a visão de literatura sofre uma obliteração. Exercícios de leitura possíveis para tratar de textos como o epistolar poderiam ocorrer, ao final, na linha de uma

---

14 Se, sobretudo no exterior e em alguns redutos universitários no Brasil, as correntes formalista, estruturalista e pós-estruturalista deixaram sua marca nesse sentido, importa levar em consideração outra corrente que aqui se estabeleceu e que nunca deixou de pensar esses trânsitos entre biografia e literatura. Como exemplo, temos a extensa obra de Antonio Candido, que procura estabelecer uma correspondência necessária, e não fortuita, entre forma literária e processo social: "A análise crítica, de fato, pretende ir mais fundo [acerca de interesses por fatores sociais e psíquicos], sendo basicamente a procura dos elementos responsáveis pelo aspecto e o significado da obra, unificados para formar um todo indissolúvel, do qual se pode dizer, como Fausto do Macrocosmos, que tudo é tecido num conjunto, cada coisa vive e atua sobre a outra" (CANDIDO, Antonio. *Literatura e Sociedade*. 8. ed. São Paulo: T. A. Queiroz/Publifolha, 2000. p.7). Porém, é preciso dizer que não se costuma estudar esse tipo de produção "impura" e ligada ao "circunstancial", como a correspondência, respeitando-se sua especificidade. Infelizmente, a correspondência tem ficado condenada, no geral, à curiosidade do não especialista ou ao trabalho do historiador *tout court*. O reflexo disso pode ser visto, por exemplo, no trabalho arquivístico um tanto precário e no descaso com matérias de cunho filológico no Brasil que tragam à tona material inédito restrito aos arquivos, apesar de todos os esforços, muitos deles individuais ou concentrados em algumas instituições, para que a situação se modifique.

15 BARTHES, Roland. *O grau zero da escritura*. Trad. Anne Arnichand & Álvaro Lorencini. São Paulo: Cultrix, 1971. p.63.

crítica da ideologia da linguagem, de um exercício elaborado de desmontagem sígnica, por exemplo.[16]

Sobre a questão do lugar dos textos epistolares na produção editorial, apesar do interesse eminentemente prático, cartas de escritores costumavam ser fruídas, em outras épocas, como extensão da obra de autores conhecidos. Nesse sentido, estamos um pouco distantes da perspectiva que relega a segundo plano esse tipo de produção. A *Revista do Brasil*, por exemplo, em fase que vai de setembro de 1926 a janeiro de 1927 – que nos interessa justamente porque nela colaboraram Manuel Bandeira e Gilberto Freyre, assinando, inclusive, segundo Carlos Drummond, artigos em conjunto –, dava um relevo hoje incomum para o texto epistolar. A publicação quinzenal, conforme informação contida na capa, sob a direção de Pandiá Calógeras, Afrânio Peixoto, Alfredo Pujol e Plínio Barreto e cujo redator-chefe era Rodrigo Melo Franco de Andrade, sempre trazia cartas de intelectuais, escritores e personalidades do cenário político em seção de destaque, muitas vezes como primeira chamada de capa. Assim foi disponibilizada correspondência inédita de Eça de Queirós, Tobias Barretto, Machado de Assis, Victor Hugo, Lamartine, D. Pedro II, Gonçalves Dias, Francisco Octaviano, carta aberta de Manuel Bandeira a João Alphonsus, resposta de Manuel Bandeira a João Alphonsus, Olavo Bilac, carta aberta de Augusto Frederico Schmidt a Prudente de Morais Neto e cartas de Remy de Gourmont. No curto espaço de tempo da revista sob referida direção, quando tinha como meta explícita a "modernidade", é inegável a importância dada para tal forma, em meio a artigos sobre outros assuntos literários, sobre questões da língua e com resenhas acerca de livros lançados. O que importa frisar é que a correspondência, como forma, tinha um apelo ao público leitor e encontrava, proporcionalmente, ao que tudo indica, mais àquela época do que hoje, uma inserção dinâmica, nada tímida, no mercado editorial. Como contraponto, é sabido que o filão das biografias, tipo de texto com o qual a correspondência guarda certa afinidade, é comercialmente um dos mais bem-sucedidos na atualidade. Uma das razões para tal fenômeno pode se encontrar no caráter fragmentário e até enigmático das cartas ao serem reunidas em coletânea, o que exige, certamente, a participação ativa do seu leitor para preencher os vazios e lapsos que ela necessariamente contém. Nasce daí, também, a meu ver, a especificidade do editor

---

16 A propósito de Barthes, vale recordar que o escritor fez uma elogiosa resenha à tradução de *Casa-grande & senzala* quando ela foi publicada na França, afirmando sua originalidade no campo da história e de disciplinas científicas afins e acentuando o perfil de Freyre como um intelectual militante: "*Enfin Freyre est un novateur; il a introduit dans l'histoire de l'homme brésilien une sexologie pensée à l'échelle de l'Histoire, soit en expliquant la sexualité ouverte du Brésilien, son goût pour les unions hétérogènes, par les rapports proprement freudiens du jeune enfant blanc et de las nourrice noire, soit en décrivant l'équilibre qui s'est historiquement instauré entre l'espèce de satyriasis des conquérants portugais et le tonus sexuel relativement faible (contrairement au préjugé) des Indiens aborigènes et des Noirs importés d'Afrique. Cette sorte de déterminisme nous convainc parce qu'il est toujours replacé dans une situation historique et sociale bien définie (structure agraire et esclavagiste de la société brésilienne des premiers temps, premières directives 'libérales' des missionnaires, etc.). / Enfin, si l'on veut bien songer à l'effroyable mystification qu'a toujours constituée le concept de race, aux mensonges et aux crimes que ce mot, ici et là, n'a pas encore fini d'autoriser, on reconnaîtra que ce livre de science et d'intelligence est aussi un livre de courage et de combat. Introduire l'explication dans le mythe, c'est pour l'intellectuel la seule façon efficace de militer.*" (BARTHES, Roland. Maitres et esclaves. *Les Lettres Nouvelles*, Paris, v.1, p.107-108, mar. 1953.)

ou do organizador de correspondência, que deve assumir o papel de mediador eficaz entre texto e leitor.

Mas, voltando à questão da constituição da disciplina Teoria Literária, desde Wellek e Warren, sabemos que:

> Mesmo quando uma obra de arte contém elementos que possam com segurança ser identificados como autobiográficos, tais elementos estarão de tal modo reelaborados e transformados na obra que perdem o seu significado especificamente pessoal e se tornam apenas material humano concreto, partes integrantes da obra. / [...] Pode demonstrar-se que é falsa a própria concepção de que arte é autoexpressão pura e simples, a transcrição de sentimentos e experiências pessoais. Até quando entre a obra de arte e a vida de um autor exista uma estreita relação, tal não pode ser interpretado como querendo dizer que a obra de arte é uma mera cópia da vida.[17]

Por muito tempo, o que se buscou garantir foi sobretudo a independência da arte em relação à vida. Sendo assim, se a leitura que se pode fazer de um conjunto de correspondência não se desvincula da biografia dos autores, dada a sua "discutível importância" para os estudos literários, como abordá-la? Ainda segundo Wellek e Warren:

> Uma obra de arte pode estar a figurar mais o "sonho" de um autor do que a sua vida real, ou que a "máscara", o "antieu", atrás do qual a sua própria personalidade se esconde, ou um retrato daquela vida de que o autor quer evadir-se. Além disso, não devemos esquecer-nos de que o artista pode "experimentar" a vida por forma diferente, em função de sua arte: as experiências reais são por ele encaradas em função de sua utilização em literatura e chegam até ele já em parte informadas por tradições e preconceitos artísticos.[18]

Se o fingimento artístico que separa vida e obra quer colocar em relevo o material propriamente ficcional ou poético, se este resta autônomo a despeito do fato de se alimentar de dados (fragmentados e de origem incerta) da vida, a perspectiva da correspondência como forma literária torna-se bastante problemática.

Talvez os críticos da pós-modernidade, considerando a flutuação e a completa desestabilização do cânone, possam arriscar uma resposta. Mas, tendo

---

17 Wellek, René; Warren, Austin. *Teoria da literatura*. Trad. José Palla e Carmo. Lisboa: Europa-América, 1976. p.91.

18 Wellek; Warren, *Teoria da literatura*, p.91-92.

em vista que estamos diante de uma correspondência de autores cujo período de formação se localiza nas décadas de 1910 e de 1920, principalmente, o propósito é interpretá-la em sua própria condição, ou seja, a partir da experiência estética e histórica dos actantes, evitando, inclusive, a tendência de se analisar, de forma anacrônica, a sociedade de uma época e seus produtos. E o contexto do Pré-modernismo e do Modernismo, em especial nas década de 1920 e de 1930 – isso sem falar do século XIX –, de fato reservou uma posição distintiva, como vimos, a essa forma literária.

Ainda nesse sentido, em prefácio à edição da correspondência de *Carlos & Mário* [Carlos Drummond de Andrade e Mário de Andrade], Silviano Santiago lançou uma possibilidade válida de releitura da tradição da disciplina para os teóricos da literatura. O desafio seria empreender uma desconstrução dos métodos de análise e interpretação que "fizeram a glória dos estudos literários no século XX":

> Ao analisar as relações entre autor e obra literária, os estudiosos negaram aquele e isolaram esta, cercaram-na de arame farpado, fetichizaram-na, para dela fazerem seu único e exclusivo objeto de estudo. Só o texto literário conta. [...] / A leitura de cartas escritas aos companheiros de letras e familiares, bem como a diários íntimos e entrevistas, tem pelo menos dois objetivos no campo de uma nova teoria literária. Visa a enriquecer, pelo estabelecimento de jogos intertextuais, a compreensão da obra artística (poema, conto, romance...), ajudando a melhor decodificar certos temas que ali estão dramatizados, ou expostos de maneira relativamente hermética. [...] Visa a aprofundar o conhecimento que temos da história do modernismo, em particular do período consecutivo à Semana de Arte Moderna.[19]

As propostas produtivas de Silviano Santiago são lançadas num contexto em que, aos poucos, a correspondência como texto parece voltar a despertar a atenção de leitores e pesquisadores.[20] Esse interesse renovado pode indicar uma

---

19 SANTIAGO, Silviano. Suas cartas, nossas cartas. In: ANDRADE, Carlos Drummond de; ANDRADE, Mário de. *Carlos e Mário*: correspondência completa entre Carlos Drummond de Andrade (inédita) e Mário de Andrade. Org. e pesq. iconog. de Lélia Coelho Frota. Pref. e notas Silviano Santiago. Estabelecimento de texto das cartas de CDA por Alexandre Faria. Rio de Janeiro: Bem-Te-Vi, 2002. p.10.

20 É preciso dizer que, principalmente nos últimos anos, há um número crescente de publicações de fôlego no país que têm a correspondência como objeto de estudo. Para citar alguns exemplos, enumeraria: GUIMARÃES, Júlio Castañon. *Contrapontos*: notas sobre correspondência no modernismo. Rio de Janeiro: Fundação Casa de Rui Barbosa, 2004; MORAES, Marcos Antônio de. *Orgulho de jamais aconselhar*: a epistolografia de Mário de Andrade. São Paulo: Edusp/Fapesp, 2007; PREZADO senhor, prezada senhora: estudos sobre cartas. Org. Walnice Nogueira Galvão e Nádia Batella Gotlib. São Paulo: Companhia das Letras, 2000; e SANTOS, Matilde Demétrio dos. *Ao sol carta é farol*: a correspondência de Mário de Andrade e outros missivistas. Rio de Janeiro: Annablume, 1998. A introdução à obra coletiva *Prezado senhor, prezada senhora*, afirmam as organizadoras: "E, na quase inexistência de estudos de epistolografia, socorremo-nos de todas as cartas de que conseguimos lançar mão. Pois a questão girava em torno de uma constatação óbvia para todos nós, interessados em literatura: a disparidade entre o volume de cartas – escritas por artistas, intelectuais, personalidades históricas – e o número reduzido de estudos. Por que tantas cartas

tendência de aproximação com o público leitor, do mesmo modo que a crônica, impulsionada com o Modernismo, o possibilita. Os temas, ali, mesmo com sua significação labiríntica, dão a sensação de ligação entre indivíduo e experiência coletiva: ler cartas é dialogar com textos outros, tempos outros, personalidades outras, espaços outros, permitindo assim um encontro renovado com a alteridade.[21]

Mas não só o estabelecimento da(s) teoria(s) da literatura, e consequentes reinvindicações da literariedade, provocaria essa elisão de textos "de circunstância", ligados à experiência contingente, corriqueira, até banal, com relação às cartas. Em outra linha, mas com semelhante efeito, estaria a excessiva preocupação com a nacionalidade, às voltas com um projeto historiográfico abrangente, agregador e inclusivo, não comprometido com o particular. A leitura de uma carta, portanto, flagra singularidades, dificilmente compatíveis com teorias abstratas e genéricas que não partem do chão histórico e desconsideram a condição do indivíduo. Nesse sentido, Castro Rocha afirma com propriedade a "impossível teoria da carta"; no máximo, seria possível uma "fenomenologia da carta":

> Os "estudos sobre cartas" deverão respeitar o caráter plural do objeto e, na medida do possível, apresentar uma análise de tipo fenomenológico da correspondência, considerando as circunstâncias de sua produção e recepção. Destaca-se, assim, o reconhecimento da necessária diversidade das abordagens em virtude da pluralidade do objeto.[22]

Com esse excurso, espero que oportuno, gostaria de chamar a atenção para a importância de uma descentralização de práticas de leitura da obra de escritores, ou seja, convidar o leitor ou o pesquisador a olhar para o detalhe mínimo, relegado, quase sempre, a uma posição marginal pela "crítica literária" canônica. Esse seria, metaforicamente, o caminho de um provinciano em sua busca pelo particular e pelo concreto da experiência. Como afirmou Carlos

---

produzidas e tão poucos trabalhos com leituras de tais cartas?" (GALVÃO, Walnice Nogueira.; GOTLIB, Nádia Batella. Apresentação. In: PREZADO senhor, prezada senhora, 2000. p.9). Há, entretanto, vários trabalhos críticos publicados de forma esparsa, muitos deles como introdução a coletâneas de cartas. Mas, num confronto com, por exemplo, as publicações acadêmicas em língua francesa, inglesa e italiana e mesmo com a importância da prática de escrita de cartas no Modernismo brasileiro, permanece a sensação de que há muito o que fazer nessa área no âmbito propriamente universitário em nosso país.

21 Além de evidentemente procurarmos recuperar correntes da criação literária que lidam com aspectos sociais, valeria a pena citar Norbert Elias que, em seu livro tardio *A sociedade dos indivíduos*, reflete sobre os abismos intransponíveis que existem, nas disciplinas humanísticas, quando o assunto é "o indivíduo" e "a sociedade". Segundo o autor: "Assim, cada pessoa singular está realmente presa; está presa por vir em permanente dependência funcional de outras; ela é um elo nas cadeias que ligam outras pessoas, assim como todas as demais, direta ou indiretamente, são elos nas cadeias que a prendem. Essas cadeias não são visíveis e tangíveis, como grilhões de ferro. São mais elásticas, mais variáveis, mais mutáveis, porém não menos reais, e decerto não menos fortes. E é a essa rede de funções que as pessoas desempenham umas em relação a outras, a ela e nada mais, que chamamos 'sociedade'." (ELIAS, Norbert. *A sociedade dos indivíduos*. Org. Michael Schröter. Trad. Vera Ribeiro. Rev. téc. e notas Renato Janine Ribeiro. Rio de Janeiro: Jorge Zahar, 1994. p.23). Nesse contexto, o texto epistolar pode oferecer um terreno rico para se observar a dinâmica das relações múltiplas que se estabelecem entre o indivíduo e a sociedade.

22 ROCHA, João Cezar de Castro. *Exercícios críticos*: leituras do contemporâneo. Chapecó: Argos, 2008. p.153.

Drummond de Andrade: "A circunstância é sempre poetizável, e isso nos foi mostrado até o cansaço pelos grandes poetas de todos os tempos, sempre que um preconceito discriminatório não lhes travou o surto lírico".[23] Preconceito discriminatório este que não parece ser exclusivo de poetas.

Antes de percorrer alguns temas relacionados à *Correspondência entre Gilberto Freyre & Manuel Bandeira*, gostaria de fazer breves considerações sobre o lugar que essa tipologia de texto ocuparia numa possível estética freyriana.

Sabemos do interesse de Freyre por todas as formas comunicativas, independentemente da voz que articula as palavras ou do veículo que as dispõe. Logo no prefácio a *Casa-grande & senzala*, o escritor lamenta a falta da escrita subjetiva, verdadeiro documento da intimidade, raramente praticada no Brasil:

> Isto, é claro, quando se consegue penetrar na intimidade mesma do passado; surpreendê-lo nas suas verdadeiras tendências, no seu à vontade caseiro, nas suas expressões mais sinceras. O que não é fácil em países como o Brasil; aqui o confessionário absorveu os segredos pessoais e de família, estancando nos homens, e principalmente nas mulheres, essa vontade de se revelarem aos outros que nos países protestantes provê o estudioso de história íntima de tantos diários, confidências, cartas, memórias, autobiografias, romances autobiográficos.[24]

As cartas, para Gilberto Freyre, são, em princípio, documentos. Mas sua proposta vai um pouco além, a ponto de ser praticamente impossível separar a escrita ficcional do interesse documental, a literatura da vida. Ainda mais, esse tipo de texto paraliterário também pode ser, para ele, visto como objeto de expressão individual pelo autor, de um lado, e de fruição pelo leitor, de outro. No prefácio de seu primeiro livro de ficção, *Dona Sinhá e o filho padre*, de 1964, por ele chamado seminovela – de modo a ressaltar o caráter fronteiriço entre fato e ficção –, diria o escritor:

> O autor a considera seminovela não por julgá-la, só por ser mista, inferior às novelas puras, mas por entender que, dentro de uma novela pura, não se realizaria sua intenção de juntar à ficção declarada, a larvada. Larvada pelo que nela tende a ser imaginativamente histórico. O semi é a admissão do ambíguo.[25]

---

23 ANDRADE, Carlos Drummond de. O poeta se diverte. In: _____. *Obra completa*. Rio de Janeiro: José Aguilar, 1967. p.688. Publicado originalmente no *Correio da Manhã*, Rio de Janeiro, 3 jul. 1948, p.361, e reunido na coletânea de crônicas *Passeios na ilha*, de 1952.

24 FREYRE, Gilberto. Prefácio à 1ª edição. In: _____, *Casa-grande & senzala*, 2000, p.56.

25 FREYRE, Gilberto. *Dona Sinhá e o filho padre*: seminovela. Rio de Janeiro: José Olympio, 1964.

Freyre sempre ressalta, em seus escritos autorreflexivos,[26] o poder assimilativo de sua escrita e de seu método como uma extensão do próprio sentido distendido de seu objeto. O que o autor procura destacar, com seu "anarquismo ibérico", é uma vontade de estilo sem fronteiras estanques e espaços exclusivos, a respeito de qualquer assunto.

A escrita freyriana, assim, é insolente, dinâmica, escorregadia, assistemática, anárquica, impura, na linha do melhor ensaísmo que tem sua origem nos textos de Michel de Montaigne. De fato, já *Casa-grande & senzala*, primeira grande obra de Freyre, está plena de exemplos que caracterizam o elogio das formas impuras operantes no conjunto de seus escritos. A nova civilização brasileira, interpretada por Freyre, é anárquica e assimilativa na sua origem. Sem rigidez nos seus traços e modos de articulação, sem um Estado ordenador, para o autor, ela inspiraria uma necessidade de convivência com o diferente, centralizada no personalismo despótico do patriarca.

Mais além, no mesmo livro, o autor joga com outros indícios de sua originalidade liberta de duras amarras. Por exemplo, em sua obra, se dá o enfoque metonímico do mínimo detalhe, na tentativa de construir um retrato verossímil e paradoxalmente totalizador da vida do brasileiro na época colonial. E mais, a oralidade, em franco confronto com a gramática rígida do português castiço, foi enfrentamento central e corajoso, uma verdadeira conquista no Modernismo literário brasileiro. Ambos os pontos são caminhos seguros para se perceber a qualidade literária da escrita freyriana, edificada sobremaneira sob o signo do equilíbrio de antagonismos, como o próprio autor exaustivamente argumenta – e que foi bem analisado por Ricardo Benzaquen de Araújo.[27]

Partindo da impureza de seu estilo e método, sua correspondência pode ser lida na mesma linha. É certo que o maior estímulo para se tentar qualificar a literariedade impura na escrita freyriana – impura em que pese sua parcela de literalidade – vem do próprio escritor e de suas sugestões. E, então, corremos o risco de cair no discurso do eu que elabora e reelabora o papel de si mesmo, um procedimento muito similar àquele por vezes operante no texto epistolar.[28]

---

26 Caracterizo como "autorreflexivos" momentos, não raros, em que o autor demonstra disposição em analisar a própria natureza de sua escrita. Nesse sentido, seu texto pode ser metalinguístico. Uma das funções da linguagem segundo Jakobson, a metalinguagem é "traço que assinala a modernidade de um texto, é o desvendamento do mistério, mostrando o desempenho do emissor na sua luta com o código." (CHALHUB, Samira. *Metalinguaguem*. São Paulo: Ática, 1988. p.47). Daí se poder afirmar que o texto de Gilberto Freyre, apesar de buscar a comunicação, não se afasta do princípio metalinguístico característico da modernidade.

27 Um pesquisador que leva a bom termo o estudo da obra de Gilberto Freyre, focado sobretudo na década de 1930, partindo da expressão "equilíbrio de antagonismos", é Ricardo Benzaquen de Araújo: "Cria-se, assim, uma nova forma de se aproximar os antagonismos na análise de Gilberto, produzindo-se um clima de extrema ambiguidade ética, clima em que o bem e o mal parecem se tocar como os dois lados da mesma experiência ou da mesma personagem, tornando a noção de equilíbrio empregada em CGS naturalmente muito mais instável e precária do que aquela que veio sucedê-la." (ARAÚJO, Ricardo Benzaquen de. *Guerra e paz*: *Casa-grande & senzala* e a obra de Gilberto Freyre nos anos 30. Rio de Janeiro: Ed. 34, 1994. p.206).

28 A tendência de "ficcionalização do eu" é questão patente em toda obra de Freyre, desde os seus ensaios autobiográficos ao texto epistolar. Marcos Antonio de Moraes tece considerações, no universo da correspondência, que iluminam a questão: "Esse caso, especificamente, traz à tona uma pertinente questão levantada por José-Luis Diaz. O ensaísta nos alerta que devemos 'desconfiar da gênese "exibicionista", mais ou menos truncada e encenada'. Nessa

Na sequência da reflexão sobre as formas impuras em Gilberto Freyre, uma precisa definição para esta *hybris* que caracteriza seu texto vem de Antonio Candido, segundo o qual haveria uma "ambiguidade dinâmica" que permearia toda a sua obra:

> Uma vez constatado que é difícil e desnecessário classificá-lo, dada a natureza da sua personalidade intelectual, a fecunda diversidade do seu pluralismo, compreendemos melhor a ambiguidade dinâmica sentida na leitura da sua obra, – onde, quando saímos à busca do sociólogo, deslizamos para o escritor; e quando procuramos o escritor, damos com o sociólogo. Se procuramos especificamente o crítico, acharemos quase sempre o estudioso que utiliza impuramente a literatura para fins da sua construção sociológica; mas a impura utilização torna-se de súbito tratamento vivificante, que retorna sobre a literatura a fim de esclarecê-la.[29]

A fluidez e a plasticidade desconcertantes, temas que circulam no conjunto da obra de Gilberto Freyre, oferecem um ponto de partida para a compreensão crítica dos seus escritos. Ao escolher como forma literária privilegiada o ensaio, ele se apoia numa longa e moderna tradição de escritores de difícil classificação, que elegem como modo de expressão uma forma fragmentária, híbrida e ambígua. Ainda mais, quando se fala do ensaísmo em Freyre como um atributo da escrita, também se devem considerar o caráter movediço e a ambiguidade horizontal, como um processo de correspondências impuras, o qual abrange também suas novelas (ou seminovelas, como quer o autor), epistolografia, diário, ensaios autobiográficos, poemas, bem como suas crônicas e seus artigos de crítica literária, de arte e de "meditação sobre temas diversos",[30] o que

---

direção, passamos a colocar em permanente suspeição a narrativa testemunhal vazada em correspondência. A crítica genética precisa dar passos cautelosos no universo da epistolografia, assim como os estudiosos do memorialismo e os historiadores levam em conta que toda carta propicia a formulação de *personae*, pois o sujeito molda-se como personagem em face do interlocutor. Essa invenção de si (*mise-en-scène*), da qual o remetente pode ter maior ou menor grau de consciência, forja sempre estratégias de sedução. Tornando ainda mais complexa a natureza do gênero epistolográfico, deve-se considerar que a carta encontra-se ancorada em um ponto da trajetória de vida do sujeito. Em vista disso, uma ideia solidamente defendida em certo momento poderá ser reformulada ao longo da correspondência, modificando-se até atingir o campo diametralmente oposto. Nesse ambiente movediço, a verdade que a carta eventualmente contém – a do sujeito em determinada instância, premido por intenções e desejos – é datada, cambiante e prenhe de idiossincrasias." [E, permito-me generalizar, tal como a obra de Freyre] (Moraes, Marcos Antonio. Epistolografia e crítica genética. *Ciência e Cultura*, Campinas, v.59, n.1, p.30-32, jan./mar. 2007).

29 Candido, Antonio. Gilberto Freyre crítico literário. In: Amado, Gilberto. et al. *Gilberto Freyre*: sua ciência, sua filosofia, sua arte: ensaios sobre o autor de "Casa-Grande & Senzala" e sua influência na moderna cultura do Brasil, comemorativos do 25º aniversário da publicação deste seu livro. Rio de Janeiro: José Olympio, 1962. p.120-121.

30 Para uma visada geral sobre a produção de Gilberto Freyre, útil para uma leitura nesse sentido, podemos classificá-la conforme segue. Poeta bissexto, reuniu seus poemas em *Talvez Poesia*, de 1962. Sua prosa, por seu turno, pode ser dividida em narrativas autobiográficas (o diário-memória *Tempo morto e outros tempos: trechos de um diário de adolescência e primeira mocidade*, de 1975, e a autobiografia póstuma *De menino a homem: de mais de trinta e de quarenta, de sessenta e mais anos*, de 2010), romance (*Dona Sinhá e o filho padre: seminovela*, de 1964, e *O outro amor do Dr. Paulo: seminovela*, de 1977), ensaio (*Nordeste*, de 1937, *Como e porque sou escritor*, de 1965, *Como e porque sou e não sou sociólogo*, de 1968, e a trilogia de ensaios histórico-sociais *Casa-grande &*

torna ainda mais urgente a indagação sobre o aspecto impuro de sua escrita.

Caracterizando-se escritor a partir do conceito de "forma literária impura", Gilberto Freyre emprega o termo no livro de crítica literária *Heróis e vilões no romance brasileiro*:

> o escritor que [o público] adota é, sempre, o que lhe traz em poemas, em ensaios, em romances, temas e figuras, senão viventes e existenciais, fantásticos e ultraexistenciais, em linguagem que seja sempre vivente e existencial; ligada à vida e até ao cotidiano; impregnada de experiência ou vivência humana captada pelo escritor – inclusive sonhos e invenções simbólicas de ultravivências. E para haver essa vivência em obras literárias e essa convivência de autor com leitor, de escritor com público, é preciso que o autor seja, como quase sempre é e tem sido, o escritor inglês – quer poeta como Milton, quer romancista como Defoe, quer ensaísta como Lamb – impuro. Impuro que acrescente ao que é literário nos seus objetivos e na sua linguagem, elementos não literários, vindos das ruas, das praças, das multidões, da boca do povo, da tradição oral [...] das superstições, do sobrenatural [...][31]

Nessa passagem, é possível antever algumas questões fulcrais para a compreensão da prática impura do escritor. Uma delas implica que a arte, quando de valor, seria fundamentalmente ligada à vida, a ponto de não mais se conceberem ambos os termos como polos distintos – da vida brotariam estímulo e material para a arte. Como no ensaio "Diários e memórias", o autor afirma que estes compreendem um gênero de literatura que "reúne ao interesse artístico ou literário – quando o possui, ostensivo ou dissimulado – um interesse humano, considerável".[32] Uma segunda questão sugere que os elementos não literários desempenhariam função orgânica somente quando orientados por um valor humano intrínseco. Um terceiro ponto alude a que se estabelece uma comunicação bastante próxima entre autor e leitor, escritor e público, o que caracteriza um intercâmbio de experiências dinâmico, constante e duradouro. Esses valores

---

senzala, de 1933, *Sobrados e mucambos*, de 1936, *Ordem e progresso*, de 1959) e livros com temática sobre viagem (*Aventura e rotina*, de 1953, *Guia prático, histórico e sentimental da cidade do Recife*, 1934, e *Olinda: 2º guia prático, histórico e sentimental de cidade brasileira*, de 1939). Outros ensaios e artigos sobre temas mais pontuais, às vezes tendendo à crônica, às vezes ao perfil biográfico e ainda ao ensaio de crítica literária, foram coligidos em livros, tais como: *Região e tradição*, de 1941; *Perfil de Euclydes e outros perfis*, de 1944; *Vida, forma e cor*, de 1962; *Alhos & bugalhos: ensaios sobre temas contraditórios: de Joyce a cachaça; de José Lins do Rego ao cartão-postal*, de 1978; *Prefácios desgarrados*, de 1978; e *Tempo de aprendiz: artigos publicados em jornais na adolescência e na primeira mocidade do autor, de 1918 a 1926*, 1979, reunidos em 2 volumes, entre outros. Por fim, uma seleção de sua extensa correspondência ativa está no volume *Cartas do próprio punho sobre pessoas e coisas do Brasil e do estrangeiro*, de 1978, com organização e introdução de Sylvio Rabello; e sua correspondência com Oliveira Lima encontra-se no volume *Em família: a correspondência de Oliveira Lima a Gilberto Freyre*, 2005, com organização e introdução de Ângela de Castro Gomes.

31 Freyre, Gilberto. *Heróis e vilões no romance brasileiro*. São Paulo: Cultrix: Edusp, 1979. p.26.

32 Freyre, Gilberto. Diários e memórias. In: _____, *Pessoas, coisas & animais*, 1979, p.195.

foram decisivos para que Freyre construísse uma obra internamente coerente, cuja indubitável contribuição para a cultura brasileira, entre outras, foi ter avivado debates atuais sobretudo na primeira metade do século xx, como sobre o papel da região, da modernidade e, mais adiante, da pós-modernidade na literatura, nas artes, nas ciências e na cultura brasileira.

Tal como o povo português e, por extensão, o brasileiro, permeáveis, capazes de se acomodarem plasticamente às mais diversas e adversas experiências, na trilha da argumentação presente em *Casa-grande & senzala*, o ensaio freyriano consegue conquistar um difícil equilíbrio entre sensibilidade e ciência que, por sua vez, ultrapassa a estrutura para se encarnar no próprio sentido do texto. Nessa perspectiva, o brasileiro, criativo, anguloso em sua índole, seria expressão de uma autêntica e problemática fusão, gerador de valores absolutamente novos que o diferenciaria de modo inequívoco de suas principais matrizes. Nem Europa, nem África, nem América Indígena. Assim o ensaio freyriano, um pouco ciência, um pouco arte, *"calmly and proudly set its fragmentariness against the petty completeness of scientific exactitude or impressionistic freshness"*.[33]

No passo lento de uma prosa que vai se abrindo a pequenas histórias, causos, sugestiva caracterização de pessoas e espaços, reflexões singulares sobre as relações pessoais no universo da casa-grande, da senzala, do sobrado e do mocambo, entre outros, Freyre conduz pacientemente seu leitor na construção de um sentido sincrético ou impuro, num esforço para penetrar o que se esconde como "objetividade detrás da fachada"; e, ainda, seguindo reflexão de Adorno, se deixa conduzir pela espontaneidade da fantasia subjetiva, esta mesma que normalmente se condena "em nome da disciplina objetiva".[34] Vê-se que a subjetividade é fundamental nesse processo de elaboração do conjunto, cuja harmonia se revela no equilíbrio do fragmento em suas partes. Um dos inegáveis avanços formais de Gilberto Freyre em seus escritos foi deixar falar, por trás do aspecto sério, científico, suportado por inúmeras referências bibliográficas, a experiência pessoal, às vezes tomando ares fantasmagóricos: "Assombrações semelhantes me informaram no Rio de Janeiro e em São Paulo povoar os restos de casas-grandes do vale do Paraíba".[35]

Partindo de uma reflexão que é mais bem antevista no ensaio, pode-se observar que Gilberto Freyre dá um lugar privilegiado para outras formas literárias, qualificadas como fronteiriças ou impuras, como o diário, a autobiografia, a crônica, as memórias e a correspondência. A diferença mais marcante entre essas formas talvez esteja no tratamento do aspecto narrativo. Na forma ensaística, ele se apresenta fragmentário, circular, marginal, desordenado e aparentemente "sem propósito". Já na autobiografia, memórias e diário, o aspecto

---

33 Lukács, Georg. *Soul and form*. Trad. Anna Bostock. London: Merlin Press, 1974. p.17.

34 Cf. Adorno, Theodor W. O ensaio como forma. In: _____. *Notas de Literatura*, 1. Trad. e apres. Jorge de Almeida. São Paulo: Duas Cidades/Ed. 34, 2003.

35 Freyre, *Casa-grande & senzala*, 2000, p.54.

narrativo, em geral, toma forma linear e cronológica.[36] Na correspondência, por sua vez, dada a unidade de cada carta ou peça individual, haveria um misto de fragmento e linearidade – que podem ser revistos pelo arquivista e pelo editor – ou, poderíamos dizer, haveria uma linearidade fragmentária, muitas vezes vizinha da crônica também pelo seu aspecto ligado ao circunstancial ou cotidiano. Em todas essas formas, todavia, haveria algo fundamental: um movimento lacunar que impediria uma síntese final, alimentando, até o fim, seu sentido de "inacabamento" ou inconclusão: *"The road is unthinkable and unrealizable without the road being travelled again and again; the end is not standing still but arriving there, not resting but conquering a summit"*, como diria Lukács.[37] Seria como se todas as formas textuais fizessem parte de um único – e apontando para o infinito processo de escrita. Seria algo como um livro inacabado, que se volta contra a morte, a ruína, mas também sobrevive a ela como uma assombração.[38]

Segundo Adorno,[39] a união entre ciência e arte que se opera no ensaio é um movimento de negação da coisificação do mundo ocorrida no curso da crescente "desmitologização". Nessa senda, a escrita pode ser vista como uma tentativa de restabelecimento de uma unidade orgânica entre intuição e conceito, imagem e signo, sujeito e objeto, arte e ciência, literatura e sociedade. Mas tal restituição importa na medida em que seja vivida apenas como utopia, a ser experimentada no processo da escrita ensaística. Dever-se-ia tratar de uma restituição *in potentia*, bem como o ensaio é uma literatura *in potentia*.[40] A correspondência, assim, teria igualmente uma relação ambígua com a possibilidade de concepção de escrita orgânica. E, ainda mais, tal como no ensaio, sua literariedade poderia se manifestar apenas *in potentia*.

A importância da forma epistolar para além da questão puramente pragmática revela-se inclusive no relevo que a mesma recebeu, nos escritos de Freyre, no início de sua trajetória profissional e acadêmica. Muito antes de utilizar essa forma como fonte primária de pesquisa – o sociólogo utilizava cartas, diários, anúncios, relatórios etc. como *primary sources* –, seus escritos de juventude publicados tomaram o contorno de cartas abertas com um misto de crônica, com um quê de narrativa de viagem e ainda de reportagem, pelo movimento dinâmico e pelo diálogo estabelecidos com a vida prática. Esses

---

36 Cf. Gómez-Martínez, José Luís. *Teoría del ensayo*. Ciudad de México: Universidad Nacional Autónoma de México, 1992. p.114.

37 Lukács, *Soul and form*, 1974, p.17.

38 Freyre, em *Assombrações do Recife Velho*, dá uma dimensão literária para os causos sobre assombração, a qual, para ele, parecia ser a manifestação concreta do imponderável na vida real e da habilidade narrativa do povo (Freyre, Gilberto. *Assombrações do Recife Velho*. 4. ed. Rio de Janeiro: Record, 1987). Ademais, no jornal *A Província*, quando por ele dirigido, foi publicada uma série de crônicas, assinadas por José Mathias, sobre Macobeba, uma assombração que aterrorizava as ruas do Recife e de Olinda, sobre a qual falarei na seção 4.7 deste capítulo.

39 Cf. Adorno, O ensaio como forma. In: _____, Notas de Literatura, 2003, passim.

40 A definição do ensaio como literatura *in potentia* pode ser encontrada em: Obaldia, Claire de. *The essayistic spirit*: literature, modern criticism, and the essay. Oxford: Clarendon Press, 1995.

artigos de jornal foram enviados quando o "aspirante" a escritor tinha apenas 18 anos. Nos primeiros meses nos Estados Unidos, as impressões iniciais do contato com o contexto norte-americano foram registradas de modo a destacar as inúmeras facetas da nova experiência. No artigo datado de "Louisville, setembro 1918", publicado no *Diário de Pernambuco* em 3 de novembro de 1918, temos os seguintes assuntos, abordados numa prosa rápida com laivos expressionistas: a silhueta de Louisville, o protestantismo norte-americano, o peixe-monstro capturado na costa da Flórida, as consequências da Primeira Guerra Mundial, com homens vivos, "porém sem braços e sem pernas", as primeiras lufadas de vento outonal. O texto datado de "Waco, Texas – 22 de novembro de 1918", publicado no *Diário de Pernambuco* em 12 de janeiro de 1919, inicia-se do seguinte modo:

> Escrevo esta carta junto do meu fogão de gás. Faz frio. Mas frio, de verdade. Avalie que tivemos neve de manhã. Durou pouco e nem sequer deu para embranquecer os telhados das casas. O dia, porém, continuou frio.[41]

E assim o escritor de cartas procura captar suas mais vivas impressões de modo a fazê-las chegar ao leitor distante, o público situado no Recife – mas, cabe lembrar, o *Diário de Pernambuco* era um dos principais jornais do país, com data de fundação em 7 de novembro de 1825, tendo sido o primeiro a circular na América Latina, de modo que os potenciais leitores do periódico poderiam se situar em diversas regiões do país. Assiste-se ao início do desenvolvimento de um estilo bastante pessoal, uma escrita que procura se comunicar diretamente com o leitor, sem mediações causadoras de ruídos que prejudicassem a dinâmica da informação.

Tais textos iniciais, datados e com estilo epistolar, se transformaram em uma série de artigos para o *Diário de Pernambuco*. Já os artigos subsequentes abandonam os códigos epistolares explícitos, tais como datação, abertura e fechamento: "Começo a ter saudades da nossa natureza tropical, clara, florida, cheia de sol. / As cartas do Brasil são muito irregulares. / Como irá o nosso Recife?",[42] pergunta o remetente no artigo publicado em 3 de novembro de 1918; ou "Espero que todos aí tenham tido um Natal alegre. Eu vou indo bem e estou pronto para o novo 'quarter', que começará terça-feira vindoura. Carta anterior, dirigida a Ulisses, informa de como me fui nos exames",[43] que são as primeiras linhas do artigo epistolar datado de "Fort Worth – 28 de dez. de 1918", publicado em 16 de fevereiro de 1919.

---

41 Freyre, *Tempo de aprendiz*, 1979, v.1, p.43.
42 Freyre, *Tempo de aprendiz*, 1979, v.1, p.42.
43 Freyre, *Tempo de aprendiz*, 1979, v.1, p.51.

Porém, mesmo depois do momento em que os artigos passam a ser publicados sem datação, o estilo epistolar – ancorado num espaço e num tempo particulares, utilizando profusamente elementos da linguagem como dêiticos – já havia impregnado seus textos. Tudo o que se conta, a partir de então, tem em vista as experiências escritas em primeira pessoa, suas idas e vindas, provas e festas, entusiasmos intelectuais, estranhamentos com o mundo industrial, aventuras diversas "na terra de Tio Sam". Os artigos para a série "Da outra América" – ou seja, a América do Norte – terminam em agosto de 1922. Mesmo com o encerramento, a escrita de Gilberto Freyre e a experiência inaugural dos artigos epistolares parecem ter marcado – ou, no mínimo, indicam – um futuro estilo direto, dialógico, de natureza performática, expressionista, em tom baixo, que viria marcar seus ensaios mais extensos, de cunho mais científico, escritos a partir da década seguinte.

O que vemos, também, é uma mistura de estilos que muito lembra os escritores bastante citados por Freyre, tais como os ensaístas britânicos Daniel Defoe (1660-1731), Jonathan Swift (1667-1745), Richard Steele (1672-1719), Joseph Addison (1672-1719), Charles Lamb (1775-1834), Matthew Arnold (1822-1888) e, sobretudo, Walter Pater (1839-1894), com os quais o escritor teve contato nos cursos do professor A. J. Armstrong durante sua graduação na Universidade de Baylor.[44] O que parece ter marcado sobremaneira a armação do estilo de sua prosa foi a linhagem dos chamados *familiar essays*, solidificados na imprensa periódica que crescia num ritmo acelerado na Inglaterra em via de industrialização, sobretudo no século XVIII.[45] Mas o que importaria reforçar, neste momento, é que, desde seus primeiros escritos, Freyre demonstrou vontade de um estilo misto ou impuro e, ao mesmo tempo, de comunicação direta, iniciado com os artigos epistolares. Algo que o aproxima da sensibilidade para o ensaísmo que é estimulada com a formação da esfera pública burguesa e, de certo modo, permite dividir com um escritor como Joseph Addison uma imagem de si como *censor of manners and morals* – na esteira de Jünger Habermas.[46] Observe-se também que o epicentro desse ensaísmo encontra-se na solidificação do jornalismo como profissão, atividade à qual Freyre se dedicou por toda a sua vida. Com a esfera pública burguesa, torna-se necessário criar espaços em que possam circular visões de mundo, reflexões, informações para um público laico que procura se instruir e se espelhar na camada culta da sociedade – que passa

---

[44] Uma análise acurada das leituras inglesas de Gilberto Freyre é realizada em: PALLARES-BURKE, Maria Lúcia G. *Gilberto Freyre: um vitoriano dos trópicos*. São Paulo: Ed. Unesp, 2005.

[45] Segundo Jürgen Habermas: "No transcorrer da primeira metade do século XVIII, com os assim chamados artigos 'eruditos', a ensaística ingressa também na imprensa diária. [...] Sobretudo os intelectuais deveriam transmitir 'ao público descobertas que pudessem ser aplicadas'." (HABERMAS, Jürgen. *Mudança estrutural da esfera pública*. Trad. Flávio R. Kothe. Rio de Janeiro: Tempo Brasileiro, 1984. p.40).

[46] Para Habermas: "Com *Tatler*, o *Spectator*, o *Guardian*, o público se olha no espelho; ele ainda não se entende mediante o desvio de uma reflexão sobre obras de filosofia e literatura, de arte e ciência, mas entrando ele mesmo como objeto na 'literatura'. Addison vê a si mesmo como *censor of manners and morals*; ele fala de obras filantrópicas e escolas para órfãos, propõe melhorias no sistema de ensino, adverte quanto à falta de bom-gosto dos letrados e a maluquice dos eruditos; trabalha em prol de uma maior tolerância, da emancipação da moralidade burguesa em relação à moral teológica, da sabedoria da vida em relação à filosofice acadêmica. O público que lê e comenta tudo isso tem aí a si mesmo como tema." (HABERMAS, *Mudança estrutural da esfera pública*, 1984., p.59).

a ser não somente os frequentadores da corte, da vida palaciana, mas também a burguesia nascente. E, como afirma Alfonso Berardinelli, o cerne do ensaio nasce como expressão da "autoconsciência laica, da subjetividade individual problemática e cindida, e ao mesmo tempo como típica encarnação de tendências antidogmáticas, céticas, irônicas e heréticas".[47]

Gilberto Freyre é um escritor que se dedicou principalmente ao gênero ou à forma ensaística. Quando falamos em ensaio, seria possível alargar sua concepção a ponto de também incluir os diários, os ensaios de envergadura (auto)biográfica, os artigos de jornal e até mesmo as seminovelas e poemas fundamentalmente discursivos, a Walt Whitman. A correspondência também manteria uma relação estreita com esse tipo de produção.[48] Nesse sentido, os primeiros artigos publicados no *Diário de Pernambuco* já demonstram, de forma muito clara, como o escritor procurou dar um estatuto especial às formas literárias que pudessem evidenciar uma comunicação direta entre emissor e receptor ou, mais simplesmente, entre autor e leitor, que pudessem virtualmente provocar o efeito de copresença. A minimização dos artifícios ou das referências vagas, indiretas e simbólicas marca esses textos que privilegiam o avesso do tipo de escritura plena de ambiguidades ancorada em sentidos alusivos supostamente característica da alta modernidade.

Analisando por outro ângulo a presença do estilo epistolar na obra de Freyre, o autor, que tinha um repertório de personagens "quase vivos" de origem literária, demonstrava uma predileção especial pelo personagem epistolar Fradique Mendes, de Eça de Queirós.[49] Para Freyre, esse homem requintado, sensível, espirituoso, de estilo mordaz teria conseguido, por meio de sua correspondência, um equilíbrio ideal entre conversação provocativa e abertura autobiográfica, firmando, pela escrita, um autêntico documento humano, tanto que esse personagem surge, em vários momentos, como figura quase de "carne e osso", como na crônica publicada no *Diário de Pernambuco* em 28 de setembro de 1924, em que Freyre especula sobre a existência de "solteironas que desprezaram milionários e talentos que desprezaram editores":

> Fradique Mendes em conjunto talvez não exista, talvez não possa existir. Mas 3/4 e até 9/10 de Fradique, eu próprio tenho encontrado na vida. E entre esses retalhos de Fradique estão autores sem livros. Santo Thyrso, em quem havia talvez 3/4 de Fradique e era,

---

47 BERARDINELLI, Alfonso. *La forma del saggio. Definizione e attualità di um genere letterario*. Venezia: Marsilio Editori, 2002. p.22.

48 Semelhante linha de raciocínio permite que Afrânio Coutinho, em *A literatura no Brasil*, faça a seguinte afirmação sobre os gêneros afins à crônica e ao ensaio: "Participando da natureza do ensaio, isto é, de acordo com a concepção e classificação que orientam esta obra, há diversos outros gêneros literários que foram cultivados na literatura brasileira. São gêneros ensaísticos na medida em que o contato entre o autor e o leitor ou ouvinte se faz diretamente, sem artifícios intermediários. São eles a oratória, a epistolografia, as memórias, os diários, as máximas, a biografia." (COUTINHO, Afrânio. Ensaio e crônica. In: _____. (Dir.) *A Literatura no Brasil*. 2. ed. Rio de Janeiro: Ed. Sul-Americana, 1971. v.6, p.136).

49 Cf. QUEIRÓS, Eça de. *A correspondência de Fradique Mendes*. Rio de Janeiro: Ediouro, [197?].

em certos pontos, um tipo mental mais acabado que o de Eça, morreu autor sem livro. (O 1/4 de Fradique que faltava a Santo Thyrso era sobretudo a beleza física. Explica-se: Santo Thyrso foi pensador mais fundo que o Fradique. Ora, pensar faz mal ao rosto; faz mal à plástica. Bem o observou Wilde. Por isso seu Dorian Gray é aquele rapaz com rosto de menina; e que era bonito porque não pensava. A beleza no seu sentido animal é sem dúvida o primeiro traço de vacuidade).[50]

A forma da correspondência passa a contribuir para a composição de um estilo muito pessoal; aqui se trata de um caso de correspondência fictícia, que permite edificar um personagem que vira e mexe reaparece, como nesse trecho em que o autor fala sobre o ensino de história como uma "tia ricaça" viajada mostrando um mundo novo que estaria dando lugar a uma história verborrágica e reduzida a mero instrumento de patriotismo: "A que se quer é esta: a história reduzida a vaca de leite de patriotismo. Ou melhor, e parodiando a Fradique: que se ensine a história patrioticamente mal".[51] Ou ainda, em outro exemplo, falando no artigo "O livro belo" sobre a quase completa inexistência da estética da tipografia, da impressão e da encadernação no Brasil e em Portugal, finaliza colocando-se como espelho de Fradique: "Fradique poderia ter escrito uma carta sobre a arte tipográfica ou de impressão, como ainda não há; ou como não pode haver".[52] Tal como o próprio Freyre tinha acabado de escrever.

Por essas relações inesperadas, pelas junções paratáticas, pelos enfoques inusitados e pelos aproveitamentos de diversos estilos literários, reforça-se a interpretação, como esta de Alexandre Eulálio, segundo a qual o escritor ocupa um espaço muito particular no ensaísmo literário brasileiro – e isso, acrescento, desde os primeiros anos do Modernismo e não somente após a publicação de *Casa-grande & senzala*, que o tornaria conhecido no cenário nacional e internacional:

> Soluções igualmente pessoais, como a da cadência frasística de Gilberto Freyre, largamente enumerativa e dividindo-se em suborações independentes, adequadas à maravilha aos seus inventários proustianos, se se tornam irresistíveis aos imitadores, são impossíveis de serem transmitidas a mais ninguém. Os epígonos veem-se na ominosa condição de pasticharem o mestre.[53]

---

50 Freyre, *Tempo de aprendiz*, 1979, v.2, p.76.

51 Freyre, *Tempo de aprendiz*, 1979, v.1, p.190.

52 Freyre, *Tempo de aprendiz*, 1979, v.2, p.221.

53 Eulalio, Alexandre. O ensaio literário no Brasil. In: _____. *Escritos*. Org. Berta Waldman e Luiz Dantas. Campinas: Ed. da Unicamp; São Paulo: Ed. Unesp, 1992. p.59.

Assim, várias são as justificativas para que se afirme a inserção da correspondência no conjunto da obra de Freyre não apenas pelo seu caráter documental; importaria, também, pela própria condição impura e lacunar, tantas vezes defendida pelo autor, como uma forma que refrata questões pulsantes em toda obra.

Como disse anteriormente, na década de 1930 Freyre passa a utilizar, de forma mais sistemática e tendo em vista a delimitação de sua proposta sociológica, fontes primárias como cartas e diários. O uso desse material foi pioneiro e, em muitos momentos, o escritor deixou-se contaminar pela narrativa (auto)biográfica e memorialística. O que para os cientistas sociais era um fator negativo[54] acabou se revelando positivo por reforçar o viés narrativo e ensaístico do seu texto. A utilização da literatura também encontrou abrigo institucional em seus cursos de Sociologia, como o ministrado na Faculdade de Direito do Recife e na Universidade do Distrito Federal, em 1935. Apesar das críticas agudas que estavam sendo feitas à sua obra a partir, sobretudo, da década de 1950[55] – no caminho aberto pelos esforços sistemáticos de formação das disciplinas socioló-

---

[54] Afirma Simone Meucci: "Entretanto, embora comentadores admirassem a capacidade de Freyre tornar atraente a síntese sociológica, condenaram, por vezes, a dispersão provocada pela enumeração exagerada de exemplos. O próprio Bastide afirmou que Freyre frequentemente se perdeu em suas discussões secundárias. Florestan Fernandes, do mesmo modo, constatou a enumeração de *exemplos inúteis* que, a despeito de serem produto de sua inteligência ativa, prejudicaram o plano da obra, tornando-a excessivamente dispersa". No parágrafo seguinte, afirma a pesquisadora: "Em poucos anos, esta crítica difusa acerca da dispersão narrativa de Freyre foi substituída por uma censura sistemática de seu estilo pessoal e literário." (MEUCCI, Simone. *Gilberto Freyre e a sociologia no Brasil*: da sistematização à constituição do campo científico. 2006. Tese (Doutorado em Sociologia) – Instituto de Filosofia e Ciências Humanas, Universidade Estadual de Campinas, Campinas, 2006). Fica claro, portanto, que havia um estilo literário reconhecido que estava sendo sistematicamente reprimido. Freyre assumiu, então, principalmente a partir da década de 1940, a incumbência de questionar as fronteiras entre linguagem científica e linguagem sociológica. Datam, depois dessa época, seus escritos autorreflexivos cuja argumentação segue a trilha das fronteiras literárias não delimitadas, que viria a se tornar voga na pós-modernidade. Por outro lado, a crítica a Gilberto Freyre, principalmente após a década de 1950, além de destacar os limites do seu método sociológico, também tomou envergadura política. A Escola Paulista, especialmente encabeçada por Florestan Fernandes e Otávio Ianni, sublinha as diferenças de classe que há no Brasil e discorda da lusotropicologia e da ideia de identidade mestiça que Freyre defende. O debate, renovado e abalizado nas universidades, e o conflito com o pernambucano passam a simbolizar o rumo polarizado da nova época. Assim, a consolidação acadêmica na área é promovida também a partir de um embate frontal com a sociologia ametódica de Freyre, e as diferenças se acirraram principalmente após o Golpe de 1964.

[55] Gustavo Sorá aborda sinteticamente o pensamento de um dos principais críticos de Freyre, Florestan Fernandes, perseguindo seus argumentos presentes no texto *A etnologia e a sociologia no Brasil*: "Para Florestan Fernandes, a Sociologia científica-universitária arraigada na USP aportava ferramentas fundamentais na substituição das perspectivas 'sociogeográficas e historiográficas' que impregnavam autores 'já clássicos'. Essas perspectivas para pensar a nação eram próprias dos 'ensaístas, precursores e fundadores dos estudos sociológicos no Brasil': 'De Tavares Bastos e Anibal Falcão a Euclides da Cunha e Alberto Torres, ou a Oliveira Vianna e Gilberto Freyre, sempre prevaleceram, nas tentativas de interpretação da realidade brasileira, intuitos cognitivos que punham ênfase na importância lógica da perspectiva histórica' [FERNANDES, Florestan. A etnologia e a Sociologia no Brasil. Ensaios sobre aspectos da formação e do desenvolvimento das ciências sociais na sociedade brasileira. São Paulo: Anhembi, 1958. p.219]. Estes autores teriam trabalhado um *padrão de análise histórico-sociográfica* que provocava, até os anos [19]50, uma 'fascinação' sobre a maioria dos sociólogos brasileiros, 'inclinados a pensar que a explicação sociológica deve ser, por natureza, histórica [...] Essa convicção se funda teoricamente no aproveitamento superficial de alguns autores clássicos nas ciências sociais' [FERNANDES, 1958, p.218]. / Para Florestan Fernandes [1958, p.201-202], Gilberto Freyre contribuiu principalmente para a primeira das 'três etapas' na história social sobre o Brasil. [...] Menos ainda os aportes de Freyre contribuiriam para o 'progresso da teoria sociológica'. Para Florestan Fernandes, essas três etapas podiam ser sintetizadas, por volta de fins dos anos [19]50, em uma única instituição no Brasil: a Faculdade de Filosofia, Ciências e Letras da USP" (SORÁ, Gustavo. A construção sociológica de uma posição regionalista. Reflexões sobre a edição e a recepção de *Casa-grande & senzala* de Gilberto Freyre. *Revista Brasileira de Ciências Sociais*, São Paulo, v.13, n.36, fev. 1998. Disponível em: <http://www.scielo.br/scielo.php?script=sci_arttext&pid=S0102-69091998000100008>. Acesso em: fev. 2013).

gicas no Brasil –, no final do nono capítulo de *Ordem e progresso*, intitulado "A República de 89 e o progresso industrial no Brasil: considerações em torno da realidade e da ficção de um progresso talvez contraditório", publicado em 1959, temos um claro exemplo em que o texto epistolar atua para dar vigor narrativo ao texto científico de viés ensaístico – ou seja, Freyre continua a explorar criativamente os "textos impuros", paraliterários, para a elaboração de seus ensaios sociológicos:

> Em carta dirigia a "mamãe" e datada de 21 de outubro de 1904, escrevia Emílio, falando também pelos irmãos: "Há dias que estamos aqui no colégio. Estou muito satisfeito e nada me falta. O quarto de dormir é muito bom e tem tudo o que eu preciso. Papa hoje esteve aqui para ver se nós estávamos bem. Ele me deu três postais que muito me deram prazer" [...] Noutra carta – de 7 de maio de 1905 – informa a Da. Emília o seu filho Emílio, aluno do Saint Joseph's College, de Londres, que embora com "muitas saudades" de Pernambuco e fazendo uso – pois foi sempre menino doente – de remédios, ia bem: e divertindo-se com os esportes: futebol, críquete, tênis. [...] Emílio, ao prazer mais de assistir a esses jogos do que de participar deles, juntava o de pintar aquarelas e o de aprender piano. E também o gosto de colecionar cartões-postais: gosto – repita-se – tão característico da época então vivida pelo Brasil. Eram cartões de vistas de cidades ou de paisagens, os do Brasil requintando-se em exibir aspectos do novo Rio de Janeiro ou do novo Manaus ou do novo Belém ou do novo São Paulo – aspectos de cidades em processo de industrialização: a Avenida Central, o Palácio Monroe [...]. Mas também postais de figuras coloridas de noivos, de mulheres bonitas, de crianças louras, de camponesas europeias. [...] Emílio, sendo um bonito rapaz, sempre muito elegante nos seus jaquetões, no Brasil feitos no Brandão, era, entretanto, um Rui Barbosa, doentíssimo dos olhos; e mártir de males menos evidentes. Seu desajustamento ao Brasil talvez explique o fato de ter sido aqui caricaturista [...]. Seu suicídio, num hotel francês de província, é o sentido sociológico que parece apresentar: o da inconformação de um *mignon* de nascença com a deterioração, pelo tempo e pela doença, desse seu físico de semi-homem, tornado escandaloso, aos seus próprios olhos de caricaturista com alguma coisa de genial, pelo contraste de sua figura em declínio com a da mocidade vigorosa, atlética e cor-de-rosa dos rapazes que conheceu na Suécia, patinando sobre o gelo, fazendo esqui, brincando com a neve. [...] Um lobisomem a cumprir sua sina pelos cais e pelos cabarés europeus, para vergonha da família e dos amigos brasileiros e antirreclame do Brasil [...]. Seu suicídio foi o de um narciso em decomposição mas foi também,

ao que parece, o de um artista torturado pela ideia, aliás falsa, do fracasso.[56]

Nessa longa citação composta por excertos de *Ordem e progresso*, vemos atuante um procedimento de Freyre: construir verdadeiras narrativas biográficas utilizando cartas como fontes primárias com o objetivo último de elaborar hipóteses de interpretação sobre o Brasil. No caso, a trajetória do menino, que sai para estudar em colégio até tornar-se, quando adulto, um artista frustrado no Brasil e no exterior, simboliza o desconcerto do Brasil que saía da monarquia para entrar numa república igualmente, ou ainda mais, débil e contraditória. Sobre os caminhos conscientemente tomados pelo escritor em busca de um estilo literário que surpreendesse aspectos do fato histórico, da cultura e da sociedade, são significativas duas epígrafes do livro: *"Reality, if rightly interpreted, is grander than fiction"*,[57] de Thomas Carlyle (1795-1881);[58] e *"The process of historical recreation is not essentially different from that of the poet or novelist, except that his (the historian's) imagination must be subordinated sleeplessly to the truth"*,[59] de Alfred Leslie Rowse (1903-1997).[60]

Freyre, portanto, não abre mão da concepção de ensaio como forma literária e de análise social. Esse seria um exemplo claro de impureza literária em sua escrita, conceito formulado justamente para firmar o caráter fronteiriço dos seus textos, híbrido de construção literária e análise social, interesse que já se vislumbra, por exemplo, nos primeiros anos do século por escritores que assumiram como missão elaborar um projeto de país por meio de uma escrita literária que combinasse interesse cultural, histórico e científico, como Euclides da Cunha.[61]

Para Bandeira, igualmente, tais questões, que podem tocar com maior ou menor intensidade no íntimo de uma obra e de uma vida, não são estranhas. Como ele próprio afirma em introdução à correspondência de Mário de Andrade enviada a ele, são "[...] cartas tão esclarecedoras da obra de Mário, da sua maneira de trabalhar, da sua visão, tão pessoal, da vida e da literatura, da música e das artes plásticas [...] muitas não inferiores às melhores que publicou em livro".[62] Ainda mais, para Bandeira, aquelas são cartas "escritas em toda a pureza de coração, [que] ensinarão a ler a obra de Mário com as necessárias

---

56 Freyre, Gilberto. *Ordem e progresso*. São Paulo: Global, 2004. p.753-761.

57 "A realidade, se corretamente interpretada, é maior que a ficção." [Tradução da organizadora.]

58 A epígrafe foi retirada do livro *Essay on Boswell's life of Johnson*, de Carlyle, publicado em 1832.

59 "O processo de recriação histórica não é essencialmente diferente daquele de um poeta ou de um novelista, exceto que a sua imaginação (a do historiador) deve ser subordinada, sem sono, à verdade." [Tradução da organizadora.]

60 A epígrafe foi retirada do seguinte livro, escrito pelo historiador britânico: Rowse, Alfred Leslie. *The use of History*. London: Hodder & Stoughton, 1946. Permanece, em várias edições de *Ordem e progresso*, equívoco de grafia no nome do historiador: "A. R. Rowse", em vez de "A. L. Rowse".

61 Cf. análise de Nicolau Sevcenko da obra de Euclides da Cunha e Lima Barreto em: Sevcenko, Nicolau. *Literatura como missão*: tensões sociais e criação cultural na Primeira República. São Paulo: Companhia das Letras, 2003.

62 Andrade, Mário de. *Cartas a Manuel Bandeira*. Rio de Janeiro: Tecnoprint, [1987?]. p.15.

cautelas".⁶³ Desse modo, para o poeta, mais do que documentos, as cartas (sem nos esquecer de que, aqui, ele fala especialmente de Mário) podem ser objeto de contemplação e de crítica. É essa abertura bem modernista que justifica que vejamos a correspondência, para além do pragmatismo documental, como objeto de experiência estética e de construção intelectual, com estratégias compositivas que lhe são peculiares.⁶⁴

4.2 Crônicas epistolares

Se insistirem para que eu diga por que o amava, sinto que o não saberia expressar senão respondendo: porque era ele; porque era eu.
Michel de Montaigne⁶⁵

As cartas trocadas entre Gilberto Freyre e Manuel Bandeira estão entre aquelas que configuram um mundo à parte, um mundo de relações que se desenrolam em tom menor, sem pretensão de grandeza. Nelas, o miúdo da vida cotidiana é desfiado um para o outro: de um lado, o recifense radicado no Rio, Manuel Bandeira, tem a oportunidade de travar relações mais próximas com sua terra, de se "provincianizar"; de outro, o recifense cosmopolita Gilberto Freyre pode atualizar-se e viver, quando não presencialmente, os burburinhos das rodas intelectuais e literárias do então Distrito Federal.

Focando a importância da correspondência para o campo literário, podemos observar nela uma rica dinâmica estabelecida entre dois cenários bastante circunscritos: de um lado, o Recife; de outro, o eixo Rio-São Paulo. Os personagens que desfilam nesse conjunto de cartas iniciado em 1925 eram, muitos deles, jovens que tateavam um estilo inovador, novas experiências, formas originais de expressão. Daí que a ânsia para a troca, o diálogo, o aprendizado com o outro era intensa, e as cartas desse período mostram que o Nordeste de Gilberto Freyre e "o Sul" de certo grupo modernista tinham significativas zonas de confluência, principalmente naquela fase em que começavam a se esboçar as redes intelectuais e artísticas que viriam a se estabelecer de fato a partir da década de 1930.

---

63 Andrade, *Cartas a Manuel Bandeira*, p.14.

64 Para saber mais sobre o gênero epistolar, pode-se consultar: Dauphin, Cécile; Lebrun-Pezerat, Pierrette; Poublan, Danièle. *Ces bonnes lettres*. Paris: Albin Michel, 1995; Grassi, Marrie-Claire. *Lire l'épistolaire*. Paris: Dunod, 1998; Haroche-Bouzinac, Geneviève. *L'épistolaire*. Paris: Hachette, 1995; Kaufmann, Vincent. *L'équivoque épistolaire*. Paris: Minuit, 1990; La Correspondance: les usages de la lettre au xixe siècle. Dir. Roger Chartier. Paris: Fayard, 1991; Pages-Rangel, Roxana. *Del domínio público*: itinerários de la carta privada. Amsterdam, Atlanta, GA: Rodopi, 1997, entre outros.

65 Montaigne, Michel de. Da amizade. In: _____. *Ensaios*. Trad. Sérgio Milliet. São Paulo: Abril Cultural, 1972. p.98.

Quando Freyre e Bandeira iniciam sua correspondência, este já era um escritor respeitado nos círculos modernistas do Rio e de São Paulo. A relação que se estabelece é de grande consideração de ambas as partes. Mais velho 14 anos, Bandeira também inspira a confiança de um homem experimentado, que não seria alvo fácil da fúria de um jovem e quixotesco aspirante a escritor. Desse modo, esta é uma das poucas relações que se resguarda da incontrolada ânsia devoradora daquele que se tornaria "o mestre de Apipucos".[66]

Diante do escritor sóbrio e discreto que é Bandeira, Freyre tem a oportunidade de exercitar uma escrita mais simples, sem os grandes torneios sintáticos que caracterizam seu estilo de linhas barrocas. É como se o ideal franciscano de vida e escrita, manifestado em alguns de seus textos – franciscanismo "inimigo do intelectualismo; inimigo do mercantilismo; lírico na sua simplicidade; amigo das artes manuais e das pequenas indústrias; e quase animista e totemista na sua relação com a Natureza, com a vida animal e vegetal",[67] portanto uma espécie de categoria simbólica característica do mundo orgânico pré-burguês –, aqui pudesse ser mais livremente experimentado, sem pompas, sem grandes lances. Em verdade, o lirismo em tom menor acabaria dando a tônica a muitas dessas cartas, como esta de Bandeira:

> Afinal desencantei a viagem a Cambuquira. Estou aqui desde o dia 15, e parece que as águas estão me fazendo grande bem.
> Gostei muito de Cambuquira, que é bem simples e bonitinha. O que estraga um pouco isto são os aquáticos – gente que tem quase todos um ar pará de favorecidos da sorte, muito irritante. Tenho levado uma vida de completo repouso, levantando às 6 da manhã e deitando às 9 da noite.
> Anteontem fui numa excursão a Campanha, cidadezinha morta que fica a um ¾ de hora daqui. Faz agora justamente 30 anos que cheguei lá carregado. Verifiquei que era um camelo em 1905, pois

---

[66] Contudo, certa reverência pelo "mestre Bandeira" por parte de Gilberto Freyre parece ser "equilibrada" com o modo beirando o cômico com que descreve as experiências sexuais quase pueris de Bandeira no Recife, durante o seu primeiro retorno, depois da infância, à cidade natal, no final de 1926: "Grande farra na *garçonnière* da Gamboa do Carmo com Bandeira poeta. Bebeu um pouco e ficou tão alegre que deu para cantar. Voz detestável. Lá estavam Ulisses, meu irmão, José Tasso, Antiógenes Chaves. Vê-se que o poeta esqueceu-se da tísica e das tristezas e ficou por toda uma noite quase vinte anos mais moço do que é. Muito feliz entre as mulatas. As mulatas não tão felizes com ele." (Freyre, *Tempo morto e outros tempos*, 1975, p.206). Certa "disputa", que nunca se mostrou no campo artístico e intelectual, novamente se manifesta no diário ao narrar acontecimento no Recife no final do ano de 1929, no segundo retorno de Bandeira à cidade: "No Carrapicho, com as mulatas trazidas por Ulisses, meu irmão, que agora, por causa de seu belo bigode preto, é conhecido por quase todos os amigos como 'Bigodão'. Bandeira poeta, aqui pela segunda vez, engraçou-se de uma que é realmente uma delícia: 'a flor do Prado', como eu a chamo, por ser sua família moradora do Prado. Mas o diabo da mulata resvalou foi para meu lado, deixando o M. B. sob uma grande dor de cotovelo. Mas sem dar o braço a torcer, disse-me M. B. depois que as mulatas saíram com Bigodão: 'A sua "Flor do Prado", sabe? Tem um mau hálito horrível. E eu não tolero mulher de mau hálito'. Conversa. 'Flor do Prado' tem uma boca fresca de adolescente – adolescente meio agreste – uns dentes lindos e nem sequer cheira a sovaco de negra: odor que sendo fresco não me é, aliás, desagradável. O sovaco de negra que cheira mal é azedo, de negra suja. Mas também cheira mal o das brancas azedas: sobretudo o sovaco das judias. O caso de R." (Freyre, *Tempo morto e outros tempos*, 1975, p.240).

[67] Freyre, *Casa-grande & senzala*, 2000, p.212.

não senti então a delícia que são aquelas ruas tão simples, tão modestas, com os seus casarões quadrados, quase todas com bicos de telhado em forma de asa de pombo. Há lá uma rua Direita (hoje tem nome de gente) que é um encanto: tão genuinamente brasileira, tão boa, dando vontade de morar nela. O passeio que foi de noite, com o luar (uma lua sem nada de mozarlesco, lua-Dantas, simples e bom satélite), foi dessas cousas que a gente não esquece. Diante das duas casas onde morávamos, e onde passei o Diabo, me senti valado, com um nó na garganta. Assim como no interior da matriz, uma igreja tristíssima, que essa, sim, parece o "huge baru" que Luccock viu nas igrejas de Ouro Preto. Faziam a Via-Sacra e eu estive longo tempo imaginando quantas vezes minha mãe e minha irmã estiveram ali ajoelhadas rezando para que eu não morresse.[68]

    Esse trecho é tocante pela combinação entre discrição e sobriedade. O modo de descrever o estilo de vida pacato da pequena cidade é como uma pintura de paisagem de linhas rápidas que registrasse um instante particularíssimo. A despeito da despretensão com que é realizada, essa composição com palavras corridas e impressões ligeiras toma uma dimensão confessional que procura destacar da vida que passa algo de imortal, de verdade sempiterna. A beleza é antevista por meio do contato epistolar como um ato desprendido de diálogo entre amigos. Note-se como a sensibilidade do poeta procura compor um quadro singelo, em que a bondade, como qualidade, é um misto de psicologia do indivíduo, da coletividade e dos espaços que "têm alma", com suas "ruas tão simples, tão modestas", "uma rua Direita [...] que é um encanto: tão genuinamente brasileira, tão boa, dando vontade de morar nela". Mas também nem tudo é maravilhoso em Cambuquira; a cidade se tornaria, naquela época, uma verdadeira meca para turistas de férias em busca de ares frescos e água limpa, de modo que Bandeira lá também encontrou o turista inconveniente: "O que estraga um pouco isto são os aquáticos – gente que tem quase todos um ar pará de favorecidos da sorte, muito irritante".[69]

    Essa carta também dialoga com dois momentos da trajetória do poeta: a "lua" da chamada primeira fase de Bandeira distingue-se muito da "lua" dos seus últimos poemas. Em seu primeiro livro, *A cinza das horas*, de 1917, a lua é melancólica em "O inútil luar": "E embalde a Lua, ardente e terna,/ Verte na

---

68 Cf. capítulo 2, documento 20, com datação "Cambuquira, 23 de março de 1935".

69 Sobre a transformação que sofria Cambuquira durante os verões, afirma Schapochnik: "À tradição de vilegiaturas de verão na cidade de Petrópolis (Rio de Janeiro) visando escapar da canícula e das doenças, como a cólera, a varíola e a peste bubônica, atribuídas aos miasmas que assolavam a corte imperial, veio se juntar, nas últimas décadas do século XIX, o hábito das temporadas nas estações hidrominerais de Poços de Caldas, Caxambu, Lambari e Cambuquira." (SCHAPOCHNIK, Nelson. Cartões-postais, álbuns de família e ícones da intimidade. In: SEVCENKO, Nicolau (Org.). *História da vida privada no Brasil*, 3: República: da Belle Époque à Era do Rádio. São Paulo: Companhia das Letras, 1998. p.444).

solidão sombria/ A sua imensa, a sua eterna/ Melancolia...".[70] Aos poucos o poeta consegue se distanciar de uma vertente pós-romântica e pré-modernista, de linhagem simbolista, penumbrista e crepuscular, para constituir-se como um eu consciente e pleno frente ao destino e ao imponderável da natureza. A "Lua" deixa de iniciar-se por maiúscula e, desmetaforizada, permite que sujeito e objeto, eu lírico e natureza se destaquem de modo a fazer emergir uma consciência mais aguda e pacificada acerca de sua condição. Contemplação não mais significa imiscuir-se de forma inconsciente com o natural:

SATÉLITE

Fim de tarde.
No céu plúmbeo
A Lua baça
Paira
Muito cosmograficamente
Satélite.

Desmetaforizada.
Desmistificada.
Despojada do velho segredo de melancolia,
Não é agora o golfão de cismas,
O astro dos loucos e dos enamorados
Mas tão somente
Satélite.

Ah Lua deste fim de tarde,
Demissionária de atribuições românticas,
Sem *show* para as disponibilidades sentimentais!

Fatigado de mais-valia,
Gosto de ti assim:
Coisa em si,
– Satélite.[71]

O bom satélite do poema de *Estrela da tarde*, de 1960, é quase taquigrafado. A objetividade com que lança a imagem à página também permite relacioná-la com as influências concretistas de Bandeira na década de 1950. Porém há o sentido claro de uma trajetória de amadurecimento e contemplação desperta, de um lirismo que procura se despir dos floreios e do ornamental de

---

70 BANDEIRA, Manuel. *Poesia completa e prosa*, 1974, p.135.
71 BANDEIRA, Manuel. *Poesia completa e prosa*, 1974, p.316.

superfície. Por sua vez, a "lua" da carta a Freyre, datada de "Cambuquira, 23 de março de 1935", flagra um momento como que intermediário do ofício do verso: ela é adjetivada, é "uma lua sem nada de mozarlesco, lua-Dantas, simples e bom satélite". A adjetivação "simples", "bom", "não mozarlesca" e "Dantas" evidencia o caminho da concreção ou, poder-se-ia dizer, de uma tendência à personalização que atingiria sua plenitude significativa num plano simbólico descarnalizado, com o qual o poeta pode dialogar sem ser engolido por uma realidade imponderável. A data da carta é também significativa, quase equidistante do livro de estreia e do último livro, mostrando que, no texto epistolar, podem ficar registrados momentos distintos de reelaboração de procedimentos poéticos, como imagens e metáforas, com uma clara mudança de tom do eu lírico.

As expressões "mozarlesco", "dantas", "pará", "kerniano" e "onésimo", por sua vez, surgem em muitos momentos da correspondência. Elas são um exemplo de códigos particulares, transferidos da crônica, que se tornam modos paradigmáticos de compreensão da realidade. A crônica que descreve em detalhe como nascem as expressões, e o que elas significam, é "A nova gnomonia",[72] publicada em *Crônicas da província do Brasil*, de 1937. Posteriormente, no ensaio "Poetas bissextos", publicado em *De poetas e de poesia*, Bandeira novamente retoma, de modo mais sucinto, o teor da "gnomonia":

> Em resumo: os parás são como aqueles homenzinhos terríveis que vêm do Norte para vencer na capital da república (dinâmicos, audaciosos, tudo sacrificam ao sucesso da ideia de que estão possuídos); os dantas são os bons, equilibrados, indiferentes ao êxito, cordatos e modestos ainda quando conscientes do valor próprio; os mozarlescos são os sentimentais (a lua é mozarlesca; Casimiro de Abreu é mozarlesco); os onésimos são os sujeitos que duvidam, sorriem e desapontam (ninguém tem coragem de chorar na frente de um onésimo, razão por que os onésimos são o terror dos mozarlescos); finalmente querniano é o impulsivo, tanto para o bem quanto para o mal.[73]

No universo de Bandeira, as "comunicações impuras", reveladas pela correspondência, se dão sobretudo no interior de sua obra, ou seja, sua impureza – ao contrário de Gilberto, que é mais imprevisível e sempre se lança para fora da obra – ocorre de forma marcante enquanto movimentos intratextuais, numa horizontalização que amarra o conjunto. Contudo, nessa correspondência, apesar de haver movimentos intertextuais evidentes, não há

---

[72] Segundo nota de edição de Júlio Castañon Guimarães, "A nova gnomonia" foi publicada no *Diário Nacional* em 17 de outubro de 1931. Sobre o título, afirma o pesquisador: "Não dicionarizado, o vocábulo 'gnomonia' provavelmente tem como base o elemento de origem grega 'gnom' (que conhece, discerne, interpreta), encontrado em vocábulos como 'gnomônico' e 'fisiognomonia'." (Cf. BANDEIRA, Manuel. *Crônicas da província do Brasil*. Org. Júlio Castañon Guimarães. São Paulo: Cosac Naify, 2006. p.286).

[73] BANDEIRA, Manuel. *Poesia e prosa*. Rio de Janeiro: Aguilar, 1958. v.2, p.1300.

reflexão estética nos moldes como ocorre nas cartas trocadas entre Bandeira e Mário de Andrade. Há, mais ainda, um tipo de mistura muito delicada em Bandeira que também se consolida por constantes remissões no interior da obra. Trata-se da tentativa de alçar pessoas ao universo ficcional da crônica. Assim é, por exemplo, com Jayme Ovalle, que surge de modo bastante marcante, e com a família Blank.

A família Blank foi bastante próxima da família de Manuel Bandeira. A amizade começa quando o casal Frederique Henriette Simon Blank e Carlos Blank vem morar no Brasil, nos primeiros anos do século XX, já com a primeira filha, Guita, nascida. Joanita Blank, a segunda filha, nasce em 1909 no país e, quando Bandeira se muda para a Rua do Curvelo, em Santa Teresa, a menina passa a ter aulas com o escritor, que se encarrega de toda sua formação educacional e intelectual, seguindo o modelo de preceptor. Bandeira mantém uma amizade fiel com as Blank até o final da vida, laço este que é motivo de vários poemas, tais como "Joanita", "Joana e Pituca" (dedicado a Joanita e a seu marido Gerald Elisa), "Poema do mais triste maio" (sobre a despedida da adoecida Mme Blank ou Fredy, como era chamada Frederique Blank, e de Joanita, na partida definitiva da mãe para a Europa em 1964), "Natal 64" (que fala sobre a tristeza da morte da grande amiga Mme Blank), "A Mossy" (também dedicado à Mme Blank) e da crônica "História de Joanita", publicado em *Andorinha, andorinha*, de 1966.[74] De resto, é possível que a relação entre Fredy e Bandeira tenha ido mais longe, como reporta a neta de José Olympio, Lucila Soares:

> Naquele ano, os dois [Sérgio Buarque de Holanda e Maria Amélia Cesário Alvim] se casaram e foram morar no Leme, no começo da avenida Nossa Senhora de Copacabana. No mesmo prédio viviam J. O. e Vera, além de Madame Blank, grande amor de Manuel Bandeira, o que tornava o poeta presença assídua no edifício.[75]

Nas cartas os integrantes da família Blank desfilam como parte da família do poeta – paulatinamente ausente após a morte sucessiva de seus parentes mais próximos, entre os anos de 1916 e 1922.[76] Lances do cotidiano,

---

[74] Para mais detalhes sobre o relacionamento de Bandeira com a família Blank, cf.: BEZERRA, Elvia. *A trinca do Curvelo*: Manuel Bandeira, Ribeiro Couto e Nise da Silveira. Rio de Janeiro: Topbooks, 1995.

[75] SOARES, Lucila. *Rua do Ouvidor 110*. Rio de Janeiro: José Olympio, 2006. p.53.

[76] Franscico de Assis Barbosa, em "Cronologia da vida e da obra" de Manuel Bandeira (cf. BANDEIRA, *Poesia completa e prosa*, 1974), apresenta as seguintes datas de morte de sua família nuclear: em 1916, falece a mãe do poeta, Francelina Ribeiro de Souza Bandeira; em 1918, morre Maria Cândida de Souza Bandeira, sua irmã e enfermeira desde 1904, quando o poeta tem uma primeira recaída por doença pulmonar e abandona os estudos regulares; em 1920, morre Dr. Manuel Carneiro de Souza Bandeira; em 1922, falece seu irmão Antônio Ribeiro de Souza Bandeira. Temática recorrente na poesia de Bandeira, sobretudo relacionado a sua turberculose crônica, a morte aparece no poema "O crucifixo", com datação "Teresópolis, março de 1966", escrito poucos anos antes de sua morte: "É um crucifixo de marfim / Ligeiramente amarelado, / Pátina do tempo escorado. Sempre o vi patinado assim. // Mãe, irmã, pai meus estreitado / Tiveram-no ao chegar ao fim. / Hoje, em meu quarto colocado, / Ei-lo velando sobre mim. // E quando se cumprir aquele / Instante, que tardando vai, / De eu deixar esta vida, quero // Morrer agarrado com ele. / Talvez me salve. Como – espero – // Minha mãe, minha irmã, meu pai." (BANDEIRA, *Poesia completa e prosa*, 1974, p.357).

como as graças da neta de Mme Blank, são relatados com todo o frescor de uma crônica doméstica:

> Joanita ia lhe escrever, mas, como a sua vinda se anunciava, ela não escreveu. Estão morando agora numa casinha muito simpática no Leme. A filhinha de Guita cada vez fica mais interessante. Apesar de toda a ambientação, é uma inglesinha. No outro dia no fim do jantar ofereci cigarros a ela: – *Cigarette*? Ela agradeceu: – *No, thank you*. Eu insisti: – *Please*! Pois não é que o diabinho virou-se para mim e com um sorriso mais *sophisticated* disse: – *No, I really couldn't*![77]

Já com Jayme Ovalle há um aprofundamento do tratamento cronístico dos dados da realidade se o entendemos pela sua aparente despretensão, pelo fato de estar "tão perto do dia-a-dia [agindo] como quebra do monumental e da ênfase", por ajudar "a estabelecer ou restabelecer a dimensão das coisas e das pessoas", por pegar o miúdo e mostrar "nele uma grandeza, uma beleza ou uma singularidade insuspeitadas".[78] Ainda mais, poderíamos acrescentar que a correspondência – especialmente as cartas de Bandeira, um surpreendente cronista – está num movimento complementar ao da crônica, uma vez que esta é para ser publicada, mas não durar, e aquela não é para ser de início publicada, mas agir fixando momentos exemplares, humanizando ao rés do chão, pondo em ação, tendo como seu particular indiscutível o tom menor de coisa familiar – qualidades estas perseguidas pela crônica numa dimensão, ao final, pública e sem a ação dos guardadores-destinatários que garantem a preservação em princípio doméstica das cartas. No mesmo caminho agiriam os gêneros dos diários e memórias, os quais, para Freyre, dão o sabor por meio do particular, em que se registra "o miúdo de preferência ao grandioso" e "se anotam as repetições da vida doméstica ou pessoal, de preferência aos fatos extraordinários ou excepcionais".[79]

Jayme Rojas de Aragón y Ovalle (1894-1955) foi parceiro, vizinho e amigo de boêmia de Bandeira. Compôs as músicas "Azulão", "Modinha" e "Berimbau" a partir de letras do poeta. Porém, de maneira mais surpreendente, pode ser considerado um personagem que inspirou, talvez como nenhum outro, sua correspondência, crônicas e poemas.[80] Os inúmeros retratos literários do "místico", como gostava de chamá-lo, sempre estão envoltos em enigma e num clima profundamente saudoso. Boêmio de alma, Ovalle levava Bandeira para

---

[77] Cf. Capítulo 2, Documento 21, com datação "Rio de Janeiro, 7 de agosto de 1935".

[78] CANDIDO, Antonio. A vida ao rés do chão. In: ANDRADE, Carlos Drummond de et al. *Para gostar de ler*: crônicas. São Paulo: Ática, 1989. v.5, p.5.

[79] FREYRE, Gilberto. Diários e memórias. In: _____, *Pessoas, coisas & animais*, 1979, p.195.

[80] Vale dizer que, após a escrita deste estudo, saiu o livro dedicado ao compositor, *Jayme Ovalle: o Santo Sujo*, de autoria de Humberto Werneck (São Paulo: Cosac Naify, 2008; Prêmio APCA 2008 de melhor biografia do ano), o qual, inclusive, consultou a *Correspondência entre Freyre & Bandeira*, então editada como tese de doutorado.

as noitadas na Lapa – em uma das cartas a Freyre escreve Bandeira: "Adeus, modesto sociólogo. Ando com saudades de você. Quando atravessaremos juntos de novo a Praça Jayme Ovalle (antigo Largo da Lapa)?".[81] O músico foi por vários anos vizinho do poeta em Santa Teresa, Rio de Janeiro, e conviveu com os modernistas. Conversavam todos os dias, por telefone ou pessoalmente. Bandeira escreveu poemas tendo como motivo a convivência com Ovalle, ou ainda dirigidos ou dedicados a ele, tais como "Poema só para Jaime Ovalle", "Esparsa triste", "Ovalle" e "Elegia de Londres". Ainda há a crônica "Ovalle", publicada em três momentos diferentes (14/09/1955, 18/09/1955 e 21/09/1955) e depois incluída em *Flauta de papel*, de 1956, que retrata um homem pleno em sua contradição, imagem esta muito ao gosto de Freyre:

> O espantoso de Ovalle é que coincidissem nele um artista tão profundo, embora tão deficientemente realizado, um boêmio tão largado, um funcionário aduaneiro tão exemplar na sua honradez e competência, e um ser moral de ternura a um tempo tão ardente e tão esclarecida.[82]

Em outro momento, na crônica "O Místico", publicada em *Crônicas da Província do Brasil*, Bandeira registra o momento emocionado da despedida de Ovalle, quando este partia para Londres:

> A última manhã do místico na casinha da ladeira foi uma coisa tão comovente que eu não sei contar. E eu gostaria de contar como o encontrei com a cara entregue ao barbeiro, as mãos a D. Nazaré, distinta manicura, formosa mulher de pele gorda e alva... Em torno todo um corpo de técnicos – o alfaiate que viera arrumar as malas, o professor de inglês (da Stanford University), o poeta-procurador etc. A toda hora o telefone tilintava: eram os "chamados misteriosos" que vinham da Lapa, de Copacabana, da Ilha do Governador, todos com lágrimas, com soluços. E o místico foi-se embora.[83]

Nas cartas, Jayme Ovalle é retratado como uma figura também fascinante, mas muito reticente. Adorado por seus amigos, é um homem esquivo, de não dar notícias ou, quando dá, de o fazer de modo sempre inusitado:

> O místico não escreve carta. De vez em quando passa um telegrama em que deve gastar os culhões, fazendo literatura a 7$500 a

---

81 Cf. capítulo 2, documento 14, com datação "Rio de Janeiro, 20 de março de 1934".
82 BANDEIRA, *Poesia completa e prosa*, 1974, p.490.
83 BANDEIRA, *Poesia completa e prosa*, 1974, p.463.

palavra. Por exemplo: "Londres infinito humano inconcebível" etc. Uma pessoa que veio de lá contou que ele fez amizade com um padre. Não se sabe se é inglês, brasileiro ou... hispano-americano. Edgarzinho me disse outro dia que a Dédé caiu na gandaia. A irmã do Ovalle de vez em quando me segura no telefone que eu corto uma volta.[84]

A correspondência, aos poucos, vai se adentrando mais no universo do ficcional ou, em movimento contrário, a carta pode colocar em cena a ilusão de realidade, despertando aquele efeito de ficcionalização do real de que fala Habermas.[85] Nessa linha, sobretudo nas cartas escritas por Bandeira, é cada vez mais descontraído e imaginativo o modo de se falar das idiossincrasias do amigo:

> As notícias do Ovalle são sensacionais. Já fala inglês (erramos! O místico tem reservas desconhecidas!), só anda de chapéu-coco e não compreende mais a vida fora de Londres! Tem cinco criados e está ditando um livro em inglês para uma inglesa magra e feia que "tem um verdadeiro fanatismo por ele" – palavras do sobrinho em carta.[86]

Se se recordar que Ovalle tinha como meta de vida a produção artística – "Ovalle continua com medo de morrer embaixo de automóvel antes de produzir", disse Bandeira em carta do Natal de 1930[87] –, a temporada britânica não parece ter sido vã.

Inclusive Freyre reclama da falta do amigo dos tempos de vida boêmia no Rio de Janeiro: "Lembro-me de Ovalle – o amor mineiro de Ovalle, a viagem de trem, 'era pra você tocar violão' etc. Que silêncio, do nosso místico! Escrevi duas cartas a ele, ou três, acho que três. Tudo sem resposta. Um desdém absoluto".[88] As notícias de Ovalle tornam-se cada vez mais longínquas. Porém, ao contrário, fica ainda mais forte a sensação de que estamos diante de um personagem epistolar, cronístico e poético, a ponto de, a certa altura, ser plenamente retratado apenas como "o místico":

---

84 Cf. capítulo 2, documento 14, com datação "Rio de Janeiro, 20 de março de 1934".

85 Para Habermas, o século XVIII seria o século das cartas: "[...] escrevendo cartas, o indivíduo se desenvolve em sua subjetividade. [...] A mesma Madame de Staël que, em sua casa, cultiva desenfreada vida social na qual, após a refeição, todos os convivas se retiram para escreverem cartas uns aos outros, torna-se consciente de que as pessoas se tornavam, para si e para os outros, *'sujets de fiction'*." (HABERMAS, Jürgen. *Mudança estrutural da esfera pública*. Trad. Flávio R. Kothe. Rio de Janeiro: Tempo Brasileiro, 1984. p.65, p.67).

86 Cf. capítulo 2, documento 15, com datação "Rio de Janeiro, 20 de maio de 1934".

87 Cf. capítulo 2, documento 8, com datação "Rio de Janeiro, natal de 1930".

88 Cf. capítulo 2, documento 18, com datação "Recife, 29 de janeiro de 1935".

Tenho notícias frescas do místico. Indiretas, está claro. Ele não escreve nem à irmã. Sabe-se das cousas pelo sobrinho. A última novidade são poemas ingleses: Mando-lhe cópia e queria estar perto de você para gozar de suas gargalhadas espirradas. O sobrinho mandou isso com muito mistério, dizendo que foi tirado de um grosso caderno onde há para mais de cinquenta poemas assim. Quando a Leolina (a irmã do O.[89] casada com o Xiru) me perguntou o que eu achava, eu respondi sem pestanejar: Acho que deve ser mistificação!
Suponho que o nosso místico contou em língua de trapo alguns sonhos ("Sonhei que um passarinho etc. etc.") e algum amigo inglês de bar ou a tal professora escanifrada reduziu a cousa a inglês[90]. Isso me tem divertido a valer e traduzi três dos poemas com este título *Três Poemas ingleses de Jaime Ovalle*[91], *para uma revista chic.*[92]

Bandeira nunca deixa de dar notícias do místico a Freyre. Em uma das últimas, afirma que "o místico anda arredio. Está muito envelhecido".[93]

Para Davi Arrigucci Jr., Ovalle expressava uma visão simbólico-mítica "capaz de superar contradições reais".[94] A forma como Bandeira decifra para Freyre a vida do místico em Londres e como ele consegue ultrapassar todas as dificuldades a ponto de fazer os seus melhores poemas distante do Brasil, ao qual é tão visceralmente ligado – não importando os seus meios, se por intermédio de uma professora escanifrada ou coisa assim –, é indício real de que pode haver uma mitologização ou mistificação em torno do músico. Bandeira parece render-se à ideia do milagre, e não da mistificação, afirmando na crônica "Ovalle", publicada em *Flauta de Papel*, que "só no inglês é que a sua poesia pôde encontrar expressão adequada. Como chegou ele a exprimir-se num idioma que mal conhecia? Teve, sem dúvida, quem o ajudasse [...]. As vivências de todos esses poemas em inglês são sabidamente ovallianas, o acento também".[95]

---

89   Abreviação para Jayme Ovalle.

90   Provavelmente Bandeira se refere ao poema que reproduz na crônica "Ovalle", publicada em *Flauta de papel*: "Era uma virgem/ A mais pura de quantas mais pura/ Viviam na santa Jerusalém./ Uma noite depois de fazer as suas orações/ Deitou-se adormeceu e na manhã seguinte/ Acordou triste e doente de vergonha:/ Sonhara este sonho/ Um pássaro veio voando do céu/ Veio voando voando/ Pousou em sua cama/ E dormiu assim a noite toda" (BANDEIRA, *Poesia completa e prosa*, 1974, p.491-492).

91   O primeiro dos "Três poemas" de Jayme Ovalle traduzidos por Bandeira é: "Deus contempla em silêncio / As folhas que caem das árvores / E as folhas que permanecem nos galhos, / E vê que elas o fazem como deve ser. / Enquanto isso, os anjos se ocupam / De outros detalhes, menos difíceis, / Do mundo de Deus" (BANDEIRA, Manuel. *Estrela da vida inteira*. Rio de Janeiro: Record; São Paulo: Altaya, [1992]. p.379).

92   Cf. capítulo 2, documento 19, com datação "Rio de Janeiro, 10 de março de 1935".

93   Cf. capítulo 2, documento 30, com datação "Rio de Janeiro, 8 de agosto de 1938".

94   ARRIGUCCI JR., Davi. *Humildade, paixão e morte*: a poesia de Manuel Bandeira. São Paulo: Companhia das Letras, 1991. p.69.

95   BANDEIRA, Manuel. Ovalle. In: _____, *Poesia completa e prosa*, 1974, p.492.

Ovalle, assim, "torna-se um meio de se sintetizar [uma] imagem fundamental", "uma vasta e complexa esfera da realidade da época",[96] capaz dos lances mais mirabolantes, das ambiguidades aparentemente mais insolúveis. Tal ficcionalização congrega em torno do místico vários dos modernistas, que o admiram e que viveram as suas histórias.

Um derradeiro poema que registra, de modo emocionado, a despedida de Ovalle é dialogado e afirma a existência de um mundo extraterreno onde poderia se dar a continuidade de uma convivência que foi, também, em muitos momentos, cifrada e descontínua, armada pela ficção:

OVALLE

Estavas bem mudado.
Como se tivesse posto aquelas barbas brancas
Para entrar com maior decoro a Eternidade.

Nada de nós te interessava agora.
Calavas sereno e grave
Como no fundo foste sempre
Sob as fantasias verbais enormes
Que faziam rir os teus amigos e
Punham bondade no coração dos maus.

O padre orava:
– "O coro de todos os anjos te receba..."
Pensei comigo:
Cantando "Estrela brilhante
Lá do alto-mar!..."

Levamos-te cansado ao teu último endereço.
Vi com prazer
Que um dia afinal seremos vizinhos.
Conversaremos longamente
De sepultura a sepultura
No silêncio das madrugadas
Quando o orvalho pingar sem ruído
E o luar for uma coisa só.[97]

Em outro poema, "A mensagem no além", de *Estrela da tarde*, o diálogo continua no além-túmulo. Uma suposta mensagem de Jayme Ovalle, morto em

---

96 ARRIGUCCI JR., *Humildade, paixão e morte*, 1991, p.69.

97 BANDEIRA, *Poesia completa e prosa*, 1974, p.316-317.

1955, é captada pela esposa de Augusto Frederico Schmidt, Yedda Schmidt, inspirando o poema de Bandeira, que traz como epígrafe: "Aqui estamos todos nus".[98] Nele, o que se ressalta é o despojamento resignado da existência pós-morte, num tom que se aproxima bastante do conjunto de poemas de *Estrela da tarde*:

> [...]
> As vestes que aí usamos
> Nada adiantam. Se o supus,
> Se o supões, nos enganamos:
> Aqui estamos todos nus.
>
> Dinheiro que aí juntamos,
> Joias que pões (e eu já as pus),
> De tudo nos despojamos:
> Aqui estamos todos nus. [...][99]

Se essa conexão entre crônica, poesia e epistolografia pode se dar por meio do alinhavo cujos instrumentos são personagens de fato, que transitam para o universo literário, há também outro tipo de conexão entre epistolografia e outros gêneros em Bandeira, como a que se dá entre poesia e cartas: "Cartas de meu avô",[100] de *A cinza das horas*, "Carta-poema"[101] e "Cartão-postal",[102] de *Mafuá do malungo*. Especificamente sobre este tema, falaremos adiante.

A simplicidade de Bandeira e seu modo sutil de compor retratos do cotidiano se diferenciam bastante da escrita epistolar de Freyre. Bandeira, por sua fineza peculiar, demonstra nas cartas uma coerência discursiva, uma tentativa de sínteses bem formuladas, que muitas vezes Freyre não tem ou, quando parece ter, logo trata de desfazer-se em paradoxos. Enquanto Freyre utiliza o espaço da correspondência como uma forma de elaboração de escritas do eu, Bandeira compõe, na contramão, escritas do outro. No conjunto, permanece o tom cronístico, mais enfatizado nas cartas de Bandeira. As cartas de Freyre tocam mais o veio ensaístico-autobiográfico em muitos momentos. Para ele, nenhum acontecimento deixa de despertar um sentimento íntimo, sobre o qual sente necessidade de falar em primeira pessoa:

> Como escrevi a Rodrigo, sinto que há alguma coisa, que há muito de [ilegível] em tudo isso, nesse apego ao Recife. Eu queria viajar,

---

98 Cf. Bezerra, *A trinca do Curvelo*, 1995, p.81.
99 Bandeira, *Poesia completa e prosa*, 1974, p.330.
100 Bandeira, *Poesia completa e prosa*, 1974,, p.128.
101 Bandeira, *Poesia completa e prosa*, 1974, p.403.
102 Bandeira, *Poesia completa e prosa*, 1974, p.415.

mas uma viagem curta, que acabasse logo, que apenas me desse as impressões, os estímulos e contatos que eu preciso, se não dou para provinciano dos ruins, intelectual provinciano, que é um coisa horrível; e adeus. Um ano inteiro, não. Justamente agora, nesta casa velha para onde viemos há meses, estou me sentindo o perfeito recifense, rodeado de mangueiras, de sapotizeiros (um deles que vem quase à janela) vendo uns fundos de quintais que só se vendo, amas de menino se espreguiçando na areia que é uma beleza etc. etc. E eu e Cícero, temos às vezes vagado pelas ruas até alta noite, até de madrugada – e cada vez me sinto mais preso ao Recife, mas de modo a não querer sair daqui a não ser por muito pouco tempo, pensando na volta. Aos poucos venho me refazendo daquele desequilíbrio enorme que foi a amizade perdida de Bigodão; que foi sair do Carrapicho onde eu plantara tanta árvore, pensando romanticamente que havíamos de crescer e envelhecer juntos – eu e as árvores. Agora, é curioso, eu evito de uma maneira doentia o Carrapicho, não posso nem ver, nem passar por lá, por aquela casa que você conhece, e onde – incrível – cheguei a morar sozinho um ano inteiro, ou mais, já não me lembro.[103]

Bandeira representa, de uma certa forma, uma espécie de espelho de Gilberto Freyre, fiel porém invertido. O à vontade com que parecem estar um na frente do outro ou em sua correspondência reforça o sentido dessa afinidade "infiel". Bandeira seria o lógico, e seu amigo, o contraditório; e é importante destacar que isso ocorre tanto na obra quanto na vida, pois, para Freyre, sempre há um amálgama necessário entre literatura e práxis, que traduziria a autenticidade pretendida em qualquer situação de criação. Porém, ressalte-se, tratar-se-ia de uma relação mais autêntica do que sincera com a vida, na trilha de Ricardo Benzaquem de Araújo acerca da tendência autobiográfica dos ensaios de Freyre,[104] o que não exclui uma tentativa de estetização egocêntrica. Bandeira, com sua "casinha de franciscano à paisana",[105] representa o avesso da escrita contorcida de Freyre. Em Bandeira, entretanto, com sua escritura límpida, haveria uma abertura incondicional para o diferente, e parece ter sido assim, em busca de um outro absoluto, que o "tísico profissional"[106] se aproximou do jovem Freyre.

---

103 Cf. capítulo 2, documento 18, com datação "Recife, 29 de janeiro de 1935".

104 O autor afirma que: "'Sentindo por dentro', Gilberto envolve o conjunto da sua reflexão em uma névoa da mais densa *autenticidade* [...], ou seja, cria a impressão de que as suas afirmações se referem a uma verdade absolutamente pessoal e incontrolável, próxima daquela que é sustentada das confissões e das autobiografias, posto que fruto de seu 'pertencimento' à própria sociedade que está examinando. É como se não lhe fosse permitido recuar diante de nenhuma constatação, mesmo das mais escabrosas, mesmo daquelas que pudessem porventura vir a chocar o seu leitor, pois, de algum modo, parece tanto escrever quanto *transmitir* a sua obra." (Araújo, *Guerra e paz*, 1994, p.188).

105 Freyre, *Tempo morto e outros tempos*, 1975, p.187.

106 Bandeira, Manuel. Autorretrato. In: _____, *Poesia completa e prosa*, 1974, p.394.

O universo de Bandeira seria a manifestação do mais puro e autêntico franciscanismo; ou, ainda, poderia remeter-se à imagem do poeta ingênuo à maneira de Schiller, como aquele que vive a poesia (tanto da vida quanto da escrita) com naturalidade e simplicidade, sem deixar à mostra os artifícios, a armação de sua composição, posto que não haveria um dissídio entre escrita e experiência.[107] Mostra-se como a figura do encontro, da cortesia, do eterno convite. Tal ideal de abnegação teria uma certa continuidade com o "caráter brasileiro", conforme abordado por Freyre, cujo fundo mais produtivo é a ideia de democrático não como uma construção política, mas como uma construção simbólica que se configura de modo escorregadio, sincrético e, assim, ainda mais eficaz de tocar a vida em comunidade. Essa é uma espécie de sombra do modo como certa geração modernista entende e resgata – ou, pelo menos em algum momento, quando da rotinização de suas próprias conquistas, deliberadamente constrói – aspectos de um Brasil escondido, não oficial, num movimento inclusivo que poderia funcionar como um pedido discreto e aparentemente sincero de perdão por uma elite exclusivista que voltou as costas para a marginalização inglória da maior parte da população do país. O estilo de escrita adotado para exprimir essa beleza, que remete ao cristianismo primitivo, preza pela simplicidade: os adjetivos são poucos, quase minimalistas e pueris ("simples", "bonitinha", "modesta", "boa", "tristíssima"), e a sintaxe é essencialmente paratática, sem grandes torneios, tal como vimos na carta de Bandeira de 23 de março de 1935, anteriormente transcrita.

Numa pequena mudança de tom, mas que não compromete a essência do todo, o remetente, até agora uma construção autoral que se passaria por um ingênuo de primeira natureza, reflete, no período seguinte, sobre seu próprio destino e, nessa autoironia de toques românticos, confidencia o teor dessa amizade de uma década fundamentalmente construída por cartas e por noites de boêmia nas ruas cariocas:

> Esta vida é uma merda, seu Gilberto. Mas não quero acabar com amarguras esta carta. No descalabro que foi a minha vida, ainda me sobram amizades sólidas como a das Blanks, a sua, do Rodrigo e poucos mais. E quis escrever isto a você para dizer que a lembrança destes bons amigos me acompanhava enquanto eu andava como um fantasma sem eira nem beira pelas ruas desertas daquela cidadezinha morta.[108]

O modo como Bandeira se expressa ao amigo parece encontrar perfeita correlação na forma do relato simples: trata-se de uma correspondência íntima, que se quer sincera e desprendida de grandes intenções, de base essencialmente

---

107 Cf. SCHILLER, Friedrich. *Poesia ingênua e sentimental*. Trad. Márcio Suzuki. São Paulo: Iluminuras, 1991.

108 Cf. capítulo 2, documento 20, com datação "Cambuquira, 23 de março de 1935".

afetiva. A correspondência como gênero textual, por explorar a esfera da vida privada, por não desejar cultivar um público amplo e não querer uma tensa urdidura ou arte *stricto sensu*, destaca-se de outros gêneros textuais amplamente cultivados, como o romance, a poesia e o drama; porém é interessante notar que a maneira como ela se realiza, tal como nesse trecho, tem muito a ver com a construção lírica de Bandeira pela aproximação afetiva com a realidade, com o cotidiano, com a vida comum. O desprendimento que vemos também nas crônicas liga-se indiretamente à correspondência enquanto prática textual. Num mundo em que os indivíduos progressivamente se afastam, compelidos pela sociedade de massa a uma anulação do eu, como contraste, aqui haveria uma vivência intensamente humana, nascida da interação e da performance intersubjetiva.

Também essa troca, cuja tônica é dada por Bandeira, nada tem da retórica socialmente estabelecida para o relacionamento entre indivíduos dominante até o século XIX, desenvolvida essencialmente em meio à sociedade estratificada e hierarquizada segundo códigos de convivência característicos dos tempos coloniais e monárquicos. O alto grau de formalização foi justamente bombardeado com o fortalecimento da sociedade burguesa e com os discursos que fomentavam os anseios pela democratização da educação e da cultura, o que no Brasil se deu mais uniformemente a partir do século XX. Como contraste a essa escrita bela e desprendida de Bandeira, temos, a seguir, um pequeno exemplo de domínio do código socialmente elaborado que regia a correspondência entre Freyre e Oliveira Lima, diplomata aposentado e alto representante da elite culta e esclarecida, de origem aristocrática, no Brasil do século XIX:

> Recebi sua amável cartinha e as três cartas de apresentação para São Paulo. Não sei como agradecer tanta gentileza da sua parte. Já não são poucos os incômodos que lhe tenho causado. Sabe que, por motivos de educação um tanto hirta que recebi e talvez por isso mesmo – mas não estou certo – de temperamento, não sou efusivo nem quando escrevo nem quando falo. Creio mesmo que o outro extremo, o que lamento. Porém creia, meu caro amigo, que o amo com todo coração – ao Senhor e à Dona Flora, alma irmã da sua, nobre e boa. Isto pondo à parte os obséquios recebidos. Simples obséquios não criam uma grande estima; não o faz a mera gratidão. Dizia Emerson que os favores eram como maçãs que se davam a crianças e logo esquecidas. O que uma pessoa de bem não esquece é a inspiração recebida d'outra – e sua vida e a sua alma e a sua amizade quase paternal têm sido para mim forte inspiração. Como esta carta é muito íntima não hesito em revelar que o seu nome e o de Dona Flora estão não só na minha lembrança como nas minhas preces.[109]

---

[109] Carta de Gilberto Freyre a Oliveira Lima, com datação "Lisboa, Consulado do Brasil, 05/02/1923" (cf. Freyre, Gilberto; Lima, Oliveira. *Em família:* a correspondência de Oliveira Lima a Gilberto Freyre. Org. Ângela de Castro Gomes. Campinas: Mercado de Letras, 2005. p.166-167).

Gilberto Freyre lança mão, nesse momento, de um expediente estilístico recorrente em sua obra. Afirma uma simplicidade retórica negada na própria forma de expressão, ou seja, paradoxalmente diz aquilo que não faz, ou aplica o seu contrário. O autor afirma que não conseguiria desenvolver aquela adequação rara entre forma e conteúdo pelo simples fato de que agradecer ao destinatário implicaria um modo grandiloquente pela própria natureza superior dos gestos que lhe foram dedicados. Constatação propalada pelo autor: ele não é efusivo, ou seja, não se dá ao derramamento sentimental, nem quando escreve, nem quando fala. Tratar-se-ia de uma escrita "magra", consequência de "educação um tanto hirta" ou de temperamento. Contudo a escrita, com seus rodeios e imagens surpreendentes, mostra o contrário: "o amo com todo coração – ao Senhor e à Dona Flora, alma irmã da sua, nobre e boa". O que vemos, desse modo, é o emprego de um expediente de linhas retóricas com o maior de seus brilhos numa comunicação do dia a dia. Freyre sabia compor arabescos literários como ninguém e deles se serviu, em vários momentos, para aglutinar imagens as mais contrastantes, posições as mais inconciliáveis, sensações as mais chocantes, numa escrita que certamente bebeu muito da retórica dos Seiscentos e que tem bastante a ver com sua abordagem da herança do Brasil patriarcal, em sua plasticidade e sincretismo. Note-se, por exemplo, que o próprio conceito de "regionalismo" defendido por Freyre, por muitos críticos tido como fundamental para o que viria a se produzir na década de 1930, nem sempre implicava coerência. Bandeira, nesse sentido, era como a face de uma outra lógica cujo motor era o embate entre os dois escritores, com engrenagens que sempre funcionavam, apesar das aparências contrastantes, naquilo que se poderia considerar o ponto fulcral da província:

> Recife, 1928.
> [...]
> A propósito dos quitutes de Zé Pedro, Bandeira tem me criticado por preferir a muitos deles bifes à inglesa, carneiro assado à inglesa, salmão, *paté*, caviar, comidas em lata. "Que espécie de regionalista é este?", pergunta Bandeira, muito ancho da sua lógica. A verdade é que não pretendo ser lógico nem no meu "regionalismo" nem em nenhuma das minhas atitudes. Logo que regressei ao Brasil, os quitutes da terra me voltaram a empolgar o paladar de modo absoluto. Agora, não: tenho minhas saudades, e grandes, de comidas anglo-saxônicas e francesas. Volto a elas uma vez por outra: sempre que é possível fazê-lo através de guloseimas enlatadas e de conservas. O paladar é como o coração de que falava Pascal: tem suas razões que a razão desconhece.
> [...] Que me desculpem os lógicos, como tende a ser às vezes (como toda sua imensa poesia) o Manuel Bandeira.[110]

---
110 Freyre, *Tempo morto e outros tempos*, 1975, p.221.

Se o Brasil, na perspectiva do sociólogo, encontrou caminhos para combinar seus contrários, de início pelo intercurso sexual, igualmente sua escrita foi sendo lapidada no sentido de desenvolver formas de assimilação agregadora. Ou, ainda, um modo privilegiado de abrigar o contrário daquilo que se diz pode ser visto, sem dúvida, no polêmico tema da suposta visão idílica da escravidão no Brasil,[111] afirmada de modo relativo mas retoricamente negada ao longo, por exemplo, das páginas de *Casa-grande & senzala*, que se apura no sentido de dar vida a quadros narrativos os mais cruéis e dramáticos. Assim como o discurso de Freyre, em seus melhores ensaios, se configura com idas e vindas, afirmações e negações, avanços e retrocessos que tipificam o universo impuro de contradições próprio da nova civilização, sua correspondência encarna paradoxos inumeráveis. A documentação epistolar, apesar de ser um conjunto aparentemente secundário, mostra também que a figuração retórica estava impregnada em seu discurso mais íntimo.

Por outro lado, ainda sobre a expansiva reverência a Manuel de Oliveira Lima, a resposta deste àquelas palavras de fato efusivas foi, digamos, magra, mas expressaria uma espécie de sincero amor paternal, de doação para a qual não se espera nenhuma recompensa:

> Recebi a sua última de 5 de fevereiro. Não me agradeça: não há motivo para isso. O sr. é bastante efusivo pelos seus atos, não precisa sê-lo pelas suas palavras. Os atos valem mais. Nós o estimamos muito e desejamos de coração vê-lo feliz. Penso que se o sr. for para São Paulo, dar-se-á bem.[112]

Freyre parece alimentar-se, numa atitude bastante diferente dos requintes irônicos de Bandeira, de paradoxos. Mas aquilo que o sociólogo chama de equilíbrio de antagonismos, porquanto considera metades que não se misturam, fica bem evidente na própria maneira como ele se autorretrata, falando de incompatibilidades, de privações, de antagonismos – "que besta e triste esta vida de *scholar gipsy*".[113] Nessa linha de agregação de elementos contrastantes, em trecho de carta a Bandeira de 1931, quando o sociólogo passou temporada em Stanford como professor, ele coloca lado a lado definições, à primeira vista, antagônicas de si mesmo, na tentativa de dar a ver a imagem de um sujeito de

---

[111] Em verdade, as afirmações de Freyre são sempre relativas, nunca absolutas, como bem destaca Jessé Souza, para quem não há um corte epistemológico entre seus trabalhos de juventude e de maturidade: "Freyre é o mesmo pensador holista, que pensa a sociedade como um todo orgânico a partir de partes que se completam. [...] sua atenção esteve sempre voltada para perceber formas de integração harmônica de contrários, interdependência e comunicação recíproca entre diferentes, sejam essas diferenças entre culturas, grupos, gêneros ou classes." (Souza, Jessé. *A modernização seletiva*: uma reinterpretação do dilema brasileiro. Brasília: Editora Universidade de Brasília, 2000. p.212.).

[112] Carta de Oliveira Lima a Gilberto Freyre, com datação "Frankfurt, 17/02/1923" (cf. Freyre; Lima, *Em família*, 2005, p.168).

[113] Cf. capítulo 2, documento 11, com datação "Stanford, 9 de junho de 1931".

inúmeras faces. Talvez a figura de linguagem mais adequada para dizer essa harmonização imperfeita de antagonismos seja a antítese, já que temos uma combinação – como em mosaico com peças de variadas proporções e cores – de metades conflitantes, que só podem ser destrinchadas no detalhe pelo analista atento:

> E um desses dias, aí chegará num cargueiro ou na 3ª classe de um alemão este provinciano (cosmopolita, cigano, romântico, <u>modern</u>, <u>intellectual</u>, radical, reacionário, revolucionário, ortodoxo, Raul Dos Passos – (irmão do Dos Passos, daqui, o de *Three soldiers*). Seraphim Jung, Jorge Rialto, Antonio Ricardo etc. etc. – oxoniano, M. A. Columbia, Stanfordiano, etc. etc. etc.). Raspado tudo isso, o provinciano, a quem todas as festas da California não fazem esquecer o <u>gosto amargo</u> (desculpe esse classicismozinho) de um maracatu do Outeiro (sem Ascenso e sem "Regionalistas" presentes). Entretanto, eu posso raspar tudo isso de mim? Na província, a nostalgia do grande mundo não me deixará de todo; as memórias, que estavam secando, abriram-se de novo em verdadeiras feridas. Meu caro Flag, desculpe tanta literatura; não é só literatura.[114]

O que atrai o leitor não é só o exercício daquela "ambiguidade dinâmica" afirmada por Antonio Candido,[115] mas também o exemplo de astúcia autoral que caracteriza seus, a meu ver, mais brilhantes ensaios literários à Montaigne. Esta dramatização da *persona* lança luz sobre um jogo intenso de máscaras que se chocam e se combinam em diversas ocasiões. Essa vontade de expressão que permeia os momentos mais tranquilos da vida podemos observar neste trecho, em que o autor fala de si em terceira pessoa:

> Bons anos! A você e às boas amigas Blank, inclusive a pequenininha – Bons Anos! Estou com saudade. Você não dá um ar de sua graça, deixa o provinciano sem notícias, fora das novidades da Metrópole. Mas o provinciano não esquece você nem as boas amigas de Santa Teresa. O provinciano atravessou um ano que não foi dos melhores de sua vida – doente quase todos estes últimos seis meses. Felizmente parece que voltou agora ao seu "equilíbrio biológico". O provinciano está feliz no casarão velho onde mora agora com a família, numa puxada assobradada – puxado, dizem os requintados de Capiberibe, mas nós provincianos das margens do Capibaribe dizemos puxada. (Casa velha e boa, bem boa, mas não deixo de ter saudades do K. onde

---

114 Cf. cap.2, documento 11, com datação "Stanford, 9 de junho de 1931".

115 CANDIDO, Antonio. Gilberto Freyre crítico literário. In: AMADO, Gilberto et al, *Gilberto Freyre*, 1962.

esperava viver toda a vida.) O provinciano está sentimental. O provinciano tem estado horrivelmente sentimental, até mesmo atacado de *self-pity*. Já esteve uma vez assim e curou-se lendo Nietzsche. Agora, com tanto trabalho, não tem recorrido a Nietzsche: tem recorrido ao fumo. Charuto, cigarro. Mas cigarro só inglês, que o provinciano tem coisas de requintado misturadas com o seu plebeísmo de *club* das Pás e festas de igreja. Vou deixar essa história de "o provinciano" que está virando literatura e retomar o meu eu.[116]

É bastante difícil separar o que é exercício de estilo do que é expressão "sincera", daí que a melhor expressão, para esse caso, talvez seja a autenticidade – que pode ser recuperada de forma produtiva tanto na trilha interpretativa de Benzaquen de Araújo,[117] ao analisar a obra de Freyre, quando do próprio Agamben,[118] quando desenvolve o conceito atrelado à proposição de uma nova concepção de história. De qualquer modo, o texto é tomado por aquela ambiguidade dinâmica que vaza o discurso aparentemente simples. Há uma vontade quase compulsiva de contar e recontar a própria história e de usar tintas em combinação intensamente dramática, o que faz que se toquem e se enleiem os universos da literalidade e da literariedade.

No ensaio "A literatura moderna no Brasil", Freyre, ao final, dedica considerações acerca da centralidade do Recife – a capital intelectual do Nordeste, segundo o escritor – para a revolução que se teria processado no Brasil da primeira metade do século xx. As palavras que utiliza para tanto são fundamentalmente endógenas, ou melhor, lançam foco sobre as coisas de dentro, sobre a intimidade, sobre a província:

> Resistindo à ideia de que o progresso material e técnico deve ser tomado como a medida da grandeza do Brasil, os regionalistas brasileiros viam no amor à província, à região, ao município, à cidade ou à aldeia nativa condição básica para obras honestas, autênticas, genuinamente criadoras e não um fim em si estreito.[119]

Ao valorizar demasiadamente o mérito da província nos processos culturais, o Gilberto Freyre mais cético, combativo e polêmico perde um pouco sua força quando não lança mão daqueles expedientes formais de choque. Ser

---

116 Cf. capítulo 2, documento 16, com datação "Recife, 28 de dezembro de 1934".

117 Araújo, *Guerra e paz*, 1994.

118 Agamben, Giorgio. *Infância e história*: destruição da experiência e origem da história. Trad. Henrique Burigo. Belo Horizonte: Ed. ufmg, 2005.

119 Freyre, Gilberto. A literatura moderna no Brasil. In: _____. *Interpretação do Brasil*. São Paulo: Companhia das Letras, 2001. p.313.

um provinciano virtuoso é contrapor-se também aos valores cosmopolitas enxertados num país de características únicas, mas não desprezá-los de todo. Por isso existem o mau e o bom provinciano, sendo que este jamais deve deixar de empregar um estilo vivaz e espirituoso, sob pena de se perder numa exaltação vazia e baixa, excessivamente sentimental, das coisas da terra. Vale dizer que, ao proclamar-se provinciano, Freyre também firma os pés num discurso bastante policiado, sujeito às críticas mais severas, aos preconceitos mais injustos. Grande parte dessa linha de força contrária aos valores da província enraíza-se na própria ideia de modernidade que se propaga ao longo do século XIX e XX, como nota o crítico italiano Alfonso Berardinelli:

> A modernidade, especialmente a modernidade poética, nasceu como negação da província, daquele universo orgânico, internamente estruturado, intensamente visível em cada uma de suas partes e fechado que é a província. Fechamento de onde se entrevê ou se sonha um espaço livre e aberto. Província é antes de tudo o limite, a fronteira além da qual deveria existir ou se imagina que exista o Grande Mundo.[120]

Questionar uma literatura intransitiva, essencialmente metalinguística e fragmentada, carro-chefe da proposta moderna, a fim de privilegiar a comunicação, o sentido de completude e o fechamento de origem arcaica, bombardeados pelos mesmos discursos da modernidade *avant-garde*, seria ainda mais temerário num país que é também marginal, periférico, tendo em vista a conjuntura geopolítica que o submete aos centros metropolitanos do capitalismo avançado.[121] Freyre, todavia, lança mão das duas moedas: daquela mais provinciana e tradicional combinada àquela mais vanguardista e moderna. A boa mistura dá "o provinciano do bom".

Assim, aquela instância autoral intensamente buscada, que, sendo ele o bom provinciano, incomoda, agita, duvida, brinca, desconcerta – e que já tirou do sério até o próprio Bandeira, conhecido por sua tolerância e parcimônia ("As nossas cartas se cruzaram. Não há, pois, motivo para as lamuriazinhas irô-

---

120 Berardinelli, Alfonso. Cosmopolitismo e provincianismo na poesia moderna. In: _____. *Da poesia à prosa*. Org. e pref. Maria Betânia Amoroso. Trad. Maurício Santana Dias. São Paulo: Cosac Naify, 2007. p.68.

121 Seria interessante destacar guinada considerável, dos últimos anos, com relação a essa inserção outrora marginal do Brasil, posição esta atingida não somente do ponto de vista econômico – hoje o Brasil é visto como um país emergente, que concilia crescimento e distribuição de renda, embora ultimamente os dados econômicos não sejam tão otimistas –, mas também na esteira de uma diplomacia que sempre defendeu maior protagonismo do país no cenário internacional. Perry Anderson, em nota que remete ao conceito de "potência econômica", empregada no texto "O Brasil de Lula", oferece dados sobre os últimos anos: "Em 2008, o Brasil, tradicionalmente assolado por dívidas, se tornou pela primeira vez credor internacional, e em 2009 suas reservas em moeda estrangeira chegavam a 250 bilhões de dólares, boa parte em títulos do governo americano, o que coloca o país na posição de quarto maior credor dos Estados Unidos: Roett, R. *The new Brasil*. Washington: Brookings Institution Press, 2011, p.116; Rohter, L. *Brazil on the rise, the story of a country transformed*. Nova York: Palgrave Macmillan, 2010, p.139." (Anderson, Perry. O Brasil de Lula. Trad. Alexandre Barbosa de Souza e Bruno Costa. *Novos Estudos*, São Paulo, n.9, p.23-52, nov. 2011. p.32.).

nicas do sociólogo."),[122] efetuando aquele equilíbrio entre duas personalidades aparentemente muito diferentes –, mostra-se com toda sua verve em vários momentos da epistolografia. Se, por um lado, Bandeira é indiscutivelmente dono de uma escrita límpida e aparentemente simples, nos moldes idealizados por certa tradição modernista, Freyre, de outro modo, deixa claros exemplos de uma tentativa de penetrar o universo ficcional, da criação literária propriamente dita por meio das cartas, efetuando um procedimento carnavalizante no interior de sua obra. Poder-se-ia dizer que as cartas dele são, em alguma medida, problemáticas, apesar de trazer como dominante o *fait divers*, que poderia circunscrevê-la ao miúdo da experiência, sem qualquer ornamentação retórica, princípio este, pelo contrário, pregado e realizado magistralmente por Bandeira.

Na crônica de Bandeira que toma como assunto uma brincadeira de Jayme Ovalle e Augusto Frederico Schmidt, Freyre é retratado de modo coerente com a visão do autor como um irônico distanciado. Seu *sense of humour* pode ser objetivamente entendido, por exemplo, dentro da tradição dos grandes polemistas de língua inglesa:

> Restam os Onésimos [...] O Onésimo onde aparece é assim: duvida, sorri, desaponta; diante dele ninguém tem coragem de chorar. O seu *sense of humour* sempre vigilante é o terror dos Mozarlescos avisados. Não é que o faça por maldade: os Onésimos não são maus. O drama íntimo dos Onésimos é não se sentirem entusiasmados por nada, não encontrarem nunca uma finalidade na vida. Não obstante, se as circunstâncias os colocam inesperadamente num posto de responsabilidade, podem atuar (não todos, é verdade) com o mais inflexível senso do dever. O sr. Gilberto Freyre, por exemplo, é Onésimo. Em geral os humoristas são Onésimos. Não os humoristas nacionais, que esses pertencem todos ao exército do Pará (os srs. Mendes Fradique, Raul Pederneiras, Luís Peixoto, etc. Aporelli faz exceção, é Dantas). Mas os grandes humoristas, Sterne, Swift, Heine são Onésimos. O sr. João Ribeiro é um exemplo muito curioso de Onésimo. O escritor paulista Couto de Barros, outro.[123]

Os conceitos de "forma impura" e de "ambiguidade dinâmica" podem ser modos de corresponder a um ceticismo e a uma ironia permanentes, a um duvidar que está sempre em jogo. A contrapartida desses conceitos movediços é a sua visão de Brasil original, definida a partir da identidade mestiça. As leituras do país seriam, assim, figuradas ao mesmo tempo em que se esboça um dina-

---

122 Cf. capítulo 2, documento 13, com datação "Rio de Janeiro, 10 de janeiro de 1934".
123 BANDEIRA, *Crônicas da Província do Brasil*, 2006, p.160.

mismo de *persona* único, que bem justifica a interpretação de ensaios como *Casa-grande & senzala* como ensaio autobiográfico.[124]

O modo antitético como Freyre elabora seu discurso parece tocar particularmente uma geração de escritores, entre eles o próprio Manuel Bandeira. Ser provinciano implica algo muito além da elaboração do autorretrato; passa a ser uma categoria ético-estilística, um modo particular de estar no mundo e de concepção artística, uma espécie de estetização empenhada da *persona*, procurando aumentar a densidade comunicativa da expressão pessoal na contramão do esvaziamento apontado por teóricos da literatura moderna como Hugo Friedrich em sua *Estrutura da lírica moderna*.[125] É assim que Bandeira se assume um escritor provinciano:

> Sou provinciano. Com os provincianos me sinto bem. Se com estas palavras ofendo algum mineiro requintado peço desculpas. Me explico: as palavras "província", "provinciano", "provincianismo" são geralmente empregadas pejorativamente por só se enxergar nelas as limitações do meio pequeno. Há, é certo, um provincianismo detestável. Justamente o que namora a "Corte". O jornaleco de município que adota feição material dos vespertinos vibrantes e nervosos do Rio – eis um exemplo de provincianismo bocó. É provinciano, mas provinciano do bom, aquele que está nos hábitos do seu meio, que sente as realidades, as necessidades do seu meio. Esse sente as excelências da província. Não tem vergonha da província – tem é orgulho.[126]

Seria talvez possível afirmar que Bandeira foi, entre os escritores empenhados em compor a partir de uma experiência que se queria genuinamente brasileira, e nesse sentido provinciana, quem melhor universalizou a expressão lírica pela vivência do particular. Desse modo, ao lado de Gilberto Freyre, afirmando-se provinciano nos últimos anos da década de 1920, Bandeira assinala sua distância com relação ao projeto nacionalista de Mário de Andrade:

> Sempre fui partidário do abrasileiramento do nosso português literário, de sorte que aceitava em princípio a iniciativa de Mário. Mas discordava dele profundamente na sua sistematização, que me parecia indiscretamente pessoal, resultando numa construção cerebrina, que não era língua de ninguém. Eu não podia compreen-

---

124 Para Roberto Ventura, "*Casa-grande & senzala* se converte em autobiografia sexual, em que o notável apetite priápico de seu autor ganha dimensões histórico-sociais." (Ventura, Roberto. *Casa-grande & senzala*. São Paulo: Publifolha, 2000. p.57).

125 Cf. Friedrich, Hugo. *Estrutura da lírica moderna*. Trad. Marise M. Curioni e Dora F. da Silva. São Paulo: Duas Cidades, 1978.

126 Bandeira, Manuel. Sou provinciano. (cf. seção 3.9 desta ed.).

der como alguém, cujo fito principal era "funcionar socialmente dentro de uma nacionalidade", se deixava levar, por espírito de sistema, a escrever numa linguagem artificialíssima, que repugnava a quase totalidade de seus patrícios.[127]

Diversa não é a justificativa de Gilberto Freyre quanto às suas reservas em relação a Mário nessa época. Porém Freyre enxerga no paulista uma artificialização mais propagada por outros níveis. Basicamente, o intelectual recifense defendia a "provincianização" como a via mais acertada de o Brasil verdadeiramente se conhecer, respeitando a diversidade regional, sem o abandono dos elementos autênticos de cada experiência cultural e sem propor sínteses universalizantes – proposta de respeito à diversidade cultural que se aproxima de vertentes pós-modernas. Por sua vez, a ação de Mário daquela fase teria sido de outra ordem, mais próxima das propostas nacionalistas que se querem totalizantes e universais, nem que para isso houvesse, como contrapartida, uma estetização excessiva da vida:

> Recife, 1927.
> Má impressão pessoal de M. de A. Sei que sua obra é das mais importantes que um intelectual já realizou no Brasil. Que entende de música como um técnico e não apenas como um artista intuitivo. Que une muita erudição à intuição poética. Mas me parece artificial e postiço em muita coisa. E sua pessoa é o que acentua: o lado artificioso de sua obra de renovador das artes e das letras no Brasil. Seu modo de falar, de tão artificioso, chega a parecer – sem ser – delicado em excesso. Alguns dos seus gestos também me parecem precários. Mesmo assim, um grande, um enorme homem-orquestra, que está sendo para o Brasil uma espécie de Walt Whitman. Um semi-Walt Whitman.[128]

Outro nome que surge nas entrelinhas da crônica "Sou provinciano", de Bandeira, é o do próprio organizador do volume *Andorinha, andorinha*, Carlos Drummond de Andrade. Seria ele o tal "mineiro requintado" a quem Bandeira pede desculpas se ofender? A primeira coletânea *Alguma poesia*, de 1930, traz inúmeros exemplos do modo irônico e distanciado com que Drummond se refere à terra natal. Dedicado a Mário de Andrade, o livro de estreia do mineiro fala sobre a dificuldade de conciliar província e metrópole:[129]

---

127 Andrade, *Cartas a Manuel Bandeira*, [1987?], p.13.

128 Freyre, *Tempo morto e outros tempos*, 1975, p.207.

129 Vale dizer que foi lançado, no ano de 2011, livro que analisa a tópica da província na obra dos mineiros Drummond, Emílio Moura, João Alphonsus e Cyro dos Anjos, de autoria de Ivan Marques. Como afirma o autor, objetivou-se principalmente "conhecer de modo mais amplo o próprio 'modernismo' – seus projetos e seus problemas – em condições periféricas" (Marques, Ivan. *Cenas de um modernismo de província*. São Paulo: Ed. 34, 2011. p.245).

"EUROPA, FRANÇA E BAHIA"
Meus olhos brasileiros sonhando exotismos.
Paris. A torre Eiffel alastrada de antenas como um caranguejo.
Os cais bolorentos de livros judeus
e a água suja do Sena escorrendo sabedoria.
[...]
Chega!
Meus olhos brasileiros se fecham saudosos.
Minha boca procura a "Canção do Exílio".
Como era mesmo a "Canção do Exílio"?
Eu tão esquecido de minha terra...
Ai terra que tem palmeiras
onde canta o sabiá![130]

Bandeira, de fato, era uma personalidade mediadora: dava-se muito bem com Mário, Gilberto e Drummond. Em carta a Gilberto Freyre, inclusive, mostra um empenho – assim como na vida – em fazer dialogar interpretações normalmente tidas como divergentes:

> Naturalmente a minha impressão foi ótima [acerca da publicação de *Sobrados e mucambos*]. No prefácio da minha antologia dos românticos[131] aludo ao seu capítulo sobre a mulher e o homem – ideal patriarcal da virgem pálida e lânguida –, pondo em destaque a ilustração do conceito na poesia romântica, prendendo-o ao tema do "amor e medo" assinalado pelo Mário de Andrade, ou melhor, subordinando isto àquilo – o homem fingindo medo da mulher para melhor dominá-la.[132]

Contudo, apesar das eventuais confluências, se formos observar as questões mais gerais, relativas ao tema do nacional na literatura, que animavam

---

130 ANDRADE, Carlos Drummond de, *Obra completa*, 1967, p.57.

131 Trata-se de sua *Antologia dos poetas brasileiros da fase romântica* (1937). A passagem aludida por Bandeira na carta fecha o prefácio à antologia: "Sobre o lirismo amoroso dos românticos convém ler o capítulo 'A mulher e o homem' em *Sobrados e mucambos*, de Gilberto Freyre (Companhia Editora Nacional, São Paulo, 1936). O sociólogo pernambucano mostrou como se ajustava ao patriarcalismo da nossa formação aquele culto diferenciador da mulher, o qual / 'bem apurado, é, talvez um culto narcisista do homem patriarcal, do sexo dominante, que se serve do oprimido – dos pés, das mãos, das tranças, do pescoço, das coxas, dos seios, das ancas da mulher, como de alguma coisa de quente e de doce que lhe amacie, lhe excite e lhe aumente a voluptuosidade e o gozo. [...]' / Ainda sobre o lirismo amoroso dos românticos, leia-se o que escreveu Mário de Andrade em *O Aleijadinho e Álvares de Azevedo*, R. A. Editora, Rio de Janeiro, 1935, 2ª parte. Aí estuda o poeta paulista o tema que chamou de amor e medo, mostrando aliás que, salvo em Álvares de Azevedo, ele era 'mais assunto poético que realmente sentido'. No fundo, a mesma coisa que observou Gilberto Freyre: o sexo 'forte' fingindo-se medroso para melhor dominar o sexo 'fraco'. Fingimento bem transparente em Casimiro." (BANDEIRA, *Poesia e prosa*, 1958, v.2, p.921-922).

132 Cf. capítulo 2, documento 25, com datação "Rio de Janeiro, 7 de outubro de 1936".

os intelectuais no período parecia que se configuravam duas diferentes vias de comunicação sobre o tema: de um lado, estão Freyre e, com ele, o provinciano Bandeira. Também Bandeira, como colaborador do jornal *A Província*, pôde aprofundar, no final da década de 1920, sua concepção de nação, região e província, como seus artigos demonstram. Freyre já era considerado um líder do movimento regionalista, pelos seus artigos publicados sobre o tema e pela sua importância crucial na publicação do *Livro do Nordeste* (1925), na criação do Centro Regionalista do Nordeste (1924) e na realização do Primeiro Congresso Regionalista do Nordeste (que se deu entre 7 e 11 de fevereiro de 1926). Uma via diversa foi a de Mário, que promovia uma construção consciente e meticulosamente estudada da nacionalidade, de tendência universalizante.[133] Drummond teve oportunidade de dialogar sobre o assunto, por meio de cartas, tanto com Bandeira quanto com Mário, antes mesmo de Freyre estreitar seu vínculo com o poeta recifense. Nas cartas de Mário e Drummond, é possível observar que os temas da nacionalidade e do cosmopolitismo eram circulantes no meio intelectual. Como exemplo, Drummond, em 1924, assumia suas reservas quanto a uma assunção de valores nacionalistas. Nesse momento, era um "requintado mineiro" que escrevia, em carta a Mário de Andrade, com datação "Belo Horizonte, 22 novembro 1924":

> Reconheço alguns defeitos que aponta no meu espírito. Não sou ainda suficientemente brasileiro. Mas, às vezes, me pergunto se vale a pena sê-lo. Pessoalmente, acho lastimável essa história de nascer entre paisagens incultas e sob céus pouco civilizados. Tenho uma estima bem medíocre pelo panorama brasileiro. Sou um mau cidadão, confesso. É que nasci em Minas, quando devera nascer (não veja cabotinismo nesta confissão, peço-lhe!) em Paris. O meio em que eu vivo me é estranho: sou um exilado. [...] Acho o Brasil infecto. [...] O Brasil não tem atmosfera mental; não tem literatura; não tem arte; tem apenas uns políticos muito vagabundos e razoavelmente imbecis e velhacos.[134]

Sendo assim, não havia muita clareza sobre qual caminho tomar. Os modernistas experimentaram diversas vias para resolver o dilema, como *Macunaíma* de Mário de Andrade e a antropofagia de Oswald de Andrade. Entretanto o próprio Drummond – argutamente e sem ânimo para participar do projeto irradiado da capital paulista – observa, em carta para Mário, que a

---

133 Em outra via, a exacerbação desse nacionalismo universalizante parece ter ocorrido sobretudo em São Paulo em grupos que se aproximaram do integralismo: "Em certos aspectos, o modernismo encaixou-se bem na transformação intelectual brasileira que conduziu da experimentação e autoanálise da década de 1920 e início da de 1930 ao Estado Novo, o qual adotou a concepção modernista de Salgado de celebrar a nação como fusão, base para um governo autoritário." (LEVINE, Robert M. *Pai dos pobres?*: o Brasil e a Era Vargas. São Paulo: Companhia das Letras, 2001. p.65).

134 ANDRADE, Carlos Drummond de; ANDRADE, Mário de, *Carlos e Mário*, 2002, p.56-57.

solução passaria por aquilo que Bandeira teria definido do seguinte modo: "enquadrar, situar a vida nacional no ambiente universal, procurando o equilíbrio entre os dois elementos".[135]

Se há um conflito intelectual evidente nessas primeiras cartas de Drummond e Mário, a correspondência de Freyre e Bandeira, por sua vez, não demonstra nenhuma contradição – ou que seja, pelo menos, evidente – quando o assunto é a província. Bandeira abraça, mesmo distante, a única via para ele possível de abrasileiramento da arte. Freyre, como se pode perceber, tem papel atuante em meio a esse processo de provincianização do poeta.

Vimos que Bandeira permite, por sua justeza exemplar, a encenação espirituosa e contraditória – embora um pouco tímida, se forem considerados outros momentos em que figuras de choque são mais fortemente empregadas – do "líder intelectual da província" Gilberto Freyre. Na leitura da correspondência, os choques de superfície não interferem no todo, ou melhor, intensificam positivamente o próprio sentido que dela se depreende, como o da província e o do provinciano.

Também, como num arranjo profundamente harmônico, temos duas personalidades exemplares que se combinam na contradição: de um lado, o homem aparentemente simples e circunspecto; de outro, o ávido e espirituoso. Um encontro, pode-se dizer, brasileiro e pernambucano, como os melhores personagens de *Casa-grande & senzala*, testemunhando uma amizade que atravessa os tempos na "província do Brasil".

O processo de modernização do país, nesse contexto, não pode ser analisado sem que se leve em conta a sua situação colonial. A tentativa de construir uma identidade cultural brasileira acaba por assumir um sentido mais problemático em um país em que o arcaico convive contraditoriamente com o moderno, em que uma enorme massa de excluídos convive com uma pequena elite voraz, em que as bases político-econômicas ainda não permitem, mesmo hoje, uma modernização uniforme e inclusiva. Ser provinciano na primeira metade do século xx, além de estar se posicionando em uma linha de fuga com relação à capital federal e a outros poucos centros econômicos brasileiros como São Paulo, ainda significa construir um discurso de afirmação local e nacional diante da força modernizadora, tecnológica, racional e abstratizante que vem, de forma avassaladora, dos centros metropolitanos mundiais, sem refugar indistintamente, entretanto, os elementos globalizantes. Bandeira, na década de 1920, tornou-se um provinciano de primeira linha. A aproximação e a amizade epistolar com Freyre foram decisivas para tal. Em ambos, entretanto, esse olhar para o local é também mediado por certas leituras e experiências culturais inovadoras da modernidade.

Para Bandeira, a dignificação do cotidiano humilde de pessoas comuns, remanescentes da escravidão, trabalhadores, enfim, elementos do universo popular, vem acompanhada de memórias da infância e de um sentimento

---

135 ANDRADE, Carlos Drummond de; ANDRADE, Mário de, *Carlos e Mário*, 2002, p.56-57.

particular da província, ou seja, da terra natal e das coisas brasileiras. Na linha de Erich Auerbach,[136] explorada por Davi Arrigucci Jr. em *Humildade, paixão e morte*,[137] Bandeira cria um sublime particular, combinando o mais baixo, o realismo mais cru, com o mais elevado, uma revelação do mistério oculto a partir do cotidiano. Enquanto essa fusão é a mais perfeitamente acabada no poeta, em Freyre as fissuras ficariam evidentes. Do mesmo modo, este traz o cotidiano humilde, mas também combina um estilo orgulhoso, cultivado, retórico. A junção, como não poderia deixar de ser, é bastante problemática, apontando para uma incompatibilidade substancial entre ação e pensamento, e seus interstícios saltam à vista quando nos damos conta, por exemplo, da altivez pretensiosamente aristocrática com que fala da herança africana e indígena na vida brasileira.[138] Ao contrário de Bandeira, que parece não crer em ações grandiosas e definitivas, Freyre, principalmente aquele mais militante, encarna de modo exemplar o destino do próprio país, cada vez mais consciente de seus diversos matizes culturais e da necessidade de se propor ativamente um processo definitivo de inclusão e de superação do atraso econômico e social, mas ainda temeroso acerca de quais rumos tomar. Ou – sem querer diluir as evidentes contradições – bastante confiante, àquela época, de que os contrários, por mais díspares que fossem, poderiam, de fato, conviver em harmonia.

4.3 Itinerários da província

> *Afortunados os tempos para os quais o céu*
> *estrelado é o mapa dos caminhos transitáveis e a serem*
> *transitados, e cujos rumos a luz das estrelas ilumina. Tudo*
> *lhes é novo e no entanto familiar, aventuroso e no entanto*
> *próprio. O mundo é vasto, e no entanto é como a própria*
> *casa, pois o fogo que arde na alma é da mesma*
> *essência que as estrelas; distinguem-se eles nitidamente,*
> *o mundo e o eu, a luz e o fogo, porém jamais se tornarão*

---

136 Cf. Auerbach, Erich. *Mimesis*. 2. ed. rev. São Paulo: Perspectiva, 1976.

137 Cf. Arrigucci Jr., *Humildade, paixão e morte*, 1991.

138 Como exemplo dessas atitudes conflitantes que permeiam os estudos de Freyre, note-se como o escritor combina o elemento simples, franciscano, com uma disposição altiva e grandiloquente, falando sobre os destinos da elite aristocrática brasileira na seguinte passagem: "Os próprios filhos de senhores de engenho que iam estudar para padre levavam do canavial para o seminário um orgulho que nunca morria neles. Que não morreu nem num Dom Vital capuchinho, frade da Penha. Todos os exercícios de humildade franciscana que praticou com tanto ardor parece que não puderam destruir em Vital Maria Gonçalves de Oliveira o orgulho de aristocracia de engenho que continuou sendo sob as barbas de frade, sob o capucho de religioso, sob a murça de bispo." (Freyre, Gilberto. *Nordeste*. Rio de Janeiro: José Olympio, 1967. p.174-175).

> *para sempre alheios um do outro, pois o fogo é*
> *a alma de toda a luz e de luz veste-se o fogo.*
> GEORG LUKÁCS[139]

Gilberto Freyre e Manuel Bandeira são personagens centrais dentro do Modernismo no Brasil. Acompanhar, de perto, as "aventuras" do contato entre os dois pode revelar aspectos fundamentais da dinâmica da cena literária e cultural da época.

Falando sobre o início da correspondência entre os escritores, quem muito orgulhosamente recupera seus primeiros lances em perfil biográfico dedicado ao poeta é Freyre, afirmando como seu artigo sobre "cozinha pernambucana, sobre o munguzá, o doce de goiaba, a tapioca molhada"[140] foram a atração para que Bandeira lhe escrevesse. Num contexto em que o movimento regionalista nordestino, de cunho moderno – como queria Freyre –, começava a se organizar, com uma abertura para a caricatura e para a exaltação do pitoresco,[141] Freyre "se atreve" a pedir ao poeta uma encomenda. Tendo como fundo um narcisismo voraz, Freyre explica de que modo consegue o grande feito que acabou sendo magistralmente estampado em lugar de destaque na publicação que viria a ter o título de *Livro do Nordeste*:

> O admirador tem sempre alguma coisa de gato – aquela manha já célebre do gato, que parece estar somente agradando, afagando e fazendo festa à pessoa amada, quando na verdade está se aproveitando dela para alisar o próprio pelo. Não me julgo exceção à regra geral. Conjugo o verbo "admirar" como todos os admiradores: aproveitando-me um pouco da glória da pessoa admirada; convencendo-me de que a admiro por causa das semelhanças, das afinidades, dos pontos de contato agradáveis. A mesma técnica voluptuosa do gato.
> Sucede, no caso, que o poema em certo sentido mais brasileiro de Manuel Bandeira – "Evocação do Recife" – ele o escreveu porque eu pedi que ele escrevesse. O poeta estranhou a princípio o pedido do provinciano. Estranhou que alguém lhe encomendasse um poema para uma edição especial de jornal como quem encomenda um

---

139 LUKÁCS, Georg. *Teoria do romance*: um ensaio histórico-filosófico sobre as formas da grande épica. Trad., posf. e notas José Marcos Mariani de Macedo. São Paulo: Duas Cidades/Ed. 34, 2000. p.25.

140 FREYRE, Gilberto. Manuel Bandeira, recifense. (cf. seção 3.2 desta ed.).

141 As primeiras proposições propriamente regionalistas de Freyre, aliás, parecem um tanto extravagantes, como vemos em documento tornado público que registra, em detalhe, todas as falas decorridas no dia da inauguração do Congresso Regionalista do Nordeste: "Terminou o sr. Gilberto Freyre fazendo votos para que: 1 – Algum indivíduo menos idiota tome a iniciativa de estabelecer no Recife café ou restaurante a que não falte cor local – umas palmeiras, umas gaiolas de papagaio, um caritó de guaiamum à porta e uma preta de fogareiro fazendo grude ou tapioca – e especializado nas boas tradições da cozinha nordestina." (AZEVEDO, Neroaldo Pontes de. *Modernismo e regionalismo*: os anos 20 em Pernambuco. João Pessoa: Ed. de UFPB; Recife: Ed. da UFPE, 1996. p.238. Texto originalmente publicado no *Diário de Pernambuco*, Recife, 9 fev. 1926).

pudim ou uma sobremesa para uma festa de bodas de ouro. Não estava acostumado – me escreveu de Santa Teresa – a encomendas dessas. Parece que teve vontade de não escrever poema nenhum para a tal edição – que se tornou depois o *Livro do Nordeste*, organizado em 1925 para comemorar o primeiro centenário do *Diário de Pernambuco*. Mas um belo dia recebi "Evocação do Recife".[142]

Como contado nessas linhas bastante representativas do sedutor estilo de Freyre, de linhas barrocas, sua resposta ao elogio de Bandeira em carta é a encomenda de um poema para a edição comemorativa do centenário do *Diário de Pernambuco*. A correspondência foi, portanto, fundamental para que as afinidades se delineassem e novos rumos se abrissem.[143] A partir da reaproximação de fato com a província, Bandeira, coincidência ou não, toma-a como um tema dos mais recorrentes de sua poética. O encontro parece ter sido temperado com uma boa dose provinciana, às vezes com laivos de um ludismo quase infantil, ou ainda de um erotismo e de uma sensualidade marcantes, ou mesmo de uma sutil ironia – isso no campo literário, sem mencionar a convivência com mulheres mestiças e negras, bem como outras experiências eufóricas como guloseimas e bebidas compartilhadas no reduto provinciano durante as viagens de Bandeira ao Recife em 1927 e 1929. Sobre o aprendizado com Gilberto Freyre, afirmaria Bandeira em sua autobiografia *Itinerário de Pasárgada*:

> Para completar (e de certo modo contrabalançar) essa influência havia os amigos do Rio, amigos que, a partir de Ribeiro Couto, fui fazendo em cadeia: Jaime Ovalle, Rodrigo M. F. de Andrade, Dante Milano, Oswaldo Costa, Sérgio Buarque de Holanda, Prudente de Morais, neto. Lista a que devo juntar, depois de 1925, o nome de Gilberto Freyre, cuja sensibilidade tão pernambucana muito concorreu para me reconduzir ao amor da província, e a quem devo ter podido escrever naquele mesmo ano a minha "Evocação do Recife".[144]

E, se se poderia esperar dos dois escritores um diálogo intelectual intrincado e ambicioso, o que se revela é uma aparente franqueza isenta de von-

---

142 Freyre, Gilberto. Manuel Bandeira, recifense. (cf. seção 3.2 desta ed.).

143 Se é certo que o contato por carta com Gilberto Freyre foi fundamental para que a "Evocação do Recife" fosse escrita, por outro lado, há um personagem mais ocultado nessa relação. Trata-se de Ascenso Ferreira. (cf. seção 3.12 desta ed.) Diz Bandeira sobre a gênese do poema: "Se não fosse assim, não poderia jamais ter escrito a 'Evocação do Recife', poema do qual disse Gilberto Freyre (e que maior autoridade na matéria?) que cada uma de suas palavras representa 'um corte fundo no passado do poeta, no passado da cidade'. Alegam que é sermão de encomenda. Mas a encomenda veio por causa de uma carta escrita a Ascenso Ferreira, carta essa que foi a matriz do poema. O poema já se gestava no meu subconsciente. E aqui chego ao cerne da minha verdade: sou pernambucano na maior densidade do meu subconsciente." (Bandeira, Manuel. Pernambucano, sim senhor. In: _____. *Andorinha, andorinha*. Seleção e coordenação de textos de Carlos Drummond de Andrade. Rio de Janeiro: José Olympio, 1966. p.26-27. Texto editado no cap.3 deste livro).

144 Bandeira, *Poesia completa e prosa*, 1974, p.65.

tade de prestígio e de *status* social. Ambos parecem se sentir muito à vontade, utilizando uma linguagem de sesta – para recuperar a expressão com que João Cabral de Melo Neto, também recifense, traduz a linguagem de Freyre em seu poema "Casa-grande & senzala" –, a qual articula pessoas, paisagens e hábitos ligados ao universo da intimidade. Tal perspectiva transfere-se para a tentativa de construções literárias – em cujo âmbito a correspondência pode ser lida como parte fundamental – que se querem recuadas no tempo, bem guardadas dos elementos invasivos de certa modernidade despersonalizadora. Atento para o fato de que sua postura poderia assumir a roupagem de um anacronismo ingênuo e, ao mesmo tempo, carregar pejorativamente significados que remeteriam a uma rusticidade tosca e exclusivamente sentimental, Freyre procura tornar o conceito mais complexo, ligando-o também ao pensamento e à prática vanguardista que acompanhara sobretudo nos Estados Unidos durante os tempos de estudante, o que resulta em uma escrita de pendor imagético e em uma prosa literária de ritmo com algo de sincopado.[145]

Desse modo, Bandeira, poeta moderno já conhecido no cenário literário nacional de meados da década de 1920, passa a corroborar, em certa medida, o projeto de modernização paradoxalmente cosmopolita e tradicionalista que Freyre, como vimos, começava, de forma bem articulada, a delinear. Em nota inicial às suas *Crônicas da província do Brasil*, afirma Bandeira:

> A maioria destes artigos de jornal foram escritos às pressas para *A Província* do Recife, *Diário Nacional* de São Paulo e *O Estado de Minas* de Belo Horizonte. Eram crônicas de um provinciano para a província. Aliás este mesmo Rio de Janeiro de nós todos não guarda, até hoje, uma alma de província? O Brasil todo é ainda província. Deus o conserve assim por muitos anos![146]

Para perscrutar um pouco mais as configurações literárias dessa província, é de fundamental importância enfocar o poema "Evocação do Recife". Escrito em 1925 e posteriormente publicado em *Libertinagem* (1930), o poema, de 80 versos, tornou-se marco de uma lírica que toma por tema o Nordeste e, particularmente, o Recife. Assim, certamente não foi acontecimento de pouca importância na vida de Bandeira a reaproximação com a província; a partir de então, o tema ganha lugar cativo em sua escrita, catalisando, em princípio, uma conquista do coloquial e do cotidiano e, aos poucos, abrangendo um conhecimento especial da história do homem simples e cada vez mais à margem do processo de modernização excludente em curso no período. Vê-se que a trajetória desse "homem simples" é também expressão do abismo inexorável

---

145 Sobre a representação sincopada como fundamento da produção da vanguarda brasileira nos anos 1920, leia-se: Pincherle, Maria Caterina. *La cittá sincopata*: poesia e identità culturale nella San Paolo degli anni venti. Roma: Bulzoni, 1999.

146 Bandeira, *Crônicas da província do Brasil*, 2006, p.11.

que há entre a consciência do presente e um certo culto de um passado irreversivelmente morto, que toma dimensão e concretude, por exemplo, por meio do aspecto visual e sensorial das imagens do poema:

> Rua da União onde todas as tardes passava a preta das
> [bananas com xale vistoso de pano da Costa
> E o vendedor de roletes de cana
> O de amendoim
> que se chamava midubim e não era torrado era cozido
> Me lembro de todos os pregões:
> Ovos frescos e baratos
> Dez ovos por uma pataca
> Foi há muito tempo...
>
> A vida não me chegava pelos jornais nem pelos livros
> Vinha da boca do povo na língua errada do povo
> Língua certa do povo
> Porque ele é que fala gostoso o português do Brasil
> Ao passo que nós
> O que fazemos
> É macaquear
> A sintaxe lusíada
> A vida com uma porção de coisas que eu não entendia bem
> Terras que não sabia onde ficavam
>
> Recife...
> Rua da União...
> A casa de meu avô...
> Nunca pensei que ela acabasse!
> Tudo lá parecia impregnado de eternidade
>
> Recife...
> Meu avô morto.
> Recife morto, Recife bom, Recife brasileiro como a casa de meu
> [avô.[147]

Neste trecho final da "Evocação", observa-se um passado que não se comunica com o presente por uma mediação histórica ou cronologicamente propiciada; o que salta à vista é, de outro modo, a incomunicabilidade de esferas. De fato, o que temos é um avanço de um mundo absolutamente ausente – o tempo da infância do poeta, o tempo do presente sempiterno, o tempo das

---

[147] BANDEIRA, *Poesia completa e prosa*, 1974, p.212-214.

pessoas mortas, o tempo de um Recife um pouco mais preservado da modernização burguesa e da crescente individualização, ou um mundo de restos[148] – por meio de uma espécie de ritualização, que reaproxima sujeito e objeto – o que é possível somente pela mediação da escrita.

Para Bandeira, particularmente, o modo de apreensão da realidade, de um presente que engloba restos de um passado ausente, não se desenvolve sem evidentes contradições – o que ilumina, em última instância, a própria sociabilidade mestiça complexa do brasileiro: exemplo disso é a métrica livre do poema, com versos que oscilam entre a rapidez de um *flash* evocativo (como "Capiberibe / – Capibaribe" ou "Recife... / Rua da União... / A casa de meu avô...") e a narratividade que aborda cenas típicas cotidianas de uma vida urbana nascente saturada de elementos rurais, contada em versos longos que carregam um dinamismo particular. À perspectiva que tende à ritualização, com rupturas sintáticas e assonâncias, sobrepõem-se quadros descritivos elaborados com vagar, de modo hipotático. Ou seja, não estamos diante nem da rapidez futurista da Pauliceia de Mário de Andrade, nem da lentidão descritiva absoluta de uma "Cidadezinha qualquer" de Drummond. Sucedem-se, em Bandeira, de modo fragmentário, sem que se perca o sentido de unidade, apesar da quase ausência de verbos de ação, cenas com personagens-tipo de um mundo urbano em desenvolvimento permeado por relações que remetem ao mundo agrário: a preta das bananas, o vendedor de roletes de cana, o vendedor de amendoim, pregões de ovos etc. Assim como a modernidade chegaria com cautela nesta paisagem, o poeta se reaproxima dela com uma "avidez desencantada", experimentando cada detalhe de uma redescoberta inaugural de algo que se sabe morto e que sobrevive apenas como eco – "Meu avô morto / Recife morto Recife bom Recife brasileiro como a casa de meu avô". As lembranças são costuradas, em sua dimensão pessoal e coletiva, individual e nacional ("Recife brasileiro"), a partir da experiência familiar de tipo patriarcal, materializada na casa onde seu avô materno Antônio José da Costa Ribeiro morava com sua família, na Rua da União, bairro da Boa Vista, Recife.

Portanto, a expressão lírica busca a matéria de sua poesia entre os elementos que se sedimentaram ao longo da formação individual, na vivência de experiências pessoais que tendem a se universalizar como *à la recherche du temps perdu*. Essa perspectiva, que procura unir, ao mesmo tempo, o interesse pelo social e pelo individual, o objetivo e o subjetivo, acaba por dar a tônica das melhores obras regionalistas, que buscam construir uma espécie de painel social, incontestavelmente cheio de descontinuidades e fissuras, a partir de vivências pessoais exemplares abordadas com fundo elegíaco. Essa talvez seja uma das marcas da literatura regionalista de 1930 de qualidade, que teve um grande incentivo no ensaísmo social e na produção para a imprensa periódica

---

148 Recordo aqui estudo de Roberto Vecchi sobre a poesia de João Cabral de Melo Neto que segue a trilha poética dos seus "restos": VECCHI, Roberto. Recife como restos. *Colóquio/Letras Lisboa*, n.157/158, p.187-200, jul./dez. 2000.

de Freyre.¹⁴⁹ Nela, observa-se um particular sentimento ambíguo e comovido de unidade com relação ao que já se sabe morto, como em José Lins do Rego, que escreveu, entre várias obras igualmente alimentadas pelos resquícios da memória, o romance *Fogo morto*. É interessante destacar o significado que tem, para esses escritores que se dedicam ao Nordeste, a memória pessoal, que permite ao sujeito o aprendizado com a perda e com a morte, traduzindo-se, em última instância, em uma captação literária da vida coletiva de um Nordeste de bases rurais em notória decadência. Desse modo, o movimento cultural que se baseia sobretudo na "preservação" paradoxalmente toma fôlego diante do declínio da velha estrutura econômica e social da província.

  João Alexandre Barbosa no ensaio "Gilberto Freyre e a literatura: alguns conceitos"¹⁵⁰ – aproveitando caminho aberto pelo prefácio de Antonio Dimas à sétima edição do polêmico *Manifesto regionalista*,¹⁵¹ assinado por Freyre – capta uma questão fulcral que diz respeito ao processo de modernização do campo literário no Brasil. Se, por um lado, São Paulo prega uma renovação essencialmente literária, por outro, Pernambuco acrescenta a História no centro do debate, de modo que Estética e História passam a ser, uma para a outra, o ponto de tensão que garantiria o exercício, bem logrado, de leituras modernas do passado e da cultura popular do país. A insistência com que o movimento de Pernambuco, sob a bandeira da região e da tradição, confere ao concreto, ao miúdo da experiência, ao particular, faz Bandeira convergir para o seu encontro. Em um poema como "Evocação do Recife", veríamos esses dois lados em tensão, a região e a tradição de Freyre e o aspecto estético do Modernismo paulista, presentes, por exemplo, na cadência entrecortada do verso livre e no recurso à colagem. O aspecto provinciano, pois, enfatizaria o primeiro lado da tensão, mas, se observarmos que o conceito dava abertura para a vanguarda cosmopolita em seu interior, o próprio termo "provinciano" estaria, no movimento pendular entre Estética e História, procurando o justo e sempre problemático equilíbrio entre ambos os paradigmas. Nesse sentido, a experiência brasileira não parece estar sozinha, pois, como afirma Hobsbawm: "Para a maioria dos talentos criativos do mundo não europeu que não estavam confinados por suas tradições nem eram simples ocidentalizadores, a tarefa principal parecia descobrir, erguer o véu e apresentar a realidade contemporânea de seus povos. O realismo era o movimento deles".¹⁵² No caso do Brasil, esse caminho

---

149 Sobre a relação entre a atuação específica de Freyre como um elemento propulsor do movimento regionalista e do romance de 1930, cf.: ALMEIDA, José Maurício Gomes de. *A tradição regionalista no romance brasileiro*. Rio de Janeiro: Achiamé, 1980; AZEVEDO, *Modernismo e regionalismo:* os anos 20 em Pernambuco, 1996; CASTELLO, José Aderaldo. *José Lins do Rego:* modernismo e regionalismo. São Paulo: Edart, 1961; TRIGO, Luciano. *Engenho e memória*: o Nordeste do açúcar na ficção de José Lins do Rego. Rio de Janeiro: ABL: Topbooks, 2002.

150 Cf. BARBOSA, João Alexandre. Gilberto Freyre e a literatura: alguns conceitos. In: _____. *Mistérios do dicionário e outras crônicas*. Cotia, SP: Ateliê, 2004. p.55-62.

151 Cf. DIMAS, Antonio. Um manifesto guloso. In: FREYRE, Gilberto. *Manifesto regionalista*. Org. Fátima Quintas. 7.ed. Recife: Fundação Joaquim Nabuco/Massangana, 1996. p.23-44.

152 HOBSBAWM, Eric. *Era dos extremos*: o breve século XX: 1914-1991. Trad. Marcos Santarrita. Rev. téc. Maria Célia Paoli. São Paulo: Companhia das Letras, 1995. p.190.

foi realizado inclusive congregando consciência estética e pensamento de vanguarda, o que levou a figurações tensivas como a da província.

Iniciei esse estudo da correspondência entre Gilberto Freyre e Manuel Bandeira chamando a atenção para o texto assinado por José Lins do Rego, publicado na *Homenagem a Manuel Bandeira*, do qual dois fios interpretativos atuam na economia desta argumentação. De um lado, haveria uma crônica do encontro literário de Gilberto Freyre com Manuel Bandeira, testemunhado por José Lins do Rego. Falei do tom desse encontro como dado ao acaso, ao absolutamente circunstancial. Em outra direção, pode-se acrescentar que a admiração, no começo apenas literária, marcaria uma partilha mais duradoura e significativa. Quando José Lins e Gilberto Freyre falam de Bandeira, inicialmente não está em questão o tema da província, que cresce à proporção das próprias formulações regionalistas. O Bandeira que José Lins destaca é contíguo ao Bandeira de Freyre em sua primeira crônica dedicada ao poeta:

> Sente-se nos versos do poeta pernambucano, como em certas páginas de Proust, um homem que a emoção da doença aproximou da alma. Daí talvez a sua voz baixa: por ser a de um homem perto da alma.[153]

Ou seja, não há uma cisão entre poeta e poesia, entre homem e obra, entre exegese e biografia na interpretação crítica. Freyre destaca em Bandeira como o tema da morte o humaniza. Do mesmo modo, José Lins do Rego assinala, na poesia de Bandeira, o que haveria de intimidade e humanidade:

> Nada se parece mais com Manuel Bandeira que a sua poesia. O homem não é no seu caso o outro lado da sua arte como sucede com Augusto Frederico Schmidt que a gente lê espantado, sem encontrar um jeito de ligar a poesia com o seu autor. A poesia de Manuel Bandeira é ele mesmo. Tem a sua sensibilidade, o lirismo pungente de sua vida, o *humour* mais inglês que já tivemos desde Machado de Assis. Poesia e poeta não se separam, numa simulação criminosa. Quem se aproxima de Bandeira há de sentir por força o grande tipo humano que ele é, o homem que traz consigo uma riqueza de vida, de lirismo como poucos hajam aparecido pelo nosso Brasil.[154]

A concepção de poesia de Bandeira e, mais amplamente, de um projeto estético viável para o país destaca-se, inicialmente, por sua transitividade lírica, pelo potencial comunicativo da expressão subjetiva. Portanto, na perspec-

---

[153] FREYRE, A propósito de Manuel Bandeira. (cf. seção 3.1 desta ed.).
[154] REGO, José Lins do. Manuel Bandeira, um mestre da vida. In: HOMENAGEM a Manuel Bandeira, 1936, p.105.

tiva de José Lins, estamos muito longe do fingimento, como em Fernando Pessoa, ou da ideia de que nos encontramos, na modernidade, totalmente expostos à diluição, ao desenraizamento, à morte da esperança.[155] A questão aqui é outra, uma vez que se reconhece o poeta como sujeito dono de uma experiência particular; somente a partir desse aprendizado com a história individual, eivada de desencantamentos, de frustrações e perdas, pode-se falar de uma província, de um Nordeste ou de um Brasil que procura ressignificar sua própria herança ou, ainda, salvar da contingência ou da morte iminente elementos que poderiam impor alguma barreira, ainda que frágil, precária e instável, à torrente do tempo.[156] Desse modo, ao se elaborar dessa forma o papel do poeta e da lírica na modernidade, fica patente, para muitos dessa geração, a partir da consciência do ocaso, a necessidade de uma formulação sincrética, entre tradição e inovação, para se encaminharem as questões poéticas aí colocadas.

Haveria, sim, uma literatura fundada em valores como a significação, os quais, pouco tempo depois – mas não ainda nesse Bandeira de 1924, que elabora a experiência autobiográfica, por exemplo, com um diálogo fecundo com o penumbrismo e o crepuscularismo italiano, a caminho, entretanto, de uma depuração lírica que elimine os possíveis excessos de uma atmosfera elegíaca e degradada –, tomariam uma dimensão fortemente coletiva ao se desenvolverem os conceitos de "região", "tradição" e, com eles, de "província" como forma de resistência à decadência do antigo e à iminência do novo pautado pela racionalização da sociedade burguesa moderna. Nos dois escritores – Freyre e Bandeira, aos quais poderíamos acrescentar o próprio Lins –, era possível antever que as concepções de estilo, texto e autor manteriam uma relação estreita, amálgama que não só se comunicava com o Pré-modernismo, como também se lançaria para o futuro, como um projeto de modernidade viável para um país de configuração mestiça, de tradições plurais e de realidades socioeconômicas díspares.

A ideia dessa literatura de base transitiva e de fundo elegíaco torna-se mais complexa quando passa a constituir o cerne do que poderíamos denominar "literatura provinciana", a qual evitaria, conscientemente, o autoquestionamento e a intransitividade típicos de certo veio da literatura moderna, como aquele apontado por Hugo Friedrich. Isso não significa, reforce-se, que se trata de uma literatura acrítica; pelo contrário, são figurações conscientes da quebra, do ruído e da ruína, mas se afirmam em outra direção, dando, ao final, uma resposta afir-

---

155 Refiro-me aqui, de passagem, às teses de que parte Marshall Berman para sua reflexão sobre a modernidade em: BERMAN, Marshall. *Tudo que é sólido desmancha no ar*: a aventura da modernidade. Trad. C. F. Moisés e A. M. L. Ioratti. São Paulo: Companhia das Letras, 1986.

156 Os discursos sobre a perda são, ao final, bastante contraditórios, pois podem engendrar, eles mesmos, a perda pela homogeneização cultural – em outras palavras, elaborar matrizes da brasilidade como modo de revigorar um passado implica submergir discursos periféricos a essa mesma ideologia, como percebemos pela leitura de *A retórica da perda*, de José Gonçalves. O autor ainda destaca a natureza fragmentária dos discursos sobre a perda: "[...] o patrimônio é uma vasta coleção de fragmentos, na medida em que seus componentes são descontextualizados, retirados dos seus contextos originais, no passado ou no presente, e reclassificados nas categorias das ideologias culturais que informam as políticas oficiais de patrimônio. Sua integridade não é presente e positiva, mas uma integridade necessariamente perdida [...]." (GONÇALVES, José Reginaldo Santos. *A retórica da perda*: os discursos do patrimônio cultural no Brasil. Rio de Janeiro: Ed. da UFRJ, 1996. p.112).

mativa – apesar da carga de certa negatividade e autocrítica nela implicada – para uma questão que é premente para a constituição da literatura moderna a partir do Romantismo, ou seja, a relação entre significação e experiência.

Desse modo, o vínculo indissolúvel entre obra e vida, que se comunicaria com a tendência autobiográfica da literatura regionalista da década de 1930, seria exemplarmente trabalhado na obra de Bandeira, ou seja, traria um forte sentido de coletividade, principalmente após o retorno à província dos pernambucanos. O autor buscaria configurar uma forma literária na contramão do "desprovimento de nós" presente, na trilha de Norbert Elias, na estrutura da personalidade das pessoas na era moderna, revelando um verdeiro problema de *habitus*.[157] Ou seja, buscaria vivenciar uma entrega à intercomunicação, à amizade, à troca, ciente de que a vida moderna encaminha o indivíduo para um sentimento progressivo de solidão e silenciamento.

Mais adiante no mesmo artigo, afirma José Lins:

> A língua e o ritmo de Bandeira se humanizaram ainda mais, mais se familiarizaram com a vida, mais se integraram com seus comparsas, com os que como ele têm amado e sofrido. [...] Porque não há uma palavra perdida no vocabulário deste grande poeta. Todas as suas palavras vão ao coração, tocam nas cordas sensíveis, se aderem à sensibilidade. E no entanto quando ele deixa a sua vida de lado, quando ele se dirige aos pobres, aos meninos da rua do Sabão, aos sapos tanueiros, é com a mesma tenção, com a mesma força, com a mesma ternura. É um poeta que faz pensar, que não é somente para se situar no coração. É um poeta que pensa. Mas que pensa através da sua experiência, da sabedoria pungente da sua vida, do seu caso particular.[158]

A concepção de poesia encarnada no sujeito da experiência que José Lins depreende na poesia de Bandeira se dá no confronto com a modernidade abstrata e solipsista. Numa linha distinta desta, a escrita de Bandeira cola-se no chão cotidiano e depreende dele minúcias que somente os resíduos da memória propiciam, sobretudo quando o assunto é a província. É assim que Bandeira recupera o Recife: a partir de ecos dissonantes da lembrança, o lugar de sua infância ganha vida, podendo revelar, de modo autêntico, ele-

---

[157] ELIAS, Norbert. *A sociedade dos indivíduos*. Org. Michael Schröter. Trad. Vera Ribeiro. Rev. téc. e notas Renato Janine Ribeiro. Rio de Janeiro: Jorge Zahar, 1994. Sobre o conceito de *habitus*, afirma Elias p.150-151): "[...] um estilo mais ou menos individual, algo que poderia ser chamado de grafia individual inconfundível que brota da escrita social. [...] Consideremos, por exemplo, o problema comunicado de maneira pré-científica pelo conceito de caráter nacional. Trata-se de um problema de *habitus* por excelência". Outro ponto fundamental em sua concepção de *habitus* social está no fato de que, nas sociedades mais complexas, ele poderia ter muitas camadas. Considerando o ponto de inflexão no desenvolvimento socioeconômico brasileiro à época, é como se escritores como Freyre e Bandeira assumissem a coexistência de camadas, com todas as suas contradições, na própria configuração literária das matrizes da brasilidade.

[158] REGO, José Lins do. Manuel Bandeira, um mestre da vida. In: HOMENAGEM a Manuel Bandeira, 1936, p.107.

mentos de um passado findo – por vias de contornos não tão nítidos nem tão grandiosos, reforce-se.

Desse modo, certa discussão estética que tem o Nordeste como referência, como esta de Bandeira e Freyre, num evidente movimento de crítica ao capitalismo que congrega o grupo regionalista e, poder-se-ia dizer, provinciano, volta-se para uma espécie de comunicação sem ruídos, acompanhada por uma orientação empenhada na práxis vital. Esta paradoxalmente fala de um mundo cheio de fissuras e fendas, ameaçado pela passagem do tempo, pela negação do eixo vital no sujeito da experiência e sua ligação com a coletividade, bem como pela consequente rasura da memória pessoal e coletiva.

Estamos diante, pois, de uma produção que se constitui como resistência e que propõe recuperar, sobretudo, usando as palavras de Alfredo Bosi, o sentido comunitário perdido.[159] Ao mesmo tempo utópica e nostálgica – ou, como diriam alguns críticos, principalmente os de linha marxista, reacionária, se a entendermos como uma tentativa de restauração do *status quo* perdido –, essa linha propõe um retorno às formas mais simples de narratividade e à comunicação da experiência individual e coletiva. Principalmente quando o tema é a província, a proposta é recuperar, junto a uma crítica fecunda da realidade de uma região em processo de estagnação econômica, a faculdade de intercambiar experiências, na trilha de Walter Benjamin,[160] por exemplo, utilizando procedimentos típicos das histórias orais – como Freyre faz em *Casa-grande & senzala* ou em *Assombrações do Recife velho* – como tentativa de refrear o processo de extinção da arte de narrar e, concomitantemente, da perda dos valores do passado.

Contudo, a aparente ingenuidade com que se voltam para as questões do passado e para a necessidade de contar as histórias – portanto, no sentido contrário ao da experiência de ruptura temporal e espacial das vanguardas modernas, apesar de aproveitá-la pontualmente – não permite que vejamos, nesses escritores da província, nem só o narrador-cartógrafo, que procura mapear paisagens e populações, nem só o narrador-historiador, que busca compilar, sintetizando os dados da descoberta dos primeiros.[161] Trata-se, em verdade, de escritores que alinhavam na superfície todas as experiências, contadas, escritas e vividas, em um texto que não deixa à mostra a sua articulação, que não a expõe formalmente como as vanguardas pregam, mas que pode, também, ser problemático, por exemplo, ao falar de um universo de quebras e contradições, sempre presentes quando o assunto é a província, ou ao utilizar, largamente, figuras como a ironia e o paradoxo.

---

159 Bosi, Alfredo. Poesia resistência. In: _____. *O ser e o tempo da poesia*. São Paulo: Companhia das Letras, 2000. p.167.

160 Benjamin, Walter. O narrador: considerações sobre a obra de Nikolai Leskov. In: _____. *Obras escolhidas I*. Trad. Sérgio Paulo Rouanet. São Paulo: Brasiliense, 1985. p.59-91.

161 Aproveito-me, aqui, das reflexões de Flora Süssekind sobre as figurações do narrador na ficção brasileira. Cf. Süssekind, Flora. *O Brasil não é longe daqui*: o narrador, a viagem. São Paulo: Companhia das Letras, 1990.

A proposta de Gilberto Freyre de comunicação do homem com todos os elementos da sua realidade circundante, como em seu *Manifesto regionalista de 26* – e não importa neste momento se este foi efetivamente escrito em 1926 ou se em 1952, tendo em vista, como se verá, o apoio de outros suportes na década de 1920 que corroboram a tese de que havia, de fato, um pensamento regionalista em formação já naquela época –,[162] é bastante clara, indicando que implicava tanto uma ética quanto uma estética embutida em sua proposição:

> Saliente-se em conclusão, que há no Nordeste – neste Nordeste em que vêm se transformando em valores brasileiros, valores por algum tempo apenas subnacionais ou mesmo exóticos – uma espécie de franciscanismo, herdado dos portugueses, que aproxima os homens, árvores e animais. Não só os da região como os importados. Todos se tornam aqui irmãos, tios, compadres das pessoas. Conheci uma negra velha que toda tarde conversava com uma jaqueira como se conversasse com uma pessoa íntima: "minha nega", "meu bem", "meu benzinho". Por que os poetas não surpreendem esses idílios?[163]

Manuel Bandeira partilhou dessas questões, pensou a província e seus valores como poética e ideologicamente viáveis. Porém seria importante dizer que o tema constitui um veio importante de sua obra, mas não sua totalidade. As contradições do mundo patriarcal e o sentimento de família e da província, por exemplo, podem ser flagrados principalmente após *Libertinagem*,[164] que é também considerado um marco da audácia poética de Bandeira na mistura de formas e ritmos.[165] Entretanto o poeta não deixa de aproveitar, com espe-

---

162 Antonio Dimas aborda bem essa problemática, inclusive recuperando detalhes da polêmica sobre a publicação do manifesto, em: Dimas, Antonio. Um manifesto guloso. In: Freyre, Gilberto. *Manifesto regionalista*. 7. ed. Recife: Fundaj/Massangana, 1996. p.26-27.

163 Freyre, Gilberto. *Manifesto regionalista de 1926*. Recife: Edições Região, 1952. p.70-71.

164 Dois artigos articulam a poesia de Bandeira com a obra de Gilberto Freyre, aproveitando a concepção de formação do povo brasileiro como síntese de antagonismos e outras formulações do sociólogo. Adriano Espínola afirma: "Esse caráter híbrido de fato passou para a América, fortalecendo-se nos trópicos com o gosto do homem luso-brasileiro pelas índias cerradinhas e depois pelas caboclas e mestiças fogosas. Enfim, 'foi misturando-se gostosamente com as mulheres de cor logo no primeiro contato e multiplicando-se em filhos mestiços que uns milhares apenas de machos atrevidos conseguiram firmar-se na posse de terras vastíssimas', nas palavras do mestre de Apipucos. / Sem dúvida, Manuel Bandeira tem sobradas razões líricas e históricas para louvar Portugal, *nosso* avozinho. Que, apesar da idade, foi capaz de nos dar, fogoso, 'Esse gosto misturado, / Que é saudade e é carinho!'" (Espínola, Adriano. Casa-grande & Pasárgada. *Poesia Sempre*, Rio de Janeiro, n.8, p.264, jun. 1997). Outro artigo que problematiza os pontos de contato entre Gilberto Freyre e Manuel Bandeira, a partir da leitura do poema "Casa-grande & senzala", publicado em *Mafuá do malungo*, é "Manuel Bandeira, autor de 'Casa-grande & senzala'", de Éverton Barbosa Correia: "a leitura que o poeta faz do livro [*Casa-grande & senzala*] enxerga exatamente nos problemas sociais expressos o principal poder de revelação da nossa cultura, em que passado e poesia estão amalgamados de tal forma que a ciência ali encarnada e esculpida passa a nos tocar mais do que a simples declaração estatística ou qualquer descoberta que pudesse adquirir estatuto científico." (Correia, Éverton Barbosa. Manuel Bandeira, autor de "Casa-grande & senzala". *Magma*, São Paulo, n.9, p.78, 2004/2006).

165 Cf. especialmente: Teles, Gilberto Mendonça. A experimentação poética de Bandeira, (In: Bandeira, *Libertinagem; Estrela da manhã*, 1998, p.105-160).

cial enlevo, as lições vanguardistas, experiências extremas assumidas por seus poemas concretistas, já ao final de sua trajetória poética. Bandeira, poderíamos dizer, é escritor que congrega sentimentos distintos de poeta e de poesia, mas sua formação literária, consolidada sobretudo na década de 1910 e 1920, garante um modo muito particular de aproximação com a realidade circundante, ao mesmo tempo que promove um aprofundamento de questões caras à constituição do eu lírico e da poesia moderna.

Freyre, por sua vez, por seu discurso eivado de contradições e por uma natureza egotista, comunica-se com a atmosfera da literatura de linhagem romântica, o que o aproxima, de algum modo, do Bandeira da primeira fase, de *A cinza das horas* (1917) e *Carnaval* (1919). Nesse sentido, recupera o caráter "fabulosamente contraditório", fundante do espírito romântico, sem, contudo, deixar de ser moderno. Como afirmam Löwy e Sayre sobre tal figuração em seus diversos aspectos:

> [...] a um só tempo (ou ora) revolucionário e contrarrevolucionário, cosmopolita e nacionalista, realista e fantástico, restitucionista e utopista, democrático e aristocrático, republicano e monarquista, vermelho e branco, místico e sensual... Contradições que atravessam não apenas o "movimento romântico", mas a vida e obra de um único e mesmo autor e, às vezes, de um único e mesmo texto.[166]

O sentimento de solidão e isolamento no período de exílio e a certeza de que a sociedade liberal e capitalista poderia promover a quebra dos vínculos e a morte da arte autêntica são sentidos nas formulações de Gilberto Freyre, que propõe, em seus textos de pendor mais ensaístico ou literário, na trilha analisada por Löwy e Sayre, uma espécie de "reencantamento" do mundo pela imaginação.[167] Assim *Casa-grande & senzala* agencia a tentativa de reconciliação do brasileiro com seu passado, que, apesar do fundo romântico, permitiu rever e superar posições deterministas e pessimistas da época, adotadas, por exemplo, pelos intérpretes do Brasil Oliveira Vianna (1883-1951), Sílvio Romero (1851-1914) e Euclides da Cunha (1866-1909).

A sensibilidade romântica presente em Gilberto Freyre tem face crítica e, ao mesmo tempo, dialoga não só com o tema, mas também com a estrutura e a visão da era pré-capitalista; inclusive, e de forma mais decisiva, procura recompor suas principais formas de significação, a contrapelo de formulações modernas burguesas de caráter homogêneo. Freyre ignora deliberadamente o "pressuposto da assim chamada lírica moderna posterior a Baudelaire [como sendo] a desagregação do indivíduo e a indeterminação da categoria de

---

166 Löwy, Michael; Sayre, Robert. *Romantismo e política*. Trad. Eloísa de Araújo Oliveira. São Paulo: Paz e Terra, 1993. p.11.

167 Löwy; Sayre, *Romantismo e política*, 1993, p.21.

experiência".[168] À margem do que, em linha de regra, se entende por "literatura do século XX" e num país marginal, Freyre acaba por ter uma posição diferenciada quando demonstra que há questões centrais na literatura e na cultura do século XX que não podem ser reduzidas ao estereótipo – leitura que lembra a denúncia de Alfonso Berardinelli quanto ao contexto da literatura italiana moderna. A práxis poética moderna internacionalmente reconhecida teria relegado ao "provincianismo e ao localismo, ao híbrido biográfico-realista e ao sentimentalismo da confissão toda uma série de autores e de obras".[169] Freyre, com seu espírito anárquico, parece ter percebido tais problemas já no início do século e procurou, como em seu primeiro ensaio de fôlego, revalorizar positivamente esse provincianismo como diferencial da literatura, da cultura e da sociedade brasileiras. Portanto, suas ideias, de fundo ético e estético, também se dirigem, com resultados certamente passíveis de discussão, ao campo da política. Duas realizações encabeçadas por Gilberto Freyre mostram a coerência das formulações estéticas e culturais agitadas sob a bandeira da província: o *Livro do Nordeste*, de 1925, e o jornal *A Província*, que dirigiu entre 1928 e 1930, ambos com colaboração central de Manuel Bandeira. Sobre a edição coletiva do *Livro do Nordeste*, organizada por Freyre, aliás, Antonio Dimas explicita bem tensões que estão por trás de sua escrita e que permitiriam antever a consistente formação do futuro escritor de *Casa-grande & senzala*:

> Disposto a deixar claro que informação científica, observação apurada e graça estilística não são instâncias incompatíveis, o autor anônimo, mas não muito, desses comentários introdutórios congrega interesses diversos sobre um chão comum: o de inventariar, de modo orgânico, uma dada produção cultural em vias de extinção, porque ameaçada por conceitos apressados de modernização.
> Um conceito de modernização que passa, necessariamente, pela devastação da urbs, sôfrega para se livrar da herança arquitetônica passada, que atravanca o fluxo livre e desembaraçado de máquinas modernas e velozes. [...] Não se trata, portanto, de repelir soluções urbanas contemporâneas, mas outras já envelhecidas de meio século e que haviam sido impostas com estardalhaço pelo Rio de Janeiro do começo do século.[170]

Portanto provincianos e cosmopolitas, tradicionalistas e futuristas ocuparam a cena do debate literário no Brasil das décadas de 1920 e 1930, que tateava formas modernas que pudessem amplamente significar sua composição

---

168 BERARDINELLI, Alfonso. Cosmopolitismo e provincianismo na poesia moderna. In: _____, *Da poesia à prosa*, 1994, p.63.

169 BERARDINELLI, Cosmopolitismo e provincianismo na poesia moderna. In: _____, *Da poesia à prosa*, 1994.

170 DIMAS, Um manifesto guloso. In: FREYRE, *Manifesto regionalista*, 1996, p.26-27.

contraditória em tantos aspectos, ao mesmo tempo de herança colonial e europeia, ameríndia e africana, como bem ressaltou Freyre em seu *Casa-grande & senzala*, e simultaneamente fruto de um complexo agrário-exportador, baseado na família patriarcal, na monocultura e em relações personalistas, a enfrentar os descompassos acarretados pela industrialização ainda tímida e pelas diferenças de valores, inclusive políticos, trazidas pela imigração de finais do século XIX e início do século XX. O resultado disso não poderia deixar de ser interessante: mostrando estarem em alerta tanto acerca de sua constituição quanto acerca da inevitabilidade da passagem do tempo e da maior complexidade social resultantes dessas mudanças, escritores como Gilberto Freyre e Manuel Bandeira recriaram um universo literário que positivou a província e seus valores de significação, articulando-os com sua própria experiência individual. Essa é uma resposta, pela literatura e pela imaginação, nascida da consciência acerca da ação destruidora da história que se desenrola no tempo cronológico e do seu desconcerto com relação aos rastros impregnados na memória do sujeito da experiência.

O Modernismo, nesse sentido, passou a caminhar para a descoberta e para o aprofundamento das experiências brasileiras, com registro pormenorizado do cotidiano, do elemento marginal e do universo popular no transcorrer da década de 1920. Tal olhar indagativo, que combina interesse sociológico, antropológico e histórico à literatura e às artes, passou a compor o pano de fundo do que viria a se transformar na literatura de cunho social típica dos anos 1930 e na tendência para a análise social que dominou o período. O ensaio, nesse contexto, foi uma das principais formas literárias cultivadas, tendo papel de destaque Gilberto Freyre, ao lado de escritores como Sérgio Buarque de Holanda (1902-1982) e Caio Prado Júnior (1907-1990).[171] Evidencia-se, assim, uma característica peculiar do Modernismo brasileiro, que tentou construir uma literatura de validade universal sem abrir mão do local, voltando-se para a análise dos problemas do país:

> É característico dessa geração o fato de toda ela tender para o ensaio. Desde a crônica polêmica (arma tática por excelência, nas mãos de Oswald de Andrade, Mário de Andrade, Ronald de Carvalho, Sérgio Buarque de Holanda), até o longo ensaio histórico-sociológico, que incorporou o movimento ao pensamento nacional – é grande a tendência para a análise. Com o recuo do tempo, vemos agora que se tratava de redefinir a nossa cultura à luz de uma avaliação nova dos seus fatores. Pode-se dizer que o Modernismo veio criar condições para aproveitar e desenvolver as

---

171 Testemunha das experiências daquela geração cuja formação se dá na década de 1930, Antonio Candido afirmaria: "Os homens que estão hoje um pouco para cá ou um pouco para lá dos cinquenta anos aprenderam a refletir e a se interessar pelo Brasil sobretudo em termos de passado e em função de três livros: *Casa-grande & senzala*, de Gilberto Freyre, publicado quando estávamos no ginásio; *Raízes do Brasil*, de Sérgio Buarque de Holanda, publicado quando estávamos no curso complementar; *Formação do Brasil contemporâneo*, de Caio Prado Júnior, publicado quando estávamos na escola superior." (CANDIDO, Antonio. O significado de *Raízes do Brasil*. In: HOLANDA, Sérgio Buarque de. *Raízes do Brasil*. 8.ed. Rio de Janeiro: José Olympio, 1975. p.xi).

intuições de um Sílvio Romero, ou um Euclides da Cunha, bem como as pesquisas de um Nina Rodrigues.[172]

Nessa passagem, Antonio Candido fala do ensaísmo da década 1920. Mais adiante, em seu texto, menciona Gilberto Freyre em reflexão que faz sobre a década de 1930. O que importa ressaltar é, então, a centralidade que o ensaio tem para a geração dos modernistas atuantes nas décadas de 1920 e 1930. Já naquele momento, dominado politicamente pelo então presidente da República Getúlio Vargas (1882-1954), é praticamente impossível não ver relações no ofício, por exemplo, de Gilberto Freyre, Manuel Bandeira, José Lins do Rego, Mário de Andrade, da escritora Rachel de Queiroz (1910-2003), dos pintores Emiliano Di Cavalcanti (1897-1976) e Candido Portinari (1903-1962) e do compositor Heitor Villa-Lobos (1887-1959). O ensaísmo de Gilberto Freyre, com suas crônicas publicadas em jornal, mostra sua força literária ao longo da década de 1920, mas sua trajetória acaba por simbolizar a convergência entre projeto ideológico e projeto estético que, no contexto mais complexo do ponto de vista econômico e social, assim como do ponto de vista político após a Revolução de 1930, viria a se tornar emblemático nos anos 1930. Segundo João Luiz Lafetá, "enquanto a primeira fase das discussões cai predominantemente no *projeto estético* (isto é, o que se enfoca principalmente é a linguagem), na segunda a ênfase é sobre o *projeto ideológico* (isto é, discute-se a fundação da literatura, o papel do escritor, as ligações da ideologia com a arte)".[173] É nesse contexto que duas figuras podem representar duas vertentes distintas: o *projeto estético* dos anos 1920 foi exemplarmente vivido pelos modernistas paulistas, com Mário de Andrade ao centro; o *projeto ideológico* dos anos 1930 foi modelarmente conduzido por Gilberto Freyre e pelos regionalistas nordestinos. Colocar Gilberto Freyre e escritores como José Lins do Rego no centro do debate da época não parece precipitado: a obra de ambos materializa o interesse da sociedade em penetrar mais fundo nas chamadas raízes da brasilidade, tornando-se grande sucesso de vendas do período. Ademais, Freyre tocaria inicialmente o projeto da prestigiosa coleção "Documentos Brasileiros", da Editora José Olympio, inspirada, provavelmente, na Coleção Brasiliana da Companhia Editora Nacional.[174]

---

172 CANDIDO, Antonio. Literatura e cultura de 1900 a 1945. In: _____. *Literatura e sociedade*. 8. ed. São Paulo: T. A. Queiroz: Publifolha, 2000. p.113.

173 LAFETÁ, João Luiz. *1930*: a crítica e o Modernismo. São Paulo: Duas Cidades: Ed. 34, 2000. p.28.

174 Na tese de doutorado *À sombra das palmeiras*, Fábio Franzini faz convergir as personalidades em pauta, Gilberto Freyre, José Lins do Rego e José Olympio: "A escolha de Gilberto Freyre para a sua direção, por sua vez, pode ser vista também como tão 'natural' quanto a ideia de criá-la. Afinal, o pernambucano reunia à sua sólida formação acadêmica e ao respeito e prestígio que seu nome conquistara duas outras qualidades nada desprezíveis do ponto de vista do editor: de um lado, ele representava a 'novidade' e a 'brasilidade' que José Olympio tanto prezava em seus autores; de outro, a amizade, forte e de longa data, com José Lins do Rego o tornava muito mais próximo e acessível, senão vulnerável, ao apelo do selo. Tanto que ela se mostraria mesmo decisiva, pois, como o próprio Freyre lembraria quase cinco décadas depois, foi a 'a mão fraterna' de José Lins que o levou 'a outra casa que se tornaria para mim como se fosse também própria: a Editora José Olympio, construída por José Olympio Pereira, o grande J. O.'." (FRANZINI, Fábio. *À sombra das palmeiras*: a coleção Documentos Brasileiros e as transformações da historiografia nacional (1936-1959). Tese (Doutorado) – Faculdade de Filosofia, Letras e Ciências Humanas, Universidade de São Paulo, São Paulo, 2006. p.103.).

Bandeira, por sua vez, tangencia com convicção, e certa cautela, ambos os projetos – foi tanto um grande parceiro de Mário em discussões sobre poesia e cultura no Brasil do período quanto um dos principais interlocutores dos vários escritores e artistas nordestinos que se tornaram símbolo do ensaísmo e do romance de 1930, como Freyre e Lins. Mas essa argumentação, bastante intrincada, merece ser tecida com maior cautela, relativizando-se a ideia de formação de paradigmas de contornos nítidos, dificilmente verificáveis em uma sociedade que caminha paulatinamente para uma maior complexificação. Por certo há diferenças visíveis, embora uma espécie de função homogeneizadora viesse a ser desempenhada pelas políticas culturais levadas a cabo durante o governo de Getúlio Vargas.

Costuma-se separar Freyre e Mário como dois antípodas do Modernismo. Entretanto, é notável que há em ambos uma tomada concomitante de postura representativa do localismo nas artes brasileiras. Essa tendência teria consequências práticas, a se notar pelos inúmeros trabalhos que muitos desses escritores vão desempenhar junto ao governo Vargas na área de políticas culturais – sem que isso signifique apoio político irrestrito às ações oficiais do governo. Sobre a confluência de trajetórias do líder modernista de São Paulo e do líder regionalista de Pernambuco, afirma Gilda de Mello e Souza:

> Em resumo: as diferenças notórias que, no decorrer dos anos, afastam Gilberto Freyre de Mário de Andrade não impediam a espécie de cruzamento que no decênio de 1920 os aproxima, quando o primeiro, depois da estadia nos Estados Unidos, volta para o Brasil e o segundo encerra com *Macunaíma* a etapa nacionalista que havia construído no gabinete. É o momento em que ambos pensam o Brasil moderno sem perder o contacto com a cultura popular e a contribuição do passado, embora cada um realize essa tarefa [...] segundo seu temperamento e anseio cultural.[175]

Mário justifica a Ascenso Ferreira, em carta, o porquê da distância em relação a Gilberto Freyre:

> Se eu falei "não sei se valerá a pena conhecer Gilberto Freyre" é porque me parece que ele não tem muita afinidade comigo e meio que me desdenha. Não posso forçar ninguém a me querer bem, quanto a admirá-lo isto é outra coisa: admiro e estimo apesar dos beliscões que vive dando na gente e que não tem a

---

[175] Souza, Gilda de Mello e. O mestre de Apipucos e o turista aprendiz. In: _____. *A ideia e o figurado*. São Paulo: Duas Cidades: Ed. 34, 2005. p.51.

mínima importância porque não me parece maldade, são de diferenças de opinião e isso é perfeitamente lícito.[176]

Como escreveria Guimarães Rosa em célebre tirada anos mais tarde: "Enfim, cada um o que quer aprova, o senhor sabe: pão ou pães, é questão de opiniães...".[177] Mário de Andrade consegue reconhecer, nessa afirmação, algo que a crítica ainda tem dificuldade de problematizar.[178] Havia uma diferença fundamental que dizia respeito a como elaborar uma literatura de expressão brasileira. O ponto de chegada não seria o mesmo porque seus instrumentos foram bastante diferentes. Quanto a haver uma tendência crítica para elaboração dos problemas locais, isso é fato na obra de ambos e na de várias outras personalidades, seus contemporâneos.

Gilberto Freyre, ao falar de Mário, sublinha insistentemente certo artificialismo. Talvez o que esteja em questão, em verdade, além daquelas diferenças mais óbvias, é o próprio pano de fundo dos processos modernistas de São Paulo e de Pernambuco. Em São Paulo, o desenvolvimento da burguesia industrial está atrelado ao meio rural; ambos, cidade e campo, muito mais tocados pelos processos capitalistas de produção do que o meio nordestino, em franca decadência econômica, também ajudam a alçar o Modernismo paulista ao cosmopolitismo dos centros culturais da época, sobretudo Paris. O cenário de São Paulo fica ainda mais complexo devido às levas de imigrantes europeus que chegam com diversa experiência cultural, histórica e política. Nesse contexto, a burguesia de São Paulo passa a assumir a função de protetora das artes e de uma tradição que precisa ser, de certo modo, construída, à qual se atrela o tema da viagem. Por exemplo, houve a viagem empreendida para o interior de Minas Gerais, em 1924, pela caravana paulista, formada pelos "mecenas" René Thiollier e Olívia Guedes Penteado acompanhados de Mário de Andrade, Tarsila do Amaral, Oswald de Andrade, Blaise Cendrars e Gofredo da Silva Teles, com o intuito declarado de "redescobrir" o Brasil, em meio a tantas outras viagens como as de Mário de Andrade pelo Norte e Nordeste do Brasil no final da década de 1920.[179] Isso e o tema da "reinvenção" moderna do barroco

---
176 Carta de Mário de Andrade a Ascenso Ferreira reproduzida sem data em: INOJOSA, Joaquim. *O movimento modernista em Pernambuco*. Rio de Janeiro: Graf. Tupy, 1969. v.3, p.361-362. Cf. também: AZEVEDO, *Modernismo e regionalismo*, 1996, p.142. É provável que a carta seja de meados da década de 1920 ou antes, pois sabemos que em 1927 Mário e Freyre já se conheciam.

177 ROSA, João Guimarães. *Grande sertão*: veredas. Rio de Janeiro: José Olympio, 1958. p.9.

178 A propósito do dissídio Mário de Andrade e Gilberto Freyre, afirma João Cezar de Castro Rocha: "Pelo contrário, na abordagem que proponho, não se trata de engendrar monótonas harmonias, mas de investir na tensão intelectual que aprenda com o outro, em lugar de simplesmente desqualificá-lo." (ROCHA, João Cezar de Castro. *O exílio do homem cordial*. Rio de Janeiro: Ed. Museu da República, 2004. p.246). Talvez o problema resida justamente no fato de que há uma tendência a, depois de "dramatizar a discórdia", construir ao final sínteses harmônicas e tão bem resolvidas que se perde a especificidade do pensamento de cada um dentro do contexto do Modernismo.

179 É válido destacar a importância inaugural dessa viagem a Minas pelo grupo paulista: "Na paisagem mineira – não só a Minas barroca da época da mineração, que deixou apenas vestígios, mas sobretudo o cenário constituído pela vida predominantemente rural do século XIX, em substituição às lavras e à cultura urbana –, os modernistas de São Paulo encontraram inspiração para a sua redescoberta do país. Minas ficou sendo, portanto, o símbolo desse

foram construções levadas a cabo por paulistas com base em outras paragens que não as de seu entorno – estabeleciam-se, desse modo, as primeiras linhas do que seria chamado de nacionalismo estético, marcante na segunda metade da década de 1920. Inclusive, as festas e os jantares agenciados pela elite de São Paulo, frequentados pelos artistas, firmavam um cosmopolitismo sofisticado ímpar no país e, ao mesmo tempo, era palco de negociações vantajosas de ambos os lados.

Tal situação abre precedentes para dois tipos de crítica, em épocas e com instrumentos metodológicos bastante diversos. De um lado, Gilberto Freyre e seus companheiros exercem uma crítica militante no sentido de mostrar a autenticidade de tradições arraigadas em sua própria região em contraposição, por exemplo, à experiência paulista, no geral, de viés mais cosmopolita. A literatura e as artes passam a ser estimuladas de modo a exaltarem o particular concreto da experiência nordestina. De outra maneira, críticos como Sérgio Miceli observam que tal proximidade entre burguesia e clientes, no contexto paulista, não permite o distanciamento necessário que poderia favorecer uma maior liberdade criativa.[180] Estaríamos, então, no terreno da concessão que recupera o gosto passadista – crítica de Miceli – e que não seria autêntica – crítica de Freyre. A elaboração de um vocabulário moderno digerível, por vezes pedagógico, seria imprescindível nesse mercado paulista das artes, que se diferenciaria, e muito, da atmosfera pré-burguesa e, talvez por isso, de aspecto mais conservador e antiliberal com que os nordestinos projetavam sua "missão" diante da produção artística e cultural.[181] Uma outra consequência interpretativa dessas diferentes postulações estético-ideológicas é que, ao lado da importância do particular e do miúdo enfatizado pelos regionalistas, por realidades que se somam sem se excluírem, temos uma reivindicação que tende a pregar a ideia de que o local deve servir a um projeto nacional, nitidamente afim ao projeto

---

'retorno à tradição, à simplicidade', que agora os conduzia, depois das viagens ao exterior e da imitação das vanguardas estrangeiras, a uma espécie de excursão para dentro de si mesmos." (Marques, *Cenas de um modernismo de província*, 2011, p.254).

180 Cf. Miceli, Sérgio. *Nacional estrangeiro*: história social e cultural do modernismo artístico em São Paulo. São Paulo: Companhia das Letras, 2003.

181 A atitude com que os pernambucanos em torno de Gilberto Freyre encaram sua missão modernizadora no campo artístico, cultural e intelectual pode ser vista, por exemplo, no modo como realizam o *I Congresso Afro-brasileiro*, realizado no Recife do dia 11 ao dia 16 de novembro de 1934: "O caráter experimental do congresso esteve tanto no conteúdo quanto na composição e no formato. Ao redor da antiga mesa sentaram-se não apenas doutores e eruditos, mas também ialorixás gordas, cozinheiras velhas, pretas do fogareiro, que trouxeram do fundo de cozinhas de mocambos receitas de quitutes afro-brasileiros quase ignorados. (Freyre, Gilberto. *Novos estudos afro-brasileiros*. Rio de Janeiro: Civilização Brasileira, 1937. p.348). [...] Além dos trabalhos de intelectuais reconhecidos, como Álvaro Osório e Mário de Andrade, o congresso aceitou a colaboração de alunos de liceu e de trabalhadores negros de engenho. O babalorixá Anselmo ia apresentar receitas de quitutes feitos com inhame. Alguns desses quitutes seriam experimentados durante as reuniões, mas só os secos, pois se dispunha de muito pouco dinheiro, e a comida devia ser servida em pratos de papel." (Giucci, Guillermo; Larreta, Enrique. *Gilberto Freyre*: uma biografia cultural: a formação de um intelectual brasileiro: 1900-1936. Trad. Josely Vianna Baptista. Rio de Janeiro: Civilização Brasileira, 2007. p.505). Nessa época, Gilberto Freyre foi fichado como agitador político por causa de suas críticas ao sindicato dos usineiros, acusando-os pelas condições precárias de vida do trabalhador de usina, e também reforçava constantemente a necessidade de independência política do intelectual e de seu afastamento de qualquer demagogia político-partidária. (Cf. Giucci; Larreta, *Gilberto Freyre*, 2007.).

varguista, "devendo as idiossincrasias regionais se apagarem em favor de ideais comuns do país".[182,183]

Gilda de Mello e Souza aponta para outra perspectiva, sem, no entanto, desenvolvê-la em profundidade, a fim de se compreender a maneira antagônica como o paulista e o recifense são normalmente abordados pela historiografia literária, afirmando, como pressuposto para o que em seguida discute, que havia "as diferenças notórias que, no decorrer dos anos, afastam Gilberto Freyre de Mário de Andrade".[184] O texto, em outra linha, se compromete com as afinidades, que se dariam, sobretudo, na década de 1920. Mas, ao final do ensaio, voltando às diferenças, a autora detém-se na dicotomia sentida por sua geração e que viria a ser repisada nos anos seguintes: Freyre fixa o perfil de aristocrata do Nordeste complacente com a sociedade desarmônica, do observador de uma realidade, a mestiçagem, vista de fora. Mário de Andrade, mesmo que tenha partido de uma ideia semelhante de cultura híbrida, permanece como "homem urbano do Sul", comprometido com o "saber, saber, saber".[185] Acrescento que estudiosos vindos da geração seguinte estabeleceram, pouco tempo depois de um convívio relativamente harmônico entre Mário e Freyre, dentro das diferenças,[186] um debate que se apoiou no aprofundamento das divergências que já existiam entre as tradições constituídas de "interpretação e redescoberta do Brasil". Eram os sinais de recrudescimento dos novos tempos: Gilberto Freyre continuou a exercitar um ensaísmo alusivo, ao mesmo tempo literário e científico, assim como fundamentalmente ametódico. O ímpeto de Mário de Andrade segue a via estetizante, de um lado, e o caminho de racionalização dos métodos de análise, de outro – vide suas amplas e sugestivas pesquisas na área de etnografia –,

---

182 SOUZA, Eneida Maria de. Construções de um Brasil moderno. *Literatura e Sociedade*, São Paulo, n.7, p.36-45, 2003/2004. p.43.

183 Um contraponto importante da construção das matrizes da brasilidade no período seria, portanto, a homogeneização cultural que ela poderia promover. Freyre estava ciente disso; por exemplo, em sua obra, não abre mão de descrever em minúcias aspectos aparentemente secundários, fixando elementos curiosos e até discrepantes da vida colonial por meio de documentos diversos, como cartas, anúncios de jornal etc. O antídoto para não sobrelevar as linhas gerais e, consequentemente, perder a singularidade está, por exemplo, em seu apego a detalhes e no chamado personalismo. A tendência à homogeneização cultural do período foi abordada também por Sônia Regina de Mendonça: "Nesse sentido, a centralização autoritária inaugurada pelo regime ditatorial estado-novista não podia prescindir da cultura enquanto 'matéria oficial'; e o esboço de um projeto de nacionalização paternalista que promovesse a elevação cultural do povo. Tratava-se, para o Estado, de fundar um novo Brasil, homogêneo e uniforme em seus valores, comportamentos e mentalidades. Para a *intelligentsia* brasileira, era a busca da explicação de nossas raízes o que fundamentava o 'redescobrimento do Brasil', na expressão de Motta, ao referir-se, como matrizes da historiografia brasileira crítica, às obras de Gilberto Freyre, Sérgio Buarque de Holanda e Caio Prado Júnior." (MENDONÇA, Sônia Regina de. As bases do desenvolvimento capitalista dependente: da industrialização restringida à internacionalização. In: LINHARES, Maria Yedda (Org.). *História. Geral do Brasil*. Org. Maria Yedda Linhares. 9. ed. Rio de Janeiro: Elsevier, 1990. p.327-350).

184 SOUZA, Gilda de Mello e. O mestre de Apipucos e o turista aprendiz. In: _____, *A ideia e o figurado*, 2005, p.51.

185 SOUZA, O mestre de Apipucos e o turista aprendiz. In: _____, *A ideia e o figurado*, 2005, p.68-69.

186 Ver, por exemplo, na Figura 26, imagem de folha de rosto de exemplar da primeira edição (1941) de *Poesias*, de Mário de Andrade, com a seguinte dedicatória : "A/ Gilberto Freyre,/ com admiração amiga/ Mário de Andrade/ São Paulo, 1941".

que viria a ser desenvolvido, sobretudo, durante a consolidação do ensino acadêmico no meio paulista.[187]

4.4 Os guias de Gilberto Freyre e Manuel Bandeira: roteiros brasileiros e outras experiências compartilhadas

Ao lado da *Correspondência entre Gilberto Freyre & Manuel Bandeira*, objeto central deste estudo, vários são os elementos que podem fazer parte da constituição de um universo comparativo entre os dois escritores. Recuperando a discussão anteriormente feita sobre a impureza horizontal que amarraria o conjunto das obras de Freyre – e que permitiria incluir sua própria correspondência para além de uma prática somente factual e periférica, ao lado de outros gêneros marginais –, uma forma literária praticada pelos dois, Freyre e Bandeira, mereceria uma atenção especial: o guia de viagem.

Uma leitura exaustiva da obra de Gilberto Freyre e de Manuel Bandeira pode revelar outras facetas, mais recônditas, do profundo diálogo que se estabeleceu entre ambos no ambiente do Modernismo das décadas de 1920 e 1930. Nesse contexto, seus guias de viagem são, no mínimo, uma prática literária inusitada para a época, cuja leitura, ainda nos dias de hoje, pode causar algum estranhamento. São textos que funcionam como trabalhos paraliterários dentro da obra de ambos, predominantemente ensaística, no caso de Gilberto Freyre, e poética, no caso de Manuel Bandeira. Talvez a melhor abordagem para se apreender certa especificidade dessa forma de escrita seja aquela afim aos textos ensaísticos, às crônicas e à própria correspondência, ou seja, tratar-se-ia de formas em que o aspecto literário funcionaria *in potentia*, como possibilidade, potencialidade, virtualidade. Realmente seria impossível traçar constantes formais nessa prática literária absolutamente moderna, em que cada caso deve ser lido como diferente dos demais.

Guias jamais fariam parte das tradicionais categorias normativas de classificação dos gêneros literários. Não sendo épicos, nem dramáticos, nem líricos, são, porém, formas que potencializam certo poder de criação. A qualificação dos guias, dada por Gilberto Freyre, como um tanto "prático", um tanto "histórico" e um tanto "sentimental", confirma, por outro lado, a disposição

---

187 As notas à margem de *Casa-grande & senzala*, escritas por Mário, mostram essas diferenças, que se tornam verdadeiro abismo nas décadas seguintes: "Há uma tal ou qual contradição nisto tudo. O A. afirma que os índios eram mais libidinosos que os negros e se esforça em provar que não eram luxuriosos [...] Mas então o povo da era das conquistas já se deve considerar mal alimentado. Em toda esta parte sobre alimentação em Portugal vaga uma vaga contradição. Parte escrita muito apressadamente, alinhavando documentação não só contraditória mas pulando de século a século sem método nem crítica [...] há muita dispersão também. Muita fuga ao assunto. E um erotismo mal disfarçado do A. que gosta de repisar o assunto da luxúria. Desequilíbrio'." (ANDRADE, Mário de apud DIMAS, Antonio. Barco de proa dupla. *Revista USP*, São Paulo, n.1, p.112-126, mar./maio 1989. p.124).

épica de um eu que procura abarcar a história, cronológica e simbólica, de uma cidade a partir, sobretudo, de imagens líricas, de "invenções" bastante pessoais. É assim que Freyre arma o seu guia, a partir de uma visão extremamente subjetiva de paisagens, físicas e humanas, com as quais conviveu durante sua vida. Porém, mais do que a história objetiva da cidade, o que entra em questão é a imagem escrita que o eu tem do espaço, que se revela em muitos momentos um tanto dramática, cheia de lacunas e contradições.

Em 1934, um ano após o lançamento bem-sucedido de *Casa-grande & senzala* pelo selo 'Maia & Schmidt Ltda.', Gilberto Freyre publica, de forma independente e impresso nas Oficinas The Propagandist, o seu segundo livro: *Guia prático, histórico e sentimental da cidade do Recife*. A primeira edição teve apenas 105 exemplares com papel especial e coloridos a mão pelo artista plástico e escritor Luís Jardim, sem numeração de página e com uma diagramação de extremo bom gosto para a época. Sua forma artesanal e seu estilo fogem dos guias acentuadamente comerciais, destinando-se, em princípio, não a turistas ou a viajantes, mas a colecionadores ou simples amantes de livros raros e sofisticados.[188]

Em 1939 é a vez de à cidade de Olinda ser dedicado um guia, o *Olinda – 2º guia prático, histórico e sentimental de cidade brasileira*. Como o de Recife, trata-se de uma edição originalmente produzida de forma quase artesanal, para bibliófilos, ilustrada pelo artista plástico recifense Manoel Bandeira. À margem do mercado editorial que está, na época, em franca expansão, tais guias saem antes com uma tiragem extremamente reduzida para, em seguida, serem encampados pela José Olympio.[189]

Gilberto Freyre acreditava ser um precursor do gênero no Brasil.[190] De fato, seus guias não necessariamente recebem o tratamento dos guias que surgem na Europa do século XIX impulsionados pela expansão do turismo, atividade que guarda estreita relação com o desenvolvimento de uma sociedade

---

188 Trata-se de um dos primeiros livros para bibliófilos publicados no Brasil, segundo informação contida na 14ª edição de *Sobrados e mucambos* (São Paulo: Global, 2003. p.898).

189 As segunda e terceira edições do *Guia prático, histórico e sentimental da cidade do Recife*, de 1942 e 1961, vêm com ilustrações de Luís Jardim. Já a quarta, de 1968, atualizada e aumentada, apresenta ilustrações de Luís Jardim e Rosa Maria, além de fotografias. Por sua vez, a segunda edição de *Olinda – 2º guia prático, histórico e sentimental de cidade brasileira*, de 1944, revista, traz, diferente da primeira, ilustrações de Luís Jardim. A terceira edição, de 1960, vem com ilustrações de Manoel Bandeira. Já a quarta traz ilustrações de Manoel Bandeira e Rosa Maria, além de fotografias. Todas essas edições saem pela José Olympio. (Cf. Freyre, Gilberto. *Casa-grande & senzala*. 37. ed. Rio de Janeiro: Record, 1999.)

190 No "Post-scriptum" de *Olinda – 2º guia prático, histórico e sentimental de cidade brasileira*, Freyre procura defender sua posição de precursor de um gênero não só no país, mas no mundo: "Escrito este meu segundo guia de cidade brasileira, ao qual talvez se siga um terceiro, da cidade do Salvador da Bahia e um quarto, de Belém do Pará, e até – audácia das audácias – um quinto, do Rio de Janeiro, com ilustrações de uma ilustre austríaca, a ex-ministra da Áustria no Brasil, Senhora Maria Retschek, devo tornar claro, não só por vaidade como para me defender da possível acusação de ter adaptado à nossa língua e ao nosso país, tranquilamente e sem dizer nada, um tipo de guia hoje triunfante noutros países – especialmente nos Estados Unidos, com a sua magnífica American Guide Series, em que os guias têm sido principalmente trabalho de escritores sem emprego, sob a direção do Federal Writer's Project amparado pelo Governo Americano – que o *Guia prático, histórico e sentimental da cidade do Recife* foi escrito em 1933 e publicado no ano seguinte. Antes, portanto, das publicações norte-americanas." (Freyre, Gilberto. *Olinda*: 2º guia prático, histórico e sentimental de cidade brasileira. Rio de Janeiro: Nova Aguilar, 1944. p.233).

burguesa pautada pelo individualismo e pelo fetichismo quando o assunto é viagem. O mais impressionante é que, seguindo o caminho aberto por ele, dois outros escritores de relevo nacional dedicam-se à escrita de guias de cidade: Manuel Bandeira, com o *Guia de Ouro Preto*, e Jorge Amado, com o *Bahia de Todos os Santos: guia das ruas e dos mistérios da cidade do Salvador*,[191] de 1945, para citar os casos mais exemplares inseridos na mesma conjuntura política da Era Vargas.

O guia de Manuel Bandeira é, dos mencionados, o que mais guarda relação com o formato tradicional do gênero. Sua linguagem simples e informativa dá elementos para o turista sequioso de novidade. A primeira edição, com ilustrações de Luís Jardim e Joanita Blank, sai patrocinada pelo Ministério da Educação e Saúde em 1938. Segundo o poeta, é o amigo Rodrigo Melo Franco de Andrade, então diretor do recém-fundado Serviço do Patrimônio Histórico e Artístico Nacional (SPHAN), quem o convence a escrevê-lo.[192] Trata-se, pois, de um livro que teve os auspícios do Estado.

A eficiência informativa, porém, não camufla a visão lírica que emoldura a descrição de Ouro Preto. De fato, de todos os mencionados, o guia de Manuel Bandeira toca por sua sobriedade. Menos lírico como afim a certa profusão sentimental, mas apresentando uma visão extremamente singular da história da cidade, esse guia chama a atenção sobretudo por trazer uma visão intimamente paradoxal dos destinos dos homens e suas cidades. É lírico pela beleza com que dota pequenos gestos de uma profunda grandeza, escritos a partir de uma contradição fundamental. Sua abertura destaca dois elementos centrais para a composição do todo. De um lado, a visão do outro alimenta, corrobora e dá vida à abordagem da cidade feita pelo poeta, que facilita uma mediação particular e íntima entre o eu e o espaço, entre o autor e a paisagem – auxiliam o escritor as narrativas dos viajantes, como Antonil, John Mawe, Auguste Saint-Hilaire, John Luccock, Reverendo Walsh, George Gardner, Francis de Castelnau, Milliet de Saint-Adolphe e Richard Burton, o que faz do guia um *locus* singular de polifonia que permite revisitar clássicos da literatura de viagem. De outro lado, as contradições cercam a História, de forma que o pequeno das histórias pessoais pode conter os maiores lances de toda uma civilização, à revelia das vontades e das autoridades:

---

191 A primeira parte do guia de Jorge Amado, "Atmosfera da cidade", mostra que a ligação com Gilberto Freyre não é incidental ou mero acaso: "Gilberto Freyre já notou que o espírito de moleque rompe sempre, na Bahia, o excesso conservador que tenta impor-se. O conservador e o revolucionário coexistem no espírito da cidade, chocam-se, fundem-se por vezes, são quase palpáveis no seu contraste" (AMADO, Jorge. *Bahia de Todos os Santos*: guia das ruas e dos mistérios da cidade de Salvador. São Paulo: Martins, 1970. p.19). A prosa plástica de Jorge Amado reflete, no equilíbrio de contrastes, a força da teoria de formação da nacionalidade de Gilberto Freyre como um amálgama de antagonismos.

192 "Só no chão da poesia piso com alguma segurança. No entanto fui aceitando tarefas em outros campos. Em 1938 Rodrigo M. F. de Andrade, como diretor do Serviço do Patrimônio Histórico e Artístico Nacional, me convenceu a escrever um *Guia de Ouro Preto*..." (BANDEIRA, Manuel. Itinerário de Pasárgada. In: _____, *Poesia completa e prosa*, 1974, p.86).

> Narra Antonil que numa estrada de paulistas de Taubaté ao sertão dos Cataguás um mulato da comitiva desceu das alturas do serro do Tripuí, antigo nome da região de Ouro Preto, às margens do córrego do mesmo nome, hoje chamado de Antônio Dias, meteu a gamela até o fundo, raspando as areias, e quando a retirou viu que vinham com a água uns granitos negros, cuja natureza não reconheceu, embora já tivesse trabalhado nas minas de Paranaguá e Curitiba. Levou-os, de volta, a Taubaté, onde os vendeu a um certo Miguel de Sousa por meia pataca a oitava. Mais tarde, mandados alguns desses granitos ao governador do Rio de Janeiro, Artur de Sá e Meneses, este, trincando-os nos dentes, pôs a descoberto o brilho próprio do metal, que era ouro do mais fino quilate. Aquilo atrás do que as bandeiras sôfregas e sempre desenganadas cortavam o sertão havia século, descobriu-o o mulato naquele gesto humilde de quem apanha uma pouca d'água para matar a sede.[193]

A pequena narrativa de abertura funciona como uma espécie de articulador de elementos antagônicos, que tomam sentido a partir do momento em que são lidos na suposição de autenticidade de uma história verdadeira e sem pretensões de uma grandiosidade artificiosa. Ou ainda, o autor quis buscá-la na origem profunda e simbólica de Ouro Preto: foi um gesto humilde de mulato, de um pária dessa civilização que se ergue, que possibilitou elevar-se uma cidade encravada no Brasil de dentro, a qual passa a ser, por sua herança colonial – a partir de uma apropriação modernista –, um símbolo também da nacionalidade. É interessante observar, nesse gesto que se dirige às sombras, que escava o elemento profundo, as imagens que recorrem nessas primeiras palavras: "desceu das alturas", "meteu a gamela até o fundo", "raspando as areias", "pôs a descoberto o brilho próprio". Considerando-se que certa abordagem do moderno, dizem, peca pela fragilidade com que se depreendem o passageiro, o transitório, o que não deixa rastros, esse guia parece lançar suas bases em outra direção: a da busca pelo perene, pelo sempiterno, que congrega o superficial, a história oficial, os grandes gestos, ao elemento menor, ao humilde, à virtude da modéstia. Foi no rastro do mulato, seguindo a intuição, "a inspiração de entrar por onde os primeiros caçadores de índio haviam saído", que Antônio Dias de Oliveira, nas vésperas de São João, vislumbra o milagre:

> No dia seguinte, ao alvorecer, o céu estava muito limpo, e do outro lado do vale o perfil inconfundível da pedra se recortava nítido na primeira luz da manhã, como um milagre do santo.[194]

---

[193] BANDEIRA, Manuel. *Guia de Ouro Preto*. 3. ed. rev. e atual. Rio de Janeiro: Casa do Estudante do Brasil, [194?]. p.12.

[194] BANDEIRA, *Guia de Ouro Preto*, 194?.

Vê-se que a mitologia cristã funciona como uma espécie de argamassa para a escrita de Bandeira. A pedra revela sua beleza dourada no amanhecer, aproximada, numa metáfora recorrente do autor, ao milagre do santo, que se corporifica como uma espécie de prolongamento do efeito festivo dos fogos de artifício que teriam fechado a madrugada. Com o pé na realidade, no dia a dia, ergue-se, então, a essência de um mundo na contramão de uma modernidade voltada para o progresso, para o futuro, fragmentária e individualista. Todos os gestos, por mais pessoais que sejam, são congregados a uma beleza superior; e nesse mundo a transcendência é, de fato, possível. Trata-se, então, de uma forma de se relacionar com o mais ínfimo da experiência ainda capaz de revelar um sentido maior, até divino. Como a poesia e a crônica de Bandeira constantemente apresentam, é uma busca, na origem, do fundamento para o que fomos e somos. Pode parecer algo carregado de *páthos*, mas essa também é uma perspectiva freyriana, que fez dela a base para a elaboração de uma ensaística em que as fronteiras entre o literário e o científico permanecem esfumaçadas, de propósito.

Os pequenos gestos de grandeza infinita, em busca da autenticidade, também dão o mote para o guia de viagem de Freyre. Uma rápida olhada no índice do guia de Olinda revela como o interesse pelo menor é a porta de entrada para o maior. A organização é por tópicos, que recebem nomes como "O rio", "O mar", "A luz", "O vento", "As praias", "Jangadeiros", "A faca de ponta", "Jangadas", "Barcaças", "Canoas", "Os montes", "Os livros", "Os animais", "Sepulturas velhas", "Sinos", "Casas velhas", "Outras casas", "Quitutes", "Jardins modernos" etc. São relatos sobre o baixo cotidiano que se misturam com outros sobre a história oficial, como sobre bispos e jesuítas. Mas também é marcante um registro intermediário, sobretudo quando o autor discorre sobre ruínas do passado colonial, sobre o que restou de conventos, de igrejas e de sobrados. As imagens, mediadas pelas lentes de fotógrafos e pintores de renome, também ressaltam aspectos da história do lugar condenados pela ação implacável do tempo, como sugerem as legendas: "Coqueiros da Praia dos Milagres", "Cais de bargaças", "Jangadas", "Detalhes e apetrechos da jangada", "Barcaça", "Janela velha – rua do Amparo", "Macaibeiras dos arredores de Olinda", "Velho sobrado da rua do Amparo com abalcoado mourisco", "Velha bica de São Pedro", "Mocambo de pescador", "Resto de fortim", "Velha porta da rua do Amparo" etc. A sensibilidade do escritor que procura ver a paisagem à distância também lê nela os dramas de uma formação híbrida, que mistura o alto ao baixo, o grandioso ao rasteiro. É nessa linha que Freyre vê a dialética entre o dramático e o lírico, entre o trágico – que aborda os feitos grandiosos e sublimes – e o cômico – dos pequenos momentos de boêmia provinciana:

> O rio Beberibe desce até Olinda de um pequeno olho d'água do lugar Cabeça de Cavalo. Antes de chegar à Olinda banha vários sítios, outrora cheios de matas, de frutas e de passarinhos: Pimen-

teiras, Quibuca, Passagem das Moças, Passarinho. Chegando a Olinda volta-se para o sul, seguindo ao longo do istmo nem sempre istmo para o Recife até encontrar-se com o Capibaribe. São os dois rios mais cheios de tradições de Pernambuco. O Capibaribe mais dramático: mais ligado a engenhos grandes, a canaviais, a senzalas, aos horrores da escravidão, ao abolicionismo, a crimes, a cheias, a raptos de moças, a revoluções. O Beberibe mais lírico: ligado menos a engenhos grandes que a sítios e baixas de capim; que a troças e banhos de estudantes de Olinda; que a passeios alegres de rapazes do Recife com atrizes, cantoras e cômicas. Um desses rapazes diz a tradição que foi Castro Alves.[195]

É interessante ainda notar que a trajetória de ambos os escritores foi de aproximação do chão cotidiano a partir de uma aprendizagem modernista à brasileira e à provinciana. Um gesto possível e até necessário nos trópicos, em que a conciliação se tornou ainda mais premente diante de uma grande massa de marginalizados, sempre à parte em um país voltado, naquela época, diriam, para modas europeias e para um academicismo que coroava tão somente, ou sobretudo, os elementos elitistas da cultura. Pelo menos é essa a visão dos dois autores. Tanto os temas quanto as formas se aproximaram do popular de um modo inovador para aquele contexto e, ainda mais, se comprometeram a escarafunchar a fundo narrativas que articulassem as bases da formação da nacionalidade, assunto que estava em alta no contexto da Era Vargas.

Mas qual seria a relação desses três guias, os de Freyre e o de Bandeira, com a forma "guia turístico"?

O guia turístico, tal como o conhecemos hoje, apenas em parte mantém relação com os guias de Gilberto Freyre e Manuel Bandeira. O tema da viagem é um denominador comum das formas que ficam sob o amplo leque da literatura de viagem, e o guia turístico é, juntamente com as viagens de descoberta e as viagens científicas, uma das formas modernas de escrita de viagem – que se desenvolveu no lastro das viagens épicas e das viagens dos romances de cavalaria.[196] Antes, porém, de procurar compreender algumas de suas balizas, vale a pena refletir sobre as implicações da palavra "turismo".

O turismo como atividade moderna se diferencia do conceito tradicional de "viagem"; não implica o deslocamento no espaço por motivos como a fome, o clima e o comércio, como em sociedades tradicionais; é, ao contrário, uma escolha individual, que só pode nascer numa sociedade burguesa. O viajante moderno, em vez de empreender as viagens épicas e míticas cansativas e cheias de sofrimento, é um aventureiro, um desbravador de novos caminhos,

---

195 Freyre, *Olinda*, 1944, p.27-28.

196 Zanette, Rosemary I. C. *A permanência de estereótipos sobre o Brasil nos guias turísticos em língua italiana*. Dissertação (Mestrado) – Universidade de São Paulo, São Paulo, 2005.

com fantasias e anseios jamais imaginados pelos viajantes tradicionais. Viajar não é uma necessidade, um pragmatismo; é, de outro modo, uma escolha e seu desenvolvimento se dá no cerne da sociedade capitalista em formação. As raízes simbólicas do turismo moderno estão, segundo Enzensberger,[197] no romantismo inglês, francês e alemão, em autores como Wordsworth, Rousseau e Eichendorff. Neles está, em vias de formação, a possibilidade de concretizar uma liberdade individual a partir da dialética que se estabelece com relação à sociedade do trabalho e do consumo, ou seja, viajar passa a significar formas de fuga da sociedade capitalista. O viajante, portanto, guarda uma profunda relação com o provinciano enquanto desbravador de um espaço íntimo, livre e preservado da força avassaladora da história cronológica, para falar como Agamben. Mas tanto o viajante quanto o provinciano estão sujeitos a outro perigo. Ainda segundo Enzensberger, ao falar sobre a viagem, a força imaginativa age de forma ambígua diante dessa liberdade: ela a transfigura, mas a faz recuar no tempo e no espaço, tornando-se "folclore" e "monumento".

> Estas, a paisagem intocada e a história intocada, são as imagens-guia do turismo até hoje. Ele não é senão a tentativa de concretizar o sonho romântico projetado na distância. Quanto mais a sociedade burguesa se fechava, mais o cidadão tentava esforçadamente dela escapar como turista.[198]

A revolução e a civilização industriais chegam por uma porta, e o viajante sai por outra. Não é, portanto, nada surpreendente que o turismo como atividade mercadológica com fins de entretenimento tenha nascido na Inglaterra do século XIX, em uma sociedade em que a viagem, como bem mostram os símbolos do romantismo, já tinha seu lugar.

Importa também abordar as diferenças que os conceitos de "turismo" e "viagem" guardam entre si:

> A viagem como conhecimento complexo é a descoberta/produção de significados do significado imprevisto em cotidianos, em banalidades que se tornam complexos pela distância, pela diferença, pelo imprevisto aos olhos sagazes e alvoroçados do viajante. A complexidade marca-se pela diferença.
> Como atividade planejada, o turismo procura simplificar, amenizar, prever a diferença e o imprevisto. O turista desloca-se pru-

---

[197] Cf. ENZENSBERGER, Hans Magnus. Uma teoria do turismo. In: _____. *Com raiva e paciência*: ensaios sobre literatura, política e colonialismo. Sel. e introd. Wolfgang Bader. Trad. Lya Luft. Rio de Janeiro: Paz e Terra/Instituto Goethe, 1985. p.205-225.

[198] ENZENSBERGER, Uma teoria do turismo. In: _____, *Com raiva e paciência*, 1985, p.205-225.

dentemente para reencontrar seu cotidiano, seu espaço habitual, porém à distância.[199]

Quando a viagem se torna indústria, nasce o turista moderno e, com ele, uma ideologia essencialista que privilegia os signos da pureza, da aventura, do intocado, mas que se dá dentro de uma lógica da previsibilidade.[200] Certas paisagens ganham uma aura desconhecida no seio da sociedade moderna e o passado, mitologizado, periga em direção ao folclórico, ao pitoresco, quando, fixado em imagens estanques, perde a complexidade da história. A distinção entre o viajante e o turista serve para destacar o quanto a sociedade moderna pode abrigar diferentes perspectivas: o viajante aponta para a abertura, para a imprevisibilidade; o turista, para o fechamento, para a previsibilidade. Os guias de Freyre e Bandeira são, nesse contexto, escritos para o viajante lançado ao sabor do imprevisível e da intimidade, não para o turista que coleciona paisagens em série.

Os guias comerciais são formas textuais que nascem nesse âmbito e, assim, não podiam senão carregar uma ligação aparentemente simples e ingênua, na verdade acrítica e diluída, com as paisagens e seus habitantes. A análise que Roland Barthes faz do *Guide bleu*[201] é contundente:

> Em geral o *Guide bleu* testemunha quanto é vã toda a descrição analítica que recusa, simultaneamente, a explicação e a fenomenologia: de fato, o *Guide* não responde a nenhuma das perguntas que se possa fazer um viajante moderno ao atravessar uma paisagem real, e viva. A seleção dos monumentos suprime a realidade da terra, assim como a dos homens, não testemunha nenhuma realidade presente, isto é, histórica; e, deste modo, o próprio monumento se torna indecifrável, logo estúpido.[202]

O guia de viagem como um gênero textual nasce na Europa em que as formas de exploração mercadológica se expandem. Nasce dirigindo as massas para os lugares que devem ser vistos e desenvolve métodos de classificação

---

199 FERRARA, Lucrécia d'Alessio. Os lugares improváveis. In: YÁZIGI, Eduardo (Org.). *Turismo e paisagem*. São Paulo: Contexto, 2002. p.76.

200 ENZENSBERGER, Hans Magnus. Uma teoria do turismo. In: _____, *Com raiva e paciência*, 1985, p.215.

201 Os *Blue guides* começaram a sair em 1918, pelos editores James e Findlay Muirhead, buscando constituírem-se como referência informativa e prática, inclusive com dados sobre arte, arquieratura, história e arqueologia. Foi considerado um herdeiro dos tempos áureos dos guias de viagem publicados no século XIX. Acordo com casa editorial Hachette permitiu a co-publicação em francês do *Guide bleau* de 1917 a 1933. Ele passou por diversas transformações sob a direção da casa editorial Ernest Benn Limited, entre 1931 e 1982. Existe até hoje, sendo publicado pela Somerset Books, de Londres. Dados adicionais podem ser encontrados na página oficial dos atuais editores, disponível em: <http://www.blueguides.com/>. Acesso em: maio 2015.

202 BARTHES, Roland. O *Guide bleu*. In: _____. *Mitologias*. Trad. Rita Buongermino e Pedro de Souza. Rio de Janeiro: Bertrand Brasil, 1993. p.72.

de atrações turísticas que não deixam nada a desejar a qualquer gerenciamento industrial bem regrado e eficaz. Thomas Cook e outros empresários do turismo, antes mesmo do século xx, são responsáveis por uma grande revolução no setor, com a invenção dos cheques de viagem e o turismo em grupo: "Como todo o bem de consumo, também a viagem precisava ser produzida em série, caso a indústria do turismo quisesse firmar-se no mercado".[203] E "o turismo, inventado para libertar seus seguidores da sociedade, levava-a consigo na viagem".[204]

Recuando para o período que foi o pano de fundo para os guias de viagem de Freyre e Bandeira, vemos que se trata de um dos momentos mais intrigantes do Brasil do século xx. A transição do Estado patrimonial ao Estado gerencial, que se dá ao longo do século, conhece suas formas particulares de intermediação: uma delas, a aliança política, que nasce em 1930 tendo à frente Getúlio Vargas, procura romper com o Estado dominado pelas oligarquias.[205] O resultado foi a composição de um Estado autoritário e burocrático que buscou, contraditoriamente, formas de modernização centralizadora. Tanto a indústria, de um lado, quanto a cultura, de outro, desenvolvem formas particulares de interação com o Estado. A atividade turística, que se coloca a meio caminho entre esses dois campos, também parece depender, muitas vezes, desse Estado patrocinador, o que pode ser confirmado pelo simples fato de que o *Guia de Ouro Preto*, de Bandeira, é encomendado pelo diretor do sphan,[206] o também modernista Rodrigo Melo Franco de Andrade, e patrocinado pelo Ministério da Educação e Saúde, que tinha à frente Gustavo Capanema. Assim, o contexto brasileiro que vê o surgimento desses guias parece um pouco mais complexo do que, por exemplo, a realidade europeia do século xx, em que as forças capitalistas são predominantemente a mola propulsora para o nascimento e a consagração dos guias de viagem.

Mas é fato que tanto os guias de Gilberto Freyre quanto o de Manuel Bandeira ficam à margem da indústria do turismo. A interação com a sociedade é de outro nível: não ganham os circuitos comerciais nem sequer encontram, para seus lançamentos, o abrigo de uma das editoras que crescem

---

203 ENZENSBERGER, Hans Magnus. Uma teoria do turismo. In: _____, *Com raiva e paciência*, 1985, p.219.

204 ENZENSBERGER, Hans Magnus. Uma teoria do turismo. In: _____, *Com raiva e paciência*, 1985, p.220.

205 Uso, aqui, a nomenclatura de Luiz Carlos Bresser Pereira em "Do Estado patrimonial ao gerencial", que reconhece, nas formas históricas de Estado e sociedade no Brasil, basicamente três momentos. O plano político abrange os seguintes: o Estado oligárquico, até 1930; o Estado autoritário-capitalista, de 1930 a 1945 e de 1964 a 1985; e o Estado democrático, de 1946 a 1964 e a partir de 1985. Com relação ao plano administrativo, seriam: o Estado patrimonial (ou patrimonial-mercantil), até 1930; o Estado burocrático (ou burocrático-industrial), entre 1930 e 1985; e o Estado gerencial (ou gerencial pós-industrial), a partir de 1985 (cf. PEREIRA, Luiz Carlos Bresser. Do Estado patrimonial ao gerencial. In: SACHS, Ignacy; WILHEIM, Jorge; PINHEIRO, Paulo Sérgio (Orgs.). *Brasil*: um século de transformações. São Paulo: Companhia das Letras, 2001. p.222-259).

206 O Serviço do Patrimônio Histórico e Artístico Nacional (SPHAN) foi criado em 13 de janeiro de 1937 e regulamentado em 30 de novembro de 1937, logo após o golpe que instaurou o Estado Novo (ocorrido em 10 de novembro de 1937). Mário de Andrade, a pedido de Gustavo Capanema, redigiu o anteprojeto de lei, com o auxílio de outros intelectuais modernistas. Rodrigo Melo Franco de Andrade foi o primeiro diretor do órgão e aquele que por mais tempo exerceu a função. Em 1946, o órgão se tornou o Departamento do Patrimônio Histórico e Artístico Nacional (DPHAN) e depois, em 1970, o Instituto do Patrimônio Histórico e Artístico Nacional (IPHAN).

espantosamente ao longo da década de 1930 – e talvez, especialmente no caso de Freyre, nem quisessem de pronto encontrar.[207] Os valores agregados à paisagem também não parecem seguir o critério de possibilidade de exploração financeira: não há estrelas classificatórias de *sights*, não há menções a hotéis ou restaurantes, senão àqueles que simplesmente fazem parte do dia a dia da população. Para o turista que quisesse saborear um dos pratos típicos do Recife, eis a recomendação de Gilberto Freyre:

> Pelas esquinas das velhas ruas de S. José, – do Passo da Pátria, da Direita, da Tobias Barreto – que outrora teve o grande nome de rua dos Sete Pecados Mortais – ainda se encontram negras de fogareiro vendendo milho, tapioca, peixe frito. A negra Elvira. A Joana. Sinhá Maria. Várias outras. Também vendedoras de gelada, moleques de midubí, vendedores de bolo e de caldo de cana.[208]

Os elementos que são destacados nesses textos são claramente vistos a partir de uma ótica subjetiva e, eu diria até, afetiva.[209] Não se trata, assim, de um simples guia turístico: é um guia de viagem que estimula, com a opacidade de algumas informações (a localização das ruas e das pessoas é apenas aproximada), o vagar descompromissado – algo da *flânerie* baudelairiana, fixada por Walter Benjamin em *Charles Baudelaire: um lírico no auge do capitalismo* –, aberto para o encontro fortuito, para o acaso da rua. Pela sua abertura, são textos que, em igual medida, se distanciam dos guias turísticos convencionais e se aproximam de outros gêneros limítrofes, como o ensaio, a crônica e a própria tradição das narrativas de viagem. São estas as características que sobressaem: o inacabamento e a abertura ensaísticos, a fragmentação e a fluidez da crônica e a multiplicidade de impressões e de pontos de vista que as narrativas de viagem podem propiciar.[210] Desse modo, os guias de Freyre e de Bandeira podem ser

---

207 Em carta a José Lins do Rego, afirma Gilberto Freyre: "O *Guia* vai indo. Jardim, debaixo do ferrão, sempre trabalha e tem dado uns desenhos bem bons. Zé Maria vai imprimindo, naquele vagar medieval, mas com todo o capricho. Creio que valerá os 100$ por exemplar. Depois então cuida-se da outra edição, popular, que creio cheia de possibilidades." (Carta de Gilberto Freyre a José Lins do Rego, com datação "Recife, 27 de janeiro de 1934", inédita – Acervo da FGF).

208 FREYRE, Gilberto. *Guia prático, histórico e sentimental da cidade do Recife*. Rio de Janeiro: José Olympio, 1942. p.155.

209 Depois de finalizado este ensaio, tive contato com o interessante artigo de Fernanda Arêas Peixoto, que analisa os guias de Recife e Olinda. Especificamente sobre o guia do Recife, afirma a antropóloga: "Espaço e tempo são, desse modo, eixos intimamente articulados no guia do Recife. O acesso à cidade, às suas várias faces e dimensões, obriga o dispêndio de tempo, a intimidade do convívio demorado. Nesse sentido, o tempo redefine o roteiro especial e redimensiona a viagem para o turista. De outro ângulo, é o tempo acumulado na experiência vivida que torna possível o relato, a construção do guia. É ele que constitui (e autoriza) o cicerone e sua narrativa *sentimental*." (PEIXOTO, Fernanda Arêas. A cidade e seus duplos: os guias de Gilberto Freyre. *Tempo Social*, Revista de Sociologia da USP, v.17, n.1, p.159-173, jun. 2005).

210 Textos que abordam com precisão o conceito de ensaio e crônica são, respectivamente: ADORNO, Theodor W. O ensaio como forma. In: COHN, Gabriel (Org.). *Theodor W. Adorno*. São Paulo: Ática, 1986. p.167-187 e CANDIDO, Antonio. A vida ao rés do chão. In: ANDRADE, Carlos Drummond et al. *Para gostar de ler*, 1989. v.5, p.4-13. Modos de imbricação dessas duas formas literárias foram abordados em: COUTINHO, Afrânio. Ensaio e crônica. In: _____;

lidos pelo prisma da composição de um modo peculiar de escrita que mistura guia de viagem, ensaio, crônica e narrativa de viagem. E podemos incluir até mesmo correspondência, se lida na trilha sobre a qual falamos anteriormente, pela suas lacunas que convidam ao preenchimento do leitor pela imaginação, ou ainda pelo modo como estimula a vivência de experiências concretas, viagens e encontros, como presentes nos inúmeros convites de Freyre para que Bandeira volte à capital pernambucana e aos seus prazeres ou vá conhecer, na companhia do amigo, o "Pernambuco de dentro": "Nenê, diga sério quando é que vem; você precisa ver engenho, andar pelo Pernambuco de dentro, e não ficar com a impressão única do Recife a lhe boiar na lembrança como sua impressão pernambucana."[211]

A abertura do *Guia Prático, Histórico e Sentimental da Cidade do Recife* mostra bem como o escritor procura elaborar categorias simbólicas para a percepção da cidade, construções possíveis de se darem somente por meio de um texto ensaístico que se distanciasse de um arcabouço racionalista. Veja, a seguir, como o autor, ao mesmo tempo em que fala do recato da cidade, coloca à prova o próprio conceito de "turismo", já que aquele que quisesse conhecer a cidade deveria saber explorá-la na sua condição "sem saliências, nem relevos", como um "namorado sentimental", e não "admirador imediato":

> O viajante que chega ao Recife por mar, ou de trem, não é recebido por uma cidade escancarada à sua admiração, à espera dos primeiros olhos gulosos de pitoresco ou de cor. Nenhum porto de mar do Brasil se oferece menos ao turista. Quem vem do Rio ou da Baía, cidades francas, cenográficas, fotogênicas, um ar sempre dia de festa, as igrejas mais gordas que as nossas, casas trepadas umas por cima das outras como grupos de gente se espremendo pra sair num retrato de revista, uma hospitalidade fácil, derramada – talvez fique a princípio desapontado com o Recife. Com o recato quase mourisco do Recife, cidade acanhada, escondendo-se por trás dos coqueiros; e angulosa, as igrejas magras, os sobrados estreitos.[212]

Sem aprofundar, por enquanto, o valor social dessa cidade tímida, de um plano só, com suas touças de bananeiras que saem dos quintais dos sobrados burgueses, com seus vendedores matutos, negras gordas de fogareiro

---

Coutinho, Eduardo de Faria. (Dirs.). *A literatura no Brasil*. 2. ed. Rio de Janeiro: Ed. Sul-Americana, 1971. v.6, p.136 e Eulalio, Alexandre. O ensaio literário no Brasil. In: _____. *Escritos*. Org. Berta Waldman e Luiz Dantas. Campinas: Ed. da Unicamp; São Paulo: Ed. Unesp, 1992. p.11-67). Para uma visão geral dos estudos contemporâneos sobre literatura de viagem, cf.: Rajotte, Pierre (Org.) *Le voyage et ses récits au XXᵉ siècle*. Québec: Éd. Nota bene, 2005; Hulhe, Peter; Youngs, Tim (Eds.) *The Cambridge companion to travel writing*. Cambridge, uk: Cambridge University Press, 2002.

211 Cf. capítulo 3, documento 3, com datação "Recife, 11 de agosto de 1927".

212 Freyre, *Guia prático, histórico e sentimental da cidade do Recife*, 1942, p.15.

e feiras pitorescas, vale a pena discutir outra questão que logo aflora: por que "escritores literários" do primeiro time da época escreveriam guias?

* * *

Sob o ponto de vista da autoria, os guias de Gilberto Freyre fogem a uma constatação quando se fala sobre guias de viagem como gênero: guias normalmente são escritos não por residentes, mas por escritores especialistas que viajam e se dedicam a destacar o que a nova paisagem, rural ou urbana, poderia oferecer de atraente para seus leitores-turistas. É uma espécie de caminho aberto que pode ou não determinar um fluxo de massa para lugares precisos, apresentados com algumas informações diretas, bem como breve e plana tentativa de historicização. O texto resultante não pretende nada mais do que ser guiado pela função referencial da linguagem, para usar termo de Roman Jakobson, com uma percepção subjetiva aparentemente fiel à realidade que descreve. À autoria não caberia ficcionalizar ou empregar uma linguagem opaca, cifrada, enigmática – uma viagem realizada sem informações precisas só poderia ser uma viagem imaginativa. Mas, certamente, a objetividade também tem, para os guias de turismo, suas armadilhas, revelando-se uma pretensão que, por sua simplificação demasiada, beira o estereótipo ou o senso comum, o que não deixa de ser uma mistificação do real.[213]

Freyre parecia saber do perigo que a simplificação exagerada poderia oferecer. Procura proporcionar ao leitor um painel de paisagens e personagens típicos do lugar. Exagerando certos traços físicos ou de caráter, o autor consegue criar um estilo inimitável. Seus guias parecem beirar o estereótipo de consumo para as massas, porém, seu uso comercial não é tão evidente, muito menos a possibilidade de seu emprego prático ou técnico. Outra questão: o que estaria por trás dessa simplificação da realidade que beira a caricatura, mas não cai nela, que procura desvendar os meandros da história íntima do lugar, destacando das paisagens e das pessoas suas constantes? A meu ver, a resposta está no centro mesmo de suas opções como escritor: Freyre desenvolveu em seus ensaios um método próprio, por vezes narrativo, por vezes descritivo, um texto entremeado por tensões, por antagonismos, que, sem dar a resposta precisa, aponta para uma verdade possível. Freyre acredita nas constantes de caráter e procura buscá-las quando discorre livremente sobre temas da vida comezinha, uma atitude que tem algo da investigação fisiognomônica tão em voga no século XIX.

---

213 Veja-se, neste caso, o exemplo de Ulpiano T. Bezerra de Meneses, quando, ao falar da imagem visual da paisagem, afirma que "paisagem e representação da paisagem muitas vezes se equivalem no senso comum, particularmente quando o suporte é a pintura (gravura) ou a fotografia. Paradoxalmente, a relevância da representação paisagística muitas vezes chega a inverter os termos, restringindo ou anulando o próprio objeto da apresentação" (MENESES, Ulpiano T. Bezerra de. A paisagem como fato cultural. In: YÁZIGI, Eduardo (Org.). *Turismo e paisagem*. São Paulo: Contexto, 2002. p.34). O exemplo disso seria um guia impresso no século passado que traz promessas tentadoras, como a revelação de um painel de Claude pela paisagem de Coniston Lake. Os valores agregados à paisagem podem também se revelar vazios principalmente quando, submetidos à análise crítica, mostram-se como simples armadilha mercadológica.

As paisagens, para ele, não são únicas e eternas, mas podem revelar as diversas camadas, duradouras e nem sempre lógicas, que uma sociedade nelas pode imprimir. Daí seus guias se distanciarem da tradição do gênero e se aproximarem dos ensaios do tipo *familiar* inglês, das crônicas e da tradição de narrativas de viagem. Apresentam-se como quadros aparentemente fragmentados, em uma linguagem informal e viva, eivada de humor, e que sempre se dirigem para a vida prática, como uma forma de ação política, papel que lembra o desempenhado por Mário de Andrade como artista engajado na cena paulistana. Veja-se um trecho da parte "As igrejas e o passado sentimental do recifense", do guia do Recife, em que se apresenta esse movimento que apreende um sentido maior a partir de pequenos fatos da vida cotidiana:

> Outro que ia se afogando no mar, pegou-se com o santo e as ondas o trouxeram à praia vivinho da silva. Não tem dúvida em proclamar bem alto sua gratidão de homem de fé: reproduz a cena horrível para todos os outros recifenses verem de que é capaz um poderoso e bom.
> Mas o turista talvez não ache sabor nenhum nessas cousas sentimentais; e só nas pitorescas e históricas.[214]

A pequena narrativa segue num ritmo de prosa, com presença significativa da oralidade, e procura recuperar cenas que estão na "memória" da cidade. Nesse sentido, quando o autor fala em "sentimental", o que está em jogo é uma tentativa de elaborar uma escrita que sensibilize, que toque no íntimo, aquele não sei quê de "introspecção proustiana"[215] que penetre em verdades essenciais. Mas a verdade é buscada, muitas vezes, entre tachos, danças, remédios mágicos, brincadeiras de moleque, crenças da senzala. Na pequena crônica sobre um crente que oferece sua própria vida, é como se, num ápice, numa revelação súbita, o leitor tomasse conta do quanto um gesto elevado, de verdadeira abnegação, pode guardar de trágico. Mostrar essa devoção cristã, o sentimento de renúncia em solo concreto por meio de uma escrita simples, afeita à oralidade, é uma demonstração do caráter sentimental do texto-guia. O pitoresco e o histórico, esses estariam a serviço daquela outra necessidade mais objetiva ou técnica, mais ao gosto do turista. É o que o autor promete, ao final daquele trecho, depois de enumerar promessas recifenses. Porém, ao contrário, ele não muda muito o seu tom. Veja-se a descrição bastante imagética e de cadência enumerativa que faz da igreja do Livramento algumas páginas depois da narrativa sobre o afogado:

> Uma igreja que não tem título nenhum de glória, mas apenas o encanto do seu pitoresco, é a do Livramento. Aí, outrora, não

---

[214] Freyre, *Guia prático, histórico e sentimental da cidade do Recife*, 1942, p.79.

[215] Freyre, *Casa-grande & senzala*, 2000, p.56.

havia noite que o nicho não estivesse aceso, dominando do alto todo o bairro, como um olho de pessoa acordada que vigiasse pela gente dormindo. Que visse tudo o que se passava de noite. Os namoros. Os assassinatos. As festas com sereno na janela. E os casamentos, os batizados, os enterros de segunda classe.[216]

Os movimentos do texto de Freyre, na verdade, parecem seus olhos quando passam pelos espaços íntimos da cidade: espantosamente sentimentais e gulosos de pitoresco. O espanto diz respeito à sua capacidade de estranhamento de enxergar o novo no antigo, por meio de pequenos choques perceptivos possíveis somente quando a "técnica" do olhar é transposta para a arte da escrita. Observe-se também como Freyre utiliza a linguagem figurativa nesse trecho: "o nicho aceso" é, numa imagem metafórica inusitada que remete à bisbilhotice do baixo provinciano, como "um olho de pessoa acordada". E, em profusão figurativa com algo de barroco, a imagem se desdobra em uma oração subordinada, separada por pontos, portanto ao mesmo tempo deslocada e relacionada sintaticamente à oração precedente. A sequência de sintagmas nominais acaba por fechar o círculo de enumeração quase caótica de elementos. Uma espécie de arabesco discursivo que congrega pictoricamente elementos em tensão.

Todo esse jogo pode parecer gratuito, mas o pitoresco não embaça seus olhos – e, em movimentos abruptos, põe em parêntese seu aspecto de fetiche. Nessa mesma parte, das "Igrejas pitorescas e históricas", o autor, num tom ácido, ao falar da igreja de São José onde Frei Caneca foi "arcabuzado", deixa claro que a decadência do espaço pode ser resultado de falta de profissionalismo: "Só vá visitá-la quem quiser ver, por curiosidade mórbida, a que extremos chegou o mau gosto das restaurações nas igrejas do Recife."[217] Esse é um exemplo de franca ligação entre leitor e autor. Este "des-recomenda" sem cerimônias e promove o que poderíamos chamar de "des-turismo". Nessa direção, em passagem do seu guia de Olinda, afirma: "Outras igrejas e capelas de Olinda oferecem interesse ao turista mais cheio de vagares e mais interessado pela velha arquitetura religiosa do Brasil. Algumas, é claro, reconstruídas; e devastadas pelos reconstrutores. Reze o turista um padre-nosso e uma ave-maria por alma dos maus reconstrutores".[218] A tendência à monumentalização do pitoresco, portanto, pode constituir a base para a reconstrução autêntica ou, em outra linha, para uma reconstrução que sela a ruína de monumentos antigos.[219] Na vida prática, a convicção modernista revela a força de suas próprias

---

216 Freyre, *Guia prático, histórico e sentimental da cidade do Recife*, 1942, p.84.

217 Freyre, *Guia prático, histórico e sentimental da cidade do Recife*, 1942, p.85.

218 Freyre, *Olinda*, 1944, p.155.

219 É interessante como Freyre observa criticamente a perspectiva da reconstrução de monumentos em ruína. Reconhecendo nos monumentos uma autenticidade que o aproxima da perspectiva de Walter Benjamin exposta no ensaio "A obra de arte na era de sua reprodutibilidade técnica", ou seja, que ressalta o seu caráter de existência

ideias, acompanhadas quase sempre por uma reflexão persuasiva, que atenua seu caráter um tanto estático dos produtos preservados – e não simplesmente conservados – diante da dinâmica histórica.

Entretanto, é interessante ver como, individualmente, a convicção dos escritores se mimetiza. Enquanto Freyre propõe a sarcástica ação de "rezar um padre-nosso e uma ave-maria" aos maus reconstrutores, Bandeira escreve, sob o sentimento de uma melancólica frustração, que, quando não for possível recuperar criadoramente ou prolongar a manutenção do patrimônio legado pelos antepassados, "melhor será deixá-lo arruinar-se inteiramente. As ruínas apenas entristecem. Uma restauração inepta revolta, amargura, ofende".[220] Se no trecho destacado de Freyre não fica evidente se o autor propõe, de fato, uma construção de ícones estáticos da nacionalidade, rumando à fetichização, Bandeira desnuda radicalmente, em seu texto, a tensão entre projeto e prática modernista, o que revelaria uma consciência mais aguda dos paradoxos do tempo histórico. Diante da inevitável descontinuidade de tempos, melhor seria respeitar a dinâmica imponderável dos sinais da catástrofe. Essa linha de descrença quanto à possibilidade efetiva de ligação entre passado e presente, que se expressa, ao final, apenas literariamente e por descontinuidades, segue seu poema "Ouro Preto": "Que resta do esplendor de outrora? Quase nada: / Pedras... templos que são fantasmas ao sol-posto. / Esta agência postal era a Casa de Entrada... / Este escombro foi um solar... Cinza e desgosto."[221] Porém, esse mesmo Bandeira, tão agudo em muitos momentos, acaba por cair, em outros, numa espécie de ingênua defesa da tradição: "Certamente a ação dos governantes não basta. É preciso despertar a consciência do valor dessas relíquias na mentalidade dos detentores eventuais delas. Criar o ambiente tradicionalista. Chorar muitas lágrimas líricas".[222] E de novo voltamos ao sofisticado relicário do pitoresco.

Outra questão que surge quando se fala nos guias de Freyre e Bandeira diz respeito ao conjunto de colaboradores que ambos organizam ao seu redor. Como já dito, Freyre tem, para a ilustração desses livros, a cooperação de Luís Jardim e de Manoel Bandeira; Bandeira conta com Luís Jardim e Joanita Blank.[223] Todos são artistas plásticos inseridos no cenário moderno. Luís Jardim foi também um escritor reconhecido e um dos grandes colaboradores da editora

---

única e seu lastro na tradição – a "autenticidade de uma coisa é a quintessência de tudo o que foi transmitido pela tradição, a partir de sua origem, desde sua duração material até o seu testemunho histórico" –, Freyre, por vezes, parece dividir a posição de John Ruskin no que diz respeito à preferência por condenar acréscimos a monumentos que lhe destituíssem de sua autenticidade, deixando de testemunhar a passagem do tempo, a história codificada na queda. Essa visão, portanto, condena o ato de restaurar (cf. RUSKIN, John. *The seven lamps of Architecture*. New York: John Wiley Ed., 1849).

220 BANDEIRA, *Poesia completa e prosa*, 1967, p.142.

221 BANDEIRA, *Poesia completa e prosa*, 1967, p.247.

222 BANDEIRA, Manuel. Um purista do estilo colonial. In: _____, *Poesia completa e prosa*, v.2, 1967, p.139.

223 Para mais detalhes sobre a presença dos artistas Luís Jardim, Manoel Bandeira e Joanita Blank como colaboradores de Gilberto Freyre e Manuel Bandeira, vejam-se notas de edição no capítulo 2. Outros artistas plásticos que colaboraram com Gilberto Freyre foram Lula Cardoso Ayres, que ilustrou a coletânea de contos populares *Assombrações do Recife Velho* (1955), e Cícero Dias, que ilustrou *Casa-grande & senzala* (1933), entre outros.

José Olympio. Ele e o pintor Manoel Bandeira têm em comum o fato de terem desenvolvido seu estilo no contexto de um modernismo que procurava, na dialética entre cosmopolitismo e localismo, enfatizar o segundo termo, o que lança luz sobre as questões regionais. Sobre o pintor Manoel Bandeira e sua relação com Recife, diria o poeta Bandeira:

> Essa cidade tinha necessidade de dar um artista magro capaz de refletir em sua arte aquela graça característica das suas linhas. Deu-o de fato na pessoa de Manoel Bandeira.
> Há muita gente que toma como meus os desenhos do meu xará. Quem me dera que fossem! Eu não hesitaria um minuto em trocar por meia dúzia de desenhos do xará toda a versalhada sentimentalona que fiz, em suma, porque não pude nunca fazer outra coisa.[224]

É interessante observar que o poeta Bandeira teve contato com o artista Bandeira, pela primeira vez, justamente pela mediação de Gilberto Freyre, como observamos por carta endereçada ao ensaísta pernambucano, com datação "Rio de Janeiro, 12 de dezembro de 1925", cujo tema girava em torno do *Livro do Nordeste*: "Feito menino que ganhou um livro muito bonito... Que prazer tive de olhar os desenhos do Bandeira! Quem é esse estupendo xará? É Manuel também? Ele está juntando um tesouro!".[225]

Se a década de 1920 promoveu o pano de fundo para o encontro, muitas vezes descomprometido, desses artistas e intelectuais regionalistas e modernistas, a década de 1930 testemunhou formas de institucionalização de parcerias mais duradouras. Nesse contexto, propriamente na seara de circulação de bens simbólicos, a José Olympio é a editora que abraça os artistas vindos da província, ou, melhor ainda, de regiões afastadas do eixo econômico-político do Brasil. Entre esses novos escritores, vale mencionar Jorge Amado, da Bahia, Graciliano Ramos, de Alagoas, Rachel de Queiroz, do Ceará, e José Lins do Rego, da Paraíba. O grande influxo do romance que se dedica a destrinchar a sociedade e suas mazelas ocorre principalmente na década de 1930, impulsionado pela onda nacionalista do período pós-revolucionário. É nesse contexto que "o público leitor da nova classe média recebia com evidente satisfação obras sobre a decadência da velha aristocracia rural, tais como os romances do ciclo da cana-de-açúcar, de José Lins do Rego, ou os textos de história social de Gilberto Freyre".[226] A profissionalização dos escritores obviamente não conta apenas com uma disposição psíquica favorável, mas também com um conjunto

---

224 BANDEIRA, Manuel. Um grande artista pernambucano. In: _____. *Poesia completa e prosa*, 1974, p.454-455.

225 Cf. capítulo 2, documento 1, com datação "Rio de Janeiro, 12 de dezembro de 1925".

226 HALLEWELL, Laurence. *O livro no Brasil*: sua história. Trad. Maria da Penha Villalobos, Lólio Lourenço de Oliveira e Geraldo Gerson de Souza. 2. ed. rev. e ampl. São Paulo: Edusp, 2005. p.421.

de situações políticas, econômicas e administrativas, da Era Vargas, que estimulam o seu desenvolvimento. Para Levine, o grande estímulo para a produção intelectual doméstica, tanto de autores brasileiros quanto de traduções de autores estrangeiros – menos do que uma forte coalizão de enfrentamento do poder autoritário –, seria curiosamente a Grande Depressão, que fez aumentar o preço do livro importado.[227] Assim, a atmosfera que cerca esse contexto é das mais instigadoras quando se pensa que realizações fundamentalmente heroicas, corajosas e destemidas, em verdade, podem estar bastante interligadas às forças que lhes servem de base, sobretudo às forças político-econômicas, desnudando a presença da contingência e do acaso por trás de realizações, tais como a consolidação da editora José Olympio, grande detentora de capital simbólico no cenário nacional naquele período.[228]

Nesse contexto, os guias de Freyre e Bandeira mostram um lugar particular de conciliação de forças antagônicas sob o signo da tradição e da modernidade. O olhar, permanentemente oscilando entre comoção e ironia, permite alinhavar as realidades díspares, presente e passado, diferentes tradições literárias, por meio de transações estéticas, culturais e históricas que resultam em um mosaico de produções criativas cujo fundo parece corroborar, de fato, a existência de múltiplas perspectivas de modernidade, fora e dentro do país.[229]

Porém, mais ainda, ampliando a percepção da zona de interesses que os cercam, revelam-se como produtos de uma sociedade que, naquele preciso momento, começava a operar uma estreita, e em certa medida ainda obscura, relação entre ações políticas e produção cultural.

Os epítetos "prático" e "sentimental" complementam-se num vácuo em que "prático" pode dizer muito, assim como "sentimental". Bastaria afirmar que os guias são práticos na medida em que os leitores podem tomá-los como forma eficiente de aproximação de uma paisagem ou, ainda, que possibilitam uma entrada eficaz num terreno simbólico que procura construir monumentos da nacionalidade, ancorados na experiência concreta, na região ou na provín-

---

227 Cf. LEVINE, *Pai dos pobres?*, 2001.

228 Segundo Sérgio Miceli, "a concentração de investimentos das principais editoras nas diversas modalidades da literatura de ficção foi o eixo dinâmico do processo de substituição de importações no setor editorial, estimulando a produção local de obras que passaram a concorrer com traduções. A montagem de editoras comerciais de médio e grande porte, a rentabilidade da literatura de ficção e o surgimento de um núcleo de romancistas produzindo para o mercado interno compõem o tripé em que se alicerçou a infraestrutura da produção de livros" (MICELI, Sérgio. *Intelectuais à brasileira*. São Paulo: Companhia das Letras, 2001. p.241). Miceli também destaca que é ao longo das décadas de 1930 e 1940, portanto durante o governo de Vargas, que são construídos os alicerces para a produção editorial.

229 N. S. Eisenstadt assim define o conceito de "modernidades múltiplas", analisando em especial o mundo contemporâneo, mas que pode ser pensado inclusive em contextos plurais como o nosso: "*The idea of multiple modernities presumes that the best way to understand the contemporary world – indeed to explain the history of modernity – is to see it as a story of continual constitution and reconstitution of a multiplicity of cultural programs. These ongoing reconstructions of multiple institutional and ideological patters are carried forward by specific social actors in close connection with social, political, and intellectual activities, and also by social movements pursuing different programs of modernity, holding very different views on what makes societies modern. [...] One of the most important implications of the term 'multiple modernities' is that modernity and Westernization are not identical; Western patterns of modernity are not the only 'authentic' modernities, though they enjoy historical precedence and continue to be a basic reference point for others.*" (EISENSTADT, Shmuel N. Multiple modernities, *Daedalus*, n.129, v.1, p.1-29, 2000. p.2-3).

cia, tomando como basilares ruínas carcomidas pelo tempo. E, por essa capacidade particular de dar uma unidade ao todo, de procurar elevar a ruína ao símbolo, são guias sentimentais:

> E o turista europeu nota que não está diante de ruínas líricas em que a natureza apenas refresque a tradição, mas de ruínas dramáticas e até trágicas: os trópicos reagindo contra a intrusão europeia – conventos, fortalezas, casas-grandes – com todos os seus ácidos; inundando todas essas massas de pedra e cal de uma água que corre por dentro das paredes como se fosse um pus vegetal; atacando-as a cupim; desfazendo suas traves em pó.[230]

Semelhante beleza trágica também está na descrição que Bandeira faz de Aleijadinho, o homem que "era, em sua disformidade, formidável"[231] – e cuja arte, inclusive, teria a virtude terapêutica de curar a alma ferida pelas contingências da vida, de modo contíguo à ação reconfortante, quando o assunto é uma dolorosa história, a dos ícones da nacionalidade. Ou ainda, tal beleza trágica se apresentaria no consistório da igreja São Francisco de Paula, com suas arcas e cômodas de jacarandá, "simples e arruinadas".[232] Desse modo, "sentimental", especialmente em Freyre, aqui num sentido bem diferente do que lhe deu um teórico como Friedrich Schiller,[233] pode ser abordado como uma visão subjetiva, comovida e ao mesmo tempo de aparência ingênua, que procura agregar natureza e civilização, sem se esgotar no particular e sem prescindir da reflexão consequente. E dessa força imaginativa empenhada, de contornos dramáticos, certamente os guias de Freyre e Bandeira, assim como outros escritos, estão plenos.

4.5 Correspondências cordiais?

> *Estimo que este mal traçado samba*
> *em estilo rude, na intimidade*
> *vá te encontrar gozando saúde*
> *na mais completa felicidade*
> *(Junto dos teus, confio em Deus)*

---

230 Freyre, *Olinda*, 1944, p.107.
231 Bandeira, *Guia de Ouro Preto*, [194-?], p.56.
232 Bandeira, *Guia de Ouro Preto*, [194-?], p.129.
233 Cf. Schiller, *Poesia ingênua e sentimental*, 1991.

> [...] *Espero que notes bem,*
> *estou agora sem um vintém*
> *podendo, manda-me algum...*
> *Rio, sete de setembro de trinta e um*
> NOEL ROSA (*Cordiais saudações*)

Desde o início deste capítulo, pode-se observar que a correspondência inédita trocada entre os escritores Gilberto Freyre e Manuel Bandeira abre possibilidades diversas de reflexão. Nela, é possível encontrar desde o diálogo intertextual com escritos publicados de Freyre ou de Bandeira, rastros da gênese de obras fundamentais dos autores, até a abertura para se compreenderem redes de relações mais amplas, com aspectos novos da movimentação de intelectuais, literatos e artistas no contexto do Brasil da primeira metade do século XX. Na trilha de Marcos Antonio de Moraes em sua reflexão sobre epistolografia, ao conceito de "sistema literário" elaborado por Antonio Candido[234], devem-se somar as falas encobertas das cartas, enriquecendo sobremaneira – por situar-se além dos elementos "autor, público leitor e tradição" – a compreensão da vida literária nacional. Procurarei justamente, no traçado de textos encobertos pelo tempo, situar uma espécie de dinâmica particular para além da imagem de autores públicos que o tempo tem ajudado a moldar.

O pano de fundo do diálogo entre Gilberto Freyre e Manuel Bandeira implica o trânsito de tarefas, favores, apreciações críticas e impressões "amigas", num contexto em que a dinamização da sociedade, com os primeiros surtos de industrialização, com a expansão do trabalho assalariado e do mercado, com a tentativa de modernização da administração pública e com a expansão dos meios de comunicação, influenciou enormemente o trabalho intelectual e artístico, que caminhava para conquistar paulatinamente sua autonomia. Nesse contexto, por exemplo, Bandeira assume o papel de articulador de dois universos, do Norte e do Sul, simbolizados, de um lado, por Gilberto Freyre e, de outro, por Mário de Andrade – com quem já tinha iniciado uma frutífera troca epistolar, a qual se avolumaria nos anos seguintes e se encerraria apenas com a morte precoce do paulista.

Focando especialmente a década de 1920 e considerando-se que se trata de dois autores fundamentais para as transformações culturais e estéticas então em curso – recorde-se que o recifense Gilberto Freyre, à época, residia no Recife e que Manuel Bandeira, também recifense, já estava estabelecido no Rio de Janeiro desde o início da adolescência –, é elemento significativo o fato de que a carta que abre essa correspondência seja dedicada ao *Livro do Nordeste*:

---

234 Antonio Candido, ao explicar a orientação crítica que norteia a sua *Formação da Literatura Brasileira*, distingue "manifestações literárias" de "literatura", sendo este conceito tomado como "um sistema de obras ligadas por denominadores comuns, que permitem reconhecer as notas dominantes duma fase. [...] Entre eles se distinguem: a existência de um conjunto de produtores literários, mais ou menos conscientes do seu papel; um conjunto de receptores, formando os diferentes tipos de público, sem os quais a obra não vive; um mecanismo transmissor (de modo geral, uma linguagem, traduzida em estilos), que liga uns a outros" (CANDIDO, *Formação da Literatura Brasileira*, 1993, p.23).

edição comemorativa do primeiro centenário do Diário de Pernambuco,²³⁵ de 1925, organizado por Gilberto Freyre e com a colaboração de diversos escritores e intelectuais de reconhecida envergadura intelectual. Para Bandeira, participar do *Livro do Nordeste* significaria não somente o contato com uma rede de sociabilidade pernambucana, mas também o encontro de sua poesia com a experiência, a memória, o cotidiano, a infância, temas ainda preteridos nos anos do chamado modernismo heroico do início da década de 1920, que, apesar de apresentar eventuais laivos pré-modernistas, ansiava uma atualização vanguardista. O impacto do encontro com Freyre e seus colegas é sugerido pelas linhas da carta de 12 de dezembro de 1925:

> Que prazer tive de olhar os desenhos do Bandeira! Quem é esse estupendo xará? É Manuel também? Ele está juntando um tesouro! [...] O artigo do Cardozo... Aquele sacana me deixou o coração numa podreira. Que sujeito penetrante vai entrando por a gente adentro me conte alguma coisa dele.²³⁶

A intenção explícita de Freyre na edição do *Livro do Nordeste* é reunir um pensamento de vanguarda, articulando visões diversas de Nordeste, com artigos que vão de rendados a comida, de vida social a política, bem como dar a ideia de uma espécie de estética alternativa da vida moderna centrada na província, por meio de desenhos do jovem Manoel Bandeira ou dos versos líricos do escritor Manuel Bandeira, que contribuiu com o seu conhecido "Evocação do Recife", escrito a pedido de Freyre. Os elogios nessa carta inaugural ao também jovem Joaquim Cardozo são mais que merecidos: seu apurado senso crítico está, de fato, aliado a uma grande sensibilidade. Observe-se como a pontuação (ou sua ausência) na carta de Bandeira surpreende ao dar ligeireza e maior plasticidade à escrita epistolar: "Que sujeito penetrante vai entrando por a gente adentro me conte alguma coisa dele". É como se o poeta, em carta, encontrasse um modo de expressar o sentimento de arrebatamento ("Aquele sacana me deixou o coração numa podreira") causado por Cardozo, que – entre outras tantas linhas que antecipam o que a crítica especializada, décadas depois, viria a estabelecer como eixos interpretativos da poesia de Bandeira – escreve:

> Pobre menino doente a olhar através da vidraça os balõezinhos que sobem, os pequenos vendedores de carvão, as carroças de leite, os sapos e os vagalumes, a observar na rua pequenos detalhes desprezados, quase imperceptidos como qualquer garoto se volta para apanhar um objeto insignificante abandonado no chão; esse olhar amoroso para as cousas esquecidas, esse interesse pela in-

---
235 Freyre et al., *Livro do Nordeste*, 1979.
236 Cf. Capítulo 2, documento 1, com datação "Rio de Janeiro, 12 de dezembro de 1925".

genuidade dos brinquedos se veem em "Noite morta", "Na rua do sabão", "Meninos carvoeiros", "Balõezinhos". [...] Ah! esta volúpia amarga de viver, esta "tristeza dos que perderam o gosto de viver" e que em tudo e acima de tudo adoram a vida![237]

A epistolografia como forma literária passava por transformações, por exemplo, deixando a retórica que era característica dos códigos no século xix por uma linguagem rápida e de aparente superficialidade – digo aparente, sem excluir, por certo, seu grau de complexidade, que se torna cada vez mais sutil. Vê-se, por essa carta de 12 de dezembro de 1925, bastante informal para os padrões da época, como os escritores vão se aproximando, trocando ideias, encomendando trabalhos um ao outro. A sutileza da suposta autonomia em contexto brasileiro dá-se justamente porque a arte no país, no geral e passando ao largo das polêmicas individuais, se forma e se afirma negando-a, na medida em que valoriza a comunicação, a identidade e o artesanato a partir de uma linguagem orgânica que apenas se amplia com a técnica moderna, sem questionar, de forma consequente, a narratividade, a temporalidade e o valor da unidade dos objetos artísticos. A rapidez e a fragmentação do mundo novo deixam marcas na estrutura dos gêneros – com os caminhos tomados pela crônica no Brasil, isso fica bem claro e, em particular, exerce força também na epistolografia –, assim como tornam cada vez mais complexas as redes de convivência que se formam.

Ao contrário das vanguardas europeias, em que a tentativa de devolver a arte à práxis é bem radical, como defende Peter Bürger,[238] aqui, no Brasil, arte e práxis parecem articular-se em uma construção que alia o sentido e seu avesso, paradoxalmente. E amizade e trabalho artístico são duas coisas que se mesclam, muito generosamente, num ambiente cordial, tornando mais intrincada a condição de autonomia da arte em contexto nacional. Assim, a cordialidade parece ser uma marca fundamental da sociabilidade dessa geração de escritores e intelectuais, que deixam seu rastro nas próprias formas de composição da época, desde as mais simples, ligadas à vida comezinha, às mais complexas, produzidas para serem comercializadas.

No acervo pessoal de Gilberto Freyre, sob a guarda do Centro de Documentação da Fundação Gilberto Freyre, há vários documentos que remetem a uma imbricação entre técnica moderna e desejo de pertencimento. Gostaria de destacar especialmente uma imagem sem título ou determinação de autoria. O mundo da técnica, que se amplia e ajuda a diversificar os modos de produção e reprodução de imagem, é o elemento de fundo de uma fotomontagem que simboliza a articulação paradoxal entre os avanços da modernidade e o pendor localista – que, afinal, foi a aventura também de paulistas, simbolicamente representada, por exemplo, pelas viagens (reais e literárias) de redescoberta do

---

237 Cardozo, Joaquim. Um poeta pernambucano Manuel Bandeira. In: Freyre et al., *Livro do Nordeste*, 1979, p.125.

238 Bürger, Peter. *Teoria da vanguarda*. Trad. Ernesto Sampaio. Ed. Assírio Bacelar. Lisboa: Vega, 1993.

Brasil "interior".²³⁹ Aqui utilizo a expressão "elemento coadjuvante" para ressaltar o quanto a linguagem técnica inspira e influencia os novos artistas, que procuram explorá-la como melhor lhes convém. Esse ponto é anterior à questão da presença mais patente dos cinematógrafos e fonógrafos de que fala Flora Süssekind,²⁴⁰ quando a técnica se revela um elemento fundamental de representação literária, com diferentes níveis de problematização, e acaba por influenciar, segundo a argumentação da autora, a nova linguagem modernista, como em *Serafim Ponte Grande*, de Oswald de Andrade.²⁴¹ Ou ainda, vale dizer, o que pretendo argumentar, ao me deter no conceito de "cordialidade", é algo semelhante ao que se dá no caminho inverso da técnica, como se um complementasse em alguma medida o outro e ambos traduzissem, com variedade de grau, o processo tortuoso de modernização nos campos artístico e intelectual que se acelera no país nos anos 1920 e 1930.

A fotomontagem em questão,²⁴² localizada na Fundação Gilberto Freyre, ao que tudo indica preparada artesanalmente também pelo processo de fotopintura, não é datada nem possui autoria declarada. Com as dimensões de 23,9 cm de largura por 17,9 cm de altura, a imagem traz os seguintes personagens centrais na história do Modernismo brasileiro, assim identificados pela própria Fundação Gilberto Freyre: Luís Jardim (1901-1987), Manuel Bandeira, Tarsila do Amaral (1886-1973), Heitor Villa-Lobos (1887-1959), José Lins do Rego (1901-1957), Gilberto Freyre e Oswald de Andrade (1890-1954). Ainda que se possa divergir dessa identificação, visto que a imagem obviamente não se pauta pela perfeita literalidade, é fato que tais nomes figuram no próprio documento de arquivo.

É interessante notar também que, a despeito da posição lado a lado ou quase justaposição de produtores de obras ensaísticas, literárias e artísticas paradigmáticas que formariam uma espécie de complexo "sintagma do modernismo brasileiro", há um notável desencontro de seus olhares. Metonimicamente, é como se os olhos representassem projetos artísticos e literários fundamentalmente autorais, particulares (sobretudo os de Luís Jardim, Tarsila do Amaral e José Lins do Rego), entre os quais o de Manuel Bandeira e o de Villa-Lobos sintetizariam a capacidade de estabelecer um contato vivo, franco e direto com seu público. Por sua vez, Freyre e Oswald encontram-se perfilados, como se fitassem um mesmo ponto longínquo ou buscassem costurar visões artísticas e intelectuais distintas sob a rubrica de um "modernismo brasileiro", de feição singular e multiforme – é interessante destacar que, além da admiração mútua, afirmada após os anos combativos do modernismo, tanto Freyre quanto Oswald tinham, em linhas gerais, uma visão estética simultaneamente agregadora, he-

---
239 O tema da viagem, caro para o movimento modernista no país, culminou, por exemplo, com a tendência à "monumentalização" do barroco mineiro.

240 Süssekind, Flora. *Cinematógrafo de letras*. São Paulo: Companhia das Letras, 1987.

241 Cf. Andrade, Oswald de. *Serafim Ponte Grande*. São Paulo: Editora do Autor, 1933.

242 Cf. Figura 46.

terogênea e não hierárquica, como notamos pelos conceitos de "amálgama de antagonismos" (Freyre)[243] e de "antropofagia" (Oswald de Andrade).[244]

O pintor e escritor pernambucano Luís Jardim e o escritor paraibano José Lins do Rego ficariam, por sua vez, ligados ao romance de análise social e à arte de expressão regional. Já o músico Villa-Lobos procurou realizar uma obra universal – como ele mesmo afirmava – que trabalhasse sobretudo com aspectos da música popular brasileira. Tarsila e Oswald, na década de 1920, formariam uma parceria que extrapolou o universo da intimidade e deixou marcas indeléveis na trajetória artística de ambos, abalizada pela elaboração de uma estética que lançava mão da simultaneidade e da montagem modernas articuladas à representação pretensamente ingênua de paisagens e de retratos brasileiros. Um corte que diferenciaria substancialmente os vários personagens do grupo – que souberam dosar, de forma criativa, ingredientes nacionais – poderia ser a profundidade do humor, do aspecto carnavalizante, que seria quase nulo em Jardim e intenso em Oswald. Gilberto Freyre, convergindo mais uma vez para Oswald, também soube fazer uso de uma escrita desestabilizadora e inquietante, como o vemos em várias páginas de seu ensaio de interpretação do Brasil *Casa-grande & senzala*, e dela fugiu quando parecia mais conveniente convencer a opinião pública, em meio a ataques e acusações de diletantismo e intuitivismo, de que era um intelectual que sabia utilizar a linguagem mais acadêmica e sabia fazer ciência, o que ocorre sobretudo após a década de 1940.

De qualquer modo, essa fotomontagem mostra bem que havia um círculo de sociabilidade que se queria reconhecido, um círculo se articulando com vários outros – e que, aliás, não podemos afirmar se existiu ou se haveria, de fato, alguma relação profunda ou duradoura entre os referidos personagens. A imagem pode ter sido um presente dado a Gilberto Freyre, ou mesmo uma encomenda do próprio escritor, já que um ponto certo de contato com todos esses artistas é o sociólogo, que de fato os admirava e que – por que não? – queria ver-se incluído nos grupos artísticos e intelectuais do Rio e de São Paulo. Ou, ainda, talvez tenha vindo do próprio Bandeira, elemento central e de olhar fixo rumo ao observador virtualmente posicionado à frente da imagem. De qualquer modo, apesar de uma quase obsessão pelo pertencimento a um grupo

---

243 Sobre o "processo de equilíbrio de antagonismos", cf. conhecido parágrafo de Freyre, de *Casa-grande & senzala*: "Considerada de modo geral, a formação brasileira tem sido, na verdade, como já salientamos às primeiras páginas deste ensaio, um processo de equilíbrio de antagonismos. Antagonismos de economia e de cultura. A cultura europeia e a indígena. A europeia e a africana. A africana e a indígena. A economia agrária e a pastoral. A agrária e a mineira. O católico e o herege. O jesuíta e o fazendeiro. O bandeirante e o senhor de engenho. O paulista e o emboaba. O pernambucano e o mascate. O grande proprietário e o pária. O bacharel e o analfabeto. Mas predominando sobre todos os antagonismos, o mais geral e o mais profundo: o senhor e o escravo." (FREYRE, *Casa-grande & senzala*, 2006, p.116).

244 Oswald de Andrade procura solucionar o complexo local-cosmopolita de modo utópico, assimilando a linguagem vanguardista. Veja-se trecho do "Manifesto antropófago", publicado na *Revista de Antropofagia 1*, em maio de 1928: "[...] Nunca fomos catequizados. Fizemos foi Carnaval. O índio vestido de Senador do Império. Fingindo de Pitt. Ou figurando nas óperas de Alencar cheio de bons sentimentos portugueses./ Já tínhamos o comunismo. Já tínhamos a língua surrealista. A idade de ouro./ Catiti Catiti/ Imara Notiá/ Notiá Imara/ Ipejú." (ANDRADE, Oswald de. Manifesto antropófago. In: SCHWARTZ, Jorge. *Vanguardas latino-americanas*. São Paulo: Edusp/Iluminuras/Fapesp, 1995. p.144).

socialmente reconhecido, para além de um mero distintivo geracional, é sabido que os agrupamentos se faziam e se desfaziam, eram ajuntamentos muito dinâmicos: veja-se, por exemplo, o destino melancólico do "grupo dos 5", formado por Tarsila do Amaral, Mário de Andrade, Oswald de Andrade, Menotti Del Picchia e Anita Malfati.[245,246]

No Brasil, a despeito de soluções bastante criativas, afirmação esta que se reporta especialmente à técnica modernista, como no caso do Oswald e da Tarsila antropofágicos, da Anita da primeira fase, do Mário de *Macunaíma*, do Freyre de *Casa-grande & senzala* e do Bandeira de *Libertinagem*, o pendor localista ou étnico, como um reflexo ao revés, foi um ponto permanente de debate – e, onde há debate, há grupos atuando – dentro do projeto de modernização artística no país, ao lado da preocupação com a adequação técnica. E, nesse sentido, a cordialidade engajada, com lastro na troca de amenidades e na lhaneza das relações interpessoais, imbuída ou não de valores duradouros, acabou sendo uma característica da convivência de certos grupos nesse período.

Ademais, na Literatura Brasileira pode-se perceber que a questão da necessidade de junção entre adequação técnica e tendência local, entre cosmopolitismo e provincianismo, entre modernidade e tradição, com grau variável de complexidade crítica e mediação, não foi exclusiva daquele período. Gerações e grupos que vieram depois continuaram a dialogar com os primeiros modernistas, por exemplo, com a proposta de se pensarem características e incoerências estéticas em um país marginal.[247] Para além de notar incompatibilidades insolúveis, por sua vez, Gilberto Freyre procurou observar os termos em relação, notando como a apropriação progressiva de um arcabouço liberal e ocidental poderia conter perdas e ganhos estéticos, culturais, políticos e sociais, o que foi exemplarmente discutido em *Sobrados e mucambos* – em especial no capítulo "O Ocidente e o Oriente". É em sentido simultaneamente crítico e relacional,

---

245 Segundo Sérgio Miceli, "[...] o foco de tensões internas no grupo possuía um inequívoco componente étnico – os 'nacionais' Mário, Tarsila e Oswald versus os *oriundi* Anita e Menotti –, e não se pode descartá-lo da análise das obras e tomadas de posição de todos os envolvidos. Os percalços de Anita para conquistar a bolsa de estudos concedida pelo Patronato Artístico, as reações ambivalentes de Mário e o rechaço terminante de Oswald perante os escritos romanescos de Menotti, e as ciumeiras entre Tarsila e Anita são alguns dos episódios capazes de sinalizar os caminhos tortuosos desse embate de forças e capitais desiguais, instigados pelo acicate venenoso do desapreço étnico, misto de competição, embaraço e desconforto envolvendo esses parceiros com trunfos tão desiguais." (MICELI, Sérgio. *Nacional estrangeiro*. São Paulo: Companhia das Letras, 2003. p.115).

246 Vale dizer que Heloísa Pontes, no livro *Destinos mistos* (1998), abordou a temática dos "grupos" de modo exemplar. A reconstrução da trajetória do grupo da revista *Clima* – cujos integrantes, entre outros, foram Antonio Candido, Décio de Almeida Prado, Paulo Emílio Salles Gomes e Gilda de Mello Souza – deu-se modulando cortes complementares, tais como o geracional e o de gênero. Essas leituras originais, sobretudo no que diz respeito à presença feminina e a sua participação em esferas menos valorizadas da criação artística e intelectual, foram ainda retomadas em *Intérpretes da metrópole* (2010), da mesma autora. Inclusive, vale a pena citar uma apreciação da antropóloga sobre a revista *Clima* que demonstra o quão difícil é se operarem rupturas com visões hegemônicas e elitistas: "A postura política sustentada pelos editores de *Clima* durante o período de circulação da revista [...] não fora suficiente para que rompessem com a visão dominante entre as elites dirigentes sobre o universo social e cultural das camadas desprivilegiadas do país. Não é aleatório, portanto, que o primeiro movimento consistente de ruptura com essa visão tenha partido de um outro integrante da Faculdade de Filosofia, com quem até então se relacionavam de maneira distante: o jovem sociólogo Florestan Fernandes." (PONTES, Heloísa. *Destinos mistos*. São Paulo: Companhia das Letras, 1998. p.138).

247 Cf. GULLAR, Ferreira. *Vanguarda e subdesenvolvimento*. Rio de Janeiro: Civilização Brasileira, 1969.

portanto, que o autor procurou desenvolver termos como "cordialidade", como veremos a seguir.²⁴⁸

* * *

O divagar do cronista paralelo a uma sensibilidade cordial constitui a tônica da *Correspondência entre Gilberto Freyre & Manuel Bandeira*. A informalidade entre os amigos e o burburinho acerca da vida alheia parecem diminuir consideravelmente a distância que há entre Rio de Janeiro e Recife: tudo se torna uma aldeia, palco de risadas nos dois lados do canal comunicativo. Os amigos se ajudam e se inspiram, a ponto de ficar difícil delimitar onde terminam os assuntos íntimos e banais e se iniciam os assuntos sérios e consequentes, como a preocupação com os destinos do país. O sentido "mundano", tomando de empréstimo o conceito usado por Edward Said para "denotar o mundo histórico real de cujas circunstâncias nenhum de nós jamais pode estar separado, nem mesmo em teoria",²⁴⁹ fica absolutamente evidente nesse conjunto, em que quase não se observa um embate teórico consistente ou uma discussão estética mais profunda, exemplos dos quais está plena – para mencionar apenas um conjunto epistolar efetivamente editado – a correspondência entre Mário de Andrade e Manuel Bandeira.²⁵⁰

Mas é preciso explicitar melhor como proponho fazer a ligação entre cordialidade e correspondência. Vimos que o universo dos grupos modernistas foi fundamental para a consolidação dos projetos que iam se articulando. Portanto, muitas vezes, constituíram-se relações privadas que reverberaram na esfera pública, já que, a partir de contatos pessoais, inclusive pela troca de correspondência informal, circularam problematizações e formas estéticas inovadoras, fossem elas de cunho mais cosmopolita, fossem de cunho mais local ou nacional.

Por sua vez, é sabido que a expressão "cordialidade" se notabilizou como conceito teórico-explicativo do tipo de cultura característico da sociedade brasileira a partir do ensaio de interpretação sociológica *Raízes do Brasil* (1936), de Sérgio Buarque de Holanda. Mais propriamente, naquele livro, o termo "cordial" parte de seu sentido etimológico literal para nomear o "culto da personalidade", o personalismo que extrapola os limites da vida privada e invade o espaço público, obstando a constituição de vínculos ou associações de caráter

---

248 Parece-me esclarecedora, neste ponto, a seguinte afirmação de Jessé Souza: "Freyre é o mesmo pensador holista, que pensa a sociedade como um todo orgânico a partir de partes que se completam. Nesse tipo de concepção de sociedade, a hierarquia é o dado central e cada pessoa, grupo ou classe tem o 'seu lugar'. [...] sua atenção esteve sempre voltada para perceber formas de integração harmônica de contrários, interdependência e comunicação recíproca entre diferentes, sejam essas diferenças entre culturas, grupos, gêneros ou classes." (Souza, Jessé. *A modernização seletiva*: uma reinterpretação do dilema brasileiro. Brasília: Editora UnB, 2000, p.212).

249 Said, Edward. *Humanismo e crítica democrática*. Trad. Rosaura Eichenberg. São Paulo: Companhia das Letras, 2007. p.71.

250 Cf. Andrade; Bandeira, *Correspondência Mário de Andrade & Manuel Bandeira*, 2000.

impessoal. O termo, conforme a acepção buarquiana, faz sobressair a impulsividade, a espontaneidade, a expressão irrefletida diante da alteridade, características que, de algum modo, estariam ainda inscritas num modo de convivência herdado da família patriarcal, tipicamente rural. No trecho a seguir, pode-se ter uma ideia mais precisa do alcance da "cordialidade" tal qual exposto por Sérgio:

> Podemos organizar campanhas, formar facções, armar motins, se preciso for, em torno de uma ideia nobre. Ninguém ignora, porém, que o aparente triunfo de um princípio jamais significou no Brasil – como no resto da América Latina – mais do que o triunfo de um personalismo sobre outro.[251]

Essa cordialidade tão brasileira, segundo o autor, não é nada elogiosa, mas expressão que traduz a consciência acerca de um modo enviesado e excessivamente personalista de gerir as relações no Brasil, que passa ao largo dos princípios democráticos racionais e do pensamento liberal. Tratar-se-ia de uma espontaneidade, antes rica, que, convertida perigosamente em fórmula, poderia ser usada para o bem e para o mal. Como resultado, por exemplo, poderia haver modos e mais modos de se burlar a lei, sem que houvesse uma reprovação cabal desses procedimentos. Pode-se acrescentar que, em termos de uma linguagem fraudulenta e explicitamente ideológica – em linha de exercício de crítica da ideologia que se tornou uma corrente de debate a partir dos anos 1960, principalmente –, a escrita pode ser cordial. Porém, no contexto das cartas de que trato, gostaria de recuar um pouco mais, procurando uma espécie de protoforma dessa consciência social da escrita, que se liga mais à interpretação que Freyre empresta ao termo.[252]

É possível que a cordialidade epistolográfica, no limiar do Modernismo e congregando personalidades como Gilberto Freyre e Manuel Bandeira, bem como modernistas de outras paragens, seja um dos últimos momentos que se ligam ao emprego, sem pressupor qualquer artifício, de palavras como "autenticidade" e "província". Inclusive, palavras como "província" são muitas vezes referidas em cartas dos recifenses, cuja presença se situaria no terreno movediço entre literatura e arte, estética e vida – "Na província, a nostalgia do grande mundo não me deixará de todo; as memórias, que estavam secando, abriram-se de novo em verdadeiras feridas. Meu caro Flag, desculpe tanta literatura; não é

---

251 HOLANDA, Sérgio Buarque de. *Raízes do Brasil*. 8. ed. Rio de Janeiro: José Olympio, 1975, p.138.

252 Vários estudiosos já se debruçaram sobre as especificidades do conceito na esteira de Sérgio Buarque. Castro Rocha, por sua vez, discutiu os inúmeros mal-entendidos que se seguiram com a popularização do termo: "Entretanto, como já mencionei, produziu-se uma particular miscigenação hermenêutica, segundo a qual atribui-se a conceituação a Sérgio Buarque, mas se interpreta o conceito com base em Gilberto Freyre." (ROCHA, J. C. de C. As raízes e os equívocos da cordialidade brasileira. In: _____ (Org.) *Nenhum Brasil existe. Pequena enciclopédia*. Rio de Janeiro: UERJ/Topbooks/UniverCidade, 2003. p.210. Cf. também: ROCHA, J. C. de C. *O exílio do homem cordial*. Rio de Janeiro, Ed. Museu da República, 2004; ROCHA, J. C. de C. *Literatura e cordialidade*. Rio de Janeiro: Eduerj, 1998.

só literatura".²⁵³ Sobre a relação mais estreita entre cartas e Modernismo, afirma Júlio Castañon:

> As modificações estéticas trazidas pelo modernismo têm como suas principais características a liberdade em relação aos moldes até então vigentes, a liberdade de pesquisa, a liberdade de criação, com a busca de elementos nacionais, e assim por diante. Também a correspondência refletirá esses aspectos, não apenas em termos de que tratará deles, mas em sua própria formulação. A carta perde a formalidade que se encontra até essa época; torna-se efetivamente troca de ideias, informações, como substituto efetivo da conversa. Sem dúvida, esta modificação propicia um maior desembaraço, de modo que, para além de questões literárias, a carta será também espaço de manifestações pessoais, de informações privadas de pessoas envolvidas na vida literária.²⁵⁴

A íntima relação entre conversa e carta, mediada pela escrita, evoca a figura do homem cordial, excelente conversador. Aliás, a epistolografia deu origem ao conceito de "homem cordial". Cabe lembrar que, em carta do poeta e diplomata Ribeiro Couto, amigo de Bandeira e de Freyre, ao escritor e diplomata mexicano Alfonso Reyes, datada de 7 de março de 1931, o "homem cordial" surge de modo inaugural:

> É da fusão do homem ibérico com a terra nova e as raças primitivas que deve sair o "sentido americano" (latino), a raça nova produto de uma cultura e de uma intuição virgem – O Homem Cordial. [...] (Atitude oposta do europeu: a suspicácia e o egoísmo do lar fechado a quem passa) [...] somos *qualquer coisa* de muito diferente pelo espírito e pelo senso de vida cotidiana. Somos povos que gostam de conversar, de fumar parados, de ouvir viola, de contar modinhas, de amar como puder, de convidar o estrangeiro para tomar café, de exclamar para o luar em noites claras, à janela: – Mas que luar magnífico! Essa atitude de disponibilidade sentimental é toda nossa, é ibero-americana [...].²⁵⁵

Parece haver uma sutil relação entre o "homem cordial" abordado por Sérgio Buarque e por Ribeiro Couto, na medida em que ambos creditam às nossas raízes ibéricas a fácil expressão dos sentimentos, como um "predicado

---

253 Cf. capítulo 2, documento 11, com datação "Stanford, 9 de junho de 1931".

254 GUIMARÃES, *Contrapontos*, 2004, p.24.

255 Cf. BEZERRA, Elvia. Ribeiro Couto e o homem cordial. *Revista Brasileira*, Rio de Janeiro, ano 11, n.44, p.123-130, jul./set. 2005. p.125-126.

constitutivo" do povo latino-americano, sendo o grande diferencial do autor de *Raízes do Brasil* talvez o fato de buscar um rigor teórico e explicativo ausente em seus contemporâneos, abstraindo o sentido "cordial" para compreender, além dos aspectos culturais, os institucionais, cuja manifestação seria patente nas práticas do Estado patrimonial brasileiro. Porém, a despretensão da abordagem de Ribeiro Couto parece se ligar mais à leveza e à positividade que Gilberto Freyre empresta ao termo, na trilha de uma interpretação fundamentalmente culturalista. Assim, a espontaneidade das amizades imediatas, da abertura para as relações pessoais, que remeteria à raiz etimológica de origem latina *cordialis* – "relativo ao coração" –,[256] liga-se sobretudo ao próprio Freyre, na medida em que ele não enxerga um personalismo atávico, uma singularidade que obsta a modernização.[257] Quando Freyre fala da plasticidade do elemento mestiço como fundamento da nacionalidade, não ressalta outra coisa senão o modo de ser cordial, mediador e articulador de duplos contrastantes. E, como afirma Castro Rocha, também implica uma "técnica da bondade". Assim, "mestiçagem *would have done this in relation to the birth of the Brazilian people, while cordiality would have in regards to the establishment of Brazilian sociability*".[258] Talvez a diferença maior entre o recifense e Ribeiro Couto esteja na importância que dá à presença da herança africana na composição do povo brasileiro, o que, de algum modo, se reflete nessa técnica cordial peculiar. Assim, ambos os conceitos, "mestiçagem" (desenvolvido em *Casa-grande & senzala*) e "cordialidade" (apresentado em *Sobrados e mucambos*), parecem amalgamar-se. A seguir, transcrevo parágrafo do capítulo "Ascensão do bacharel e do mulato" para acompanhar-se melhor a argumentação de Gilberto Freyre:

> A simpatia à brasileira – o homem simpático de que tanto se fala entre nós, o homem "feio, sim, mas simpático" e até "ruim ou safado, é verdade, mas muito simpático"; o "homem cordial" a que se referem os Srs. Ribeiro Couto e Sérgio Buarque de Holanda – essa simpatia e essa cordialidade, transbordam principalmente do mulato. Não tanto do retraído e pálido como do cor-de-rosa, do marrom, do alaranjado. Ninguém como eles é tão amável; nem tem um riso tão bom; uma maneira mais cordial de oferecer ao estranho a clássica xicrinha de café; a casa; os préstimos. Nem

---

256 Cf. Houaiss; Villar, *Dicionário Houaiss da língua portuguesa*, 2001.

257 A propósito, Castro Rocha afirma que, nas sucessivas edições de *Raízes do Brasil*, "de um lado, o autor acrescentou notas, com o objetivo de enriquecer os argumentos com dados. Tratava-se do historiador relendo o ensaio de estreia. De outro, Sérgio Buarque alterou ou simplesmente eliminou passagens nas quais celebrava o trabalho de Gilberto Freyre. Tratava-se do intelectual defendendo sua concepção. Numa leitura menos cautelosa, o teórico da cordialidade pagava tributo à própria criação, revelando um Sérgio Buarque cordial, à revelia do lúcido autor de *Raízes do Brasil*. E aqui vale lembrar que, apesar de terem sido introduzidos acréscimos e mudanças importantes em edições posteriores de *Sobrados e mucambos*, Freyre manteve integralmente as menções ao trabalho de Sérgio Buarque, tal como constavam em 1936." (Rocha, *O exílio do homem cordial*, 2004, p.67).

258 Rocha, João Cezar de Castro. The origins and errors of Brazilian cordiality. *Portuguese Literary & Cultural Studies*, Dartmouth, n.4/5, p.73-85, Spring/Fall 2001. p.79.

modo mais carinhoso de abraçar e de transformar esse rito como já dissemos orientalmente apolíneo de amizade entre homens em expansão caracteristicamente brasileira, dionisiacamente mulata, da cordialidade. O próprio conde de Gobineau que todo o tempo se sentiu contrafeito ou mal entre os súditos de Pedro II, vendo em todos uns decadentes por efeito da miscigenação, reconheceu, no brasileiro, o supremo homem cordial: *"très poli, très accueillant, très aimable"*. Evidentemente, o brasileiro que tem sua pinta de sangue africano ou alguma coisa de africano na formação de sua pessoa; não o branco ou o "europeu" puro, às vezes cheio de reservas; nem o caboclo, de ordinário desconfiado e que ri pouco.[259]

A simpatia do brasileiro, chamada de cordialidade por Freyre, teria possibilitado a ascensão do mulato numa sociedade extremamente desigual. Foi também por uma questão de sobrevivência que se misturou. Tratava-se, pois, de uma adaptação plástica às novas condições impostas pela sociedade livre. O riso, o uso de diminutivo, os índices de familiarização com as pessoas e tantas outras manifestações de aproximação são fórmulas usadas por esse homem cordial, que muitas vezes espera algo em contrapartida, ou uma retribuição por sua lealdade aparentemente desinteressada. Generalizando, o lado socialmente devastador das relações personalistas, se podemos acompanhar os argumentos de autores como Roberto Schwarz e Maria Sylvia de Carvalho Franco, estaria no encobrimento do arbítrio, do mandonismo, do mecanismo social eivado de desfaçatez, das hierarquias sociais, por assim dizer, deletérias, da docilidade que acoberta a violência, algo também apontado por Freyre: "Não há brasileiro de classe mais elevada, mesmo nascido e criado depois de oficialmente abolida a escravidão, que não se sinta aparentado do menino Brás Cubas na malvadeza e no gosto de judiar com negro".[260] Obviamente as sutilezas dos argumentos são muitas, mas valeria a pena citar palavras que recuperam pressuposto semelhante, qual seja, a presença de uma espécie de técnica tipicamente brasileira, expressa pelo favor, pela capacidade de articulação e de concertação. Para Schwarz: "Assim, com mil formas e nomes, o favor atravessou e afetou no conjunto a existência nacional, ressalvada sempre a relação produtiva de base, esta assegurada pela força."[261] Mais adiante: *"O favor é nossa mediação quase universal* – [...] é compreensível que os escritores tenham baseado nele a sua interpretação do Brasil, involuntariamente disfarçando a violência, que sempre reinou na esfera da produção".[262] Para Maria Sylvia, em seu estudo sobre a prática do coronelismo:

---

[259] Freyre, *Sobrados e mucambos*, 2003, p.791.
[260] Freyre, *Casa-grande & senzala*, 1999, p.370.
[261] Schwarz, Roberto. As ideias fora do lugar. In: _____. *Ao vencedor as batatas*. São Paulo: Duas Cidades, 1988. p.16.
[262] Schwarz, Roberto. As ideias fora do lugar. In: _____, *Ao vencedor as batatas*, 1988, p.16.

> Essa dominação implantada por meio da lealdade, do respeito e da veneração estiola no dependente até mesmo a consciência de suas condições mais imediatas de existência social, visto que suas relações com o senhor apresentam-se como um consenso e uma complementariedade, em que a proteção natural do mais forte tem como retribuição honrosa o serviço, e resulta na aceitação voluntária de uma autoridade que, consensualmente, é exercida para o bem. Em suma as relações entre senhor e dependente aparecem como inclinação de vontades do mesmo tipo, como harmonia, e não como imposição da vontade do mais forte sobre o mais fraco, como luta.[263]

Embora sejam muitos os caminhos e atalhos da cordialidade e seu "parente próximo", o favor, pode-se afirmar que o conceito acadêmico tem sido indiscriminadamente utilizado, tanto por leigos quanto por intelectuais, às vezes sem se apontar para o núcleo palpável de sua significação e sempre relacionando-o a *Raízes do Brasil*.[264] Mas essa ambiguidade e fluidez está inscrita em sua própria origem plástica e ensaística, o que demonstra que a expressão ainda pode ser produtiva, principalmente se articulada com a produção literária e intelectual dos anos 1920 e 1930, quando ainda não havia uma tradição acadêmica no país, o que só começaria a acontecer após a década de 1940. Porém, vale ainda dizer, a consolidação da academia não impede que personagens que retomam o *trickster* se reatualizem de modo a significar uma disposição tipicamente brasileira. Como exemplo, veja-se o malandro de Antonio Candido, abstraído em "Dialética da malandragem", sua célebre leitura do livro *Memórias de um sargento de milícias*, de Manoel Antônio de Almeida, publicada em 1970:

> Na sua estrutura mais íntima e na sua visão latente das coisas, esse livro exprime a vasta acomodação geral que dissolve os extremos, tira o significado da lei e da ordem, manifesta a penetração recíproca de grupos, das ideias, das atitudes mais díspares, criando uma espécie de terra de ninguém moral, onde a transgressão é apenas um matiz na gama que vem da norma e vai ao crime.[265]

---

263 Franco, Maria Sylvia de Carvalho. *Homens livres na ordem escravocrata*. São Paulo: Ed. Unesp, 1997. p.94.

264 Como afirmou Castro Rocha: "Apesar dessas diferenças, uma leitura muito particular tem predominado. O conceito de cordialidade é atribuído somente ao trabalho de Sérgio Buarque, como se, no mesmo ano de 1936, Gilberto Freyre não tivesse proposto uma concepção alternativa, aliás, muito mais próxima à definição de Ribeiro Couto. [...] Ora, a concepção de Freyre tem muito mais afinidade com certa imagem da cultura brasileira, cuja pretensa vocação seria mediar conflitos, em lugar de explicitá-los." (Rocha, J. C. de C. As raízes e os equívocos da cordialidade brasileira. In: _____ (Org.), *Nenhum Brasil existe*, 2003, p.215.

265 Candido, Antonio. Dialética da malandragem. In: _____. *O discurso e a cidade*. Rio de Janeiro: Ouro sobre Azul, 2004. p.44.

A malemolência malandra, também na visão de Antonio Candido, subverte, "amaina as quinas", mas encobre a violência inscrita no processo histórico pautado pela exclusão. Essas tensões que buscam traduzir uma dinâmica tipicamente brasileira ganharão diversos matizes e acordes no ensaísmo brasileiro ao longo dos anos. Até por isso considero fundamental revisitar a ideia mais elementar da cordialidade, para observar os sentidos díspares que subentende, aos quais outras camadas seriam acrescentadas. Quando procuro observar a cordialidade na correspondência, é sobretudo em busca do diálogo com textos produzidos no calor da hora, em um período que sentia os efeitos de uma urbanização acelerada a se chocar com a herança rural e escravocrata, lutando contra elementos do passado colonial.

A ambiguidade conceitual implicada na palavra, consequência histórica da grande produtividade que teve ao longo do século xx, confirma que não se pode chegar a palavras categóricas ou a conceitos absolutos. O termo, em seu sentido inaugural, quando a excessiva autoconsciência ainda não teria matado definitivamente a possibilidade de uma cordialidade espontânea, sobrevive. Desse modo, seu emprego também pode permitir compreender os gestos sutis da dinâmica da sociabilidade entre escritores, artistas e intelectuais, em uma época de parca diferenciação social. Veja-se, nesse sentido, uma autodefinição de José Olympio – recorde-se, maior editor de Gilberto Freyre e primeiro editor de *Raízes do Brasil* – para se notar sua produtividade. À pergunta de Elias Fajardo da Fonseca sobre "De onde vem esse carinho que comovia os escritores todos", J.O. prontamente responde, em 1984:

> Cada um nasce como é. Nasci para ser cordial, nunca fui bajulador. Nunca chamei presidente da República de Excelência; almocei ao lado direito do Café Filho, almocei com Nereu Ramos, com Ademar de Barros. Só não almocei com Getúlio.[266]

É curioso também que, apesar de no meio acadêmico o termo denotar algo carregado de desprestígio, na medida em que se liga a inúmeros fatores que deveriam ser "superados" para que o Brasil, de fato, se modernizasse, talvez seja em política externa que seus semas mais elementares sobrevivam como fator produtivo, sobretudo quando se remete aos recursos do *soft power*, de habilidade em concerto político e cooperação. Por certo, esses recursos brasileiros inovadores no cenário internacional deveriam se combinar a indicadores de qualidade de vida convincentes no plano interno, em especial no que diz respeito ao enfrentamento de temas como a pobreza, a baixa qualidade em educação e os índices alarmantes de violência, avançando propostas sociais

---

[266] Fonseca, Elias Fajardo da. Entrevista com José Olympio. In: Pereira, José Mário. (Org.). *José Olympio. O editor e sua casa*. Rio de Janeiro: Sextante, 2008. p.401.

convincentes, para além de uma dinâmica conservadora.²⁶⁷ De qualquer modo, é interessante notar que a produtividade do termo é patente e, ainda mais, desde o início de sua popularização, esteve ligado a uma maneira vital de se traduzirem laços – mais ou menos problemáticos – constituídos desde a vida prática, a espraiar-se por formas simbólicas.

* * *

A cordialidade espontânea e as relações benfazejas, mesmo que misturadas com momentos de estranhamento interpessoais, teriam garantido ao brasileiro, para falar com Freyre, relacionar-se com a alteridade – a população mestiça, o indígena, o negro, a feijoada, o samba, a boêmia, a cachaça, o futebol, o candomblé etc. –, produzindo configurações estéticas e culturais renovadas, marcadas pela presença singular do elemento popular. Conteria, portanto, uma semântica e uma sintaxe de aproximação, um procedimento relacional peculiar, que sempre se atualiza no chão histórico.

Nesse contexto, a oralidade foi marca decisiva nos escritos dessa geração, como podemos observar no conjunto da correspondência trocada entre Gilberto Freyre e Manuel Bandeira. Na carta com datação "Rio de Janeiro, 4 de junho [de 1927]", é possível notar a descontração e o à vontade com a temática mundana na correspondência entre os amigos:

> Se se foder, passa copo de corno adiante. Quando sai a figura correspondente ao cavalinho de outro parceiro, empurra-se o cavalinho do outro parceiro e passa-se o copo adiante. [...]
> O joguinho é muito excitante e quando menos se espera está tudo no porre.
> Teu poema, Gilberto, será a minha eterna dor de corno. Não posso me conformar com aquela galinhagem tão gozada, tão sem vergonhamente lírica, trescalando a baunilha de mulata asseada. Sacana!".²⁶⁸

Uma hipótese que consideramos plausível é a de que o que essa geração entende por características da sociabilidade brasileira – cujos contornos, como vemos, dão-se inicialmente no influxo das contingências, do circunstancial – contribuiu também para definir certa escrita modernista. Mas não só: a conjunção de pessoas em grupos, os contatos e as trocas que viabilizaram o Modernismo como movimento foram sobremaneira facilitados pela correspondência. Gostaria, portanto, de ressaltar a importância da troca entre pessoas no

---

267 Sobre conceitos fundamentais de política externa, cf.: Cervo, Amado Luiz. *Inserção internacional*. São Paulo: Saraiva, 2008; Vidigal, Carlos. Brasil: potência cordial? A diplomacia brasileira no início do século xxi. *reciis*, Rio de Janeiro, v.4, n.1, p.36-45, mar. 2010.

268 Cf. capítulo 2, documento 2, com datação "Rio de Janeiro, 4 de junho [de 1927]".

meio intelectual e cultural e também o sentido das escritas que elas enformam. Quando Bandeira se refere a Freyre confessando sua completa admiração pelo poema – ao que tudo indica, "Bahia de Todos os Santos e de quase todos os pecados", escrito em época na qual o sociólogo parecia indeciso entre a literatura e a ciência –, afirma a embriaguez da experiência por meio de palavras informais, que remetem ao universo da boêmia e de aventuras sexuais. Tabus também estão sendo discretamente superados. O à vontade da carta é, portanto, contíguo à atmosfera do poema de Gilberto Freyre, que procura construir uma espécie de correlativo objetivo eliotiano da cidade baiana,[269] abordando-a a partir de um erotismo como que descarado, sem rodeios:

> Bahia de Todos os Santos (e de quase todos os pecados)
> casas trepadas umas por cima das outras
> casas, sobrados, igrejas, como gente se espremendo pra
>   [sair num retrato de revista ou jornal
> (vaidade das vaidades! diz o Eclesiastes)
> igrejas gordas (as de Pernambuco são mais magras)
> toda a Bahia é uma maternal cidade gorda
> como se dos ventres empinados dos seus montes
> dos quais saíram tantas cidades do Brasil
> inda outras estivessem pra sair.
> ar mole oleoso
> cheiro de comida
> cheiro de incenso
> cheiro de mulata[270]

      Desse modo, com relação às trocas que viabilizam a questão do trabalho artístico e intelectual, à aparência livre e despretensiosa, à oralidade da correspondência de Gilberto Freyre & Manuel Bandeira – perspectiva que ainda reforça a produtividade de compreender os termos no circuito e no tempo de sua gestação –, pode-se afirmar que estamos diante de uma epistolografia cordial. A liberdade com que os assuntos se desenrolam nas mãos dos remetentes também permite, além da questão propriamente formal, fazer considerações várias sobre a vida dos atores envolvidos nas "narrativas" epistolares. Também a própria vida social, inclusive com suas mazelas, preconceitos, autoritarismo e violência, se abre para a análise.

      Restaria, por fim, constatada a produtividade estética da cordialidade, a partir de sua componente relacional, cooperativa e informal como modo de penetrar os fenômenos – portanto, nada substancialista ou metafísica –, indagar sobre as consequências políticas da realidade que a cordialidade ajuda a produ-

---

[269] Sobre conceito "correlativo objetivo da emoção", cf.: ELIOT, T. S. Hamlet and his problems. In: _____. *The sacred wood*: essays on poetry and criticism. London: Methune, 1921. p.95-103.

[270] FREYRE, Gilberto. *Bahia de Todos os Santos e de quase todos os pecados*. (cf. seção 3.6 desta ed.).

zir. Nesse sentido, remeto às palavras de Lilia Schwarcz em parágrafo que encerra o artigo "Complexo de Zé Carioca: sobre uma certa ordem da mestiçagem e da malandragem": "O objetivo não é elogiar, qualificar ou tornar rígida e oficial uma determinada representação, mas antes distinguir certas continuidades que fazem da nossa interpretação uma leitura singular e cultural."[271]

Gostaríamos de especular também como permanências tais como a cordialidade poderiam implicar uma compreensão, ainda hoje, problemática acerca da inter-relação entre espaços públicos e privados. Além disso, partindo de uma leitura não monumentalizadora da escrita dessa geração – tendo por base textos inéditos e dispersos –, valeria a pena promover uma análise do encaminhamento político centralizador e agregador do Estado que começa a se desenhar, sobretudo após a Revolução de 1930. Com um ritmo acelerado de reconfiguração política em moldes republicanos, parecia definir-se, no Brasil do século XX, o traçado de uma democracia de contornos próprios – a conciliar, de modo problemático, desigualdade, modernização seletiva,[272] trânsitos extraordinários e relativa estabilidade de uma elite próspera e diminuta, em contraste com uma imensa massa de excluídos –, o que se reflete, de muitas maneiras, na dinâmica das redes de sociabilidade do período. São desafios prementes do Brasil na primeira metade do século XX que, de muitas maneiras, infelizmente, ainda resistem nas primeiras décadas do século XXI.

4.6 GUARDADORES DE PAPÉIS E ICONOGRAFIAS DA INTIMIDADE

Ou sua razão seria apenas voar
baixinho sem mensagem como a gente
vai todos os dias à cidade
e somente algum minuto em cada vida
se sente repleto de eternidade, ansioso
por transmitir a outros sua fortuna?
CARLOS DRUMMOND DE ANDRADE[273]

Pois pode me suceder que eu goste e me
comova com a "coisa sem importância mesmo".
MANUEL BANDEIRA[274]

---

271 SCHWARCZ, Lilia. Complexo de Zé Carioca: sobre uma certa ordem da mestiçagem e da malandragem. XVIII ENCONTRO Anual da ANPOCS, Caxambu-MG, 23-27 nov. 1994. *Anais...*, p.31-32.

272 Cf. SOUZA, *A modernização seletiva*, 2000.

273 ANDRADE, Carlos Drummond de. Pombo-correio. In:_____, *Obra completa*, 1967, p.344.

274 Manuel Bandeira em carta a Ribeiro Couto datada de 29 de agosto de 1926. Apud ALENCAR, José Almino. Manuel Bandeira & Ribeiro Couto. Correspondência dos anos 20. In: SÜSSEKIND, *A historiografia literária e as técnicas de escrita. Do manuscrito ao hipertexto*, 2004, p.227.

> *É preciso "calçar os sapatos do morto",
> na definição preciosa de Evaldo Cabral,
> conectar o público e o privado, para
> penetrar num tempo que não é o nosso,
> abrir as portas e tentar compreender
> a trajetória dos protagonistas dessa biografia [...].*
> LILIA MORITZ SCHWARCZ E HELOISA MURGEL STARLING[275]

No conjunto da correspondência trocada por Manuel Bandeira e Gilberto Freyre, cujos documentos preservados vão de 12 de dezembro de 1925 a 13 de julho de 1966, é possível encontrar outros suportes de comunicação que correm paralelamente às cartas, tais como bilhetes, telegramas, cartões-postais, cartões de Natal, cartões de visita, fotografias e dedicatórias. Há também cartas desenhadas ou escritas em papel ilustrado. São objetos de troca simbólica que dizem muito sobre a época e que inclusive chamam a atenção pelo fato de que parecem estar em franco declínio nos dias de hoje, um pouco talvez pela mudança do tipo de sociabilidade entre indivíduos ou, ainda, pelo próprio avanço da informatização, que faz substituir papéis e outros suportes "concretos", ou ao alcance da mão, por *bits* e *pixels* virtuais. Vou abordar rapidamente algumas questões relativas às coleções pessoais, ao trabalho de guarda e arquivamento desenvolvido por figuras públicas desde o universo privado e a esse material aparentemente periférico que, ao lado das cartas, pode fazer parte do conjunto da correspondência.

A maior parte do material sobre o qual aqui tratarei está sob a guarda da Fundação Gilberto Freyre. Poderíamos colocar muitos desses documentos – em princípio, assistematicamente reunidos – sob a rubrica do colecionismo privado. Porém, se, por um lado, evidentemente eles sobreviveram graças à dedicação de "guardadores-proprietários", por outro lado, a coleção não tomou proporções incalculáveis, como o que acontece muitas vezes com objetos sob a guarda de verdadeiros colecionadores, amadores ou não. Aqui, proponho, então, o nome de "guardadores",[276] uma expressão mais simples, para designar a atividade assistemática e informal dessas pessoas que mantêm, muitas vezes em seus arquivos particulares, por anos e anos, objetos primordialmente de recordação, os quais, ao final, podem se revelar motivadores significativos de leitura e interpretação – algo que buscarei ciente da natureza retórica de nosso discurso, ou ainda, do fato de que "o que faz de um objeto documento não é, pois, uma carga latente, definida, de informação que ele encerre, pronta para ser extraída, como o sumo de um limão".[277]

---

275 SCHWARCZ, Lilia Moritz.; STARLING, Heloísa Murgel. *Brasil*: uma biografia. São Paulo: Companhia das Letras, 2015. versão kindle.

276 A sugestão vem do título de um livro de leitura muito agradável, escrito a partir de uma longa entrevista com Cristina Antunes, cujo formato final tomou a proporção de verdadeiras memórias de uma autêntica "guardadora", que fez desse o seu ofício na Biblioteca de Guita e José Mindlin. Trata-se de: ANTUNES, Cristina. *Memórias de uma guardadora de livros*: entrevista a Cleber Teixeira e Dorothée de Bruchard. Ed. Dorothée de Bruchard. Florianópolis: Escritório do Livro; São Paulo: Imprensa Oficial, 2004.

277 MENESES, Ulpiano T. Bezerra de. Do teatro da memória ao laboratório da História: a exposição museológica e o conhecimento histórico. *Anais do Museu Paulista*, São Paulo, v.2, p. 9-42, jan./dez.1994. p.95.

Se confrontada com a própria história da criação dos museus e dos acervos públicos, é como se essa atividade, a dos simples guardadores, fosse uma espécie de unidade primária da disposição arquivística, sobretudo quando há uma intenção, ainda que remota, de partilha, ou de circulação mínima, em círculos familiares mais restritos. E não se deve esquecer que, se não se pode supor que, indiscriminadamente, todo arquivo de pessoa tem uma dimensão autobiográfica, como o afirma Ana Maria de Almeida Camargo, tampouco se pode imaginar que sua prática seja neutra, como bem sinaliza Phillipe Artières, para quem forjar uma imagem de si é também uma prática de resistência, tecida como um contraponto a certa imagem social, sobretudo aquela supostamente urdida de modo impessoal.[278]

A passagem da coleção particular para os arquivos públicos e museus começou a dar-se mormente do século XVIII para o século XIX, na Europa, justo após a Revolução Francesa, quando se empreendeu uma política de abertura para a visitação pública de acervos, antes sobretudo particulares ou restritos. Uma expressão jurídica dessa mudança de perspectiva encontra-se no artigo 19 da Declaração Universal dos Direitos do Homem, dedicado ao direito à informação, que remonta, por sua vez, àqueles anos revolucionários.[279] Há, sem dúvida, certa contiguidade com o que se vê pela busca da partilha pública na época contemporânea, com a abertura sistemática de acervos pessoais, como aconteceu com a própria Casa de Gilberto Freyre, transformada em Fundação no dia 11 de março de 1987, poucos meses antes da morte do sociólogo, ocorrida em 18 de julho de 1987.

Desde o âmbito da coleção particular, há diferentes modos de se enxergarem itens de um arquivo pessoal. Nessa trilha, gostaria de diferenciar a atitude de "guardar" da de "arquivar", em *lato sensu*, uma vez que quem guarda pode ter sobretudo uma relação afetiva com os objetos sob sua responsabilidade, e não necessariamente submeteria esse material – pelo menos não inicialmente – a um tratamento segundo princípios que os aproximem da arquivologia enquanto disciplina.[280] O arquivista é um profissional que surgiu pelas

---

278 Cf. Artières, Philippe. Arquivar a própria vida. *Estudos Históricos*, Rio de Janeiro, v.11, n.21, p.9-24, 1998; Camargo, Ana Maria de Almeida. Arquivos pessoais são arquivos. *Revista do Arquivo Público Mineiro*, Belo Horizonte, n.2, jul.-dez. 2009. Vale dizer ainda que, neste artigo, a autora defende o conceito de "arquivos de pessoas", que seria mais preciso do que "arquivos pessoais".

279 Segundo Celso Lafer: "A Declaração Francesa de 1789 já antecipara este direito, ao afirmar não apenas a liberdade de opinião – artigo 10 –, mas também a livre comunicação das ideias e opiniões, que é considerada, no artigo 11, um dos mais preciosos direitos do homem. Na Declaração Universal dos Direitos do Homem, o direito à informação está contemplado no artigo 19 nos seguintes termos: 'Todo o indivíduo tem direito à liberdade de opinião e de expressão, o que implica o direito de não ser inquietado pelas suas opiniões e o de procurar, receber e difundir, sem consideração de fronteiras, informações e ideias por qualquer meio de expressão'." (Lafer, Celso. *A reconstrução dos direitos humanos*. Rio de Janeiro: Companhia das Letras, 1991. p.241 Apud Fonseca, Maria Odila. Informação e direitos humanos: acesso às informações arquivísticas. *Ciência da Informação*, v.28, n.2, Brasília, maio-ago. 1999).

280 Talvez uma "brecha técnica" no que diz respeito ao tratamento arquivístico de documentos no Brasil, a começar pela administração pública, possa implicar, comparativamente, uma relevância adicional para a postura desses "guardadores" afetivos ocasionais. Como afirma José Maria Jardim sobre a atuação das instituições arquivísticas brasileiras, em nível federal, estadual ou municipal: "trata-se de instituições voltadas quase que exclusivamente para guarda de documentos considerados, na maior parte das vezes sem critérios, como de valor histórico e a partir, portanto,

necessidades de selecionar, ordenar e arquivar informações e objetos para uso de pesquisa e de trabalho, que poderiam depois ser utilizados, por exemplo, com fins informativos e culturais. Esse tipo de atividade é essencial pelo aspecto ordenador que implica no contexto de profusão de objetos e de informações na sociedade moderna. As motivações do colecionador amador, por outro lado, são mais nebulosas: podem colecionar tampas de garrafa, rótulos de remédios, bonecas, carros e casas em miniatura, moedas, selos, assim como cartões-postais, cartões de visita, cartas – geralmente de pessoas "ilustres" – e outros papéis que podem fazer parte de um conjunto de correspondência. Nesse caso há, talvez, uma real fetichização – ou feitiço – do objeto; ou uma expressão materializada das políticas do *status quo* ou do consumo estimuladas pela publicidade – isso é o que acontece com o apelo a que se colecionem miniaturas de garrafas e de automóveis de luxo; ou, numa linha diversa e talvez mais discutível, quando supostamente ocorre por um comportamento geneticamente motivado.[281] Segundo Mariza Veloso,[282] quando se fecha a possibilidade de acesso e de fruição de um público a objetos tratados como "sagrados", o colecionismo privado, mesmo de obras de arte consideradas canônicas, pode se revelar outro fetiche. Por sua vez, os guardadores, no meu entendimento, mantêm aquilo que, de alguma maneira, faz sentido para sua trajetória pessoal, possuem uma relação mais afetiva que intencional e finalística.[283]

    O tratamento dado por escritores e intelectuais a seus arquivos pessoais, no pleno calor de sua produção e acumulação, é bastante diverso um do outro. Normalmente, a formação dos arquivos pessoais liga-se às atividades sobretudo profissionais que seus titulares desenvolvam na cena pública. Mário de Andrade, por exemplo, com senso disciplinar e disposição para pesquisa científica, tinha interesse arquivístico e parecia intuir a importância de organizar seu legado para a urdidura *post-mortem* de sua imagem pública. Portanto,

---

da dicotomia valor histórico valor administrativo de documentos; são praticamente inexistentes suas relações com o conjunto da administração pública com vistas ao exercício de funções não apenas de apoio a pesquisas científicas retrospectivas, mas também de funções de apoio administrativo ao governo, durante o processo político-decisório; por diversas razões (problemas de pessoal, legislação e espaço físico), sua atuação, no tocante à recepção dos documentos produzidos e acumulados pela administração na qual se inserem, caracteriza-se pela passividade; ou seja, o modelo de instituição arquivística pública em vigor no Brasil está mais próximo do século XIX do que do XXI." (JARDIM, José Maria. O conceito e a prática de gestão de documentos. Disponível em: <http://arquivoememoria.files.wordpress.com/2009/05/o-conceito-e-pratica-gestao-documentos.pdf>. Acesso em: ago. 2015).

281 Para o historiador Francisco Marshall, "a dimensão profunda de nossa identidade cultural inclui densas camadas de memória cultural, fatores dominantes ou recessivos de nosso código genético, prontos a eclodir de seu estado de latência, em expressões e cruzamentos que nem sempre chegamos a perceber ou controlar. Seria uma redução absurda dos horizontes identitários circunscrevermos a condição moderna à duração do Estado moderno, desprezando o imenso lastro de experiências e memórias acumulado por nossa espécie." (MARSHALL, Francisco. Epistemologias históricas do colecionismo. *Episteme*, Porto Alegre, n.20, p.13-23, jan./jun. 2005. p.22).

282 VELOSO, Mariza. O fetiche do patrimônio. *Habitus*, Goiânia, v.4, n.1, p.437-454, jan.-jun. 2006.

283 Vale destacar uma dificuldade observada no tratamento arquivístico ou disciplinar de coleções particulares: "O atributo da 'intencionalidade', dentro dos cânones disciplinares, é bom lembrar, remete antes à constituição de coleções (artificiais, inorgânicas) do que ao processo de produção/acumulação característico dos arquivos, o que explicaria, em certo sentido, também, a dificuldade em incorporar essa dimensão à reflexão arquivística." (HEYMANN, Luciana Q. O indivíduo fora do lugar. *Revista do Arquivo Público Mineiro*, v.45, Belo Horizonte, p.40-57, jul./dez. 2009. p.51).

parece ter agregado uma relação afetiva, de guardador, a um interesse em tratar, sistematizar e preservar os objetos sob sua guarda. Foi por isso que Mário nunca dispensou a ajuda do seu secretário José Bento Faria Ferraz, o Zé Bento, que se tornaria, depois da convivência com o escritor, entre 1933 e 1945, bibliotecário da Faculdade de Medicina da USP, *campus* de Ribeirão Preto. Na temporada de Mário no Rio de Janeiro, por exemplo, a serviço da Universidade do Distrito Federal e do Instituto Nacional do Livro, Zé Bento de tal modo o auxiliava na biblioteca que, por vezes, tomava seu próprio lugar:

> Adquire livros na "conta-corrente" na Civilização Brasileira, contra o estoque das obras do escritor guardadas em casa ou em consignação nas livrarias da cidade. Recebe as cartas, abre-as. As mais importantes são remetidas ao Rio; as de cunho mais premente e impessoal, ele mesmo responde, comunicando o novo endereço do professor. Goza da confiança do ausente: "Assine você mesmo o meu nome, copiando ou não a minha assinatura. Aprenda a me falsificar, pra me poupar certas caceteações". [...] O moço bibliotecário conhecia como ninguém os meandros do arquivo do escritor. As fichas do *Dicionário musical*, os envelopes da documentação de *Na pancada do ganzá*, revistas, as pastas de correspondência, tudo era ordenado cuidadosamente por suas mãos.[284]

Mário de Andrade, com a ajuda antes de parentes e depois de seu secretário, catalogava cuidadosamente seus livros, artigos, cartas etc. Em contrapartida, a documentação que caiu nas mãos de Manuel Bandeira não teve semelhante sorte. Como se pode notar pelo conjunto preservado da correspondência enviada por Gilberto Freyre a Manuel Bandeira, em confronto àquela enviada pelo poeta ao Recife, poucos manuscritos de Freyre foram preservados – nos respectivos arquivos, Fundação Gilberto Freyre e Fundação Casa de Rui Barbosa, constam 54 documentos autógrafos de Manuel Bandeira e apenas 12 documentos autógrafos de Gilberto Freyre.[285] O desprendimento de Bandeira pela posse ou pela preservação de objetos foi tal que, hoje, é difícil sequer lançar hipóteses sobre onde se encontram os documentos que faltam. Marcos Antonio de Moraes fala das conjecturas acerca dos possíveis destinos das cartas de Mário enviadas a Bandeira na introdução à *Correspondência Mário de Andrade & Manuel Bandeira*:

---

[284] MORAES, Marcos Antonio de. *Orgulho de jamais aconselhar*: a epistolografia de Mário de Andrade. São Paulo: Edusp/Fapesp, 2007. p.197-198.

[285] Recorde-se que dois documentos, cujos originais não foram localizados, foram transcritos a partir da seguinte edição: FREYRE, *Cartas do próprio punho sobre pessoas e coisas do Brasil e do estrangeiro*, 1978. Assim, esta edição da *Correspondência entre Gilberto Freyre e Manuel Bandeira* conta com 14 peças assinadas por Freyre.

O destino dos manuscritos das cartas de Mário de Andrade a Manuel Bandeira, entretanto, permanece no terreno da especulação. As suposições abrangem inicialmente a pródiga bondade de Bandeira que presenteava amigos com cartas de Mário. [...] Outra hipótese volta-se fantasiosamente para os ciúmes de alguma companheira do poeta, que teria queimado toda a correspondência dele. Muito mais provável é que a grande parte dessa documentação esteja ainda segregada em algum arquivo pessoal ou de colecionador. Em vista desse impedimento muito se deverá fazer para que se cumpra a recuperação dos textos em edição, decalcada em bases científicas.[286]

Bandeira, assim, não era dos melhores guardadores, talvez por definir-se pelo signo da fragilidade, o que poderia ter reforçado certa cautela quanto ao que poderia significar apego excessivo às coisas mundanas. Como um autêntico franciscano, emprestou muitos livros que jamais voltaram. Mas, mesmo aprendendo com a experiência, continuou deixando que belos exemplares ficassem nas mãos de amigos de sua confiança:

> Ao contrário: todos os seus belos livros que possui são mostrados a seus amigos, e aqueles que lhe merecem mais confiança podem levá-los para suas casas, sem causar com isso pânico em Bandeira. Mais do que bibliófilo, no sentido comum, é amigo do livro, fazendo com que através desse livro se estabeleçam contatos poéticos e humanos de difícil realização em outras condições.[287]

Sabe-se, por exemplo, que algumas cartas suas foram publicadas em coluna assinada por seu amigo João Condé no *Jornal de Letras*. Porém, o jornalista obteve, ao que parece, outras peças ainda hoje inéditas: "São cartas amarelecidas com o tempo. Aquelas que dizem respeito às letras são-me presenteadas. Mas para consegui-las era preciso que eu fizesse promessa de não publicá-las nem mostrá-las a pessoas indiscretas. Não me custa prometer [...]".[288]

Por outro lado, como informa Júlio Castañon Guimarães[289] a propósito da correspondência de Murilo Mendes enviada a Carlos Drummond de Andrade, este tinha um grande interesse arquivístico, o que permite inferir que

---

[286] MORAES, Marcos Antonio de. Afinidades eletivas. In: ANDRADE, Mário de; BANDEIRA, Manuel. *Correspondência Mário de Andrade & Manuel Bandeira*. Org., pref. e notas Marcos Antonio de Moraes. São Paulo: Edusp, 2000. p.29-30.

[287] BACIU, Stefan. *Manuel Bandeira de corpo inteiro*. Rio de Janeiro: José Olympio, 1966. p.44.

[288] CONDÉ, João. Evocação de Manuel Bandeira. In: SILVA, Maximiano de Carvalho e (Org.). *Homenagem a Manuel Bandeira*: 1986-1988. Niterói: Sociedade Sousa da Silveira; Rio de Janeiro: Monteiro Aranha/Presença, 1989. p.305.

[289] GUIMARÃES, Júlio Castañon. *Contrapontos*: notas sobre correspondência no modernismo. Rio de Janeiro: Fundação Casa de Rui Barbosa, 2004. p.39.

seus documentos tenham sido muito bem preservados. O costume de guardar cuidadosamente pode ter sido estimulado por sua atuação no SPHAN, trabalho iniciado a convite de Rodrigo Melo Franco de Andrade em 1945, onde, posteriormente, desempenhou função de chefe da seção de História, na Divisão de Estudos e Tombamento.

No espectro entre a disposição de guardador e a de arquivista, Gilberto Freyre parece ter sido muito mais um guardador, imagem reforçada fotografias que o retratam descontraidamente no "caos ordenado" de sua biblioteca – o que, de certo modo, promove algum ruído, sem obviamente desmenti-la de todo, na ideia de que o autor buscou, em algum momento, monumentalizar seu legado,[290] arquitetando sentidos que gostaria que transmitir à posteridade e promovendo, desse modo, uma parcela considerável de "ilusão biográfica".[291] Inspirou, em particular, certa disposição de "arquivista anarquista", interpondo caoticamente objetos que poderiam, no futuro, formar um valioso *locus* de pesquisa, em que formas e sentidos não necessariamente se estabilizam, instigando sempre uma postura ativa de busca e articulação de sentidos derivados, sucessivamente deslocados, por parte do público leitor. Nesse sentido, a urgência da tarefa de ler criticamente a história a contrapelo considerando-se o caráter híbrido dos materiais com os quais eventualmente se lida, sobretudo quando o foco são arquivos de pessoas, foi, por exemplo, apontada pelo crítico literário Reinaldo Marques:

> Se o arquivista se pauta pelo respeito à proveniência do arquivo, à ordem original, o pesquisador, como arquivista anarquista, busca subverter a ordem original, lendo os documentos de outra forma, dentro de outras (des)ordens possíveis. Só assim ele logrará deslocar nossa história cultural, formulando outras maneiras de a ler e interpretar.[292]

A correspondência de Freyre foi catalogada após sua morte, mas, antes, ficaram apenas alguns rastros de interesse arquivístico, bastante amadores, como marcações em caneta esferográfica azul indicando o remetente. Algumas cartas também começaram a ser datilografadas muito provavelmente por uma secretária, que mantinha lacunas para serem preenchidas depois por Gilberto

---

290 Sobre a monumentalização da memória por membros da elite, cf: ABREU, Regina. *A fabricação do imortal*: memória, história e estratégias de consagração no Brasil. Rio de Janeiro: Rocco; Lapa, 1996; HEYMANN, Luciana Q. Memórias da elite: arquivos, instituições e projetos memoriais. *Revista Pós Ciências Sociais*, São Luiz/MA, v.8, n.15, p.1-8, 2011. Disponível em: <www.ppgcsoc.ufma.br>. Acesso em: fev. 2013.

291 O conceito "ilusão biográfica" foi empregado na trilha de Pierre Bourdieu. Cf.: BOURDIEU, Pierre. A ilusão biográfica. In: FERREIRA, Marieta de Moraes.; AMADO, Janaína. (Orgs.). *Usos & abusos da história oral*. Rio de Janeiro: Ed. Fundação Getúlio Vargas, 1998. p.183-191.

292 MARQUES, Reinaldo. Memória literária arquivada. *Aletria*, v.18, Belo Horizonte, p.105-119, jul.-dez. 2008. p.117. Cf. também: MARQUES, Reinaldo. O arquivo literário como figura epistemológica. *Matraga*, Rio de Janeiro, v.14, p.13--23, jul./dez. 2007.

Freyre. O documento 47 da pasta Manuel Bandeira no arquivo da Fundação, catalogado de forma equivocada como correspondência de Manuel Bandeira, é justamente uma cópia do final do documento 18 da mesma pasta (com datação 23 de março de 1939), de Bandeira para Freyre. E, afirma-se, até hoje é possível se encontrarem peças de correspondência entre caixas e livros não catalogados – como ocorreu com as três novas cartas inseridas nesta edição,[293] sete anos após a primeira versão do trabalho ter sido apresentada como tese de doutorado.

Objetos trocados dentro de uma dinâmica afetiva muito claramente configurada, algumas peças da *Correspondência entre Gilberto Freyre & Manuel Bandeira* chamam a atenção não só pela mensagem que contêm, mas também por outros índices agregados que lhes conferem valor adicional, seja pela ilustração como testemunha de lugares que se visitou, seja pelos riscos e rabiscos que dão valor imaginativo àquilo que se descreve ou se aborda em carta. Nesse contexto, há dois documentos interessantes em que a escrita é acompanhada de ilustrações. No primeiro, com datação "Rio de Janeiro, 30 de outubro de 1936", enviado por Bandeira a Freyre, há um desenho de Joanita Blank, que tinha relações quase familiares com Bandeira e de amizade com Freyre.[294] A imagem de Copacabana é feita (ou reproduzida por métodos utilizados na época) em um tipo de papel de carta especial. São os clientes das Empresas Elétricas que adquirem seus papéis de carta estampados utilizados como *Season's Greetings*, cartões de final de ano, enviados para os Estados Unidos pelos empregados estabelecidos no Brasil. O interessante é notar que a imagem pitoresca de Copacabana é certamente de grande apelo aos norte-americanos, pelo desenho delicado da linha marítima envolvida pelas suaves montanhas da cidade. A paisagem humana também está presente: altos prédios sugerem um desenvolvimento econômico incomum para a época e, em harmonia, pessoas passeiam pela areia da orla. Não é à toa, portanto, que eles rendem "umas centenas de mil réis" para a desenhista, pois não haveria melhor maneira de ilustrar uma mensagem natalina eufórica, de prosperidade, felicidade e paz, enraizando-a na experiência cotidiana, do que abordando uma imagem de apelo turístico.

Sabe-se que uma tristeza profissional de Bandeira foi não ter conseguido ser arquiteto. No *Itinerário de Pasárgada*, ele afirma:

> Pouco tempo depois partia eu para São Paulo, onde ia matricular-me no curso de engenheiro-arquiteto da Escola Politécnica. Pensava que a idade dos versos estava definitivamente encerrada. Ia começar para mim outra vida. Começou de fato, mas durou pouco. No fim do ano letivo adoeci e tive de abandonar os estudos, sem

---

[293] Trata-se dos documentos 29 (com datação "Morais e Valle 57 / Rio, 3 de maio de 38"), 48 (com datação "Rio, 18.6.54") e 57 (com datação "Rio, 15 Março 1962"), gentilmente enviados por Jamille Cabral Pereira Barbosa. Cf. capítulo 2.

[294] Cf. capítulo 2, documento 26; Figuras 8 e 9.

saber que seria para sempre. Sem saber que os versos, que eu fizera em menino por divertimento, principiaria então a fazê-los por necessidade, por fatalidade.[295]

Entretanto, Bandeira não perde a beleza do traço, que treinava quando jovem por ser também um requisito para cursar a Escola Politécnica. Na verdade, sua habilidade se mostrava já quando menino, segundo ele, um:

> gosto que me foi muito jeitosamente incutido por meu pai, sempre a me interessar no desenho, dando-me a ler os livros de Viollet--le-Duc (*l'art du dessin, Comment on construit une maison*), mostrando-me reproduções das grandes obras-primas arquitetônicas do passado, criticando com zombaria os aleijões dos mestres de obras do Rio.[296]

A carta de 26 de outubro de 1953 mostra essa habilidade como que recalcada do Bandeira desenhista.[297] Nela, a faceta do cronista – que de certo modo está presente no pintor de paisagens e retratos – se insinua ao descrever em detalhe a paisagem vista de sua janela, metaforicamente comparada a uma feijoada completa:

> Aqui tem você, muito canhestramente esquissada, a vista que eu tenho do meu novo apartamento no mesmo edifício São Miguel. Estou agora no 8º andar, apartamento 806. A área é a mesma, o aluguel (perdi a proteção da lei do inquilinato) passou de 650 a 3.000! Mas vale a pena. O sol entra de manhã pelo quarto adentro e vai [puxar] as roupas no armário ao fundo. A paisagem é como uma feijoada completa: tem de [um] tudo – aeroporto com aviões entrando e saindo a cada momento, um portozinho de caíques e moles de regatas, lanchinhas e *motor-boats* e até uma casinha lacustre com cão de guarda: é a água que você vê no primeiro plano.

O traço do desenho, no topo da primeira página do papel, é rápido e muito sugestivo, como suas palavras de cronista epistolar. Bandeira não deixa escapar nada que possa dar um toque diferencial ao seu desenho: mar, montanhas, barcos, aviões, casinha etc. A parte terrestre é – o que surpreende numa paisagem – pontiaguda. A vista é enfocada numa perspectiva do observador de cima para baixo, sugerindo que o poeta desenha, de fato, apoiado na janela de seu apartamento, situado na altura do oitavo andar, em frente a uma

---

295 BANDEIRA, *Poesia completa e prosa*, 1974, p.39.

296 BANDEIRA, *Poesia completa e prosa*, 1974, p. 38.

297 Cf. capítulo 2, documento 46; Figura 10.

belíssima e rara paisagem. E Bandeira sabe ressaltar o pitoresco que há nela. A tradição do cartógrafo que toma dados da paisagem e a modernidade do provinciano atento para imagens do futuro, como aviões, casam-se de forma equilibrada; o sublime enraizado na paisagem natural dá guarida aos índices dispersos da modernidade.

Ainda valeria tecer algumas considerações sobre o cartão-postal, suporte popular caracteristicamente presente nos arquivos pessoais de escritores e intelectuais. Gilberto Freyre escreveu um ensaio tido como o primeiro dedicado ao tema, intitulado "Informação, comunicação e cartão-postal".[298] Como ele mesmo afirma, "não me consta que já se tenha realizado ou publicado estudo sobre assunto aparentemente tão frívolo ou insignificante". Na primeira metade do século XX, parece que realmente os cartões-postais eram assim encarados, pois até um arquivista zeloso como Mário de Andrade, que ordenou de forma criteriosa e paciente cartas, livros, revistas, obras de arte etc., deixou seus 246 cartões-postais em completa desordem, usados como marcadores de livros, para recados ou abandonados em caixas de papelão.[299] É certo que se poderia pensar que sua atitude seria proposital, uma forma de ter contato ao acaso com tais peças, porém parecia que, no geral, não havia um interesse maior por esse suporte.

Freyre, na contramão desse sentimento de irrelevância depositada no cartão-postal, fala do assunto sob diversos ângulos, afirmando que tal suporte proporciona maior proximidade interpessoal do que o telegrama ou telefonema, talvez por ser turístico, pelas paisagens, pelas figuras humanas, monumentos estampados etc. Especula que, por ser pictórico, despertaria maior interesse por parte de colecionadores. Sobre a peculiaridade da informação que traz, pode parecer simples, frívolo e até literário. No confronto com a carta, Freyre afirma ser o cartão-postal mais resistente ao tempo e poder ter um destino mais feliz: "Os substitutos das cartas assim queimadas ou jogadas no lixo são os postais, salvos do destino das cartas [que brasileiro nunca guarda] pelas suas ilustrações".[300] Os cartões-postais substituiriam, assim, as cartas, numa sociedade em que os papéis velhos não permanecem, segundo o escritor, por serem queimados e destruídos impiedosamente. E ambos os suportes seriam bastante reveladores das condições de uma sociedade e de uma época:

> Correspondência pessoal, íntima, particular, que é de ordinário aquela em que o homem menos esconde dos olhos do próximo seus verdadeiros sentimentos e suas verdadeiras atitudes para com instituições, pessoas e condições de vida para ele novas; para com a natureza, a arquitetura, a população, a alimentação

---

[298] Freyre, Gilberto. Informação, comunicação e cartão-postal. In: _____. *Alhos & bugalhos*: ensaios sobre temas contraditórios, de Joyce a cachaça: de José Lins do Rego ao cartão-postal. Rio de Janeiro: Nova Fronteira, 1978.

[299] Cf. Moraes, Marcos Antonio de (Org.). *Tudo está tão bom, tão gostoso*: postais a Mário de Andrade. São Paulo: Hucitec/Edusp, 1993.

[300] Freyre, Gilberto. Informação, comunicação e cartão-postal. In: _____, *Alhos & bugalhos*, 1978, p.148.

de um país novo e às vezes, para sua imaginação, messiânico: terrível prova para qualquer país num mundo como o nosso, em que as imperfeições quase sempre superam de modo brutal as perfeições.[301]

Freyre, portanto, perseguindo essa ideia de como quem escreve se vê e interpreta a paisagem ao seu redor, faz uma série de reflexões sobre a euforia do início do século, vivenciada por parte dos portugueses trabalhando em Manaus – onde se comiam patê e caviar, se bebiam cerveja alemã e champanhe francês, onde se lia Olavo Bilac. O cartão-postal, assim, teria assumido a atmosfera dos tempos eufóricos como nenhum outro veículo de informação. Se fosse para se lamuriar, o remetente escolheria a carta ou silenciaria, mas não enviaria um cartão-postal.

Da *Correspondência entre Gilberto Freyre & Manuel Bandeira*, gostaria de destacar os cartões-postais datados de "18 de dezembro de 1952", "28 de setembro de 1957" e "25 de dezembro de 1963", todos enviados por Bandeira, o primeiro assinado "Manuel" e os dois últimos "Baby Flag". O primeiro[302] demonstra que guardar cartões-postais para posterior envio era um costume da época. Supõe-se, pela imagem estampada no primeiro – da Avenida 7 de Setembro, de Petrópolis, hoje Rua Imperatriz, com um córrego envolto por uma fileira de árvores frondosas dos dois lados –, que Bandeira estava em Petrópolis, aonde costumava ir para tratamento de saúde. Mas as palavras que acompanham o postal esclarecem: "Esta paisagem não quer dizer que eu já tenha subido para Petrópolis. Ainda fico por aqui este mês de dezembro, que aliás está bastante quente". O cartão-postal, na verdade, tomou as vezes de um cartão de Natal e Ano-Novo, parabenizando a família Freyre pela data festiva no final de 1952.

Já o cartão-postal com datação "28 de setembro de 1957"[303] é enviado da Europa e traz a seguinte mensagem:

> Minha escapada à Europa tem se saído bem, salvo a gripe que apanhei em Londres (acho que foi a asiática, tive que entrar na penicilina). Estou aqui desde o dia 24 e volto já a Holanda no próximo dia 2. Ao Brasil no dia 24 de outubro. Adorei a Holanda. O tempo me tem favorecido, variável mas com muitos dias bonitos. Já estive com Cícero e o Vinicius. Cícero tem me ajudado muito com o seu Chevrolet. Adeus, mestre. Receba com Madalena e os meninos um abraço de
> Baby Flag

---

301 Freyre, Gilberto. Informação, comunicação e cartão-postal. In: _____, *Alhos & bugalhos*, 1978, p.150-151.
302 Cf. capítulo 2, Documento 43; Figuras 11 e 12.
303 Cf. capítulo 2, Documento 53; Figuras 13 e 14.

No segundo semenstre de 1957, Bandeira fez uma viagem à Europa em navio, que está registrada no "Diário de Bordo", publicado em *Flauta de papel*. Ao que tudo indica, esse cartão foi enviado a Freyre durante a estada de Bandeira em Paris. Nele, o mais inusitado é a imagem das *Chimères de Notre-Dame – Le Rongeur*.[304] Segundo a mitologia grega, *chimère*, ou em português quimera é um animal fantástico com cabeça de leão, corpo de cabra e cauda de serpente que solta fogo pelas ventas. Bandeira estava em pleno contato com o mundo fabuloso que tomou forma durante o florescimento do gótico na Idade Média e suas releituras ao longo do século XIX, em companhia dos brasileiros Cícero Dias, pintor radicado em Paris, e Vinicius de Moraes, poeta que seguiu carreira diplomática. E, talvez percebendo algo contíguo às assombrações de que Freyre tanto gostava,[305] com o enlevo do obscuro e do misterioso, enviou esse cartão a Apipucos. E, ainda, a propósito da menção à influência de Eugène Viollet-le-Duc (1814-1879) em seu gosto pelo desenho em *Itinerário de Pasárgada*,[306] vale recordar que o arquiteto francês esteve à frente da restauração da Catedral de Notre-Dame de Paris, levada a cabo por anos, tendo cuidado diretamente de detalhes da construção como as quimeras e a flecha. Inclusive, as famosas quimeras, com sua finalidade decorativa, de aspecto monstruoso, sombrio e muitas vezes grotesco, são creditadas a Viollet-le-Duc, estando ausentes, portanto, do desenho original da catedral, cuja edificação remonta do século XII ao XIV. Da construção original, foram restaurados outros elementos como as *gargouilles*,[307] que combinavam o fim decorativo, com seu traçado de animal fantástico, e o prático, colaborando para conduzir o fluxo da água da chuva.[308]

O último cartão-postal enviado por Bandeira, e preservado no conjunto da correspondência, é de 25 de dezembro de 1963.[309] Traz a imagem de uma das obras de Rembrandt dedicadas a Jan Six, com as seguintes palavras:

> A Magdalena e Gilberto, com as minhas grandes saudades, envio os meus votos de bons anos.
> Quando dará um ar de suas graças por aqui?
> Queremos tomar conhecimento do casal logo com o aspecto de vovôs. Grande abraço do velho
> Baby Flag

---

304 *Le rongeur* significa, em português, "o roedor".

305 Cf., por exemplo: FREYRE, Gilberto. *Assombrações do Recife Velho*. Ilustr. de Lula Cardoso Ayres. Rio de Janeiro: Ed. Condé, 1955.

306 BANDEIRA, *Poesia completa e prosa*, 1974, p.38.

307 *Gargouille* significa, em português, "gárgula" – "desaguadouro, parte saliente das calhas de telhados que se destina a escoar águas pluviais a certa distância da parede e que, especialmente na Idade Média, era ornada com figuras monstruosas, humanas ou animalescas" (cf. HOUAISS; VILLAR. *Dicionário Houaiss da língua portuguesa*. 2001).

308 Sobre detalhes das gárgulas da Catedral de Notre-Dame de Paris, cf.: CAMILLE, Michael. *Les gargouilles de Notre-Dame*: médiévalisme et monstres de la modernité. Trad. Myriam Dennehy. Paris: Alma, 2011.

309 Cf. capítulo 2, documento 58; Figuras 15 e 16.

As palavras que seguem no cartão-postal são simples, índices da cordialidade entre amigos muito próximos. A única informação que temos é aquela sobre o nascimento de um neto de Magdalena e Gilberto, provavelmente, pela data, de Ana Cecília, filha de Sonia Freyre e de Antônio Alves Pimentel Filho.

Mas atentemos um pouco mais para a imagem. Rembrandt van Rijn (1606-1669), considerado um dos maiores pintores de todos os tempos, cresceu numa época de grande prosperidade econômica e de desenvolvimento no campo cultural e artístico nos Países Baixos (antecedidos pela República Unida dos Países Baixos, 1579-1795). Rembrandt retratou seu amigo Jan Six (1618-1700) em algumas ocasiões – e note-se que tanto o pintor quanto o retratado foram contemporâneos à ocupação holandesa em Pernambuco, que se deu entre 1630 e 1654. A técnica de Rembrandt é surpreendente para a época: realista, impactante e precisa no traço e no uso das cores, sempre de tons sóbrios, às vezes sombrios, instilando vida psicológica ao retratado. Ressaltam-se nos traços dessa gravura de Jan Six a altivez do aristocrata e a sabedoria de um verdadeiro *scholar*, devotado às artes e à cultura. A figuração de corpo inteiro, com matriz em placa de metal datada de 1647 e assinada, ainda permite uma visão do espaço sobriamente requintado de residência típica da elite holandesa da época, com quadros, janela larga, longas cortinas, poltronas confortáveis, luz moderada, compondo o ambiente perfeito para o cultivo da sensibilidade intelectual e artística – considere-se que Jan Six, leitor contumaz de poesia, também foi dramaturgo. Pela idade aparente do retratado, confirma-se que o quadro foi realizado na época de sua maior proximidade com Rembrandt, na década de 1640, depois que o jovem Six já estava formado em Artes Liberais e Direito em Leiden (o que se deu em 1634). Menos que uma atmosfera puritana sugerida pela tonalidade sóbria do retrato de um burguês próspero que pouca importância parece dar ao luxo, em uma flagrante "falta de mania de nobreza",[310] o que talvez esteja ressaltado é uma atmosfera íntima, sóbria e ao mesmo tempo permeada de luz e sombras, espaço de leitura e fruição, sobretudo ligado ao século XVIII, com um despojamento afim ao contexto iluminista e laico.

Para aprofundar o universo de contradições, se, na trajetória pictórica de Rembrandt, é possível observar traços da sensibilidade puritana, no sentido delineado por Max Weber em *A ética protestante e o "espírito" do capitalismo*, como bem coloca Pulici, esse cartão-postal parece fazer sobressair outra atmosfera. A figuração de Rembrandt dedicada a pessoas comuns em seus ofícios típicos de classe trabalhadora especializada indicaria, por exemplo, que sua pintura "reverencia não a posuda lassidão do grão-senhor ou a ostentação do novo-rico, mas, de forma inequívoca, a sóbria continência do *self-made man* burguês em suas primeiras configurações".[311] Na gravura destacada no cartão--postal enviado por Bandeira, há certamente ausência de ostentação e luxo;

---

310 Pulici, C. Traços puritanos na pintura de Rembrandt. *Religião e Sociedade*, Rio de Janeiro, n.27, v.1, p.48-76, 2007. p.67.

311 Pulici, Traços puritanos na pintura de Rembrandt. *Religião e Sociedade*, 2007. p.67.

porém, ocorre um desvio relativo à sensibilidade puritana marcadamente impessoal, pois a tentativa de flagrar um momento de Jan Six em sua privacidade põe em evidência uma relação íntima ausente de outros momentos em que a perspectiva marcadamente objetiva é mais manifesta. Ou seja, abranda-se consideravelmente o universo da impessoalidade, no sentido delineado por Pulici: "A representação pictórica de pessoas unidas por *impessoais* laços de trabalho – e não de amizade ou de amor – faz ecoar ainda, a nosso ver, a mentalidade puritana que via no apego a relações humanas *pessoais* um desvio da ação para os fins que são de Deus".[312] Parece haver, assim, nessa gravura de Rembrandt dedicada àquele que é considerado um de seus melhores amigos, uma tendência marcante ao aprofundamento da sensibilidade e ao crescente laicismo, algo contíguo à perspectiva que permite a ascensão do romance burguês e à gestação de outras formas literárias tipicamente nascidas no seio do desenvolvimento capitalista e do individualismo moderno. Leia-se, nesse sentido, esta breve síntese de Ian Watt sobre a narrativa do inglês Samuel Richardson (1689-1761), quando discorre sobre uma atmosfera de ênfase na vida privada: "Assim, pode-se considerar o estilo narrativo de Richardson um reflexo de uma mudança bem maior: a transição da orientação objetiva, social e pública do mundo clássico para a orientação subjetiva, individualista e privada da vida e da literatura dos últimos duzentos anos".[313] É curioso, inclusive, que essa citação ocorra em parágrafo no qual o autor, na esteira dos romances epistolares de Richardson, relaciona a "direção subjetiva e interior" do romance à "carta informal" – as chamadas *familiar letters* –, onde se expressariam sentimentos com "maior sinceridade", segundo Watt.

Nesse contexto, o retrato de Jan Six anteciparia uma das grandes transformações civis pela qual a sociedade em processo de modernização teria passado, qual seja, a constituição da esfera privada como separada da esfera pública, com todas as tensões inerentes a essa mudança. Six, oriundo de uma família de grandes comerciantes, passa, entrementes, a desempenhar inúmeros cargos no município de Amsterdam, sobretudo após seu casamento com Margaretha, em 1655, filha de um cientista renomado, e prefeito da cidade, Nicolaes Tulp. Portanto, a ascensão de Jan Six parece acompanhar aspectos da "mudança estrutural da esfera pública" na modernidade, como aqueles referentes a uma singular combinação entre os elementos da alta burguesia e uma apurada instrução formal outrora reservada aos membros da artistocracia e do alto clero, de modo a possibilitar uma renovação dos quadros da administração pública:

> Ao mesmo tempo, os grandes comerciantes transcenderam o âmbito estrito da cidade e, através das companhias, ligaram-se diretamente ao Estado. Assim, também os "capitalistas", comercian-

---

[312] PULICI, Traços puritanos na pintura de Rembrandt. *Religião e Sociedade*, 2007, p.59.

[313] WATT, Ian. *A ascensão do romance*: estudos sobre Defoe, Richardson e Fielding. Trad. Hildegard Feist. São Paulo: Companhia das Letras, 1990. p.154.

tes, banqueiros, editores e donos de manufaturas, quando não podiam afirmar a cidade, como em Hamburgo, perante o poder territorial do soberano, pertencem àquele grupo de "burgueses" no sentido tradicional do termo quanto ao novo estamento dos "homens cultos". Esta camada "burguesa" é o autêntico sustentáculo do público, que, desde o início, é um público que lê. [...] A sua posição dominante na nova esfera da sociedade burguesa leva, muito mais, a uma tensão entre "cidade" e "corte".[314]

Que beleza poderia Bandeira compartilhar com o amigo Freyre ao enviar uma cópia da gravura de Jan Six, realizada por Rembrandt, em cartão-postal? Ambos, Freyre e Bandeira, vieram de famílias que, se não ricas, pelo menos gozavam de algum conforto econômico – o pai de Gilberto Freyre era advogado, professor e magistrado, e o de Bandeira, engenheiro. Apesar de uma ascendência aristocrática tantas vezes orgulhosamente propalada por Freyre em seus escritos, a trajetória de ambos privilegiou o trabalho intelectual e artístico, ou seja, suas trajetórias não se distanciam da típica orientação burguesa, embora assumissem inúmeras contradições da época, como o fato de que o Brasil era, no início do século XX, um país eminentemente rural – ao contrário dos Países Baixos, que são destacados por muitos estudiosos como primeira potência capitalista do mundo, devido ao desenvolvimento econômico alcançado já no século XVII.

Assim, de um lado, temos a figura do *scholar* de ampla erudição; de outro, a do escritor cultivado, que valoriza o legado da tradição. Bandeira, por exemplo, não participou do ímpeto iconoclasta da Semana de Arte Moderna de 1922.[315] Freyre, por sua vez, sempre ressaltou o valor da *intelligentsia* enraizada na tradição como necessário para se lançar ao futuro, como diria em sua conferência *Apologia pro generatione sua*, proferida em 1924.

> Paralelo a um esforço de reação contra os falsos valores de vida, economia e cultura que nos impuseram uma filosofia e um liberalismo sem raízes nos nossos antecedentes e nas nossas atualidades, semelhante inquérito está a impor-se como o programa da nossa geração. Quase se pode dizer que *tout se joue sur nos têtes*.[316]

O mais interessante, porém, é observar que essa altivez elitista com laivos aristocráticos sempre funcionou mais como ideal a ser combinado com uma forma particular de perscrutar a realidade e cultivar o espírito. Em outras

---

[314] HABERMAS, Jürgen. *Mudança estrutural da esfera pública*: investigações quanto a uma categoria da sociedade burguesa. Trad. Flávio R. Kothe. Rio de Janeiro: Tempo Brasileiro, 1984. p.37-38.

[315] Cf. BANDEIRA, *Poesia completa e prosa*, 1974, p.65.

[316] FREYRE, Gilberto. *Apologia pro generatione sua*. Palestra publicada como texto autônomo na Paraíba, com datação de 5 de abril de 1924.

palavras, tratar-se-ia de uma classe social que buscava firmar sua posição sobretudo como elite intelectual – o que é muito bem representado, no retrato de Rembrandt, pela forte luz que está difusa no exterior, às costas de Jan Six, e não emanada de um objeto qualquer como fazia crer, por exemplo, o mundo sagrado e fortemente hierárquico da Idade Média. Como consequência, várias tensões e ambiguidades surgem de uma posição singularmente híbrida, típica de sociedades cujas classes sociais se diferenciam com rapidez. A peculiaridade brasileira, como aponta Gilberto Freyre, seria combinar formação de excelência e consciência atenta para as heranças da escravidão:

> RECIFE, 1927
> Disse-me ontem o J. que ouvira dizer-se numa roda de intelectuais que não era possível que eu fosse "o assombro que dizem que sou, de saber", sendo "tão boêmio". Isto porque às vezes sou visto em pensões de mulheres, em clubes populares de carnaval como o das Pás, dançando com as morenas em pastoris como o do Poço, em ceias de sarapatel no Bacurau ou no Dudu (nestas quase sempre na companhia do velho Manuel Caetano). É uma verdade esse meu jeito de impregnar-me de vida brasileira como ela é mais intensamente vivida, que é pela gente do povo, pela pequena gente média, pela negralhada: essa negralhada de que os "requintados" (como eu estou sempre a chamar os intelectuais distantes do cotidiano da plebe) falam como se pertencessem a outro mundo.[317]

Freyre e Bandeira, porém, não vivem a aproximação com o povo sem contradições. Acercaram-se da cultura popular e da boêmia, mas não deixaram de viver os resquícios do aristocratismo, de algum modo idealizado, como marca de identidade pessoal e do nosso desenho histórico. Assim, tenho dúvidas em dizer que a experiência política empreendida por ambos tenha sido propriamente democrática ou, o contrário disso, que represente o legado da aristocracia nordestina. De fato, suas trajetórias foram híbridas e singularmente atentas ao cotidiano humilde naquele contexto de profunda desigualdade econômica e social, em que as marcas negativas da escravidão, apesar de abolida, podiam ser sentidas em qualquer ângulo para o qual se olhasse. São contradições da sociedade capitalista e liberal que, talvez percebidas de forma bem mais dramática ou intensa no Brasil, o qual vivia nitidamente temporalidades híbridas, aprofundam-se com o passar dos anos, tendo seu paralelo – apesar de serem outras as classes sociais envolvidas, mesmo que possa haver semelhante polarização entre dominantes e dominados – na vida artística europeia, dividida entre uma arte burguesa e uma arte social, contradição não superada – pelo

---

317 FREYRE, Gilberto. *Tempo morto e outros tempos*: trechos de um diário de adolescência e primeira mocidade: 1915-1930. Rio de Janeiro: José Olympio, 1975. p.207-208.

contrário, estruturalmente assimilada – no universo da arte pela arte, como diria Pierre Bourdieu.[318]

O artista que comercializa seu trabalho, assim como o intelectual, pode, por um lado, identificar-se com o povo e, por outro, com o aristocrata. Eis uma faceta das contradições vividas por eles, visto que, no campo cultural brasileiro, procuraram sempre um meio termo para suas formulações e soluções estéticas: não só abstratos ou pitorescos; não só vanguardistas ou tradicionalistas; não só ingênuos ou reflexivos; não só boêmios ou estudiosos e requintados da elite; não só apreciadores de uma boa feijoada ou de caviar; não só provincianos ou cosmopolitas. Os dois lados da moeda são colocados lado a lado ou justapostos, com resultados sempre descontínuos. Nesse sentido, o paralelo político que podemos fazer é com o próprio Regime Vargas, época de aparente harmonia – não sem perseguições e agressões abertas – entre pessoas das mais diferentes correntes ideológicas.[319] Em tempos de nacionalismo exacerbado e de concomitante aceleração técnica e modernização, "tradição e modernidade se fundiam harmonicamente no empreendimento que consagrava, a um só tempo, o reforço do sistema presidencial e a construção mítica da figura de seu representante como uma encarnação do Estado e Nação".[320] Eram tempos em que caminhavam projetos complexos e contraditórios de país, cuja dinâmica, evidenciando principalmente uma fluidez entre público e privado, parece permanecer, até hoje, suspensa.

---

318 Pierre Bourdieu sintetiza bem a vivência de certas ambiguidades tipicamente vanguardistas, peculiar em escritores europeus contemporâneos de Freyre e Bandeira: "Os defensores da 'arte pela arte' ocupam no campo intelectual uma posição *estruturalmente ambígua* que os leva a sentir de maneira redobrada as contradições inerentes à posição ambígua da fração intelectual e artística na estrutura das frações das classes dominantes. Pelo fato de sua posição no campo obrigá-los a pensar sua identidade estética e política de modo simultâneo ou sucessivo (conforme a conjuntura política) em oposição aos 'artistas burgueses', homólogos aos 'burgueses' na lógica relativamente autônoma do campo, ou em oposição aos artistas 'socialistas' ou à boêmia, homólogos ao 'povo', estão fadados a formar imagens contraditórias tanto de seu próprio grupo quanto dos grupos a que se opõem." (BOURDIEU, Pierre. *A economia das trocas simbólicas*. Trad. Sérgio Miceli. São Paulo: Perspectiva, 2001. p.193-194).

319 É importante observar como o governo de Getúlio Vargas combinou nacionalismo e modernização no campo político, administrativo e cultural, o que teve, ao final, um efeito conciliador. Veja-se esta análise que faz Wilson Martins sobre o período que antecede o Estado Novo: "Fatos à primeira vista desconexos e sem significação política concorriam, cumulativamente, para confirmar e fortalecer esse estado de espírito: assim, em junho, a *Revista Acadêmica* reimprimiu, por estar 'injusta e significativamente esquecido', o artigo 'Nacionalismo', de Alberto Torres; o governo, de seu lado, criou o Instituto Nacional do Livro e, logo depois do golpe político, o Serviço do Patrimônio Histórico e Artístico Nacional, cujas origens longínquas estavam, aliás, num projeto redigido por Mário de Andrade e já em fase final de discussões na Câmara dos Deputados; a Universidade do Distrito Federal continuava a funcionar sob a direção de Anísio Teixeira, cuja filosofia educacional, observaria mais tarde Hermes Lima, era 'tanto conservar quanto mudar'. Saíram, por sinal, nesse ano, as *Lições inaugurais da missão universitária francesa*, proferidas no período letivo anterior. Lembremos, em outra ordem de ideias, que, criada pela Constituição de 1934, a Justiça do Trabalho adquiriria com a de 1937 a estrutura autônoma que conserva até hoje. / Mesmo nos meios musicais, o Estado Novo, por causa do nacionalismo programático, foi entusiasticamente recebido [...] Observe-se, de passagem e para situar em perspectivas corretas essas tomadas de posição, que, militante ou hibernante, o ideal nacionalista sempre foi uma tendência na história da nossa música. Havia, contudo, desde o segundo lustro do século, perfeitamente integrado na atmosfera espiritual que produziria o Modernismo, um movimento ininterrupto destinado a desabrochar, precisamente, em nossa música moderna." (MARTINS, Wilson. *História da inteligência brasileira*. São Paulo: Cultrix/Edusp, 1976-1978. v.7, p.90).

320 GOMES, Ângela. Política brasileira em busca da modernidade: na fronteira entre o público e o privado. In: SCHWARCZ, Lilia Moritz (Org.) HISTÓRIA da vida privada no Brasil, 4: contrastes da intimidade contemporânea. São Paulo: Companhia das Letras, 1998. p.488-558. p.522.

Outro paralelo no campo cultural mais evidente é com o grupo formado em torno da livraria e editora José Olympio, que, do mesmo modo, era um espaço de congregação heterogênea. Uma foto oficial de um jantar comemorativo dos 50 anos de Graciliano Ramos, em 27 de outubro de 1942, promovido por Álvaro Lins, Augusto Frederico Schmidt, Francisco de Assis Barbosa, José Lins do Rego, José Olympio e Octávio Tarquinio de Sousa, dá a dimensão das incongruências daquele período. Observe-se como Lucila Soares reporta a ocasião:

> A fotografia oficial do evento, que reuniu quase cem pessoas e na qual Graciliano aparece ao lado de Capanema [seu desafeto devido às políticas getulistas, que causaram sua perseguição e prisão entre 1936 e 1937], é uma imagem emblemática da convivência entre direita e esquerda, entre conservadorismo e ousadia, marca da política cultural de Getúlio. O DIP, Lourival Fontes à frente, controlava com mão de ferro todas as manifestações culturais, dos jornais aos enredos de escolas de samba, além de determinar o conteúdo de toda a programação das rádios. E o Ministério da Educação, sob o comando de Gustavo Capanema, se cercava de intelectuais de todas as tendências políticas e levava à frente projetos importantes, como a Universidade do Brasil, o Instituto Nacional do Livro e o Serviço do Patrimônio Histórico e Artístico Nacional.[321]

A trajetória de Bandeira e Freyre, tendo realizado, como tantos outros intelectuais, serviços com o apoio do Estado getulista, os quais se reverteram em indiscutíveis vantagens, é exemplar da situação do intelectual e do artista que ainda não podia usufruir de um mercado de bens simbólicos razoavelmente autônomo. Ainda mais, para a publicação de livros, era comum, mesmo para um artista de renome como Bandeira, a intermediação de amigos, muitos deles com posição destacada no âmbito da administração pública, bem como a presença dos subscritores, que compravam certamente por admiração, mas também por camaradagem. O Brasil passava por grandes transformações em todas as esferas, modernizava-se em suas bases de produção, e a ambiguidade do período se refletiu no próprio modo como os escritores o viveram e sobre ele escreveram.[322]

---

321 SOARES, *Rua do Ouvidor 110*, 2006, p.110.

322 Sobre o alcance das medidas do governo de Getúlio Vargas nos campos intelectual e artístico (as quais teriam impacto grande para a geração de Freyre e Bandeira) tomadas pelo Ministério da Educação e Cultura, tendo à frente Gustavo Capanema, sobretudo na segunda metade da década de 1930, leia-se: "[...] entre as preocupações fundamentais de Gustavo Capanema como Ministro da Educação e Saúde estava a de pôr em prática as medidas de largo alcance destinadas a proteger as 'obras, monumentos e documentos de valor histórico e artístico, bem como os monumentos naturais, as paisagens e os locais dotados de particular beleza' – em resumo, a proteger o patrimônio histórico e artístico e paisagístico brasileiro [...] Entre os seus principais colaboradores, é forçoso destacar os nomes de Carlos Drummond de Andrade (Chefe de Gabinete do Ministro), Rodrigo Melo Franco de Andrade (Diretor do

Ainda sobre o círculo de intelectuais amigos de Gilberto Freyre no Rio de Janeiro, vale lembrar que muitos se tornariam intelectuais renomados do período, que sobreviviam graças ao trabalho para o mercado editorial e para a imprensa periódica do país, então em franco desenvolvimento. Amigos como Bandeira deixariam rastros literários dessa convivência na vida privada para a posteridade, por exemplo, em versos "de circunstância", como o poema escrito para Sonia Freyre quando a menina pediu para que o poeta inaugurasse, às vésperas do Ano-Novo, seu caderno de autógrafos (assinado ainda por outros intelectuais da editora):

> SEXTILHA DE FREI MANUEL
> Sonia, filha de Gilberto
> E filha de Madalena,
> Cumprirá em moça, de certo,
> O que promete em pequena.
> Não verei isso de perto,
> Serei bem longe... Que pena!
> Manuel Bandeira
> Rio, 30.XII.1948.

O poema, de sete versos em redondilha maior, posteriormente publicado em *Mafuá do malungo*, com o título "Sonia Maria", revela algo que já não é novidade acerca dos bastidores literários e intelectuais: Gilberto Freyre e Manuel Bandeira não tinham apenas ou sobretudo uma relação epistolar, como Mário de Andrade e Carlos Drummond de Andrade.[323] Havia uma relação muito próxima, como vemos pela datação do documento, que registra um encontro entre o Natal de 1948 e o Ano-Novo de 1949. A morte, um dos temas recorrentes na poesia de Bandeira, é aqui referenciada de forma alusiva, eufemística: Sonia cresceria e o poeta não a veria "desabrochar". Sobre a época, Sonia Freyre também oferece seu testemunho, rememorando o tempo de criança no Rio de Janeiro com as seguintes palavras:

SPHAN), Augusto Meyer (Diretor do INL), Raul Leitão da Cunha (Reitor da Universidade do Brasil), San Tiago Dantas (Diretor da FNF), Mário de Andrade, Manuel Bandeira, Luís Camilo de Oliveira Neto, Lúcio Costa, Prudente de Morais Neto, Oscar Niemeyer, Candido Portinari, Burle Marx, Heitor Villa-Lobos, entre outros, o que ajuda a compreender o que significou esse momento histórico para o país." (SILVA, Maximiano de Carvalho. Proteção ao texto literário como peça integrante do nosso patrimônio histórico-cultural. *Revista Confluência*, Rio de Janeiro, n.4, p.70-71, [199?]).

323 Afirma Drummond na "Apresentação de Carlos Drummond de Andrade" à coletânea de cartas *A lição do amigo*, publicada em 1988: "A bem dizer, e paradoxalmente, jamais convivi com Mário de Andrade a não ser por meio das cartas que nos escrevíamos, e das quais a parte mais assídua era sempre a que vinha de São Paulo, discutindo temas estéticos e práticos, oferecendo e renovando oferecimento de préstimos, reclamando da preguiça ou do desânimo do missivista incorreto. Nem mesmo a partir de 1938, quando ele passou a morar no Rio de Janeiro, onde permaneceu até 1941, e onde eu já residia desde 1934, nos vimos assiduamente e menos ainda nos dedicamos à fraterna conversa, devido a esses tapumes que o trabalho (só ele?) costuma levantar entre pessoas que se estimam cordialmente [...]" (ANDRADE, Carlos Drummond de apud ANDRADE, *Carlos e Mário*, 2002, p.35). Aproveito para indagar: quais seriam esses "outros tapumes" a separar ambos?

Para Gilberto esta temporada carioca foi muito proveitosa, pois muitos dos seus amigos mesmo nordestinos já moravam lá.
A casa vivia cheia e também nós frequentávamos as casas deles. Também íamos sempre à Editora José Olympio, de tio J. O. (na época, na Praça Quinze), que sabia como ninguém congregar amigos. Tio Zé Lins (José Lins do Rego) morava perto do Jockey e eu adorava ir ver os cavalos com ele, mas as corridas eram privilégio de tio J. O. [...] Villa-Lobos me ensinou a cantar *Viva o sol da minha terra*. Tio Jardim (Luiz) e Alice moravam no menor apartamento que eu já tinha visto [...] E tinha Mário Filho, irmão de Nelson Rodrigues, com seus cabelos ruivos, Octávio Tarquinio e Lúcia Miguel Pereira, Tio Flag (Manuel Bandeira) que sempre se achava às portas da morte e que sobreviveu a muitos deles. Rodrigo e D. Graciema M. F. de Andrade, Maria do Carmo e José Nabuco, Maria Amélia e Sérgio Buarque de Holanda, Leda e Arnon de Melo, Ana Amélia e Marcos Carneiro de Mendonça, Maria José (Juju) e Austregésilo de Athayde, os irmãos Condé, o primo Diogo de Melo Menezes, cuja filha Cristina é afilhada de meus pais. Aurélio Buarque de Holanda, que se vestia de Papai Noel em memoráveis festas de Natal.[324]

Como já antecipado anteriormente, a editora e livraria José Olympio seria uma instituição símbolo dessa geração de artistas e intelectuais.[325] Ela é responsável, na década de 1930, pelo grande projeto editorial de José Lins do Rego, bem como abraça Gilberto Freyre, Lúcia Miguel Pereira, Octávio Tarquinio de Sousa – que assumiu a Coleção Documentos Brasileiros após Freyre deixar sua direção, em 1939 – e Gastão Cruls, por exemplo. Luís Jardim também fazia parte do quadro fixo de funcionários, contribuindo para desenvolver um arrojado projeto gráfico para a época. Esses são alguns nomes sempre presentes quando se mencionam os círculos de amizades de Freyre na capital federal. Mas também – nunca é demais lembrar – configurou-se um grupo composto por pessoas ativas e engajadas em projetos artísticos e intelectuais, à época, renovadores e com forte compromisso com os temas brasileiros. Matrizes da brasilidade estavam, pois, em plena gestação.[326]

---

324 Soares, *Rua do Ouvidor 110*, 2006, p.70-71.

325 O prestígio da Editora José Olympio e a relação próxima entre o editor paulista e Gilberto Freyre, convertida em marcantes experiências no mercado livreiro sobretudo nas décadas de 1930 e 1940, são bem assinalados pelos seguintes títulos: Franzini, *À sombra das palmeiras*, 2006; Hallewell, *O livro no Brasil*, 2005; Pontes, Heloisa. Retratos do Brasil: editores, editoras e "Coleções Brasiliana" nas décadas de 30, 40 e 50. In: Miceli, Sérgio (Org.) *História das Ciências Sociais no Brasil*. 2. ed. São Paulo: Editora Sumaré, 2001. p.419-476; Sorá, Gustavo. *Brasilianas*: José Olympio e a gênese do mercado editorial brasileiro. São Paulo: Edusp, 2010.

326 Sobre a convivência dos intelectuais e escritores ao redor da livraria e editora José Olympio, tais como Carlos Drummond de Andrade, Luís Jardim, Manuel Bandeira, José Lins do Rego, Rachel de Queiroz, Graciliano Ramos, Tomás Santa Rosa e o próprio Gilberto Freyre, da década de 1930 até a década de 1960, cf.: Soares, *Rua do Ouvidor 110*, 2006. Sobre o campo literário do período, cf.: Candido, Antonio. Literatura e cultura de 1900 a 1945. In: _____.

Sobre a importância da José Olympio como espaço de congregação, diria Hallewell:

> Um dos resultados [da amizade de J.O. com os autores] foi tornar a livraria do Ouvidor conhecida como ponto de encontro, no centro da cidade, para escritores e artistas de todos os matizes de opinião progressista, um verdadeiro clube onde as pessoas se encontravam, conversavam, deixavam recados, até mesmo usavam como endereço para correspondência.[327]

Se a convivência, apesar de certos atropelos com o governo, foi relativamente tranquila nos anos do Estado Novo (como mostra a foto do jantar comemorativo dos 50 anos de Graciliano Ramos), os tempos se tornariam mais complicados pouco depois, com a ditadura militar, coincidindo, também, com a desaceleração da própria livraria e editora e com a diminuição do seu espaço de livre circulação das mais diferentes tendências políticas e das mais distintas opções literárias e estéticas. Os espaços de sociabilidade típicos da Era Vargas se encurtariam visivelmente poucas décadas depois.

* * *

Voltando ao ensaio de Gilberto Freyre sobre o cartão-postal, o escritor capta uma disposição característica do suporte, a euforia, que parece comprovar-se no uso que dele os próprios correspondentes, Freyre e Bandeira, fazem. Manuel Bandeira, por exemplo, publica sua "Carta-poema", em *Mafuá do malungo*, para reclamar abertamente a necessidade de políticas públicas eficientes com relação ao calçamento e à conservação da via pública onde vive, tendo como remetente o prefeito do Rio de Janeiro:

> CARTA-POEMA
> Excelentíssimo Prefeito
> Senhor Hildebrando de Góis,
> Permiti que, rendido o preito
> A que fazeis jus por quem sois,

Literatura e sociedade. 8. ed. São Paulo: T. A. Queiroz, Publifolha, 2000; JOHNSON, Randal. A dinâmica do campo literário brasileiro. Trad. Antonio Dimas. *Revista USP*, n.26, São Paulo, p.164-181, jun.-ago. 1995; LAFETÁ, João Luiz. *1930*: a crítica e o modernismo. 2. ed. São Paulo: Duas Cidades/Ed. 34, 2000; PÉCAULT, Daniel. A geração dos anos 1920-40. In: _____. *Os intelectuais e a política no Brasil*: entre o povo e a nação. Trad. Maria Júlia Goldwasser. São Paulo: Ática, 1990.

[327] HALLEWELL, *O livro no Brasil*, 2005, p.451.

Um poeta já sexagenário,
Que não tem outra aspiração
Senão viver de seu salário
Na sua limpa solidão,

Peça vistoria e visita
A este pátio para onde dá
O apartamento que ele habita
No Castelo há dois anos já.

É um pátio, mas é via pública,
E estando ainda por calçar,
Faz vergonha da República
Junto à Avenida Beira-Mar!

Indiferentes ao capricho
Das posturas municipais,
A eles jogam todo o seu lixo
Os moradores sem quintais.

Que imundície! Tripas de peixe,
Cascas de fruta e ovo, papéis...
Não é natural que me queixe?
Meu Prefeito, vinde e vereis!

Quando chove o chão vira lama:
São atoleiros, lodaçais,
Que disputam a palma à fama
Das velhas maremas letais!

A um distinto amigo europeu
Disse eu: – Não é no Paraguai
Que fica o Grande Chaco, este é o
Grande Chaco! Senão, olhai!

Excelentíssimo Prefeito
Hildebrando Araújo de Góis,
A quem humilde rendo preito,
Por serdes vós, senhor, quem sois:

Mandai calçar a via pública
Que, sendo um vasto lagamar,

> Faz a vergonha da República
> Junto à Avenida Beira-Mar!³²⁸

  O poeta segue as convenções da escrita epistolográfica e compõe um poema com dez quartetos de versos octossílabos e rimas alternadas. A forma fixa em conjunto com o tratamento formal dos pronomes e uso de segunda pessoa do plural ("Excelentíssimo Prefeito / Senhor", "fazeis", "sois", "por serdes vós" etc.) contrasta com o tema da sujeira cotidiana e pública ("a eles jogam todo o seu lixo", "Que imundície! Tripas de peixe, / Cascas de fruta e ovo, papéis..." etc.). O poema, dessa forma, oscilando do mais formal ao mais abjeto cotidiano, ao misturar tom empolado e tom rebaixado, realiza-se no melhor estilo satírico. A carta, aqui, se serve do riso para supostamente reivindicar ou moralizar – mostrando a imundície em que está imersa a população –, de uma maneira que lembra poemas de Gregório de Matos ou *As cartas chilenas*, de Tomás Antônio Gonzaga.³²⁹ Diante da ausência de resposta a sua carta, Manuel Bandeira depois escreve uma "Petição ao [novo] prefeito", em tom para lá de jocoso, quase agressivo:

> Fiz, por sanear-se esta marema,
> Uma carta desesperada
> Ao seu ilustre antecessor.
> Uma carta em forma de poema:
> O homem saiu sem fazer nada...
> Pelo martírio do Senhor,
> Ponha o pátio, insigne Prefeito,
> Limpo como o olhar da inocência,
> Limpo como – feita a ressalva
> Da muita atenção e respeito
> Devidos a Vossa Excelência –
> Sua excelentíssima calva!³³⁰

  De modo diferente da "Carta-poema" e da "Petição ao prefeito", em que o eu poemático lança abertamente uma reivindicação, o poema "Cartão-postal" já traz outro tom: nele, o poema fala, quase de modo telegráfico, de suas impressões diante das maiores capitais europeias – Paris e Londres – e saúda o amigo. Utilizando as convenções do cartão-postal, tal como Freyre indica, aqui há interesse turístico e euforia comunicativa, intensificada pela forma poética da mensagem, com rimas consoantes e alternadas:

---

328 Bandeira, *Poesia completa e prosa*, 1974, p.403-404.

329 A propósito, *As cartas chilenas*, de autoria atribuída a Tomás Antônio Gonzaga, foram objeto de estudo de Bandeira. Cf. Bandeira, Manuel. *A autoria das Cartas Chilenas*. Rio de Janeiro: Revista do Brasil, 1940.

330 Bandeira, *Poesia completa e prosa*, 1974, p.408.

CARTÃO-POSTAL
Paris encanta. Londres mete medo.
Paris é a maior... ninguém se iluda.
Por intermédio meu, amigo Ledo,
a Coluna Vendôme te saúda![331]

No cartão-postal temos uma tentativa de transpor distâncias e estabelecer uma comunicação direta entre indivíduos. Pode, portanto, fazer parte do conjunto da correspondência. No paralelo com a carta, todavia, o cartão-postal exige maior economia nesse esforço de aproximar, também porque o aspecto ilustrativo que o acompanha é igualmente veículo de significação. Aqui temos um poema "Cartão-postal", inserido numa coletânea, *Mafuá do Malungo*, que traduz esse compromisso de restituição da comunicação na vida. A brevidade e a simplicidade chegam ao extremo, mostrando o sublime do ato como expressão de uma amizade que transpõe fronteiras. É o tipo de escrita que não se suporta por si; depende sobremaneira do contexto. O "Cartão-postal" em questão pode ser a parte escrita de um documento endereçado ao amigo Ledo (seria Ledo Ivo?), o que é um exemplo do tipo de sociabilidade cordial entre escritores na época:

> Informa Moacyr Silva que, além de atender às solicitações de autógrafos, nos cafés, nas ruas ou, quando não era possível ter contato pessoal, enviá-los pelos correios, "poetas e escritores" passaram a compor "pensamentos e versos para postais".[332]

O efeito colateral dessa troca entre objetos que passam a constituir documentos de vidas partilhadas é o colecionismo comercial. Mas, a despeito disso, cartões-postais, fotografias, objetos de arte e dedicatórias fizeram realmente parte da vida dessa geração de intelectuais, reforçando o caráter descontraído e ao rés do chão dos rituais sociais que se instauravam a partir de produtos culturais e simbólicos produzidos e veiculados em círculos, em princípio, bastante restritos de amigos.

Tal fato é confirmado por outras imagens que fazem parte do conjunto da correspondência, como as fotos de amigos do grupo do Rio. Manuel Bandeira aparece em fotografia datada de "Rio 1945",[333] ao lado de João Condé, Lia Correia Dutra e Astrojildo Pereira, tirada na ocasião do almoço em homenagem a Pablo Neruda. A fotografia, solicitada por Gilberto Freyre, traz a dedicatória: "A Gilberto e Magdalena, Manuel". Sobre ela, ao ser enviada, afirma Bandeira em carta: "Aquela fotografia foi tirada no restaurante da Praça José de Alencar,

---

331 BANDEIRA, *Poesia completa e prosa*, 1974, p.415.

332 SCHAPOCHNIK, Nelson. Cartões-postais, álbuns de família e ícones da intimidade. In: SEVCENKO, *História da vida privada no Brasil*, 3, 1998, p.433.

333 Cf. Figura 42.

no dia do almoço oferecido ao Neruda. Achei que você gostaria de ter também, com a minha, a fotografia da Lia Correia Dutra".[334] A resposta de Freyre é direta e aborrecida: "E antes que me esqueça: aquela fotografia que você nos mandou não serve. Reprovada. Queremos Baby Flag só e não em grupo. Nem ao menos conhecemos Dona Lia Correia Dutra. Só de nome".[335] A foto finalmente enviada para o contentamento de Apipucos é uma em *close-up*, emoldurada e até hoje pendurada em destaque em uma das paredes do antigo escritório de Gilberto Freyre, parte da Casa-museu Magdalena e Gilberto Freyre.[336]

No conjunto de imagens selecionadas, existe também uma fotografia de Villa-Lobos,[337] igualmente em *close-up*, que é curiosa por se referir a uma suposta prisão: "Saí da prisão e encontrei Madalena que não é a de Cristo e o Gilberto que não é sacerdote mas é bem cristão como eu. Viva a vida! Villa. Rio, 29.10.53".[338] Além dessas fotografias, há muitas outras, como a de Manuel Bandeira com Octávio Tarquinio de Sousa.[339] Há uma outra que valeria mencionar pelo seu caráter cômico. Trata-se da fotografia de Gilberto Freyre e Cícero Dias, datada de "Rio de Janeiro – RJ – Brasil, 1932".[340] A foto traz legenda de autoria de Freyre: "Gilberto Freyre (em pé) e Cícero Dias numa fotografia tomada 'com intenções ao mesmo tempo cômicas e líricas', num fotógrafo da Rua Larga (Rio 1932)". Na imagem, Freyre está de pé apoiado em um suporte que lembra uma coluna clássica e em cujo topo se encontra um vaso com flores coloridas – provavelmente artificiais, ou retocadas pelo processo então usual de foto-pintura. Cícero Dias está sentado em uma poltrona relativamente sóbria, segura em suas mãos outras flores e como que se apoia num pônei de pelagem branca e preta. Tal foto, que combina postura contemplativa e tom burlesco, data dos tempos de boêmia no Rio de Janeiro. E realmente parece ter sido este o espírito híbrido que alimentou tal geração no círculo restrito da esfera privada: comicidade e lirismo, galhofa e romantismo, humor e subjetivismo.

* * *

Por meio de documentos aparentemente "frívolos", para usar expressão de Gilberto Freyre, reunidos em álbuns e outras recordações de família e

---

334 Cf. capítulo 2, documento 37, com datação "Rio de Janeiro, 20 de novembro de 1945"; Figura 42.

335 Cf. capítulo 2, documento 38, com datação "Apipucos – Recife, 3 de dezembro de 1945".

336 Cf. Figura 44.

337 Cf. Figura 31.

338 A única referência que encontramos sobre uma suposta prisão de Villa-Lobos diz o seguinte: "Villa-Lobos foi muito criticado por deixar de lado a carreira na Europa e assumir uma secretaria criada especialmente para ele pelo presidente Getúlio Vargas. Até hoje há quem o chame de oportunista, ou de promotor de eventos que lembravam as cerimônias de Mussolini e Hitler. Logo ele, que quase fora preso na Alemanha por se recusar a bater continência ao *Führer*." (Gomes, Fábio. *Villa-Lobos*. 2003. Disponível em: <http://www.brasileirinho.mus.br/artigos/villalobos.htm>. Acesso em: out. 2007.)

339 Ver Figura 45.

340 Ver Figura 37.

amigos, é possível depreender muitos sentidos. Todos eles, porém, se preservam quase sempre graças ao ânimo dos guardadores, cujo trabalho paciente se lança no tempo, à contramão, como se para refreá-lo. A ironia da atividade é que ela pressupõe aquilo que os objetos mesmos jamais podem superar – a morte; ou acabam sendo, apesar da tentativa de um gesto conservador, um testemunho da própria morte concretizada na finitude do momento que retrata.[341]

Os guardadores, com ímpeto mais afetivo, e os arquivistas, profissionais do ramo, fazem um trabalho suportado por um discurso que não se diferencia muito da ação do provinciano voltado para a experiência concreta e sua preservação, sobre o qual falei anteriormente. Com o intuito de preservar, de eliminar distâncias entre documentos e novas gerações, o provinciano – expressão com a qual se definiam Freyre e Bandeira nos primeiros anos de sua correspondência –, partindo da ideia do descompasso entre tradição e modernidade, buscou também, de algum modo, "domar" a velocidade da modernização que avançava, processo ainda mais carregado de tensão pela discrepância com relação ao contexto internacional capitalista, que acelerava em direção à transformação de certos índices usuais da intimidade – e elaborando-se, ao final, uma resposta alternativa aos centros desenvolvidos. São os tempos de ambiguidade em que "a metrópole moderna recebe uma representação ambivalente como o local de origem de um caos avassalador e a matriz de uma nova vitalidade emancipadora".[342] As novas tecnologias da modernidade estão disponíveis e são largamente aproveitadas, como vemos por meio principalmente das fotografias. Entretanto, o discurso que as guarda, como quem guarda cartões-postais e outros documentos autógrafos, nem sempre vê com bons olhos os tempos rumo à dissolução de formas ditas tradicionais ou híbridas de solidariedade e cordialidade.

É fato que tais ícones da vida privada perdem espaço e valor na sociedade de hoje, seja pelo excesso de individualismo, seja pelo arrivismo, para usar palavra de Schapochnik,[343] ou por mudanças estruturais profundas que caminham com o desenvolvimento de novas tecnologias. De qualquer modo, na medida em que se enxerga, nesse tipo de atitude de preservação de velhos ícones, um apego excessivo aos valores cultivados pelas classes dominantes, os quais seria melhor negar para se construir um tipo revolucionário de sociabilidade – guiado por valores racionais e universais, que superasse o homem cordial,

---

341 Tal afirmação estaria na linha de reflexão que Leyla Perrone-Moisés faz, sugerida pelo texto *La chambre claire – note sur la photographie*, de Roland Barthes: "Para Barthes, a fotografia é o próprio lugar da morte, na sociedade moderna. / 'Pois é preciso que a morte, numa sociedade, esteja em algum lugar; se ela não está mais (ou está menos) no religioso, ela precisa estar alhures: talvez nessa imagem que produz a Morte ao querer conservar a vida. Contemporânea do recuo dos mitos, a Fotografia corresponderia talvez à intrusão, em nossa sociedade moderna, de uma Morte assimbólica, fora da religião, fora do ritual, uma espécie de brusco mergulho na Morte literal. *A Vida / a morte*: o paradigma se reduz a um simples clique, aquele que separa a pose inicial do papel final.'" (Barthes apud Perrone-Moisés, Leyla. Retratos de família na obra de Carlos Drummond de Andrade. *Revista da Biblioteca Mário de Andrade*, São Paulo, v.60/61, p.12-17, dez. 2002/2003. p.16).

342 Sevcenko, Nicolau. *Orfeu extático na metrópole*: São Paulo, sociedade e cultura nos frementes anos 20. São Paulo: Companhia das Letras, 1992. p.18.

343 Schapochnik, Nelson. Cartões-postais, álbuns de família e ícones da intimidade. In: Sevcenko, *História da vida privada no Brasil, 3*, 1998, p.433.

como desejava Sérgio Buarque de Holanda –,[344] evidencia-se uma contradição de base das sociedades capitalistas modernas, singularmente vivida em países periféricos com suas temporalidades mistas, sobretudo no que diz respeito à revisitação da memória e à busca de sua preservação como possibilidades de se estabelecerem elos comunicativos, e quiçá mais democráticos, entre diferentes classes ou grupos sociais.

4.7 Ainda crônicas provincianas

A *Correspondência entre Gilberto Freyre & Manuel Bandeira* é pontuada por eventos que recuperam o momento heroico do Modernismo, os debates culturais sobre problemas do país, os últimos dias da República Velha, a Era Vargas, a abertura política que se segue ao Estado Novo, com eleição de Gilberto Freyre para deputado federal pela UDN em 1945, a renúncia de Jânio Quadros até a entrada na Ditadura Militar. E, nesse contexto, o sentido do projeto alternativo assumido por Bandeira e Freyre parece refletir o terreno instável da modernização brasileira.

Gilberto Freyre quis ser paradoxalmente um homem de letras *self-made man* no início de seu percurso intelectual e, de fato, somente em doses mínimas, gozou das benesses da posição de funcionário público,[345] tão comum em países nos quais o Estado, assumindo o papel do mecenas, costuma dar guarida ao intelectual e ao artista.[346] Como pretendente a *self-made man*, Freyre despertou a ira dos seus contemporâneos. Veja-se, por exemplo, com que verve vociferante escreve autor não identificado para o primeiro número do suplemento *O Fiau*, com o título "Gilberto Freyre, fruto bichado da literatura brasílio-ianque":

> O sr. Gilberto Freyre chegou da América há dias. Veio pela Europa. Chegou fazendo um reclame espalhafatoso para que toda a gente soubesse que ele viu a Quinta Avenida, o Riverside, Brooklin,

---

344 Holanda, *Raízes do Brasil*, 1975.

345 Sobre a experiência profissional de Gilberto Freyre, vale dizer que poucas vezes desempenhou a função de funcionário público como atividade principal. Como alguns exemplos marcantes, podem-se citar os seguintes momentos: quando foi professor da Escola Normal de Pernambuco (1929-1930), da Faculdade de Direito do Recife (1935) e da Universidade do Distrito Federal (1935-1937). Estudo interessante sobre o período em que Freyre foi professor na Universidade do Distrito Federal foi realizado por Simone Meucci, em sua tese de doutorado, sob orientação de Elide Rugai Bastos (cf. Meucci, *Gilberto Freyre e a sociologia no Brasil*, 2006).

346 Aproveito aqui a análise que João Cezar de Castro Rocha faz dos tipos ideais de inserção do *litteratus* na modernidade: "Na tendência anglo-saxã, lidamos com o homem de letras cujo êxito depende da relação estabelecida com o público consumidor de cultura – trata-se do homem de letras *'self-made man'*. No caso francês, encontramos o homem de letras cuja missão civilizadora é bem mais cumprida quando apoiada pelo Estado – trata-se do homem de letras 'cidadão'. Já no modelo brasileiro, temos o homem de letras cuja sobrevivência muitas vezes depende diretamente do subsídio estatal – trata-se do homem de letras 'funcionário público'." (Rocha, *O exílio do homem cordial*, 2004, p.34).

a Califórnia, e que conheceu três ou quatro atrizes de cinema. Bonito! Edificante! S. Sa. é, inegavelmente, um dos raros exemplares aproveitáveis no pomar [...] das letras nacionais. Mas, o que é pomar de letras nacionais? Perguntarão. – É futurismo, meus senhores, é futurismo. / [...] Ora bolas! Se Rui era um "xaroposo", no dizer do sr. Gilberto Freyre, S. Sa. o que será? "Garoposo", ou por outra, uma boa garapada de mel de engenho.[347]

O tom dos diálogos (e afrontas) públicos, por veículos como o jornal, marcava sobremaneira o meio cultural pernambucano e brasileiro daquela época, bem na esteira da cordialidade de que fala João Cezar de Castro Rocha como estratégia de o homem de letras inserir-se em um território de exíguo público leitor,[348] ou na trilha mesmo de Roberto Ventura, quando discorre sobre como crítica e polêmica se imbricavam no contexto da segunda metade do século XIX e dos primeiros anos do século passado.[349] O que temos nesse trecho de artigo anônimo é exemplo de confusão terminológica hoje não mais posta em questão: Gilberto Freyre futurista? Por certo que não. Empregos diversos e discrepantes envolvendo a imagem de Freyre eram comuns e, de certo modo, continuam o sendo até hoje.

Freyre, ao contrário, assumiu-se como crítico da presença de movimentos internacionais no país e sequer flertou com o chamado "futurismo",[350] embora

---

347 GILBERTO Freyre, fruto bichado da literatura brasílio-ianque. *O Fiau*, Recife, ano 1, n.1, 7 maio 1923 (apud AZEVEDO, *Modernismo e regionalismo*, 1996, p.200-201).

348 Cf. ROCHA, *Literatura e cordialidade*, 1998.

349 "As polêmicas incorporaram a forma dialógica dos desafios da poesia popular e um código de honra tradicional, que entrava em conflito com as propostas de modernização. Deu-se a interação entre o *oral* e o *escrito*, entre os desafios da poesia popular e tais debates, o que realizou a convergência entre valores modernos e tradicionais, entre os pressupostos evolucionistas da 'luta pela sobrevivência' e as disputas entre grupos rivais, regidas por um 'código de honra', característico da mentalidade rural. Os bacharéis combatentes retomaram a tradição dos cantadores e repentistas, acrescida dos padrões de argumentação jurídica, com as réplicas e tréplicas próprias aos tribunais." (VENTURA, Roberto. *Estilo tropical*: história cultural e polêmicas literárias no Brasil, 1870-1914. São Paulo: Companhia das Letras, 1991. p.10).

350 O termo "futurismo" era largamente empregado para significar tendências modernistas, sobretudo aquelas presentes na província sob o influxo vanguardista de São Paulo. Nesse sentido, o livro *Modernismo e regionalismo*, de Neroaldo Pontes de Azevedo, apoiado em farto material, deixa pistas interessantes para análise. Logo no início da década de 1920, os "regionalistas" seriam reunidos em torno do *Diário de Pernambuco*; por sua vez, os modernistas no *Jornal do Commercio*. Enquanto a valorização da região – com todo seu conservadorismo e apelo ao mundo rural – é reforçada no primeiro grupo, ao redor do segundo grupo, insistia-se "no privilégio urbano sobre o rural, proclamava-se a necessidade do progresso, tudo vazado em metáforas oriundas de realidades marcadas pela pressa, pela rapidez, pela velocidade." (AZEVEDO, *Modernismo e regionalismo*, 1996, p.176). O primeiro grupo, reunido em torno do Centro Regionalista do Nordeste, apresentava nítida postura crítica com relação ao esquema federalista que relegava às províncias, por assim dizer, periféricas um papel político desvantajoso; o segundo, por sua vez, defendia o federalismo. Para Edson N. da Fonseca, sobre o regionalismo de Freyre antes de 1926: "Foi estudando o passado brasileiro que Gilberto Freyre se convenceu da vantagem do regionalismo unitário do Império em relação ao estadualismo 'futurista' e 'pós-impressionista' instaurado pela república de 1889. [...] / A convicção das vantagens do regionalismo transparece nos artigos escritos nos anos 20" [1918-1926] (FONSECA, Edson Nery da. *O grande sedutor*: escritos sobre Gilberto Freyre de 1945 até hoje. Rio de Janeiro: Cassará Editora, 2011. p.443). Era a época do arranjo oligárquico (1906-1930) que caracterizou a República Velha, privilegiando mineiros e paulistas, rompido, apenas temporariamente, pelo gaúcho Hermes da Fonseca (1910-1914) e pelo paraibano Epitácio Pessoa (1919-1922). Para complicar o esquema, por outro lado, o poder nas mãos de Epitácio Pessoa favoreceria o grupo do *Jornal do Commmercio*, cujos proprietários eram os irmãos Pessoa de Queiroz, parentes do presidente. Essa rivalidade em

tenha tido muito cedo contato com as vanguardas, sobretudo norte-americanas.[351] Em posição semelhante está Bandeira, o qual, por exemplo, apesar de ter vários amigos participando ativamente da Semana de Arte Moderna, preferiu manter-se distante do movimento autodenominado renovador, como afirma em seu *Itinerário de Pasárgada*.[352] A renovação, voltada para o futuro, seria mais fortemente assumida por outros artistas do período, como demonstra o "Prefácio interessantíssimo" de Mário de Andrade, publicado em *Pauliceia desvairada*.

Ao longo da correspondência, também é possível observar como se dá o processo de autonomização dos campos artístico e intelectual no Brasil: Gilberto Freyre sobrevive, sobretudo, como *scholar*, como professor-visitante com contrato temporário, como jornalista e como intelectual independente, publicando seus livros, dando palestras e prestando serviços esporádicos ao governo. Após o governo Vargas e sua atuação como deputado federal (1946--1951), eleito pela UDN com o apoio da juventude de esquerda de Pernambuco, reunida em torno da Faculdade de Direito do Recife, também assume a faceta de intelectual oficial, que se consolida quando, em 1969, passa a fazer parte do quadro fixo do Conselho Federal de Cultura. Com apoio do governo português, empreende viagem, de agosto de 1951 a fevereiro de 1952, a povos de formação portuguesa na África e na Ásia, em busca das constantes de caráter que, uma vez verificadas, reforçariam sua tese do lusotropicalismo. O livro resultante da experiência africana, *Aventura e rotina*, publicado em 1953 pela editora José Olympio, é, inclusive, dedicado a Bandeira, com as seguintes palavras: "A Manuel Bandeira / Sem quê nem para quê, só por pura e velha amizade".[353] O poeta, na correspondência, agradece a delicadeza do amigo em carta de 29

---

termos de poder reforça a necessidade, inclusive, de se matizarem filiações a um ou a outro grupo. A necessidade de mediações fica bem clara com a direção híbrida que Freyre dá ao jornal governista *A Província*, já no final da década (lembre-se de que Pernambuco era governado, à época, por Estácio de Albuquerque Coimbra, fundador do Partido Republicano de Barreiros, a quem Freyre estava ligado). Neroaldo P. de Azevedo aponta ainda que, ao jornal *A Província*, sob a direção de Freyre, imprime-se orientação nova, "sem barreiras a 'modernistas' ou 'regionalistas' de qualquer origem ou orientação" (AZEVEDO, *Modernismo e regionalismo*, 1996, p.179).

351 Apesar de optar por uma literatura não transgressora, repudiando publicamente a vanguarda aqui no Brasil, sobretudo em artigos da década de 1920, Gilberto Freyre teve, de fato, contato com novidades estéticas em matéria de arte quando de sua estada nos Estados Unidos – desde o período de estudante na Universidade de Baylor, tendo sido marcante em especial suas aulas com o Prof. A. J. Armstrong – e também de sua visita à Europa. Para uma leitura comparada que reflete sobre alguns pontos do diálogo com as vanguardas anglo-americanas, cf.: DIAS, Silvana Moreli Vicente. Leituras modernas da antiga província: nordestes, Gilberto Freyre e a vanguarda anglo-americana, *Revista Terra Roxa e Outras Terras*, Programa de Pós-graduação em Letras da Universidade Estadual de Londrina, Londrina, n.11, p.77-90). Em 2007, Edson N. da Fonseca publicou o livro *Em torno de Gilberto Freyre*, em que reuniu trabalhos dispersos sobre o sociólogo. Vale destacar, nesse livro, a seção intitulada "Imagismo", em que discorre sobre a presença da vanguarda norte-americana na obra de Freyre, ensaio encerrado com a análise da imagem na obra do escritor (FONSECA, Edson Nery da. *Em torno de Gilberto Freyre*: ensaios e conferências. Recife: Fundação Joaquim Nabuco/Massangana, 2007. p.47-52).

352 Sobre a Semana de Arte Moderna de 1922, afirmou Manuel Bandeira em seu *Itinerário de Pasárgada*: "Também não quisemos, Ribeiro Couto e eu, ir a São Paulo por ocasião da Semana de Arte Moderna. Nunca atacamos publicamente os mestres parnasianos e simbolistas, nunca repudiamos o soneto nem, de um modo geral, os versos metrificados e rimados. Pouco me deve o movimento; o que eu devo a ele é enorme. Não só por intermédio dele vim a tomar conhecimento da arte de vanguarda da Europa (da literatura e também das artes plásticas e da música), como me vi sempre estimulado pela aura de simpatia que me vinha do grupo paulista." (BANDEIRA, *Poesia completa e prosa*, 1974, p.65).

353 Cf. Figura 24.

de março de 1954[354] e, posteriormente, detalha aspectos da leitura do livro, nascido, como se vê, de uma viagem patrocinada:

> Gilberto,
> Comecei a ler o seu livro, – o <u>meu</u> livro, nas vésperas de sua última conferência no Gabinete Português de Leitura. E desde então não tenho feito outra leitura. Leitura que vou fazendo com aquele vagar de menino que come assim para fazer inveja aos outros.
> Vou lendo com delícia de reencontrar aqui o Gilberto de *Casa--grande & senzala*. Sem parecer desfazer no que veio depois (Tudo que você escreve teve interesse, aí certas croniquinhas pífias do *Cruzeiro*), havia no seu primeiro livro uma "virgindade" que você perdeu nos outros, e agora como que se refez para esta *Aventura e rotina*, talvez pela [ilegível] ou emoção do assunto. Por outras palavras, e em termos do binômio português: em *Casa-grande & senzala*, como em *Aventura e rotina*, houve aventura; nos outros livros, rotina. Rotina, bem entendido, do que é de primeira ordem no que você imagina e exprime. Do ponto de vista do estilo, da ressonância poética, este supera a todos os seus livros, inclusive o primeiro. Não lhe digo que estas e aquelas páginas são de antologia porque na verdade quase tudo é de antologia. Todavia posso destacar como me tendo deleitado intensamente tudo o que se refere às quintas portuguesas, a passagem sobre restaurações de monumentos, as coisas de culinária, as biografias de Pero da Covilhã e F. Mendes Pinto, as notas sobre Sagres, as impressões sobre livros antigos, a propósito de biblioteca de Vila Viçosa etc. etc. etc. Fiquei assombrado com o seu conhecimento de Portugal, sobretudo do conhecimento em profundidade da paisagem portuguesa.[355]

Manuel Bandeira, por sua vez, atuou como cronista fixo para jornais, como revisor e tradutor para editoras comerciais, como professor e como organizador de livros, muitas vezes por encomenda do governo, principalmente pelo MEC – por exemplo, temos a *Antologia dos poetas brasileiros da fase romântica*, de 1937, a *Antologia dos poetas brasileiros da fase parnasiana*, de 1938, o *Guia de Ouro Preto*, de 1938. Sua vida, ao que tudo indica, foi uma verdadeira "dobadoura":

> Tenho andado em grandes trabalhos. Não há meio de pôr um paradeiro nessa dobadoura. A *Antologia dos parnasianos* está quase

---

354 Cf. capítulo 2, documento 47, com datação "Rio de Janeiro, 29 de março de 1954".
355 Cf. capítulo 2, documento 48, com datação "Rio de Janeiro, 18 de junho de 1954".

a sair. O que vai ficar uma beleza é o *Guia de Ouro Preto*, graças à colaboração do nosso Jardim, que fez ótimo trabalho: 21 *hors-texte* e 24 ilustrações no texto. Os desenhos foram reproduzidos em litofotogravura e ficaram exatamente iguais aos originais. Anteontem eu e o Rodrigo estivemos fazendo a paginação. Dentro de dois meses sairá.

Continuo muito interessado nas lições do Pedro II. Infelizmente breve terei que largar o osso, porque vão abrir concurso e eu não tenho idade, saúde nem tempo para me meter na aventura de um concurso.[356]

Manuel Bandeira foi apoio incondicional a Freyre em suas constantes idas ao Rio de Janeiro, quer o hospedando, quer o acompanhando em noitadas nas décadas de 1920 e 1930 ou em reuniões familiares nas décadas de 1940 e 1950. Em uma das poucas atuações de Freyre como quadro fixo de uma instituição de ensino, Bandeira ajudou a convencê-lo a participar do projeto de implantação da Universidade do Distrito Federal, no Rio de Janeiro:

> Até nestes últimos dias o mestre do Recife anda nos preocupando muito, porque está nos parecendo que ele anda com pouca vontade de dar as caras por aqui para ensinar Sociologia na nova universidade. Veja se adia o curso prometido aos estudantes daí e vem. Quem sabe se a mudança de ares não acaba de vez com essa furunculose que o tem azucrinado? A sua nomeação (como a do Lélio Gama, a do Sousa da Silveira e alguns mais) pôs uma grande esperança na tal universidade. Se você rói a corda é o diabo. Venha. Se a coisa não lhe agradar, será só este rabo de ano que você terá que aturar, ao passo que em 1936 seria um ano inteiro. Estamos com muitas saudades. O Gastão Cruls não dorme! Volta e meia me telefona.[357]

Vê-se que a trajetória profissional de ambos os escritores reflete a condição precária em que se encontram muitos dos intelectuais e artistas do período: não haveria uma instituição literária plenamente desenvolvida no país, e em contrapartida ter-se-ia desenvolvido uma dependência relativa desses escritores em relação ao governo, o que, por sua vez, resultaria numa verdadeira mutilação da possibilidade de racionalização da administração pública, que seria chamada a permanecer permeável ao trânsito de favores pessoais e comprometida com a oferta do "ócio necessário à criação".[358]

---

356 Cf. capítulo 2, documento 30, com datação "Rio de Janeiro, 8 de agosto de 1938".

357 Cf. capítulo 2, documento 21, com datação "Rio de Janeiro, 7 de agosto de 1935".

358 LAJOLO, Marisa; ZILBERMAN, Regina. *A formação da leitura no Brasil*. São Paulo: Ática, 1996. p.71.

Nesse contexto, houve um período fundamental para a aproximação e para a "afinação intelectual e artística" dos escritores: o período que vai de 1926 a 1930. Primeiro, o jovem Gilberto Freyre é chamado para participar do quadro da *Revista do Brasil*, no curto período em que esteve à sua frente o amigo Rodrigo Melo Franco de Andrade. Sobre a revista, falei brevemente na seção 4.1 – "O ensaio de Gilberto Freyre e outras correspondências impuras" –, acerca do destaque dado à correspondência, incomum para os dias de hoje. De resto, importa falar sobre sua atuação como veículo engajado no Modernismo. Ao discorrer sobre as revistas e o movimento, no capítulo "A crítica modernista", Afrânio Coutinho afirma que a *Revista do Brasil* esteve à margem do movimento quando sob a orientação de Monteiro Lobato. Em dois períodos, especificamente sob a direção de Paulo Prado (1923) e Rodrigo Melo Franco de Andrade, encampou o projeto modernista.

A forma como Freyre aborda o referido período no diário *Tempo morto e outros tempos* indica que o jovem pernambucano tinha consciência de que fazia parte de um grupo com uma proposta inovadora: "Meu grupo no Rio [...] vem sendo os modernistas [...] que preparam a *Revista do Brasil*, para a sua nova fase: Rodrigo Melo Franco de Andrade, Prudente de Morais Neto, Sérgio Buarque de Holanda, Drummond de Andrade. E sobretudo Bandeira".[359] Desconsiderando a possível incongruência acerca da informação sobre Drummond – já que ele não morava no Rio naquela época, tendo publicado apenas seu poema "Infância" em edição de 15 de dezembro de 1926 –, esse, de fato, como percebemos por meio da sua correspondência com Bandeira e pelo próprio conjunto de colaboradores estampado na primeira página da revista, foi o grupo de Gilberto Freyre no Rio na década de 1920. Mais adiante, no diário de 1975, igualmente com datação "Rio, 1926", Freyre conta que, com os amigos da revista, cria um grupo de colaboradores-personagens. São eles J. J. Gomes Sampaio e Esmeraldino Olympio.[360] Carlos Drummond de Andrade, em nota à crônica "A Academia em 1926", compilada em *Andorinha, andorinha*, de Manuel Bandeira, afirma que o texto foi publicado com o pseudônimo Esmeraldino Olympio. Segundo o organizador do volume, esse pseudônimo mais o de J. J. Gomes Sampaio "eram as assinaturas com que, na *Revista do Brasil* dirigida nominalmente por Pandiá Calógeras, Afrânio Peixoto, Alfredo Pujol e Plínio Barreto, porém na realidade sob a direção exclusiva de Rodrigo Melo Franco de Andrade, este, Gilberto Freyre e o Autor [Manuel Bandeira], em 1926 e começo de 1927, satirizavam aspectos da vida literária brasileira".[361] Ao que tudo indica, os que assumem a escrita das crônicas satíricas acabam sendo Bandeira e Freyre.

O riso, como já afirmamos, viria a ser uma das marcas do encontro entre os dois escritores. O modo como tal encontro se dá comunica-se com a

---

359 Freyre, *Tempo morto e outros tempos*, 1975, p.185.

360 Freyre, *Tempo morto e outros tempos*, 1975, p.189.

361 Bandeira, Manuel. *Andorinha, andorinha*. Coord. Carlos Drummond de Andrade. São Paulo: Círculo do Livro, 1978. p.168.

tendência carnavalizante que também distinguiu a geração, um modo irreverente de se voltar contra a tradição institucionalizada, como em Bandeira do poema "Os sapos". Na crônica "A Academia em 1926", o procedimento atuante é o da paródia dos discursos oficiais. Observe-se como há uma irreverência quanto à tradição, mas, ao mesmo tempo, não se afasta completamente dela, expondo, de forma risível, aqueles que seriam seus próprios procedimentos. O suposto *sermo sublimis* da literatura oficial é rebaixado pela imitação, em forma de troça, de uma sessão na Academia:

> O sr. Luís Carlos chamou de "ninho de relâmpagos" ao espadim acadêmico que pertenceu a Raimundo Correia. Foi imprudência. O espadim tomou à letra o que, no espírito do ilustre poeta das *Colunas*, não passava, sem dúvida de um tropo imaginoso para arrematar com chave de ouro a sua bela peça oratória. [...] A pedido de várias famílias o orador tornou a narrar, com inexcedível graça de pormenores, a anedota do copo d'água e da pétala de rosa, ocorrida na Academia dos Silenciosos da Pérsia. Depois veio o elogio dos predecessores, e a propósito do sr. Alberto Faria, o digno engenheiro explicou à douta companhia que a palavra "folclore" é de origem inglesa: "*folk*", povo; "*lore*", conhecimento, estudo; "*folk-lore*", ciência que tem por objeto estudar o povo. Foi a nota erudita do discurso. [...]
> O paraninfo do poeta foi o sr. Osório Duque Estrada que entre os títulos de glória do novo acadêmico citou o de ter ele merecido de sua pena as honras de um "Registro" inteiro. Realmente o eminente crítico não podia dizer mais. O preciso "Registro" foi lido de cabo a rabo. É uma crítica de escada acima e abaixo, no qual o profanador da "Oração na Acrópole" analisou exaustivamente as poesias das *Colunas*, verificando que em cento e trinta e duas composições só quatro versos, num total de três mil e oitenta e oito, são duros, além de uma única estrofe com rimas homófonas. [...]
> Os espíritos de Platão e Academus, invocados no exórdio da oração do seu novo confrade, sorriam encantados...[362]

Nessa crônica, publicada originalmente na *Revista do Brasil* em 30 de dezembro de 1926 com o título *Ad immortalitatem*,[363] há uma apropriação do que se entende por linguagem acadêmica, alvo dos ataques iconoclastas que se tornaram símbolos da Semana de Arte de Moderna de 1922, como um modo de satirizá-la por dentro. Ou seja, o efeito cômico é causado pela paródia da ideia que se tem de Academia. O espírito acadêmico, contra o qual os autores se vol-

---

[362] BANDEIRA, *Andorinha, andorinha*, 1978, p. 168.

[363] Lembre-se de que a inscrição *Ad immortalitatem*, que significa "À imortalidade", faz parte do brasão da Academia Brasileira de Letras.

tam, é aquele nitidamente inspirado na imitação e no regramento artístico. A análise exaustiva do aspecto poético formal – "em cento e trinta e duas composições só quatro versos, num total de três mil e oitenta e oito, são duros" –, as remissões ao modelo clássico que "encantariam Platão e Academus", a rememoração de anedota "do copo d'água e da pétala de rosa, ocorrida na Academia dos Silenciosos da Pérsia", enfim, todas as outras imagens transcritas em falso sublime, como "ninho de relâmpagos", "ilustre poeta das *Colunas*", "o famoso jardim de Atenas", são rebaixadas pela paródia explícita. O alvo são os supostos mecanismos oriundos do Parnasianismo e da tradição oratória, o que permite afirmar que há um questionamento – embora não tão radical como em outros discursos da modernidade, como certos movimentos da vanguarda europeia, por exemplo, o surrealismo[364] – da "instituição arte". Enfatiza-se, sobretudo, o aspecto cômico e burlesco, sem que haja, assim, um questionamento mais consistente da linguagem artística ou mesmo dos valores de uma tradição aristocrática mais arraigada. De qualquer modo, há uma releitura crítica, apesar de não radical, da tradição, principalmente na via de seu artificialismo pomposo e vazio que prejudica a sobriedade e a objetividade da expressão.[365] Tal fato permite constatar que havia uma desenvoltura dos escritores na imprensa num período em que as inovações modernistas não tinham entrado completamente "na ordem do dia".

Com o pseudônimo J. J. Gomes Sampaio, sai a crônica "Os novos do Piauí" em edição de 30 de setembro de 1926. Como Esmeraldino Olympio, ainda temos "À margem da arte de Orico", em edição de 30 de outubro de 1926, e a resenha de "La guitarra de los negros", de Ildefonso Pereda Valdes, publicada em 30 de novembro de 1926. O poema "Evocação do Recife" também é publicado na edição de 30 de novembro de 1926. Certamente havia um sentido de troça descomprometida e irreverente embutido na criação dos pseudônimos, pois há um número maior de artigos, crônicas e resenhas assinados com os nomes, de fato, de Gilberto Freyre e Manuel Bandeira.

Outro encontro singular que merece ser discutido, mesmo que rapidamente, é o proporcionado pelo jornal *A Província*, no período que vai de agosto de 1928 a outubro de 1930, quando o diário para de funcionar às vésperas dos eventos detonados pela Revolução de Outubro de 1930.

Na primeira página do jornal do dia 17 de agosto de 1928,[366] temos a seguinte advertência, no alto à esquerda: "Em virtude dos serviços de adaptação

---

364 Cf. BÜRGER, *Teoria da vanguarda*, 1993.

365 Em *Sobrados e mucambos*, Gilberto Freyre faz a seguinte análise da tradição retórica assimilada e mal utilizada pelos brasileiros: "Daí a tendência oratória que ficou no brasileiro, perturbando-o tanto no esforço de pensar como no de analisar as coisas, os fatos, as pessoas. Mesmo ocupando-se de assuntos que peçam a maior sobriedade verbal, a precisão, de preferência ao efeito literário, o tom de conversa em vez do discurso, a maior pureza possível de objetividade, o brasileiro insensivelmente levanta a voz e arredonda a frase como se estivesse prestando exame de retórica em colégio de padre. Efeito do muito latim; da muita retórica de padre de que se impregnou entre nós o ensino; de que se deixou marcar a formação intelectual dos homens." (FREYRE, *Sobrados e mucambos*, 2003, p.438).

366 Todas as informações aqui contidas sobre o jornal *A Província* foram tomadas a partir de rolos gerados pelo processo de microfilmagem guardados na Fundação Joaquim Nabuco (Recife) e na Fundação Biblioteca Nacional (Rio de Janeiro).

à sua nova fase, esta folha não circulará amanhã, reaparecendo no próximo domingo com uma edição de 16 páginas".[367] Na mesma página, ao centro, em destaque, ainda encontramos o seguinte informe publicitário:

> No dia 19 leiam A Província / Nova fase / Jornal de informação e cultura / Os assuntos mais vivos e atuais – problemas econômicos, política, literatura, cinema, arte brasileira, religião, vida internacional, questões sociais, *sport*, moda etc. – discutidos ou esclarecidos por um grupo de escritores, jornalistas e especialistas de autoridade e relevo. / Colaboração efetiva de Medeiros e Albuquerque, Pontes de Miranda, Manuel Bandeira, Ronald de Carvalho, Prudente de Moraes, neto, Joanita Blank, Matheus de Albuquerque, Barbosa Lima Sobrinho, José Américo de Almeida, Rodrigo M. F. de Andrade, Joaquim Eulálio, Ribeiro Couto, Francisco Guimarães, Francis Butler Simkins, Jorge de Lima e Ernesto Montenegro / Ilustrações de M. Bandeira, Luís Jardim, Joaquim Cardozo / Extenso serviço telegráfico / Grandes reportagens ilustradas / Direção de José Maria Bello e Gilberto Freyre / Redatores: Moraes Coutinho, Annibal Fernandes e Olívio Montenegro (redator secretário) / Redatores correspondentes: José Lins do Rego (Alagoas) e Adhemar Vidal (Paraíba).[368]

A promessa, aos olhos de agora, parece grande, utópica até. Nomes de relevo nacional são listados como futuros colaboradores e funcionários de um jornal que não era considerado como dos maiores periódicos do Recife, tanto em termos de circulação quanto, possivelmente, em termos de recursos financeiros. O número de páginas era, regularmente, oito; portanto, um periódico pouco extenso, bastante ocupado por anúncios. Sobrava pouco espaço para cobrir as seções regulares (economia, política, notícias internacionais, cultura, esportes etc.), as quais, em linhas gerais, se assemelhavam bastante a jornais de hoje em dia. E, ainda mais, a nova fase de *A Província* prometia um destaque incomum a assuntos que são agregados, atualmente, sob a rubrica geral de "Cultura" ou "Variedades", tais como literatura, cinema, arte, religião e moda.

A promessa, todavia, foi cumprida: *A Província* conseguiu reunir um corpo de colaboradores muito bem preparado para tomar a frente em um movimento de renovação tanto no formato da informação quanto no diálogo com a vanguarda modernista em cena no Rio e São Paulo, aproveitando-a criativamente para compor um jornal adequado para as demandas do público local e, ao mesmo tempo, lançando-se para a cena nacional e internacional ao promover

---

[367] Nas transcrições de trechos do jornal, fez-se a atualização ortográfica; no entanto mantivemos todas as especificidades de estilo e características de pontuação foram mantidas, mesmo quando pudessem ser entendidas como desvio da norma culta segundo a Norma Gramatical Brasileira.

[368] *A Província*, Recife, 17 ago. 1928, p.1.

a atualização estética na trilha da modernização técnica em curso no Brasil da década de 1920. "Provincianizar-se", como é anunciado em vários artigos, passa a ser um objetivo do jornal, numa linha que não via nenhuma contradição entre ser moderno e ser regional, antecipando, nesse sentido, o projeto de modernização conciliador paradigmático da década de 1930.[369]

O grupo que se forma ao redor de *A Província*, escolhido cuidadosamente por Freyre, faz parte de um corpo que, apesar de diferenças e divergências aparentes, pode ser visto, hoje, como bastante coeso. É importante mencionar: José Américo de Almeida, José Lins do Rego, Jorge de Lima, Mário Sette, Anibal Fernandes, Sylvio Rabello, Luis Cedro, José Maria Bello, Júlio Bello, Ascenso Ferreira, Olívio Montenegro, entre os nordestinos, e Manuel Bandeira, Prudente de Morais Neto (assinando como Pedro Dantas), Ribeiro Couto e Joanita Blank, entre os residentes ou oriundos do Rio de Janeiro. Joanita Blank dedica-se a uma coluna dominical sobre moda, desenhando e escrevendo de forma bem-humorada e informada sobre as últimas tendências. Ribeiro Couto, por sua vez, encarrega-se de temas voltados para a política. A partir do início de 1929, assume a seção "Cartas de Paris".

Manuel Bandeira envia suas crônicas periodicamente – às vezes a cada semana, às vezes quinzenalmente – e é, segundo testemunhos, o colaborador mais bem pago do jornal. Um levantamento prévio indica que um número considerável de crônicas de Bandeira é inédito em livro, tendo sido apenas alguns textos publicados, às vezes com modificações, em *Crônicas da província do Brasil*, de 1937, e em *Andorinha, andorinha*, de 1966. Podem ser destacadas duas vertentes que não transparecem em sua primeira coletânea de crônicas: uma delas diz respeito ao interesse por editoração, pela imprensa, por oratória e outros assuntos referentes à linguagem; a outra mostra sua verve de comentarista e, às vezes, de crítico impiedoso da sociedade brasileira, sobretudo a carioca.

Na primeira vertente, estariam as crônicas "O Dicionário da Academia", de 26 de agosto de 1928; "Jornais de sensação e jornais discretos", de 30 de agosto de 1928; "Um belo exemplo que a 'A Província' está dando", de 11 de novembro de 1928; "Ainda não acabou a mania do discurso bonito", de 11 de janeiro de 1929; "Minas Gerais no lápis de Manoel Bandeira", de 26 de janeiro de 1929; "A Academia Brasileira de Letras volta a ocupar-se da ortografia", de 6 de novembro de 1929; "É uma insensatez dar-se o 'Luzíadas' para livro de exames", de 12 de abril de 1930; e "Em louvor de um jornal provinciano", em 28 de setembro de 1930, de forma emblemática, às vésperas do fechamento do jornal. Alguns desses artigos marcariam o interesse de Bandeira por questões linguísticas e filológicas, que ficariam mais evidentes em seus estudos a partir

---

369 O tema foi desenvolvido também no artigo "A província, das aporias às experiências repartidas: Gilberto Freyre e Manuel Bandeira no Brasil das décadas de 20 e 30" (In: PRADO, M. E. (Org.). Tradição e modernidade no mundo ibero-americano. COLÓQUIO INTERNACIONAL, Rio de Janeiro, 28-30 maio 2008. *Atas do V Colóquio Internacional*). Em 2011, Lucia Lippi Oliveira analisou o provincianismo de Freyre identificando nele "outro modernismo", distinto do modernismo paulista (cf.: OLIVEIRA, Lucia Lippi. Gilberto Freyre e a valorização da província. *Sociedade e Estado*, v.26, n.1, Brasília, jan.-abr. 2011).

da década de 1930. Maximiano de Carvalho Silva, ao discorrer sobre a importância de Sousa da Silveira para a "renovação dos estudos literários no Brasil", fala, por exemplo, do interesse de Manuel Bandeira e de Mário de Andrade por tais assuntos. Ambos assistiram às aulas de Sousa da Silveira na Universidade do Distrito Federal.[370] Bandeira publicou trabalhos especificamente nessa área, como *A autoria das cartas chilenas*, de 1940, e outros relacionados à organização de edições voltadas para artes e literatura, tais como seus vários volumes de antologias da poesia brasileira, sobre as quais fala em inúmeros momentos nas cartas.[371]

Na segunda linha, que enfoca temas propriamente cotidianos e por vezes em tom de polêmica, destacaria: "Uma vaia no Teatro Municipal", de 26 de setembro de 1928; "As câmaras municipais no Brasil", de 21 de outubro de 1928; "Os arranha-céus no Rio não fazem nenhuma figura", de 23 de novembro de 1928; "Como o Rio festejou o dia da Avenida", de 22 de março de 1929; "O Rio empolgado pela eleição de Miss Brasil", de 30 de abril de 1929; "O cinema falado faz sucesso no Rio", de 11 de agosto de 1929; "O inverno carioca e a vida artística e social do Rio", de 3 de setembro de 1929; "O Recife é uma cidade sem jardins", de 6 de outubro de 1929; "O desenvolvimento artístico do Rio não corresponde ao seu progresso material", de 25 de outubro de 1929; "É preciso deter a onda verde", de 21 de novembro de 1929; e "Comunismo, polícia e poesia", de 29 de novembro de 1929, entre outras crônicas que se voltam para literatura, música, artes plásticas e cultura brasileira, algumas delas já reunidas em coletânea.

O que é significativo no jornal *A Província* é que não há fronteiras nos assuntos abordados: de moda a política, de música a economia, de arquitetura a divulgação de livros novos, o periódico firma uma impressão de autonomia com relação à política, só quebrada quando se aproximam as eleições de 1930.

Outras vertentes estão presentes no jornal: de um lado, o regionalismo, principalmente nos artigos dos nordestinos, sobre temas como rendas, vidas de santos, festas populares, engenhos como Megaípe, senhores de engenho, estilo colonial, arborização, a crise do açúcar, os calungas de Cícero Dias, os rios recifenses, cangaceiros, maracatu, carnaval, os tipos populares que estão desaparecendo, nome de ruas, o sertanejo, os azulejos, igrejas, gente humilde,

---

370 Cf. SILVA, Proteção ao texto literário como peça integrante do nosso patrimônio histórico-cultural, [199?], p.69. O texto também ressalta a importância de Bandeira como colaborador do Ministério da Educação e Cultura sobretudo na década de 1930: "Foi portanto com a colaboração desses dois antigos alunos e colegas de turma no Ginásio Nacional (e desde então fraternais amigos) – Manuel Bandeira e Sousa da Silveira – que o Ministro Gustavo Capanema, empenhado na defesa do patrimônio histórico-cultural, começou a dispensar aos textos a proteção de medidas que os preservassem das descaracterizações em edições malcuidadas e que promovessem a sua divulgação em edições merecedoras de confiança." (SILVA, Proteção ao texto literário como peça integrante do nosso patrimônio histórico-cultural, [199?], p.72).

371 A propósito, em carta de Bandeira a Freyre de 22 de setembro de 1936, o poeta mostra reflexão acerca de critérios – que podem apresentar certo grau de subjetividade – possíveis para a construção de uma edição: "Tenho tido muito trabalho com a tal antologia dos românticos. Talvez eu devesse fazer a coisa com um critério mais objetivo. Fiz uma antologia para mim, que desse bem ideia dos temas, da sensibilidade, dos processos românticos, mas que não fosse uma versalhada pau: em vez de 'Terribilis Dea', por exemplo, três estrofezinhas mozarlescas de Vitoriano Palhares [...]" (Cf. capítulo 2, documento 23).

pescaria, mocambos, arte marajoara, o patrimônio artístico de Pernambuco etc. Muitos desses artigos são assinados por Gilberto Freyre por meio de pseudônimos, como Antonio Ricardo, Jorge Rialto e Raul dos Passos.[372] Como Le Moine, Freyre também publica desenhos e caricaturas. O grande ilustrador dessa vertente é, porém, o pintor Manoel Bandeira, colaborador do sociólogo, como desenhista, em vários outros projetos.

No livro *Assombrações do Recife Velho*, Gilberto Freyre relata uma série de causos de assombrações e fantasmas que aterrorizavam o Recife. No prefácio à primeira edição, de 1955, afirma que uma das situações que o despertaram para este tipo de assunto foi quando era diretor de *A Província*. Depois de ser procurado, no jornal, por um "sisudo morador de sobrado de São José" pedindo para que Freyre convencesse o chefe de polícia a acabar com as assombrações de sua casa, o escritor se inspira para fazer a série no periódico:

> Ao mesmo tempo, porém, o diretor d'*A Província* teve a ideia de encarregar o repórter policial do jornal, que era o Oscar Melo, de vasculhar nos arquivos e nas tradições policiais da cidade o que houvesse de mais interessante sobre o assunto: casas mal-assombradas e casos de assombração. Queixas contra espíritos desordeiros. Denúncias contra ruídos de almas penadas. [...] O poeta Manuel Bandeira escreveu do Rio à direção d'*A Província* que estava encantado com a ideia: toda uma série de artigos sobre o sobrenatural no passado recifense. Mas o poeta Manuel Bandei-

---

[372] Segundo levantamento realizado por Lúcia Gaspar e Virgínia Barbosa, com a colaboração de Elizabeth Dobbin, sob o título *Gilberto Freyre, jornalista: uma bibliografia*, documento editado pela Fundação Joaquim Nabuco, vários artigos foram publicados por Gilberto Freyre no jornal *A Província*, a maioria sob pseudônimo. Como Gilberto Freyre, saiu apenas "O que o senhor Gilberto Freyre manda dizer", 19 ago. 1928 [resposta aos Lima Cavalcanti]. Com autoria de Jorge Rialto, foram publicados: "Meu melhor amigo", 22 nov. 1928; "Hotel do interior", 2 dez. 1928; "Uma recordação", 6 dez. 1928; "Em torno de uma entrevista", 8 dez. 1928; "O ano de 1928", 13 dez. 1928; "Falta de patriotismo?", 19 jan. 1929; "Correspondentes estrangeiros", 22 jan. 1929; "Marcionilo Pedrosa", 26 jan. 1929; "Miss Pernambuco", 23 mar. 1929; "Um homem de trabalho", 1º maio 1929; "Livros bem encadernados", 29 maio 1929; "Um apelo ao Sr. Otávio Mangabeira", 9 jun. 1929; "Um grande desenhista" [sobre o pintor Manoel Bandeira], 4 jul. 1929; "O complexo de mártir", 14 set. 1929; "Arquitetura extravagante", 12 out. 1929; "Fair-play", 19 dez. 1929; "Um exemplo americano", 18 fev. 1930; "Carnaval do Recife", 4 mar. 1930; "Sherlock Holmes", 18 jul. 1930; e "Reflexões sobre uma campanha política", 14 ago. 1930. Como Antonio Ricardo, encontram-se no jornal os seguintes artigos: "Do direito e da justiça", 16 dez. 1928; "Os calungas de Cícero Dias", 25 dez. 1928; "As decisões do júri", 13 jan. 1929; "Um preconceito que não devemos adotar", 30 jan. 1929; "O Sr. Medeiros, os espanhóis e os brasileiros", 20 fev. 1929; "O retiro na vila Nóbrega", 24 fev. 1929; "Estradas de rodagem", 9 mar. 1929; "A beleza e a dignidade da liturgia", 3 abr. 1929; "O Posto do Arruda", 18 abr. 1929; "Um espírito construtor", 27 abr. 1929; "Em torno de uma carta aberta", 25 maio 1929; "A lápide de Frei Caneca", 13 jun. 1929; "Catolicismo e fascismo", 16 jun. 1929; "Escrevam em francês homens!", 21 jun. 1929; "Macaco em loja de louça", 29 jun. 1929; "Mártires de laboratório", 30 ago. 1929; "Realismo em vez de palavrismo", 4 set. 1929; "O dia da árvore", 20 set. 1929; "O embuste da assueroterapia", 29 out. 1929; "Roupas modernas", 6 nov. 1929; "Considerações oportunas", 22 nov. 1929; "Um hospital para bichos", 5 dez. 1929; "Crise da prosperidade", 7 dez. 1929; "A arqueologia Mexicana e a nossa", 22 jan. 1930; "Regeneradores", 25 fev. 1930; "Dona Concha de Los Elogios", 1º mar. 1930; "Em defesa do nosso patrimônio artístico e histórico", 19 jul. 1930; e "Sentimentos cristãos", 3 ago. 1930. Raul dos Passos, por sua vez, publicaria: "O Recife deve fazer as pazes com os seus rios", 15 jan. 1929; "Dos nomes das ruas", 2 mar. 1929; "Um gosto que renasce", 17 mar. 1929; "Era uma vez três amigos", "24 abr. 1929; "Arborização do Recife", 8 maio 1929; "Paulo Paranhos", 16 maio 1929; "Canções para meninos", 4 jul. 1929; "Parques infantis", 31 jul. 1929; "Senso de dever", 2 nov. 1929; "Aspectos do Recife", 23 nov. 1929; "Vicente do Rego Monteiro", 4 jan. 1930; "Adeus, Pedroso Rodrigues", 1º fev. 1930; e "Sentimento de dever", 31 jul. 1930. Disponível em: <http://www.fundaj.gov.br/images/documentos/gilbertofreyre.pdf>. Acesso em: jun. 2014.

ra era então colaborador do velho jornal do Recife, e, portanto, contaminado de provincianismo. Tanto que já escrevera o poema imortal que é "Evocação do Recife".[373]

Freyre não deixa claro, porém, que as histórias são contadas como que "no calor da hora", possivelmente com pseudônimo (afinal, um espectro pode melhor falar sobre outro...), com títulos tais como "Macobeba saiu de novo a fazer tropelias", de 20 de abril de 1929; "Macobeba na Ladeira dos Cochos", de 5 de maio de 1929; "Macobeba continua a fazer tropelias por toda a parte", de 12 de maio de 1929; "A noite de maior atividade de Macobeba", de 18 de maio de 1929; e "Novas tropelias de Macobeba", de 4 de junho de 1929. Ainda há também repercussão entre os colaboradores do jornal, como o artigo "Macobeba é um ótimo professor de corografia", de José Lins do Rego, de 7 de junho de 1929.

Em outra direção, mais cosmopolita, há uma abertura para novidades de outras partes do Brasil e do mundo, como se pode perceber por meio das crônicas que apresentam os nomes de Lasar Segall, Anna Pavlova, Carlito, Conrad, Proust, Pirandello, Manet, Josephine Baker, Le Corbusier, Stalin, Eugênio D'Ors, Clifford Beers, o Zeppellin, Clemenceau, Foch, o telefone, *sports*, roupas modernas, arquitetura moderna, arqueologia mexicana e vários artigos sobre cinema, inclusive sobre cinema falado. Boa parte desses artigos abordando temas mais cosmopolitas foi assinada por Bandeira.

Uma figura que recebe destaque particular ao longo da publicação do jornal – comprovando que havia uma relação cordial com Freyre – é Mário de Andrade. A segunda viagem pelo Norte e Nordeste do Brasil, ocorrida em 1929, que daria origem ao volume *O turista aprendiz* – a primeira foi em 1927 –, foi coberta, de modo especial, pelo jornal. Tem-se, por exemplo, o artigo "O que o sr. Mário de Andrade viu pelo Nordeste", publicado pelo próprio escritor em 16 de fevereiro de 1929; o artigo com a chamada "Mário de Andrade, podendo ir a Europa, preferiu vir em excursão ao Nordeste, onde colheu diretamente mais de oitocentos temas musicais", assinado por Ernani Braga e publicado em 21 de fevereiro de 1929; e ainda "O Sr. Mário de Andrade no Nordeste", de Adhemar Vidal, publicado em 2 de abril de 1929. Afora essa cobertura, há a publicação de artigos elogiosos à obra do escritor paulista, como "A música brasileira na crítica do Sr. Mário de Andrade", por Ernani Braga em 25 de dezembro de 1928; na seção "Livros Novos", o artigo "Macunaíma – Romance – Mário de Andrade", por O. M. (prováveis iniciais de Olívio Montenegro), em 9 de abril de 1929; "Onde estão as riquezas do 'folklore' brasileiro?", por Manuel Bandeira, de 17 de março de 1929; e "O que diz Mário de Andrade sobre o maracatu", por Ernani Braga, publicado em 9 de junho de 1929. Gilberto Freyre, como diretor atuante do jornal, tinha certamente opinião decisiva sobre quais assuntos deveriam ou não sair. O fato de Mário de Andrade receber uma atenção até maior do que outros escritores nordestinos com livros publicados é sinal de que havia um res-

---

373 Freyre, *Assombrações do Recife Velho*, 1987, p.14.

peito entre ambos. Aliás, valeria acrescentar que a viagem de Mário de Andrade ao Norte e Nordeste é o que propicia o famoso episódio do encontro entre o paulista, Freyre e Bandeira para o passeio de lancha no Capibaribe, narrado por Freyre no perfil biográfico "Manuel Bandeira, recifense" – "Aquele rio, aquela terra, aquela cidade, aquele poeta magro dentro da mesma lancha comigo e com Mário de Andrade, estavam ligados para sempre".[374] Mário se refere ao passeio, em seu *O turista aprendiz*, da seguinte forma:

> [Dia] 11 – [...] Tarde M. Bandeira me busca no hotel e me leva a Gilberto Freyre, que nos oferece um passeio de lancha pelo Capibaribe, maravilhoso, com vista da cidade, depois dos arrabaldes, o da Madalena, com os velhos cais das vivendas das famílias ricas antigas, alguns deliciosos de monumentalidade simples, os coqueiros espantados; que verei eu que cada vez que enxergo um coqueiro nordestino me espanto com a beleza dele? Passa um creio que forno de olaria tão perfeito nas proporções, tão exato no equilíbrio, que é um monumento nobre, sereno, duma grandeza que se poderá chamar de clássica na paisagem amável. Passa o arrabalde do Poço e a boca da noite se fecha apagando as sensações, escondendo-as. Voltamos numa conversa mais baixa, recontemplando em azul-negro de desenho, a paisagem colorida de já-hoje. Ao pé do gasômetro visões incendiadas de fornos se banham no rio. Aliás por todo o passeio homens, moços banhando no rio. Fazem porque a gente carece mesmo de tomar banho diário, porém banho de rio dá sempre sensação de pagode e a vista toda do Capibaribe esteve duma alegria magnífica.[375].

Este é um dos momentos mais fortemente líricos do diário de Mário. Nesse trecho, são particularmente interessantes: "a monumentalidade simples" de velhos cais de famílias ricas; os coqueiros espantados e belos; o equilíbrio sereno e nobre de um forno de olaria. Parece que Freyre captou um encontro verdadeiramente emblemático dentro da cultura brasileira: Mário, ele e Bandeira, os três simbolizando a estabilização – muito tensa, sem dúvida – entre monumento e simplicidade, entre exaltação contemplativa e serenidade. Evento semelhante nunca mais se repetiria com esses personagens.

Voltando para *A Província*, nota-se, portanto, que há um equilíbrio dinâmico entre assuntos e enfoques mais ou menos cosmopolitas ou tradicionais. A modernização gráfica também é um diferencial do jornal, que conta com a cola-

---

374 Freyre, Gilberto. Manuel Bandeira, recifense. (Cf. seção 3.2 desta ed.).

375 Andrade, Mário de. *O turista aprendiz*. Estabelecimento de texto, introd. e notas Telê Porto Ancona Lopez. 2. ed. São Paulo: Duas Cidades, 1983. p.347.

boração dos pintores Manoel Bandeira e Luís Jardim. *A Província* parece ter não só contribuído para um sentido de provincianização modernizadora no Recife, mas também para um sentido de provincianização localista, como aquele sentido por um cronista como Manuel Bandeira, que se declara irrestritamente "Em louvor de um jornal provinciano".

* * *

Sobre a ligação do jornal com a política, sabe-se que o cargo de Gilberto Freyre em *A Província* foi intermediado pelo então presidente da província Estácio Coimbra, ligado ao Partido Republicano de Pernambuco e à elite que dominou a arena política durante a República Velha. Vale dizer também que, por ocasião da própria fundação do jornal, a vocação para a intervenção social de *A Província* já estaria inscrita em sua história: seu fundador foi o jornalista e abolicionista José Mariano Carneiro da Cunha (1850-1912). O primeiro número do periódico sairia em 6 de setembro de 1872. No final do século XIX, era reputado como um dos principais jornais brasileiros. Declarando sua "simpatia" pelo Partido Republicano de Pernambuco, Gilberto Freyre assume a direção do jornal ao lado de José Maria Belo. Pouco tempo antes, o sociólogo fora convidado para assumir o cargo de chefe de gabinete de Estácio Coimbra, bem como fora indicado para a cátedra de Sociologia na Escola Normal do Recife, também em 1928, criada como consequência da Reforma Carneiro Leão.[376]

Freyre, portanto, estava bastante envolvido na política pernambucana na segunda metade da década de 1920, caminho que desconfiava não ser muito promissor – "Mais um ano e meio estou livre dessas complicações de governo e de enfrentar oposições sem escrúpulo [...]. Não posso ficar em política. Acabaria mal".[377] Suas premonições se concretizaram com consequências muito além do reduto da província: quando Estácio Coimbra se viu encurralado pelos revoltosos pernambucanos em outubro de 1930, fugiu, com seu chefe de gabinete, para Salvador e depois Lisboa, com breve parada na África. O amigo Bandeira foi bastante solidário nesse período:

> Tivemos muitas apreensões a seu respeito nos primeiros dias da revolução: não se sabia de nada do Recife senão pelos rádios que corriam nas mãos dos revolucionários. Até que por meu tio Antonico soubemos que você navegava com Estácio para Lisboa, o que nos fez respirar por sabê-lo a salvo de perseguições. Infelizmente veio depois por Bigodão notícia que a populaça tinha depredado e queimado a casa de Olímpio. No Carrapicho apareceu um caminhão com soldados e metralhadoras mas nada fizeram, nem

---

376 Freyre, *Tempo morto e outros tempos*, 1975, p.218.

377 Cf. capítulo 2, documento 5, com datação "Recife, 6 de maio de 1929".

chegaram a entrar e nenhum dos seus livros de viagem sofreu. Mas que desgraça, como diz você, ou que esculhambação como diz Bigodão.[378]

A notícia do saque na casa de Gilberto Freyre o deixa muito abalado. O "elegante exílio", como diz Bandeira na mesma carta, não traz propriamente recordações positivas, mas, em outro sentido, oferece o tempo necessário para que Gilberto Freyre comece a coleta de informações, sobretudo na Biblioteca de Lisboa, para seu futuro livro, *Casa-grande & senzala*. O exílio será interrompido ao assumir cargo de professor visitante na Universidade Stanford, em 1931. Nesse período, Bandeira, como quando Freyre estava no Recife na década de 1920, era o mediador para compra de livros e outros favores pessoais. Quando retorna ao Recife, depois da temporada nos Estados Unidos, Freyre já está mais confiante e se voltaria completamente à consecução daquele que seria seu primeiro grande projeto. Bandeira, como se nota pelas cartas, e Rodrigo Melo Franco de Andrade continuam a ser os amigos que impulsionam o sociólogo e facilitam o trânsito de favores na capital federal. Rodrigo consegue encontrar o então editor Augusto Frederico Schmidt para a publicação do livro; com Bandeira, revisa o trabalho e acompanha as provas:

> Um grande abraço em você e por seu intermédio abraço com saudade os amigos daí. Diga a Baby Flag que recebi os livros que tinham ido parar em Santa Teresa. Aqui, e parece que noutros pontos desta grande República na qual outubro de 1930 foi despertar tantas reservas adormecidas de Civismo, Bravura e outras excelsas virtudes de fora, em pleno furor, continua o ambiente safado: os capangas do subdiretor e subchefe do Norte estão, sob o nome de Milícia Cívica, com carta branca para fazerem o que entenderem do Recife, da gente, das casas, de tudo. Creio que vai haver saque como da outra vez. [...] Seu Rodrigo, estou com mais setenta páginas datilografadas, prontas – mal datilografadas, é certo. O fim do 1º capítulo, o 2º e começo do 3º não mando porque não sabia deste portador e não preparei. Peço-lhe recomendar cuidados em respeitarem a ortografia das transcrições. A minha, pode ficar à vontade do editor.[379]

Minha vida tem sido uma aventura quase diária – às vezes não havendo fruta nenhuma para vender, nem comprador de livro ou quadro, mas tenho conservado um *sense of humour* de que

---

[378] Cf. capítulo 2, documento 8, com datação "Rio de Janeiro, natal de 1930".

[379] Carta de Gilberto Freyre a Rodrigo Melo Franco de Andrade, com datação "15 de nov. 1932". (Cf. Freyre, *Cartas do próprio punho sobre pessoas e coisas do Brasil e do estrangeiro*, 1978, p.247-248).

me espanto às vezes. É verdade que em outras tenho vontade de *give up*. Felizmente, ou infelizmente, agora ando com um amor muito romântico: desses provincianos. Parece que sou mesmo é romântico [...] Sinceramente estou me achando cada vez menos Pará – o Pará que Graciema viu escondido em mim, pronto a fazer as tais conferências do Jockey Club. Depois do livro pronto e publicado, irei, sem as obrigações outras de viver entre livros, cuidar da vida e estou me inclinando muito à ideia de um sítio e de criar galinhas. Um sítio que eu arrendaria, talvez mesmo este do Carrapicho. A viagem, ao Rio, parece-me desnecessária, dado o interesse que o nosso Baby Flag tomou pelas provas do livro, e era só no interesse deste que eu iria.[380]

Esses são tempos, apesar dos seus altos e baixos, eufóricos tanto para Bandeira quanto para Freyre. *Casa-grande & senzala* faz um enorme sucesso já por ocasião de seu lançamento, e novas edições não custam a sair. Freyre torna-se reconhecido nos cenários nacional e internacional, vindo a ganhar prêmios e a ser convidado para inúmeras palestras pelo Brasil. Depois, seguem-se as suas aulas na universidade e sua fama de contestador do regime se consolida, o que não impede que o intelectual se beneficie, mesmo que indiretamente, do governo de Getúlio Vargas, através, por exemplo, do SPHAN, dirigido por seu amigo Rodrigo, do qual se torna colaborador. Os trabalhos de Bandeira são inúmeros, alguns para o governo, principalmente na esteira do MEC e do INL, e outros para as editoras que não param de crescer. A época, marcada pelo desenvolvimento econômico e pela conciliação política pragmática em torno de Getúlio, certamente deixa marcas na trajetória de ambos os intelectuais, que corporificam exemplarmente o equilíbrio precário – e sobre o qual não poderiam exercer muito controle, apesar de seu forte apego pela liberdade e repúdio ao autoritarismo – entre o antigo e o novo, entre tradição e modernidade, entre libertinagem e domínio centralizador, entre relativa burocratização e permanência do mundo dos favores, contradição esta que, segundo Levine, foi um dos fatores que impediram o sucesso do projeto de Vargas de modernização do país pelo esforço de engenharia social e industrialização.[381] Freyre e Bandeira se beneficiaram enormemente, como vimos, da nova condição favorável à produção intelectual e artística, bem como do estímulo estatal por via indireta, sobretudo do SPHAN e do INL.

A partir de 1945, a correspondência torna-se mais esparsa e lacônica. Os documentos são principalmente de saudações, mas a amizade permanece firme. Freyre continua a fazer suas viagens pelo Rio de Janeiro, agora com sua família. Bandeira não chegaria a conhecer o famoso Solar de Apipucos. Outros

---

380 Carta de Gilberto Freyre a Rodrigo Melo Franco de Andrade, com datação "Carrapicho, Ano Bom / 1932-33" (cf. Freyre, *Cartas do próprio punho sobre pessoas e coisas do Brasil e do estrangeiro*, 1978, p.249-250).

381 Cf. Levine, *Pai dos pobres?*, 2001.

assuntos percorrem essa correspondência tardia: os bastidores da Academia Brasileira de Letras e sua política de ingresso, bem como a melancólica renúncia de Jânio Quadros, que faria Bandeira se abrir de forma dolorida: "acontecimentos políticos recentes (da renúncia de Jânio) me deprimiram bastante. Que Brasil este! Como é difícil amá-lo! Entreguei os pontos: seja o que Deus quiser".[382]

* * *

Para fechar, gostaria de me referir ao episódio da cabeça (ou busto, como alguns a chamam) de Manuel Bandeira, esculpida por Celso Antonio, que gerou verdadeira celeuma em território pernambucano porque um jornalista, Mário Melo, fez campanha para que ela não fosse posta em via pública sob a alegação de que a Constituição do Estado de Pernambuco não permitia homenagens a pessoas vivas. As cartas fazem referência aos termos da homenagem, como quais palavras seriam esculpidas na imagem. Gilberto Freyre insiste em palavras com tom mais "inflado", enquanto Bandeira prefere algo mais simples ("De Pernambuco / a / Manuel Bandeira, / o poeta de / *Evocação do Recife*").[383] Defendendo sua posição, usando para tanto argumentos que procuram convencer Bandeira da necessidade da "expansão" da homenagem, mas sem desqualificar a qualidade das palavras "simples" de Bandeira, Freyre recupera, de forma bem-humorada, um personagem de Eça: "Mas como lhe disse na outra carta, ando me reconciliando com Acácio em vários assuntos. E no caso, Acácio diria: – bem, não sei ao certo, o que Acácio diria".[384] No poema "Recife", datado de "Rio, 20-3-1963", o poeta ainda se referiria ao episódio, com um tom fortemente melancólico e uma visão ainda mais desencantada com o presente:

> Ah Recife, Recife, *non possidebis ossa mea!*
> Nem os ossos nem o busto.
> Que me adianta um busto depois de eu morto?
> Depois de morto não me interessará senão, se possível,
> Um cantinho no céu,
> "Se o não sonharam", como disse o meu querido
> João de Deus.[385]

Após várias intervenções e protestos, ao longo de cerca de uma década, a cabeça é finalmente inaugurada. Bandeira não pode comparecer e tam-

---

382 Cf. capítulo 2, documento 55, com datação "Rio de Janeiro, 8 de setembro de 1961".

383 Cf. capítulo 2, documento 51, com datação "Rio de Janeiro, 19 de maio de 1956".

384 Cf. capítulo 2, documento 52, com datação "Recife, 23 de maio de 1956".

385 BANDEIRA, *Poesia completa e prosa*, 1974, p.334.

bém parece não ter tido ânimo para a viagem. Elísio Condé segue, então, para o Recife como representante oficial do poeta e, no dia 19 de novembro de 1966, lê uma mensagem de Bandeira diante de autoridades e de outros presentes:

> Posso repetir agora que, quando a Indesejada das Gentes vier buscar-me, encontrará, em minha vida, cada coisa em seu lugar, inclusive esta cabeça que está e ficará como disse no "Coração da minha infância" – no "Coração da minha rua".[386]

Manuel Bandeira morreria no dia 13 de outubro de 1968. Sua cabeça hoje pode ser observada diante do Espaço Pasárgada, na rua da União, no lugar que foi a casa da infância do poeta. Freyre, seu eterno admirador, também levou para sua casa uma outra cabeça semelhante à da homenagem.[387] Freyre morreria no dia 18 de julho de 1987. No intervalo de quase duas décadas, não se cansou de ser um autêntico "garatujador" impertinente, alisando seu pelo no amigo:

> Daí ser a literatura o templo mais infestado de falsos profetas. Pessoas que diante de um piano não ousam tocar nem de leve na dentadura escancarada do instrumento, com medo de ofender o instinto melodioso do gato que ronrona sobre o sofá, garatujam uma folha de papel com a maior sem-cerimônia deste mundo. E supõem que escrevem.[388]

Freyre, porém, ousou tocar "na dentadura escancarada do instrumento", sem medo de ofendê-lo. Ousou tocar aquele "cronista de província", o "músico falhado", o poeta que "engoliu um dia / Um piano, mas o teclado / Ficou de fora". O "provinciano que nunca soube",[389] ao final, seria símbolo daquele belo trânsito entre os 8 e os 80,[390] que Gilberto Freyre soube perceber e, em alguma medida, exaltar ao longo de décadas, com seu ímpeto de provinciano voraz.

---

386 CONDÉ, Elísio. Manuel Bandeira no Recife. In: SILVA (Org.), *Homenagem a Manuel Bandeira*, 1989, p.171. Crônica originalmente publicada no *Jornal de Letras*, Rio de Janeiro, maio de 1986.

387 Cf. Figura 43.

388 FREYRE, *Tempo de aprendiz*, v.1, p.80. Citação de artigo intitulado "Uma escritora americana: Miss Amy Lowell", originalmente publicado no *Diário de Pernambuco* em 15 de agosto de 1920. Nessa época, Freyre e Bandeira ainda não se conheciam.

389 BANDEIRA, *Poesia completa e prosa*, 1974, p.394.

390 Cf. FREYRE, Gilberto. Dos oito aos oitenta (seção 3.3 desta ed.) Tal artigo, escrito para a edição de homenagem a Bandeira *Estrela da vida inteira*, pelos seus 80 anos, foi elogiado pelo poeta: "Você me deu um alegrão. Eram as palavras que escreveu para a nova edição de minhas *Poesias Completas*. O Daniel mostrou-me ontem (almocei lá). Achado ótimo e bem dos seus melhores aquela aproximação do oito e do oitenta. Estou desvanecidíssimo" (Cf. capítulo 2, documento 59, com datação "Rio de Janeiro, 23 de dezembro de 1965"). Observe-se que semelhante imagem foi aproveitada para a biografia do pai de Gilberto Freyre, Alfredo Freyre, intitulada *Dos 8 aos 80 e tantos* (FREYRE, Alfredo. A. da S. *Dos 8 aos 80 e tantos*. Introd. e anot. Gilberto Freyre. Recife: Universidade Federal de Pernambuco, 1970).

Agradecimentos

Um trabalho gestado no ambiente acadêmico, sempre, em maior ou menor medida, implica a presença de colaboradores e de uma série de condições para que sua realização seja satisfatória. No curso de meu doutorado (2003-2008), que deu origem a este livro, várias pessoas formaram uma espécie de alicerce para que o trabalho tomasse o presente aspecto. Tentei levá-lo a bom termo considerando cada sugestão que me foi dada. Sou extremamente grata a todos que participaram das idas e voltas desse trajeto. Os defeitos e lacunas que porventura existam são de minha completa responsabilidade. Em especial, agradeço à Profa. Viviana Bosi, minha orientadora, por sua presença decisiva e discreta nesse percurso; aos bibliotecários e às secretarias da FFLCH-USP, sou grata pela atenção em solucionar inúmeras dúvidas; ao CNPQ, pela bolsa de doutorado concedida.

O concurso de instituições foi fundamental para viabilizar o projeto. Da Fundação Gilberto Freyre, meus agradecimentos vão à Presidência e às suas equipes, sobretudo para D. Sonia Freyre, a qual, ainda, num gesto de confiança, me apresentou seu belo *Caderno de autógrafos*, e para Gilberto Freyre Neto. Ana Cláudia Araújo intermediou a entrega do projeto de pesquisa e a cessão do material completo solicitado. Germana Kaercher muito gentilmente me auxiliou na segunda visita à cidade. Eliane Nóbrega, Patrícia Kneip de Sá e Jamille Cabral Pereira Barbosa – após seu retorno ao Brasil – dispensaram atenção para atender a inúmeros pedidos. Jamille Barbosa, anos depois da finalização do trabalho, gentilmente enviou três cartas inéditas e desconhecidas de Bandeira – o que comprova como uma edição de cartas sempre está em movimento. Da Fundação Casa de Rui Barbosa, agradeço a Eliana Vasconcellos, que me facultou o acesso aos documentos originais de Gilberto Freyre, e a Laura Xavier, que intermediou o pedido de digitalização. Alexandre Teixeira, da Solombra Books, agência que representa o condomínio dos detentores dos direitos autorais de Manuel Bandeira, foi sempre solícito. Os arquivos da Biblioteca Nacional foram, ao final, decisivos para reunir material disperso em periódicos. Meus agradecimentos vão sobretudo a José Augusto Gonçalves, que intermediou a consecução das cópias, e a Carla Ramos, do Setor de Periódicos. Lúcia Gaspar auxiliou-me bastante com dados sobre artigos de jornal de Freyre e sobre *A Província*. Por fim, durante o pós-doutorado, tive a oportunidade de conhecer a Biblioteca Pessoal de Manuel Bandeira, sob a guarda da Biblioteca Acadêmica Lúcio de Mendonça (ABL). Luiz Antônio de Souza colaborou, de modo determinante, para que as imagens das dedicatórias de Gilberto Freyre a Manuel Bandeira fossem reproduzidas neste livro.

O Prof. Marcos Antonio de Moraes e a Profa. Cláudia Arruda Campos muito gentilmente participaram do Exame de Qualificação. Para perseguir os objetivos de realização de uma edição tecnicamente fundamentada, o auxílio desprendido do Prof. Marcos e da Profa. Ceila Martins (Laboratório de Ecdótica da UFF) foi crucial. É importante ainda dizer que a Banca de Doutorado foi, de fato, eloquente, com a presença de Júlio Castañon Guimarães, Francisco Foot Hardman, Augusto Massi e Marcos A. de Moraes. Já para o aprimoramento do texto em livro, quero mencionar, em especial, a presença da exímia e sempre solícita Isnaia Veiga Santana; de Michele Fanini, grande incentivadora; e do empenhado Gustavo Tuna, com sua comprometida equipe. Sou grata, outrossim, à direção da Global por acreditar na viabilidade editorial deste livro.

Pude também dialogar, em diferentes momentos, com outros pesquisadores, principalmente em meio a aulas e congressos, tais como: Caterina Pincherle, Cláudia Pazos Alonso, Fernanda Arêas Peixoto, Antonio Dimas, Ettore Finazzi-Agrò, Jorge Mattos Brito de Almeida e Ricardo Benzaquem de Araújo, que deixaram sua impressão em minha trajetória. Ressalto a presença animadora dos membros do Grupo de Estudos de Poesia (sob a liderança da Profa. Viviana Bosi) e, posteriormente, do Núcleo de Estudos de Epistolografia (sob a liderança do Prof. Marcos A. de Moraes), bem como de colegas de doutorado da FFLCH-USP e de pós-doutorado do IEB-USP, contribuindo para sedimentar os alicerces da tese e das pesquisas posteriores. Também tive a oportunidade de suprir lacunas e afinar a abordagem de problemas durante o pós-doutorado na Università degli Studi di Roma "La Sapienza", sob a supervisão de Ettore Finazzi--Agrò (2008), e na Université Sorbonne Nouvelle – Paris 3, sob a supervisão de Claudia Poncioni. Nesse período, recebi outros financiamentos de pesquisa, de diversas agências e em diferentes momentos, cruciais para dar continuidade às pesquisas, tais como da Capes (no âmbito do Prêmio Capes de Tese, área de Letras e Linguística, e de Estágio Pós-doutoral no exterior, em Paris) e da Fapesp (bolsa de pós-doutorado, IEB-USP). Desde 2013, mais ainda, tenho a oportunidade de participar de um debate bastante produtivo na qualidade de membro do grupo "Artífices da correspondência/Artisans de la correspondance", no âmbito do Convênio USP-COFECUB, sob a coordenação de M. A. de Moraes e de C. Poncioni. A eles e aos demais participantes do convênio, em especial Antonio Dimas, meu muito obrigada pela rara convivência e pelo estímulo frutífero.

Amigos e familiares participaram ativamente do cotidiano nessa época e depois. Entre os amigos, agradeço, em especial, a presença encorajadora de Ivan A. G. Pacheco, Karine M. R. da Cunha, Luiz Henrique Bonani do Nascimento e Michelle Urcci. Aos familiares Lisete Vicente Dias, Jair Moreli de Melo, Sinara Vicente Rodrigues e Liene Dias Vicente meu muito obrigada, sempre.

O tempo, volúvel, tratou de interromper diálogos promissores. Minha homenagem aos professores Roberto Ventura, João Alexandre Barbosa, a Fernando Freyre e ao meu mestre de décadas, José Fulaneti de Nadai. Ausências sentidas.

Por fim, as pequenas, fagueiras e belas Isabel – que nasceu com a tese pronta e testemunhou os avanços da publicação – e Clarice – que se impõe ao mundo com graça – têm sido minhas companheiras de todos os dias. Maurício Santana Dias continua nas linhas e entrelinhas... a você, dedico este livro.

BIBLIOGRAFIA

GILBERTO FREYRE (LIVROS, ARTIGOS E ALGUNS OPÚSCULOS)

6 conferências em busca de um leitor. Pref. Gilberto de Melo Kujawski. Rio de Janeiro: José Olympio, 1965.

A casa brasileira: tentativa de síntese de três diferentes abordagens, já realizadas pelo autor, de um assunto complexo: a antropológica, a histórica e a sociológica. Rio de Janeiro: Grifo, 1971.

A condição humana e outros temas. Trechos escolhidos por Maria Elisa Dias Collier. Rio de Janeiro: Grifo; Brasília: INL, 1972.

A literatura moderna no Brasil. In: FREYRE, Gilberto. *Interpretação do Brasil.* São Paulo: Companhia das Letras, 2001. p.281-314.

A pintura no Nordeste. In: FREYRE, Gilberto et al. *Livro do Nordeste.* Intr. Mauro Mota. Pref. Gilberto Freyre. 2.ed. Recife: Arquivo Público Estadual, 1979. Edição Comemorativa do primeiro centenário do *Diário de Pernambuco*. Edição fac-similar à de 1925. p.126-129.

A presença do açúcar na formação brasileira. Rio de Janeiro: Instituto do Açúcar e do Álcool, 1975. (Coleção Canavieira, 16.)

A propósito de frades. Salvador: Universidade da Bahia, 1959.

A propósito de José Bonifácio. Recife: Ed. do Instituto Joaquim Nabuco, 1972.

A propósito de Manuel Bandeira. *Diário de Pernambuco,* Recife, 23 jun. 1925.

A propósito de Manuel Bandeira. In: FREYRE, Gilberto. *Tempo de aprendiz.* v.2. São Paulo: Ibrasa, 1979. p.177-179.

Açúcar: em torno da etnografia, da história e da sociologia do doce no Nordeste canavieiro do Brasil. Rio de Janeiro: Instituto do Açúcar e do Álcool, 1969.

Ainda Amy Lowell. *Correio da Manhã,* Rio de Janeiro, 17 dez. 1940.

Além do apenas moderno. Rio de Janeiro: Topbooks, 2001.

Alhos & bugalhos: ensaios sobre temas contraditórios, de Joyce a cachaça: de José Lins do Rego ao cartão-postal. Rio de Janeiro: Nova Fronteira, 1978.

Amy Lowell: uma revolucionária de Boston. In: FREYRE, Gilberto. *Vida, forma e cor.* 2.ed. rev. Rio de Janeiro: Record, 1987. p.27-38.

Antologia. Madrid: Ediciones Cultura Hispánica, 1977.

Apipucos: que há num nome? Ilustr. Elezier Xavier. Org. Edson Ney da Fonseca. Recife: Fundação Joaquim Nabuco: Massangana, 1983.

Apologia pro generatione sua. Paraíba: Imprensa Oficial, 1924.

Arte, ciência e trópico: em torno de alguns problemas de Sociologia da Arte. São Paulo: Martins, 1962.

Arte & ferro. Recife: Ranulpho Editora de Arte, 1978. Álbum com 5 serigrafias de Lula Cardoso Ayres.

Artigos de jornal. Recife: Casa Mozart, 1935.

Assombrações do Recife Velho. Rio de Janeiro: Condé, 1955.

Assombrações do Recife Velho. 4.ed. Rio de Janeiro: Record, 1987.

Assucar: algumas receitas de doces e bolos dos engenhos do Nordeste. Ilustr. Manoel Bandeira. Rio de Janeiro: José Olympio, 1939.

Atualidade de Euclydes da Cunha. Rio de Janeiro, 1941.

Aventura e rotina: sugestões de uma viagem à procura das constantes portuguesas de caráter e de ação. Rio de Janeiro: José Olympio, 1953. (Coleção Documentos Brasileiros, 77.)

Bahia de Todos os Santos e de quase todos os pecados. In: FREYRE, Gilberto. *Talvez poesia*. Rio de Janeiro: José Olympio, 1962. p.9-11.

Brasis, Brasil e Brasília. Lisboa: Livros do Brasil, 1960.

Brazil: an interpretation. New York: Alfred A. Knopf, 1945.

Brazil. Washington, DC: Pan American Union, 1963.

Camões: vocação de antropólogo moderno? São Paulo: Conselho da Comunidade Portuguesa do Estado de São Paulo, 1984.

_____ et al. *Cana e reforma agrária*. Recife: Instituto Joaquim Nabuco de Pesquisas Sociais, 1970.

Carta de Gilberto Freyre a Carlos Drummond de Andrade, de 10 de maio de 1978. Acervo da Fundação Casa de Rui Barbosa.

Cartas do próprio punho sobre pessoas e coisas do Brasil e do estrangeiro. Sel., org. e intr. Sylvio Rabello. Rio de Janeiro: Conselho Federal de Cultura, 1978.

Casa-grande & senzala: formação da família brasileira sob o regime de economia patriarcal. Rio de Janeiro: Maia & Schmidt, 1933.

Casa-grande & senzala. Rio de Janeiro: Record, 1999.

Casa-grande & senzala. Rio de Janeiro: Record, 2000.

Casas-grandes & senzalas. Recife: Ranulpho Editora de Arte, 1977. Álbum com 5 guaches de Cícero Dias.

Como e porque sou e não sou sociólogo. Pref. Roberto Lyra Filho. Brasília: Ed. UnB, 1968.

Como e porque sou escritor. João Pessoa: Universidade da Paraíba, 1965.

Conferências na Europa. Rio de Janeiro: Ministério da Educação e Saúde, 1938.

Contribuição para uma Sociologia da biografia: o exemplo de Luís de Albuquerque, Governador de Mato Grosso, no fim do século XVII. Lisboa: Academia Internacional de Cultura Portuguesa, 1968.

Cultura e museus. Recife: Fundação do Patrimônio Histórico e Artístico de Pernambuco, 1985.

De menino a homem: de mais de trinta e de quarenta, de sessenta e mais anos: diário íntimo seguido de recordações pessoais em tom confidencial semelhante ao de diários. Fátima Quintas (apresentação); Edson Nery da Fonseca (biobibliografia); Gustavo Henrique Tuna (notas e índice onomástico). 1.ed. São Paulo: Global, 2010.

Diário íntimo do engenheiro Vauthier. Pref. e notas Gilberto Freyre. Rio de Janeiro: Ministério da Educação, 1940.

Diários e memórias. In: FREYRE, Gilberto. *Pessoas, coisas & animais*. São Paulo: Círculo do Livro, 1979. p.195-196. Ed. esp. para MPM Propaganda.

Dona Sinhá e o filho padre: seminovela. Rio de Janeiro: José Olympio, 1964.

Dos oito aos oitenta. In: BANDEIRA, Manuel. *Estrela da vida inteira*: poesias reunidas. Rio de Janeiro: José Olympio, 1966. p.26-30.

Em defesa da saudade. *Jornal do Commercio*, Recife, 3 out., 10 out. 1965.

Em defesa da saudade. In: FREYRE, Gilberto. *Pessoas, coisas e animais*. Ed. esp. para MPM Propaganda. São Paulo: Círculo do Livro, 1979. p.223-225.

_____; LIMA, Oliveira. *Em família*: a correspondência de Oliveira Lima e Gilberto Freyre. Org. Ângela de Castro Gomes. Campinas: Mercado de Letras, 2005.

Em torno das relações culturais do Brasil com a Alemanha. Recife: Ed. da UFPE, 1974.

Ferro & civilização. Rio de Janeiro: Record, 1986.

Ferro & civilização no Brasil. Recife: Fundação Gilberto Freyre; Rio de Janeiro: Record, 1988.

Fidalgos pernambucanos. In: FREYRE, Gilberto. *Região e tradição*. Rio de Janeiro: José Olympio, 1941. p.229-239.

Gilberto poeta: algumas confissões. Recife: Ranulpho Editora de Arte, 1980. Álbum com 5 serigrafias de Lula Cardoso Ayres, Jener Augusto, Wellington Virgolino, Reynaldo Fonseca e Aldemir Martins.

Guia prático, histórico e sentimental da cidade do Recife. Ilustr. Luís Jardim. Recife: Editora do Autor, 1934.

Guia prático, histórico e sentimental da cidade do Recife. Rio de Janeiro: José Olympio, 1942.

Heróis e vilões no romance brasileiro. São Paulo: Cultrix: Edusp, 1979.

Homem, cultura e trópico. Recife: Imprensa Universitária, 1962.

Homens, engenharias e rumos sociais. Rio de Janeiro: Record, 1987.

Informação, comunicação e cartão-postal. In: FREYRE, Gilberto. *Alhos & bugalhos*: ensaios sobre temas contraditórios, de Joyce a cachaça: de José Lins do Rego ao cartão-postal. Rio de Janeiro: Nova Fronteira, 1978. p.146-161.

Ingleses. Pref. José Lins do Rego. Rio de Janeiro: José Olympio, 1942.

Ingleses no Brasil: aspectos da influência britânica sobre a vida, a paisagem e a cultura do Brasil. Pref. Octávio Tarquinio de Sousa. Ilustr. Rosa Maria e Luís Jardim. Rio de Janeiro: José Olympio, 1948.

Insurgências e ressurgências atuais: cruzamentos de sins e nãos num mundo em transição. Rio de Janeiro: Globo, 1983.

Integração portuguesa nos trópicos – Portuguese integration in the tropics. Vila Nova de Famalicão: Junta de Investigações do Ultramar, 1958.

Interpretação do Brasil. Trad. e introd. Olívio Montenegro. Rio de Janeiro: José Olympio, 1947.

Interpretação do Brasil. São Paulo: Companhia das Letras, 2001.

Introdução do autor. In: FREYRE, Gilberto. *Tempo de aprendiz*: artigos publicados em jornais na adolescência e na primeira mocidade do autor: 1918-1926. v.1. São Paulo: Ibrasa; Brasília: INL, 1979. p.9-10.

Joaquim Nabuco e sua formação. In: NABUCO, Joaquim. *Minha formação*. Brasília: Ed. UnB, 1963.

Leituras inglesas. *Diário de Pernambuco*, Recife, 30 maio 1942.

_____ et al. *Livro do Nordeste*. Intr. Mauro Mot. Pref. Gilberto Freyre. 2.ed. Recife: Arquivo Público Estadual, 1979. Edição Comemorativa do primeiro centenário do *Diário de Pernambuco*. Edição fac-similar ao original de 1925.

Manifesto regionalista. Recife: Fundação Joaquim Nabuco/Massangana, 1966.

Manifesto regionalista de 1926. Recife: Edições Região, 1952.

Manuel Bandeira e o Recife. In: HOMENAGEM a Manuel Bandeira. Rio de Janeiro: Officinas Typographicas do *Jornal do Commercio*, 1936. Edição fac--similar preparada pela Metal Leve em 1986.

Manuel Bandeira, recifense. In: FREYRE, Gilberto. *Perfil de Euclides e outros perfis*. Rio de Janeiro: José Olympio, 1944. p.173-181.

Médicos, doentes e contextos sociais: uma abordagem sociológica. Rio de Janeiro: Globo, 1983.

Memórias de um Cavalcanti. São Paulo: Ed. Nacional, 1940.

Meu amigo Gurvitch. Caruaru: Faculdade de Direito de Caruaru, 1972.

Modos de homem & modas de mulher. Rio de Janeiro: Record, 1987.

Mucambos do Nordeste: algumas notas sobre o tipo de casa popular mais primitivo do Nordeste do Brasil. Rio de Janeiro: Serviço do Patrimônio Histórico e Artístico Nacional, 1937.

Na Bahia, em 1943. Rio de Janeiro: Comp. Brasileira de Artes Gráficas, 1944.

New World in the tropics. New York: Alfred A. Knopf, 1959.

New World in the tropics: the culture of modern Brazil. Westport: Greenwood, 1980.

Nordeste. Rio de Janeiro: José Olympio, 1967.

Nordeste: aspectos da influência da cana sobre a vida e a paisagem do Nordeste do Brasil. Ilustr. Manoel Bandeira. Rio de Janeiro: José Olympio, 1937.

Nós e a Europa germânica: em torno de alguns aspectos das relações do Brasil com a cultura germânica no decorrer do século XIX. Rio de Janeiro: Grifo; Brasília: INL, 1971.

Novos estudos afro-brasileiros. Rio de Janeiro: Civilização Brasileira, 1937.

O brasileiro entre os outros hispanos: afinidades e possíveis futuros nas suas inter-relações. Rio de Janeiro: José Olympio; Brasília: INL, 1975.

O camarada Whitman. Rio de Janeiro: José Olympio, 1948.

O escravo nos anúncios de jornais brasileiros do século XIX. Pref. Prof. Fróes da Fonseca e nota Prof. Silva Melo. Recife: Imprensa Universitária, 1963.

O luso e o trópico: sugestões em torno dos métodos portugueses de integração de povos autóctones e de culturas diferentes da europeia num complexo novo de civilização: o lusotropical. Lisboa: Comissão Executiva das Comemorações do V Centenário da Morte do Infante D. Henrique, 1961.

O mundo que o português criou. Rio de Janeiro: José Olympio, 1940.

O outro amor do Dr. Paulo: seminovela: continuação de Dona Sinhá e o Filho Padre. Rio de Janeiro: José Olympio, 1977.

O Recife, sim! Recife, não! Rio de Janeiro: Arquimedes, 1965.

O regional e o universal na pintura de Cícero Dias. *O Cruzeiro*, Rio de Janeiro, 15 out. 1960.

O Rio que Gastão Cruls vê. In: CRULS, Gastão. *Aparência do Rio de Janeiro*: notícia histórica e descritiva da cidade. Rio de Janeiro: José Olympio, 1949. (Coleção Documentos Brasileiros, 60.)

O velho Félix e suas "memórias de um Cavalcanti". Pref. Lourival Fontes. Rio de Janeiro: José Olympio, 1959.

Obra escolhida: *Casa-grande & senzala,* Nordeste e Novo mundo nos trópicos. Rio de Janeiro: Nova Aguilar, 1977.

Ob de casa!: em torno da casa brasileira e de sua projeção sobre um tipo nacional de homem. Recife: Instituto Joaquim Nabuco de Pesquisas Sociais, 1979.

Olinda: 2º guia prático, histórico e sentimental de cidade brasileira. Ilustr. Manoel Bandeira. Recife: Ed. do Autor, 1939.

Olinda: 2º guia prático, histórico e sentimental de cidade brasileira. Rio de Janeiro: José Olympio, 1944.

Oliveira Lima, Dom Quixote gordo: com 60 cartas inéditas de Oliveira Lima. Recife: Imprensa Universitária, 1968.

Ordem e progresso. São Paulo: Global, 2004.

Ordem e progresso: processo de desintegração das sociedades patriarcal e semipatriarcal no Brasil sob o regime de trabalho livre: aspectos de um quase meio século de transição do trabalho escravo para o trabalho livre: e da Monarquia para a República. v.2. Rio de Janeiro: José Olympio, 1959.

Perfil de Euclides e outros perfis. Rio de Janeiro: José Olympio, 1944. (Coleção Documentos Brasileiros, 41.)

Perfil de Euclides e outros perfis. Rio de Janeiro: Record, 1987.

Perfil de Euclides e outros perfis. Apresentação de Walnice Nogueira Galvão; biobibliografia de Edson Nery da Fonseca; índice onomástico de Gustavo Henrique Tuna. 3.ed. rev. São Paulo: Global, 2011.

Pernambucanidade consagrada. Recife: Fundaj/Massangana, 1987.

Pessoas, coisas & animais. Ed. esp. para MPM Propaganda. São Paulo: Círculo do Livro, 1979.

Poesia reunida. Ilust. Marcos Cordeiro. Recife: Edições Pirata, 1980.

Prefácio à 1ª edição. In: FREYRE, Gilberto. *Casa-grande & senzala*. Rio de Janeiro: Record, 2000. p.43-74.

Prefácios desgarrados. Org. Edson Nery da Fonseca. v.2. Rio de Janeiro: Cátedra, 1978.

Presença do Recife no modernismo brasileiro. Recife: Ed. de Cadernos Moinho Recife, 1972.

Problemas brasileiros de antropologia. Rio de Janeiro: Casa do Estudante do Brasil, 1943.

Quase política: 9 discursos e 1 conferência. Introd. Munhoz da Rocha. Rio de Janeiro: José Olympio, 1950.

Recordação de Amy Lowell. *Correio da Manhã,* Rio de Janeiro, 10 dez. 1940.

Região e tradição. Rio de Janeiro: José Olympio, 1941. (Coleção Documentos Brasileiros, 29.)

Reinterpretando José de Alencar. Rio de Janeiro: Ministério da Educação e Saúde, 1952.

Retalhos de jornais velhos. Pref. Luís Jardim. Rio de Janeiro: José Olympio, 1964.

Rurbanização: que é? Recife: Massangana/Fundação Joaquim Nabuco, 1982.

Seleta para jovens. Organizada pelo autor com a colaboração de Maria Elisa Dias Collier. Rio de Janeiro: José Olympio/INL, 1971.

Sobrados e mucambos: decadência do patriarcado rural e desenvolvimento do urbano. São Paulo: Ed. Nacional, 1936.

Sobrados e mucambos: decadência do patriarcado rural e desenvolvimento do urbano. São Paulo: Global, 2003.

Social life in Brazil in the middle of the 19th century. *The Hispanic American Historical Review,* Baltimore, v.5, n.4 , p.597-630, nov. 1922.

Sociologia. Pref. Anísio Teixeira. Rio de Janeiro: José Olympio, 1945.

Sociologia da medicina. Lisboa: Fundação Calouste Gulbenkian, 1967.

Sugestões de um novo contato com universidades europeias. Recife: Imprensa Universitária, 1961.

Talvez poesia. Pref. Mauro Mota. Rio de Janeiro: José Olympio, 1962.

Tempo de aprendiz: artigos publicados em jornais na adolescência e na primeira mocidade do autor: 1918-1926. São Paulo: Ibrasa; Brasília: INL, 1979. 2v.

Tempo morto e outros tempos: trechos de um diário de adolescência e primeira mocidade: 1915-1930. Rio de Janeiro: José Olympio, 1975.

The Gilberto Freyre reader. Transl. Barbara Shelby. New York: Alfred A. Knopf, 1974.

The History of Brazil: The masters and the slaves, The mansions and the shanties and Order and progress. 3.v. London: Secker & Warburgh, 1971. Edições norte-americanas distribuídas na Inglaterra pela Oxford University Press, sem conhecimento do autor.

The Johan Maurits van Nassau-Siegen from a Brazilian viewpoint. The Hague: The Johan Maurits van Nassau Stichting, 1979.

The racial factor in contemporary politics. London: MacGibbon & Kee, 1966. (Occasional papers, 1.)

Transformação regional e ciência ecológica. Recife: Instituto Joaquim Nabuco de Pesquisas Sociais, 1969.

Um brasileiro em terras portuguesas: introdução a uma possível lusotropicologia: acompanhada de conferências e discursos proferidos em Portugal e em terras lusitanas e ex-lusitanas da Ásia, da África e do Atlântico. Rio de Janeiro: José Olympio, 1953.

Um engenheiro francês no Brasil. Rio de Janeiro: José Olympio, 1940.

Vida, forma e cor. Pref. Renato Carneiro Campos. Rio de Janeiro: José Olympio, 1962.

Vida, forma e cor. 2.ed. rev. Rio de Janeiro: Record, 1987.

Vida social do Brasil nos meados do século XIX. Ed. rev. e ampl. Trad. Valdemar Valente. Recife: Instituto Joaquim Nabuco de Pesquisas Sociais, 1964.

Manuel Bandeira (livros e traduções)

Livros

50 poemas escolhidos pelo autor. Rio de Janeiro: MEC, 1955.

A autoria das Cartas Chilenas. *Revista do Brasil*, Rio de Janeiro, 1940.

A cinza das horas. Jornal do Commercio, Rio de Janeiro, 1917.

A cinza das horas; Carnaval; O ritmo dissoluto. Ed. crít. Júlio Castañon Guimarães e Rachel T. Valença. Rio de Janeiro: Nova Fronteira, 1994.

Alumbramentos. Salvador: Dinameme, 1960.

Andorinha, andorinha. Sel. e coord. Carlos Drummond de Andrade. Rio de Janeiro: José Olympio, 1966.

Andorinha, andorinha. Sel. e coord. Carlos Drummond de Andrade. São Paulo: Círculo do Livro, 1978.

Antologia de poetas brasileiros bissextos contemporâneos. (Org.) Rio de Janeiro: Liv. Ed. Z. Valverde, 1946.

Antologia dos poetas bissextos contemporâneos. 2.ed. rev. e ampl. Rio de Janeiro: Org. Simões, 1964.

Antologia dos poetas brasileiros da fase parnasiana. (Org.) Rio de Janeiro: Ministério da Educação e Saúde, 1938.

Antologia dos poetas brasileiros da fase romântica. (Org.) Rio de Janeiro: Ministério da Educação e Saúde, 1937.

Antologia dos poetas brasileiros da fase simbolista. (Org.) Rio de Janeiro: Ed. de Ouro, 1965.

Antologia dos poetas brasileiros: poesia da fase parnasiana. (Org.) Rio de Janeiro: Nova Fronteira, 1996.

Antologia dos poetas brasileiros: poesia da fase romântica. (Org.) Rio de Janeiro: Nova Fronteira, 1996.

Antologia dos poetas brasileiros: poesia da fase simbolista. (Org.) Rio de Janeiro: Nova Fronteira, 1996.

Antologia poética. Ed. ampl. Rio de Janeiro: Ed. do Autor, 1961.

Apresentação da poesia brasileira. Rio de Janeiro: Casa do Estudante do Brasil, 1944.

Autorretrato. In: BANDEIRA, Manuel. *Poesia completa e prosa.* Rio de Janeiro: Nova Aguilar, 1974. p.394.

Berimbau e outros poemas. Rio de Janeiro: Nova Fronteira, 1997.

Carnaval. Rio de Janeiro, *Jornal do Commercio*, 1919.

Cartas a Manuel Bandeira, de Mário de Andrade. (Org.) Rio de Janeiro: Org. Simões, 1958.

Casa-grande & senzala. In: BANDEIRA, Manuel. *Mafuá do malungo.* Barcelona: O Livro Inconsútil, 1948. Na oficina de João Cabral de Melo Neto.

Casa-grande & senzala. In: BANDEIRA, Manuel. *Poesia completa e prosa.* Rio de Janeiro: Nova Aguilar, 1974.

Colóquio unilateralmente sentimental. Rio de Janeiro: Record, 1968.

Crônicas da província do Brasil. Rio de Janeiro: Civilização Brasileira, 1937.

Crônicas da província do Brasil. Org., posf. e notas Júlio Castañon Guimarães. São Paulo: Cosac Naify, 2006.

De poetas e de poesia. Rio de Janeiro: MEC, 1954.

Estrela da manhã. Rio de Janeiro: Ministério da Educação e Saúde, 1936.

Estrela da tarde. Salvador: Dinameme, 1960.

Estrela da vida inteira: poesias reunidas. Rio de Janeiro: José Olympio, 1966.

Estrela da vida inteira. Rio de Janeiro: Record; São Paulo: Altaya, [1992].

Flauta de papel. Rio de Janeiro: Teatro Municipal, 1956.

Francisco Mignone. Rio de Janeiro: Teatro Municipal, 1956.

Gilberto Freyre poeta. In: AMADO, Gilberto et al. *Gilberto Freyre*: sua ciência, sua filosofia, sua arte: ensaios sobre o autor de *Casa-grande & senzala* e sua influência na moderna cultura do Brasil, comemorativos do 25º aniversário da publicação deste seu livro. Rio de Janeiro: José Olympio, 1962. p.79-93.

_____; CORTESÃO, Jaime. *Glória de Antero*. Lisboa: Cadernos de "Seara Nova", 1943.

Gonçalves Dias: esboço biográfico. Rio de Janeiro: Pongetti, 1952.

Guia de Ouro Preto. Ilustr. Luís Jardim e Joanita Blank. Rio de Janeiro: Ministério da Educação e Saúde, 1938.

Guia de Ouro Preto. 3.ed. rev. e atual. Rio de Janeiro: Casa do Estudante do Brasil, [194?].

Itinerário de Pasárgada. Jornal de Letras, Rio de Janeiro, 1954.

Libertinagem. Rio de Janeiro: Pongetti, 1930.

Libertinagem; Estrela da manhã. Coord. Giulia Lanciani. Edición crítica. Madrid, Paris, México, Buenos Aires, São Paulo, Lima, Guatemala, San José, Santiago de Chile: ALLCA XX, 1998.

Literatura hispano-americana. Rio de Janeiro: Pongetti, 1949.

Mafuá do malungo. Barcelona: O Livro Inconsútil, 1948. Na oficina de João Cabral de Melo Neto.

Mário de Andrade, animador da cultura musical brasileira. Rio de Janeiro: Teatro Municipal, 1954.

Meus poemas preferidos. Rio de Janeiro: Tecnoprint, 1966.

Noções de história das literaturas. São Paulo: Ed. Nacional, 1940.

O melhor da poesia brasileira 1. Rio de Janeiro: José Olympio, 1979.

O melhor soneto de Manuel Bandeira. Rio de Janeiro: Philobiblion, 1955.

Obras poéticas. Lisboa: Minerva, 1956.

Obras poéticas de Gonçalves Dias. (Org.) São Paulo: Ed. Nacional, 1944.

_____; CAVALHEIRO, Edgar (Orgs.). *Obras-primas da lírica brasileira*. São Paulo: Martins, 1943.

Opus 10. Niterói: Hipocampo, 1952.

Oração de paraninfo. Rio de Janeiro: Pongetti, 1946.

Os reis vagabundos e mais 50 crônicas. Rio de Janeiro: Ed. do Autor, 1966.

Pasárgada – Poemas escolhidos e ilustrados por Aldemir Martins. Rio de Janeiro: Sociedade dos Cem Bibliófilos, 1959.

Pernambucano, sim, senhor. In: BANDEIRA, Manuel. *Andorinha, andorinha*. Sel. e coord. Carlos Drummond de Andrade. São Paulo: Círculo do Livro, 1978. p.34-35.

Poesia completa e prosa. Rio de Janeiro: Nova Aguilar, 1974.

Poesia completa e prosa. Rio de Janeiro: Nova Aguilar, 1977.

_____; MERQUIOR, José Guilherme. *Poesia do Brasil*. Rio de Janeiro: Ed. do Autor, 1963.

Poesia e prosa. Rio de Janeiro: Aguilar, 1958. 2v.

Poesia e vida de Gonçalves Dias. São Paulo: Ed. das Américas, 1962.

Poesias: A cinza das horas, Carnaval, O ritmo dissoluto. Rio de Janeiro: Tip. da Revista de Língua Portuguesa, 1924.

Poesias completas. Rio de Janeiro: Comp. Carioca de Artes Gráficas, 1940. Reúne *A cinza das horas, Carnaval, O ritmo dissoluto, Libertinagem, Estrela da manhã, Lira dos cinquent'anos*.

Poesias completas. Rio de Janeiro: Americ-Edit, 1944.

Poesias completas. Rio de Janeiro: Casa do Estudante do Brasil, 1948. Reúne *A cinza das horas, Carnaval, O ritmo dissoluto, Libertinagem, Estrela da manhã, Lira dos cinquent'anos, Belo belo*.

Poesias completas. Rio de Janeiro: José Olympio, 1955.

Poesias, de Alphonsus de Guimaraens. (Org.) Rio de Janeiro: Ministério da Educação e Saúde, 1938.

Poesias escolhidas. Rio de Janeiro: Civilização Brasileira, 1937.

Poesias escolhidas. Rio de Janeiro: Pongetti, 1948.

Quadrante 1: crônicas. Rio de Janeiro: Ed. do Autor, 1962. Coautoria com Carlos Drummond de Andrade, Cecília Meireles, Dinah Silveira de Queiroz, Fernando Sabino, Paulo Mendes Campos e Rubem Braga.

Quadrante 2: crônicas. Rio de Janeiro: Ed. do Autor, 1963. Coautoria com Carlos Drummond de Andrade, Cecília Meireles, Dinah Silveira de Queiroz, Fernando Sabino, Paulo Mendes Campos e Rubem Braga.

Retrato. In: HOMENAGEM a Manuel Bandeira. Rio de Janeiro: Officinas Typographicas do *Jornal do Commercio*, 1936. Edição fac-similar preparada pela Metal Leve em 1986.

Rimas de José Albano. (Org., rev. e pref.) [Rio de Janeiro]: Pongetti, 1948.

_____; ANDRADE, Carlos Drummond de (Orgs.). *Rio de Janeiro em prosa e verso.* Rio de Janeiro: José Olympio, 1965.

Segredo da alma nordestina. In: BANDEIRA, Manuel. *Andorinha, andorinha.* Sel. e coord. textos de Carlos Drummond de Andrade. São Paulo: Círculo do Livro, 1978. p.270-273.

Segredo da alma nordestina. In: BANDEIRA, Manuel. *Andorinha, andorinha.* Sel. e coord. texto de Carlos Drummond de Andrade. 2.ed. Rio de Janeiro: José Olympio, 1986. p.242-244.

Seleta de prosa. Rio de Janeiro: Nova Fronteira, 1998.

Seleta em prosa e verso. Rio de Janeiro: José Olympio: MEC, 1971.

Sonetos completos e poemas escolhidos, de Antero de Quental. (Org.) Rio de Janeiro: Livros de Portugal, 1942.

Sou provinciano. In: BANDEIRA, Manuel. *Poesia completa e prosa.* Rio de Janeiro: Nova Aguilar, 1974. p.668.

Sou provinciano. In: BANDEIRA, Manuel. *Andorinha, andorinha.* Seleção e coordenação de textos de Carlos Drummond de Andrade. São Paulo: Círculo do Livro, 1978. p.12.

Testamento de Pasárgada. Rio de Janeiro: Nova Fronteira, 1986.

Um poema de Manuel Bandeira. Rio de Janeiro: Philobiblion, 1956.

Vozes da cidade. Rio de Janeiro: Antoni Grosso e André Willième, 1965.

Traduções

ASSOLANT, Alfred. *Aventuras maravilhosas do Capitão Corcoran.* São Paulo: Ed. Nacional, 1936. (Coleção Terramarear, 49.)

BANDEIRA, Manuel (Org.). *Poemas traduzidos*, de Goethe e outros. Ilustr. Guignard. Rio de Janeiro: Revista Acadêmica, 1945.

_____ (Org.). *Poemas traduzidos*, de Goethe e outros. Ilustr. Guignard. Ed. ampl. Rio de Janeiro: Globo, [1948].

_____ (Org.). *Poemas traduzidos*, de Goethe e outros. Ilustr. Guignard. Ed. rev. e ampl. Rio de Janeiro: José Olympio, 1956.

BEERS, Clifford Whittingham. *Um espírito que se achou a si mesmo*. São Paulo: Ed. Nacional, 1942.

BURROUGHS, Edgard Rice. *O tesouro de Tarzan*. São Paulo: Ed. Nacional, 1934. (Coleção Terramarear, 25).

COCTEAU, Jean. *A máquina infernal*: peça em quatro atos. Petrópolis: Vozes, 1967.

CRUZ, Sor Juana Inés de la. Auto sacramental do divino Narciso. In: BANDEIRA, Manuel. *Poesia e prosa*. v.2. Rio de Janeiro: Aguilar, 1958.

CURWOOD, James Oliver. *Nômades do Norte*. São Paulo: Ed. Nacional, 1935.

GALA, Antonio. *Os verdes campos do Éden*. Petrópolis: Vozes, 1965.

GLYN, Elinor. *Tudo se paga*. Rio de Janeiro: Civilização Brasileira, [195?]. (Biblioteca da Mulher Moderna, 1.)

KHAYYAM, Omar. *Rubaiyat*. Rio de Janeiro: Edições de Ouro, 1965.

MISTRAL, Frédéric. *Mireia*. Rio de Janeiro: Opera Mundi, 1973.

PROUST, Marcel. *A prisioneira*. Cotradução com Lourdes Sousa de Alencar. 10.ed. rev. por Olgária Chaim Féres Matos. São Paulo: Globo, 1992. (Em busca do tempo perdido, 6.)

SAN MARTÍN, Juan Zorrilla. *D. Juan Tenório*. Rio de Janeiro: Serviço Nacional de Teatro, 1960.

SCHILLER, Friedrich. *Maria Stuart*. Rio de Janeiro: Civilização Brasileira, 1955. (Obras Imortais, 1.)

SHAKESPEARE, William. *Macbeth*. Rio de Janeiro: José Olympio, 1961. (Coleção Rubaiyat.)

SPITTELER, Karl. *Prometeu e Epimeteu*. Rio de Janeiro: Delta, 1962.

WELLES, Orson. *Minha cama não foi de rosas*: diário de uma mulher perdida. Rio de Janeiro: Civilização Brasileira, 1936. (Biblioteca da Mulher Moderna, 3.)

Referências

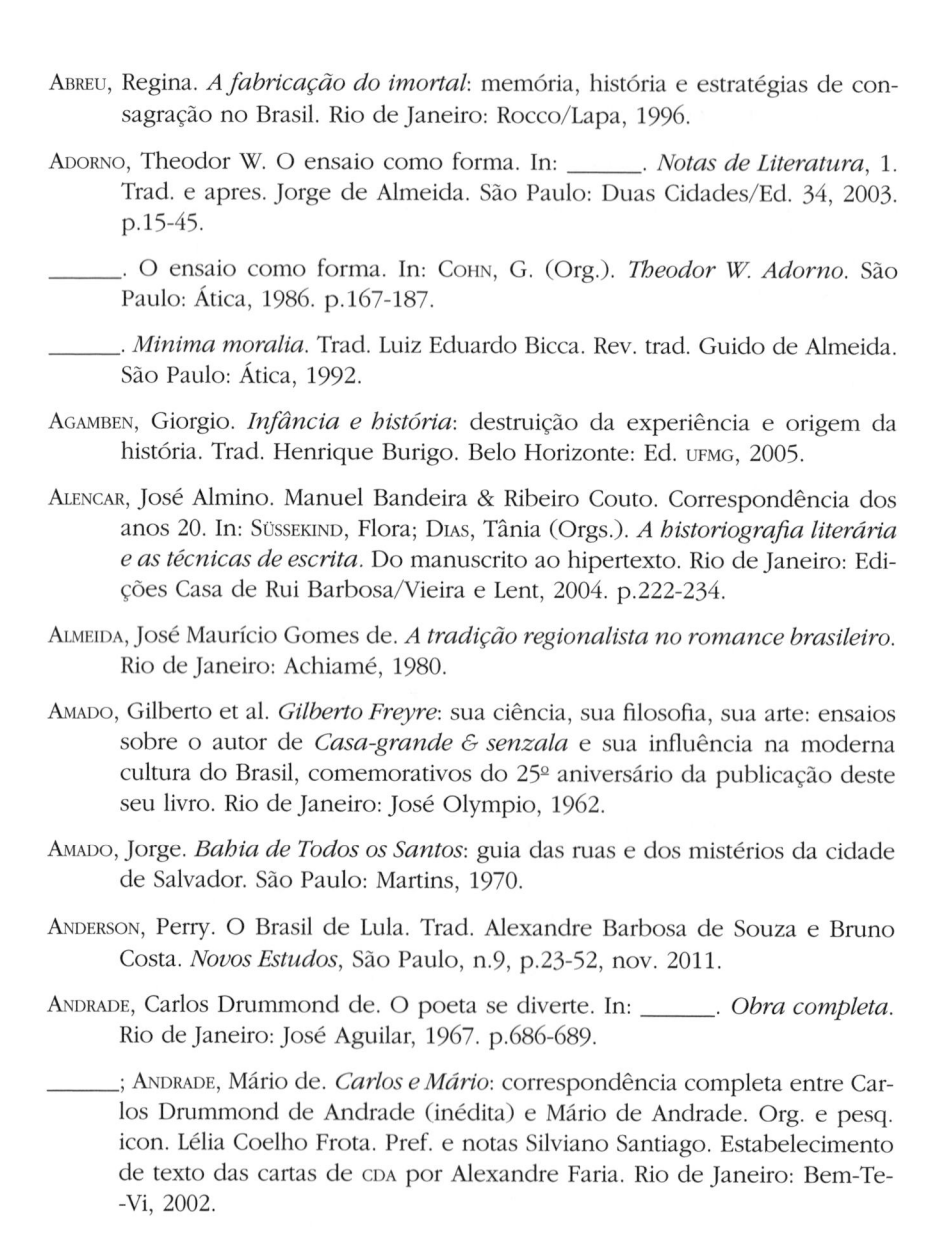

ABREU, Regina. *A fabricação do imortal*: memória, história e estratégias de consagração no Brasil. Rio de Janeiro: Rocco/Lapa, 1996.

ADORNO, Theodor W. O ensaio como forma. In: _____. *Notas de Literatura*, 1. Trad. e apres. Jorge de Almeida. São Paulo: Duas Cidades/Ed. 34, 2003. p.15-45.

_____. O ensaio como forma. In: COHN, G. (Org.). *Theodor W. Adorno*. São Paulo: Ática, 1986. p.167-187.

_____. *Minima moralia*. Trad. Luiz Eduardo Bicca. Rev. trad. Guido de Almeida. São Paulo: Ática, 1992.

AGAMBEN, Giorgio. *Infância e história*: destruição da experiência e origem da história. Trad. Henrique Burigo. Belo Horizonte: Ed. UFMG, 2005.

ALENCAR, José Almino. Manuel Bandeira & Ribeiro Couto. Correspondência dos anos 20. In: SÜSSEKIND, Flora; DIAS, Tânia (Orgs.). *A historiografia literária e as técnicas de escrita*. Do manuscrito ao hipertexto. Rio de Janeiro: Edições Casa de Rui Barbosa/Vieira e Lent, 2004. p.222-234.

ALMEIDA, José Maurício Gomes de. *A tradição regionalista no romance brasileiro*. Rio de Janeiro: Achiamé, 1980.

AMADO, Gilberto et al. *Gilberto Freyre*: sua ciência, sua filosofia, sua arte: ensaios sobre o autor de *Casa-grande & senzala* e sua influência na moderna cultura do Brasil, comemorativos do 25º aniversário da publicação deste seu livro. Rio de Janeiro: José Olympio, 1962.

AMADO, Jorge. *Bahia de Todos os Santos*: guia das ruas e dos mistérios da cidade de Salvador. São Paulo: Martins, 1970.

ANDERSON, Perry. O Brasil de Lula. Trad. Alexandre Barbosa de Souza e Bruno Costa. *Novos Estudos*, São Paulo, n.9, p.23-52, nov. 2011.

ANDRADE, Carlos Drummond de. O poeta se diverte. In: _____. *Obra completa*. Rio de Janeiro: José Aguilar, 1967. p.686-689.

_____; ANDRADE, Mário de. *Carlos e Mário*: correspondência completa entre Carlos Drummond de Andrade (inédita) e Mário de Andrade. Org. e pesq. icon. Lélia Coelho Frota. Pref. e notas Silviano Santiago. Estabelecimento de texto das cartas de CDA por Alexandre Faria. Rio de Janeiro: Bem-Te-Vi, 2002.

_____. *Obra completa*. Rio de Janeiro: José Aguilar, 1967.

_____. Apresentação. In: _____; ANDRADE, Mário de. *Carlos e Mário*: correspondência completa entre Carlos Drummond de Andrade (inédita) e Mário de Andrade. Org. e pesq. icon. Lélia Coelho Frota. Pref. e notas Silviano Santiago. Estabelecimento de texto das cartas de CDA por Alexandre Faria. Rio de Janeiro: Bem-Te-Vi, 2002. p.34-37.

ANDRADE, Manoel Correia de. Gilberto Freyre e a geração de 45. *Ciência & Trópico*, Recife, v.15, n.2, p.147-156, jul./dez. 1987.

_____. *A Revolução de 30*: da República Velha ao Estado Novo. Porto Alegre: Mercado Aberto, 1988.

ANDRADE, Mário de. *Cartas a Manuel Bandeira*. Rio de Janeiro: Tecnoprint, [1987?]. (Coleção Prestígio.)

_____. *O turista aprendiz*. Estabelecimento de texto, introd. e notas Telê Porto Ancona Lopez. 2.ed. São Paulo: Duas Cidades, 1983.

_____; BANDEIRA, Manuel. *Correspondência Mário de Andrade & Manuel Bandeira*. Org., pref. e notas Marcos Antonio de Moraes. São Paulo: Edusp, 2000.

_____; AMARAL, Tarsila do. *Correspondência Mário de Andrade & Tarsila do Amaral*. Org., introd. e notas Aracy Amaral. São Paulo: Edusp/IEB-USP, 2001.

ANDRADE, Oswald. *Serafim Ponte Grande*. São Paulo: Editora do Autor, 1933.

ANGELIDES, Sophia. *A. P. Tchekhov*: cartas para uma poética. São Paulo: Edusp, 1995.

_____. *Carta e literatura*: correspondência entre Tchékhov e Górki. São Paulo: Edusp, 2001.

ANTUNES, Cristina. *Memórias de uma guardadora de livros*. Entrevista a Cleber Teixeira e Dorothée de Bruchard. Ed. Dorothée de Bruchard. Florianópolis: Escritório do Livro; São Paulo: Imprensa Oficial, 2004. (Memória do livro, 3.)

ARAÚJO, Ricardo Benzaquen de. *Guerra e paz*: *Casa-grande & senzala* e a obra de Gilberto Freyre nos anos 30. Rio de Janeiro: Ed. 34, 1994.

ARRIGUCCI JR., Davi. *Humildade, paixão e morte*: a poesia de Manuel Bandeira. São Paulo: Companhia das Letras, 1991.

ARTIÈRES, Philippe. Arquivar a própria vida. *Estudos Históricos*, Rio de Janeiro, v.11, n.21, p.9-24, 1998.

AUERBACH, Erich. *Ensaios de literatura ocidental*: filologia e crítica. Organização de Davi Arrigucci Jr. e Samuel Titan Jr. Trad. Samuel Titan Jr. e José Marcos Mariani de Macedo. São Paulo: Duas Cidades/Ed. 34, 2007.

_____. *Mimesis*. São Paulo: Perspectiva, 1971.

_____. *Mimesis*. 2.ed. rev. São Paulo: Perspectiva, 1976.

AULETE, Caldas. *Dicionário contemporâneo da língua portuguesa*. Estudo de Antenor Nascentes. v.5. 5.ed. rev. atual. e aum. por Hamílcar de Garcia. Rio de Janeiro: Delta, 1964.

AYUSO, Ignacio Arellano. Edición crítica y anotación filológica. In: FERNÁNDEZ, Jesús Cañedo; AYUSO, I. A. *Crítica textual y anotación filológica en obras del Siglo de Oro*: Actas del Seminário Internacional para la Edición y Anotación de Textos del Siglo de Oro. Madrid: Editorial Castalia, 1991. p.563-86.

AZEVEDO, Neroaldo Pontes de. *Modernismo e regionalismo:* os anos 20 em Pernambuco. João Pessoa: Ed. da UFPB; Recife: Ed. da UFPE, 1996.

BACIU, Stefan. *Manuel Bandeira de corpo inteiro*. Rio de Janeiro: José Olympio, 1966. (Coleção Documentos Brasileiros, 122.)

BARBOSA, João Alexandre. Gilberto Freyre e a literatura: alguns conceitos. In: _____. *Mistérios do dicionário e outras crônicas*. Cotia: Ateliê, 2004. p.55-62.

BARROS, Sousa. *A década de 20 em Pernambuco*. Rio de Janeiro: Ed. Forense Universitária, 1958.

BARTHES, Roland. *Crítica e verdade*. Trad. Geraldo Gerson de Souza. São Paulo: Perspectiva, 1982.

_____. Maîtres et esclaves. *Les Lettres Nouvelles*, Paris, v.1, p.107-108, mar. 1953. Disponível em: <http://bvgf.Fundação Gilberto Freyre.org.br/portugues/critica/artigos_cientificos/maitres_esclaves_barthes.htm>. Acesso em: out. 2007.

_____. *O grau zero da escritura*. Trad. Anne Arnichand e Álvaro Lorencini. São Paulo: Cultrix, 1971.

_____. O *Guide Bleu*. In: _____. *Mitologias*. Trad. Rita Buongermino e Pedro de Souza. Rio de Janeiro: Bertrand Brasil, 1993. p.72-75.

BASTOS, Élide Rugai. Gilberto Freyre e seu tempo: contexto intelectual e questões da época. *Sinais sociais*, Rio de Janeiro, v.7, n.19, p.60-87, ago. 2012.

BAUMAN, Zygmunt. Glocalization and hybridity. *Glocalism, Journal of Culture, Politics and Innovation*, 2013, 1. Disponível em: <http://www.glocalismjournal.net/Issues/HYBRIDITY/Articles/>. Acesso em: junho 2015.

BEAUJOUR, Michel. *Poetics of the literary self-portrait*. New York: New York University Press, 1991.

BECKER, Colette. Les discours d'escort: l'annotation et ses problèmes (à propos de la correspondance de Zola). In: FRANÇON, André; GOYARD, Claude (Orgs.).

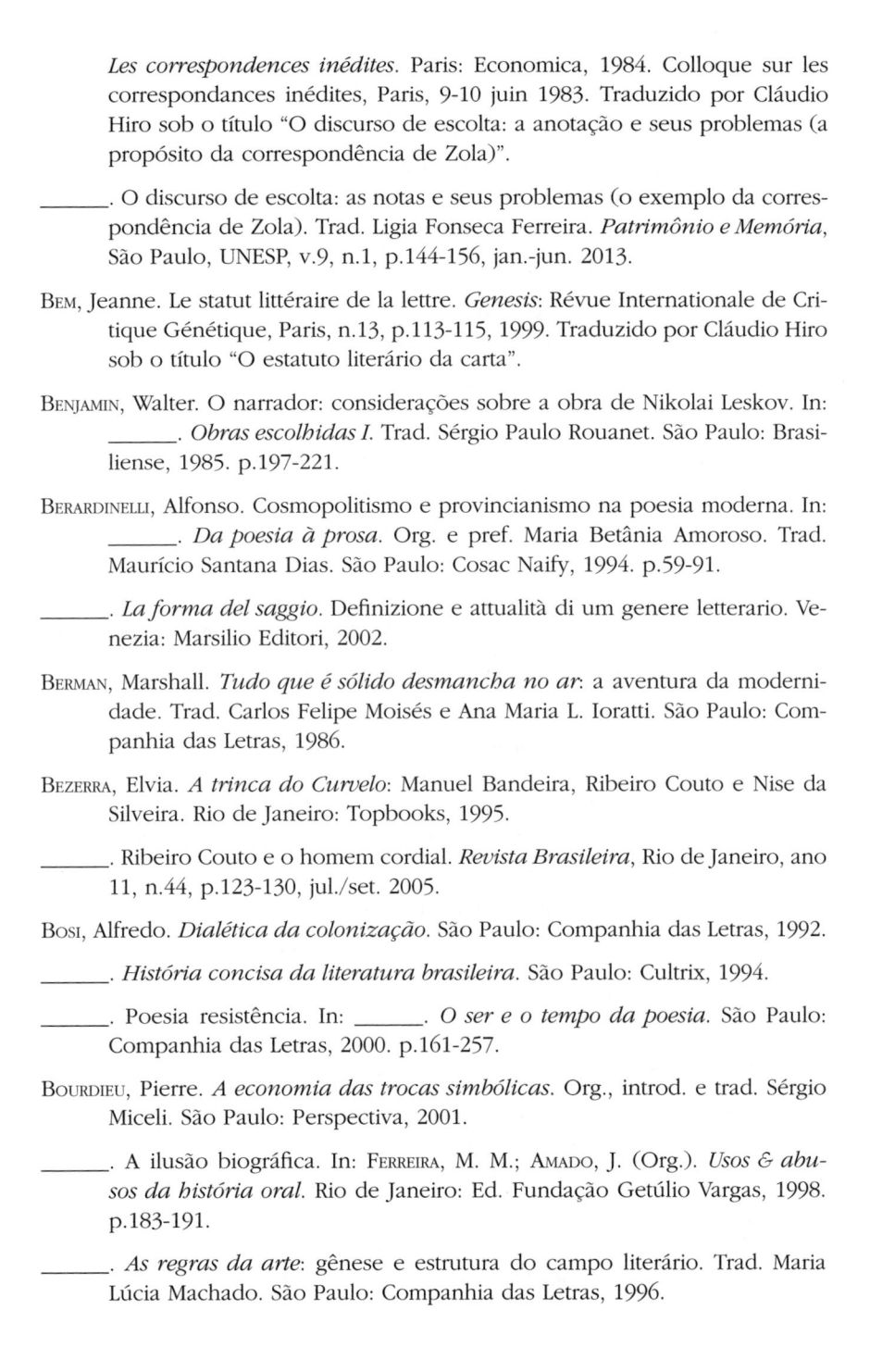

_____. *Les correspondences inédites*. Paris: Economica, 1984. Colloque sur les correspondances inédites, Paris, 9-10 juin 1983. Traduzido por Cláudio Hiro sob o título "O discurso de escolta: a anotação e seus problemas (a propósito da correspondência de Zola)".

_____. O discurso de escolta: as notas e seus problemas (o exemplo da correspondência de Zola). Trad. Ligia Fonseca Ferreira. *Patrimônio e Memória*, São Paulo, UNESP, v.9, n.1, p.144-156, jan.-jun. 2013.

BEM, Jeanne. Le statut littéraire de la lettre. *Genesis*: Révue Internationale de Critique Génétique, Paris, n.13, p.113-115, 1999. Traduzido por Cláudio Hiro sob o título "O estatuto literário da carta".

BENJAMIN, Walter. O narrador: considerações sobre a obra de Nikolai Leskov. In: _____. *Obras escolhidas I*. Trad. Sérgio Paulo Rouanet. São Paulo: Brasiliense, 1985. p.197-221.

BERARDINELLI, Alfonso. Cosmopolitismo e provincianismo na poesia moderna. In: _____. *Da poesia à prosa*. Org. e pref. Maria Betânia Amoroso. Trad. Maurício Santana Dias. São Paulo: Cosac Naify, 1994. p.59-91.

_____. *La forma del saggio*. Definizione e attualità di um genere letterario. Venezia: Marsilio Editori, 2002.

BERMAN, Marshall. *Tudo que é sólido desmancha no ar*: a aventura da modernidade. Trad. Carlos Felipe Moisés e Ana Maria L. Ioratti. São Paulo: Companhia das Letras, 1986.

BEZERRA, Elvia. *A trinca do Curvelo*: Manuel Bandeira, Ribeiro Couto e Nise da Silveira. Rio de Janeiro: Topbooks, 1995.

_____. Ribeiro Couto e o homem cordial. *Revista Brasileira*, Rio de Janeiro, ano 11, n.44, p.123-130, jul./set. 2005.

BOSI, Alfredo. *Dialética da colonização*. São Paulo: Companhia das Letras, 1992.

_____. *História concisa da literatura brasileira*. São Paulo: Cultrix, 1994.

_____. Poesia resistência. In: _____. *O ser e o tempo da poesia*. São Paulo: Companhia das Letras, 2000. p.161-257.

BOURDIEU, Pierre. *A economia das trocas simbólicas*. Org., introd. e trad. Sérgio Miceli. São Paulo: Perspectiva, 2001.

_____. A ilusão biográfica. In: FERREIRA, M. M.; AMADO, J. (Org.). *Usos & abusos da história oral*. Rio de Janeiro: Ed. Fundação Getúlio Vargas, 1998. p.183-191.

_____. *As regras da arte*: gênese e estrutura do campo literário. Trad. Maria Lúcia Machado. São Paulo: Companhia das Letras, 1996.

BRADSHAW, Melissa. *Modernizing excess:* Amy Lowell and the aesthetics of camp. 196f. Thesis (PhD) – State University of New York at Stony Brook, 2000. Disponível em: <http://www.cwru.edu>. Acesso em: mar. 2004.

BRITO, Mário da Silva. *História do Modernismo Brasileiro*: antecedentes da semana de arte moderna. Rio de Janeiro: Civilização Brasileira, 1974.

BÜRGER, Peter. *Teoria da vanguarda*. Trad. Ernesto Sampaio. Ed. Assírio Bacelar. Lisboa: Vega, 1993.

CAMARGO, Ana Maria de Almeida. Arquivos pessoais são arquivos. *Revista do Arquivo Público Mineiro*, Belo Horizonte, n.2, jul.-dez. 2009.

CAMBRAIA, César Nardelli. *Introdução à crítica textual*. São Paulo: Martins Fontes, 2005.

CAMILLE, Michael. *Les gargouilles de Notre-Dame*: médiévalisme et monstres de la modernité. Trad. Myriam Dennehy. Paris: Alma, 2011.

CAMILO, Vagner. *Drummond*: da Rosa do Povo à Rosa das Trevas. Cotia: Ateliê Editorial, 2001.

CANDIDO, Antonio. A vida ao rés do chão. In: ANDRADE, Carlos Drummond de et al. *Para gostar de ler*: crônicas. v.5. São Paulo: Ática, 1989. p.4-13.

_____. *Formação da literatura brasileira*. Belo Horizonte; Rio de Janeiro: Itatiaia, 1993.

_____. Gilberto Freyre crítico literário. In: AMADO, Gilberto et al. *Gilberto Freyre*: sua ciência, sua filosofia, sua arte: ensaios sobre o autor de *Casa-grande & senzala* e sua influência na moderna cultura do Brasil, comemorativos do 25º aniversário da publicação deste seu livro. Rio de Janeiro: José Olympio, 1962.

_____. Literatura e cultura de 1900 a 1945. In: _____. *Literatura e sociedade*. 8.ed. São Paulo: T. A. Queiroz: Publifolha, 2000. p.101-126.

_____. *Literatura e sociedade*. 8.ed. São Paulo: T. A. Queiroz: Publifolha, 2000.

_____. *O discurso e a cidade*. Rio de Janeiro: Ouro sobre Azul, 2004.

_____. O significado de *Raízes do Brasil*. In: HOLANDA, Sérgio Buarque de. *Raízes do Brasil*. 8.ed. Rio de Janeiro: José Olympio, 1975. p.xi-xxii.

_____. Poesia e ficção na autobiografia. In: _____. *A educação pela noite & outros ensaios*. São Paulo: Ática, 1987. p.51-69.

CARDOZO, Joaquim. Um poeta pernambucano Manuel Bandeira. In: FREYRE, Gilberto et al. *Livro do Nordeste*. Edição fac-similar à de 1925. Intr. de Mauro Mota. Pref. Gilberto Freyre. 2. ed. Recife: Arquivo Público Estadual, 1979. p.124-125. Edição comemorativa do primeiro centenário do *Diário de Pernambuco*.

Carelli, Mario. Bandeira retraduit Bandeira. In: Pereira, Paulo Roberto Dias; Pereira, Cilene da Cunha (Orgs.). *Miscelânea de estudos linguísticos, filológicos e literários in memoriam Celso Cunha*. Rio de Janeiro: Nova Fronteira, 1995. p.807-812.

Carone, Edgard. *A Quarta República (1945-1964)*. São Paulo: Difel, 1980. (Coleção Corpo e Alma do Brasil, 58.)

_____. *A República Nova (1930-1937)*. São Paulo: Difel, 1982. (Coleção Corpo e Alma do Brasil, 40.)

_____. *A República Velha*. São Paulo: Difel, [1972-1974]. (Coleção Corpo e Alma do Brasil, 31, 34.)

_____. *A Segunda República (1930-1937)*. São Paulo: Difel, [1973]. (Coleção Corpo e Alma do Brasil, 37.)

_____. *A Segunda República (1930-1937)*. São Paulo: Difel, 1978.

_____. *A Terceira República (1937-1945)*. São Paulo: Difel, 1982.

_____. *O Estado Novo (1937-1945)*. Rio de Janeiro: Difel, 1977.

Cascudo, Luís da Câmara. *Câmara Cascudo e Mário de Andrade*: cartas 1924--1944. Pesquisa documental/iconográfica, estabelecimento de texto e notas (organizador) Marcos Antonio de Moraes; ensaio de abertura Anna Maria Cascudo Barreto; prefácio Diógenes da Cunha Lima; introdução Ives Gandra da Silva Martins. 1.ed. São Paulo: Global, 2010.

Castello, José Aderaldo. *José Lins do Rego*: modernismo e regionalismo. São Paulo: Edart, 1961.

Castro, Ivo. O retorno à filologia. In: Pereira, Paulo Roberto Dias; Pereira, Cilene da Cunha (Orgs.). *Miscelânea de estudos linguísticos, filológicos e literários in memoriam Celso Cunha*. Rio de Janeiro: Nova Fronteira, 1995. p.511-520.

Cervo, Amado Luiz. *Inserção internacional*. São Paulo: Saraiva, 2008.

Chakrabarty, Dipesh. *Provincializing Europe*: postcolonial thought and historical difference, de Dipesh Chakrabarty. Princeton: Princeton University Press, 2008.

Chalhub, Samira. *Metalinguagem*. São Paulo: Ática, 1988.

Chartier, Roger (Dir.). *La correspondance*: les usages de la lettre au xixe siècle. Paris: Fayard, 1991.

Chauí, Marilena. *Brasil*: mito fundador e sociedade autoritária. São Paulo: Fundação Perseu Abramo, 2000.

Condé, Elísio. Manuel Bandeira no Recife. In: Silva, Maximiano de Carvalho e (Org.). *Homenagem a Manuel Bandeira*: 1986-1988. Niterói: Sociedade Sousa da Silveira; Rio de Janeiro: Monteiro Aranha/Presença, 1989. p.171-172.

CONDÉ, João. Evocação de Manuel Bandeira. In: SILVA, Maximiano de Carvalho e (Org.). *Homenagem a Manuel Bandeira*: 1986-1988. Niterói: Sociedade Sousa da Silveira; Rio de Janeiro: Monteiro Aranha/Presença, 1989. p.305-307.

_____. Flash autobiográfico de Manuel Bandeira. In: BANDEIRA, Manuel. *Estrela da vida inteira*. Rio de Janeiro: Record; São Paulo: Altaya, [1992]. p.29-30.

CORREIA, Éverton Barbosa. Manuel Bandeira, autor de *Casa-grande & senzala*. *Magma*, São Paulo, n.9, p.71-8, 2004/2006.

COSTA, Cristiane. *Pena de aluguel*: escritores jornalistas no Brasil, 1904-2004. São Paulo: Companhia das Letras, 2005.

COUTINHO, Afrânio; COUTINHO, Eduardo de Faria (Dirs.). *A literatura no Brasil*. 2.ed. São Paulo: Ed. Sul-Americana, 1968-1971. 6v.

_____. *A Literatura no Brasil*. 3.ed. rev. atual. Rio de Janeiro: José Olympio; Niterói: Eduff, 1986. 6v.

COUTO, Ribeiro. *Três retratos de Manuel Bandeira*. Introdução, cronologia e notas de Elvia Bezerra. Rio de Janeiro: Academia Brasileira de Letras, 2004.

CRÍTICA Textual y anotación filológica en obras del Siglo de Oro. Atas del Seminario Internacional para la edición y anotación de textos del Siglo de Oro. Pamplona, Universidad de Navarra, abril 1990. Edición de Ignacio Arellano y Jesús Cañedo. Madrid: Editorial Castalia, 1991.

CROWTHER, Jonathan (Ed.). *Oxford Advanced Learner's Dictionary*. 5.ed. Oxford: Oxford University Press, 1955.

CRULS, Gastão. *Aparência do Rio de Janeiro*: notícia histórica e descritiva da cidade. Rio de Janeiro: José Olympio, 1949. (Coleção Documentos Brasileiros, 60.)

D'ANDREA, Moema Selma. *A tradição re(des)coberta:* o pensamento de Gilberto Freyre no contexto das manifestações culturais e/ou literárias nordestinas. Campinas, SP: Ed. Unicamp, 1992. (Coleção Viagens da Voz.)

DAUPHIN, Cécile; LEBRUN-PEZERAT, Pierrette; POUBLAN, Danièle. *Ces bonnes lettres*. Paris: Albin Michel, 1995.

DIAS, Silvana Moreli Vicente. Espectros postais: aproximações entre biografia crítica e correspondência de escritores. *Outra travessia*, Florianópolis, n.14, p.131-142, 2012.

DICIONÁRIO Histórico Biográfico Brasileiro pós 1930. 2.ed. Rio de Janeiro: Ed. FGV, 2001.

Diégues Júnior, M. *O engenho de açúcar no Nordeste*. Documentário da vida rural. Maceió: Edufal, 2006.

Dimas, Antonio. Barco de proa dupla. *Revista USP*, São Paulo, n.1, p.112-126, mar./maio 1989.

_____. Gilberto Freyre e a crítica literária. In: Falcão, Joaquim de Arruda; Araújo, Rosa Maria Barboza de (Orgs.). *O imperador das ideias*: Gilberto Freyre em questão. Rio de Janeiro: Topbooks/Colégio do Brasil/UniverCidade, 2001. p.94-100.

_____. Um manifesto guloso. In: Freyre, Gilberto. *Manifesto regionalista*. Org. e apres. Fátima Quintas. 7.ed. Recife: Fundação Joaquim Nabuco/Massangana, 1996. p.23-44.

Duarte, Luiz Fagundes. Prática de Edição: onde está o autor? In: IV encontro Internacional de Pesquisadores do Manuscrito e de Edições. São Paulo: Annablume/Associação de Pesquisadores do Manuscrito Literário, 1995. p.335-358.

Eagleton, Terry. *Teoria da Literatura:* uma introdução. Trad. Waltensir Dutra. São Paulo: Martins Fontes, 1983.

Eco, Umberto. *Obra aberta*. Trad. Sebastião Uchoa Leite. São Paulo: Perspectiva, 1976.

Eisenstadt, Shmuel N. Multiple modernities. *Daedalus*, n.129, v.1, p.1-29, 2000.

Elias, Norbert. *A sociedade dos indivíduos*. Org. Michael Schröter; trad. Vera Ribeiro; revisão técnica e notas de Renato Janine Ribeiro. Rio de Janeiro: Jorge Zahar, 1994.

Eliot, T. S. Hamlet and his problems. In: _____. *The sacred wood*: essays on poetry and criticism. London: Methune, 1921. p.95-103.

Enzensberger, Hans Magnus. Linguagem universal da poesia moderna. In: _____. *Com raiva e paciência*: ensaios sobre literatura, política e colonialismo. Sel. e intr. Wolfgang Bader. Trad. Lya Luft. Rio de Janeiro: Paz e Terra/Instituto Goethe, 1985. p.33-50.

_____. Uma teoria do turismo. In: _____. *Com raiva e paciência*: ensaios sobre literatura, política e colonialismo. Sel. e intr. Wolfgang Bader. Trad. Lya Luft. Rio de Janeiro: Paz e Terra/Instituto Goethe, 1985. p.205-225.

Espínola, Adriano. Casa-grande & Pasárgada. *Poesia Sempre*, Rio de Janeiro, n.8, p.249-270, jun. 1997.

Eulalio, Alexandre. O ensaio literário no Brasil. In: _____. *Escritos*. Org. Berta Waldman e Luiz Dantas. Campinas: Ed. da Unicamp; São Paulo: Ed. Unesp, 1992. p.11-67.

Faoro, Raymundo. *Os donos do poder*: formação do patronato político brasileiro. São Paulo: Globo, 2001.

Fausto, Boris. *História concisa do Brasil*. São Paulo: Edusp/Imprensa Oficial do Estado, 2001.

_____. *O pensamento nacionalista autoritário*. Rio de Janeiro: Jorge Zahar, 2001.

Fernandes, Florestan. *A revolução burguesa no Brasil*: ensaio de interpretação sociológica. Rio de Janeiro: Zahar Editores, 1981.

Ferrara, Lucrécia d'Alessio. Os lugares improváveis. In: Yázigi, Eduardo (Org.). *Turismo e paisagem*. São Paulo: Contexto, 2002. p.65-82.

Fletcher, Iain. *Walter Pater*. London: Longmans, Green & Co., 1959.

Fonseca, Edson Nery da. *Casa-grande & senzala e a crítica brasileira de 1933 a 1944*. Recife: Companhia Editora de Pernambuco, 1985.

_____. *Em torno de Gilberto Freyre* – ensaios e conferências. Recife: Fundação Joaquim Nabuco/Massangana, 2007.

_____. *Gilberto Freyre de A a Z*. Rio de Janeiro: Zé Mário Editor, 2002.

_____. Gilberto Freyre e o Movimento Regionalista. In: Freyre, Gilberto. *Manifesto Regionalista*. Recife: Fundação Joaquim Nabuco/Massangana, 1996. p.219-234.

_____. Morte e estrelas em Manuel Bandeira. *NordesteWeb*, 28 maio 2001. Disponível em: <http://www.nordesteweb.com/not05/ne_not_20010528b.htm>. Acesso em: maio 2007.

Fonseca, Maria Odila. Informação e direitos humanos: acesso às informações arquivísticas. *Ciência da Informação*, Brasília, v.28, n.2, mai.-ago. 1999. Disponível em: <http://www.scielo.br/scielo.php?script=sci_arttext&pid=S0100-19651999000200007>. Acesso em: mar. 2013.

Franco, Maria Sylvia de Carvalho. *Homens livres na ordem escravocrata*. São Paulo: Ed. Unesp, 1997.

Franzini, F. *À sombra das palmeiras*: a Coleção Documentos Brasileiros e as transformações da historiografia nacional (1936-1959). São Paulo: Fflch--Usp, 2006.

Freyre, Alfredo A. da S. *Dos 8 aos 80 e tantos*. Intr. e anot. Gilberto Freyre. Recife: Universidade Federal de Pernambuco, 1970.

Freyre, Sonia. *Vidas vivas e revividas*. Recife: Edições Bagaço, 2004.

Friedrich, Hugo. *Estrutura da lírica moderna*. Trad. Marise M. Curioni e Dora F. da Silva. São Paulo: Duas Cidades, 1978.

Gabara, Esther. "Nunca olhei tão olhado em minha vida e está sublime": o (auto) retrato e a fotografia na obra de Mário de Andrade. In: Süssekind, Flora; Dias, Tânia (Orgs.). *A historiografia literária e as técnicas de escrita*. Do manuscrito ao hipertexto. Rio de Janeiro: Edições Casa de Rui Barbosa/ Vieira e Lent, 2004. p.169-190.

GAIO, André Moysés. *Modernismo e ensaio histórico*. São Paulo: Cortez, 2004.

GALVÃO, Walnice Nogueira; GOTLIB, Nádia Batella. Apresentação. In: _____ (Orgs.). *Prezado senhor, prezada senhora*: estudos sobre cartas. São Paulo: Companhia das Letras, 2000. p.9-10.

_____. GOTLIB, Nádia Batella. *Prezado senhor, prezada senhora*: estudos sobre cartas. São Paulo: Companhia das Letras, 2000.

GARCIA, Afrânio; PALMEIRA, Moacir. Transformação agrária. In: SACHS, Ignacy; WILHEIM, Jorge; PINHEIRO, Paulo Sérgio (Orgs.). *Brasil:* um século de transformações. São Paulo: Companhia das Letras, 2001. p.39-77.

GARRETT, Almeida. *Cartas de amor à Viscondessa da Luz*. Intr., org., fixação do texto e notas Sérgio Nazar David. Rio de Janeiro: 7Letras, 2004.

GILBERTO Freyre, fruto bichado da literatura brasílio-ianque. *O Fiau*, Recife, ano 1, n.1, 7 maio 1923.

GIUCCI, Guillermo; LARRETA, Enrique Rodríguez. *Gilberto Freyre*: uma biografia cultural: a formação de um intelectual brasileiro: 1900-1936. Tradução de Josely Vianna Baptista. Rio de Janeiro: Civilização Brasileira, 2007.

GOMES, Ângela. Política brasileira em busca da modernidade: na fronteira entre o público e o privado. In: SCHWARCZ, Lilia Moritz (Org.). *História da vida privada no Brasil, 4:* contrastes da intimidade contemporânea. São Paulo: Companhia das Letras, 1998. p.488-558.

GOMES, Fábio. *Villa-Lobos*. 2003. Disponível em: <http://www.brasileirinho.mus.br/artigos/villalobos.htm>. Acesso em: out. 2007.

GÓMEZ-MARTÍNEZ, José Luís. *Teoría del ensayo*. Ciudad de México: Universidad Nacional Autónoma de México, 1992.

GONÇALVES, José R. S. *A retórica da perda*: os discursos do patrimônio cultural no Brasil. Rio de Janeiro: Ed. da UFRJ, 1996.

GRAMSCI, Antonio. *Literatura e vida nacional*. Tradução e seleção de Carlos Nelson Coutinho. Rio de Janeiro: Civilização Brasileira, 1968.

GRANDE dizionario della lingua italiana di Salvatore Battaglia: indice degli autori citati nei volumi I-XXI e nel supplemento 2004. A cura di Giovanni Ronco. Torino: Unione Tipografico-editrice Torinense, 1988.

GRASSI, Marie-Claire. *Lire l'épistolaire*. Paris: DUNOD, 1998.

GRECCO, Vera Regina Luz. Colecionismo: o desejo de guardar. *Jornal do MARGS*, Porto Alegre, n.83, jun. 2003. Disponível em: <http://www.escritoriodolivro.org.br/historias/colecionismo.html>. Acesso em: out. 2007.

GUILLEN, Isabel Cristina Martins. Por amor ao brinquedo: cotidiano e diversão na periferia do Recife. In: SIMPÓSIO Nacional de História. História: Guerra e Paz. 23, 2005, Londrina. *Anais do XXIII Simpósio Nacional de História.* Londrina: Universidade Estadual de Londrina, 2005.

GUIMARÃES, Júlio Castañon. Bandeira, Murilo e Drummond em periódicos. In: SÜSSEKIND, Flora; DIAS, Tânia (Orgs.). *A historiografia literária e as técnicas de escrita.* Do manuscrito ao hipertexto. Rio de Janeiro: Edições Casa de Rui Barbosa/Vieira e Lent, 2004. p.631-641.

_____. *Contrapontos:* notas sobre correspondência no modernismo. Rio de Janeiro: Fundação Casa de Rui Barbosa, 2004.

GUIMARÃES, Ruth. *Dicionário da mitologia grega.* São Paulo: Cultrix, 1993.

GULLAR, Ferreira. *Vanguarda e subdesenvolvimento*: ensaios sobre arte. Rio de Janeiro: Civilização Brasileira, 1969.

HABERMAS, Jürgen. *Mudança estrutural na Esfera Pública*: investigações quanto a uma categoria da sociedade burguesa. Trad. Flávio R. Kothe. Rio de Janeiro: Tempo Brasileiro, 1984.

HALLEWELL, Laurence. *O livro no Brasil*: sua história. Trad. Maria da Penha Villa-lobos, Lólio Lourenço de Oliveira e Geraldo Gerson de Souza. 2.ed. rev. e ampl. São Paulo: Edusp, 2005.

HAROCHE-BOUZINAC, Geneviève. *L'épistolaire.* Paris: Hachette, 1995.

HEYMANN, Luciana Quillet. Memórias da elite: arquivos, instituições e projetos memoriais. *Revista Pós Ciências Sociais*, São Luiz/MA, v.8, n.15, p.1-8, 2011. Disponível em: <www.ppgcsoc.ufma.br>. Acesso em: fev. 2013.

_____. O indivíduo fora do lugar. *Revista do Arquivo Público Mineiro*, Belo Horizonte, v.45, p.40-57, jul./dez. 2009.

HIGH, Peter B. *An outline of American literature.* London: Longman, 1986.

HOBSBAWM, Eric. *A era das revoluções*: Europa 1789-1848. Trad. Maria Tereza Lopes Teixeira e Marcos Penchel. Rio de Janeiro: Paz e Terra, 1977.

_____. *A era do capital*: 1848-1875. Trad. Luciana Costa Neto. São Paulo: Paz e Terra, 2007.

_____. *A era dos impérios*: 1875-1914. Trad. Sieni Maria Campos e Yolanda Steidel de Toledo. Rev. téc. Maria Célia Paoli. São Paulo: Paz e Terra, 2006.

_____. *Era dos extremos*: o breve século XX: 1914-1991. Trad. Marcos Santarrita. Rev. téc. Maria Célia Paoli. São Paulo: Companhia das Letras, 1995.

_____. *Nações e nacionalismo desde 1780.* Trad. Maria Célia Paoli e Anna Maria Quirino. Rio de Janeiro: Paz e Terra, 2004.

_____; RANGER, Terence. *A invenção das tradições*. Rio de Janeiro: Paz e Terra, 1984.

HOLANDA, Sérgio Buarque de. *Raízes do Brasil*. 8.ed. Rio de Janeiro: José Olympio, 1975.

HOLLANDA, Daniela Maria Cunha de. *A barbárie legitimada:* a demolição da Igreja de São Pedro dos Clérigos do Rio de Janeiro. Rio de Janeiro: Eduerj, 2007.

HOLLANDA, Heloísa Buarque de. O modernismo em tempo real. *Cult*, São Paulo, ano 6, n.68, p.22-27, abr. 2003.

HOMENAGEM a Manuel Bandeira. Rio de Janeiro: Officinas Typographicas do *Jornal do Commercio*, 1936. Edição fac-similar preparada pela Metal Leve em 1986.

HOUAISS, Antonio; VILLAR, Mauro de Salles. *Dicionário Houaiss da língua portuguesa*. Rio de Janeiro: Objetiva, 2001.

HULME, Peter; YOUNGS, Tim (Eds.). *The Cambridge companion to travel writing*. Cambridge: Cambridge University Press, 2002.

INOJOSA, Joaquim. *O movimento modernista em Pernambuco*. Rio de Janeiro: Graf. Tupy, 1969. v.3.

_____. Joaquim. *Sursum corda!*: desfaz-se o "equívoco" do Manifesto Regionalista de 1926: foi redigido em 1952, escreve Gilberto Freyre. Rio de Janeiro: Graf. Olímpica Ed., 1981.

ISER, Wolfgang. *Walter Pater*: the aesthetic moment. Cambridge: Cambridge University Press, 1987.

ISHII, Yasushi. Da caneta à máquina de escrever. In: SÜSSEKIND, Flora; DIAS, Tânia. *A historiografia literária e as técnicas de escrita*. Do manuscrito ao hipertexto. Rio de Janeiro: Edições Casa de Rui Barbosa/Vieira e Lent, 2004. p.93-98.

JARDIM, José Maria. O conceito e a prática de gestão de documentos. Disponível em: <http://arquivoememoria.files.wordpress.com/2009/05/o-conceito--e-pratica-gestao-documentos.pdf>. Acesso em: mar. 2013.

JARDIM, Luís. Prefácio. In: FREYRE, Gilberto. *Retalhos de jornais velhos*. Rio de Janeiro: José Olympio, 1964. Disponível em: <http://bvgf.fgf.org.br/portugues/obra/livros/pref_brasil/retalhos.htm>. Acesso em: set. 2005.

JOHNSON, Randal. A dinâmica do campo literário brasileiro. Trad. Antonio Dimas. *Revista USP*, São Paulo, n.26, p.164-181, jun.-ago. 1995.

JOLLES, André. *Formas simples*. São Paulo: Cultrix, 1976.

KAUFMANN, Vincent. *L'équivoque épistolaire*. Paris: Minuit, 1990.

Kestler, Izabela Maria Furtado. *Exílio e literatura*: escritores de fala alemã durante a época do nazismo. Trad. Karola Zimber. São Paulo: Universidade de São Paulo, 2003.

Kissinger, Henry. *Diplomacy*. New York: Simon & Schuster, 1994.

Kosminsky, Ethel Volfzon; Lépine, Claude; Peixoto, Fernanda Arêas (Orgs.). *Gilberto Freyre em quatro tempos*. Bauru: Edusc, 2003.

La correspondance: Les usages de la lettre au XIXE siècle. Dir. Roger Chartier. Paris: Fayard, 1991.

Lafetá, João Luiz. *1930*: a crítica e o Modernismo. São Paulo: Duas Cidades/Ed. 34, 2000.

Lajolo, Marisa; Zilberman, Regina. *A formação da leitura no Brasil*. São Paulo: Ática, 1996.

Larreta, Enrique. Itinerário da formação. *Folha de São Paulo*, São Paulo, 12 mar. 2000. Mais!, p.24-25.

Lebensztayn, Ieda. *Graciliano Ramos e a Novidade*: o astrônomo do inferno e os meninos impossíveis. São Paulo: Hedra, 2010.

Leite, Dante Moreira. *O caráter nacional brasileiro*: história de uma ideologia. São Paulo: Editora Unesp, 2002.

Lejeune, Philippe. *Le pacte autobiographique*. Paris: Éditions du Seuil, 1975.

Leminski, Paulo. *Envie meu dicionário*: cartas e alguma crítica. Org. Régis Bonvicino e Tarso M. de Melo. São Paulo: Ed. 34, 1999.

Levine, Robert M. *Pai dos pobres?*: o Brasil e a Era Vargas. São Paulo: Companhia das Letras, 2001.

Lima, Luiz Costa. A versão solar do patriarcalismo: *Casa-grande & senzala*. In: _____. *A aguarrás do tempo*: estudos sobre a narrativa. Rio de Janeiro: Rocco, 1989.

Lispector, Clarice. *Correspondências*. Org. Teresa Montero. Rio de Janeiro: Rocco, 2002.

Lowell, Amy. An aquarium. In: _____. *Man, women, and ghosts*. New York: MacMillan, 1916. Disponível em: <http://xroads.virginia.edu/~HYPER2/ModPtryAnthol/lowell.html>. Acesso em: mar. 2004.

_____. *Tendencies in modern American poetry*. New York: Macmillan, 1917.

Löwy, Michael. *Redenção e utopia*: o judaísmo libertário na Europa central: um estudo de afinidade eletiva. Trad. Paulo Neves. São Paulo: Companhia das Letras, 1989.

_____; SAYRE, Robert. *Romantismo e política*. Trad. Eloísa de Araújo Oliveira. São Paulo: Paz e Terra, 1993.

LUKÁCS, Georg. *Ensaios sobre literatura*. Coord. e pref Leandro Konder. trad. Leandro Konder et al. Rio de Janeiro: Civilização Brasileira, 1968.

_____. *Soul and form*. Trad. Anna Bostock. London: Merlin Press, 1974.

_____. *Teoria do Romance*: um ensaio histórico-filosófico sobre as formas da grande épica. Trad., posf. e notas José Marcos Mariani de Macedo. São Paulo: Duas Cidades/Ed. 34, 2000.

MARQUES, Ivan. *Cenas de um modernismo de província*. São Paulo: Ed. 34, 2011.

MARQUES, Reinaldo. Memória literária arquivada. *Aletria*, Belo Horizonte, v.18, p.105-119, jul.-dez. 2008.

_____. O arquivo literário como figura epistemológica. MATRAGA, Rio de Janeiro, v.14, p.13-23, jul./dez. 2007.

MARSHALL, Francisco. Epistemologias históricas do colecionismo. *Episteme*, Porto Alegre, n.20, p.13-23, jan./jun. 2005.

MARTINS, Ceila Ferreira. *Para uma definição de crítica textual*: o caso da edição crítico-genética de O Egipto e outros relatos de Eça de Queirós: edição de texto. 2007. Trabalho apresentado ao 2º Congresso Virtual do Departamento de Literaturas Românicas, Lisboa, Universidade de Lisboa, primavera de 2007. Texto em preparo para CD-ROM.

MARTINS, Wilson. *A ideia modernista*. Rio de Janeiro: ABL/Topbooks, 2002.

_____. *História da inteligência brasileira*. v.7. São Paulo: Cultrix: Edusp, 1976-1978.

McCARTHY, J. *Crossing boundaries*: a theory and history of essay writing in German, 1680-1815. Philadelphia: University of Pennsylvania Press, 1989.

MEGALE, Heitor. O testemunho da dúvida: a busca da boa edição. In: LÍNGUA, Filologia e Literatura para Segismundo Spina. São Paulo: Fapesp/Edusp/Iluminuras, 1995. p.135-149.

MELO NETO, João Cabral de. *A educação pela pedra e depois*. Rio de Janeiro: Nova Fronteira, 1997.

_____. *Correspondência de Cabral com Bandeira e Drummond*. Org., apres. e notas Flora Süssekind. Rio de Janeiro: Nova Fronteira: Fundação Casa de Rui Barbosa, 2001.

_____. *Pedra do sono*. Recife: Of. Gráf. Drechsler, 1942. Edição do autor.

_____. *Serial e antes*. Rio de Janeiro: Nova Fronteira, 1997.

MENDONÇA, S. R. de. As bases do desenvolvimento capitalista dependente: da industrialização restringida à internacionalização. In: HISTÓRIA Geral do

Brasil. Org. Maria Yedda Linhares. 9.ed. Rio de Janeiro: Elsevier, 1990. p.327-350.

MENESES, Ulpiano T. Bezerra de. A paisagem como fato cultural. In: YÁZIGI, Eduardo (Org.). *Turismo e paisagem*. São Paulo: Contexto, 2002. p.29-64.

_____. Do teatro da memória ao laboratório da História: a exposição museológica e o conhecimento histórico. *Anais do Museu Paulista*, São Paulo, v.2, p. 9-42, jan./dez. 1994.

MEUCCI, Simone. *Gilberto Freyre e a sociologia no Brasil*: da sistematização à constituição do campo científico. 2006. Tese (Doutorado em Sociologia) – Instituto de Filosofia e Ciências Humanas, Universidade Estadual de Campinas, Campinas, 2006.

MICELI, Sérgio. *Intelectuais à brasileira*. São Paulo: Companhia das Letras, 2001.

_____. *Nacional estrangeiro*: história social e cultural do modernismo artístico em São Paulo. São Paulo: Companhia das Letras, 2003.

MICHAELIS: moderno dicionário da língua portuguesa. São Paulo: Melhoramentos, 1998.

MINDLIN, José. *Memórias esparsas de uma biblioteca*. Entrevista de José Mindlin a Cleber Teixeira e Dorothée de Bruchar. São Paulo: Imprensa Oficial do Estado de São Paulo; Florianópolis: Escritório do Livro, 2004.

MIRANDA, Wander Melo (Org.). *Narrativas da modernidade*. Belo Horizonte: Autêntica, 1999.

MONTAIGNE, Michel de. *Ensaios*. Trad. Sérgio Milliet. São Paulo: Abril Cultural, 1972.

MORAES, Marcos Antonio de. Afinidades eletivas. In: ANDRADE, Mário de; BANDEIRA, Manuel. *Correspondência Mário de Andrade & Manuel Bandeira*. Org., pref. e notas Marcos Antonio de Moraes. São Paulo: Edusp, 2000. p.13-33.

_____. Edição da correspondência reunida de Mário de Andrade: histórico e alguns pressupostos. *Patrimônio e Memória*, UNESP-FLCAs, CEDAP, v.4, n.2, p.123-136, jun.2009.

_____. Epistolografia e crítica genética. *Ciência e Cultura*, Campinas, v.59, n.1, p.30-32, jan./mar. 2007.

_____. *Orgulho de jamais aconselhar*: a epistolografia de Mário de Andrade. São Paulo: Edusp/Fapesp, 2007.

_____. *Querido poeta*: correspondência de Vinicius de Moraes. Sel., org. e notas Ruy Castro. São Paulo: Companhia das Letras, 2003.

_____ (Org.). *Tudo está tão bom, tão gostoso*: postais a Mário de Andrade. São Paulo: Hucitec/Edusp, 1993.

MORAES, Vinicius de. *Querido poeta*: correspondência de Vinicius de Moraes. Seleção, organização e notas Ruy Castro. São Paulo: Companhia das Letras, 2003.

Nabuco, Joaquim. *Minha formação*. Brasília: Ed. UnB, 1963.

Natali, Marcos Piason. *A política da nostalgia*: um estudo das formas do passado. São Paulo: Nankin, 2006.

Nunes, Benedito. *João Cabral de Melo Neto*. Petrópolis: Vozes, 1971.

Obaldia, Claire de. *The essayistic spirit*: literature, modern criticism, and the essay. Oxford: Clarendon Press, 1995.

Oliveira, Lúcia Lippi; Velloso, Mônica Pimenta; Gomes, Ângela Maria de Castro. *Estado Novo*: ideologia e poder. Rio de Janeiro: Zahar, 1982.

_____. Gilberto Freyre e a valorização da província. S*ociedade e Estado*, Brasília, v.26, n.1, jan.-abr. 2011.

Ortiz, Renato. *Cultura brasileira e identidade nacional*. São Paulo: Brasiliense, 2003.

Pages-Rangel, Roxana. *Del domínio público*: itinerários de la carta privada. Amsterdam, Atlanta, Ga: Rodopi, 1997.

Pallares-Burke, Maria Lúcia. Gilberto Freyre e a Inglaterra: uma história de amor. *Tempo Social*, São Paulo, v.9., n.2, p.13-32, out. 1997.

_____. *Gilberto Freyre*: um vitoriano dos trópicos. São Paulo: Ed. Unesp, 2005.

Pareyson, Luigi. *Os problemas da estética*. Tradução de Maria Helena Nery Garcez. São Paulo: Martins, 1997.

Pascal, Blaise. *Les provinciales*: ou les lettres écrites par Louis de Montalte à um provincial de ses amis et aux Rr. Pp. Jésuites. Ed. par Louis Cognet e Gerard Ferreyrolles. Disponível em: <http://gallica.bnf.fr/ark:/12148/bpt6k1014784>. Acesso em: out. 2007.

_____. Seizième lettre aux révérends pères jésuites du 4 décembre 1656. In: _____. *Les provinciales*: ou les lettres écrites par Louis de Montalte à um provincial de ses amis et aux Rr. Pp. Jésuites. Ed. par Louis Cognet e Gerard Ferreyrolles.

Pater, Walter. *Plato and platonism*. London: Macmillan, 1917.

_____. The child in the house. In: Aldington, Richard (Ed.). *Walter Pater*: selected works. London: William Heinemann, 1948.

Pécault, Daniel. *Os intelectuais e a política no Brasil*: entre o povo e a nação. Trad. Maria Júlia Goldwasser. São Paulo: Ática, 1990.

Peixoto, Fernanda Arêas. A cidade e seus duplos: os guias de Gilberto Freyre. *Tempo Social*, Revista de Sociologia da Usp, v.17, n.1, p.159-173, jun. 2005.

_____. *Diálogos Brasileiros*: uma análise da obra de Roger Bastide. São Paulo: Edusp, 2000.

Pereira, José Mário (Org.). *José Olympio*. O editor e sua Casa. Rio de Janeiro: Sextante, 2008.

Pereira, Luiz Carlos Bresser. Do Estado patrimonial ao gerencial. In: Sachs, Ignacy; Wilheim, Jorge; Pinheiro, Paulo Sérgio (Org.). *Brasil*: um século de transformações. São Paulo: Companhia das Letras, 2001. p.222-259.

Perrone-Moisés, Leyla. Retratos de família na obra de Carlos Drummond de Andrade. *Revista da Biblioteca Mário de Andrade*, São Paulo, v.60/61, p.12--17, dez. 2002/2003.

Picchio, Luciana Stegagno. *História da literatura brasileira*. 2.ed. rev. e atual. Rio de Janeiro: Nova Aguilar, 2004.

_____. O manifesto como gênero literário: a tradição retórica dos manifestos modernistas brasileiros. In: Pereira, Paulo Roberto Dias; Pereira, Cilene da Cunha (Org.). *Miscelânea de estudos linguísticos, filológicos e literários in memoriam Celso Cunha*. Rio de Janeiro: Nova Fronteira, 1995. p.963-973.

Pincherle, Maria Caterina. *La cittá sincopata*: poesia e identità culturale nella San Paolo degli anni venti. Roma: Bulzoni, 1999.

Pinto, Manuel da Costa *Albert Camus*: um elogio do ensaio. São Paulo: Ateliê Editorial, 1998.

Pontes, Heloísa. *Destinos mistos*. São Paulo: Companhia das Letras, 1998.

_____. Retratos do Brasil: editores, editoras e "Coleções Brasiliana" nas décadas de 30, 40 e 50. In: História das Ciências Sociais no Brasil. Org. S. Miceli. 2.ed. São Paulo: Editora Sumaré, 2001. p.419-476.

Portinari, João Candido; Penna, Cristina (Orgs.). *Candido Portinari*: catálogo raisonné. v.1. Rio de Janeiro: Projeto Portinari, 2004.

Prado Júnior, Caio. *História Econômica do Brasil*. São Paulo: Brasiliense, 2004.

Prezado senhor, prezada senhora: estudos sobre cartas. Organização de Walnice Nogueira Galvão e Nádia Batella Gotlib. São Paulo: Companhia das Letras, 2000.

Pulici, Carolina. Traços puritanos na pintura de Rembrandt. *Religião e Sociedade*, Rio de Janeiro, v.1, n.27, p.48-76, 2007.

Queirós, Eça de. *A correspondência de Fradique Mendes*. Rio de Janeiro: Ediouro, [197?].

Rajotte, Pierre (Org.). *Le voyage et ses récits au xxe siècle*. Québec: Éd. Nota bene, 2005.

Rego, José Lins do. *Fogo morto*. São Paulo: O Estado de São Paulo/Klick, 1997.

_____. Manuel Bandeira, um mestre da vida. In: Homenagem a Manuel Bandeira. Rio de Janeiro: Officinas Typographicas do Jornal do Commercio, 1936. p.105-107. Edição fac-similar preparada pela Metal Leve em 1986.

_____. *Menino de engenho*. Rio de Janeiro: José Olympio, 1999.

_____. *Meus verdes anos*: memórias. Rio de Janeiro: José Olympio, 1997.

_____. Notas sobre Gilberto Freyre. In: FREYRE, Gilberto. *Região e tradição*. Rio de Janeiro: José Olympio, 1941. p.9-21. (Coleção Documentos Brasileiros, 29.)

REIS, Carlos; CUNHA, Maria do Rosário (Eds.). *O crime do Padre Amaro*. Edição Crítica das Obras de Eça de Queirós. Lisboa: Imprensa Nacional/Casa da Moeda, 2000.

_____; MILHEIRO, Maria do Rosário. *A construção da narrativa queirosiana*. Lisboa: Imprensa Nacional/Casa da Moeda, 1989.

REYES, Alfonso. *Cortesía (1909-1947)*. México: Ed. Cultura, 1948.

ROCHA, João Cezar de Castro. *Exercícios críticos*: leituras do contemporâneo. Chapecó: Argos, 2008.

_____. *Literatura e cordialidade*: o público e o privado na cultura brasileira. Rio de Janeiro: Eduerj, 1998.

_____. *O exílio do homem cordial*. Rio de Janeiro: Ed. Museu da República, 2004.

_____. The origins and errors of Brazilian cordiality. *Portuguese Literary & Cultural Studies*, Dartmouth, n.4/5, p.73-85, Spring/Fall 2001. Brazil 2001: a revisionary history of Brazilian literature and culture.

ROSA, João Guimarães. *Grande sertão*: veredas. Rio de Janeiro: José Olympio, 1958.

ROWSE, Alfred Leslie. *The use of history*. London: Hodder & Stoughton, 1946.

SABINO, Fernando. *Cartas a um jovem escritor e suas respostas*: Fernando Sabino, Mário de Andrade. Rio de Janeiro: Record, 2003.

_____. *Cartas na mesa*. Rio de Janeiro: Record, 2002.

_____. *Cartas perto do coração*: Fernando Sabino, Clarice Lispector. Rio de Janeiro: Record, 2001.

SAID, Edward. *Humanismo e crítica democrática*. Trad. Rosaura Eichenberg. São Paulo: Companhia das Letras, 2007.

SALLES, Cecília Almeida. Manuscrito e escrita. In: SÜSSEKIND, Flora; DIAS, Tânia. *A Historiografia literária e as técnicas de escrita*. Do manuscrito ao hipertexto. Rio de Janeiro: Edições Casa de Rui Barbosa/Vieira e Lent, 2004. p.99-103.

SANTIAGO, Silviano. Suas cartas, nossas cartas. In: ANDRADE, Carlos Drummond de; ANDRADE, Mário de. *Carlos e Mário*: correspondência completa entre Carlos Drummond de Andrade (inédita) e Mário de Andrade. Org. e pesq. iconog. Lélia Coelho Frota. Pref. e notas Silviano Santiago. Estabelecimento de texto das cartas de CDA por Alexandre Faria. Rio de Janeiro: Bem-Te-Vi, 2002. p.7-33.

SANTOS, Matildes Demétrio dos. *Ao sol carta é farol*: a correspondência de Mário de Andrade e outros missivistas. São Paulo: Annablume, 1998.

SCHAPOCHNIK, Nelson. Cartões-postais, álbuns de família e ícones da intimidade. In: SEVCENKO, Nicolau (Org.). *História da vida privada no Brasil, 3*: República: da Belle Époque à Era do Rádio. São Paulo: Companhia das Letras, 1998. p.423-512.

SCHILLER, Friedrich. *Poesia ingênua e sentimental*. Trad. Márcio Suzuki. São Paulo: Iluminuras, 1991.

SCHOLES, Robert et al. (Eds.). *Elements of literature*: essay, fiction, poetry, drama, film. 4.ed. New York: Oxford University Press, 1991.

SCHWARCZ, Lilia Moritz. Complexo de Zé Carioca: sobre uma certa ordem da mestiçagem e da malandragem. In: XVIII ENCONTRO Anual da ANPOCS, Caxambu/MG, 23-27 nov. 1994.

_____. *O espetáculo das raças*: cientistas, instituições e questão racial no Brasil: 1870-1930. São Paulo: Companhia das Letras, 1993.

_____; STARLING, Heloísa Murgel. *Brasil*: uma biografia. São Paulo: Companhia das Letras, 2015. versão kindle.

SCHWARZ, Jorge. *Vanguardas latino-americanas*. São Paulo: Edusp; Iluminuras: Fapesp, 1995.

SCHWARZ, Roberto. *Ao vencedor as batatas*: forma literária e processo social nos inícios do romance brasileiro. São Paulo: Duas Cidades, 1988.

SEVCENKO, Nicolau. *Literatura como missão*: tensões sociais e criação cultural na Primeira República. 2.ed. rev. e ampl. São Paulo: Companhia das Letras, 2003.

_____. *Orfeu extático na metrópole*: São Paulo, sociedade e cultura nos frementes anos 20. São Paulo: Companhia das Letras, 1992.

SILVA, Maximiano de Carvalho. Proteção ao texto literário como peça integrante do nosso patrimônio histórico-cultural. *Revista Confluência*, Rio de Janeiro, n.4, p.65-82, [199?].

SKIDMORE, Thomas. *Brasil*: de Getúlio a Castelo. São Paulo: Paz e Terra, 1988.

SOARES, Lucila. *Rua do Ouvidor 110*. Rio de Janeiro: José Olympio, 2006.

SORÁ, Gustavo. A construção sociológica de uma posição regionalista. Reflexões sobre a edição e a recepção de *Casa-grande & senzala* de Gilberto Freyre. *Revista Brasileira de Ciências Sociais*, São Paulo, v.13, n.36, fev. 1998. Disponível em: <http://www.scielo.br/scielo.php?script=sci_arttext&pid=S0102-69091998000100008>. Acesso em: fev. 2013.

_____. *Brasilianas*: José Olympio e a gênese do mercado editorial brasileiro. São Paulo: Edusp, 2010.

Souto Maior, Mário. Folclore do Recife, de ontem e de hoje. *Leitura*, São Paulo, 6 fev. 1988.

Souza, Eneida Maria de. Construções de um Brasil moderno. *Literatura e Sociedade*, São Paulo, n.7, p.36-45, 2003/2004.

Souza, Gilda de Mello e. O mestre de Apipucos e o turista aprendiz. In: _____. *A ideia e o figurado*. São Paulo: Duas Cidades/Ed. 34, 2005. p.49-70.

Souza, Jessé. *A modernização seletiva*: uma reinterpretação do dilema brasileiro. Brasília: Ed. UnB, 2000.

Spaggiari, Barbara; Perugi, Maurizio. *Fundamentos da crítica textual*. Rio de Janeiro: Lucerna, 2004.

Spitzer, Leo. *Linguística e história literária*. Madrid: Gredos, 1955.

Steen, Edla van (Org.). *Viver e escrever*. v.1. Porto Alegre: L&PM, 1981.

Stegagno Picchio, Luciana. *A lição do texto*: filologia e literatura. Trad. Alberto Pimenta. São Paulo: Martins Fontes, 1979.

_____. *História da literatura brasileira*. 2.ed. rev. e atual. Rio de Janeiro: Nova Aguilar, 2004.

Süssekind, Flora. *Cinematógrafo de letras*: literatura, técnica e modernização no Brasil. São Paulo: Companhia das Letras, 1987.

_____. *O Brasil não é longe daqui*: o narrador, a viagem. São Paulo: Companhia das Letras, 1990.

Tavani, Giuseppe. Filologia e genética. *Estudos linguísticos e literários*, Salvador, n.20, set. 1997.

Trigo, Luciano. *Engenho e memória*: o Nordeste do açúcar na ficção de José Lins do Rego. Rio de Janeiro: ABL/Topbooks, 2002.

Untermeyer, Louis. (Ed.). *Modern American poetry*: a critical anthology. New York, Harcourt, Brace, and Co., 1919. Disponível em: <http://www.cwru.edu/artsci/engl/VSALM/mod/hallman/bibliography.html>. Acesso em: mar. 2004.

Vecchi, Roberto. Recife como restos. *Colóquio/Letras Lisboa*, n. 157/158, p.187-200, jul.-dez. 2000.

Veloso, Mariza. O fetiche do patrimônio. *Habitus*, Goiânia, v.4, n.1, p.437-454, jan.-jun. 2006.

Ventura, Roberto. *Casa-grande & senzala*. São Paulo: Publifolha, 2000. (Folha Explica – Sociologia.)

_____. *Estilo tropical*: história cultural e polêmicas literárias no Brasil, 1870--1914. São Paulo: Companhia das Letras, 1991.

_____. Sexo na senzala: *Casa-grande & senzala*: entre o ensaio e a autobiografia. *Literatura e Sociedade*, São Paulo, n.6, p.212-222, 2001/2002.

Veríssimo, José. *História da literatura brasileira*. Rio de Janeiro: José Olympio, 1954.

Vicenzi, Letícia J. B. A fundação da Universidade do Distrito Federal e seu significado para a educação no Brasil. *Forum Educacional*, Rio de Janeiro, v.10, n.3, jul.-set. 1986.

Vidigal, Carlos. Brasil: potência cordial? A diplomacia brasileira no início do século xxi. *Reciis*, Rio de Janeiro, v.4, n.1, p.36-45, mar.2010.

Villaça, Antônio Carlos. Menino de engenho. In: Rego, José Lins do. *Menino de engenho*. Rio de Janeiro: José Olympio, 1999.

_____. Meus verdes anos. In: Rego, José Lins do. *Meus verdes anos*. Rio de Janeiro: José Olympio, 1997.

Watt, Ian. *A ascensão do romance*: estudos sobre Defoe, Richardson e Fielding. Trad. Hildegard Feist. São Paulo: Companhia das Letras, 1990.

Wellek, René; Warren, Austin. *Teoria da literatura*. Trad. José Palla e Carmo. Lisboa: Europa-América, 1976.

Werneck, Humberto. *O santo sujo:* a vida de Jaime Ovalle. São Paulo: Cosac Naify, 2008.

Williams, Raymond. *O campo e a cidade*: na história e na literatura. Trad. Paulo Henriques Britto. São Paulo: Companhia das Letras, 1990.

Williams, W. E. (Ed.). *A book of English essays*. Baltimore: Penguin Books, 1954.

Zach, Natan. Imagismo e vorticismo. In: Bradbury, Malcolm; McFarlane, James. (Orgs.). *Modernismo*: guia geral 1890-1930. São Paulo: Companhia das Letras, 1989. p.185-197.

Zanette, Rosemary I.C. *A permanência de estereótipos sobre o Brasil nos guias turísticos em língua italiana*. Dissertação (Mestrado) – Universidade de São Paulo, São Paulo, 2005.

Zweig, Stefan. *Brasil, país do futuro*. Trad. Odilon Gallotti. Rio de Janeiro: Delta, 1953.

OUTRAS FONTES

ACERVOS PESQUISADOS

Arquivo do Instituto de Estudos Brasileiros da Universidade de São Paulo – IEB/USP – São Paulo, SP.

Biblioteca Acadêmica Lúcio de Mendonça, Academia Brasileira de Letras – Rio de Janeiro, RJ.

Biblioteca Angelo Monteverdi – Università di Roma "La Sapienza" – Roma, Itália.

Biblioteca Central Blanche Knopf – Fundação Joaquim Nabuco – Recife, PE.

Biblioteca do Instituto de Estudos Brasileiros da Universidade de São Paulo – IEB/USP – São Paulo, SP.

Biblioteca Florestan Fernandes – FFLCH/USP – São Paulo, SP.

Biblioteca Mário de Andrade – São Paulo, SP.

Biblioteca Nacional – Rio de Janeiro, RJ.

Bibliothèque Interuniversitaire Sorbonne – Paris, França.

Bibliothèque Nationale de France – Paris, França.

Bibliothèque Universitaire Censier – Sorbonne Nouvelle/Paris 3 – Paris, França.

Casa-museu Madgalena e Gilberto Freyre – Fundação Gilberto Freyre – Recife, PE.

Centro de Documentação da Fundação Gilberto Freyre – Recife, PE.

Centro de Literatura Brasileira da Fundação Casa de Rui Barbosa – Rio de Janeiro, RJ.

Centro de Memória da Academia Brasileira de Letras – Rio de Janeiro – RJ.

Departamento de Iconografia e Documentos Textuais da Fundação Joaquim Nabuco – Recife, PE.

St. Anne's College Library – University of Oxford – Oxford, Inglaterra.

Taylor Institution Library – University of Oxford – Oxford, Inglaterra.

Sites consultados

Academia Brasileira de Letras. Disponível em: <www.academia.org.br>.

Arquivos da Folha de São Paulo. Disponível em: <http://www.folha.uol.com.br/folha/arquivos/>.

Biblioteca Nacional. Disponível em: <www.bn.br>.

Biblioteca Nazionale Centrale di Roma. Disponível em: <http://www.bncrm.librari.beniculturali.it/>.

Bibliothèque Nationale de France. Disponível em: <http://www.bnf.fr/>.

Centro de Pesquisa e Documentação da História Contemporânea do Brasil (CPDOC). Disponível em: <http://www.cpdoc.fgv.br>.

Encyclopaedia Britannica. Disponível em: <http://www.britannica.com>.

Fundação Casa de Rui Barbosa. Disponível em: <http://www.casaruibarbosa.gov.br>.

Fundação Gilberto Freyre. Disponível em: <http://bvgf.fgf.org.br/busca/PT/querypt.asp>.

Fundação Joaquim Nabuco. Disponível em: <http://bases.fundaj.gov.br>.

Itaú Cultural. Disponível em: <www.enciclopedia.itaucultural.org.br>.

Le catalogue du Système Universitaire de Documentation (Sudoc). Disponível em: <http://www.sudoc.abes.fr/>.

Library of Congress Online Catalog. Disponível em: <http://catalog.loc.gov/>.

Museu Villa-Lobos: Disponível em: <http://www.museuvillalobos.org.br/>.

Oxford University – Oxford Libraries Information System. Disponível em: <http://www.lib.ox.ac.uk/olis/>.

Projeto Portinari. Disponível em: <http://www.portinari.org.br/>.

Sérgio Buarque de Holanda. Disponível em: <http://www.siarq.unicamp.br/sbh>.

Sistema Integrado de Bibliotecas – USP. Disponível em: <www.usp.br/sibi>.

Site oficial do escritor Graciliano Ramos. Disponível em: <http://www.graciliano.com.br>.

University of Texas Libraries at Austin – Library Catalog. Disponível em: <http://www.lib.utexas.edu/>.

Créditos das imagens

Figura 1: Página 1 da carta de Manuel Bandeira a Gilberto Freyre datada de "Rio de Janeiro, 4 de junho [de 1927]".
Fonte: Centro de Documentação da FGF.
Nota: Carta com total de sete páginas.
Especificidade do documento: Desenhos de Manuel Bandeira para exemplificar passos do jogo descrito na carta.

Figura 2: Página 2 da carta de Manuel Bandeira a Gilberto Freyre datada de "Rio de Janeiro, 4 de junho [de 1927]".
Fonte: Centro de Documentação da FGF.

Figura 3: Página 3 da carta de Manuel Bandeira a Gilberto Freyre datada de "Rio de Janeiro, 4 de junho [de 1927]".
Fonte: Centro de Documentação da FGF.

Figura 4: Página 4 da carta de Manuel Bandeira a Gilberto Freyre datada de "Rio de Janeiro, 4 de junho [de 1927]".
Fonte: Centro de Documentação da FGF.

Figura 5: Página 5 da carta de Manuel Bandeira a Gilberto Freyre datada de "Rio de Janeiro, 4 de junho [de 1927]".
Fonte: Centro de Documentação da FGF.

Figura 6: Página 6 da carta de Manuel Bandeira a Gilberto Freyre datada de "Rio de Janeiro, 4 de junho [de 1927]".
Fonte: Centro de Documentação da FGF.

Figura 7: Página 7 da carta de Manuel Bandeira a Gilberto Freyre datada de "Rio de Janeiro, 4 de junho [de 1927]".
Fonte: Centro de Documentação da FGF.

Figura 8: Página 1 da carta de Manuel Bandeira a Gilberto Freyre datada de "Rio de Janeiro, 30 de outubro de 1936".
Fonte: Centro de Documentação da FGF.
Nota: Carta com total de duas páginas.

Especificidade do documento: Primeira página com desenho da paisagem de Copacabana de autoria de Joanita Blank.

Figura 9: Página 2 da carta de Manuel Bandeira a Gilberto Freyre datada de "Rio de Janeiro, 30 de outubro de 1936".
Fonte: Centro de Documentação da FGF.

Figura 10: Carta de Manuel Bandeira a Gilberto Freyre datada de "Rio de Janeiro, 26 de outubro de 1953".
Fonte: Centro de Documentação da FGF.
Nota: Carta com uma página.
Especificidade do documento: Folha com desenho de autoria de Manuel Bandeira, com vista de seu apartamento.

Figura 11: Frente de cartão-postal, com fotografia da avenida 7 de Setembro, Petrópolis-RJ, enviado por Manuel Bandeira a Gilberto Freyre e datado de "18 de dezembro de 1952".
Fonte: Centro de Documentação da FGF.

Figura 12: Verso de cartão-postal, com fotografia da avenida 7 de Setembro, – Petrópolis-RJ, enviado por Manuel Bandeira a Gilberto Freyre e datado de "18 de dezembro de 1952".
Fonte: Centro de Documentação da FGF.

Figura 13: Frente de cartão-postal, com fotografia das Chimères de Notre-Dame, Paris-França, enviado por Manuel Bandeira a Gilberto Freyre e datado de "28 de setembro de 1957".
Fonte: Centro de Documentação da FGF.

Figura 14: Verso de cartão-postal, com fotografia das Chimères de Notre-Dame, Paris-França, enviado por Manuel Bandeira a Gilberto Freyre e datado de "28 de setembro de 1957".
Fonte: Centro de Documentação da FGF.

Figura 15: Frente de cartão-postal, com imagem do retrato de Jan Six de autoria de Rembrandt, enviado por Manuel Bandeira a Gilberto Freyre e datado de "25 de dezembro de 1963".
Fonte: Centro de Documentação da FGF.

Figura 16: Verso de cartão-postal, com imagem do retrato de Jan Six de autoria de Rembrandt, enviado por Manuel Bandeira a Gilberto Freyre e datado de "25 de dezembro de 1963".
Fonte: Centro de Documentação da FGF.

Figura 17: Capa de exemplar da primeira edição de *Poesias completas* (1948), de Manuel Bandeira.
Nota: O exemplar copiado, dedicado ao casal Gilberto e Magdalena Freyre, encontra-se na biblioteca pessoal de Gilberto Freyre, cujo acervo faz parte da Casa-museu Magdalena e Gilberto Freyre, mantida pela FGF.

Figura 18: Folha de rosto de exemplar da primeira edição de *Poesias completas* (1948), de Manuel Bandeira.
Nota: Com os dizeres "A Gilberto e Magdalena muito afetuosamente oferece Manuel / Rio 1948".

Figura 19: Capa de exemplar da primeira edição de *Andorinha, andorinha*, (1966) de Manuel Bandeira, organizada por Carlos Drummond de Andrade.
Nota: O exemplar copiado, dedicado ao casal Gilberto e Magdalena Freyre, encontra-se na biblioteca pessoal de Gilberto Freyre, cujo acervo faz parte da Casa-Museu Magdalena e Gilberto Freyre, mantida pela FGF.

Figura 20: Folha de rosto de exemplar da primeira edição de *Andorinha, andorinha* (1966), de Manuel Bandeira, organizada por Carlos Drummond de Andrade.
Nota: Com os dizeres "A Gilberto e Magdalena, com o mais terno esvoaçar da andorinha octogenária / Baby Flag / 1966".

Figura 21: Capa de exemplar da primeira edição da *Antologia de poetas brasileiros bissextos contemporâneos* (1946), organizada por Manuel Bandeira.
Nota: O exemplar copiado, dedicado a Gilberto Freyre, encontra-se na biblioteca pessoal de Gilberto Freyre, cujo acervo faz parte da Casa-Museu Magdalena e Gilberto Freyre, mantida pela FGF.

Figura 22: Folha de rosto de exemplar da primeira edição da *Antologia de poetas brasileiros bissextos contemporâneos* (1946), organizada por Manuel Bandeira.
Nota: Com os dizeres "A Gilberto, homenagem do antologista. / Rio, 1946".

Figura 23: Capa de exemplar da primeira edição de *Aventura e rotina* (1953), de Gilberto Freyre.
Nota: O exemplar encontra-se na biblioteca pessoal de Gilberto Freyre, cujo acervo faz parte da Casa-Museu Magdalena e Gilberto Freyre, mantida pela FGF.

Figura 24: Dedicatória de exemplar da primeira edição de *Aventura e rotina* (1953), de Gilberto Freyre.

Nota: Com os dizeres: "A Manuel Bandeira / Sem quê nem para quê, só por pura e velha amizade".

Figura 25: Capa de exemplar da primeira edição de *Poesias* (1941), de Mário de Andrade.
Nota: O exemplar copiado encontra-se na biblioteca pessoal de Gilberto Freyre, cujo acervo faz parte da Casa-Museu Magdalena e Gilberto Freyre, mantida pela FGF.

Figura 26: Folha de rosto de exemplar da primeira edição de *Poesias* (1941), de Mário de Andrade.
Nota: Com os dizeres: "A / Gilberto Freyre, / com admiração amiga / Mário de Andrade / São Paulo, 1941."

Figura 27: Fotografia de Gilberto Freyre aos 23 anos.
Fonte: Centro de Documentação da FGF.
Notas: Datação: "Recife – PE – Brasil, 1923".
    Dimensões: 14 x 9 cm.
    Legenda de Gilberto Freyre: "Primeira foto de Gilberto Freyre, depois do seu regresso do estrangeiro (Estados Unidos, Canadá e Europa) onde passaria cinco anos, ao Brasil (1923)".

Figura 28: Fotografia de Gilberto Freyre lendo na varanda do Solar de Santo Antônio de Apipucos, de Jean Manzon.
Fonte: Centro de Documentação da FGF.
Notas: Datação: "Recife – PE – Brasil".
    Dimensões: 8,6 x 6,1 cm.

Figura 29: Fotografia de Gilberto Freyre, Alfredo Freyre, Francisca Freyre e Gilberto Freyre Costa.
Fonte: Centro de Documentação da FGF.
Notas: Legenda de Gilberto Freyre: "G. F., mãe, pai e primeiro sobrinho, Gilberto Freyre Costa, na casa do Carrapicho. 1923".
    Datação: "Recife – PE – Brasil, 1923."
    Dimensões: 9 x 13 cm.

Figura 30: Fotografia de Antônio Pimentel Filho, Magdalena Freyre, Gilberto Freyre, Gilberto Freyre Neto, Cecília Pimentel, Antônio Pimentel, Sonia Freyre, Cristina Suassuna e Fernando de Mello Freyre.
Fonte: Centro de Documentação da FGF.
Notas: Comemoração do aniversário de Gilberto Freyre Neto, realizada em Santo Antonio de Apipucos.
    Datação: "Recife, 1974".
    Dimensões: 13 x 18 cm.

Figura 31: Fotografia de Villa-Lobos.
Fonte: Centro de Documentação da FGF.
Notas: Datação: "Rio de Janeiro – RJ – Brasil, 1953".
Dedicatória: "Saí da prisão... encontrei Madalena que não é a de Cristo com o Gilberto que não é sacerdote mas é bem cristão como eu. Viva a vida! Villa. Rio, 29.10.53".

Figura 32: Fotografia de José Lins do Rego, Octávio Tarquinio de Sousa, Paulo Prado, José Américo de Almeida e Gilberto Freyre.
Fonte: Centro de Documentação da FGF.
Notas: Datação: "São Paulo – Brasil, 1938".
Dimensões: 19 x 25 cm.

Figura 33: Fotografia de Cícero Dias, Gilberto Freyre, Sérgio Buarque de Holanda, José Américo de Almeida, Rodrigo Melo Franco de Andrade e António Bento.
Fonte: Centro de Documentação da FGF.
Notas: Datação: "década de 1930".
Dimensões: 13 x 8 cm.

Figura 34: Fotografia de José Lins do Rego, Olívio Montenegro e Gilberto Freyre.
Fonte: Centro de Documentação da FGF.
Notas: Datação: "década de 1930".
Dimensões: 13 x 8 cm.

Figura 35: Fotografia de Rachel de Queiroz e Gilberto Freyre.
Fonte: Centro de Documentação da FGF.
Notas: Datação: "3 de março de 1980".
Dimensões: 25 x 18 cm.

Figura 36: Fotografia de Gilberto Freyre e Olívio Montenegro (sentados) e Sylvio Rabello e Anibal Fernandes (em pé).
Fonte: Centro de Documentação da FGF.
Nota: Dimensões: 17 x 18 cm.

Figura 37: Fotografia de Gilberto Freyre e Cícero Dias, de Foto Oriente.
Fonte: Centro de Documentação da FGF.
Notas: Legenda de Gilberto Freyre: "Gilberto Freyre (em pé) e Cícero Dias numa fotografia tomada 'com intenções ao mesmo tempo cômicas e líricas', num fotógrafo da Rua Larga (Rio 1932)".
Datação: "Rio de Janeiro – RJ – Brasil, 1932".
Dimensões: 8,7 x 13,5 cm.
Foto-postal.

Figura 38: Fotografia (da esquerda para a direita) de Sylvio Rabello, Carlos Duarte, Altamiro Cunha, Gilberto Freyre, João Cardoso Ayres, Alfredo Freyre e Olívio Montenegro.
Fonte: Centro de Documentação da FGF.
Nota: Dimensões: 12 x 18 cm.

Figura 39: Fotografia (da esquerda para a direita) de Cícero Dias, Altamiro Cunha, Lula Cardoso Ayres e Gilberto Freyre.
Fonte: Centro de Documentação da FGF.
Notas: Dimensões: 12 x 18 cm.
Reprodução de original.

Figura 40: Fotografia de Gastão Cruls, José Lins do Rego e Gilberto Freyre.
Fonte: Centro de Documentação da FGF.
Notas: Dimensões: 13,5 x 8,7 cm.
Foto-postal.

Figura 41: Fotografia de Gilberto Freyre, Olívio Montenegro e Ulisses Pernambucano.
Fonte: Centro de Documentação da FGF.
Notas: Década de 1940.
Dimensões: 18 x 24 cm.
Reprodução de original.

Figura 42: Fotografia de João Condé, Manuel Bandeira, Lia Correia Dutra e Astrojildo Pereira, em almoço em homenagem a Pablo Neruda.
Fonte: Centro de Documentação da FGF.
Notas: Datação: "Rio de Janeiro – Brasil, 1945".
Dimensões: 23 x 29 cm.
Dedicatória: "A Gilberto e Magdalena, Manuel. Rio 1945".

Figura 43: Cabeça de bronze de Manuel Bandeira na Fundação Gilberto Freyre.
Nota: A cabeça de Manuel Bandeira, de provável autoria de Celso Antonio, encontra-se atualmente em um dos cômodos da Casa-museu Magdalena e Gilberto Freyre, mantida pela FGF.

Figura 44: Fotografia de Manuel Bandeira, dedicada a Gilberto e Magdalena Freyre.
Nota: Fotografia atualmente emoldurada e disposta em uma das paredes da Casa-museu Magdalena e Gilberto Freyre, mantida pela FGF.

Figura 45: Fotografia de Manuel Bandeira e Octávio Tarquinio de Sousa.
Fonte: Centro de Documentação da FGF.
Notas: Dimensões: 5,4 x 3,7 cm.

Figura 46: Fotomontagem (da esquerda para direita) com Luís Jardim, Manuel Bandeira, Tarsila do Amaral, Heitor Villa-Lobos, José Lins do Rego, Gilberto Freyre e Oswald de Andrade.
Fonte: Centro de Documentação da FGF.
Notas: Dimensões: 23,9 x 17,9 cm.
Autoria desconhecida.

Figura 47: Manuscrito do poema "Retrato", de Manuel Bandeira.
Fonte: HOMENAGEM a Manuel Bandeira. Rio de Janeiro: Officinas Typographicas do *Jornal do Commercio*, 1936. Edição fac-similar preparada pela Metal Leve em 1986. p.13.

Figura 48: Reprodução do *ex-líbris* de Manuel Bandeira, por Alberto Childe (1917).
Fonte: HOMENAGEM a Manuel Bandeira. Rio de Janeiro: Officinas Typographicas do *Jornal do Commercio*, 1936. Edição fac-similar preparada pela Metal Leve em 1986. p.109.

Figura 49: Página 1 da carta de Gilberto Freyre a Manuel Bandeira datada de "Recife, 28 de dezembro de 1934".
Fonte: Fundação Casa de Rui Barbosa.
Nota: Carta com total de duas páginas.
Especificidade do documento: Primeira página com *ex-líbris* de Gilberto Freyre.

Figura 50: Página 2 da carta de Gilberto Freyre a Manuel Bandeira datada de "Recife, 28 de dezembro de 1934".
Fonte: Fundação Casa de Rui Barbosa.

ÍNDICE ONOMÁSTICO*

A

ABREU, Casimiro de, 92
ADÃO, Pai, 72
ALMEIDA, Eugénio de Castro e, 110
ALMEIDA, José Américo de, 56, 140, 163
ALMEIDA, Renato, 172
ALMEIDA, Tavares de, 126
ALVES, Castro, 92
ALVIM, Clara de Andrade, 158
AMARAL, Azevedo, 55
AMARAL, Geraldo Barroso do, (Dodô), 32, 36, 37, 44, 46, 49, 51, 54, 58, 73, 82
ANDRADE, Carlos Drummond de, 79, 90, 131
ANDRADE, Joaquim Pedro de, 66
ANDRADE, Marcos de, 38
ANDRADE, Mário de, 29, 44, 99
ANDRADE, (Octavio ou Olavo) de, 38
ANDRADE, Rodrigo Melo de Franco de, 31, 44, 46, 48, 49, 53, 54, 55, 57, 58, 59, 62, 63, 66, 70, 71, 72, 73, 77, 78, 81, 84, 85, 87, 88, 90, 91, 94, 103, 105, 107, 111, 114, 126, 130, 133, 137, 141, 158, 161
ANSELMO, Pai, 72
ANTIPOFF, Helena, 57
ANTONICO, (tio de Manuel Bandeira), 47
ANTÔNIO, Celso, 150
ANTÔNIO, José, 97

ARANHA, Graça, 108
ARANHA, Heloisa Graça, 74
ARANHA, Osvaldo, 53
ARMSTRONG, Andrew Joseph, 42, 78
ARNI, Walter, 91, 94, 98
ARNINHO, 112
ARTUZINHO, 137
ATHAYDE, Tristão de, 155
AUGUSTO, Armindo, 150
AVEIRO, Frei Pantaleão do, 30
AYRES, Jack, 83
AZEVEDO, Álvares de, 92

B

BACIU, Stefan, 161
BANDEIRA, Manoel, 28, 173
BARBOSA, Francisco de Assis, 37
BARRETO, Plínio, 98, 105
BARROS, Antônio Couto de, 110
BARROSO, Zózimo, 33
BEERS, Clifford, 63
BELLO, Júlio, 80
BLANK, Fredy, 42, 44, 48, 58, 63, 70, 73, 75, 77, 78, 87, 88, 90, 93, 94, 98, 100, 103, 106, 116, 117, 118, 122, 126, 135, 138, 141, 156, 160, 174
BLANK, Guita, 42, 44, 48, 58, 64, 70, 75, 77, 78, 87, 88, 90, 93, 98, 103, 106, 116, 117, 121, 122, 126, 133, 135, 138, 141, 174
BLANK, Joanita, 42, 44, 48, 58, 63, 64, 70, 75, 77, 78, 81, 84, 87,

---

* O presente índice diz respeito somente aos nomes mencionados no segmento do livro que traz as cartas. Contudo, as notas de rodapé que acompanham as cartas não foram consideradas em sua elaboração.

88, 90, 93, 98, 101, 103, 106, 116, 117, 118, 122, 126, 133, 135, 138, 141, 156, 174
BLANK, Sacha, (filha de Guita Blank), 66, 107, 141
BOA MORTE, Nossa Senhora da, 50
BOMFIM, Manoel, 56
BRAGA, Ernani, 43, 44
BRAGA, Rubem, 161
BRANCO, Aloísio, 106
BROWNING, Elizabeth Barrett, 42

C

CACILDA, D., 120
CALÓGERAS, Pandiá, 56
CAMPOS, Francisco, (Chico Sciencia), 49, 57
CAPANEMA, Gustavo, 115
CARDOSO, 126
CARDOSO, Vicente L., 56
CARDOZO, Joaquim, 28, 29
CARNEIRO, Levi Fernandes, 137
CARNEVALI, Emanuel, 34, 35
CARVALHO, Antônio de Barros, 124
CARVALHO, Delgado de, 56
CARVALHO, Felisberto de, 76
CARVALHO, Joaquim Ribeiro de, 110
CARVALHO, Ronald de, 56
CHATEAUBRIAND, Assis, 53, 54, 155
CHAVES, Antiógenes, 37, 156
CHURCHILL, Winston, 122
CLÁUDIO, José, 62, 114, 116
COCTEAU, Jean, 150
CONDÉ, João, 162
CORBIN, Alice, 34
CORTES, Aracy, (pseudônimo de Zilda de Carvalho Espíndola), 33
COSTA, Lúcio, 49
COUTO, Ribeiro, 51, 62, 72, 82, 83, 97
COUTTO, Pedro do, 113, 114, 120
COVILHÃ, Pero da, 147
CRANE, Stephen, 37
CRISTO, Jesus, 135
CRULS, Gastão, 65, 66, 89, 94, 103, 107, 110, 120
CRUZ, Sor Juana Inés de la, 128
CUESTA, Pilar Vásquez, 149
CURWOOD, James Oliver, 89

D

DANTAS, Pedro, 51, 90
DANTAS, San Tiago, 125
DAVIES, Mary Carolyn, 34
DEDÉ, 69, 79
DIAS, Cícero, 50, 58, 69, 74, 80, 82, 83, 106, 116, 154
DIAS, Gonçalves, 92, 118, 128
DRINKWATER, John, 119
DUTRA, Eurico Gaspar, 135
DUTRA, Lia Correia, 127, 132, 134

E

ELÓI, 72
ERNESTO, Pedro, 85

F

FABIUS, Arnoldus Nicolaas Jacobus, 91, 94
FACCÓ, Caio M., 97
FACÓ, Américo, 37
FARIA, Otávio de, 111
FERNANDES, Anibal, 50, 80, 127
FIGUEIREDO, Guilherme, 130
FILHO, Godofredo, 172
FLANNER, Hildegarde, 34
FONSECA, Abade da, 97
FONSECA, Euclydes Hermes da, (Xiru), 84
FONSECA, Fróes da, 57
FRAGA, Clementino, 126
FRANCO, Afonso Arinos de Melo, 68, 105, 130
FRANCO, Afrânio de, 73
FRANCO, Sylvia Amélia Cesário-Alvim de Melo, 73
FRANCO, Vera Melo, 113, 161

FRANCO, Virgílio Alvim de Melo, 73, 84
FREIRE, Anibal, 141
FREIRE, Junqueira, 92
FREYRE, Alfredo Alves da Silva, 62, 166, 169
FREYRE, Fernando Alfredo Guedes Pereira de Mello, 133, 155
FREYRE, Francisca Teixeira de Melo, 156
FREYRE, Maria das Dores, 122, 133, 165
FREYRE, Maria Elísia Meneses, 142
FREYRE, Maria Magdalena Guedes Pereira de Mello, 122, 123, 126, 131, 135, 138, 139, 140, 143, 144, 148, 151, 152, 154, 155, 156, 157, 158, 159, 160, 162, 163, 167
FREYRE, Sonia Maria Guedes Pereira de Mello, 122, 133, 158, 162
FREYRE, Ulysses de Melo (Bigodão), 37, 41, 47, 48, 82, 89, 122, 133, 138, 142, 156, 157
FRONTIN, Paulo de, 33

G

GABAGLIA, Fernando Antonio Raja, 116
GAMA, Lélio, 88
GAMA, Luís, 92
GARCIA, Rodolfo, 49, 97, 100, 101
GLYN, Elinor, 89
GOES FILHO, 38
GOLDBERG, Isaac, 59
GOMES, Eduardo, (Brigadeiro), 132, 135
GUIMARAENS, Alphonsus, 111, 115
GUIMARÃES, Bernardo, 92
GUINGUINHA, 116
GURVITCH, Georges, 140

H

HAGGARD, Phoebe, 107
HARLOW, Vincent Todd, 107
HOLANDA, Sérgio Buarque de, 37, 53, 54, 58, 79, 81, 105, 133
HUEFFER, Ford Madox, 34

I

INOJOSA, Joaquim, 38

J

JARDIM, Luís, 70, 80, 101, 103, 114, 115, 124, 125, 141
JOHNS, Orrick Glenday, 34
JORDÃO, Vera Pacheco, 70
JÚNIOR, Peregrino, 79, 137
JURANDIR, Dalcídio, 129

K

KREYMBORG, Alfred, 34

L

LACERDA, Carlos, 130
LEÃO, Antônio Carneiro, 124, 137
LEÃO, Carlos, 62, 131
LEÃO, Garcia, 113
LEÃO, José Antonio de Souza, 139
LEÃO, Manuel, 116
LEÃO, Múcio, 110, 126, 137
LESSA, Davidoff, 79
LIMA, Ermiro de, 89
LIMA, Jorge de, 105
LIMA, Oliveira, 108
LIMA JR., Augusto de, 111
LOBO, Hélio, 124
LOURDES, 161
LUCCOCK, John, 86
LUSTIG-PREAN, Carlos de, 136, 137

M

MACHADO, Antônio de Alcântara, 38, 78, 83, 85
MAGALHÃES, Agamenon, (China Gordo), 127
MALLARMÉ, Stéphane, 128
MANN, Thomas, 136, 137
MANZON, Jean, 134
MARIÁTEGUI, José Carlos, 170
MARTINS, Eneias, 90

463

MEDEIROS, Maurício de, 163
MELLO, José Antônio Gonsalves de, 73
MELLO, Thiago de, 139
MELO, Antônio da Silva, 101
MELO, Arnon Afonso de Farias, 118
MENCKEN, Henry Louis, 60, 78
MENDES, Fradique, 82
MENDES, Murilo, 65, 265, 374
MIGNONE, Francisco, 129
MOACIR, Primitivo, 100
MONTEIRO, Clóvis, 110
MONTEIRO, Rego, 50
MONTENEGRO, Olívio, 62, 80, 126, 133, 134
MORAES, Vinicius de, 112, 114, 118, 120, 129, 154
MORAIS, Eugênio Vilhena de, 110
MORAIS NETO, Prudente de, 44, 46, 48, 53, 54, 58, 72, 90, 103, 105, 114, 126, 129, 133, 141, 164
MOTA, Mauro, 139, 141

N

NABUCO, Joaquim, 108, 109
NABUCO, José, 82
NABUCO, Maria do Carmo Melo Franco, 82
NANÁ, D., 70
NASCENTES, Antenor, 104, 110, 120
NASSAU, Maurício de, 73
NAVA, Pedro, 105, 126
NERI, Ismael, 74
NERUDA, Pablo, 127
NETSCHER, Pieter Marinus, 91, 94, 98
NIETZSCHE, Friedrich, 75
NOVAES, Inah, 46, 58, 164

O

OCTAVIO FILHO, Rodrigo, 137
OITICICA, José, 113, 120
OLIVEIRA, Felipe de, 74

OLIVEIRA NETO, Luís Camilo de, 99
OLYMPIO, José, 118
ORICO, Osvaldo, 111
OSCAR, 110
OVALLE, Jayme, 46, 51, 54, 58, 69, 74, 82, 84, 85, 133
OVALLE, Leolina, 84

P

PAIVA, Ataulfo de, 137
PALHARES, Vitoriano José Marinho, 95
PASSOS, John dos, 60
PASSOS, Raul dos, 60
PEDROSA, Mário, 130
PEIXOTO, Afrânio, 63
PENA JÚNIOR, Afonso, 137
PEREIRA, Astrojildo, 129
PEREIRA, Daniel Joaquim, 160
PEREIRA, Lúcia Miguel, 141
PEREIRA, Nilo, 152
PINTO, Fernão Mendes, 147
PONGETTI, Rodolfo, 139
PONGETTI, Ruggero, 139
PONTES, Dulce Ferreira, 160
PONTES, Tristão, 56
PORTINARI, Candido, 93, 99, 129, 331
PÓRTO, Leonidas, 149
PÓRTO, Vicente, 149
PRESTES, Luís Carlos, 129

Q

QUADROS, Jânio, 156
QUEIROZ, Rachel de, 130

R

RABELLO, Sylvio, 68
RABELO, Laurindo, 92
REGO, José Lins do, 76, 96, 103, 105, 107, 114, 117, 141
RENAULT, Abgar, 104

RIBEIRO, Antônio José da Costa, 117
RIBEIRO, Júlio, 128
RIBEIRO, Odilon Nestor de Barros, 80, 124, 125
RICARDO, Cassiano, 137
RIMBAUD, Arthur, 48
ROMERO, Nélson, 113, 120
RONDON, Cândido Mariano da Silva, 57
ROSA, Santa, 99
ROSENBLATT, Maurício, 128, 134
ROQUETTE-PINTO, Edgar, 41, 57, 66, 69, 137, 146, 147

S

SÁ, Graciema Prates de, 49, 74
SCHMIDT, Augusto Frederico, 69, 85, 96
SCLIAR, Salomão, 134
SILVA, Sebastião Públio Dias da, 89
SILVEIRA, Sousa da, 88, 110
SOBRINHO, Ulisses Pernambucano de Mello, 97, 98
SOUSA, Cláudio Justiniano de, 137
SOUSA, Octávio Tarquínio de, 100, 117, 118, 121, 130, 141

T

TALBOT, John, 122
TASSO, José Jácomo, 80, 82, 106

TATÍ, 79, 90
TAUNAY, Afonso d'Escragnolle, 55
TAVARES, 137
TAVARES, Heckel, 43
TERESINHA, Santa, 50
TOBIAS, 49
TORRES, Heloísa Alberto, 57

V

VALLE Y CAVIEDES, Juan del, 170
VALVERDE, Zélio, 128
VARELA, Fagundes, 92
VARGAS, Getúlio, 125, 135
VASCONCELOS, Bernardo de, 100, 113
VERÍSSIMO, Érico, 129, 133
VERNE, Júlio, 118
VIANNA, Oliveira, 56
VILLA-LOBOS, Heitor, 31
VITERBO, Frei Joaquim da Santa Rosa de, 30
VITOR, Nestor, 37

W

WÄTJEN, Hermann, 91, 95, 98
WILDE, Victor Valentine, 44
WILLIAMSON, James Alexander, 107
WYNDHAM, Hugh Archibald, 107

LEIA TAMBÉM

Câmara Cascudo e Mário de Andrade – Cartas, 1924-1944
Organização Marcos Antonio de Moraes

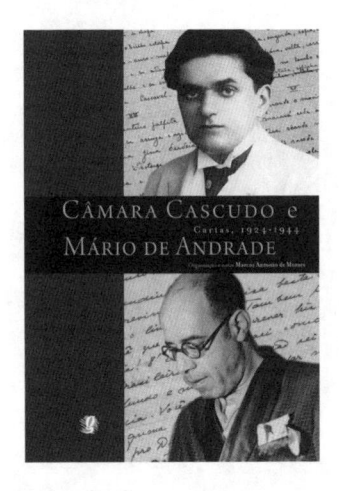

As cartas trocadas por Câmara Cascudo e Mário de Andrade, aqui reunidas, revelam um pouco da formação da cultura brasileira. Com grande sensibilidade, Marcos Antonio de Moraes reuniu vinte anos de vida dessas duas personalidades tão brasileiras: o autor de *Macunaíma* e o mestre do folclore nacional.

Lê-se, em ambos, o compromisso de escavar o território da realidade brasileira, especificamente na busca dos veios culturais populares que, entrelaçados de fornecimentos exteriores e locais, testemunham a efervescência adaptativa ao grande mapa socioeconômico do Brasil.

À medida que a troca de cartas e de ideias avança, se interpõe entre ambos um mar de sugestões, dúvidas e controvérsias. Nessa obra o leitor desfruta de um diálogo aberto, pontuado de abraços, convergências e divergências.

Diálogos latino-americanos – Correspondência entre Ángel Rama, Berta e Darcy Ribeiro

Organização Haydée Ribeiro Coelho e Pablo Rocca

     Esse livro traz a profícua troca de missivas entre os intelectuais brasileiros Darcy Ribeiro e sua companheira de vida Berta Ribeiro e o crítico literário uruguaio Ángel Rama, numa edição primorosamente organizada e anotada pelos estudiosos Haydée Ribeiro Coelho e Pablo Rocca.

     O percurso que se assiste aqui é o de três pessoas que, estando em seus países ou fora deles, jamais deixaram de se preocupar com os destinos de seu povo. Não é à toa que Darcy Ribeiro, em seu primeiro cartão endereçado a Ángel Rama em 1964, confessa sua angústia por estar exilado, agradece o auxílio dos amigos uruguaios e se consola diante da "certeza de que na obscuridade e no silêncio desta noite se está gerando o amanhecer".

     Com efeito, esse livro é uma contribuição ímpar para todo aquele que deseja conhecer momentos decisivos da história do pensamento latino-americano no século XX e, igualmente, compreender a natureza dos embates enfrentados por esses intelectuais num continente em ebulição.

Aí vai meu coração
As cartas de Tarsila do Amaral e Anna Maria Martins para Luís Martins
Organização Ana Luisa Martins

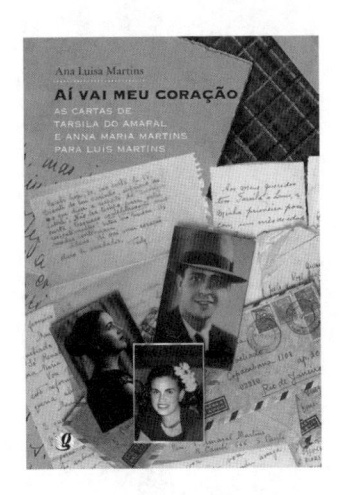

    Um dia, mexendo na gaveta da escrivaninha de seu pai, a menina de oito anos descobriu uma coleção de fotos, bilhetes, cartas de mulheres a ele endereçadas, que a deixou intrigada. Voltou lá várias vezes, decifrando de forma apaixonada aquela papelada amarelada pelo tempo.

    O pai da menina era o cronista, romancista, poeta Luís Martins, a namorada anterior ao casamento, a pintora Tarsila do Amaral e a esposa, Anna Maria Martins.

    A menina, Ana Luísa Martins, tornou-se mulher e, ao longo dos anos, leu e releu muitas vezes essa correspondência, até o dia em que, convicta de que aquele material não pertencia apenas à família, mas era uma rica fonte de informação para a biografia do pai e da pintora, resolveu editá-lo, esclarecendo num prefácio interessantíssimo os meandros daquela história.

    A correspondência reunida em *Aí vai meu coração* reproduz cartas endereçadas ao escritor, escritas por Tarsila e Anna Maria no início da década de 1950. Do escritor não restaram cartas dessa época, que permitissem restabelecer o possível diálogo epistolar. Não importa. O material apresentado é da maior importância, "um presente para o futuro literário de São Paulo" (Lygia Fagundes Telles).

GRÁFICA PAYM
Tel. [11] 4392-3344
paym@graficapaym.com.br